Von Kaisers Gnaden
500 Jahre Pfalz-Neuburg

Veröffentlichungen zur Bayerischen
Geschichte und Kultur 50/2005
Herausgegeben vom Haus der Bayerischen Geschichte

Haus der
Bayerischen
Geschichte

Bibliografische Information der Deutschen Bibliothek

Die Deutsche Bibliothek verzeichnet diese Publikation in der Deutschen Nationalbibliografie;
detaillierte bibliografische Daten sind im Internet über http://dnb.ddb.de abrufbar.

© 2005 Bayerisches Staatsministerium für Wissenschaft, Forschung und Kunst
Haus der Bayerischen Geschichte, Augsburg
www.hdbg.de

Gestaltung: Wolfgang Felber, Evamaria Brockhoff
Umschlag: Wolfgang Felber unter Verwendung des Plakatentwurfs von Büro Ay, Augsburg,
sowie Kat.-Nr. 7.18
Lithografie: Echtzeitmedien GbR, Nürnberg
Gesamtherstellung: Wolfgang Felber, Evamaria Brockhoff
Druck: Pustet Graphische Betriebe, Regensburg

Gedruckt auf Symbol Freelife Satin von Fedrigoni Deutschland GmbH, Unterhaching

ISBN 3-937974-01-6

Von Kaisers Gnaden

500 Jahre Pfalz-Neuburg

Herausgegeben von
Suzanne Bäumler, Evamaria Brockhoff und Michael Henker

Katalog zur Bayerischen Landesausstellung 2005
Neuburg an der Donau, 3. Juni bis 16. Oktober 2005

Haus der Bayerischen Geschichte

Grußwort

Ein Schatzhaus voll kostbarer Wandteppiche, Gemälde, Prunkrüstungen, Bücher – das war die Neuburger Residenz in der ersten Hälfte des 16. Jahrhunderts, in der Regierungszeit des Pfalzgrafen Ottheinrich. Der Bau wurde in dieser Zeit vergrößert und schmuck hergerichtet mit seinem großen Hof und den prächtigen Arkadengängen. Dieser Aufwand galt der politischen Repräsentation des neu gegründeten Fürstentums Pfalz-Neuburg.

500 Jahre nach dem Gründungsakt gedenkt der Freistaat Bayern dieses Schatzhauses, des einstigen Fürstentums und seiner mit ganz Europa verbundenen Geschichte. Das Haus der Bayerischen Geschichte hat es unternommen, mit kostbaren Leihgaben von weither den Geist der einstigen Prunkresidenz wieder sichtbar zu machen. Die Landesausstellung 2005 erinnert an die Zeit, in der nicht nur das Staatswesen Neuburg entstand, sondern in dem um Neuburg herum die bayerischen Teilherzogtümer wieder zusammengeführt wurden und das Herrschaftsgebiet der bayerischen Wittelsbacher neu geordnet wurde.

Am Ende des furchtbaren Krieges, der als „Landshuter Erbfolgekrieg" in die Geschichtsbücher einging, stand 1505 der Schiedsspruch des deutschen Königs und späteren Kaisers Maximilian I.: Er sprach den Münchner Herzögen den Großteil des Erbes Georgs des Reichen von Bayern-Landshut zu und schuf für dessen Enkel, zwei kleine Waisenknaben, ein neues Herzogtum. Die „Junge Pfalz" bzw. die „Junge Pfalz in Bayern" war so entstanden – ein Staat an der Wende vom Spätmittelalter zur Frühen Neuzeit. Seine Territorien lagen zerstreut entlang der Donau rund um Neuburg und auf dem so genannten Nordgau. Dafür sollte sich schrittweise die Bezeichnung Fürstentum bzw. Herzogtum Pfalz-Neuburg durchsetzen. Über 300 Jahre lang blieb das Herzogtum bestehen, ehe seine rechtliche Eigenständigkeit im neuen Königreich Bayern endete.

Im Residenzschloss Neuburg an der Donau, dessen aufwändige Sanierung und Restaurierung die Bayerische Verwaltung der staatlichen Schlösser, Gärten und Seen durchführte, blickt die diesjährige Landesausstellung zurück auf die Geschichte der bayerischen Teilungen und Einigungen seit dem Mittelalter. Mit dem Blick nach Neuburg beleuchtet die Ausstellung zugleich einen faszinierenden Ausschnitt der höfischen Welt und die Epoche von Humanismus, Reformation und Renaissance. Wenn anlässlich der Landesausstellung viele Besucher die Schlossanlage und die gut erhaltene Altstadt Neuburgs an der Donau mit ihren Museen, Kirchen und ehemaligen Regierungsgebäuden kennen lernen, werden sie ein Denkmal der bayerischen und europäischen Vergangenheit vor Augen haben, das in seiner Geschlossenheit und Ausgewogenheit seinesgleichen sucht.

Für die Kooperation in der Vorbereitung und Durchführung dieser Ausstellung danke ich insbesondere der Stadt Neuburg an der Donau und den Mitarbeitern des Kulturreferats und des Historischen Vereins sowie der Bayerischen Verwaltung der staatlichen Schlösser, Gärten und Seen in Schloss Nymphenburg und vor Ort in Schloss Neuburg. Ich danke den Veranstaltern, den Leihgebern und Autoren und allen Helfern, die am Zustandekommen dieses anspruchsvollen Unternehmens beteiligt sind, und wünsche der Landesausstellung viele Besucher!

Dr. Thomas Goppel
Bayerischer Staatsminister für Wissenschaft, Forschung und Kunst

Vorwort

Die Ausstellung „Von Kaisers Gnaden 500 Jahre Pfalz-Neuburg" zeigt die Gründung eines Staates und die Schaffung eines Residenzschlosses und einer Residenzstadt als einen kleinen Ausschnitt aus der bayerischen und der deutschen Geschichte und als eine ebenso typische wie reizvolle Episode der europäischen Kulturgeschichte.

Die Entstehung des Fürstentums „Junge Pfalz in Bayern", für das sich allmählich die Bezeichnung „Pfalz-Neuburg" durchsetzte, und seine ersten beiden Regenten werden in einer dichten Bild- und Dokumentarfolge vor das Auge des Besuchers gerückt. Der Blick wird aber auch auf die europaweite Bedeutung gelenkt, die Pfalz-Neuburg in den über 300 Jahren seines Bestehens durch dynastische Verbindungen und politische Bündnisse gewann. Es war eine sehr eigentümliche politische Einheit, die 1505 durch den Kölner Schiedsspruch des Königs Maximilian I. als Herrschaftsgebiet für zwei 1502 und 1503 geborene Prinzen, Ottheinrich und Philipp von der Pfalz, geschaffen worden war. Diese Region aus einem weit verstreuten Besitz an der Donau und im Nordgau in den heutigen Regierungsbezirken Schwaben, Oberbayern, Mittelfranken und der Oberpfalz mit einem jährlichen Ertrag von 24000 Gulden war vorerst ein Kunstgebilde ohne Tradition und zu schwach, eine eigene politische Rolle zu spielen. Die territoriale Zerrissenheit, von dem Habsburger Maximilian I. bei dieser letzten wittelsbachischen Landesteilung 1505 durchaus so gewollt, zwang die ersten Regenten dieses Gebiets, den Pfalzgrafen Friedrich II. und ab 1522 seine Neffen, insbesondere Ottheinrich, eine sich von der Praxis des Spätmittelalters deutlich absetzende moderne Verwaltung aufzubauen und die ständischen Vertretungen neuartig mit Rechten auszustatten.

Um gleichwohl den Rang dieses Staatswesens zu betonen und einen eigenständigen Anspruch zu demonstrieren, mobilisierte der erste Fürst, Pfalzgraf Ottheinrich, alle Künste und Wissenschaften zur Legitimation und Repräsentation seiner selbst und seiner Familie. Der prächtige Ausbau des Neuburger Schlosses mit seinem großen Arkadenhof, die Bildprogramme an den Schlosswänden und vor allem in der neu gestalteten ersten evangelischen Schlosskirche, die Serien großflächiger Bildteppiche, die Bildnisreihen, die Prunkharnische, die kostbaren Kleider, die Bildnismedaillen, die Buchtexte und Buchminiaturen und selbst die astronomischen Geräte, Sonnen- und Planetenuhren dienten der Errichtung einer symbolischen Welt um ihn herum. Was mit den geschnitzten, gegossenen, gemalten, gewebten und gedruckten Bildern und den handgeschriebenen und gedruckten Büchern manifestiert wurde, war ein Weltzusammenhang, der bis in Ottheinrichs eigene Zeit reichte

und den Astrologen wie Theologen gleicherart auszulegen hatten.

Ottheinrichs Welt, wie die seiner Zeitgenossen, bestand wesentlich aus bildlichen Vorstellungen. Sie bestand ebenso aus einer noch halb astrologisch verstandenen Astronomie, wie sie in dem Wunderwerk der in vielen Jahren gefertigten Planetenuhr des Philipp Imsser zum Ausdruck kommt. Sie bestand aber ebenso aus den medizinischen Erklärungen des Paracelsus, für dessen Werk Ottheinrich warb. Diese Welt bestand schließlich auch und vor allem aus einem sich weitenden Horizont von Wissenschaften, wie dieser in den Buchtiteln des Büchersammlers und Bibliotheksgründers Ottheinrich ablesbar ist.

In einer romantischen Geschichtsdarstellung wird Ottheinrich als kunstsinniger „Mäzen" verklärt; aber gerade sein Beispiel der opulenten Auftragsvergabe an unterschiedlichste Bildproduzenten und Kunsthandwerker zeigt, dass hier keine Darstellung ohne vorgegebenes Programm entstand und keiner der virtuosen Ausführenden mehr als den knappmöglichsten Arbeitslohn bekommen haben dürfte. Auch die Berufung des niederländischen Teppichwirkers Christian de Roy und die Einrichtung einer mehrköpfigen Werkstatt in Neuburg lässt sich aus den unmittelbaren Ausstattungswünschen des Fürsten erklären, der so günstiger und mehr produzieren lassen konnte. Wenn man ferner weiß, dass Ottheinrich vor allen anderen Besitztümern seine „tapessereyen" zuerst aus der Neuburger Konkursmasse auslöste und später vor feindlichen Truppen in Sicherheit brachte, dann reiht dieser Fürst sich in die Gruppe vieler hochrangiger Zeitgenossen ein, die ähnlich bildversessen auf die Darstellung ihres Herrschaftsanspruchs bedacht waren. Diese Bildteppichsammler reichen von Ottheinrichs herzoglichen Verwandten wie Albrecht IV. und Wilhelm IV. in München bis zu dem Ottheinrich physiognomisch so ähnlichen König Heinrich VIII. von England, dem spanischen König und deutschen Kaiser Karl V. und Papst Leo X.

Die kunstreich gewebten Bildteppiche übertrafen an Wert weit den gemalter Wandbilder oder Tafelbilder. Wir wissen nicht, was Ottheinrich für seine Bildserien bezahlte, aber wir kennen einzelne zeitgenössische Preise. So waren die für die Wände der Sixtinischen Kapelle nach Raffaels Kartons gewebten zwölf Wandteppiche von Papst Leo X. mit einer Summe zwischen 16000 und 20000 Dukaten bezahlt worden, fast der fünffachen Summe, die Michelangelo für die Malerei des Gewölbes der Sixtinischen Kapelle bekam. Bei diesen Preisen spielt auch der Arbeitsaufwand der ausgebildeten Wirker eine Rolle, die mit ihrer Arbeit je nach Dichte und Besonderheit der Fäden pro Jahr zwischen einem und fünf

Quadratmeter vorankamen. Wie diese Bildteppiche in ihrer ursprünglichen Farbfülle ausgesehen haben, können wir nur ahnen, nachdem sie in Jahrhunderten ausgebleicht und verschmutzt wurden. Die lichtabgewandten Rückseiten der Teppiche geben uns partienweise eine bessere Vorstellung des Ursprünglichen, wie das in diesem Katalog wiedergegebene Detail (S. 14) zeigt. Ähnlich wie die aus Samt und Seide gefertigten, mit kostbarem Zierrat versehenen Kleider, um die Ottheinrich sich 1545 vor dem Einfall kaiserlicher Truppen nach Neuburg sorgte, waren die Teppiche allerdings nur gelegentliche Festkleider für die Wände seiner Schlösser. Sie ruhten in Truhen und wurden herausgeholt und gehängt anlässlich von Zeremonien für ein besonderes Publikum.

Die Neuschöpfung des so repräsentationsbedürftigen Fürstentums ist nicht ohne die Vorgeschichte der Wittelsbacher Landesteilungen und den verheerenden Erbfolgekrieg zu verstehen, der durch den deutschen König und späteren Kaiser, den Habsburger Maximilian I., entschieden wurde. Die Ausstellung beleuchtet deshalb diese Erbauseinandersetzung. Der Wittelsbacher Ruprecht von der Pfalz, Sohn des Kurfürsten Philipp, und seine Frau Elisabeth, Tochter Herzog Georgs des Reichen von Bayern-Landshut, kämpften um ihren Erbanspruch auf Bayern-Landshut gegen ihren Vetter Albrecht IV. von Bayern-München. Nachdem Ruprecht und Elisabeth im Sommer 1504 innerhalb weniger Wochen an der Ruhr gestorben waren, musste für Ottheinrich und Philipp, die unmündigen Waisenknaben aus der Verbindung der beiden Hauptlinien des Hauses Wittelsbach, Kurpfalz und Bayern, eine standesgemäße Lösung gefunden werden, die ihre wirtschaftliche Existenz und ihre Herrschaftsansprüche berücksichtigte. König Maximilian I., dessen Regierungszeit bis dahin eher glanzlos verlaufen war, ließ sich sein Engagement für den Haupterben, Herzog Albrecht IV. von Bayern, in München ebenso wie seine guten Dienste als Schiedsrichter durch sein „Interesse" abgelten, die Grafschaft am unteren Inn mit den Ämtern Kufstein, Kitzbühel und Rattenberg. Die Münchner Herzöge erlangten großen Territorialzuwachs aus dem Landshuter Erbe; und für die „Junge Pfalz in Bayern", die Waisenknaben Ottheinrich und Philipp, wurde quasi am grünen Tisch ein Fürstentum geschaffen.

Die Zeitgenossen blickten mit Staunen und Bewunderung auf Neuburg. Auf Dauer fehlten dem vielseitigen Fürsten Ottheinrich freilich die Finanzmittel zu seiner glanzvollen Repräsentation trotz seiner Heirat 1529 mit Susanna von Bayern-München, der verwitweten Markgräfin von Brandenburg-Kulmbach-Ansbach. Die Schulden stiegen ins Unerhörte, der Herzog bekam nirgendwo mehr Kredit und musste 1544 die Regierung den Neuburger Landständen überlassen und ins Exil in die Kurpfalz gehen. Dort wurde er als Nachfolger seines 1556 gestorbenen Onkels und ehemaligen Vormunds, Friedrich II., Kurfürst und regierte bis 1559. Schon 1542 hatte er die Reformation in Neuburg eingeführt, sodass er bereits 1557 das Fürstentum Pfalz-Neuburg seinem lutheri-

schen Vetter Herzog Wolfgang von Pfalz-Zweibrücken übertrug, der 1559 auch tatsächlich Landesherr in Neuburg werden sollte.

Ein von Ottheinrich grundverschiedenes Schicksal fand sein jüngerer Bruder Philipp, mit dem er wenige Jahre gemeinsam regierte. Philipp spielte bei der Verteidigung von Wien 1529 gegen die Türken eine herausragende Rolle, die ihm den Beinamen „Der Streitbare", aber – ebenso wenig wie sein weiteres Engagement für das Kaiserhaus – keinen materiellen Vorteil eintrug. Gemäß seiner Devise „Nichts unversucht" knüpfte er – erfolglos – zahlreiche Heiratsprojekte an und starb nach einem bewegten Leben am 4. Juli 1548 unverheiratet und, wie sein älterer Bruder, ohne direkte Nachkommen.

Unsere Ausstellung weist auf die einzigartige politische und gesellschaftliche Kultur dieser Zeit und des Neuburger Hofes hin. Die Bedeutung des Herzogtums Pfalz-Neuburg, das zu Beginn des 19. Jahrhunderts seine Eigenständigkeit verlor und in das von einem Nachfahren des Herzogs Wolfgang regierte junge Königreich Bayern einging, lebt heute nach in den historischen Architekturen in der ehemaligen Residenzstadt Neuburg und der Nebenresidenz Sulzbach. Deshalb haben wir uns bemüht, alle Orte und Gebiete, die einst zum Fürstentum gehörten, zum Mittun in einem touristischen Verbund zu gewinnen. Zahlreiche Gemeinden sind unserer Einladung gefolgt und stellen sich mit Text und Bild im Auftaktraum der Landesausstellung und in einem eigenen Internetauftritt vor.

Veranstaltungsort der Bayerischen Landesausstellung 2005 ist das neu renovierte Schloss Neuburg, das namengebend für das gesamte Land war und den authentischen Rahmen für die von uns zusammengeholten Ausstellungsexponate bildet. Viele Stücke kehren nach Jahrhunderten damit erstmals an ihren ursprünglichen Standort zurück.

Eine solche Ausstellung kann nur mit Hilfe und Beteiligung von vielen Seiten gelingen. Unser Dank gilt zuerst dem Hausherrn, der Bayerischen Verwaltung der staatlichen Schlösser, Gärten und Seen unter ihrem Präsidenten Egfried Hanfstaengl, Frau Dr. Brigitte Langer, die in Absprache mit dem Historischen Verein das Schlossmuseum im Ostflügel räumte, um Platz für die Landesausstellung zu schaffen, und Frau Birgit Reitberger, der Leiterin der Schlossverwaltung Neuburg, die mit ihrer Mannschaft die organisatorische Hauptlast der Bewirtschaftung der Räume für die Landesausstellung trägt. Unser Dank gilt nicht weniger der Stadt Neuburg an der Donau unter ihrem Oberbürgermeister Dr. Bernhard Gmehling. Wir danken dem Kulturreferenten Dr. Dieter Distl, der die Koordination seitens der Stadt innehatte und das umfangreiche Begleitprogramm zusammenstellte. Der Stadtarchivarin Frau Dr. Barbara Zeitelhack danken wir für die Vortragsreihe zum Jubiläum und für zahlreiche Leihgaben, der Leiterin des Tourismusamtes, Frau Marieluise Kühnl, für die Einbeziehung der Landesausstellung in Werbeaktionen auf nationaler und internationaler Ebene. Der Historische Verein Neuburg und das soeben eröffnete Stadtmuseum im Weveldhaus haben uns bedeutende Leihgaben zur Verfügung gestellt; dafür sei dem Ersten Vorsitzenden, Herrn Roland Thiele, und der Museumsleiterin, Frau Barbara Höglmeier M. A., herzlich gedankt.

Für die Unterstützung mit Leihgaben danken wir in- und ausländischen Museen, Archiven und Bibliotheken, die uns großzügig unterstützt haben. In ganz besonderer Weise gilt dies für die Hof-, Jagd- und Rüstkammer des Kunsthistorischen Museums Wien, das Musée du Louvre in Paris, das Bayerische Hauptstaatsarchiv, die Bayerischen Staatsgemäldesammlungen und die Bayerische Staatsbibliothek sowie den Wittelsbacher Ausgleichsfonds. Ebenso danken wir den privaten Leihgebern.

Allen Autoren, den wissenschaftlichen Beratern und Hinweisgebern danken wir herzlich. Dass wir den Nachkommen des „Schwiegervaters Europas", Herzog und Kurfürst Philipp Wilhelm von Pfalz-Neuburg eine großformatige Stammbauminszenierung widmen konnten, ermöglichte eine Spende des Rotary Clubs Neuburg an der Donau, die Abformung der Stifterinschrift von Schloss Grünau verdanken wir der Unterstützung der Raiffeisen Volksbank Neuburg an der Donau, die Faksimiles des zweiten großen Jerusalem-Wallfahrtsteppichs und des genealogischen Teppichs der Jeyes Deutschland GmbH. Die Firma Sonax und Hoffmann Mineral GmbH machte die Veröffentlichung der Ausstellungs-DVD möglich. All diesen Förderern sei herzlich gedankt.

Für die vielfältige Unterstützung unseres Projekts danken wir Herrn Landrat Dr. Richard Keßler. Ihm und dem Landkreis Neuburg-Schrobenhausen ist eine beträchtliche Zuwendung für die Einrichtung der Ausstellung zu verdanken. Die Projektleitung hatte Dr. Suzanne Bäumler, die für das Gesamtkonzept zuständig war und die entscheidenden Leihverhandlungen führte. Dr. Michael Henker war seit jeher der Anwalt der Neuburger Sache und koordinierte die Vorbereitung. Die intensiv vorbereitete Gestaltung der Ausstellung ist das Verdienst von Herrn Michael Hoffer, dem wir für seine Kooperation und viele Einfälle danken. Dr. Magdalene Gärtner und Stephan Lippold leisteten Recherchen und verfassten Katalog- und Ausstellungstexte. Frau Gärtner war zuständig für die Objektverwaltung. Herr Stephan Lippold engagierte sich für die didaktischen Tafeln in der Ausstellung, für die Lehrerhandreichung und den Kinderführer. Sie wurden unterstützt von der Verwaltung des Hauses und der Abteilung für Öffentlichkeitsarbeit. Das Lektorat, die Gestaltung und Herstellung sämtlicher Ausstellungspublikationen sowie der Internetauftritt lagen in den Händen von Evamaria Brockhoff M.A. und Michael Herdick M.A., assistiert von Helga Wiedmann, die die umfangreichen Schreib- und Korrekturarbeiten bewältigte. Ihnen allen, auch den Praktikantinnen und Praktikanten sowie den studentischen Hilfskräften sei für ihr hervorragendes Engagement gedankt. Wir wünschen allen Besuchern Freude an der Ausstellung und eine nachhaltige Wiederentdeckung der „Jungen Pfalz"!

Claus Grimm   *Michael Henker*

Inhalt

Der Schirmherr der Ausstellung
Der Bayerische Staatsminister für Wissenschaft,
Forschung und Kunst Dr. Thomas Goppel

Veranstalter
Haus der Bayerischen Geschichte
Direktor Prof. Dr. Claus Grimm

Stadt Neuburg
Oberbürgermeister Dr. Bernhard Gmehling

Bayerische Verwaltung der staatlichen Schlösser,
Gärten und Seen
Präsident Egfried Hanfstaengl

Koordination Stadt Neuburg
Kulturreferent Dr. Dieter Distl
Mitarbeit: Marieluise Kühnl
Dr. Barbara Zeitelhack

Konzeption
Dr. Suzanne Bäumler
Dr. Michael Henker

Projektleitung
Dr. Suzanne Bäumler

Wissenschaftliche Mitarbeit
Dr. Magdalene Gärtner
Stephan Lippold

Objekt- und Fotoverwaltung
Dr. Magdalene Gärtner
Stephan Lippold

Katalogredaktion und Korrektorat
Evamaria Brockhoff M.A.
Michael Herdick M.A.
Helga Wiedmann

Ausstellungspädagogik und Führungsdienst
Stephan Lippold
Kooperationsprojekt mit der Katholischen Universität
Eichstätt (Sonja Oschwald M.A.)

Studentische Hilfskräfte und Praktikanten
Katharina Diener M.A.
Marcus Golling
Sabine Wagner
Christofer Zwanzig

Verwaltung
Clemens Menter
Kurt Lange
Wolfgang Schaile

Plakat
Büro Ay, Augsburg

Öffentlichkeitsarbeit
Dr. Michael Henker
Dr. Verena Schäfer
Tanja Ladenberger

Gestaltung
Michael Hoffer, Büro für Gestaltung, München

Lichtplanung
Günther E. Weiss

Bauten
Fa. Ribelle, Oberpframmern
Fa. Schilling, Unterhaching

Dekorationen
Margot Staffa und Waltraud Lindner, München

Karten
Buero für angewandte Visionen, München

Restauratorische Betreuung
Jürgen Holstein M.A.
Ernst Bielefeld
Uta Ludwig

Internet
Tobias Berg, Res Media, Augsburg
Christoph Reichert, friends-work-together, Augsburg

Mit freundlicher Unterstützung von
Jeyes Deutschland GmbH, Neuburg
Raiffeisen Volksbank Neuburg an der Donau

*Zur Ausstellung erscheint eine DVD mit freundlicher
Unterstützung von*
Sonax und Hoffmann Mineral GmbH & Co. KG

Katalogtexte

TA	Tobias Appl
SB	Suzanne Bäumler
MBW	Margit Berwing-Wittl
JHB	Josef H. Biller
MCF	Michael Cramer-Fürtig
AD	Andrea Denke
MF	Monika Fahn
JF	Josef Focht
SF	Susanne Friedrich
MG	Magdalene Gärtner
CG	Claus Grimm
SH	Sabine Haag
CH	Christa Habrich

GH	Günter Hägele
DH	Dietmar Heil
MH	Michael Henker
FH	Frieder Hepp
BH	Barbara Höglmeier
SHo	Stephan Hoppe
HH	Hanns Hubach
FMK	Frank Matthias Kammel
GRK	Georg Ritter von Kern
HUK	Hans-Ulrich Kessler
MK	Martin Kirnbauer
DK	Dietrich O.A. Klose
FK	Ferdinand Kramer
DMK	Dorit-Maria Krenn
BL	Brigitte Langer
GL	Gerhard Leidel
AL	Andrea Lermer
SL	Stephan Lippold
KL	Kurt Löcher
BLü	Bernhard Lübbers
SM	Stefan Maier
KM	Klaus Martius
WM	Wolfgang Metzger
JM	Johannes Mötsch
MN	Markus Nadler
UO	Ute Obhof
GO	Günther Oestmann
JO	Johann Ottmar
MP	Matthias Pfaffenbichler
FR	Folker Reichert
PR	Petra Roettig
AS	Armin Schlechter
BS	Beatrix Schönewald
KS	Karl Schütz
SS	Stefan Schweizer
LS	Lorenz Seelig
RHS	Richard H. Seitz
WJS	Wolfgang J. Smolka
CSH	Claudia Sporer-Heis
BSt	Bruce Stephenson
WS	Wilhelm Störmer
JT	Joachim Telle
RT	Roland Thiele
RW	Rudolf H. Wackernagel
BW	Bettina Wagner
MW	Matthias Weniger
BZ	Barbara Zeitelhack
CZ	Christofer Zwanzig

Für Leihgaben und Reproduktionsvorlagen danken wir:

Aventinum. Stiftung für Altbayern, Abensberg
Bischöfliche Administration der Kapellstiftung, Altötting
Staatsarchiv Amberg
Stadtmuseum Amberg

Städtische Kunstsammlungen Augsburg
Universitätsbibliothek Augsburg
Staats- und Stadtbibliothek Augsburg
Staatsbibliothek Bamberg
Stiftung Preußischer Kulturbesitz – Staatliche Museen zu Berlin, Skulpturensammlung und Museum für Byzantinische Kunst
Stiftung Preußischer Kulturbesitz – Geheimes Staatsarchiv, Berlin
Stiftung Preußischer Kulturbesitz – Staatliche Museen zu Berlin, Kupferstichkabinett
Stiftung Preußischer Kulturbesitz – Staatliche Museen zu Berlin, Münzsammlung
Stiftung Preußischer Kulturbesitz – Staatsbibliothek, Handschriftenabteilung, Berlin
Herzog-Anton-Ulrich-Museum Braunschweig, Kunstmuseum des Landes Niedersachsen
Vorarlberger Landesmuseum, Bregenz
Stadt Burghausen
Stadt Burglengenfeld
The Adler Planetarium and Astronomy Museum, Chicago/Illinois
Fondation Martin Bodmer, Coligny/Schweiz
Hessische Landes- und Hochschulbibliothek, Darmstadt
Hessisches Landesmuseum, Darmstadt
Stadtarchiv Den Haag
Studienbibliothek Dillingen
Kunstgewerbemuseum, Dresden
Wetterau-Museum, Friedberg/Hessen
Bayerische Staatsgemäldesammlungen, Staatsgalerie Füssen
Stiftung Schloss Friedenstein, Gotha, Aus den Sammlungen der Herzog von Sachsen-Coburg und Gotha'schen Stiftung für Kunst und Wissenschaft
Universitäts- und Forschungsbibliothek Erfurt, Forschungsbibliothek Gotha
Niedersächsische Landesgalerie, Hannover
Niedersächsisches Landesmuseum, Hannover
Heiliggeistkirche, Heidelberg
Kurpfälzisches Museum der Stadt Heidelberg
Schlossverwaltung Heidelberg
Universitätsarchiv Heidelberg
Universitätsbibliothek Heidelberg
Evang.-Luth. Pfarramt Heilsbronn
Stadt Hilpoltstein
Katholisches Pfarramt Mariä Himmelfahrt, Höchstädt an der Donau
Bayerisches Armeemuseum, Ingolstadt
Kirchenstiftung Zur Schönen Unserer Lieben Frau, Ingolstadt
Deutsches Medizinhistorisches Museum, Ingolstadt
Stadtarchiv Ingolstadt
Stadtmuseum der Stadt Ingolstadt
Museum im Zeughaus, Innsbruck

Tiroler Landesarchiv, Innsbruck
Tiroler Landesmuseum Ferdinandeum,
    Innsbruck
Stadtgeschichtliches Museum Jülich
Badische Landesbibliothek, Karlsruhe
Generallandesarchiv Karlsruhe
Museum Kurhaus Kleve
Staatsarchiv Landshut
Heimathaus der Stadt Lauingen
Stadtarchiv Lauingen
Mittelrheinisches Landesmuseum, Mainz
Thüringisches Staatsarchiv, Meiningen
Archäologische Staatssammlung, München
Bayerische Staatsbibliothek München
Bayerische Staatsgemäldesammlungen, München
Bayerische Verwaltung der staatlichen Schlösser,
    Gärten und Seen, München
Bayerisches Hauptstaatsarchiv, München
Bayerisches Nationalmuseum, München
Deutsches Museum, München
Geheimes Hausarchiv, München
Ludwig-Maximilians-Universität München,
    Universitätsarchiv
Münchner Stadtmuseum
Staatliche Graphische Sammlung, München
Staatliche Münzsammlung, München
Universitätsbibliothek, München
Wittelsbacher Ausgleichsfonds, München
Heimatmuseum Neuburg an der Donau
Historischer Verein Neuburg an der Donau e.V.
Staatliche Bibliothek Neuburg an der Donau
Stiftung Studienseminar Neuburg an der Donau
Germanisches Nationalmuseum, Nürnberg
Evang.-Luth. Kirchengemeinde St. Lorenz, Nürnberg
Stadtbibliothek Nürnberg
Bibliothèque nationale de France, Paris
Musée de l'Armée, Paris
Musée du Louvre, Paris
Musée National du Moyen Âge, Paris
Oberhausmuseum Passau
Archiv des Katharinenhospitals, Regensburg
Gäubodenmuseum Straubing
Staatsgalerie Stuttgart
Archiwum główne akt dawnych w Warszawie
Library of Congress, Washington
Albertina, Wien
Haus-, Hof- und Staatsarchiv, Wien
Österreichische Nationalbibliothek, Wien
Historisches Museum der Stadt Wien
Kunsthistorisches Museum Wien, Hof-, Jagd-
    und Rüstkammer/Kunstkammer/Münzkabinett/
    Sammlungen Schloss Ambras
Technisches Museum, Wien
Hessisches Hauptstaatsarchiv, Wiesbaden
Herzog August Bibliothek, Wolfenbüttel
Universitätsbibliothek Würzburg

Landesbibliothekszentrum Bibliotheca Bipontina/
    Landesbibliothekszentrum Rheinland-Pfalz,
    Zweibrücken
sowie private Leihgeber, die ungenannt bleiben wollen

*Über die im Vorwort genannten Mithelfer hinaus
danken wir:*

Prof. Dr. Dr. Friedrich Klein, Aalen
Dr. Michael Cramer-Fürtig, Augsburg
Reiner Feller, Augsburg
Dr. Margit Berwing-Wittl, Burglengenfeld
Siegfried Münchenbach, Dillingen
Prof. Dr. Waltraud Schreiber, Eichstätt
Dr. Armin Schlechter, Heidelberg
Klaus Winkler, Heidelberg
Prof. Dr. Dr. Christa Habrich, Ingolstadt
Gerald Huber, Ingolstadt
Dr. Beatrix Schönewald, Ingolstadt
Münsterpfarrer Isidor Vollnhals, Ingolstadt
Prof. Dr. Joachim Telle, Heidelberg
Dr. Fritz Grosse, Karlsruhe
Hubert Gruber, Landshut
Bernhard Erhard, Lauingen
Birgitta Neurohr, Lauingen
Dr. Johann Ottmar, Mössingen
André Bruittlot, München
Monika Fahn M.A., München
Otto Feldbauer M.A., München
Prof. Dr. Egon Johannes Greipl, München
Prof. Dr. Reinhard Heydenreuther, München
Prof. Dr. Ferdinand Kramer, München
Dr. Stefan Krimm, München
Dr. York Langenstein, München
Dr. Gerhard Leidel, München
Andreas von Majewski, München
Prof. Dr. Wilhelm Störmer, München
Christoph Strasser, München
Dr. Rudolf Wackernagel, München
Dr. Matthias Weniger, München
Cornelia Wild, München
Rudolf Niessner, Neuburg an der Donau
Dr. Reinhard H. Seitz, Neuburg an der Donau
Dr. Frank Matthias Kammel, Nürnberg
Klaus Martius, Nürnberg
Wolfgang Felber, Ottobrunn
Mme Lènaick Le Moigno, Paris
Hans-Werner Baumgarten, Polsingen
Prof. Dr. Otto Krätz, Starnberg
Dr. Witold Gorski, Stuttgart/Warschau
Dr. Rudolf Ebneth, Wenzenbach
Prof. Dr. Gerhard H. Waldherr, Wenzenbach
Dr. Matthias Pfaffenbichler, Wien
Cornelia Schörg, Wien
Dr. Hanns Hubach, Zürich

Die Ahnen der Pfalzgrafen Ottheinrich und Philipp; Beginn der väterlichen Linie, Detail (S. 14 Rückseite, S. 15 Vorderseite)
Bayerisches Nationalmuseum, München (Kat.-Nr. 2.8)

1 Wittelsbach – ein Haus und viele Linien

Wilhelm Störmer

Die wittelsbachischen Landesteilungen im Spätmittelalter (1255–1505)

Eine Familie – viele Herrschaftskomplexe

Das zentrale Anliegen der Fürsten und des Adels war – nicht nur im Mittelalter – der Familienerhalt. Dazu gehörte die Lenkung der Partnerwahl mit dem Ziel, zumindest eine günstige standesinterne, möglichst aber eine vorteilhafte standeshöhere Heirat zu erlangen. Aus der Ehe sollten viele Kinder hervorgehen, welche die Verbindungen und den politischen Handlungsspielraum der Dynastie ausweiteten. Wichtig war ein männlicher Erbe, während weitere Kinder gesellschaftlich und politisch möglichst vorteilhaft vermählt werden mussten; für die übrigen diente die Kirche als Versorgungsinstitut und Auffangbecken. Ehen mit hoch gestellten Personen konnten nur mit Eheverträgen ausgehandelt werden. Dabei spielte auch die Möglichkeit der Erbteilung ganzer Herrschaften und selbst von Herzogtümern eine zentrale Rolle. Nur das deutsche Königtum konnte im 10. Jahrhundert bereits die Teilbarkeit überwinden – nicht ohne schmerzhafte Widerstände.

Geteiltes Land

Für die Anfangszeit des wittelsbachischen Herzogtums 1180 bis 1253 bestand das Problem der Erbteilung noch nicht, weil jeweils ein Sohn den ganzen Komplex erbte. Herzog Ludwig der Kelheimer (geb. 1174, Herzog 1183 bis 1231) wurde zum eigentlichen „Baumeister" des wittelsbachischen Bayern. 1192 war er von dem Stauferkaiser Heinrich VI. vor einer gefährlichen Adelsopposition errettet worden, ging trotzdem von 1208 bis 1211 auf die Seite des „Gegenkönigs", blieb aber von 1211 bis 1228/29 in enger Verbundenheit mit dem Stauferkaiser Friedrich II. Dadurch konnte er bereits 1214 die rheinische Pfalzgrafschaft für seinen Sohn Otto II., der mit Agnes von der Pfalz vermählt war, übernehmen und somit seine Dynastie in die Spitzengruppe der deutschen Fürsten lancieren. Die Pfalzgrafen bei Rhein hatten auch das Richteramt über den König sowie das Reichsvikariat inne, das heißt die Stellvertretung des Königs bei Thronvakanzen oder im Fall des Königsaufenthalts in Italien. So versteht man, dass sich die bayerischen Herzöge und späteren Kurfürsten an erster Stelle als Pfalzgrafen bei Rhein und erst an zweiter Stelle als Herzöge von Bayern titulierten. Sie taten dies auch, wenn sie de facto nicht teil hatten am pfalzgräflichen Erbe.

Das Teilungsproblem ergab sich erstmals nach dem Tod Herzog Ottos II., eines äußerst geschickten Politikers, der seine Tochter Elisabeth 1246 mit dem Stauferkönig Konrad IV. (gest. 1254) vermählen konnte. Ottos Söhne Ludwig II. (1229–1294) und Heinrich XIII. sollten und wollten das Land Bayern zunächst gemeinsam regieren, doch machten Streitigkeiten der beiden dies bald unmöglich. So kam es 1255 zur ersten bayerischen Landesteilung. Diese Teilung entsprach nicht dem geltenden Grundsatz des Reichsrechts, wonach Fürstentümer als Reichslehen ungeteilt bleiben sollten. Bezüglich Bayern beschränkten sich die beiden Brüder daher auf eine „Mutung"; nur die reichsrechtlich so wichtige Rheinpfalz blieb ungeteilt und wurde dem oberbayerischen Teilherzog Ludwig II. dem Strengen zugesprochen. Auch Niederbayern, also der östliche, an Böhmen und die Ostmark grenzende Landesteil, blieb ein relativ geschlossenes Territorium. Hauptsitz war Landshut, das schon Ludwig I. der Kelheimer 1204 als Stadt und Burg gegründet hatte. Der Theorie nach blieb Regensburg weiterhin das politische Zentrum beider Teilherzöge und Teilherzogtümer. Da die Macht Ludwigs II. weit über Bayern in die Pfalz ausgriff, waren für ihn die Donaustädte strategisch wichtig. Daher hielt er sich hier häufig auf, und zwar in Ingolstadt, Donauwörth, Neuburg und Vohburg.

Die Entwicklung Münchens zur oberbayerischen Hauptpfalz oder Residenzstadt zeigt sich erstmals 1259 bei einer hier stattfindenden politisch hoch relevanten Vermählung, nämlich zwischen der Wittelsbacherin Elisabeth, Tochter Herzog Ottos II. und Schwester des regierenden Ludwig II. des Strengen, Witwe des Stauferkönigs Konrad IV., und dem aufstrebenden Grafen Meinhard II. von Görz-Tirol. Dabei kann man von einem großen repräsentativen Aufwand des Gastgebers ausgehen, zumal Elisabeth die Witwe des letzten deutschen Stauferkönigs war. Bis zum Tod Ludwigs des Strengen (1294) scheint die Münchner Residenzbildung im so genannten Alten Hof intensiviert worden zu sein. Sein Sohn Herzog Rudolf (1294–1319) hat diese Entwicklung konsequent weitergeführt.

Keine zehn Jahre nach der Hochzeit der staufisch-wittelsbachischen Königswitwe Elisabeth brachte das Ende ihres Sohnes Konradin 1268 dem wittelsbachischen Haus ein neues, beträchtliches Erbe, aber auch eine neue Erbteilung, als der letzte Staufer Konradin vor seinem tragisch endenden Italienunternehmen seine bayerischen und schwäbischen Besitzungen an die Wittelsbacher übertrug, denen er selbst mütterlicherseits entstammte. Die offizielle Teilung des konradinischen Erbes zwischen den Herzögen Ludwig und Heinrich von Bayern erfolgte im Oktober 1269 nach der Enthauptung Konradins. Sie fiel ungleich zu Gunsten Ludwigs des Strengen aus. Dies lag darin begründet, dass sich vor allem Ludwig um seinen Neffen Konradin bemühte und ihm mit Geld und Politik den Italienzug ermöglicht hatte. Mit dieser Teilung reichten die beiden Herzogtümer praktisch bis vor die Tore Nürnbergs und Augsburgs.

Die Jahrzehnte um 1300 wurden entscheidend für die innere Struktur der schon 1255 geteilten Lande. Um die vielfältigen politischen und dynastischen Pläne nicht aufgeben zu müssen, suchten die Herzöge durch Sparmaßnahmen, Verpfändungen und dergleichen zu zusätzlichen Geldquellen zu kommen. Das Zaubermittel schien die so genannte Notsteuer, auch Viehsteuer, zu sein. Eine Hofhaltung, die auf mehrere Residenzorte verteilt war, war ähnlich kostspielig wie manche Kriege. Der Vilshofener Vertrag von 1293 für Niederbayern und die Schneitbacher Einung vom 2. Januar 1302 dokumentieren, dass der Herzog nicht willkürlich über Gelder verfügen konnte. Für Notsteuern brauchte er den Konsens seiner „Grafen, Freien, Dienstleute und aller Edler", die ihm nur einmalig die Erhebung von Viehsteuern zugestanden, dafür aber rechtliche Zugeständnisse, besonders das Recht des Zusammenschlusses, forderten.

Ähnlich ist die Situation bei der Ottonischen Handveste von 1311 für Niederbayern, wo die allmählich zu Ständen zusammenwachsenden Landherren nicht nur das Recht des Zusammenschlusses, das Steuerbewilligungsrecht, sondern auch die Niedergerichtsbarkeit über ihre Güter und Leute durchsetzten. In der Folgezeit entwickelte sich aus diesen Gruppen die Landschaft, bestehend aus dem Adel, später kamen die Prälaten und schließlich die Städte und Märkte hinzu.

Der oberbayerische Herzog und spätere König Ludwig der Bayer, 1281/82 geboren, war als Zweitgeborener bereits früh mit Teilungsproblemen befasst, da es zwischen den Brüdern zu tief greifenden Spannungen kam. Erst 1301 erreichte er eine Mitregentschaft im oberbayerisch-pfälzischen Bereich, doch 1310 wurde die Herrschaft zwischen den Brüdern geteilt, wenn auch 1312 mit großen Anstrengungen wieder rückgängig gemacht. Der Konflikt lässt sich am besten in der Residenzstadt München ablesen. Auch Ludwigs Königsherrschaft war durch den siebenjährigen Thronstreit mit seinem gleichzeitig gewählten Vetter Friedrich dem Schönen von Österreich geprägt. Angesichts dieser Teilungen und Teilungspläne stand der Fürst vor großen Herausforderungen.

Ludwig der Bayer

Im wittelsbachischen Teilungskonzert des späten Mittelalters spielte Kaiser Ludwig der Bayer eine nicht zu unterschätzende Rolle. Von den wittelsbachischen Erblanden stand ihm eigentlich nur Oberbayern-München zu, das er freilich auch erst seinem älteren Bruder Rudolf abringen musste. Für die Profilierung des Teilherzogtums Oberbayern und Münchens als dessen politisches Zentrum waren vor allem zwei Neuerungen entscheidend, einerseits die Schaffung des so genannten Oberbayerischen Landrechts, das heißt eines Rechts, das zwar an jenem Münchens orientiert, aber für das ganze Teilherzogtum gültig war, zweitens der Ausbau des Alten Hofs in München nicht nur als oberbayerische Residenz, sondern auch als eines der Hoftagszentren des Reichs. Hier hatte Kaiser Ludwig der Bayer eine prächtige königliche Burgkapelle errichten lassen. Der Glanz seines Kaisertums sollte offensichtlich in der neuen Laurentiuskirche des Alten Hofs dargestellt werden (Kat.-Nr. 2.30). Bezeichnenderweise hatte der König 1321 zum Seelenheil seiner Familie eine Kapellanstelle in der Münchner Burgkapelle gestiftet, wobei dessen Inhaber mit außerordentlichen Rechten ausgestattet worden war. Hier sollte die für das König- und Kaisertum verpflichtende Nähe von Thron und Altar realisiert werden, freilich in viel bescheidenerem Maße als etwa bei der Sainte-Chapelle in Paris. Nachdem der Rivale Friedrich der Schöne die Reichskleinodien ausgeliefert hatte, bestimmte der Sieger Ludwig die neue Hofkirche St. Laurentius zum Verwahrungsort des heiltumsträchtigen Kronschatzes. Man kann sagen, dass erst jetzt „das Reich bei ihm" zu München war. Mit dem Tod des Kaisers 1347 war diese Glanzzeit Münchens freilich wieder vorbei. Die Münchner Residenz und die Residenzkapelle verloren die Reichskleinodien als wertvolle Heiltümer, zweifellos ein herber Verlust.

Ein besonderes Kennzeichen der Herrschaft Ludwigs war seine – auch aus der politischen Not geborene – Hausmachtpolitik, die zu einer Reihe von Teilungen führte. Schon 1323 verlieh er seinem erst 1316 geborenen Sohn Ludwig die vakante Markgrafschaft Brandenburg. Von der zweiten Ehe mit Margarete, Tochter Graf Wilhelms III. von Holland, und ihren Folgen wird im Zusammenhang mit dem Teilherzogtum Bayern-Straubing-Holland zu sprechen sein. Durch diese Eheverbindung gewann König Ludwig nicht nur eine wichtige Stellung im Nordwesten des Reichs, sondern war auch mit dem englischen König verschwägert.

Die Pfälzer Wittelsbacher

Auf seinem Italienzug kam es zum Abschluss des Hausvertrags von Pavia 1329, der die Streitigkeiten Kaiser Ludwigs mit dem Nachkommen seines 1319 verstorbenen Bruders Rudolf beendete. Die vielleicht fundamentalste Teilung des Hauses Wittelsbach war wohl jene, die in diesem Hausvertrag von Pavia ausgesprochen wurde. Hier fielen die rheinische Pfalzgrafschaft und Teile des alten Viztumamtes Burglengenfeld im bayerischen Nordgau an die Nachfolger Herzog Rudolfs. Damit wurde die ältere Heidelberger Kurlinie begründet. Diese Konstellation währte im Großen und Ganzen bis 1505; Kurlinie heißt sie deshalb, weil sie seit der Goldenen Bulle von 1356 die alleinige Führung der wittelsbachischen Kurstimme beanspruchte. Diese Goldene Bulle als Reichsgesetz sah aber auch die Unteilbarkeit aller Kurlande vor. So entstand in den folgenden Jahrzehnten das so genannte Kurpräzipuum, für das allein die Unteilbarkeit der Kurpfalz galt. Zu diesem unveräußerlichen Kernbestand zählten in der „Oberen Pfalz" beispielsweise Amberg, Nabburg und Kemnath. Der übrige pfälzische Hausbesitz durfte weiterhin zur Ausstattung nachgeborener Söhne verwendet werden.

Da in Bayern schon alle herzoglichen Urbare des 13. Jahrhunderts nach Ämtern, später nach einzelnen Pfleggerichten gegliedert wurden, erstaunt es, dass die wittelsbachischen Haus- und Teilungsverträge des 14. Jahrhunderts, vorab der Hausvertrag von Pavia 1329, von diesen geschaffenen Organisationen überhaupt keine Kenntnis nehmen. Da heißt es lediglich: „Unserem Herrn und Vettern, Kaiser Ludwigen von Rom und seinem Kind … sind angefallen: München die stat, Vohburch burch und marckt … (usw.), Pargstein die burch, Weiden, Vohendrazz und Lu (Luhe) die maerckt, und swaz zu den vorgenannten purgen, steten und maerckten gehoert (usw.)." Zum politischen Hausverständnis gehörte also die neue Herrschaftsgliederung des 13. Jahrhunderts immer noch nicht. Zwar wird später das Landgericht einmal angesprochen, aber nur sehr untergeordnet: Da heißt es, dass die Erben „den ihren teil inne haben mit allem dem, daz zue den selben vesten und gueten gehört an leuten, an guten, an gerichten, dörfern, weilern, waelden, vorsten, hölzern, wassern (usw.), wiltpan, strazzen, gelaiten, chgirchsaetzen (= Kirchsätzen), manlehen, herrschaften und lantgerichten und anders". Die Summe und die Namen der Städte, Märkte und Burgen sind das Entscheidende, Konkreteres interessiert nicht.

Die Vierherzogzeit

Kaiser Ludwig der Bayer hatte Bayern noch 1340 unter seiner Herrschaft wiedervereinigen können. Nach seinem Tod kam es 1347 sofort zu einer erneuten Teilung, die freilich von 1363 bis 1375 unter Stephan II. mit der Hafte noch einmal aufgehoben werden konnte. Aber bereits 1375 übernahmen im Vertrag von Burghausen die drei Söhne Stephans II. – Stephan III., Friedrich und Johann – gemeinsam mit ihrem Onkel Otto die Regierung, eine Regelung, die schwer durchführbar war. Im folgenden Jahr 1376 wurde durch die Landesteilung auch eine Trennung der Verwaltung in zwei Bereiche vollzogen, wobei nach je zwei Jahren gewechselt werden sollte. Nach dem Tod Ottos 1379 führte Friedrich die Verwal-

tung Niederbayerns allein fort; die beiden anderen Brüder kamen zu keiner Einigung. Erst 1384 bekannten sich die drei Brüder wieder zu einer gemeinsamen Regierung auf drei Jahre. Inzwischen wurde aber auch das Verhältnis der Herzöge zur Stadt München recht schwierig. Herzog Johann konnte zwar 1390 eine erneute Teilung noch nicht durchsetzen; 1390 wurde zudem die gemeinsame Regierung der drei Söhne Stephans II. für weitere sechs Jahre festgelegt. Doch schon im September 1392 verbanden sich Johann und sein Sohn Ernst mit einigen Vertretern der Landstände und mit München, um Stephan III. und Friedrich zu einer neuen Teilung im Sinne der Vereinbarung von 1376 zu zwingen.

Bayern-Ingolstadt

Herzog Stephan III. der Kneißel (geb. um 1337, reg. 1375–1413), ein ehrgeiziger und Pracht liebender Fürst, der seinen Beinamen verdient, Vater der Königin Elisabeth bzw. Isabeau von Frankreich und des Herzogs Ludwig des Gebarteten von Bayern-Ingolstadt, fieberhafter Territorialpolitiker mit Blick auf Italien, glänzender Selbstdarsteller und Mann mit Sinn für Repräsentation, versuchte im Ringen mit seinen Brüdern München und seinen Hof wieder im Sinne seines Großvaters mit großer, wenn auch nicht immer legitimer Energie auszubauen. Es ist offensichtlich, dass Herzog Stephan III. die Laurentiuskapelle seiner Hauptresidenz aufwerten und damit auch seiner Herrschaft einen kultisch-religiösen Mittelpunkt geben wollte. Die von ihm organisierte eindrucksvolle Reliquienschau der Andechser Schätze in München und die mächtigen Wallfahrten in die Residenzstadt standen aber letztlich unter keinem guten Stern, denn wohl nie haben sich die Mitglieder des wittelsbachischen Hauses so befehdet wie um 1400.

Johann entriss noch im September 1392 seinem Bruder Stephan dessen letzten Stützpunkt in München, die Neu-Veste, Johann war damit Herr über München. Jetzt beriefen die Herzöge einen Landtag, dessen Ausschuss über die Teilung des Landes beraten sollte. Dieser sprach sich für die neue Teilung aus, die von den Fürsten angenommen wurde. Unmittelbar nach der Entscheidung verließ Herzog Stephan München und verlegte seine Residenz nach Ingolstadt. Damit war der Förderer und erste Hauptinteressent des Andechser Reliquienschatzes für den Münchner Raum ausgeschaltet.

Doch Stephan III. der Kneißel war trotz seiner Zurückdrängung nach Ingolstadt noch lange nicht am Ende. 1368 hatte er – in der Hoffnung Tirol wieder zurückzugewinnen – eine Tochter Barnabas Viscontis, des Herrn über Mailand, geheiratet. „Seine Ehe- und Familienpolitik stand ganz im Zeichen politischer Größe und Weite" (Straub 1992, Territorium, S. 24). Nach Rückschlägen vermählte er sich 1401, fast 65-jährig, mit der 41 Jahre jüngeren Gräfin Elisabeth von Kleve-Mark am Niederrhein. Seine eigene Tochter, die schöne Elisabeth, wurde – unter Zutun seines Bruders Friedrich – 1385 als Isabeau

Königin von Frankreich und repräsentierte in der Folgezeit den prächtigen Pariser Hof. Ihr Bruder, Ludwig der Gebartete von Bayern-Ingolstadt (geb. 1368, reg. 1413 bis 1447), wurde als Unterstützer seiner königlichen Schwester französischer Kronvasall. Er weilte von 1391 bis 1393 und von 1402 bis 1415 am französischen Hof. Erst als Leiter der französischen Konzilsgesandtschaft kam er nach Konstanz, dann auch nach Bayern zurück. Nach seiner Rückkehr nach Ingolstadt prägte er seinem Teilherzogtum deutliche Züge auf.

Wie die Verbindung mit dem französischen Königshaus unter Isabeau sich auf ein Teilherzogtum in Bayern auswirken konnte, zeigt Ludwig der Gebartete, „der Königin von Frankreich Bruder", wie er sich titulierte. Er, der sich jahrelang am Hof zu Paris aufgehalten hatte, versuchte in Ingolstadt den französischen Hof in Sitten und Gebräuchen, Architektur und Künsten zu imitieren. Da er am französischen Hof nicht mehr bezahlt worden war, erhielt er stattdessen unter anderem das kostbare „Goldene Rössel", das später an das Stift Altötting kam. Ludwig der Gebartete war wohl das höfische Vorbild, das alle anderen Wittelsbacher in Bayern nachzuahmen suchten. Seiner eigenen Hauptstadt Ingolstadt gab er durch den prächtigen Bau des Münsters (Stiftskirche) im Westen und des neuen Schlosses im Osten Gestalt. Der Konflikt mit seinem ungeliebten eigenen Sohn Ludwig dem Buckligen brachte den stolzen Ludwig den Gebarteten freilich nach einem mehrjährigen Ausweichen auf Schloss Neuburg samt Hof auf tragische Weise in den Abgrund. Er starb 1447.

Bayern-München

Im dynastiepolitischen Geschehen gehört das Jahrzehnt um die Jahrhundertwende von 1392 bis 1404, geprägt durch das ehrgeizige Ringen der Teilherzöge, durch regelrechten bayerischen Hauskrieg, die so genannte „Vierherzogszeit" mit ihrer krisenhaften Verdichtung in München, zu den dunkelsten der bayerischen Geschichte.

Nach der Vertreibung Herzog Stephans des Kneißels aus München praktizierten seine Widersacher in Bayern-München wieder über Jahrzehnte hinweg die Wanderherrschaft, wobei München nur relativ selten aufgesucht wurde. Dies dauerte, bis Herzog Albrecht III. nach seinen Eskapaden mit Agnes Bernauer und nach seiner oberbayerischen Herrschaftsübernahme nicht nur seinen Hof in München und in den nahen Lust- und Jagdschlössern Blutenburg, Grünwald und Dachau ausbaute, sondern auch Münchner Patrizier in besonderem Maße in seine Herrschaft einband. Nach seinem Tod hinterließ Herzog Albrecht III., der den Münchner Hof erneut favorisiert hatte, fünf legitime Söhne, von denen der älteste früh starb und der dritte, Albrecht IV., ursprünglich als Geistlicher vorgesehen, seinen älteren Bruder Sigmund verdrängen sowie die beiden jüngeren Brüder durch komplexe Verträge zurückhalten konnte.

Historische Denkmäler aus dem Münchner Hof vermögen das Ringen um die alleinige Herrschaft in der zweiten Hälfte des 15. Jahrhunderts sehr genau zu beleuchten. 1850 wurden im Alten Hof zu München Wandbilder von 14 Fürsten entdeckt, Reste einer 62 Personen umfassenden repräsentativen Dokumentation bayerischer Herzöge von der biblischen Zeit bis zur Gegenwart, weitgehend versehen mit Wappen und gereimten Charakterisierungen der einzelnen Fürsten. Auch wenn ältere Vorlagen anzunehmen sind, stellt diese offensichtlich zwischen 1463 und 1465 entstandene Bilderfolge die „Staatspropaganda" Herzog Sigmunds, des älteren Bruders Albrechts IV. des Weisen, dar. Von der 62. Gestalt wird nämlich gesagt: „Disz ist der gnedig Herr, Herczog Sigmund Pfalczgraff bey Rhein und Herzog von Bayern" (Kat.-Nr. 2.33).

Aus der kurzen Zeit der gemeinsamen Regierung Albrechts IV. und Sigmunds ist noch die erste Münchner Hofordnung (um 1464) vorhanden. Sie zeichnet sich durch Sparsamkeit aus: Dem nun ältesten überlebenden Bruder, Herzog Sigmund, stehen persönlich 14 Personen und ebensoviele Pferde zu, Herzog Albrecht nur zwölf und Herzog Christoph zehn Personen und zehn Pferde. Als gemeinsame „Tägliche Räte" werden 26 Personen festgelegt. Insgesamt werden in dieser Hofordnung 121 Pferde (also weniger als schon 1294 am Landshuter Hof!) und 164 Personen (in dieser Reihenfolge!) berechnet. Hofanweisungen im engeren Sinn betreffen insbesondere den Wunsch nach gemeinsamem Essen der beiden Herzöge, „dadurch so groß wird erspart".

Der Münchner Hof Herzog Albrechts IV., der vor allem durch Ulrich Fuetrer literarisch bekannt ist, war durch eine Reihe sich wechselseitig beeinflussender Faktoren geprägt. Nach einer Periode des Niedergangs hatte erst der Großvater, mehr noch der Vater Albrechts IV. München wieder zum Zentrum des oberbayerischen Teilherzogtums gemacht. Mit dem Tod des relativ friedliebenden Albrecht III. im Jahr 1460 stellte sich die Frage, wie fünf Herzogssöhne versorgt werden sollten. Dieses Problem durchzog praktisch die ganze Regierungszeit Albrechts IV. Nach dem Konzept des Vaters sollten die zwei ältesten Brüder Johann und Sigmund allein regieren. Doch Ende 1463 war bereits der älteste Bruder gestorben. Nun erhob der drittälteste Sohn Albrecht (IV.), der eigentlich für die geistliche Laufbahn bestimmt war, gerade 18 Jahre alt, bei seinem Bruder Sigmund Anspruch auf Mitregierung. 1465 erreichte er dieses Ziel. Eine Münchner Regierungsordnung vom 14. März 1466 zeigt, wie weit die Kompetenzen zwischen beiden Herzögen bereits getrennt waren.

Albrechts Pläne gingen weiter. Im Zusammenwirken mit den Ständen erwirkte er den Regierungsverzicht Sigmunds. 1467 war Albrecht Alleinregent. Am 3. September 1467 erfolgte eine Regierungsordnung, durch die Sigmund mit den fünf Schlössern Dachau, Nannhofen, Starnberg, Menzing-Blutenburg und Grünwald entschädigt wurde. Mit seinen jüngeren Brüdern Christoph und

Wolfgang hatte er bereits 1465 Vereinbarungen im Hinblick auf deren Regierungsrechte getroffen. De facto nützte dies alles nicht viel. Der Konflikt mit den jüngeren Brüdern, besonders mit Christoph, brach sofort wieder aus.

Bis heute fehlen Monografien sowohl Albrechts IV. als auch seines wohl geistreicheren Bruders Sigmund. Aufgrund neuerer Einzeluntersuchungen lässt sich aber doch einiges zu Albrechts Regierungssystem, zu seinem „Hofprogramm" und zu dessen Hintergründen sagen. Zum besseren Verständnis des Hofs sollen zunächst thesenartig die Dominanten der Regierungspolitik Albrechts IV. aufgezeigt werden:

1. Der Bruderzwist, von manchen gar als Erzübel des spätmittelalterlichen Hauses Wittelsbach betrachtet, machte die Anfänge Albrechts außerordentlich unsicher. Albrecht IV. musste nach einer möglichst breiten Legitimationsbasis suchen. Dazu kam

2. dass das Teilherzogtum Bayern-München (oder Oberbayern) im Rahmen der wittelsbachischen Teilherzogtümer das ärmste Land war. Dies gilt vor allem im Vergleich mit dem Niederbayern-Teil der sprichwörtlich reichen Herzöge von Landshut.

3. Es hat ganz den Anschein, dass bereits Albrechts fantasievoller Bruder Sigmund als erster die besondere Herkunft der Wittelsbacher propagierte und auch das höfische Ambiente in München pflegte und förderte und Albrecht gewissermaßen auf den Zug aufsprang.

4. Der zunächst außerordentlich eingeengte und legitimationsbedürftige Albrecht musste, um neue Personenkreise zu gewinnen, neue Ideen entwickeln. Das gilt auch für seinen Hof, in dessen unmittelbarer Umgebung Sigmund sich die wohl interessantesten Burgen und Jagdgründe ausgehandelt hatte.

5. Trotz aller innerdynastischen Schwierigkeiten entwickelte sich seit der Mitte des 15. Jahrhunderts ein gesamtdynastisches Wittelsbach-Bewusstsein, verkörpert im Begriff vom „Haus Bayern". Es wurde rasch zum Leitbild der „Staats"-Konzeption Albrechts IV. Das heißt: Über das teilherzogliche Territorialbewusstsein, das die Brüder und Verwandten pflegten, wölbt sich als Anspruch und Leitbild Albrechts das gesamtbayerische Haus- und Herrschaftsbewusstsein. Fuetrers Chronik ist wohl das beste Dokument für diesen Sachverhalt. Betont wird dabei „die Einheit des bayerischen Stammes, die Entstehung Bayerns als politisches Gebilde in uralten Zeiten und die Einbindung der Wittelsbacher in die lange und ehrwürdige Reihe der Herzöge". Diese großartigen, zum Teil fiktiven Ursprünge wieder zu erlangen war das erklärte Ziel Albrechts.

6. Neben diese Solidarität heischende Propagierung des ältesten und vornehmsten Bayern bzw. Wittelsbach tritt der Anspruch Albrechts IV., all das wieder zurückzugewinnen, das einst zum „Haus Bayern", ja zum ehemaligen Stammesherzogtum gehört hatte – wahrlich eine anspruchsvolle „Irredenta"- und „Reconquista"-Politik des im Inneren schwachen Herzogs.

All das erforderte ein hohes Maß an Selbstdarstellung und Hofrepräsentation. Albrecht IV. musste angesichts der äußeren wie der inneren Feinde deutlich machen, dass er mit seinem Münchner Personenverband in politischer, gesellschaftlicher und kultureller Hinsicht an der Spitze Bayerns stand. Er musste demonstrieren – und dies tat er durch seinen Hofdichter –, dass neben das „edelste und älteste" Haus Wittelsbach, das er zu repräsentieren beanspruchte, auch der glänzendste Hof des Königs Artus gestellt werden könne. Wie stark diese ideologischen Zwänge waren, lässt sich vergleichend ermitteln, wenn man berücksichtigt, dass Albrechts Schwager Kaiser Maximilian I. auf seinem Innsbrucker Grabmal für alle sichtbar König Artus in sein eigenes Geschlecht, das Haus Habsburg, integrierte. Albrechts Münchner Hof, bislang fast nur literarisch bekannt, muss also aus den Herausforderungen und den ehrgeizigen Zielen dieses Herzogs verstanden werden.

Die reichen, aber sehr sparsamen Landshuter Herzöge und Verwandten des Münchners konnten 1475 durch die grandiose Hochzeit des Herzogssohns Georg mit der polnischen Königstochter Hedwig so etwas wie einen höfischen Gipfelpunkt ihrer Zeit schaffen. Bei dieser Hochzeit, an der 6 500 fremde Gäste teilnahmen und der europäische Hochadel gewissermaßen sich selbst feierte, war Albrecht selbstverständlich zugegen. Diese Landshuter Hochzeit wird ihn in seinen Planungen beeinflusst haben.

Albrecht IV. ging zumindest in der Wahl seiner Ehefrau noch einen Schritt weiter, denn er vermählte sich am 2. Januar 1487 mit Kunigunde, der am Innsbrucker Hof lebenden Kaisertochter. Diese Vermählung stand bereits im Zusammenhang mit der Erwerbspolitik Albrechts, die auf Tirol zielte.

Was den Münchner Hof betrifft, so scheint es, dass Albrecht IV. mit der Propagierung des Gesamthauses und der Herkunft des „edlen Hauses Bayern" aus Armenien bereits seinem Bruder Sigmund folgte. Auf die „Ahnentafel" Sigmunds im Alten Hof, der herzoglichen Residenz, wurde bereits hingewiesen. Bei der Münchner Frauenkirche, die Albrecht IV. zur Herrschaftskirche par excellence umfunktionierte, zeigt sich Ähnliches. Noch im Februar 1468 hatte nicht Albrecht, sondern Herzog Sigmund die Grundsteinlegung vorgenommen. Erst ein Jahrzehnt später wurde Albrecht in Rom für die Kirche aktiv. Es gelang ihm mithilfe des Papstes die Frauenkirche als hervorragende Begräbnisstätte Kaiser Ludwigs des Bayern und der Wittelsbacher auszustatten und sie schließlich umzuwandeln in ein herzogliches Kollegiatstift zu Unserer Lieben Frau (1492), ein exemtes Hofstift, in dem der Hofgottesdienst und speziell das Fürstenanniversarium eine zentrale Rolle spielten.

Hier bricht im Grunde unsere Kenntnis über die Intensivierung des Hof- und Residenzlebens Albrechts IV. ab. Die Folgezeit stand bereits ganz unter dem Aspekt der Wiedergewinnung und Wiedervereinigung Gesamtbayerns nach dem Aussterben der Landshuter Linie.

Bayern-Straubing

Die Heirat Ludwigs des Bayern mit Margaretha von Avesnes, die nach dem Tod ihres Bruders Anspruch auf den Hennegau, Holland, Seeland und Friesland hatte und diesen auch durchsetzte, wurde bereits angesprochen. Als Ludwigs Söhne 1353 ihr Erbe aufteilten, erhielten Wilhelm I. und Albrecht das niederländische Erbe mitsamt dem „Straubinger Ländchen", dem Teilherzogtum Niederbayern-Straubing-Holland, das sich vom unteren Altmühltal bis zum Innviertel und zwischen Furth im Wald an der böhmischen Grenze bis Dingolfing an der Isar erstreckte. Da auch große Teile der heutigen Niederlande und Belgiens dazu gehörten, entstand ein politisches Gebilde aus extrem weit auseinander liegenden Besitzkomplexen mit ganz verschiedenartiger Bevölkerung.

In seiner bayerischen Hauptstadt Straubing ließ sich Albrecht 1356 eine neue prächtige Burg erbauen. Da sein Bruder schon 1357 regierungsunfähig wurde, ging Albrecht 1358 für immer in die niederländischen Gebiete als „Regierungskommissar". Er bewältigte die vielfältigen Spannungen in diesem kapitalkräftigen Land. 1389 wurde er hier offizieller Herrscher und konnte nun vielfältige Heiratsbande und Bündnisse knüpfen. Nach 46 Jahren Herrschaft starb Albrecht I. im Jahr 1404.

Trotz des Weggangs des Herzogs nach Holland blieb Straubing Haupt- und Residenzstadt. Auch für den meist abwesenden Herzog blieb sie ein wichtiger politischer Stützpunkt seiner Interessenvertretung in Bayern vor Kaiser und Papst. Die Entstehung aller noch heute bedeutenden Bauten Straubings fiel in diese Periode: Herzogsschloss, Karmelitenkirche, in der der 1397 verstorbene Herzog Albrecht II. bestattet wurde und im beginnenden 15. Jahrhundert ein prächtiges Grabmal erhielt – das einzige erhaltene Grabdenkmal eines Wittelsbachersprosses aus der Linie Straubing-Holland –, ferner die prächtige Bürgerkirche St. Jakob (seit 1581 Pfarrkirche). Für kurze Zeit residierte der junge, früh verstorbene Herzog Albrecht II. (1368–1397), Sohn Herzog Albrechts I., in Straubing, nach seinem Tod 1397 begab sich sein Nachfolger Johann III. wieder weitgehend nach Holland. Der bayerische Teil des Besitzes dieser Linie wurde durch Viztume gut verwaltet.

Da sich die wittelsbachischen Vettern in Bayern für das Erbe Straubing-Holland in den Niederlanden – realpolitisch klug – nicht interessierten, war dort die Aufsteigermacht Burgund am Zuge. Das Ringen zwischen Johann III. (gest. 1425), dem ehemaligen Bischof von Lüttich, und der von vielen Seiten bedrängten Jakobäa von Bayern (gest. 1436) endete tragisch. In Bayern-Straubing aber bahnte sich ein innerdynastischer Streit ersten Ranges um das Erbe an. Während der selbstbewusste Ingolstädter Herzog Ludwig der Gebartete als ältester „und würdigster Fürst von Bayern" das Gesamterbe forderte, verlangten die Bayern-Münchner Herzöge Ernst I. und Wilhelm III. die Vierteilung, damit alle Erben gleichen Grades berücksichtigt würden. Die eigenwilligen Strau-

binger Landstände dagegen wandten sich an den König, der schließlich den Schiedsspruch am 26. April 1429 fällte. Es erfolgte eine Teilung nach Köpfen, und zwar per Los. In der Straubinger Residenz übte in den folgenden Jahren der jüngere Herzog Albrecht III., Sohn Herzog Ernsts von Bayern-München, die Regentschaft aus. Da er in heimlicher Ehe mit der nicht standesgemäßen Agnes Bernauer lebte, beseitigte sein Vater das Problem dieser politisch gefährlichen Verbindung durch die Ermordung der Bernauerin in den Fluten der Donau. Straubing war künftig zwar nicht mehr Residenz, wohl aber Sitz eines mächtigen Viztums.

Bayern-Landshut

Im Ringen um die niederbayerische Erbfolge konnte Albrecht IV., der Schwager Maximilians I., den König doch für seine Pläne gewinnen und – für einen hohen Preis – im Landshuter Erbfolgekrieg den Sieg für Bayern-München erreichen. Im ganzen 15. Jahrhundert war freilich die Entwicklung in Bayern-Landshut wesentlich kontinuierlicher und konsequenter als in den übrigen bayerischen Teilherzogtümern verlaufen. Dies beginnt mit Herzog Heinrich von Niederbayern (geb. 1386, reg. 1393–1450), der beim Tod seines Vaters noch unter der Vormundschaft seiner verfeindeten Onkel Stephan III. von Ingolstadt und Johann II. von München gestanden hatte. Schon seit dem ersten Jahr seiner selbstständigen Regierung 1404 zeigte Heinrich Härte und Durchsetzungskraft, sei es gegen seine Residenzstadt Landshut, gegen seinen verhassten Vetter Ludwig den Gebarteten, im Ringen um das Straubinger Erbe oder um das Ingolstädter Erbe. Der unerbittliche, bis zum Geiz sparsame Herzog hat in seiner langen Regierungszeit sein Territorium entschuldet und die Finanzverwaltung neu organisiert.

Auf der Leistung Heinrichs des Reichen konnten sein Sohn und sein Enkel weiterbauen. Ludwig IX. der Reiche (1450–1479), ein betriebsamer Fürst, konnte sich zwar früh mit München verständigen, doch kennzeichnet sein Regiment eine unruhige und kampferfüllte Zeit, in der der Krieg gegen den fränkischen Markgrafen sein Land in die große Koalition gegen den Kaiser brachte, was eine erneute Anhäufung von Schulden nach sich zog. Der Sohn Herzog Georgs der Reichen betrieb eine raffinierte Außenpolitik und griff weit nach Schwaben aus, wobei im Inneren wie in der Außenpolitik der Aspekt des finanziellen Nutzens offensichtlich eine zentrale Rolle spielte. Da ihm kein Sohn vergönnt war, musste die niederbayerische Nachfolgefrage zu einer der schwersten Krisen der bayerischen Geschichte und zu einem Krieg von fast europäischem Ausmaß führen.

Besonders vorbildlich war die Landshuter „Staatsverwaltung". In der Landshuter Kanzlei der niederbayerischen Herzöge, die im 15. Jahrhundert über sorgfältige Dienerbestallungsbücher verfügten – Zeichen einer stärkeren Bindung des „Beamtenapparats" an den herzoglichen Dienstherren –, waren zwei Kanzler, Dr. Martin

Mair und Wolfgang Kolberger, außerordentlich aktive Diplomaten ihrer Fürsten. In engstem Zusammenhang mit dem Ausbau der herzoglichen Kanzleien steht vor allem im niederbayerischen Herzogtum der gezielte Ausbau der Rentmeisterämter. Der Rentmeister entwickelte sich seit dem 15. Jahrhundert zu einem der wichtigsten Beamten in den Teilherzogtümern. In jährlichen Umritten kontrollierte und visitierte er die Mittelbehörden seines Rentamts; er nahm die Rechnungen auf und übte eine beschränkte Strafgewalt aus.

Ebenso wichtig ist, was sich zwischen 1400 und 1500 auf der unteren Ebene der Verwaltung abspielte. Die Kirche konnte besonders eng in die Landshuter Territorienpolitik integriert werden. Kurz vor dem Ende des Landshuter Teilherzogtums sicherte als Konkurrent Bayern-Münchens der söhnelose Georg der Reiche seinen vermeintlichen Erben noch den Zugriff auf den Freisinger Bischofsstuhl.

Über die Bauentwicklung der Residenzanlagen sind wir noch unzureichend informiert. Die Trausnitz ob Landshut war schon im 14. Jahrhundert ein erheblicher Komplex. Die reichen Herzöge dürften sie noch repräsentativ ausgestaltet haben. Abt Angelus Rumpler von Formbach nennt zu Beginn des 16. Jahrhunderts die Burg „eines Königssitzes würdig".

Geteilt – Vereint

Mit der Teilung des Herzogtums 1255 scheint bis 1505 ein „Wellental" in der Verherrschaftlichung Bayerns eingeleitet worden zu sein. Das ist freilich eine Betrachtung aus der Rückschau. Zwar war die Aufteilung in Ober- und Niederbayern, der im 14. Jahrhundert weitere folgten, reichsrechtlich anfechtbar, aber sie war bereits Usus auch in anderen Territorien. Man kann an den Beispielen Ludwigs des Strengen und an den Intensivierungsbestrebungen der Teilterritorien des 15. Jahrhunderts sehr schön darlegen, dass die Teilung durchaus auch eine positive Seite haben konnte, da sie die Einzelkräfte im familiären Konkurrenzkampf herausforderte. Was etwa heute gerne beklagt wird als „Wasserkopf München", konnte durch das Teilungsprinzip des Mittelalters erst gar nicht entstehen. Eine ganze Reihe von Städten, Residenzen und Kulturzentren hat sich durch diese Teilungen und nur durch die Teilungen zu hoher Blüte entwickelt, einer Blüte, die nach der Wiedervereinigung von 1505 abzusterben drohte, wenngleich gewichtige Strukturen bis heute erhalten blieben.

Erster Beweis für die positive Seite der Teilung ist Ludwig der Strenge, dessen weit gespannte politische Interessen ohne Zweifel die Intensivierung einer gewissen „zentralen" Verwaltung besonders in Bayern notwendig gemacht haben. Gegen Ende seiner Regierungszeit schälte sich ein bestimmter Personenkreis als „Rat" heraus. Wenige Jahre später zeigen sich auch die Anfänge des niederbayerischen Rats.

Man darf natürlich nicht übersehen, dass die Familienkonflikte im „Haus" Wittelsbach immer wieder zu einschneidenden Teilungen führten, die sowohl für die Führungsschichten als auch für die breite Bevölkerung, besonders für die Städte und den Landsadel, zumindest zeitweise große Nachteile brachten. So war die Dreiteilung des Herzogtums 1392 mithilfe der Landstände nur scheinbar eine dauerhafte Kittung der Konflikte. Die Folge war vielmehr eine chaotische Auflösung der politischen Einheit der Wittelsbacher, die von 1397 bis 1403 zu einem bayerischen Hauskrieg führte. Stellt man freilich dem konfliktreichen dynastischen Bild die bayerische Territorienkarte gegenüber, so ist festzustellen, dass trotz des Familienstreits das Territorienbild durch Aussterben und Abbau verschiedener Adelsherrschaften vereinfacht wurde.

Trotz der erwähnten Desintegration äußerer Machtverhältnisse durch den immer wieder aufbrechenden Streit der Erben konnten die Herzöge in ihren Teilfürstentümern, besonders im 15. Jahrhundert, eine erstaunliche institutionelle Verdichtung erreichen.

Die Schattenseite der Teilungspraxis hatten meist jene Prinzen zu tragen, die eine geistliche Pfründe übernehmen mussten. War Herzog Albrecht IV. von Bayern-München aus dem Korsett einer geistlichen Laufbahn entflohen und hatte sich zu einem mächtigen Landesherrn entwickeln können, so zeigen Beispiele aus dem Kreis der wittelsbachischen Pfalzgrafen, dass ähnliche Versuche anderer meist hoffnungslos blieben.

Es waren die Einzelterritorien, die im 15. Jahrhundert innerstaatlich, genauer: innerherrschaftlich, die entscheidende Vorarbeit für die rasche Festigung des 1505 aus dem Landshuter Erbfolgekrieg entstandenen „Gesamtstaates" Bayern geleistet hatten.

Ziehen wir ein Fazit: Die Teilungen zwischen 1255 und 1505 brachten zwar vielerlei Turbulenzen und Unruhen, aber auch ein beträchtliches Stück Hofkultur in die Zentren der Teilfürstentümer. Obgleich 1505 – mit Ausnahme von Neuburg – endgültig „Gesamtbayern" mit der bislang nur oberbayerischen Hauptstadt München geschaffen war, ist in den ehemaligen Residenzstädten die längst vergangene kulturelle Atmosphäre noch heute spürbar: Landshut, Ingolstadt, Amberg, Neumarkt, Straubing, Burghausen und natürlich Neuburg an der Donau verfügen in dieser Hinsicht über ein eigenes Flair, das durch die Stadtgestalt und die Symbolik der beherrschenden Bauensembles Besucher immer wieder in Bann schlägt.

Literatur
Bayern-Ingolstadt – Bayern-Landshut 1992; Heimann 1993; Kremer 2000; Krenn/Wild 2003; Moraw 1995; Rall 1987; Mittelalter. Der Griff nach der Krone 2000; Störmer 1986; Handbuch der bayerischen Geschichte, Bd. 2, 1988, S. 7–30, 53–68, 72–83, 104–321; Störmer, Residenzen, 1987; Störmer 1999; Straub 1965; Straub 1978; Straub 1992, Territorium; Stauber 1993; Stauber 2002.

Michael Cramer-Fürtig

Der Schatz der Reichen Herzöge

Die reichen Landshuter – Finanzstärke als Grundlage niederbayerischer Fürstenherrschaft

Der schon von zeitgenössischen Chronisten verwendete Beiname „der Reiche" für die Landshuter Herzöge Heinrich XVI. (1386–1450), Ludwig IX. (1417–1479) und Georg (1455–1503), dem Großvater der Neuburger Erben Ottheinrich und Philipp, zeigt die Ausnahmestellung der niederbayerischen Herrscher unter den deutschen Reichsfürsten des 15. Jahrhunderts. Während die meisten Landesherren des Spätmittelalters an chronischem Geldmangel litten, konnten die Fürsten des 1392 gebildeten wittelsbachischen Teilherzogtums Niederbayern-Landshut aus vollen Kassen schöpfen. Als Begründer dieses Reichtums gilt den damaligen Chronisten wie den heutigen Landeshistorikern Herzog Heinrich XVI., dessen Eigenschaft, in Gelddingen selbst Kleinigkeiten penibel zu regeln, später auch bei Kurfürst Maximilian I. (1573–1651) und König Ludwig I. (1786–1868) zu finden war. Bei Heinrichs Sohn, Herzog Ludwig IX., bezeichnete der Titel „der Reiche" eher den Glanz und die Pracht des Wittelsbachers, der als mächtigster bayerischer Herzog seiner Zeit zum Gegenspieler des habsburgischen Kaisers Friedrich III. wurde. Als „Rechner auf dem Herzogsstuhl"[1] muss schließlich Herzog Georg bezeichnet werden, dem es gelang, durch beharrliche Reformen im Bereich der Finanzverwaltung Bayern-Landshut zu einem straff organisierten Domänenstaat auszubauen.

Mit Walter Ziegler, der die Entwicklung der niederbayerischen Kammereinkünfte zwischen 1450 und 1500 minutiös untersucht hat, ist festzuhalten, dass die Besonderheit der niederbayerischen Finanzstärke nicht im Reichtum des fruchtbaren Bauernlands bestand, sondern in der ab 1425, spätestens 1439 einsetzenden völlig neuen Finanzbuchhaltung, die durch Mobilisierung des fürstlichen Hausgutes Überschüsse erzielen konnte. Die Landeseinkünfte setzten sich zur Hälfte aus dem Getreide des Kammerguts (Kästen, Herrschaften) und zu knapp einem Drittel aus den Zöllen (insbesondere Salzzölle) zusammen. Der Anteil der von der älteren Forschung meist überschätzten Erträge der tirolischen Silberbergwerke am Landshuter Staatshaushalt war dagegen eher gering; „im Bergsegen lag der Reichtum Niederbayerns nicht begründet."[2] Mit einem jährlichen Nettovolumen von durchschnittlich ca. 65 000 rheinischen Gulden an Einnahmen gehörte Bayern-Landshut in der zweiten Hälfte des 15. Jahrhunderts zu den finanzkräftigsten Territorien im Reich und sicherte seinen Landesfürsten eine von Landständen und Kreditgebern weitgehend unabhängige Stellung.

Schatz und Schatzkammer in Burghausen

Da ein Großteil der Nettoeinnahmen – nach Abzug der Verwaltungskosten jährlich zwischen 8 000 und 25 000 Gulden – für die Landshuter Herzöge frei verfügbar war, sammelte sich ein Staatsschatz von im Vergleich zu anderen Reichsterritorien enormen Ausmaßen an. Schon der bayerische Geschichtsschreiber Johannes Turmair (Aventinus) wies darauf hin, dass Herzog Heinrich XVI. die Grundlagen dafür gelegt hatte: „Man hat in nur den ‚reichen' herzogen in Bairn g'nent, hat den turn zu Purkhausen mit gelt angefült."[3] Aventinus' Bemerkung enthält eine weitere wichtige Angabe zum Lagerort des niederbayerischen Schatzes: Die Landshuter Herzöge sammelten ihre Münz- und Goldvorräte nicht in dem für den Verbrauch bestimmten herzoglichen Hofkasten ihrer Regierungszentrale auf der Burg Trausnitz über Landshut an, sondern lagerten ihre Finanzreserven in ihrer Zweitresidenz, der Burghausener Burg, die quasi als Außenstelle der Landshuter Hofverwaltung die Funktion eines privaten Familiensitzes hatte. Als 1482 mit dem alten Bergfried der große gerundete Turm der Hauptburg in Burghausen einstürzte, in dem die finanziellen Rücklagen der reichen Herzöge Heinrich und Ludwig verwahrt waren, ließ Herzog Georg 1484 im innersten, südlichen Teil des Hofraums der Hauptburg die heute noch erhaltene „Schatzkammer" errichten. In diesem Gewölbe lag der niederbayerische Haus- bzw. Staatsschatz – eine strenge Scheidung zwischen Hausschatz als privatem fürstlichen Vermögen und Staatsschatz als öffentlich-staatlichem Vermögen gab es in der Zeit der spätmittelalterlichen Landesherrschaft noch nicht –, bis auch die letzten Reserven im Landshuter Erbfolgekrieg aufgebraucht waren.

Angaben zum Umfang des niederbayerischen Schatzes vor dem Landshuter Erbfolgekrieg sind zum Teil widersprüchlich und problematisch, weil sich neben Geld nur schwer zu veranschlagende und umzurechnende Bestandteile wie Gold, Silber, Schmuck und andere Kleinodien im Burggewölbe in Burghausen befanden. Die verlässlichste zeitgenössische Schätzung beruht auf 1507 schriftlich niedergelegten Angaben des Amberger Viztums Ludwig von Eyb d. J., der einen realistischen Einblick in die Finanzkraft Bayern-Landshuts gehabt haben dürfte, weil er für die Finanzierung der niederbayerisch-pfälzischen Truppen im Erbfolgekrieg verantwortlich war. Demnach hatte Georg der Reiche zu Kriegsbeginn 1 200 000 Gulden an Bargeld und 300 000 Gulden an Kleinodien zur Verfügung, wozu noch ein nicht näher bestimmbarer Wert von Rüstungsgütern und Getreidevorräten zu zählen war. Aus den auf den Landshuter

Rentmeisterrechnungen beruhenden Zahlen lässt sich ein Gesamtbestand von ca. 700 000 Gulden an Bargeld ermitteln, der allerdings nur auf den Ämterüberschüssen beruht: Bei der von Walter Ziegler aus einem Durchschnittswert von etwa 20 000 Gulden an jährlichen Rentüberschüssen in den Jahren 1465 bis 1500 ermittelten Gesamtsumme sind nämlich die direkt an die Herzöge geflossenen Einnahmen aus Steuern, Bergwerken und Fischmeisteramt nicht berücksichtigt. Zählt man die 1499 für Kriegsrüstungen erhobenen und im Gegensatz zu den nicht gehorteten Einkünften der zwischen 1445 und 1490 geforderten sechs niederbayerischen Landsteuern nach Burghausen verbrachten 100 000 Gulden Steuergelder, dann die mit knapp 10 000 Gulden anzusetzende jährliche Silberausbeute der niederbayerischen Bergwerke sowie die durchschnittlich etwa 1350 Gulden ausmachenden jährlichen Fischerträge für den Zeitraum 1486 bis 1500 dazu, lässt sich die Größenordnung der Burghauser Barmittel vor Kriegsausbruch ziemlich genau mit knapp 1 163 000 Gulden bestimmen. Damit können auch die Zahlenangaben des Ludwig von Eyb als glaubhaft bestätigt werden.

Die armen Neuburger – Kriegsschulden als Folge des Landshuter Erbstreites

Von diesem Vermögen Herzog Georgs des Reichen, das im deutschen Reich um 1500 – zumindest unter den Fürsten seines Standes – konkurrenzlos gewesen sein dürfte, und den Getreidevorräten des Burghauser Schatzes „war schon wenige Monate nach Kriegsbeginn 1504 nichts mehr geblieben".[4] Von den erzählenden Quellen sind hier die „Geschichten und Taten Wilwolts von Schaumburg", eines fränkischen Ritters, der im Erbfolgekrieg gegen die oberbayerischen Ansprüche kämpfte, anzuführen, dessen Autor, der erwähnte Amberger Viztum Ludwig von Eyb d. J., 1507 behauptet, dass die Landshuter Hauptleute den „unvergleichlichen Schatz" in einem einzigen Jahr „verkriegt" hätten.[5] Aus nur vereinzelt erhaltenen und verstreut in den Archiven liegenden Belegen für Kriegsausgaben der pfälzisch-niederbayerischen Partei können Rückschlüsse auf die Höhe und das Gesamtvolumen der Kriegskosten getroffen werden, die Eybs Feststellung untermauern. Darüber hinaus liefern sie eine Erklärung, weshalb das als Entschädigung für die Enkel Georgs des Reichen, die Pfalzgrafen Ottheinrich und Philipp, gegründete Fürstentum Pfalz-Neuburg von Anfang an mit Schulden belastet war und bei seinen in der Gründungsurkunde, dem Kölner Spruch vom 30. Juli 1505, übernommenen Zahlungsverpflichtungen nicht mehr auf Bar- oder Sachmittel aus dem Schatz zurückgegriffen werden konnte. Keinen quellenmäßigen Anhaltspunkt gibt es dagegen für die Geschichte vom Abtransport des Schatzes aus Burghausen auf mehr als 70 mehrspännigen Wägen durch Pfalzgraf Ruprecht (1481–1504), dem Schwiegersohn Georgs des Reichen, nach Neumarkt bzw. Neuburg im Jahr 1504. Sicher ist

nur, dass Ruprecht seit der Besetzung Burghausens Ende November 1503 über den Schatz verfügen konnte. Nach dem Tod Herzog Georgs des Reichen im Dezember 1503 und noch zu Beginn des Erbfolgekriegs verließ sich die niederbayerisch-pfälzische Partei ganz auf ihre großen Geld- und Getreiderücklagen und verspottete den oberbayerischen Kriegsgegner, Herzog Albrecht IV. (1447 bis 1508), als Fürst „mit der lärn taschen".[6] Noch im Frühjahr 1504 ließ Ruprechts Frau, Herzogin Elisabeth (1478–1508), Geld von Landshut in die Burghauser Schatzkammer schaffen. Bemerkenswert ist, dass der nach Kriegsende als Vermittler eingeschaltete König Maximilian I. den Schatz sowohl bei den Augsburger Schiedsverhandlungen im Frühjahr 1504 als auch im Kölner Schiedsspruch im Sommer 1505 Pfalzgraf Ruprecht bzw. nach dessen Tod im August 1504 dem Vormund der Enkel Georgs des Reichen, Pfalzgraf Friedrich (1482–1556), zusprach. Tatsächlich lag ein nicht unerheblicher Teil der Kleinodien noch bis Anfang 1506 in Burghausen, bevor auch dieser Teil im Zuge von Schuldenrückforderungen herausgegeben werden musste. An Bargeld war Ende 1505 allerdings nichts mehr vorhanden, wie es die Beurteilung der pfalz-neuburgischen Ausgangslage nach dem Krieg durch die Neuburger Räte zum Ausdruck bringt, alles Bargeld und der gesamte Vorrat an Getreide und Wein wären in die Hände Herzog Ruprechts gelangt „und im krieg auffgangen".[7]

Der wichtigste Quellenbeleg für diese Feststellung ist die Landshuter Kammermeisterrechnung von 1504/05. Als reguläre Rechnung des zentralen niederbayerischen Ausgabeamts weist sie Kriegskosten im weiteren Sinn in Höhe von knapp 200 000 Gulden aus, wobei sich allein die Zahlungen für Büchsenmeister, Fußknechte und Schadenpferde auf rund 100 000 Gulden beliefen. Damit enthält sie nicht nur die, soweit bekannt, größten Summen für Aufwendungen im Erbfolgekrieg, sondern gibt auch Aufschluss über einen Großteil der fürstlichen Kriegsausgaben, die immerhin 17,2 Prozent der Barrücklagen entsprachen. Obwohl diese „Amtsrechnung im Krieg"[8], die im Gegensatz zur üblichen Rechnungsform keine Einträge zu Einnahmen enthält und deshalb zu Recht die zeitgenössische Bezeichnung „Ausgabenbuch Pfalzgraf Ruprechts" trägt, den Zeitraum des Erbfolgekriegs mit Einträgen vom 2. Februar 1504 bis zum 9. Mai 1505 abdeckt, können schon allein von ihrer Anlageform her längst nicht alle niederbayerisch-pfälzischen Kriegsausstände enthalten sein. Denn der rechnungführende Kammermeister legte nur über die ihm meist vom Herzog selbst angewiesenen regulären Finanzmittel Rechenschaft ab, nicht aber über sachlich und personal gebundene Kriegsausgaben, das heißt, die Kammermeisterrechnung war keine zentrale Gesamtübersicht über veranschlagte oder tatsächliche Kriegskosten, sondern lediglich über den Umfang der von der herzoglichen Zentralverwaltung geleisteten Zahlungen. Um die Dimension der gesamten Kriegsausgaben auch nur annähernd beurteilen zu können, ist vielmehr die große Zahl von heute nur verstreut und unvollständig überlieferten Einzelrechnungen zu beachten, die für die Bezahlung von Söldnern, Pferden, Verpflegung, Waffen etc. und die Begleichung von Schäden – in so genannten Schadenregistern – angefertigt wurden. Welche Dimensionen die Ausgaben in solchen sachlich ausgerichteten Kriegskostenrechnungen erreichen konnten, verdeutlichen zwei Rechnungsbelege über Soldzahlungen der Landshuter Hauptleute Georg Wiesbeck und Sigmund von Thüngen über insgesamt rund 50000 Gulden. Auch wenn man davon ausgehen muss, dass nicht alle Einzelrechnungen derart hohe Geldbeträge auswiesen, ist vorstellbar, wie schnell die Barmittel des Schatzes durch Kriegsausgaben aufgebraucht wurden.

Näher zu untersuchen wären in diesem Zusammenhang vor allem die im Staatsarchiv Amberg verwahrten Belege für die von der Landshuter Kriegspartei vertraglich verpflichteten böhmischen Söldner. Allein die zum Teil extrem hohen Soldforderungen der die niederbayerisch-pfälzischen Truppen zu Tausenden unterstützenden Böhmen können als eine der Hauptursachen für den raschen Schwund der in Burghausen zusammengetragenen Ämterüberschüsse und Steuergelder angesehen werden. Wie das Beispiel des böhmischen Söldners Guntersich (Dietrich) von Guttenstein zeigt, der Anfang Januar 1505 von Pfalzgraf Friedrich für seine 1504 geleistete Waffenhilfe Schloss, Pflege und Kasten zu Flossenbürg (Lkr. Neustadt a. d. Waldnaab) als Herrschaftspfand mit Amtsbesitz und allen Einnahmen auf Lebenszeit erhalten hatte, waren für die Neuburger Erben auch gegen Kriegsende noch größere Soldrückstände abzutragen. Wenn der Neuburger Vormund jedoch schon zu den Mitteln der Herrschafts- und Rentenverpfändung als Entschädigung für Kriegsdienste greifen musste, ist das ein deutliches Zeichen dafür, dass zumindest die Barmittel des Burghauser Schatzes bereits vor dem ersten – von Landshuter Seite vielleicht auch deshalb akzeptierten – Waffenstillstand vom 31. Januar/1. Februar 1505 vollständig aufgebraucht waren. Immerhin hatte die Verpfändung von Flossenbürg einen jährlichen Verlust von etwa 450 Gulden an Geld- und Getreidegült zur Folge, die den ohnehin geringen Neuburger Kammerguteinkünften fehlten. Da Guttenstein Flossenbürg neun Jahre lang im Pfandbesitz hatte, konnte er bei effizienter Amtsführung mehr als 4000 Gulden abschöpfen. Bis 1530 wurden den Guttensteiner Erben von Pfalz-Neuburg insgesamt weitere 11000 Gulden vor allem wegen noch nicht beglichener Forderungen aus dem Erbfolgekrieg zurückgezahlt. Weitergehende Forschungen werden zu dem Ergebnis kommen, dass Guttenstein beileibe kein Einzelfall war und unter Pfalzgraf Ruprecht und seinen niederbayerisch-pfälzischen Hauptleuten weit mehr und weit höhere Zahlungen als bisher bekannt für böhmische Söldner erfolgten, für die auch die letzten Kapitalreserven des Burghauser Schatzes mobilisiert werden mussten. Im Frühjahr 1506 teilte Pfalzgraf Friedrich erste Zahlen mit: Die Höhe der auf Pfalz-Neuburg übertragenen niederbayerisch-pfälzischen Kriegsschulden belief sich demnach auf rund 100000 Gulden und die Leistung der jährlich als Folge von Kriegsanleihen zu zahlenden Dienstgelder auf etwa 12000 Gulden. Das Fürstentum Pfalz-Neuburg war somit von Anfang an mit hohen Schulden belastet. Außerdem zogen die Kriegsschäden zunächst deutliche Verluste bei den Kammerguteinnahmen nach sich: Nach den Neuburger Taxationsberechnungen von 1507 betrug die Minderung der regulären jährlichen Ämtereinnahmen von durchschnittlich rund 18000 Gulden durch nicht bewirtschaftbare, öd liegende Güter rund 3800 Gulden. Diese insgesamt äußerst ungünstige finanzielle Ausgangssituation war eine der Hauptursachen für die später durch kostenintensive Projekte und eine überzogene Kreditpolitik der Pfalzgrafen Ottheinrich und Philipp verschärfte Überschuldung Pfalz-Neuburgs, die 1544 schließlich zum Staatsbankrott führen sollte.

Anmerkungen
1 Ziegler 1981, S. 239
2 Ziegler 1981, S. 252
3 Cramer-Fürtig/Stauber 1988/89, S. 6
4 Ziegler 2001, S. 136
5 Cramer-Fürtig/Stauber 1988/89, S. 16
6 Cramer-Fürtig/Stauber 1988/89, S. 16
7 Cramer-Fürtig/Stauber 1988/89, S. 17
8 Ziegler 1981, S. 31

Literatur
Buchleitner 1991; Cramer-Fürtig/Stauber 1988/89; Cramer-Fürtig 2002; Stauber 1993; Ziegler 1981; Ziegler 1982; Ziegler 2001.

Alle Maßangaben in Zentimeter

1.1

1.1

**Ludwig der Bayer als deutscher König
und Rudolf II., Pfalzgraf bei Rhein**

Abguss des Reliefs aus dem Mainzer Kurfürstenzyklus; Haus
der Bayerischen Geschichte, Augsburg; Original: Mainz, um
1330; Sandsteinrelief, 210 x 104 x 14 ; Mittelrheinisches Landesmuseum, Mainz

Die Sandsteinreliefs waren als Zinnen der Schaufront
eines Warenlagerhauses auf dem Platz „Am Brand" in
Mainz angebracht. Sie zeigen die sieben Kurfürsten, die
Erzbischöfe von Mainz, Köln und Trier, den Pfalzgrafen
bei Rhein, den Herzog von Sachsen, den Markgrafen von
Brandenburg, den König von Böhmen und den deutschen König. Rüstungsteile und Kleidung lassen eine Datierung um 1330 zu.

    Die Figuren tragen Ringpanzer, Beinlinge, Lendner
und Waffenrock. Den Kopf bedeckt die Beckenhaube, bei
der Figur des Königs zusätzlich mit der Krone geziert.
Der Topfhelm mit der Helmzier ist über die Schulter ge-

worfen. Die Bewaffnung besteht aus Schwert und Basilar
(Basler Dolch). Das Wappen auf dem Schild weist die
Figuren aus, der Adler den König, das gevierte Wappen
mit Rauten und Löwen den Pfalzgrafen.   S B

Wittelsbach und Bayern 1980, Bd. I/2, Kat.-Nr. 297; Mittelalter.
Der Griff nach der Krone 2000, S. 203, Kat.-Nr. 24.

1.2

Die Ständeordnung des Heiligen Römischen Reichs

aus der Schedel'schen Weltchronik; Holzschnitte von
Michael Wolgemut (1434/37– 1519) und Wilhelm Pleyden-
wurff (1460–1494); Nürnberg: A. Koberger, 1493; Holzschnitt, koloriert, 34,7 x 49,6; Germanisches Nationalmuseum, Nürnberg (H 628 und H 2039)

Das Blatt, eine Doppelseite aus der ersten Ausgabe der
Schedel'schen Weltchronik, gibt die zeitgenössische Qua-
ternionen-Gliederung des Heiligen Römischen Reichs
wieder: „Da das römisch Kaiserthumb an die teutschen

1.2

gewendet wardt do ist es zu sterckrer bestenndigkeit gestist und gefestigt worden auff wier sewlen. Als auff vier hertzogen. vier marggrafen. vier lantgrafen. vier burggrafen. Vier grafen. Vier panyerherren. Vier freyen. Vier ritter. Vier stett. Vier doerffer und auf vier pawrn nach anzaigung der nachfolgenden figur."

Im Zentrum in der obersten Reihe thront der Kaiser, neben ihm die sieben Kurfürsten, links die geistlichen (Trier, Köln, Mainz), rechts die weltlichen (Böhmen, Pfalz, Sachsen, Brandenburg). Sie sind durch den Kurfürstenhut und ihre Wappen gekennzeichnet. Ihre Erzämter werden durch die Attribute bezeichnet. Die vier nicht figürlich abgebildeten Herzöge (Schwaben, Braunschweig, Bayern, Lothringen) sind durch ihre Wappen vor dem Thron repräsentiert. Die zweite und dritte Reihe ist für die Darstellung von jeweils vier Vertretern der Markgrafen (Meißen, Mähren, Baden, Brandenburg), Burggrafen (Magdeburg, Nürnberg, Rieneck, Stromberg) und Landgrafen (Thüringen, Hessen, Leuchtenberg, Elsaß), der Freien, Ritter und Grafen vorgesehen. Nicht aufgenommen sind die Gruppen der Bauern, Städte, Vicarii, Dörfer und Burgen. Im Text erklärt Hartmann Schedel Ursprung, Geschichte und Ordnung der Wahl des römischen Königs. S B

1495. Kaiser Reich Reformen 1995, C 19; Die Graphiksammlung des Humanisten Hartmann Schedel 1990, S. 45.

1.3
Krönung Ludwigs des Bayern zum König des Regnum Italiae

Gipsabguss eines Reliefs vom Grabmal des Bischofs von Arezzo Guido Tarlati; Florenz, 1855; 60 x 100; Bayerisches Nationalmuseum, München (MA 3216); Original: Agostino di Giovanni (nachweisbar 1310–1343/47) und Agnolo di Ventura (nachweisbar 1311–1349); Arezzo, Dom S. Pietro Maggiore, 1330; Marmor, 1290 x 450

Nachdem der bayerische Herzog und Römische König Ludwig IV. seine Herrschaft im Reich innenpolitisch stabilisiert hatte, begab er sich 1327 auf den Romzug, um sich dort zum Kaiser krönen zu lassen. Voraussetzung für die Erlangung der Kaiserwürde war die Beherrschung des Regnum Italiae, also der zum Reich zählenden Gebiete Ober- und Mittelitaliens. Sie wurde durch die Krönung mit einer eisernen Krone, die an die sagenhafte Eiserne Krone der Langobarden anknüpfte, untermauert. Ludwig der Bayer erhielt sie am Pfingstsonntag des Jahres 1327 in der Mailänder Kirche Sant'Ambrogio aus der Hand des Aretiner Bischofs Guido Tarlati (reg. 1312 bis 1327).

Ein Relief innerhalb eines sechzehnteiligen Tatenberichts am Grabmal des Bischofs im Dom zu Arezzo gibt eine zeitgenössische Vorstellung von der Zeremonie. Nicht Augenzeugenbericht, sondern pointierte Imagination, enthält das Bild auch einen Verweis auf die bevor-

28

stehende Kaiserkrönung. Denn die zweite, auf dem Altar stehende Krone ist die von Ludwigs Vorgänger, Kaiser Heinrich VII., getragene „Kegelkrone".

Das Bayerische Nationalmuseum, das vorrangig der Sammlung „Wittelsbacher Alterthümer" dienen sollte, ließ noch im Jahr seiner Gründung 1855 den hier gezeigten Abguss dieses Bildzeugnisses anfertigen. AL

Bayerisches Nationalmuseum, Dokumentation, Quittungsauszüge 1854–1882, Jahrgang 1855, Beleg Nr. 347; Elze 1955; Berchtold 1987, S. 37 ff. und 444; Thomas 1993, S. 195 f.; Pauler 1997, S. 148; Poeschke 2000, S. 130 und 158–160.

1.4

Hochrelief Kaiser Ludwigs des Bayern vom ehemaligen Stifterdenkmal in der Zisterzienserklosterkirche Fürstenfeld

Landshut (?), um 1505–1515; Eiche, farbig gefasst, H. 144; Bayerisches Nationalmuseum, München (R 157a)

Die Figur Kaiser Ludwigs des Bayern (1282–1347) stammt von einem Denkmal, das im 16. Jahrhundert über der mittelalterlichen Grablege seines Vaters, Herzog Ludwigs des Strengen (gest. 1294), in der Klosterkirche Fürstenfeld errichtet wurde. Es haben sich nur die Darstellungen der beiden Herzöge erhalten. Die weiteren durch eine Beschreibung von 1591 dokumentierten Reliefs mit religiösen Szenen und dem Porträt des Auftraggebers, Abt Johann IV. Scharb (1505–1513), das architektonische Gerüst, der Schmuck mit Löwen und Leuchterengeln sowie ein Holzgitter wurden während des

Einfalls der Schweden 1632 zerstört. Der repräsentative Aufbau überhöhte das schlichte Grabmal Ludwigs des Strengen, des Klostergründers, und betonte so den Rang Fürstenfelds als wittelsbachisches Hauskloster. In der Tat trugen Ludwig der Strenge und sein Sohn, dem durch zahlreiche Schenkungen an Fürstenfeld die Rolle eines zweiten Stifters zukam, ursprünglich ein Kirchenmodell in den Händen. Begraben liegt der Wittelsbacher Kaiser in der Münchner Frauenkirche; nur sein Herz wurde in Fürstenfeld beigesetzt. Die ungewöhnliche Ausführung des Monuments in Holz, und nicht etwa in Stein oder Erz, ist vermutlich auf finanzielle Gründe zurückzuführen. AL

List 1980, S. 527–529 und Taf. 88 f.

1.5

a) Hausvertrag von Pavia

Pavia, 4. August 1329; Urkunde/Pergament, 64 x 54, mit an grün-weißen Seidenfäden anhängenden Siegeln; Geheimes Hausarchiv, München (Mannheimer Urkunden und Verträge 5)

b) Hausvertrag von Pavia

Pavia, 4. August 1329; Urkunde/Pergament, 68 x 52,5, mit an rot-grünen Seidenfäden anhängenden Siegeln; Bayerisches Hauptstaatsarchiv, München (Kurbayern Urkunden 36307)

Mit dem Hausvertrag von Pavia wurde die Trennung der Pfalzgrafschaft bei Rhein vom Herzogtum Bayern vollzogen. Er beendete die langjährigen Streitigkeiten Kaiser

1.5a

1.5b

Ludwigs des Bayern mit seinem 1319 verstorbenen Bruder Rudolf und dessen Nachkommen. Gegen die Überzeugung Ludwigs des Bayern wurde das wittelsbachische Territorium erneut aufgeteilt. Ludwig erhielt das oberbayerische Teilherzogtum sowie Teile des bayerischen Nordgaus. Die Söhne Rudolfs bekamen die Pfalz am Rhein sowie den größten Teil des bayerischen Nordgaus, die spätere Oberpfalz. Die Kurwürde sollte zwischen dem pfälzischen und dem oberbayerischen Zweig wechseln, wurde aber 1356 von Kaiser Karl IV. ausschließlich an die pfälzische Linie übertragen. Die Parteien geloben in dem Vertrag gegenseitigen Beistand und versprechen, ihre Besitzungen nicht zu verschenken und zu verkaufen, zudem räumen sie sich ein gegenseitiges Vorkaufsrecht ein.

Die Pfälzer Wittelsbacher sollten ihren oberbayerischen Verwandten 1504 im Krieg um das niederbayerische Erbe in erbitterter Feindschaft gegenüberstehen. Erst 1777 kamen die Territorien der beiden Linien (vorerst ohne Pfalz-Zweibrücken) nach dem Tod von Kurfürst Max III. Joseph wieder in eine Hand.

Die vorliegende Ausfertigung der Urkunde für Ludwig den Bayern trägt die Reitersiegel der Pfalzgrafen Rudolf II. und Ruprecht I. Insgesamt haben sich fünf Originalausfertigungen erhalten.   SB

Wittelsbach und Bayern 1980, Bd. I/2, Kat.-Nr. 356; Rall 1987, S. 41–174; Aus 1200 Jahren 1986, Kat.-Nr. 55.

1.6

Kaiser Ludwig der Bayer mit den Herzögen Rudolf, Ludwig und Stephan

Einzelblatt aus einer Serie bayerischer Herzöge; anonym, spätes 15. Jahrhundert; Deckfarben/Papier, 41,5 x 29; Bayerische Staatsbibliothek München (Cgm 8533)

Die jahrelang andauernden Streitigkeiten zwischen den Brüdern wurden schließlich mit dem Hausvertrag von Pavia beigelegt, in dem Ludwig der Bayer die Pfalz und den größten Teil des bayerischen Nordgaus an die Söhne Rudolfs abgab (Kat.-Nr. 1.5). Die Darstellung ist ein Einzelblatt aus den zahlreichen Wiederholungen, die von dem heute in Paris befindlichen Rotulus mit 61 Regenten Bayerns entstanden sind (Kat.-Nr. 2.33) und den Freskenzyklus im Alten Hof zu München wiedergeben.

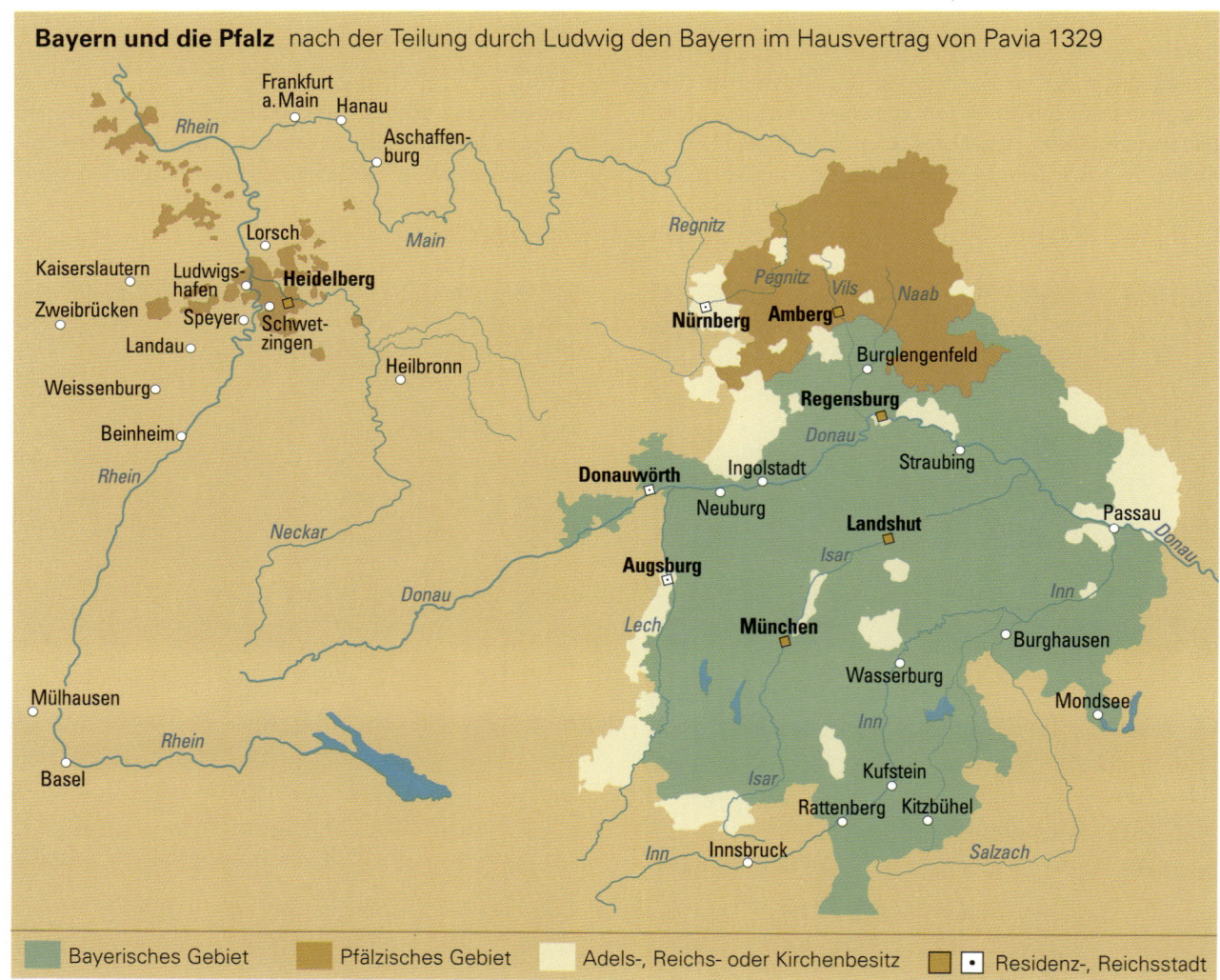

Bayern und die Pfalz nach der Teilung durch Ludwig den Bayern im Hausvertrag von Pavia 1329

Frankfurt a. Main · Hanau · Aschaffenburg · Kaiserslautern · Lorsch · Ludwigshafen · **Heidelberg** · Zweibrücken · Speyer · Schwetzingen · Landau · Heilbronn · Weissenburg · Beinheim · Mülhausen · Basel · **Nürnberg** · **Amberg** · Burglengenfeld · **Regensburg** · **Donauwörth** · Ingolstadt · Straubing · Neuburg · **Landshut** · Passau · **Augsburg** · **München** · Burghausen · Wasserburg · Mondsee · Kufstein · Rattenberg · Kitzbühel · Innsbruck

Rhein · *Main* · *Regnitz* · *Pegnitz* · *Vils* · *Naab* · *Donau* · *Isar* · *Inn* · *Neckar* · *Lech* · *Salzach*

🟩 Bayerisches Gebiet   🟫 Pfälzisches Gebiet   ⬜ Adels-, Reichs- oder Kirchenbesitz   🟫▫ Residenz-, Reichsstadt

1.6

Der thronende Kaiser Ludwig der Bayer wendet sich in dieser Darstellung seinem Bruder Rudolf zu. Rechts neben dem Kaiser sind Ludwig V. der Brandenburger und Stephan II. mit der Hafte, die beiden ältesten Söhne Ludwigs des Bayern, zu sehen.   S B

Wittelsbach und Bayern 1980, Bd. I/2, Kat.-Nr. 31; Lugt/Vallery-Radot 1936, Nr. 28; Bayern-Ingolstadt – Bayern-Landshut 1992, S. 261–288.

1.7

Belehnung Herzog Ludwigs von Bayern

aus: Das concilium so zu Constanz gehalten worden ist …,
Augsburg: Steiner, 1536; Ulrich von Richental (gest. 1434);
Buchdruck/Papier, zahlreiche Holzschnitte, 215 Bll., Einband: Holzdeckel mit hellem Lederrücken, 31 x 22 x 9,5;
Bayerische Staatsbibliothek München (Res. 2° J. pract. 169)

Die Holzschnitte geben zahlreiche entscheidende Szenen des Konstanzer Konzils (1414–1418) wieder, für das Ulrich von Richental offiziell als Chronist bestellt war. Seine Schilderung, aus dem Standpunkt des städtischen Augenzeugen in Konstanzer Dialekt verfasst, ist eine lebendige und zuverlässige Beschreibung aller öffentlichen Ereignisse, der Feierlichkeiten, aber auch des alltäglichen Lebens der Stadt während des Konzils. Hier dargestellt ist die Belehnung des bayerischen Herzogs durch Kaiser Sigismund, im Hintergrund drei Kurfürsten, die durch ihre Kopfbedeckung, den Kurfürstenhut, definiert sind und die Reichsinsignien, Reichsapfel, Zepter und Schwert, tragen.

Die Belehnung eines Fürsten war Bestandteil der lehensrechtlichen deutschen Verfassung des Mittelalters. Ein Fürst besaß sein Fürstentum nicht kraft eigenen Rechts, sondern aufgrund der Verleihung durch den König, die im symbolischen Akt der Belehnung öffentlich gemacht wurde. Die Vasallen des Lehensherrn erbaten beim König dessen Belehnung. Sie umritten dreimal den königlichen Stuhl zum Zeichen der Huldigung, dann erschien der zu belehnende Fürst mit seinen Fahnen (vgl. auch Kat.-Nr. 4.5 und 7.131). Belehnt wurde mit der Fahne, wobei die eigentliche Lehensfahne rot war: „ganz rot fenlein bedeutet die regalia, das blutfenlein genann". Mit dieser Blutfahne wurde die Übertragung der Hoheitsrechte des Reichs, die Blutgerichtsbarkeit, aber auch die übrigen Regalien bezeichnet, die die Landeshoheit des Fürsten ausmachten.   S B

2.1

2.1

Die Herzöge Stephan, Friedrich und Johann von Bayern teilen unter sich alle ihre Lande in Ober- und Niederbayern, Ausfertigung für Johann II.

München, 19. November 1392; Urkunde/Pergament, 45 x 75 und 50 x 72, mit jeweils drei anhängenden Siegeln; Geheimes Hausarchiv, München (Hausurkunden 334 und 1996)

Die Herzöge Stephan III., Friedrich und Johann regierten nach dem Tod ihres Vaters Stephan II. 1375 zunächst nach dessen Willen gemeinsam, teilten aber 1392 Bayern unter sich auf. Mit dieser dritten großen bayerischen Landesteilung wurde die 1255 erstmals geschaffene Trennungslinie zwischen Ober- und Niederbayern wiederhergestellt und darüber hinaus Oberbayern in Bayern-Ingolstadt und Bayern-München geteilt. Nachdem Niederbayern bereits 1352 in Landshut und Straubing getrennt worden war, bestand Bayern seit 1392 also aus vier Teilherzogtümern mit den Residenzen Landshut, Ingolstadt, München und Straubing.

Der Vertrag von 1392 teilt die Einkünfte des Oberlandes zu gleichen Teilen zwischen Stephan und Johann. Das Niederland war bereits im Vorfeld der Verhandlungen Friedrich zugesprochen worden. Herzog Johann erhielt per Losentscheid den südlichen Teil Oberbayerns mit München als Residenzstadt, aus dem so genannten Nordgau Schwandorf, Regenstauf, Burglengenfeld, Velburg, Hemau, Riedenburg, Vohburg, Rotheneck, Pfaffenhofen sowie Rechte in Regensburg. Herzog Stephan bekam das Gebiet um Ingolstadt, die Tiroler Gerichte Rattenberg, Kitzbühel und Kufstein sowie Wasserburg, Falkenberg, Kling und die schwäbischen Gebiete entlang der Donau mit Höchstädt, Lauingen, Faimingen,

2.2a

2.2c

Gundelfingen, Giengen, Wartstein, Weißenhorn, Buch sowie das Landgericht Marstetten.

Für Bayern begann nun die so genannte „Vierherzogszeit". Neben der politischen Rivalität entwickelte sich auch eine starke Konkurrenz in Hofhaltung und Selbstdarstellung, ein Zustand, der den Residenzstädten zeitweilig zu großer Blüte verhalf.   SB

Niederbayern als Staat 1970, Kat.-Nr. 15; Aus 1200 Jahren 1986, Kat.-Nr. 65; Bayern-Ingolstadt – Bayern-Landshut 1992, S. 9–16.

2.2
Abbildung Bayerischer Regenten von Bavarus bis Sigmund. Desgleichen Welfischer Fürsten

16. Jahrhundert; Handschrift/Papier, Feder, koloriert, 41 Bll., Einband: rotes Leder, Goldprägung, 21 x 17 x 2,5; Bayerische Staatsbibliothek München (Cgm 2822)

Die Miniaturenserie mag unabhängig vom Pariser Rotulus (Kat.-Nr. 2.33) entstanden sein, wenngleich sie dasselbe Thema, den Freskenzyklus mit der Fürstenreihe aus dem Alten Hof in München, in gebundener Form wiedergibt. Die Rhythmisierung der Dargestellten in Zweieroder Dreiergruppen ist beibehalten. Die aufgeschlagene Doppelseite zeigt die Brüder Stephan III. den Kneißel, Friedrich den Weisen und Johann II., die das unter ihrem Vater Stephan II. vereinigte Bayern 1392 erneut teilten: „Herczog Steffan von Bayrn was das der mit Hausz zw Inglstdt sasz", „Disz was Herczog Frydrich der guet von Bayrn, der da sasz zw Landshut", „Herczog Hannsz von

Bayrn was das der zw München sasz, disz warn Brüeder von den dreyen des bayrn landt geteilt wardt von Ein". Sie sind die Stammväter der Linien Bayern-Ingolstadt, Bayern-Landshut und Bayern-München.

Stephan und Friedrich waren mit zwei Töchtern des reichen Barnabas Visconti verheiratet (Kat.-Nr. 2.22). Ihr kostspieliges kriegerisches Engagement in Italien zur Unterstützung ihrer Schwäger war nicht im Sinne von Johann und trug nicht zur Einmütigkeit der Brüder bei. 1389 setzte Johann seinen Wunsch nach Teilung dann gewaltsam durch. Unter Mithilfe der Landesvertretung, eines Ausschusses von 40 Edlen und 16 Vertretern der Städte, kam der Teilungsvertrag von 1392 zustande (Kat.-Nr. 2.1).   SB

Wittelsbach und Bayern 1980, Bd. I/2, Kat.-Nr. 31; Lugt/Vallery-Radot 1936, Nr. 28; Bayern-Ingolstadt – Bayern-Landshut 1992, S. 261–288.

2.3
Genealogie der ersten Wittelsbacher Herzöge aus der Kaiserchronik

Hermann von Niederaltaich (um 1200–1275); Niederaltaich, spätes 13. Jahrhundert; Handschrift/Pergament, 197 Bll., Einband: Holzdeckel mit gelbem Leder, 31,5 x 22,2; Österreichische Nationalbibliothek, Wien (Cod. 413)

Auf fol. 132^V ist als skizzenhafte Randzeichnung die erste schematische Genealogie des wittelsbachischen Herrscherhauses wiedergegeben. Kloster Niederaltaich war

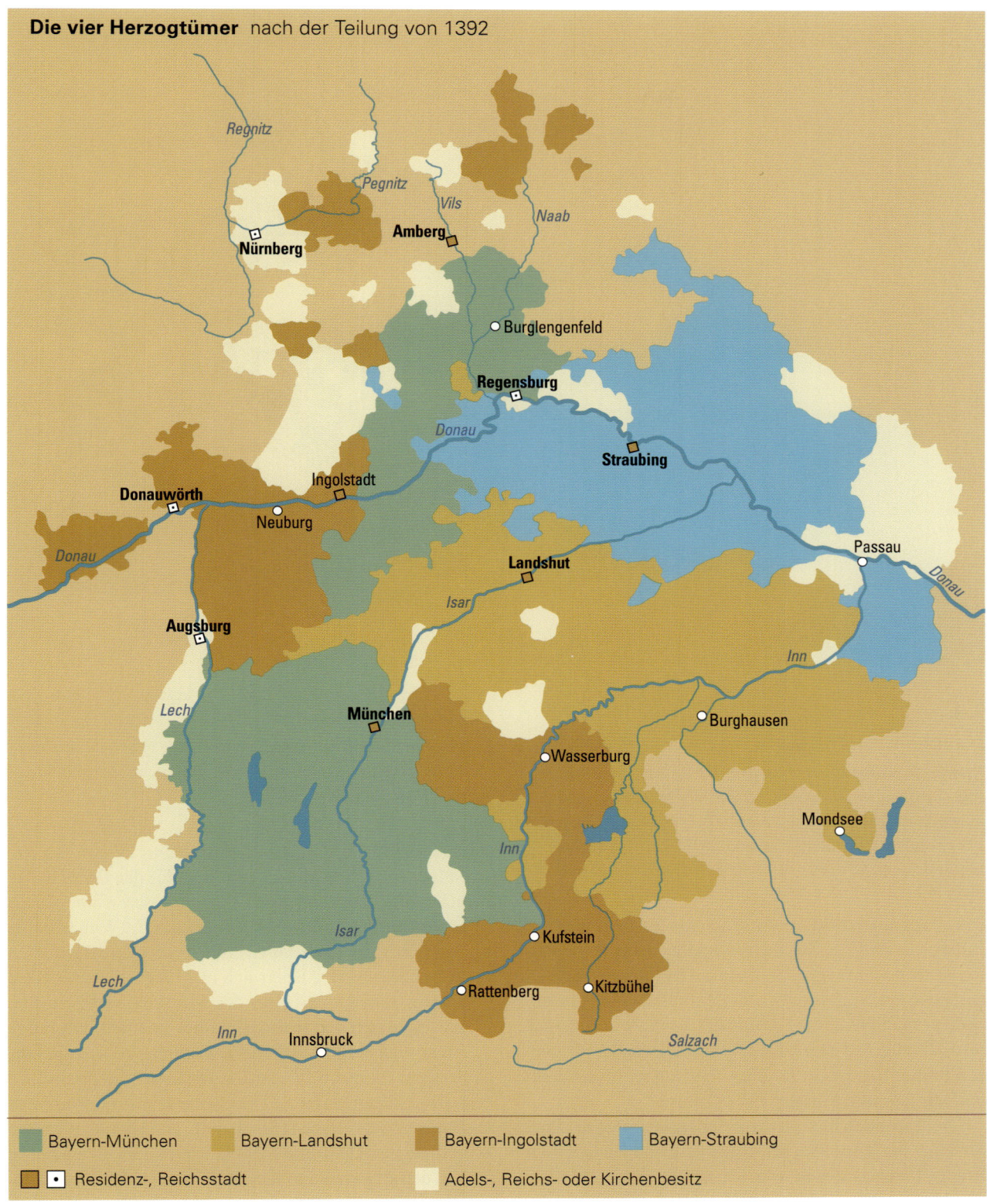

Die vier Herzogtümer nach der Teilung von 1392

Bayern-München Bayern-Landshut Bayern-Ingolstadt Bayern-Straubing

Residenz-, Reichsstadt Adels-, Reichs- oder Kirchenbesitz

eng mit den bayerischen Herzogsfamilien verbunden und wurde neben Kloster Scheyern zu einer Keimzelle der bayerischen Geschichtsschreibung. Als wohl bedeutendster Historiograf des Klosters gilt Abt Hermann.

Der Stammbaum ist ein zeitgenössischer Nachtrag und verbindet die Wittelsbacher über Agnes, die Gemahlin Ottos II., mit den Welfen. Das Ende des Stammbaums

zeigt die Folgen der Teilung Bayerns 1255 in Ober- und Niederbayern. Von Otto. II führt eine Gabelung zu seinen beiden Söhnen, Ludwig II. von Oberbayern und Heinrich XIII. von Niederbayern.   S B

Wittelsbach und Bayern 1980, Bd. I/1, Kat.-Nr. 140; Ratisbona Sacra 1989.

bqien

2.5

2.4

a) Chronik von Fürsten zu Bayern

Andreas von Regensburg (um 1380 – bald nach 1438); in einer Sammelhandschrift (Abschrift) der Mitte des 15. Jahrhunderts fol. 288–313; Handschrift/Pergament und Papier, 322 Bll. mit Stammtafeln, Einband: helles Leder auf Holz, Blindpressung, 42 x 30; Bayerische Staatsbibliothek München (Clm 9711)

Der Augustinerchorherr Andreas von Regensburg, der früheste bayerische Geschichtsschreiber, lebte zeitlebens im Kloster St. Mang in Stadtamhof bei Regensburg. Er entfaltete eine rege Tätigkeit als Chronist. Seine „Chronica de principibus terrae Bavarorum" verfasste er von 1425 bis 1428, angeregt durch Herzog Ludwig den Gebarteten von Bayern-Ingolstadt. Andreas übertrug sein Werk auch ins Deutsche und führte es bis 1436 fort.

Die Stammtafeln zeigen auf der linken Seite die Pfälzer Linie der Wittelsbacher, ausgehend von Rudolf, dem Bruder Ludwigs des Bayern, für dessen Erben die Pfalz im Hausvertrag von Pavia (Kat.-Nr. 1.5) von Bayern abgetrennt wurde. Die rechte Seite zeigt die Nachfahren Ludwigs des Bayern, wobei die vier Teilherzogtümer in dieser Darstellung gleichrangig behandelt werden. Da noch Wolfgang, der neunte Sohn Albrechts III. von Bayern-München, aufgeführt ist, muss der Stammbaum nach 1451 entstanden sein.

Oefele 1763, Bd. 1, S. 1ff. (Druck); Leidinger 1903.

b) Chronicon Bavariae

Veit von Ebersberg; Reinschrift um 1505; Handschrift/Papier, 120 Bll. mit Stammtafeln, 44 x 30; Bayerische Staatsbibliothek München (Clm 1229)

Die Chronik des Benediktinerpriors Veit von Ebersberg entstand im Auftrag Herzog Albrechts IV. von Bayern-München als historisches Lehrbuch für den Prinzen Wilhelm. Die Stammtafeln zu Beginn lassen eindeutig die Tendenz erkennen, die Münchner Linie der Wittelsbacher gegenüber der Landshuter Linie in den Vordergrund zu stellen. Das Werk gliedert sich in 74 Kapitel, von antiken Kaisern über die Vorfahren der Wittelsbacher bis zu einigen Herzögen der Teilherzogtümer und den habsburgischen und burgundischen Verwandten von Kunigunde, der Frau Albrechts IV. und Tochter Kaiser Friedrichs III.

Die aufgeschlagene Doppelseite zeigt in der unteren Hälfte von „Steffanus", Stephan II., ausgehend als unterste Linie den Landshuter Zweig mit Friedrich von Landshut, den so genannten Reichen Herzögen Heinrich, Ludwig und Georg mit seinen beiden Töchtern Elisabeth und Margarethe. Die Gruppe darüber benennt die drei Vertreter der Ingolstädter Linie, Stephan den Kneißel, Ludwig den Gebarteten und Ludwig den Buckligen. Die Hauptlinie, die Blutlinie, verläuft waagrecht über zwei Seiten gezeichnet. Sie beginnt beim sagenhaften Urvater Bavarus und führt über Ludwig den Bayern zu Albrecht IV. und seinem Sohn Wilhelm.   SB

Oefele 1763, Bd. 2, S. 704ff. (Druck); Stauber 2002.

2.5

Stammbaum Philipps des Aufrichtigen, Pfalzgraf bei Rhein, und seiner Gemahlin Margarethe geb. Herzogin von Bayern-Landshut

Herold Hermann von Bruninghusen; 1481 (Text), um 1520 (Zierbuchstaben und Kupferstiche); Handschrift/Papier, Kupferstiche, koloriert, 58,5 x 21; Österreichische National-bibliothek, Wien (2899)

Herzogin Margarethe war die einzige Schwester Herzog Georgs des Reichen von Bayern-Landshut und als Mutter von Pfalzgraf Ruprecht und Schwiegermutter sowie Tante seiner Frau Elisabeth die Großmutter von Ottheinrich und Philipp. Ihr Mann Philipp der Aufrichtige, Kurfürst von 1476 bis 1508, mit dem sie seit 1474 verheiratet war, war gezwungen für seinen früh verstorbenen Sohn den Landshuter Erbfolgekrieg weiter zu führen.

Die Ahnentafel in Buchform diente der Legitimation des eigenen Stands und sollte die edle Abstammung betonen. Der Text bezeugt die Herkunft der weiblichen Vorfahren. Danach werden die männlichen Ahnen auf einer Seite als Ritter, geharnischt zu Ross, wiedergege-ben. Den Einzelblättern dient jeweils der gleiche Kupfer-stich als Vorlage, der dann individuell farbig ausgestaltet wurde. Die Dekoration zeigt Bug und Schabracke des Rossharnisches und die Helmzier. Aufgeschlagen ist fol. 28^r, die Seite mit einem der bayerischen Vorfahren von Margarethe: Die weiß-blauen Wecken der Wittels-bacher dominieren hier die Ornamentik.   SB

Mittelalter. Der Griff nach der Krone 2000; Menhardt 1960, Bd. 1, 2899.

2.6

Genealogie des Hauses Bayern

Bayern, letztes Viertel 15. Jahrhundert; Feder/Pergament, Deckfarben, vier Teile, Gesamthöhe 738 (hier Teil 1, 133 x 61 und Teil 4, 171 x 65); Wittelsbacher Ausgleichsfonds, Mün-chen

Der Aufbau der Genealogie und die Auswahl der Text-stellen lässt vermuten, dass die Stammtafel aus nieder-bayerischem Besitz stammt. Textliche Ähnlichkeiten le-gen eine Entstehung im Umkreis des Ritters Hans Ebran von Wildenburg (geb. nach 1426–1500/03), womöglich seine eigenhändige Autorschaft nahe. Ebran stand im Dienst der Reichen Herzöge, 1464 war er Oberrichter in Landshut, 1496 Pfleger zu Burghausen. Seine bayerische Chronik, die sich in diesem Stammbaum widerspiegelt, hat er in mehreren Fassungen hinterlassen.

Die Stammtafel der Wittelsbacher, eine ursprünglich aus 13 Pergamentblättern zusammengesetzte Rolle, be-ginnt bei Herzog Garibald I. im 6. Jahrhundert und führt über die Agilolfinger, Arnulfinger, Karolinger und Otto-nen. Auch die Scheyrer Vorfahren finden ihre Wür-digung. In der Darstellung wurden immer wieder Kor-rekturen und Änderungen, möglicherweise nach der Überlieferung anderer Geschichtsschreiber vorgenom-

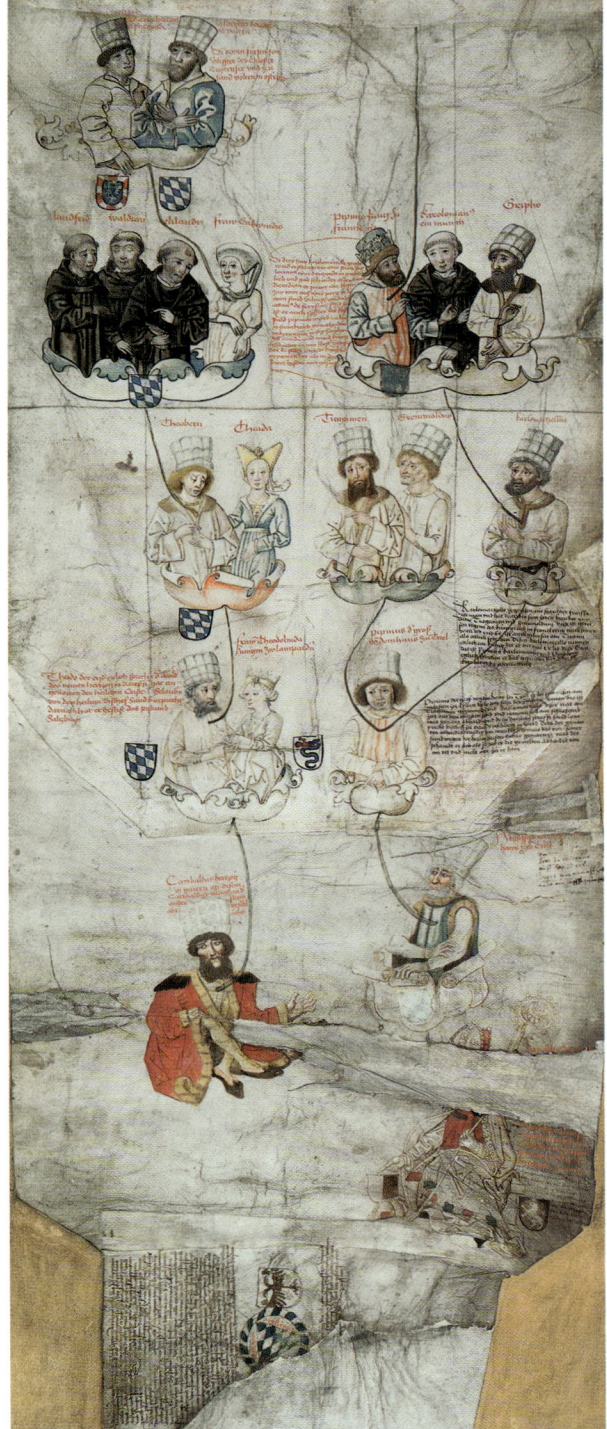

2.6

men. Die schematische Ausführung der jüngsten Genera-tionen lässt auf ein bei Ebran auch sonst zu beobachten-des Desinteresse an der jüngeren Geschichte schließen. Als Nachträge zeigt die Stammtafel die Enkel Georgs des Reichen, Ottheinrich und Philipp, und sogar Kurfürst Friedrich III. von der Pfalz. Daraus könnte gefolgert wer-den, dass der Stammbaum noch am neuburgischen oder pfälzischen Hof genutzt wurde.   SB

Wittelsbach und Bayern 1980, Bd. I/2, S. 30.

39

2.8

2.7

Stammbaum des Hauses Bayern

Hans Wurm; Landshut, 1501; Holzschnitt/Papier, aus zwölf Tafeln zusammengesetzt, koloriert, 161 x 93,5 (R); Bayerisches Nationalmuseum, München (NN 1001)

Der Stammbaum des Hauses Bayern nahm, wie der Text am unteren Blattrand erläutert, seinen Ausgang von den sagenhaften Königen Bavarus und Norix. Aus der Brust des Bavarus, im unteren Bildstreifen auf dem linken Thron, erwächst ein Ast, der sich über die Agilolfinger, Karolinger und Welfen bis zu den Wittelsbacher Herzögen des 15. Jahrhunderts fortsetzt. Dabei bezeichnen die rot gefärbten Äste, die sich von Brust zu Brust schlingen, die Blutsverwandtschaften, die grün kolorierten Zweige dagegen durch Heirat geschaffene Verbindungen. Jede Person wird durch ein – bei den frühen Herrschern legendäres – Wappen sowie einen Titulus identifiziert.

Nach Ausweis einer schmalen, gedruckten Chronik, die ursprünglich den Holzschnitt ergänzte und in mindestens zwei Exemplaren erhalten ist, wurde das Werk 1501 von Hans Wurm in Landshut vollendet. Der in verschiedenen Künsten bewanderte Meister dürfte es unter Verwendung der „Bayerischen Chroniken" des Ulrich Fuetrer (1481) und des Veit Arnpeck (1495) selbst konzipiert haben. Sein aus zwölf Tafeln zusammengesetzter Holzschnitt ist nicht nur von hohem künstlerischen Anspruch, sondern zusammen mit der Chronik auch das älteste gedruckte Werk zur bayerischen Geschichte.   AL

Chronik und der fürstliche Stamm der Durchlauchtigen Fürsten und Herren Pfalzgrafen bey Rhein und Herzoge in Baiern, Landshut 1501 (Bayerische Staatsbibliothek München, Rar. 14 und 4 Bavar. 425); Leidinger 1901; Wittelsbach und Bayern 1980, Bd. I/2, S. 26 f., Kat.-Nr. 30 und 31; Heck/Jahn 2000.

2.8

Die Ahnen der Pfalzgrafen Ottheinrich und Philipp; Beginn der mütterlichen Linie

Christian de Roy (tätig vor 1539 – 1544/45); Entwurf Peter Gertner (um 1495 – nach 1541) zugeschrieben; Neuburg, 1540; Wirkteppich: Wolle, Seiden, 422/442 x 592/575 (R); Inschriften auf der Bordüre:

Pfaltzgrafen Otthainrichs und Philipp-
sens, gebrüedere, A(h)nherrlich lini(e) Ihrer fürstlichen genaden frawen Mut(t)er halb
MDZ / 1540 / OHS (ligiert)
Bayerisches Nationalmuseum, München (T 3862)

40

Der Bildteppich gehört zu einem vierteiligen Zyklus mit den Bildnissen der Ahnen der Pfalzgrafen Ottheinrich und Philipp; zwei weitere befinden sich ebenfalls im Bayerischen Nationalmuseum (T 3861 und T 3863), das vierte, nur fragmentarisch erhaltene Initialstück, ist in Privatbesitz. Auf dem hier gezeigten Exemplar, dem dritten der Reihe, beginnt mit Elisabeth, der Tochter Herzog Georgs des Reichen von Bayern-Landshut, der mütterliche Stammbaum der beiden Brüder. Herzog Georg und seine Tochter sind daher gleich in der ersten Reihe, rechts, am Rand eines Teichs, dargestellt. Nach links folgen Pfalzgraf Philipp und Ottheinrichs Gemahlin Susanna, die sich gemeinsam dem auf dem anschließenden Teppich als erste Figur erscheinenden Ottheinrich zuwenden. Alle vier zeigen unverkennbar porträthafte Züge. Weiter nach hinten entwickelt sich eine weite, sanft gewellte Landschaft mit vereinzelten Pflanzen und Tieren, die sich – quasi hinter den rahmenden Bordüren durchlaufend – kontinuierlich über alle vier Teppiche erstreckt. Nach Generationen geordnet, stehen darin die älteren fürstlichen Ahnherren und -frauen, prachtvoll gewandete Charaktere, die jeweils durch Inschriftentafeln sowie ihre Wappen und Insignien eindeutig identifiziert werden. Um für den Betrachter die Abstammungsfolge unmissverständlich offen zu legen, verbindet die als ein rotes Seil gestaltete „Blutlinie" jeweils die am nächsten miteinander verwandten Paare.

Die systematische Darstellung der eigenen Genealogie auf Wandteppichen, dem schon allein aus Kostengründen und wegen des großen Formats prestigeträchtigsten Bildmedium jener Zeit, scheint eine Erfindung Ottheinrichs gewesen zu sein. Hier wie auch später in Heidelberg dienten die Tapisserien als visualisierte „Ahnenprobe", als monumentale Beglaubigung seiner legitimen fürstlichen, ja königsgleichen Abstammung und Herkunft.

HH

Rott 1905, Kunst, S. 41 f.; Göbel 1923; Nebinger 1955; Stemper 1956; Rösch 1969; Abreß 1984; Hubach 2002, Tapisserien; Hubach 2002, Ottheinrichs neuer hofbaw.

Residenzen – Straubing

2.9

Modell der Straubinger Neustadt

Andreas Heigl, 1883; Kopie nach dem Original von Jakob Sandtner; Holz, farbig gefasst, 15 x 80 x 67; Gäubodenmuseum Straubing (50401)

1568 fertigte der Straubinger Drechslermeister Jakob Sandtner (nachweisbar 1561–1585) ein Modell der Neustadt Straubing im Maßstab von 1:666, das die planvolle mittelalterliche Stadtanlage mit dem Stadtturm in der Mitte des langen Straßenmarkts gut erkennen lässt. Herzog Albrecht V. war von der detailgetreuen Stadtansicht so angetan, dass er bei Sandtner die Anfertigung von Modellen der übrigen Haupt- und Residenzstädte (München, Landshut, Ingolstadt, Burghausen) in Auftrag gab.

Das Modell von Straubing zeigt die spätmittelalterliche stark befestigte Stadt, die nach dem ältesten erhaltenen Steuerbuch Straubings 1462 fast 800 Anwesen mit etwa 3500 bis 4000 Einwohnern zählte. Im Grundriss bis heute erhalten, bildet der vom Stadtturm dominierte Stadtplatz den Mittelpunkt, während die der Donau zugewandte Stadtseite von kirchlichen Bauten und dem herzoglichen Schloss bestimmt wird. Wesentlich geprägt wurde das Stadtbild Straubings in der Zeit des Herzogtums Straubing-Holland durch den Bau bzw. Ausbau von Herzogsschloss (ab 1356), Karmelitenkloster- und -kirche (ab 1368), Rathaus (ab 1382), Stadtturm (ab 1316), Bürgerspital und -kirche (seit dem 13. Jahrhundert), den Kirchen St. Veit (seit 1393) und St. Jakob (ab dem Ende des 14. Jahrhunderts), der Kapelle zu Unserer Lieben Frau (1368 erstmals belegt, seit 1631 Kirche der Jesuiten). SM

von Reitzenstein 1967; Huber 1998.

2.10

Ansicht der Stadt Straubing von der Nordseite

Martin Weigel (tätig um 1553 – um 1580); um 1560/70; Druckstock aus zwei Platten, 24,4 x 73,5; Stiftung Preußischer Kulturbesitz – Staatliche Museen zu Berlin, Kupferstichkabinett (Sammlung Derschau 80)

Im ausgehenden 15. Jahrhundert entstanden in kurzer Folge mehrere Weltchroniken mit Ansichten der bedeutendsten Städte. Dabei standen reale Wiedergaben und Fantasiedarstellungen wie in Hartmann Schedels „Weltchronik" von 1493 oft nebeneinander. Doch erfreuten sich Welt-, Länder- und Stadtchroniken ab dem 16. Jahrhundert großer Beliebtheit, wie die vielfach aufgelegten Werke von Sebastian Münster (1544 ff.) oder von Braun und Hogenberg (1572 ff.) belegen.

Ansichten von Straubing finden sich in den frühen Chroniken und Städtebüchern nicht. Die früheste bekannte druckgrafische Ansicht von Straubing geht auf

2.10

Martin Weigel zurück. Das Monogramm MW im linken Druckstock am Fuß der so genannten Schießanlage wird als M[artin] W[eigel] aufgelöst. Als „Formschneider und Reisser" ist er um 1552/53 in Augsburg nachweisbar. Später wurde er Bürger von Köln und zuletzt 1568 Bürger von Nürnberg.

Der Druckstock aus zwei Platten – ein Originalabzug ist bislang nicht greifbar – zeigt die erste Gesamtansicht der Stadt Straubing von der Nordseite. Damit gibt er den Standpunkt vor, welcher in den nachfolgenden Jahrhunderten für Zeichner, Maler und Fotografen geradezu klassisch werden sollte. Die Ansicht zeigt die auf der Hochterrasse breit hingelagerte Stadt mit der davor fließenden Donau. Ohne Rücksicht auf die Perspektive sind die Häuser übereinander geschichtet, während die markantesten Bauten überhöht dargestellt werden. Beherrschendes Motiv ist der Stadtturm in seiner vollen Ausgestaltung, die dieser – belegt aufgrund dendrochronologischer Untersuchungen – kurz nach 1565 erhalten haben muss. Demnach ist der Druckstock kurz vor bzw. um 1570 zu datieren, zumal der fünfgeschossige Glockenturm der Stiftskirche St. Jakob noch ohne den 1579 vollendeten Kuppelabschluss ist.   SM

Strauss 1975, Bd. 3, S. 1143–1180; Bleibrunner 1979, Bd. 1, S. 198; Bleibrunner 1993, Bd. 1, S. 152f.; Prein 1989, S. 194, Nr. 869; Huber 1994.

2.11

Die Donau bei Straubing mit Ansicht der Stadt von Norden

Michael Eresinger (gest. 1614); 1577; Feder/Papier, koloriert, 40 x 82; Bayerisches Hauptstaatsarchiv, München (Plansammlung 2127)

Der Straubinger Maler Michael Eresinger schuf 1577 eine der ältesten Stadtansichten Straubings. Die Zeichnung zeigt eine Nordansicht der 1218 durch Herzog Ludwig den Kelheimer gegründeten Neustadt samt dem Vorgelände mit der Donau, den Brücken, der Bschlacht, dem Hagen, der Gstüttinsel, Kagers, Hornstorf und Sossau. Die Donau wurde erst um 1479/80 durch den Bau

einer steinernen „Bschlacht", die den ursprünglichen Donauarm absperrte, in einem Bogen an die Neustadt und das Herzogsschloss herangeführt.

Bei der Stadtsilhouette sind das unter den Herzögen von Straubing-Holland seit 1356 erbaute Schloss, die gotische Karmelitenkirche, der 1316 grundgelegte Stadtturm, die Fronfeste, der Turm der gotischen Spitalkirche und die gegen Ende des 14. Jahrhunderts begonnene Jakobskirche, deren Turm erst gegen Ende des 16. Jahrhunderts vollendet wurde, zu sehen. Von der Stadtbefestigung sind im Osten das Donautor, in der Mitte das Spitaltor und im Westen der runde Pulverturm mit dem dahinter liegenden Weytterturm erwähnenswert.

Die Zeichnung entstand wohl im Auftrag des Herzogs oder seiner Vertreter, um die verschiedenen Jurisdiktionsbereiche festzuhalten. Vom „kunstreichen Meister" Michael Eresinger (Signatur ME) haben sich weitere Werke, darunter Zeichnungen des Straubinger Burgfriedens (1609) und des mittleren Bayerischen Waldes (1569) sowie ein Tafelgemälde mit einer Darstellung der „Speisung der 5000" erhalten.   DMK

Keim 1970; Krausen 1973, S. 35, Nr. 115.

2.12

Wasserspeier

14. Jahrhundert; Kalkstein, 180–185 x 40–43 x 40–43; Gäubodenmuseum Straubing (Altbestand)

Die vier Wasserspeier aus Kalkstein in Form von lang gehalsten drachenartigen Tierköpfen mit später gefüllter Wasserableitungsrinne im Kamm stammen vom ehemaligen Stadthof der Prämonstratenserabtei Windberg in Straubing. Dieser im Kern mittelalterliche, um einen Innenhof gruppierte Stadthof wird im ältesten Stadtsteuerbuch Straubings vom Jahr 1462 als „domus de Windberg" erwähnt, in dem unter anderem die Getreideabgaben der Klosteruntertanen eingelagert wurden. Daneben soll der „Windberger Kasten" bis zum Erwerb des heutigen Rathauses im Jahr 1382 auch als Ratsgebäude gedient haben.

2.12

reiche Alt- und Neufunde vorgelegt worden. Hierzu zählt eine Gruppe von mehr als 50 verzierten Bodenfliesen aus Straubing, die vom späten 13. bis zum ausgehenden 15. Jahrhundert datiert werden. Die Mehrzahl dieser Fliesen kam wohl 1901 beim Abbruch des so genannten „Böhmhauses" zutage, welches sich offenbar zurückgesetzt am östlichen Ende des Stadtplatzes, des heutigen Ludwigsplatzes, befand. Wenn auch die Fundlage annähernd exakt bekannt ist, bleibt der Ort der Erstverlegung dieser Fliesen unklar. Auch über die Herstellung ist nichts bekannt. Doch verweist der Rohstoff „Zieglerton" auf die in Straubing vorhandene Ziegelproduktion.

Wie die anderen in Ostbayern bekannt gewordenen Beispiele zeichnen sich die Straubinger Fliesen durch Stempeltechnik aus, wobei verschiedene Formen auftreten: Wappenform als Rund- oder Spitzbogenschild und Rund- oder Kreisformen mit Flechtband- oder Zirkelschlagmotiven bzw. Tiermotive mit kreisförmiger Umschrift. Trotz Hinweisen auf einzelne Straubinger Familien bleiben die Inhalte der Darstellungen im Unklaren. Insgesamt deutet die häufige Verwendung geometrisch dekorativer Motive auf eine Schmuckfunktion hin, die parallel zur Auslegung der Motive als Unheilabwehr steht. SM

KDB, Bd. 4: Regierungsbezirk Niederbayern, Teil 6: Stadt Straubing, S. 364f.; Landgraf 1993; Endres 1999.

Noch im 18. Jahrhundert vom Kloster Windberg genutzt, ging das Gebäude im 19. Jahrhundert in Privatbesitz über. 1855 kaufte es die Stadtgemeinde als Schrannenhaus. Mit dem Ende der städtischen Schrannenmärkte im Jahr 1904 zog das Zollamt ein. 1939 erfolgte der Verkauf an die Betreiber eines Lichtspielhauses, die durch Umbau des ehemaligen Schrannenhauses ihr benachbartes Kino zu einem modernen „Filmtheater" erweitern wollten. Diese Planungen verhinderte der Zweite Weltkrieg. Ab 1948 fortgeführt, wurde der ehemalige Windberger Kasten 1949 abgerissen. Straubing verlor damit eines seiner ältesten und bedeutendsten Baudenkmäler.

Erhalten haben sich allein die gotischen Wasserspeier, welche wohl in Zusammenhang mit der Regensburger Dombauhütte stehen. Ob es sich bei ihrer Nutzung am Windberger Kasten um ihren ursprünglichen Standort handelt, ist fraglich, da sie mit ihren groß ausgelegten Rückbinderblöcken direkt unterhalb des Dachüberstands in dem Mauerwerk verankert waren. Hierdurch hätte sich ihre Funktion mehr auf ihren apotropäischen Symbolgehalt beschränkt, während ihrer Funktion zur Wasserableitung nur geringe Bedeutung zugekommen wäre. So bleibt mit F. Mader (S. 307) zu vermuten, dass die Wasserspeier von einem früheren Bau stammen. Dabei könnte es sich um den erstmals 1288 erwähnten Vorgängerbau der heutigen Stadtpfarrkirche St. Jakob handeln, zumal für St. Jakob Übernahmen vom Vorgängerbau belegt sind (Mader, S. 17). SM

KDB, Bd. 4: Regierungsbezirk Niederbayern, Teil 6: Stadt Straubing, S. 307; Rohrmayr 1961, S. 21, 28; Frener 1989; Krenn 1997.

2.13
Bodenfliesen

Ende 13. Jahrhundert (?) – Ende 15. Jahrhundert (?);
(Ziegler)-Ton, gebrannt, verziert, 19/26 x 19/26;
Gäubodenmuseum Straubing (Altbestand)

Während im Südwesten und Westen Deutschlands eine hohe Funddichte von verzierten Bodenfliesen zu vermerken ist, sind für Ostbayern erst in den letzten Jahren zahl-

2.14
Johann III. von Straubing-Holland

Kupferstich/Papier (R); Stadtarchiv Den Haag (kl B 4.927)

Herzog Albrecht I. von Straubing-Holland hatte 1389 seinem jüngsten Sohn Johann (1373–1425) den Bischofssitz von Lüttich erkauft. Johann stieß jedoch auf große Widerstände in den Lütticher Handwerks- und Gewerbekreisen, die auf ein politisches Mitspracherecht pochten. Das grausame Strafgericht, das der Bischof gegen seine aufständischen Bürger verhing, brachte ihm den Beinamen „Ohnegnade" ein. Johann war eine schillernde Persönlichkeit: Er wird sowohl als „stahlharte Natur" mit politischem Scharfblick wie als „glänzender Ritter" und „Freund der Wissenschaften und Künste" – er war der erste Förderer des berühmten Malers Jan van Eyck – charakterisiert. Seit dem Tod seines Vaters 1404 war Johann auch Landesherr in Niederbayern-Straubing.

Im Jahr 1418 gab Johann sein Bistum auf. Er hatte sich nie zum Priester weihen lassen, stets nur als „episcopus

Graef Ian de tweede Grave van Henegouwen de .29
Grave van Hollandt zeelandt ende vrieslandt.

2.14

Vertreter des Herzogshauses Bayern-Straubing-Holland starb am Dreikönigstag 1425. Doch auch gegen seinen Nachfolger Philipp den Guten von Burgund konnte sich Jakobäa nicht durchsetzen. DMK

de Boer/Cordfunke 1997, S. 115–122; Schneider 1913.

2.15

Scheltbrief des Grafen Johann III. von Nassau-Dillenburg gegen Johann III. von Straubing-Holland

Um 1420; Handschrift/Papier, Feder, koloriert, 82 x 44; Hessisches Hauptstaatsarchiv, Wiesbaden (Abt. 170 Nr. 1026)

Herzog Johann III. benötigte für seine Auseinandersetzungen mit Jakobäa, der Erbin seines 1417 verstorbenen Bruders Wilhelm II., im Kampf um die Herrschaft in Holland und Seeland große finanzielle und materielle Unterstützung. Er nahm Geld auf, verpfändete Besitzungen, holte militärische Hilfe nicht nur aus seinem niederbayerischen Land. So verschrieb er zum Beispiel am 21. März 1419 dem Grafen Johann von Nassau-Dillenburg, Dompropst von Münster, wegen geleisteter Kriegsdienste in Holland 5000 rheinische Gulden. Ein Jahr später klagte Graf Johann auf Einlösung dieser Schuld, wobei er den Scheltbrief mit einer Karikatur auf Johann III. versehen ließ: Ein Wildschwein besudelt den Schild Johanns von Straubing-Holland. Es ist eine der wenigen zeitgenössischen Überlieferungen des Wappens der holländischen Wittelsbacher-Linie in Farbe, das im gevierten Schild in den Feldern 1 und 4 die silber(weiß)-blauen Rauten der bayerischen Wittelsbacher zeigt und in den Feldern 2 und 3 die schwarzen Löwen der Grafen von Hennegau und die roten Löwen der Grafen von Holland.

electus", also als gewählter Bischof, agiert. Nun erhob er Anspruch auf das Erbe seines Bruders Wilhelm II. Zwischen ihm und Jakobäa, der Tochter Wilhelms, entbrannte ein heftiger Erbfolgestreit. König Sigmund, der unter Jakobäa eine Zunahme des burgundisch-französischen Einflusses fürchtete, belehnte Johann mit Holland, Seeland und Friesland. Damit war auch das Herzogtum Niederbayern-Straubing-Holland wieder vereint. Jakobäa floh 1421 nach London. Hier heiratete sie Humphrey, Herzog von Gloucester, den Bruder König Heinrichs V., in der Hoffnung mit englischer Unterstützung ihr Erbe zurückerobern zu können. Im Herbst 1424 kehrte Jakobäa mit einem Heer nach Hennegau zurück. Ihr Onkel und Gegner Johann hatte inzwischen relativ ungestört regiert. Er wurde jedoch kurz nach der Heimkehr Jakobäas von seinem ehemaligen Hofmarschall Jan van Vliet vergiftet. Der letzte männliche

2.15

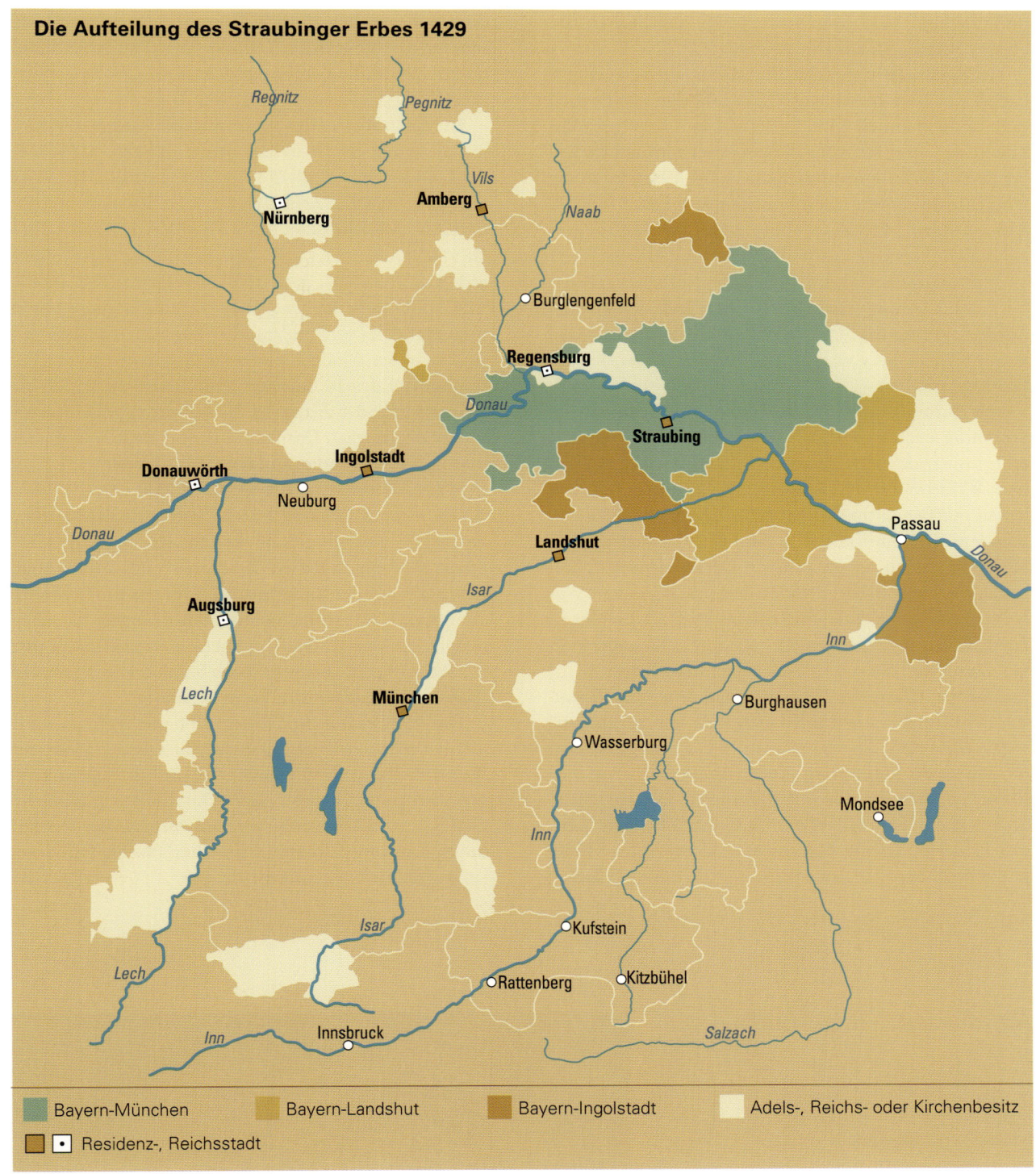

Die Aufteilung des Straubinger Erbes 1429

Bayern-München Bayern-Landshut Bayern-Ingolstadt Adels-, Reichs- oder Kirchenbesitz

Residenz-, Reichsstadt

Öffentliche Scheltbriefe galten als legitimes „Mittel der Selbsthilfe" gegen mächtige Fürsten, die das Recht nicht einhielten. Meist ging es hierbei um die Eintreibung von Schulden. Die Scheltbriefe erklärten mit groben Worten und zum Teil durch ein „Schandbild" bekräftigt den Schuldner für ehr-, treu- und siegellos.

DMK

Hupp 1930, S. 14 ff.; Krenn/Wild 2003, S. 34

2.16

„Tailzedl"

9. Juli 1429; Urkunde/Pergament, 56,5 x 37,5, mit aufgedrückten Papiersiegeln der Herzöge; Bayerisches Hauptstaatsarchiv, München (Kurbayern Urkunden 25324)

Nachdem Herzog Johann III. am 6. Januar 1425 kinderlos gestorben war, erkämpfte sich im Norden Herzog Philipp der Gute von Burgund gegen Johanns Nichte Jakobäa die Herrschaft über Hennegau, Holland, Seeland und Friesland. 1433 verzichtete „Jacoba van Beieren" im Haager Vertrag auf alle ihre Rechte.

Um das niederbayerische Erbe aber stritten die wittelsbachischen Vettern Ludwig VII. der Bärtige von Bayern-Ingolstadt, Heinrich XVI. der Reiche von Bayern-Landshut, Ernst I. und Wilhelm III. von Bayern-München. Die langwierigen Auseinandersetzungen erhielten durch die Überfälle der böhmischen Hussiten gesteigerte Brisanz. Am 26. April 1429 legte König Sigmund, den die um Neutralität bemühten niederbayerischen Landstände um Vermittlung gebeten hatten, im Schiedsspruch von Pressburg eine „Teilung nach Köpfen" fest: Jeder Erbe sollte Gebiete, Rechte und Pfandschaften mit jährlichen Einkünften in Höhe von etwa 1600 Pfund Regensburger Pfennige erhalten.

Am 29. Juni 1429 wurde das Gebiet von Niederbayern-Straubing nach einem vorher ermittelten Teilungsvorschlag unter den vier Herzögen Ludwig, Heinrich, Ernst und Wilhelm verlost. Ludwig erhielt unter anderem Schärding, Dingolfing, Kirchberg, die Lösung auf das verpfändete Waldmünchen und die Juden zu Regensburg. Heinrich bekam neben anderen Orten Vilshofen, Hilgartsberg, Hengersberg, Natternberg und Landau. Wilhelm erloste unter anderem Kelheim, Dietfurt, Eschlkam, Furth, Kötzting, Cham und Deggendorf. „Das ander viertail, Straubing, die stat mit der vesten daselbs mit maut und kasten, Glayt, Vyscherey, Wysmad, lehenschafft und mit dem lantgerichte daselbs und allen sein zugehoren" sowie Mitterfels, Bogen, Haidau, der Herzogshof und die Münze zu Regensburg gingen an Herzog Ernst von München. Das Ergebnis beurkundeten Ludwig, Ernst und Wilhelm im „Tailzedl" vom 9. Juli 1429. Die territoriale Zersplitterung Bayerns hatte damit ihren Höhepunkt erreicht.   DMK

Krenn 2005; Krenn/Wild 2003, S. 37 f. (Abb.); Straub 1988.

dem Auftraggeber, Herzog Albrecht V. von Bayern, verbunden und steht in der Tradition der „Bairischen Landtafeln" des Philipp Apian und Aventins „Bavaria illustrata".

In Ingolstadt ist ein zweites, sehr viel kleineres Modell seit alters her im Besitz der Stadt: „ANNO. 1571. JAR. HAT. HERZOG. ALBRECHT. DIES. LOBLICHE. STAT. DURCH. JACOB. SANNDTNER. IN. GRVNDT. LEGEN. LASSEN. MIT. ALLEM. WIE. ES. ZVE. DIESER. ZEIT. GESTANDEN. IST. VND. HAT. DIESE. STAT. 5000. SCHRIT, VM. SICH. WARDT. BURGERMAISTER. HERR. VISCHER" Es handelt sich dabei um die elegante Miniaturausgabe des großen Sandtner-Modells. Im Gegensatz zu den großen Modellen ist es farbig gefasst. Um den Festungsgürtel des 16. Jahrhunderts herum zieht sich ein grüner Saum, der die zitierte Umschrift in goldenen Antiqua-Lettern trägt. Der Sockel ist mit Rauten eingefasst und nimmt die Rundung der Stadtgestalt an.

Warum Sandtner dieses kleine Modell schuf, ist nicht genau bekannt. Offenbar – so will es die städtische Überlieferung – geschah dies im Auftrag der Stadt. Die Messarbeiten waren zu diesem Zeitpunkt wohl bereits abgeschlossen und die Vorbereitungen für das große Modell getroffen. 1580 wollte Sandtner nach Ingolstadt übersiedeln, im Mai 1580 gewann gemäß Ratsprotokoll vom 30. Mai 1580 ein „firnisser Jacob Sandtner" Bürgerrecht. Weitere Nachrichten sind nicht bekannt.

Das Ingolstädter Modell zeigt die nur mehr in Rudimenten erhaltene Festungsanlage, die von den Herzögen Wilhelm und Ludwig von Bayern 1537 in Auftrag gegeben worden war und für deren Durchführung Reinhard Graf Solms zu Münzenberg verantwortlich war. Der Festungsgürtel umschloss die mittelalterliche Stadt und war lange Zeit ihr Wahrzeichen.   B S

von Reitzenstein 1967.

Residenzen – Ingolstadt

2.17

Modell von Ingolstadt

Jakob Sandtner; Ingolstadt, 1571; Lindenholz, farbig gefasst 6 x 37 x 37; Stadtmuseum Ingolstadt (1526)

Der Straubinger Schreinermeister Jakob Sandtner schuf zwischen 1568 und 1574 fünf große Modelle der wichtigsten Städte des bayerischen Herzogtums: München, Landshut, Ingolstadt, Burghausen und Straubing. Dies geschah, wie man den Rechnungen entnehmen kann, jeweils am Ort. Die Serie der Modelle war zu seiner Zeit ein Novum und blieb es. Sie ist untrennbar mit

2.17

2.18

Stephanskreuz mit Kreuzpartikel

Um 1400; Silber, getrieben, gegossen, graviert, vergoldet, Gesamthöhe 57, Kreuz H. 20, Sockel B. 33; Pfarrkirchenstiftung Zur Schönen Unserer Lieben Frau, Ingolstadt

Das spätgotische Kreuz ist aufgesteckt, es besteht zum Teil aus echtem Gold. Die Vorderseite ist mit durchbrochenem Maßwerk graviert, mit Kreuzpartikel und perlenbesetzten Kreuzenden versehen, die mit kleinen, in Silberschalen befestigten Edelsteinen verziert sind. Die sehr feine Goldschmiedearbeit zeigt Ziselierungen und Maßwerkornamentik in der unteren Hälfte, an den Rückseiten Medaillons mit den Evangelistensymbolen und einer Christusdarstellung. Auf der Rückseite zieren eingravierte bayerische Rauten die Kreuzesbalken.

Das juwelenbesetzte, goldene Brustkreuz mit dem Kreuzpartikel stammt aus dem Besitz von Herzog Stephan dem Kneißel, dem Vater Herzog Ludwigs des Gebarteten. 1429 übergab Ludwig der Gebartete das „Heilige Kreuz" in den Kirchenschatz seiner Herrschaftskirche Zur Schönen Unserer Lieben Frau in Ingolstadt.

Der Sockel, bestehend aus Kreuzschaft, Kalvarienberg, den Figuren der Maria, des Johannes und der Magdalena sowie einem Postament war zur Zeit Ludwigs des Gebarteten in Auftrag gegeben worden. Die drei Figuren wurden 1782 durch Arbeiten des Ingolstädter Goldschmieds Joseph Steger ersetzt. Die Kreuzigungsgruppe auf silbernem, wappengeschmücktem Podest weist einen Sockel in Treibarbeit auf, die Figuren auf dem Kalvarienberg sind gegossen, um das Kreuz versammelt finden sich Johannes, Maria und Maria Magdalena in charakteristisch ekstatischer, lockerer Haltung mit reicher Gewanddraperie.   BS

Straub 1978; Goldschmiedearbeiten in und aus Ingolstadt 1988, S. 101.

2.18

2.19

Reliquiar der hl. Anna

Hanns Greif; Ingolstadt, 1472; Silber, gegossen, getrieben, graviert, vergoldet, H. 48; BZ und MZ: Marke verschlagen (Ingolstädter Panther als BZ oder Greiff als MZ?); Musée National du Moyen Âge, Paris (Cl. 3308)

Die Figur der hl. Anna ist auf einem Thron sitzend unter einem bekrönenden Baldachin dargestellt, der mit Krabben versehene Fialen trägt. Auf den Wangen der Bank befindet sich rechts wie links ein Engel als Schildhalter. Die

Statuette wird von drei gegossenen, vergoldeten Löwenfiguren getragen. Maria und Jesus stehen auf dem Schoß der hl. Anna und halten einen kleinen Schrein. Der Umhang des Jesuskindes ist wie das Kleid Mariens emailliert, das Kleid der hl. Anna ist vergoldet. Die Gesichter der Figuren sind kalt mit Email bemalt. Ein perlenbesetztes Kleinod befindet sich unter dem Schrein auf dem Gewand der Heiligen.

Auf der Rückseite des Postaments lautet eine Inschrift: „Hanns Greiff golczsmid hat gemacht / Anna Hofmanin, rentmaisterin / das pild sant Anna und zbay paczein / und biget als IX marck für gold / silber und lon gestet c gulden reinis / geschechen an sant Micheltag M CCCC / und LXXII jar." Hans Hofmann gehörte als Rentmeister im Oberland (Neuburg/Ingolstadt) zur Verwaltungselite des Fürstentums. Es ist allerdings selten, dass die Ehefrauen dieser Beamten in Erscheinung treten. Anna Hofmann nennt sich wie selbstverständlich Rentmeisterin und vermittelt damit einen Einblick in ihre gesellschaftliche Stellung. B S

Kuhn 1936, S. 7–113; Goldschmiedearbeiten in und aus Ingolstadt 1988, S. 101 f.; Ettelt-Schönewald 1996.

2.20

Gemälde nach einer verlorenen Goldemailplastik mit der Muttergottes („Die Gnad")

Bayern, 18. Jahrhundert; Öl/Leinwand, 47,5 x 39 (mit Rahmen); Bayerisches Nationalmuseum, München (MA 2607)

Das künstlerisch bescheidene, doch als Bilddokument wichtige Gemälde gibt ein heute verlorenes Kleinod wieder. Über dem breit gelagerten Sockel thront in der Mitte die Muttergottes vor einer edelsteinbesetzten Laube; Engel halten eine Krone über das Haupt der Himmelskönigin. Der Jesusknabe wendet sich zur links knienden Gestalt König Karls VI. von Frankreich hin, der von einem helmhaltenden Ritter – wohl dem hl. Georg – empfohlen wird. Rechts kniet Karls Gemahlin, Königin Isabeau, geborene Prinzessin von Bayern, die unter dem Schutz ihrer Namenspatronin, der hl. Elisabeth, steht. Die Gestalten werden von zwei größeren anbetenden und zwei kleineren musizierenden Engeln begleitet; letztere knien zu Seiten eines Reliquienfensters, das eine Fingerreliquie des hl. Laurentius birgt.

König Karl VI. (1368–1422) übergab das in seinem Besitz befindliche Emailwerk 1405 – zusammen mit dem hl. Michael (Kat.-Nr. 2.21) und dem in Altötting erhaltenen „Goldenen Rössl" – seinem Schwager Ludwig dem Gebarteten, Herzog von Bayern-Ingolstadt, als Pfand. 1438 stiftete Ludwig die Kostbarkeiten dem Münster Zur Schönen Unserer Lieben Frau in Ingolstadt. 1801 wurde das als Gnadenbild verehrte Kleinod in 32 Stücke zerbrochen und in der Münchner Münze eingeschmolzen. L S

Paris 1400 2004, S. 174, Kat.-Nr. 94.

2.21

Gemälde nach einer verlorenen Goldemailplastik des Erzengels Michael

Bayern, 18. Jahrhundert; Öl/Leinwand, 45 x 39 (mit Rahmen); Bayerisches Nationalmuseum, München (MA 2608)

Das wohl von der gleichen Hand wie Kat.-Nr. 2.20 ausgeführte Gemälde zeigt ebenfalls ein nicht mehr erhaltenes Kleinod aus dem Ingolstädter Münsterschatz. Auf einem emaillierten Erdhügel, der von Burgmauern umschlossen wird, erhebt sich die Figur des hl. Michael. Mit seiner Lanze, die oben in einem edelsteinbesetzten Kreuz endet, durchbohrt der Erzengel den zu Boden geworfenen Drachen.

Möglicherweise ist das Werk mit einem „ymage de St Michel" identisch, das Herzog Philipp der Kühne von Burgund (1342–1404) 1397 König Karl VI. als Neujahrsgeschenk darbrachte. 1405 gelangte das Kleinod als Pfand an Ludwig den Gebarteten, 1441 übergab der Herzog es dem Ingolstädter Münster. 1447 befand sich das Emailwerk im Besitz von Herzog Heinrich dem Reichen (1386–1450), der es endgültig dem Münster stiftete. Das 1801 in Privatbesitz gelangte Juwel ist seitdem nicht mehr nachweisbar.

In zeitgenössischen französischen Schatzverzeichnissen werden in größerer Zahl entsprechende Figuren des Erzengels Michael genannt, die in der handwerklich wie künstlerisch äußerst anspruchsvollen Technik des rundplastischen Goldemails gearbeitet sind. Das oft mit aufwändigem Edelsteinbesatz kombinierte „émail en rondebosse" gelangte im Umfeld der französischen Fürstenhöfe um 1400 zu seiner höchsten Blüte. L S

Paris 1400 2004, S. 173 f., Kat.-Nr. 93.

2.22

Gebetbuch Kaiser Ludwigs des Bayern

Handschrift/Pergament, 220 Bll., illuminiert, durch Wasserschäden stark zerstört, emaillierter Silbereinband aus dem Kloster Ettal, Email abgesprungen, 17,3 x 13,5; Bayerische Staatsbibliothek München (Clm 6116)

Thaddäa Visconti (um 1352–1381), Tochter des Barnabas Visconti von Mailand und der Beatrix, Tochter des Mastino II. della Scala, Gemahlin Herzog Stephans III., ist die erste der fünf Ingolstädter Herzoginnen. Von ihr sind weder Briefe noch Urkunden, Porträts oder das Grabmal bekannt. Allein ihr Gebet- oder Stundenbuch, ein reich illuminiertes, in silbervergoldetem, polychrom emailliertem Einband erinnert an sie.

Das einzig erhaltene persönliche Dokument Thaddäas ist das Inventar ihres Hausrats und ihrer Kleider, wohl eine Auflistung ihres Heiratsguts, in der auch das hier gezeigte Stundenbuch aufgeführt ist (Geheimes Hausarchiv, München).

2.19

Thaddäa war die erste der drei Töchter des Barnabas Visconti, die 1364 nach Bayern heiratete. Es folgte Maddalena, die 1382 Friedrich von Bayern-Landshut heiratete und 1404 in Landshut starb. Als letzte der Visconti-Töchter heiratete Elisabeth im Jahr 1396 Herzog Ernst von Bayern-München. Elisabeth war die Mutter Albrechts III., die allerdings das Drama um die heimliche Heirat ihres Sohnes mit Agnes Bernauer nicht mehr erlebte, sie starb 1432 und liegt im Münchner Dom begraben. Unklar ist, ob die drei Schwestern untereinander Kontakt pflegten, zumal sie sich durch die politischen Ambitionen ihrer Ehemänner in feindlichen Lagern befanden. Sicher ist, dass die Visconti-Töchter immer dann zitiert wurden, wenn es galt, Unbeherrschtheit, Grausamkeit und Willkür als Charakterzüge der Wittelsbacher erklären zu wollen. Den Bezug dafür stellt ihr Vater dar, der berüchtigt für seine Grausamkeit und Tyrannei war.

Die Hochzeit Thaddäas mit Stephan dem Kneißel fand am 13. Oktober 1364 wohl in München statt: die Braut erst 15-jährig, der Bräutigam doppelt so alt. Thaddäa kam aus einer Welt voller Luxus, verfeinerter Kultur, aus einer Stadt pulsierenden Lebens nach Bayern, das ihr gemessen an Mailand nicht weit entwickelt erschienen sein konnte. Wie sie sich zurechtfand, wissen wir nicht, doch galt Herzog Stephan als höfischer Mann mit galanten Manieren. Thaddäa starb gemäß Seligenthaler Nekrolog am 28. September 1381. Sie hinterließ zwei unmündige Kinder, Ludwig (geb. 1365) und Elisabeth (geb. 1371). Beide ehrten sie in besonderem Andenken: Elisabeth hielt als französische Königin Isabeau in Paris einen feierlichen Jahrtag für ihre Mutter ab, Ludwig ließ 50 Jahre später in seiner Gedächtnisstiftung seiner Mutter, „frauen Thatea von Mayland", gedenken. BS

Straub 1992, Herzoginnen.

2.23

Stundenbuch

Nordfrankreich, 15. Jahrhundert; Handschrift/Pergament, zehn ganzseitige Miniaturen in Deckfarben, farbige Initialen, Rankenwerk mit Gold, Schmuckseiten in floraler Ornamentik, 135 Bll., 16 x 12; Stadtmuseum der Stadt Ingolstadt (Graph. Sammlung V 1462)

Stundenbücher (livres d'heures) waren im Mittelalter als Gebetbücher für Laien in Gebrauch. Sie enthielten Texte für die Stundengebete (Horen). Diese Form des Gebetbuchs hatte sich aus dem Brevier, dem Gebetbuch für Geistliche, entwickelt. Anfänglich wurden die Stundenbücher in der Tradition handschriftlich gefertigter Bücher unter Zuhilfenahme einer neuen Technologie – des Buchdrucks – aufwändig hergestellt. In den Anfängen des Buchdrucks war man bestrebt, die Gebetbücher für den privaten Gebrauch den prachtvollen mittelalterlichen Handschriften so ähnlich wie möglich zu machen. Glanzvolle und berühmte Beispiele sind die Stundenbücher des Herzogs von Berry (1340–1416), „Très riches

heures", das 1494 in Antwerpen erschienene „Horarium secundum usum Romanae curiae" von Adriaen van Liesfelt oder das von Lucantonio Giunta in Venedig 1506 verlegte Stundenbuch „Officium Beatae Mariae Virginis secundum consuetudine romane curie". Stundenbücher zählten somit zu den kostbaren Stücken adliger Lebenskultur. Eine Vorliebe für diese Gattung ist auch von Elisabeth (1370–1435), der Tochter des bayerischen Herzogs Stephan des Kneißels belegt, die als Isabeau de Bavière am französischen Hof reüssierte. Ihre Heirat mit dem französischen König Karl VI. im Jahr 1386 gehört zu den herausragenden Ereignissen in der Geschichte des Hauses Wittelsbach. In den Ausgabenbüchern des Pariser Hofs ist der Ankauf von Stundenbüchern dokumentiert, auch die Kosten für das Wachs der Kerzen, die benötigt wurden, um in den Stundenbüchern zu lesen. Die vorliegende Handschrift ist nicht eindeutig dem Besitz Isabeaus zuzuschreiben, allerdings sind Aussehen und Aufbau zeittypisch. Der Überlieferung zufolge gelangte das Stundenbuch aus einem Kloster in Rouen in den Kunsthandel.

Die Gliederung des Stundenbuchs folgt dem üblichen Schema: Kalendarium, Sequenzen, Evangelium nach Johannes (Prolog 1,1–14), Evangelium nach Lukas (Verheißung der Geburt Christi 1,26–38), Evangelium nach Matthäus (Jesu Geburt 1,18–25), Gebete („Obsecro te") und als Kernstück die Stundengebete zu Ehren der Jungfrau Maria (Matutin, Laudes, Prim, Vesper, Komplet). Die ganzseitigen Miniaturen beziehen sich auf das Evangelium und verschiedene Heiligenlegenden wie das Leben der hl. Agathe oder des hl. Sebastian. BS

Harthan 1982.

2.24

Die Ottheinrich-Bibel

Ingolstadt/Regensburg, um 1430; Handschrift/Pergament, illuminiert, 78 Bll., 53 x 37,5 (Faksimile); Bayerische Staatsbibliothek München (Hbh/2 Dm 8010 1/2 (2))

Die heute in acht Teilbände zerlegte Ottheinrich-Bibel war vermutlich von Ludwig dem Gebarteten von Bayern-Ingolstadt in Auftrag gegeben worden. Erster Hinweis auf Herzog Ludwig als Auftraggeber ist die französische Devise im Randschmuck von fol.1ʳ. Den endgültigen Beweis aber liefern die Wappen aus dem verlorenen Originaleinband, die sich auf den Spiegeln einer im 19. Jahrhundert in Gotha gefertigten Einbandhülle erhalten haben.

Das nach seinem bisher frühesten greifbaren Besitzer, Ottheinrich von Pfalz-Neuburg, benannte Manuskript ist die erste erhaltene illustrierte Handschrift eines Neuen Testaments in deutscher Sprache. Sie geht auf die älteste erhaltene Verdeutschung des Neuen Testaments, die „Augsburger Bibel" aus der Mitte des 14. Jahrhunderts, zurück. In der Entstehungszeit wurde nur etwa ein Fünftel des Werks mit Illustrationen versehen. Es blieb unvollendet, begleitete aber seinen Besitzer, Ludwig den Gebarteten, wahrscheinlich in die Gefangenschaft nach Burghausen. Wohl über das Erbe des letzten Landshuter Herzogs, Georg des Reichen, kam die Bibel in den Besitz Ottheinrichs, der für die weitere künstlerische Ausgestaltung durch Mathis Gerung in der Zeit von 1530 bis 1532 sorgte (Kat.-Nr. 7.70). SB

Gullath 2002, Ottheinrich-Bibel; Merkl 1999, S. 504–509.

2.25

Wappenstein und Inschriftentafel Herzog Ludwigs VII. von Bayern-Ingolstadt in Lauingen

Ingolstadt, 1431–1438; Sandstein, 208 x 130; Heimathaus der Stadt Lauingen

Die Inschriftentafel verweist auf den Landesherrn, Herzog Ludwig den Gebarteten von Bayern-Ingolstadt (1365–1447, reg. 1413–1443), und insbesondere auf seine Bautätigkeit. Diese galt in Ingolstadt zwei Großbauten: dem Münster, seiner Herrschaftskirche mit dem zugehörigem Pfründnerhaus sowie dem Neuen Schloss, einem großartigen Neubau nach französischem Vorbild. Zwischen 1431 und 1438 fertigten Steinmetze und Bildhauer, die nach Ingolstadt gekommen waren, in zentraler Produktion

2.25

eine Serie von Wappensteinen und Inschriftentafeln. Sie waren im Programm identisch, variierten aber stilistisch. Die Wappensteine und Inschriftentafeln wurden an die wichtigsten Städte des Teilherzogtums geliefert und dort an den Stadttoren angebracht. Sie zeigen eine ausgesprochen sinnreiche Darstellung: Neben dem eigentlichen Wappen, viergeteilter Wappenschild, rauten- und löwenführend, und der Helmzier, einem Löwen mit gerauteten Flügeln, bringt die Sonne als Symbol des Ordens der Chevaliers du soleil Ludwigs starke Verbundenheit mit den höfischen Lebensformen in Frankreich zum Ausdruck. 1391 war Ludwig nach Paris gekommen, wo ihn

sein gleichaltriger Schwager, König Karl, in seine Dienste nahm. Ludwig erhielt eine Jahrespension, die der eines Marschalls von Frankreich entsprach, und wurde in den Orden der Ritter von der Goldenen Sonne aufgenommen. Der Wappenstein verweist mit dem Raben, den die Figur links in der Hand hält, zudem auf Ludwigs persönliche Devise, das St.-Oswald-Motiv. Oswald war der Sohn des Königs Ethelfrith von Northumbrien. Nachdem sein Vater bei einem Aufstand getötet wurde, flüchtete er in das von Kolumban d. Ä. gegründete Kloster Hy auf Iona, wo er die Taufe empfing. Oswald führte mithilfe von Mönchen das Christentum ein. Die Legende berichtet, dass bei seiner Krönung ein Rabe das fehlende Chrisamöl in einem kostbarem Gefäß gebracht habe sowie einen versiegelten Brief, in dem es hieß, Petrus sende das Öl und habe es selbst geweiht. Ein anderer Rabe trug einen Ring herzu. Dieser Rabe vermittelte auch Brief- und Ringtausch mit der Königstochter, die Oswald nach schwerem Kampf mit ihrem heidnischen Vater heimführen und heiraten konnte.

In Lauingen hatte Herzog Ludwig 1413 begonnen, die Stadtmauer, den Graben und die Wege instand setzen und die Infrastruktur verbessern zu lassen. Der ursprüngliche Standort des hier gezeigten Wappensteins und der Inschriftentafel ist nicht bekannt. Im Kreuzgang des Augustinerklosters in Lauingen ist er bis zur Reformation nachweisbar, dann befand er sich im Garten beim Brüdertor, später wurde er in der Mauer des Klostergartens eingelassen, seit dem 19. Jahrhundert befindet er sich am Heimathaus in der Herzog-Georg-Straße in Lauingen.

BS

Liedke 1991; KDB, Bd. 7: Regierungsbezirk Schwaben, Teil 7: Landkreis Dillingen an der Donau, S. 644; Straub 1974.

2.26

a) Zwei Bekrönungskacheln mit Maßwerk

15. Jahrhundert; Keramik, 32,5 x 24 x 8, 5 und 22,5 x 16 x 15; Stadtmuseum Ingolstadt (6464/216/1 und 2)

b) Blattkachel mit Sonnenspiegel mit den Worten „als wie sy (wil)"

1. Hälfte 15. Jahrhundert; Keramik, 13,5 x 11 x 0,9; Stadtmuseum der Stadt Ingolstadt (6464/220)

c) Fragment einer Nischenkachel (?) mit Darstellung entsprechend dem Typar der bayerischen Herzöge des 15. Jahrhunderts

15. Jahrhundert; Keramik, 8 x 10 x 2,5; Stadtmuseum der Stadt Ingolstadt (6464/260)

Mit dem bekrönten Sonnenspiegel stellte Herzog Ludwig seine besondere Verbundenheit mit der höfischen Lebensform Frankreichs zur Schau. Neben dem Oswald-Raben bildete er die persönliche Devise des Herrschers. Ludwig hatte einige Jugendjahre (1391–1393/94) und mit kurzen Unterbrechungen die Zeit von 1402 bis 1415 am Pariser Hof seiner Schwester Isabeau de Bavière, der Gemahlin Karls VI., verbracht. Das Fragment aus der Harderstraße (a) zeigt in den Sonnenspiegel eingeschrieben, um einen erhabenen Mittelbuckel gegenständig arrangiert, die Worte: „als wie sy [...]", also das Motto des Herzogs: „Als wie sy will". Da Herzog Ludwig die Bilddevise ad personam geführt hat, ist das Fragment nach Aussage Th. Straubs in die Zeit zwischen 1415 und 1440 zu datieren.

Das Keramikfragment (b) entspricht dem Typar der bayerischen Herzöge des 15. Jahrhunderts. Siegel sind Erkennungs- und Beglaubigungszeichen und haben

2.26a

rechtliche Verbindlichkeit. Das Motiv des Tonfragments zeigt als Wappenhalter ein Wesen mit Flügeln, der Helm ist bekrönt, als Helmzier erscheint ein löwenähnliches Fabelwesen mit gerauteten Flügeln. Das Wappenbild ist nicht mehr erkennbar; es wäre – gemäß dem Vorbild des Siegels – ein gevierter Wappenschild, rauten- und löwenführend.

Die Funktion der Tonplatte mit dem Sonnenspiegel ist noch zu diskutieren. Fingerdruckmulden auf der Rückseite der Platte zeigen, dass zu ihrer Herstellung Tonmasse in ein Model gedrückt wurde. Es wäre daher zu prüfen, ob das Fragment mit dem Sonnenspiegel nicht für den Bau eines repräsentativen Kachelofens hergestellt wurde. Als Abnehmer kommt nur der Herzogshof selbst in Frage.

SB

Schönewald/Riedel 2004; freundlicher Hinweis von Theodor Straub.

2.27

Johann Conrad Tachler: Annales Raittenhaslacenses, Teil II, 1612–1618

Handschrift/Papier, IV, 210 Bll., illuminiert, Einband: braunes Leder auf Holz, Blindpressung, acht Eckbeschläge, Schließen fehlen, 21 x 16,5 x 6,5; Bayerische Staatsbibliothek München (Clm 1913 fol. 456)

Ludwig VII. der Gebartete, Herzog von Bayern-Ingolstadt, Graf von Mortain (1365–1447, reg. 1413–1443), war in erster Ehe mit Anna, der Witwe Johanns von Berry, Graf von Montpensier, Tochter Johanns von Bourbon, verheiratet, in zweiter Ehe mit Katharina, der Witwe Peters von Navarra, Graf von Mortain, Tochter Peters II., Graf von Alençon. Die langjährigen Aufenthalte Ludwigs VII. am französischen Hof prägten seine Persönlichkeit in entscheidender Weise. Bereits vor seinem Regierungsantritt vertrat er hartnäckig Ansprüche gegen Herzog Heinrich XVI. von Bayern-Landshut auf territorialen Ausgleich. In der Folge gründete der Landshuter

2.27

die Kelheimer Sittichgesellschaft und 1415 die Konstanzer Liga, der fast alle benachbarten Fürsten beitraten. Der Hass auf seinen Vetter Heinrich, der ihn 1417 in Konstanz überfiel, und die Differenzen mit Markgraf Friedrich I. von Brandenburg und dessen Verbündeten mündeten in den grausamen Bayerischen Krieg (1420–1422), der allerdings keine Lösung des Konflikts herbeizuführen vermochte. Im Pressburger Schied von 1429 wurde Ludwig VII. ein Viertel des Straubinger Erbes zugesprochen. Seine Rechtsbrüche in den Jahren 1420 bis 1423 und erneut ab 1425 im Kirchenbann hatten zur Folge, dass er 1434 im Konzil von Basel mit dem verschärften Bann belegt und von Kaiser Sigmund in die Reichsacht erklärt wurde. 1438 erhob sich sein Sohn Ludwig VIII. gegen ihn, verdrängte ihn aus der Herrschaft und nahm ihn 1443 gefangen. Nach dessen Tod 1445 von Markgraf Albrecht Achilles übernommen, starb Ludwig VII. der Gebartete 1497 in der Haft seines Vetters Herzog Heinrich XVI. von Bayern-Landshut in Burghausen.

Der Eintrag in den Raitenhaslacher Annalen berichtet kurz über den Tod Herzog Ludwigs und seine Bestattung im Zisterzienserkloster zu Raitenhaslach. Das abgebilde-

te Wappen zeigt den viergeteilten Wappenschild, rauten- und löwenführend, und die Helmzier aus einem bekrönten Löwen im Halbprofil mit rautenführenden Flügeln. Zwei Engel halten Wappen und Helmzier in der unteren Bildhälfte, ein Engel schwebt über dem Ensemble. Nichts deutet die Tragik des Ingolstädter Herzogs an, der seine letzten Lebensjahre in der Gefangenschaft seines Vetters verbringen musste, von dem ihn nicht nur politische und diplomatische Differenzen trennten. Das Verhältnis der beiden scheint auch persönlich belastet, ja hasserfüllt gewesen zu sein. Um so demütigender muss es Ludwig empfunden haben, ausgerechnet in die Hände Heinrichs gefallen zu sein.   B S

Straub 1992, Herzog Ludwig.

2.28

Matrikelbuch der Universität Ingolstadt

Ingolstadt, 1472; Handschrift/Pergament, zwei Miniaturen, 28,5 x 18,5 x 10,5; Ludwig-Maximilians-Universität München, Universitätsarchiv (D-V-1)

Auf Wunsch Herzog Ludwigs hatte der Lehrbetrieb an der Hohen Schule zu Ingolstadt bereits im März 1472 begonnen, wenn auch die feierliche Eröffnung erst am 26. Juni 1472, die Wahl des Rektors erst im Juli stattfand. Vom März 1472 datieren auch die ersten Eintragungen in dieses älteste Matrikelbuch der ältesten bayerischen Landesuniversität. Verzeichnet wurden nicht nur die Studenten, sondern auch die Professoren und sonstige Universitätsangehörige. Damit fasst die Matrikel die Lehrenden wie Lernenden als Gemeinschaft in einer eigenständigen Korporation zusammen: Die mittelalterliche Universität war eine mit weitreichenden Privilegien und Vollmachten ausgestattete Körperschaft, die das Leben ihrer Angehörigen nach einer eigenen Verfassung regelte und die von weltlicher Polizeigewalt teilweise exemt, ausgeschlossen, war. Der Eintrag in das Matrikelbuch einer Universität war somit für den Betreffenden gleichbedeutend mit dem Wechsel in eine andere Rechtssphäre, die ihm gewisse Privilegien gewährte, aber auch neue Pflichten abverlangte. Die meist vom Rektor selbst vorgenommene Immatrikulation war deshalb nicht nur mit der Entrichtung einer Gebühr, sondern vor allem mit der Ableistung eines Eides auf die Statuten der Universität verbunden. Das Matrikelbuch der Universität diente nicht nur als „Datenspeicher", sondern sollte den Immatrikulierten gleichzeitig ihren neuen Rechtsstatus vor Augen führen. Davon zeugen die ersten Blätter des Matrikelbandes: Dem Matrikelbuch, das mit 305 Blättern die Jahre 1472 bis 1547 umfasst, ist das so genannte Schwurblatt vorgebunden (fol. 3ʳ), auf dem die Kreuzigungsgruppe, darunter die Wappen von Universität und Landesherrn und darunter der Beginn des Johannes-Evangeliums dargestellt sind. Mit der Hand auf diesem Blatt war bei der Immatrikulation die links davon vermerkte Eidesformel zu

2.28

leisten (fol. 2^v). Noch heute ist die Stelle deutlich zu sehen, welche vor über 500 Jahren und von vieltausenden Schwurhänden berührt worden ist.

Auf der Rückseite des Schwurblattes ist ein kurzer Bericht zur ersten Rektorwahl vermerkt. Ihm gegenüber liegt das Stifterblatt (fol. 4^r), in dessen Zentrum die Madonna mit dem Kind dargestellt ist. Rechts davon ist kniend der erste Rektor der Universität, Christoph Mendel von Steinfels, zu sehen, der an der linken Schulter das „capitium rectoris" als Zeichen seiner Würde trägt. Links von der Gruppe kniet der Landesherr und Stifter, Herzog Ludwig der Reiche von Bayern-Landshut, dem sich das Christuskind huldvoll zuneigt. Durch die Schrift im unteren Bildrand werden die Personen eindeutig benannt: „Dux ludwicus fundator / Christofferus mendel doctor primus Rector 1472". Unmittelbar unter dieser Darstellung befindet sich der erste Eintrag in die Matrikel mit dem Datum vom 18. März 1472. Die lange Reihe der Studenten und Professoren, die diesen Band füllt, führt der Dompropst von Ilmmünster, Theodor Mair, an. Waren es zunächst vor allem Personen aus dem bayerischen Raum, so dehnte sich der Einzugsbereich der Universität bald auf alle europäischen Länder im Norden und Süden, Osten und Westen aus. WJS

2.29

Siegel der Universität Ingolstadt und dreier Fakultäten

Typar für Sekret der Universität Ingolstadt (1498), Bronze, Ø 4; Typar für großes Siegel der Theologischen Fakultät (1476), Bronze, Ø 4,5; Typar für großes Siegel der Juristischen Fakultät (1511), Bronze, Ø 4,5; Typar für großes Siegel der Artistenfakultät (1478), Bronze, Ø 4,5; Ludwig-Maximilians-Universität München, Universitätsarchiv (B VIII 3)

„Den meisten deutschen Universitäten sind ihre Siegel aus landesherrlicher Machtvollkommenheit als Zeichen fürstlicher Huld und Gnade verliehen worden" (Muther). Das gilt auch für die erste bayerische Landesuniversität Ingolstadt, in deren Stiftungsprivileg von 1472 Herzog Ludwig seiner Universität und auch den vier Fakultäten jeweils das Recht zur Führung eigener Siegel zuerkennt.

Das Siegelbild der Universität Ingolstadt ist bereits im Stifterbrief festgelegt: Die Madonna mit dem Kind unter einem gotischen Baldachin findet sich auch auf dem „Stifterblatt" im ältesten Matrikelbuch der Universität von 1472 (Kat.-Nr. 2.28). Außerdem hat es sich bis in die jüngere Vergangenheit als Siegelbild der Ludwig-Maximilians-Universität in München erhalten. Das hier gezeigte Sekret war vor allem für den universitätsinternen Gebrauch gedacht. Die Theologische Fakultät hatte sich für ihr Siegelbild einen segnenden Christus gewählt. Im juristischen Siegel findet sich dagegen wieder die Madonna im Zentrum; die Petrusschlüssel und der doppelköpfige (Reichs-)adler an den Seiten symbolisieren das geistliche wie weltliche Recht. Im Siegel der Artistenfakultät ist die Fakultätspatronin, die hl. Katharina, zu erkennen.

Aufbewahrung und Gebrauch der Siegel und Sekrete waren im Statut der Universität streng geregelt. Sie wurden meist zusammen mit Geld und Privilegien in einer „archa", einer Holzkiste, verschlossen aufbewahrt. Um Missbrauch zu verhinden, bedurfte es zum Öffnen der Kiste mindestens zweier Personen. Die Übergabe der Siegel an den nachfolgenden Universitätsrektor bzw. Fakultätsdekan fand jeweils zusammen mit der Übergabe der übrigen Insignien und der Geldkassette statt und manifestierte faktisch wie rechtlich die Übergabe des Amtes. Auch hierin ist der Stellenwert der Siegel als zentrale „Universitätsinsignie" erkennbar.   W JS

Residenzen – München

2.30

Modell des Alten Hofs in München nach dem Sandtner'schen Stadtmodell

Milutin Antolkovic, München, 1980; Holz, 70 x 70 x 20 (R); Haus der Bayerischen Geschichte, Augsburg

Die Herzogsburg, der so genannte Alte Hof, am Nordostrand des ältesten Teils von München wird erst 1396 Alte Veste genannt, um sie zu unterscheiden von der um 1384 entstandenen Neuveste, die außerhalb der Mauern lag. Im 15. Jahrhundert bürgerte sich für die Alte Veste die Bezeichnung Alter Hof ein. Die zu ihm führende Gasse hatte den Namen Burggasse. Dies zeigt, dass die Herzogs- bzw. Königsburg vorher einfach als „Hof" und „Burg" bezeichnet worden war.

Die Bebauung des Alten Hofs setzte schon im 12. Jahrhundert ein. Unter Herzog Ludwig II. dem Strengen (reg. 1253–1294) bahnte sich nach der Landesteilung von 1255 die Ausbildung Münchens bzw. des Alten Hofs zur festen Residenz der wittelsbachischen Linie Kurpfalz-Oberbayern an. Ludwig II. verlegte auch das Franziskanerkloster 1282/84 vom Anger in die unmittelbare Nähe der Herzogsburg, ein Sachverhalt, der für den späteren Kaiser Ludwig IV. den Bayern sehr wichtig werden sollte. Herzog Rudolf I. (reg. 1294–1319), der Sohn Herzog Ludwigs II. und ältere Bruder Ludwigs des Bayern, förderte die Residenzbildung weiter.

Über die Errichtung von Zweck- und weltlichen Repräsentationsbauten im Alten Hof in der Zeit Kaiser Ludwigs des Bayern ist nichts direkt überliefert, doch wird man davon ausgehen dürfen, dass diese von ihm vielfach bevorzugte Pfalz bzw. Residenz auch baulich gestaltet wurde. Die Bauhistoriker vermuten den Ausbau des Burgstocks und die Erweiterung des Zwingerstocks. Der große Münchner Stadtbrand 1327 zog auch Teile des Alten Hofs in Mitleidenschaft. Man wird also nach 1327 mit größeren Baumaßnahmen im Alten Hof zu rechnen haben.

Besonders informiert sind wir über die Burg- bzw. Hofkapelle im Norden des Alten Hofs. Sie wird erstmals 1319 erwähnt und scheint bereits auf Herzog Ludwig II. (1253–1294) zurückzugehen. Etwa von 1321 bis 1324 kam es zu einer Erweiterung, wenn nicht sogar zu einem völligen Neubau der Hofkapelle durch den König. Zwischen 1324 und 1350 war diese Lorenzkirche offensichtlich Aufbewahrungsort der Reichskleinodien.

Insgesamt muss man – trotz fehlender deutlicher Quellenaussage – davon ausgehen, dass der Alte Hof nicht nur Wohn- und Repräsentationsstätte für den König bzw. Kaiser war, sondern auch Zentrale der Kanzlei und der oberen Landesbehörden, aber auch oft des Kaiserhofs, dies umso mehr als Ludwig der Bayer bis zu seinem Lebensende außerordentlich häufig in München weilte. Das unweit des Alten Hofs gelegene Franziskanerkloster scheint eine Art „Hofkloster" gewesen zu sein.

Die seit 1396 erscheinende Bezeichnung für den Burgkomplex als „Alte Veste" signalisiert, dass bereits ein neuer Hof in München vorhanden war, die Neuveste, eine Wasserburg. Der Alte Hof blieb aber noch bis ins 19. Jahrhundert Sitz der bayerischen Zentralbehörden und Archive.   W S

2.31

Wappenstein der Lorenzkapelle im Alten Hof zu München

Gipsabguss, 69 x 90; Bayerisches Nationalmuseum, München (MA 958); Original: Sandstein mit Resten alter Fassung, München, um 1324

Im Jahr 1816 wurde die von Kaiser Ludwig dem Bayern errichtete Lorenzkapelle am Alten Hof „demoliert…, um Platz für einige Bureaus zu gewinnen" (Aretin). Nur wenige Elemente des Bauschmucks wurden geborgen. Als Karl Maria von Aretin, der spätere erste Direktor, 1853/55 für König Maximilian II. die Errichtung des Bayerischen Nationalmuseums vorbereitete, war es ein Hauptanliegen, derlei verstreute Denkmale, soweit noch möglich, zu sammeln und zugänglich zu machen. In erster Reihe nennt Aretin dabei das Stifterrelief der Lorenzkapelle (Kat.-Nr. 2.32), das an einem Portal der Frauenkirche eingemauert ist. 1856 konnte er es dort ausbauen lassen. Schon 1855 hatte er von Domkapitular Joachim Sighart, dem „Vater der bayerischen Kunstgeschichte" (Lill), die Reste des Statuenschmucks erworben. 1887 dann überließ Herzog Max in Bayern dem Nationalmuseum die

2.33

beiden gotischen Gewölbeschlusssteine mit dem Reichsadler und den für Ludwigs Gemahlin Margarete stehenden holländischen Löwen, die sich damals in seinem Park bei Bogenhausen befanden.

Den Wappenstein konnte Aretin vielleicht schon vor der eigentlichen Gründung des Museums im Jahr 1855 gewinnen, jedenfalls vor 1857. Nach alten Berichten war er an der Außenseite der Kapelle oberhalb ihres im Süden gelegenen Eingangs angebracht gewesen. Aretin selbst hat ihn 1857 wie die gesamte Lorenzkapelle sehr einge

hend und differenziert beschrieben. Demnach war er in einem Münchner Bau-Magazin entdeckt worden. Nach Wegnahme eines späteren Ölanstrichs sei die ursprüngliche Bemalung zum Vorschein gekommen. Allerdings schloss Aretin aus den in der Oberfläche des Wappenschildes zu beobachtenden Vertiefungen, dass vor der gemalten eine plastische Gestaltung, vielleicht in Metall, geplant gewesen sei. Obwohl die entsprechenden Eintiefungen nicht ganz gleichmäßig verteilt sind und von späteren Beschädigungen herrühren könnten, verdiente diese Frage eine nähere Untersuchung, wozu sich der Gipsabguss beinahe besser eignet als das farbig bemalte Orginal. Der Nachguss ist inzwischen selbst ein historisches Dokument, wurde er doch offenbar für den Wiederaufbau der zwei nachmittelalterlichen Flügel des Alten Hofs von 1950/52 angefertigt, die 2004 ihrerseits wieder niedergelegt wurden. Zusammen mit einer Kopie des Stifterreliefs (Kat.-Nr. 2.32) wurde er vor dem Abbruch geborgen.

In Anlage und Ausführung weisen die Reliefs ledig-

2.32

lich in der Rahmung enge Übereinstimmungen auf. Vor allem die Haare und die Gesichter mit ihren stark hervortretenden Augen sind beim Wappenstein nicht nur summarischer, sondern auch deutlich anders behandelt. Seit Aretin rätselt man über die Bedeutung der Gestalt unter dem Wappen. Die Kombination von Flügelwesen und Krone deutet auf eine Personifikation des Bösen. MW

von Aretin 1857, H. 3; Halm/Lill 1924, S. 21, Nr. 89; Suckale 1993, S. 24 f. und 251 f.; Burmeister 1999, bes. S. 32.

2.32

Stifterrelief aus der Lorenzkapelle im Alten Hof zu München

Gipsabguss, 86 x 157; Bayerisches Nationalmuseum, München (NN 3789); Original: Sandstein mit Resten alter Fassung, München, um 1324; Bayerisches Nationalmuseum, München (MA 957)

Die mittelalterliche Baugeschichte der Burg der bayerischen Herzöge in München, die seit dem 15. Jahrhundert als Alter Hof bezeichnet wird, ist in manchem noch nicht geklärt. Dies gilt auch für die erste Hofkapelle, die ihre früheste urkundliche Erwähnung erst 1319 findet. Im Jahr 1324 veranlassten Ludwig der Bayer und die seit Februar desselben Jahres mit ihm vermählte Margarete von Holland die Erneuerung oder Erweiterung dieser Kapelle. Während das Bauwerk 1816 abgebrochen wur-

de, erinnert das Relief, das sich ursprünglich im Langhaus befand, noch heute an die Stiftung. Die Kirche war dem hl. Laurentius geweiht; auf dem Relief allerdings wendet sich das Herrscherpaar mit dem Kirchenmodell in der Hand und Gebeten an die Muttergottes und das Christuskind als den höchsten Fürsprechern.

Anlass für die Baumaßnahme dürfte die Überführung der Reichskleinodien nach München im Herbst 1323 gewesen sein. Herzog Ludwig IV., der 1314 in einer Doppelwahl zum Römischen König gewählt worden war, hatte sie erst nach dem Sieg über den Gegenkönig, Herzog Friedrich von Österreich, in der Schlacht von Mühldorf in Empfang nehmen können. Sie wurden über seinen Tod hinaus bis in das Jahr 1350 in der Münchner Hofkapelle aufbewahrt. AL

Halm/Lill 1924, S. 20 f., Kat.-Nr. 86; Suckale 1993, S. 22–25 und 251 f.; Burmeister 1999, bes. S. 28–33; Menzel 2003, S. 134–148.

2.33

Die Fürstenreihe im Alten Hof zu München

Um 1470/80; Feder und Deckfarben/Papier, 30,5 x 168 sowie 30,5 x 214; Bibliothèque Nationale Paris, Cabinet des Estamps (Lugt 28)

Die Temperamalerei stellt wohl die getreueste Wiedergabe eines verlorenen Freskenzyklus dar, der erstmals im Alten Hof, der Herzogsresidenz in München, die Wände des Innenhofs bedeckte. Reste der originalen Wandmale-

2.33

reien befinden sich heute im Bayerischen Nationalmuseum in München. Auftraggeber war mit großer Sicherheit Herzog Sigismund, der ganz rechts im Bild bezeichnet ist: „Dies ist der gnedige Herr …" Dies erlaubt eine Datierung des Freskos in die Regierungszeit des Herzogs zwischen 1460 und 1467. Die Auswahl der dargestellten 61 bayerischen Herzöge weist einige Willkürlichkeiten auf. Beginnend bei der legendären Versöhnung zwischen den Herzögen Bavarus und Norix als Beginn des „Regiments" im Lande zu Bayern, führt sie den Betrachter über Mitglieder der Häuser der Agilolfinger, Arnulfinger/Karolinger, Ottonen und einzelne Vertreter der Scheyrer und Pfälzer zu den Herzögen der bayerischen Linien nach Ludwig dem Bayern. Die Regenten sind jeweils durch ihr Wappen, das Wappen ihrer Gemahlin und unterschiedlich lange erläuternde Verse ausgewiesen. Es begegnen einige der Protagonisten der bayerischen Geschichte des 15. Jahrhunderts: die Brüder Stephan, Friedrich und Johann, die Bayern 1392 noch einmal teilten, die Landshuter Herzöge Heinrich und Ludwig der Reiche, Ludwig der Gebartete und die harmonisch miteinander regierenden Brüder Ernst und Wilhelm aus der Münchner Linie. Die Fürstenreihe folgt keinem strengen Programm. Sie lehnt sich an die Geschichtsschreibung des Andreas von Regensburg an (Kat.-Nr. 2.4a), die eher als Geschichtensammlung denn als systematische Darstellung zu verstehen ist. Die Regentenreihe wurde noch bis ins 17. Jahrhundert, meist in Buchform, kopiert und fortgeschrieben (Kat.-Nr. 2.2, 1.6, 2.54).

Zuletzt ließ König Max II. Joseph eine Kopienreihe von Hermann Wilhelm Soltau nach Vorlage des Rotulus, der Buchrolle, die sich damals bereits in der Bibliothèque National in Paris befand, anfertigen (heute Staatliche Graphische Sammlung, München, 681).   SB

Wittelsbach und Bayern 1980, Bd. I/2, Kat.-Nr. 31; Lugt/Vallery-Radot 1936, Nr. 28; Bayern-Ingolstadt – Bayern-Landshut 1992, S. 261–288.

2.34

Ansicht von München aus der Schedel'schen Weltchronik

Hartmann Schedel (1440–1514); Holzschnitt von Michael Wolgemut (1434/37–1519); Nürnberg: A. Koberger, 1493; Holzschnitt/Papier, 38 x 68,5; Münchner Stadtmuseum (Z 71)

„Muenchen die statt des obern teutschen lannds an dem fluss der yser gelegen ist under der fuersten stetten in teutschen landen hohberuembt und in bayerland die namhaftigst." So beginnt Hartmann Schedel die Beschreibung der ersten authentischen Darstellung Münchens in seiner Weltchronik. Er berichtet ausführlich die Gründungsgeschichte von München, die Errichtung der Hauptverkehrsstraßen und erwähnt die beiden in der Darstellung gezeigten Pfarrkirchen Zu Unserer Lieben

Frau und die ältere Kirche St. Peter. Auch die Ausstattung Münchens durch Kaiser Ludwig den Bayern wird beschrieben, ebenso sein Grabmal in der Frauenkirche, um mit einem Kuriosum zu schließen: Herzog Albrecht IV., „kaiser friedrichs des dritten tochtermann …. neret aus seiner großtatigkeit vil loeben". In München habe nämlich eine Löwin viele Junge geworfen.

Die Ansicht zeigt den Blick auf München vom Gasteig aus, über die erste Isarbrücke, an der Stelle der heutigen Ludwigsbrücke, und über den doppelten Mauerring.

Schedels Weltchronik erschien 1493, von zwei Nürnberger Patriziern finanziert, zunächst in Latein, kurz darauf in der deutschen Übersetzung von Georg Alt, dem Losungschreiber der Reichsstadt Nürnberg. SB

1495. Kaiser Reich Reformen 1995, C 19; Die Graphiksammlung des Humanisten Hartmann Schedel 1990, S. 45; Rücker 1988, S. 176ff.

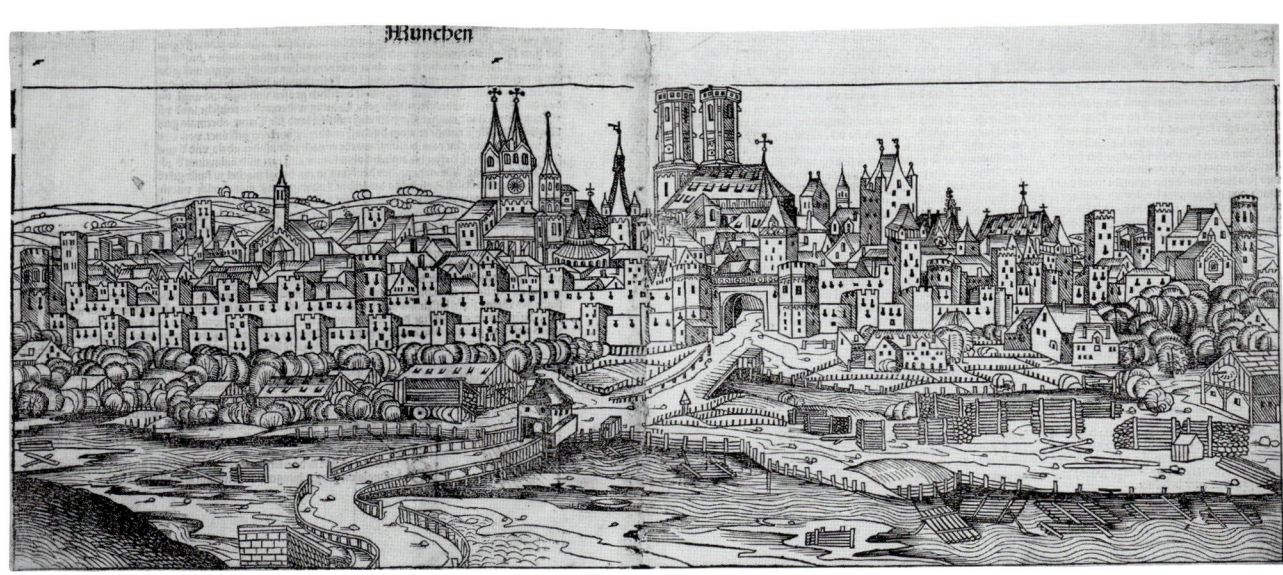

2.34

2.35

Modell der Burghauser Hauptburg

Leopold Cordier (geb. 1874); Burghausen, 1929; Holz, gefasst, 38 x 68,5 x 42,5; Stadt Burghausen

Die Burganlage zu Burghausen erstreckt sich über fünf Vorhöfe und zählt mit über 1000 Metern Länge zu den größten und bedeutendsten ihrer Art in Mitteleuropa. Im 2./1. Jahrhundert v. Chr. war sie vermutlich keltische Abschnittsbefestigung, im 8./9. Jahrhundert wahrscheinlich befestigter Amtshof der agilolfingischen Herzöge zum Schutz der Salzschifffahrt. Im 11./12. Jahrhundert ist die Burg als Sitz der Grafen von Burghausen (bis 1164) nachweisbar, unter dem Aribonen Sighard X. (um 1090) war der erste Ausbau zur Burg erfolgt. Die Wittelsbacher begannen ab 1180 die planvolle Erweiterung. Eine völlig neue Anlage entstand unter Herzog Heinrich XIII. von Niederbayern nach der ersten bayerischen Landesteilung von 1255. Die Burg wurde zur zweiten Residenz der Herzöge von Niederbayern. Als Grenzbollwerk gegen Salzburg und Passau erreichte die Wehranlage im 14. Jahrhundert ihre volle Ausdehnung. Ihre Blütezeit aber erfuhr sie in der Zeit der Reichen Herzöge im 15. Jahrhundert. Unter dem Eindruck der Türkengefahr wurde die Anlage von 1480 bis 1490 unter dem Baumeister Ulrich Pessnitzer und anderen bedeutenden Meistern der Spätgotik in der bis heute erhalten gebliebenen Form ausgebaut zu einem geschlossenen Gemeinwesen, einer Wehr- und Wohnburg.

Burghausen entwickelte sich zur Familienresidenz, in der die Gemahlinnen der Landshuter Herzöge wohnten. Nach dem Landshuter Erbfolgekrieg jedoch verloren Landshut, Ingolstadt und auch Burghausen ihren Residenzcharakter, München wurde das Herrschaftszentrum des geeinten Herzogtums Bayern. Die Burg diente nun als Prinzenwohnung für die Söhne Herzog Albrechts IV. des Weisen und war auch als Hauptwaffenplatz weiterhin von großer militärischer Bedeutung.

Der aus Leipzig stammende Bildhauer und Architekt Leopold Cordier schuf 1929 im Auftrag des Stadtmuseums und Altertumsvereins Burghausen drei große Modelle: die Hauptburg, den so genannten Pulverturm und den Landschaftsrahmen für ein Salzschiff.　　BS

Residenzen – Landshut

2.36

a) Ansicht der Stadt Landshut

1540; Aquarell/Papier, 29,2 x 122; Bayerisches Hauptstaatsarchiv, München (Plansammlung 10328 [aus Reichskammergericht 9640])

b) Der landesfürstliche Hag bei der Festung Trausnitz

Um 1615; Feder/Papier, koloriert, 47 x 88; Staatsarchiv Landshut (aus Rep. 77 Fasz. 599 Nr. 17)

Die Ansicht der Stadt Landshut und ihrer Umgebung (a) wurde 1540 angefertigt, um die schriftliche Argumentation des Landshuter Bürgers Sebastian Leitgeb vor dem Reichskammergericht, vor das ihn sein Prozessgegner, der Nürnberger Bürger Hans Oberndorfer, durch Appellation gebracht hatte, mittels einer augenscheinlichen Darstellung der Situation zu unterstützen. Oberndorfer, dem sein Onkel unter anderem Güter und Zinsen inner- und außerhalb der Hofmark Achdorf im südlichen Vorfeld von Landshut vermacht hatte, beanspruchte nicht nur die Zinsen aus drei Weingärten auf dem Höhenberg nahe Achdorf, sondern auch zwei Höfe in der weiteren Umgebung, nämlich einen Hof bei dem Sitz In der Aich im Gericht Teisbach und einen zu Aufham in der Herrschaft Altfrauenhofen. Den Richtern im fernen Speyer sollten die räumlichen Sachverhalte der Landshuter Gegend mittels eines Landschaftsgemäldes vor Augen gestellt werden. Die Nachbarschaft der Höhenberger Weingärten zur Hofmark Achdorf konnte die Ansicht in der Tat durch getreue Wiedergabe einsichtig machen, doch die meilenweite Entlegenheit der beiden Höfe – die zusammen mit den Herrensitzen, denen sie zugeordnet sind, im Bild oben links und oben rechts kontraperspektivisch groß im Horizont erscheinen – ist in der perspektivischen Darstellung des Geländes nicht zu erkennen. Dieser Sachverhalt ist vielmehr durch Texte erläutert. Den Mangel an direkt sichtbarer Weiträumigkeit des Geländes zwischen Landshut und den fraglichen Höfen überspielte der Maler durch die Einfügung eines undeutlichen „fluvialen Zwischenreichs". So hat die groß angelegte Ansicht der Stadt Landshut trotz ihrer beherrschenden Stellung innerhalb der Gemäldekarte keine andere Funktion als die des Zentrums eines topografischen Bezugssystems, in dem Lagen und Entfernungen peripherer Orte sichtbar und verständlich gemacht werden sollen.

　　　　　　　　　　　　　　　　　　　　　GL

Krausen 1973, S. 5, Nr. 13; Bleibrunner/Weber 1989, S. 12 f.

2.37

Großes Urbarbuch Herzog Heinrichs des Reichen von Bayern-Landshut

Um 1435; Handschrift/Pergament, 385 Bll., Einband: Leder mit Blindpressung, Schließen, 54,5 x 36; Bayerisches Hauptstaatsarchiv, München (Staatsverwaltung 1096)

Die Ausübung der Grund- und Gerichtsherrschaft – das heißt die Verfügungsgewalt über Grund und Boden und das Herrschaftsrecht über die Bauern, die darauf sitzen und diesen Boden bebauen – brachte typische Schriftgutformen hervor, die im bayerischen Gebiet nur wenig variierten. Die früheste Form ist das Urbarbuch. Vorläufer begegnen im Traditionsbuch des 12. Jahrhunderts, das auch urbarielle Aufzeichnungen enthielt. Zunehmende Schriftlichkeit und das wachsende Bedürfnis nach Sicherung von Rechten und Einkünften waren ausschlag-

2.36

gebend für die Entstehung eines eigenen Verzeichnisses als Amtsbuch mit rechtlicher Beweiskraft: das Urbarbuch. Es entstand nicht als einseitige Aufzeichnung der Grundherrschaft, sondern war eine Rechtsaufzeichnung, die öffentlichen Glauben und Beweiskraft vor Gericht besaß. Die Urbarbücher zeigen eindringlich den zügigen Ausbau der Landesherrschaft. Sie waren als Verwaltungsinstrument vielen Veränderungen unterworfen und oft wurden ältere nutzlos gewordene Aufzeichnungen vernichtet.

Umso auffallender ist die aufwändige Anlage des Großen Urbarbuchs durch Herzog Heinrich den Reichen von Bayern-Landshut (um 1386–1450, reg. 1393/1404–1450). Die um 1435 entstandene Prunkhandschrift diente weniger als Verwaltungsschrift denn vielmehr zur Repräsentation landesherrlicher Macht. Heinrich der Reiche hatte unter schwierigen Bedingungen das Teilherzogtum Bayern-Landshut übernommen. Sein Vater, Herzog Friedrich, war früh verstorben, seine beiden Onkel, Vertreter der Landschaft und seine Mutter hatten bis 1404 das Land verwaltet. Finanzielle Schwierigkeiten und eine politisch unsichere Lage prägten die Anfangsjahre seiner Herrschaft. Herzog Heinrichs großes Verdienst ist es, mit der systematischen Erfassung der grundherrschaftlichen Rechte nicht nur ein solides Finanzsystem aufgebaut, sondern auch rechtliche Sicherheit und Befriedung des Landes im Inneren erreicht zu haben.

Das Große Urbarbuch hat seine Entsprechung in kleineren Teilurbaren, die allerdings nur teilweise überliefert sind. Die erhaltenen Exemplare aber zeigen die Verwaltungspraxis sehr deutlich. Es ist das Ineinandergreifen von Informationen, beginnend bei der Ernennung eines Beamten, der Beschreibung seiner Pflichten, dem Verweis auf die von ihm zu führenden Amtsbücher bis hin zum Hinweis auf die Bestimmungen der Ernennungsurkunde und auf das Große Urbarbuch. Die endgültige Kontrolle der realen Einnahmen findet sich in den jährlichen Rechnungen.   B S

Die Fürstenkanzlei des Mittelalters 1983, S. 142; Ettelt-Schönewald, Kanzlei 1996, S. 102–105.

2.38

Lied Herzog Ludwigs des Reichen von Bayern-Landshut

Hartmann Schedel: Liederbuch; Leipzig, Nürnberg, um 1460–1470; Handschrift/Papier, 172 Bll., 15,5 x 12,4; Bayerische Staatsbibliothek München (Cgm 810, fol. 37)

Das leppisch gut zu lachen ist, des freu ich mich seit
Mich den lapt zu aller frist, die stuberlich ist das
Ir sit, so lapp ich mich. Ich hoff, mich las der leip-
pisch nicht umb ein trit, des si doch lachet, das
Weis ich.

Bekennlich uchs der tzarten gar, ab si mein lacht
Ab uchs nit strelsch gelimpfen kann, ir doch mach
An freuden freuet und unckt mich gut, das mein
Die tzirde lachen thut, wann treger mut in trenen
Manches hertz besigt.

Trag wunsch ins hertz, unmut vertrau fletlich von
Dir, wann guter mut ist halber lap, kann es
Was freuden pring, darnach so trag
Lachen, schimph, schertz, sig und darzu sing ab dir
Vastung kein kappen findst, so schick nach mir.

Hoc composuit dux ludovicus bavarie

Der Herzog Ludwig von Bayern-Landshut zugeordnete Liedtext im Stil der spätmittelalterlichen Minnelieder ist im Liederbuch Hartmann Schedels überliefert. Der Text ist schwer zugänglich, er kreist um die Gedanken eines Mannes, der sich um sein Mädchen sorgt und beschreibt die wechselseitige Beziehung und den Einfluss von Fröhlichkeit und Kummer. Er, der Sänger, verspricht zu helfen und zu heilen.

Hartmann Schedel ist vor allem als Verfasser der umfangreichen, 1493 erschienenen Weltchronik bekannt. In seiner Studienzeit legte er das Liederbuch an, wohl eher als Sammlungsstück, weniger zum geselligen Musizieren gedacht. Die Abschriften erscheinen teilweise fehler- und lückenhaft und eignen sich kaum als Grundlage zum Musizieren. Die Handschrift zeigt wenig Gebrauchsspuren. Auffällig ist die europäische Ausrichtung des Repertoires: deutsche Lieder, italienische Bassedanse-Melodien, englische Ballades und französische Rondeaux.

Der Hof Herzog Ludwigs des Reichen gehörte zu den prächtigsten seiner Zeit und orientierte sich vor allem in der Pflege von Kunst und Kultur am burgundischen Vorbild. Mit der Gründung der Hohen Schule in Landshut wurde auch Musik im Rahmen der Artistenfakultät unterrichtet. Zudem beauftragte Herzog Ludwig die Professoren, seinen Sohn in allen, auch in musischen Fächern zu unterrichten. Das Herzog Ludwig dem Reichen von Bayern-Landshut zugeschriebene Lied ist eine kleine Rarität, denn es gibt mit Ausnahme seiner Paraphe und seinem Motto „A Du freyst mych" kaum persönliche Zeugnisse von ihm. **BS**

Ettelt-Schönewald 1996; Lempfrid 2001.

2.39

Das Inntal zwischen Kirnstein und Niederaudorf

Joachim Österl; 1575; Aquarell/Papier auf Leinwand, 88 x 168; Bayerisches Hauptstaatsarchiv, München (Plansammlung 2412)

Diese Gemäldekarte des Inntals zwischen Kirnstein und Niederaudorf ist – den Protokollen der herzoglichen Hofkammer in München zufolge – 1575 von dem Rosenheimer Maler Joachim Österl aufgenommen worden. Österl hat die Landschaft in der Methode der Umklappung dargestellt, das heißt, er hat die Ansichten der beiden Talgehänge um die Achse des Talwegs in die Bildebene umgelegt, sodass die Kammlinien der taleinfassenden Gebirgszüge in der Zeichnung als zwei einander gegenüberliegende Horizontlinien erscheinen. Entstanden ist diese meisterhafte Darstellung im Zuge der wasserbaulichen Auseinandersetzung des Herzogtums Bayern mit der Grafschaft Tirol, und zwar anlässlich einer gemeinsamen „wasser beschau" am gemeinsamen Grenzfluss, dem Inn, in dem die Grenzlinie, dem Rechtsgebrauch entsprechend, mit der Linie der Floßfahrt zusammenfiel und infolgedessen mit dem unruhigen Fluss die Veränderlichkeit teilte. Da die Veränderlichkeit des Flussbettes durch Verbauungen der Ufer gesteuert werden konnte, gab es zwischen den beiden Anrainerländern ständige Zwietracht wegen der Wasserbauten. Unterhalb des Wildbarrens ist zu erkennen, wie schmerzlich weit sich der Inn 1575 in das bayerische Territorium gelegt hat und bayerisches Land der Grafschaft Tirol zuteilte. Möglicherweise haben es aber auch die Tiroler Wasserbauer erobert. **GL**

Bayerisches Hauptstaatsarchiv, München, Kurbayern Äußeres Archiv 1816, Kurbayern Hofkammer 16 Bll. 218, 19 Bl. 178 und 181; Krausen 1973, S. 102, Nr. 314; Altbayerische Flußlandschaften 1998, S. 22–24, Kat.-Nr. 8.

2.40

Der Inn oberhalb der Wasserburger Brücke bis Urfarn und Heberthal

Um 1580; Feder/Papier, koloriert, auf Japanpapier aufgezogen, 28,5 x 115; Bayerisches Hauptstaatsarchiv, München (Plansammlung 18601)

Die Darstellung einer kurzen Strecke des Inns oberhalb der Stadt Wasserburg ist in der Methode der Umklappung gezeichnet, das heißt, die Panoramaansichten der Talgehänge sind entlang der Uferlinien nach beiden Seiten in die Zeichenebene umgeklappt. Weder der Verfasser noch der Zweck dieser Karte sind bekannt. Immerhin kann man aus der Litterierung und der Beschriftung erkennen, dass das Anliegen des Verfassers hydrografischen und wasserbaulichen Sachverhalten galt; doch führt die detaillierte Zeichnung von Burg und Kirche Wasserburg weit über den verwaltungsbedingten Zweck hinaus und erfreut als ästhetischer Überschuss. Das Problem der Wasserburger war es, den Fluss bei der Stadt zu halten, als Sicherheitsgürtel und als Verkehrsweg. Dazu dienten die im Bild sichtbaren Archen (Wasserbauten) oberhalb der Stadt. Die Linie A-B-C-D-E könnte den Stromstrich bedeuten und damit den Schiffsweg anzeigen. Auf einen im Fluß stehenden Felsen – eine so genannte Kugel – wird oberhalb von Urfarn hingewiesen. Für die Beseitigung solcher „grossen stain und khugln" gab das herzogliche Hofzahlamt beträchtliche Summen aus. Denn der Inn war ein wichtiger Verkehrsweg für den Handel mit der Grafschaft Tirol, die Wein, Eisen, Schmalz und Leder auf dem Wasserweg nach Bayern ausführte und von dort die nun mit Getreide beladenen Schiffe gegen den Strom wieder ins Gebirge zurückziehen ließ. Als 1622 die herzogliche Hofkammer zur Abwicklung des Getreidehandels mit Tirol einen „Heftstecken" (Hafen) am Inn einrichten wollte, wurden vor allem die Stadt Wasserburg und die Märkte Rosenheim und Kraiburg in Betracht gezogen und zu Beratungen eingeladen. Wasserburg machte für sich geltend, es gebe nirgends eine sicherere und bequemere Lände und die notwendigen Einrichtungen seien in Wasserburg schon vorhanden: Getreidekästen, kühle Keller, Warengewölbe und eine „Niderlag", also ein Stapelplatz. Den Zuschlag bekam jedoch das gebirgsnahe Rosenheim, wo schon 1623 – ohne vorbereitende Baumaßnahmen und ohne vorratsbildende Anschüttungen – mit dem Getreideumschlag begonnen wurde. **GL**

Bayerisches Hauptstaatsarchiv, München, Hofkammer 50, GL Wasserburg 17, Kurbayern Hofzahlamt 50 fol. 484, Kurbayern Äußeres Archiv 1816; Krausen 1973, S. 40 f., Nr. 132; Leidel 1989; Altbayerische Flußlandschaften 1998, S. 239, Nr. 117, S. 248, Nr. 120.

2.41

Salzschiffe am Heftstecken zu Burghausen

1538; Handschrift/Papier, Libell, Feder, koloriert, Pergament-einband, 26 Bll., 32 x 22; Bayerisches Hauptstaatsarchiv, München (GL Burghausen 29 1/2)

Das wieder seit dem hohen Mittelalter am Dürrnberg bei Hallein im Erzstift Salzburg abgebaute Salz wurde zu Schiff auf der Salzach verfrachtet, musste aber in der herzoglich bayerischen Stadt Burghausen verzollt werden, bevor man es weiter nach Passau verschiffte oder auf Achse über die Salzstraßen des Herzogtums verführte. Im Jahr 1538 verfasste der herzogliche Zollner in Burghausen, Hanns Heglinger, eine durch Bilder verdeutlichte Mautinstruktion, die jedoch nicht die finanztechnische Seite der Verzollung zum Thema hatte, sondern die messtechnischen Probleme der Mengenfeststellung sowie die Terminologie der Behältnisse. Es waren nämlich zweierlei Arten von Schiffen – Leibzillen und Hallaschen – jeweils in mehrerlei Größen für die Salzfahrt in Gebrauch. Für die Aufnahme des Salzes wurden unterschiedliche Arten von Gefäßen – Kufe, Steig, Kagrell, Stoß – verwendet, die in verschiedenen Stapeltechniken und Anordnungen den Schiffsrumpf füllten. Aufgabe des Mautners war es, behend und sicher alle diese verschiedenen Volumina, Geläger und Mengen Schiff um Schiff, „groß oder klain", zusammenzufassen zur „Zal des Saltzs" und daraus die Summe des Zolls zu errechnen. GL

Altbayerische Flußlandschaften 1998, S. 60, Kat.-Nr. 43.

2.42

Salztransportwege zu Wasser und zu Lande ober- und unterhalb von Passau

2. Hälfte 16. Jahrhundert; Feder/Papier, koloriert, 83 x 45,5; Bayerisches Hauptstaatsarchiv, München (Plansammlung 11100)

Der unbekannte Verfasser der hochformatigen Zeichnung hat sich bei der Darstellung des durchlaufenden Wasserstroms der Salzach ab Hallein, des Inns ab der Salzachmündung und dann der Donau bis Obermühl (im Mühlkreis) weit von den geografischen Gegebenheiten entfernt; die Strecke der Donau von oberhalb Vilshofen bis Passau hat er wie einen Nebenfluss jener Hauptstrecke gezeichnet, die er in bedeutungsperspektivischer Geradheit als die Hauptsache seiner Karte vor Augen stellt. Diese nun einheitlich wirkende Wasserstraße wird auf dem rechten Ufer begleitet von drei Systemen halbkreisförmig laufender Landstraßen, auf dem linken Ufer getroffen von einem System sternförmig in Passau zusammenlaufender Straßen und einem System parallel aus Böhmen zulaufender Straßen. Die Flüsse sind von Salz- und Saumschiffen belebt, die Straßen von Salzwägen und Saumrossen. Auf den Saumschiffen und auf den Saumfahrten entlang dem Fluss wurde das Salz nachgeführt, das in Salzburg wegen zu hohem oder zu niedri-

gem Wasserstand der Salzach zurückgelassen werden musste. Die Karte zeigt gleichsam das Ursprungsgebiet der Salzwirtschaft, angefangen von den Produktionsstätten (Hallein, Schellenberg) über die ausstrahlenden Wege zu den Gebieten seiner Vermarktung (Böhmen, Österreich, Regensburg) und den Stationen, an denen die Landesherren ihre Gewinne am Salzhandel abschöpften (Burghausen, Passau, Vilshofen). Bayern hatte bei seinem Kloster St. Nikola in Passau eine Niederlage, auf der Salz die Donau aufwärts nach Regensburg und anderen Orten verführt wurde, und eine Umschlagstelle („Überfart"), über die man Salz vom Inn zur Donau transportierte, wenn es nicht zu Wasser um Passau herum aus dem einen Strom in den anderen gebracht wurde. Waren es an diesem territorialrechtlich und handelspolitisch komplizierten Platz die Stadt und das Hochstift Passau, die den freien Warenhandel durch Mautforderungen und Stapelrechte behinderten, so waren es flussauf und flussab die Einrichtungen neuer Warenniederlagen, die Verführung des Salzes im Kleinhandel und allerlei andere „vorthalische Neuerungen", welche um 1600 die herzoglichen Kammergüter, Zölle und Mauten merklich beeinträchtigten. Dagegen stellte sich Bayern auf den reichsrechtlichen Standpunkt, „das nemlichen alle strassen, zu Wasser und Landt, frey und gegeneinander offen sein sollen". GL

Bayerisches Hauptstaatsarchiv, München, Kurbayern Äußeres Archiv 1030, 1099–1102, fol. 135ʳ, 140ʳ; Krausen 1983, S. 80, Nr. 269.

2.43

Abschrift der Bergwerksordnung, erlassen von Herzog Georg von Bayern-Landshut

25. Oktober 1497; Handschrift/Papier, 20 x 16; Bayerisches Hauptstaatsarchiv, München (Staatsverwaltung 1621)

Die Bergwerke in Rattenberg, Kufstein und Kitzbühel, für die diese Ordnung von Georg dem Reichen erlassen wurde, gehörten bis 1505 zum niederbayerischen Besitz. Sie waren Herzog Heinrich dem Reichen mit dem Erbe Ludwigs des Gebarteten von Bayern-Ingolstadt zugefallen. Diese Bergwerke hatten mit rund 25 Prozent zum sprichwörtlichen Reichtum des Landshuter Zweigs der Wittelsbacher beigetragen. Um 1500 war die Produktion allerdings auch wegen der Konkurrenz von Schwaz, das von Augsburger Kaufleuten unterstützt wurde, stark zurückgegangen. Ein höherer Ertrag hätte Investitionen erfordert, die der bayerische Herzog nicht zu leisten bereit war. Die Bergwerksordnung von 1497 regelt in 100 Artikeln die Verleihung der Gruben, die Rechte und Pflichten der Bergbeamten und Bergleute, das Zusammenleben der Gewerke, Arbeitszeit und Entlohnung.

Nach dem Landshuter Erbfolgekrieg kamen die Gerichte Rattenberg, Kufstein und Kitzbühel als Teil des so genannten „Interesses" König Maximilians in habsburgischen Besitz. Sie gehören seit dieser Zeit zu Tirol. SB

Niederbayern als Staat 1970, Kat.-Nr. 21.

2.44

2.44

Ansicht von Kitzbühel

Aus: Matthias Burgklehner: Tirolischer Adler, 12 Bde., 1619;
Andreas Faistenberger (1588–1652); Feder/Papier, aquarelliert,
78 x 81; Haus- Hof- und Staatsarchiv, Wien (HS W 231/9)

Matthias Burgklehner (1573–1642) war tirolischer Vizekanzler und Historiker. Sein Lebenswerk widmete er einer Beschreibung und Geschichte des Landes Tirol, die
ihn für Jahrzehnte in Anspruch nahm. Der erste Teil ist
eine Beschreibung Tirols, der Flüsse, Berge und des Berg-
baus, eine Geschichte bis in die Zeit Ferdinands II., eine
Beschreibung der Hochstifte Trient und Brixen sowie der
Besitzungen des Deutschen Ordens. Der zweite Teil behandelt das Tiroler Ständewesen, der dritte einzelne
Schlösser und Orte, der vierte das Verhältnis Tirols zu

Graubünden, Trient und Brixen. Die hier gezeigte Karte
ist dem dritten Teil des Manuskripts entnommen.

Erzherzog Max III. von Tirol war der Gönner dieses
Vorhabens von Burgklehner. Er stattete ihn mit Zollvoll-
machten und Reisegeld für seine statistischen, geografischen und archivalischen Studien im Land Tirol aus. Der
erste Band war nach drei Jahren fertig gestellt und Burgklehner wurde dafür mit 2000 Gulden Ehrensold ent-
lohnt. Trotz seiner Verpflichtungen als Inhaber des Kanz-
leramts, das er seit 1612 bekleidete, arbeitete Burgklehner an dem Projekt weiter. 1619 konnte er die gesamte
Ausgabe dem Nachfolger von Max III., Erzherzog Leopold, widmen. Der „Tirolische Adler" ist nur in dieser
zwölfbändigen Handschrift in Wien und in einer sorg-
fältigen Abschrift im Tiroler Landesmuseum Ferdinandeum in Innsbruck überliefert.

2.45

Das Bildnis stellt die junge Herzogin (1457–1502) mit einer Taube als Friedens-, Tugend- oder Liebessymbol in den Händen dar. Ihr fürstlicher Stand ist durch die buntfarbige, reich mit Perlen und Goldborten verzierte Kleidung im figurbetonten Schnitt der höfischen Mode und durch den überreichen, mit Edelsteinen besetzten Goldschmuck ausgewiesen. Auf dem offenen, mit Perlschnüren geschmückten Haar trägt sie ein großes rotes Samtbarett mit breiter Krempe, das zwei goldene Agraffen mit Schmucksteinen halten. Drei Goldkolliers und eine Kette zieren das weit ausgeschnittene Dekolleté. Perlschnüre besetzen in Rautenform – auf die bayerischen Wappenrauten anspielend – das blaue, eng taillierte Mieder, ein goldener Gürtel und Goldborten fassen den roten Rock und die weißen, gepufften Ärmel.

Das Bildnis ist Altbestand der Burg Trausnitz in Landshut, der Hauptresidenz der Herzöge von Niederbayern. Dass es sich bei der Dargestellten um Hedwig, die 1475 in der berühmten Landshuter Hochzeit mit Herzog Georg dem Reichen von Bayern-Landshut vermählte Tochter des polnischen Königs Kasimir IV., handelt, ist nur mittelbar überliefert. Die Rückseite der Holztafel wies die – allerdings nicht authentische – Bezeichnung „Jadwiga" (polnisch für Hedwig) auf. Wieweit die Identifizierung zutrifft und ob das posthum ausgeführte Bildnis eine authentische Vorlage wiedergibt, ist nicht entscheidbar, da die drei weiteren bekannten Bildnisse der Herzogin dem wenig individualisierten Typus des Stifterreliefs in der Hedwigskapelle der Burg zu Burghausen folgen. Das Gemälde hat zahlreiche Übermalungen und Ergänzungen erfahren. BL

Dorner 2002; Burg Trausnitz 2003.

Das Gericht Kitzbühel gehörte wie Kufstein und Rattenberg zum Erbe des letzten Landshuter Herzogs, Georgs des Reichen. Dieser besaß in Kitzbühel auch ein eigenes Anwesen (Bayerisches Hauptstaatsarchiv, München, Fürstensachen 192). SB

Rangger, 1906 und 1907; Hohenegg 1975, Bd. 2, S. 403–423.

2.45

Herzogin Hedwig von Bayern-Landshut

Um 1530; Öl/Pergament, übertragen auf Leinwand, 69 x 54; Bayerische Verwaltung der staatlichen Schlösser, Gärten und Seen, Landshut, Burg Trausnitz (LaT. G 11)

2.46

Übergabevereinbarung Hedwigs von Polen an Herzog Georg von Bayern-Landshut

Radom, 1. Januar 1475; Urkunde/Pergament, lateinisch, 31 x 20, zwei anhängende Siegel in der Plica, A1: König Kasimir von Polen, A2: Herzog Ludwig von Bayern-Landshut; Geheimes Hausarchiv, München (Hausurkunden 2103)

König Kasimir IV. von Polen und Herzog Ludwig der Reiche beurkunden die Modalitäten des Geleits der Königstochter Hedwig aus Polen nach Wittenberg. Dort sollte Hedwig von Herzog Georg oder seinen Gesandten empfangen und nach Landshut geleitet werden. Die Urkunde wurde von beiden Ausstellern besiegelt. Vorausgegangen war die offizielle Verlobung zwischen Herzog Georg und Hedwig, die am 1. Januar 1475 ebenfalls von König Kasimir und Herzog Ludwig dem Reichen in einer Urkunde besiegelt wurde. Die Zustimmung Hedwigs wird genannt, denn gemäß kirchlichem Recht – die Ehe gehörte zu den causae spirituales – war die „contractio", das Ja-Wort beider Ehepartner, notwendig für eine gültige Eheschließung. Es folgte die „consummatio", der körperliche Vollzug der Ehe, der wegen der rechtlichen Bedeutung des Vorgangs öffentlich bzw. unter Zeugen stattfand.

Die Mitgift für Hedwig betrug 32 000 Gulden, die Widerlegung erfolgte in gleicher Höhe auf die Einkünfte aus Trostberg, Traunstein, Kraiburg, Mörmoosen, gegebenenfalls aus dem Zoll zu Reichenhall. Diese Mitgift wurde allerdings nie entrichtet: König Kasimir konnte die Erhebung einer Sondersteuer zu diesem Zweck gegen den Sejm nicht durchsetzen (vgl. auch Kat.-Nr. 7.3). Der Heiratsdispens durch Papst Sixtus datiert vom 26. Mai 1475 und ist in einem Notariatsinstrument inseriert überliefert. Er war nötig, weil Georgs Großmutter väterlicherseits und Hedwigs Großvater mütterlicherseits Geschwister waren. König Kasimir IV. hatte viel in die Hochzeit seiner ältesten Tochter investiert; nach dem Bericht eines polnischen Chronisten betrug die Gesamtsumme über 100 000 ungarische Gulden. Hedwig verließ ihre Heimat im September 1475, verabschiedete ihre polnischen Gefolgsleute in Posen und zog über Berlin weiter bis Wittenberg. Sie traf dort mit einwöchiger Verspätung am 23. Oktober 1475 ein. Die bayerische Gesandtschaft unter Pfalzgraf Otto von Mosbach begleitete die Braut über Leipzig und Franken nach Ingolstadt. Dieser Brautzug ist in mehreren detaillierten Beschreibungen überliefert.

Die Hochzeit Georgs mit Hedwig wurde glanzvoll gefeiert, vergleichbar den prunkvollen Feierlichkeiten anlässlich der Heirat von Ludwig dem Reichen mit Herzogin Amalie von Sachsen, die 1452 in Landshut stattgefunden hatte. BS

www.landshuterhochzeit.de

2.47

Aussteuerverzeichnis der Herzogin Hedwig

1475, angefertigt von Thomas Trintschinsky; Kopie, Schreiberhand Ludwig N der Landshuter Kanzlei; Libell/Papier, lateinisch, 7 Seiten, 24 x 29; Geheimes Hausarchiv, München (Hausurkunden 2105)

Im Jahr 1475 heiratete der Erbprinz Georg von Bayern-Landshut Hedwig, die Tochter des polnischen Königs Kasimir IV. In zahlreichen Verhandlungen wurden die Gütermassen wie Mitgift, Aussteuer und Widerlegung bzw. Morgengabe festgelegt und vertraglich geregelt. Sie dienten in erster Linie der Versorgung der Frau bei Verwitwung, weniger der wirtschaftlichen Selbstständigkeit während der Ehe. Die Aussteuer diente zudem im weitesten Sinn als Abfindung für entfallende Erbansprüche. Die Gerade hingegen, also das persönliche Gut der Braut wie Kleider, Bettzeug, Hausrat und Schmuck, blieb in ihrer freien Verfügung. Die Register über die Gerade sind wertvolle Quellen für Alltags- und Festkultur, für die Realienkunde jener Zeit.

Die Gerade der Herzogin Hedwig bestand aus Kleidungsstücken, Pelzen, Bettgewand, Silbergerät, Hausrat und war in mehreren Kisten und anderen Behältnissen verstaut. Die erste Kiste verzeichnet 14 Kleidungsstücke, darunter sechs Mäntel, fünf Röcke, drei Kleidungsstücke mit Zobel, Hermelin oder eingewebtem Gold verziert. Kostbare Stoffe wie Samt, Brokat oder Seide waren dem Adel vorbehalten, ebenso edle Pelze, wobei der Hermelin in erster Linie von regierenden Fürstenfamilien getragen wurde. Die zweite Kiste verzeichnet 30 Pelze aus Hermelin, Marder und Zobel, die dritte Kiste acht Paar Ärmel sowie Bettbezüge und Decken, Teppiche aus Seide und Seidentücher. Die vierte Kiste enthielt Marderpelze, Mäntel und Schauben, das charakteristische Kleidungsstück der zweiten Hälfte des 15. Jahrhunderts im deutschen Bereich, ein stoffreiches, mit Ärmeln versehenes, vorne offenes Obergewand, das meist einen Kragen besitzt und mit Pelz gefüttert oder besetzt ist. Das Bettzeug war aus Taft und Damast gearbeitet, es gab Kissen, Kissenbezüge, Federbetten, Decken. Das Silbergerät bestand aus Schüsseln, Waschbecken, Leuchtern, Löffeln, Messern, Weinbechern, Vasen, Kannen. An Schmuck brachte Hedwig 14 Halsketten und 14 Halsbänder mit. Hinzu kamen Pferde und Wagen. Es war üblich, Geschenke und die Aussteuer öffentlich zu zeigen. Das davon angefertigte Register besaß Glaubwürdigkeit und hatte in gewisser Weise Rechtskraft. Die Gerade der Prinzessin Hedwig kann man als königlich bezeichnen und sie war selbst für den Landshuter Hof der Reichen Herzöge außergewöhnlich. Vermutlich wurde die gesamte Ausstattung Hedwigs unmittelbar nach der Hochzeit am 14. November nach Burghausen verbracht, dem Familiensitz der Landshuter Herzöge. BS

Hiereth 1959, S. 124; Dorner 2002, S. 40 f.; Stauber 1993, S. 71.

2.48

2.48

Brautkrone der Herzogin Hedwig

Kloster der Englischen Fräulein, Burghausen (?), 1475, umgearbeitet 1718/36; Goldfiligranarbeit, leonischer Draht, Edelsteine, Süßwasserperlen, Goldpailetten, Email, Perhalpapier,
H. 18, Ø 14–24; Oberhausmuseum Passau (00163)

Das Leben der Fürstinnen ist auch im ausgehenden
Mittelalter nur spärlich dokumentiert, es gibt kaum
schriftliche Quellen, oft ist nicht einmal das genaue Geburtsdatum bekannt. Umso eindrucksvoller ist als persönlicher Gegenstand die Brautkrone der Herzogin Hedwig. Der Markgrafenschreiber Hanns Oring verweist in
seinem Bericht über die Landshuter Hochzeit auf das
kostbare Kleid und die Krone: „Der Rock der Braut war
aus guter roter Atlas-Seide und von oben bis unten ganz
und gar mit Perlen besetzt. Auf dem Haupte trug die Königin eine gar kostbare Krone aus gar köstlichen Heftlein
und in der Innenseite der Krone auf dem Haar eine breite Borte von großen Perlen. Unter der Krone hing ein
Schläfentuch ein wenig bis an die Augen herab."

Herzogin Hedwig stiftete ihre Brautkrone als Votiv-
krone für die Marienfigur in der so genannten Hedwigskapelle auf der Burg zu Burghausen. Dort gab es um 1500
zwei Gotteshäuser: die Innere und die 1489 geweihte
Äußere Burgkapelle, die Hedwigskapelle (Kat.-Nr. 2.50).

Die Krone wurde 1720 ergänzt bzw. repariert. Bis 1799
wird sie als herzogliche Votivgabe im Inventar zu Burghausen genannt. Im 19. Jahrhundert wurden Votivgaben
häufig aus den Kirchen entfernt. 1859 veräußerte das katholische Dekanat die Krone im Zuge der Erneuerung
des Hochaltars. Sie kam in Burghausener Privatbesitz,
1861 erwarb sie ein Passauer Juwelier, der sie 1871 der
Stadt Passau übereignete. Der Juwelier hatte die Be-
sitzwechsel auf einen Zettel notiert und diesen in die
Schachtel eingeklebt. Heute befindet sich die Krone im
Oberhausmuseum in Passau. BS

Dorner 2002.

2.49

Die Kosten der Landshuter Hochzeit

1474–1475; Handschrift/Papier, 23 Bll., 32 x 11,5; Bayerische
Staatsbibliothek München (Cgm 1953)

Aus politischen Überlegungen war der junge Landshuter
Herzog Georg zunächst der Tochter des böhmischen
Königs Georg von Podiebrad (1458–1471) versprochen
worden. Nach dem Bruch des Bündnisses wurden diese
Verträge aufgelöst. In der Tochter des polnischen Königs
Kasimir, Hedwig, fand Ludwig der Reiche eine geeignete
Frau für seinen Sohn. 1475 wurde die glanzvolle Hochzeit zu Landshut gefeiert. Herzog Ludwig der Reiche erhob in relativ kurzen Abständen Heiratssteuern, um sowohl die Mitgift seiner Tochter als auch die Widerlegung
der Mitgift, zu der sein Sohn verpflichtet war, finanzieren

zu können. Ein außergewöhnliches Dokument hat sich in der hier gezeigten Aufstellung der Kosten für die Landshuter Hochzeit erhalten: „Was Kostung von Herzog Georgen von Bayern und seiner fürstlichen Genaden hochzeit gegangen ist." Die Gesamtkosten der Landshuter Hochzeit wurden auf 55 766 rheinische Gulden in Gold beziffert. Für die Küche allein wurden 333 ungarische Ochsen, 1130 Schafe, 285 Schweine, 2162 Heuerlinge, Lämmer und Spätlinge, 490 Kälber, 684 Spanferkel, 12 000 Gänse, 40 000 Hühner, 100 000 Eier, 140 Zentner Rosinen, 7 Zentner Feigen, 7 Tonnen Heringe, 7 Schäffel Zwiebel, 3 Zentner Pfeffer, 220 Zentner Schmalz eingekauft, 300 Schäffel Weizen und 265 Schäffel Korn wurden zu Brot gebacken, 5616 Eimer gemeiner Tischwein wurde getrunken. Während der rund einwöchigen Feierlichkeiten Mitte November 1475 mussten an die 10 000 Gäste untergebracht und bewirtet werden. Das Hochzeitsessen für die versammelten Fürstlichkeiten bestand aus 32 Gängen mit allem, was damals dazu gehörte: „Mandlgemues, Huener, haiß Visch, Vorpratn, Spensau, Krebsn und Kuechen". Das Landshuter Volk wurde auf Befehl des Herzogs acht Tage lang frei gehalten.

Die mächtigsten Fürsten des Reichs, darunter Kaiser Friedrich III. und sein Sohn Maximilian, waren nach Landshut gekommen. Der festliche Einzug der Braut in die Stadt ist durch zeitgenössische Berichte des Klosterschreibers Hans Seibold und des Markgrafenschreibers Hanns Oring überliefert. In der St. Martinskirche vollzog der Erzbischof von Salzburg die Trauung. Der Kurfürst von Brandenburg nannte die Hochzeit „eine Schickung Gottes zum Nutzen von Christenheit und Reich".   B S

Kluckhohn 1865, S. 314–327; Hiereth 1959; Bleibrunner 1975.

2.50

Herzog Georg der Reiche von Bayern-Landshut und seine Gemahlin Hedwig

Gipsabguss; Bayerisches Nationalmuseum, München (MA 3363); Original: Burg zu Burghausen, Äußere Burgkapelle St. Maria (Westempore), um 1489, Linde, geschnitzt, farbig gefasst, 90 × 90

Das in Lindenholz geschnitzte, farbig gefasste und in großen Partien vergoldete Relief an der Westempore der Äußeren Burgkapelle im vierten Vorhof der Burg zu Burghausen, von dem der Gipsabguss aus dem Bayerischen Nationalmuseum gezeigt wird, präsentiert im Zentrum Christus als Schmerzensmann. Zu seinen Seiten knien – in kleinerem Maßstab – die Stifter der Kapelle, Herzog Georg der Reiche von Bayern-Landshut und seine Gemahlin Hedwig von Polen, ausgewiesen durch das bayerische und das polnische Wappen zu ihren Füßen. Die über den Stiftern schwebenden Engel tragen Kreuz und Kelch als Attribute des Leidens Christi.

Der jugendliche Herzog ist als Ritter in voller Rüstung dargestellt, die Hände zum Gebet gefaltet. Einzelne

2.50

Partien der repräsentativen Rüstung wie Achselscheiben, Mäusel, Bauchreifen und Kniebuckel sind durch Vergoldung ausgezeichnet. Herzogin Hedwig ist ganz anders als auf dem Landshuter Bildnis höfischen Charakters (Kat.-Nr. 2.45) in faltenreichem, verhüllendem Mantel, das Haar unter der Leinenhaube verborgen, in der Haltung religiöser Demut wiedergegeben. Ein kolorierter Holzschnitt von 1495/96, der Georg und Hedwig als Gründer des Birgittinnenklosters Altomünster zeigt, greift in der Darstellung des Stifterpaars den eher idealtypischen als porträthaften Typus des Burghauser Stifterbildes auf (Kat.-Nr. 2.51).

Die Burg zu Burghausen wurde als Zweitresidenz und Familiensitz der Landshuter Wittelsbacher unter Herzog Georg dem Reichen umfassend ausgebaut und diente seiner Gemahlin als ständige Hofhaltung (Kat.-Nr. 2.35). Das Jahr des Regierungsantritts Georgs 1479 und das Weihejahr 1489 markieren die Eckdaten der Bauzeit der Kapelle, einem Juwel spätgotischer Baukunst, im Volksmund auch Hedwigskapelle genannt. Das Relief ist im Umkreis Landshuter Arbeiten, etwa den Schreinfiguren des Hochaltars in St. Salvator, anzusiedeln.   B L

Vor Leinberger 2001; Dorner 2002; Langer 2004.

2.51

a) Gedenkblatt zur Stiftung Altomünsters an die Birgittinnen durch Herzog Georg von Bayern-Landshut und seine Gemahlin Hedwig

Sammelhandschrift; 15. Jahrhundert; Handschrift/Pergament, 72 Bll., ganzseitige Miniaturen in Deckfarben, farbige Initialen und Rankenwerk mit Gold, Einband: braunes Leder auf Holz, Blindpressung, zehn Beschläge, zwei Schließen,

23, 8 x 18,5; Bayerische Staatsbibliothek München (Clm 28812)

Das Stifterblatt (fol. 1) zeigt das Herzogspaar kniend, Georg im Harnisch, barhäuptig, Hedwig in schlichtem Gewand. Während das jugendliche Gesicht Georgs im Profil erkennbar ist, ebenso sein blondes, schulterlanges Haar, bleibt Hedwig „gesichtlos". Die Wappenschilde zeigen das bayerische und das polnische Wappen. Georg und Hedwig halten das Modell der Kirche von Altomünster in der Hand, ein Lang- bzw. Haupthaus mit Dachreiter, auf dem Chor Maria mit Jesus in der Mitte, der hl. Alto als Gründer des Klosters und die hl. Birgitta, die Gründerin des Birgittinnenordens, an der Seite des Herzogspaars kniend.

Es war wohl dem Einfluss der Herzogin Hedwig zu verdanken, dass der Orden der Birgittinnen, den sie aus ihrer polnischen Heimat kannte, in Bayern Fuß fassen konnte. Die schwedische Mystikerin Birgitta (1303 bis 1373) hatte um 1346 diesen Orden gegründet, der Nonnen und Mönche in Doppelklöstern vereinigte. Idealerweise sollten es 60 Nonnen und 13 Mönche (Apostelzahl und Paulus) sowie vier Diakone (vier Kirchenlehrer) und acht Laienbrüder sein. Den Klöstern der Birgittinnen steht immer eine Äbtissin vor, die den Gesamtkonvent aus Nonnen und Mönchen leitet. Das Benediktinerinnenkloster Altomünster, das im 15. Jahrhundert in geistlicher und wirtschaftlicher Hinsicht verfiel, bot sich für die Neugründung der Birgittinnen an. 1480 hatte die letzte Nonne das Kloster Altomünster verlassen. 1488 erwirkte Graf Wolfgang von Sandizell als Verwalter von Altomünster die Übertragung an den Birgittenorden.

2.51a

1496 beurkundete Herzog Georg der Reiche den Stiftungsbrief für das neue Doppelkloster. 1497 wurde Altomünster durch Birgittinnen aus dem schwäbischen Kloster Maihingen, darunter Gräfin und Graf Sandizell, besiedelt und geweiht.

b) Vitae Patrum

Augsburg: Johann Schönsperger d. Ä., um 1485; Holzschnitt/ Papier, koloriert, Einband: helles Leder auf Holzdeckeln, Einzel- und Rollenstempel, gebunden von Georg Khuen 1599, Schließen fehlen, 29 x 21,5; Bayerische Staatsbibliothek München (Rar. 330)

Auf der mit „Exempelbüch der Altväter" überschriebenen Darstellung – eingerahmt in gotische Spitzbogenarchitektur, verziert mit Krabben, seitlich bekrönt mit Wimpergen – wird die Gründung des Birgittinnenklosters in Altomünster durch Herzog Georg und Herzogin Hedwig dargestellt. Die fünf roten Punkte auf der Haube der Herzogin beziehen sich auf die Ordenstracht der Birgittinnen. Die knienden Stifter mit dem bayerischen und dem polnisch-litauischen Wappen haben den hl. Alto in ihrer Mitte. Der iro-schottische Mönch Alto wird als Abt dargestellt, das alte Wappen Schottlands zu seinen Füßen und das Messer in der Hand, das auf das Rodungswunder anlässlich der Gründung des Klosters im 8. Jahrhundert verweist. Das Alto-Messer wird im Kloster bis heute als Reliquie verwahrt. Ein Spruchband „Bit für uns Sant Alto und Birgitta" verbindet die drei Figuren. Herzog Georg und Herzogin Hedwig halten das Modell einer Kirche in ihren Händen, als „Mariaminster" bezeichnet. Aus dem Boden, auf dem sie knien, wachsen zwei Rebstöcke. In den sich verzweigenden Reben erscheint über dem Kirchenschiff zur Rechten die hl. Birgitta, sitzend am Schreibpult, ein offenes Buch vor sich, auf einem Stock hinter ihr Pilgerhut und Pilgertasche.

BS

2.52

Grab der Herzogin Hedwig von Bayern-Landshut im Zisterzienserkloster Raitenhaslach

Aus: Johann Conrad Tachler: Annales Raittenhaslacenses, 1612/13; Handschrift/Papier, T.I, I–II, 398, III–IV Bll., kolorierte Bilder, Einband: braunes Leder auf Holz, Blindpressung, Schließen und Beschläge fehlen, 20,3 x 17,7; Bayerische Staatsbibliothek München (Clm 1912)

Herzogin Hedwig von Bayern-Landshut lebte bald nach der Hochzeit in der Burganlage zu Burghausen. Auf dem Familiensitz Burghausen wuchsen die Kinder auf; hierher zog sich Ludwig der Reiche als Witwer zurück, auch der legendäre Silberschatz der Reichen Herzöge wurde hier aufbewahrt.

Herzogin Hedwig starb am 18. Februar 1502 in Burghausen, zwei Jahre vor ihrem Mann. Sie liegt im Zisterzienserkloster Raitenhaslach begraben, dem Begräbnisort der in Burghausen verstorbenen Wittelsbacher, wie auch

Margarethe von Bayern-Landshut und der Ingolstädter Herzog Ludwig der Gebartete, der auf Burghausen seine letzten Jahre in Gefangenschaft verbracht hatte. Herzogin Hedwig wurde in dem nur als Zeichnung überlieferten Hochgrab beigesetzt, wie es das polnische Wappen andeutet. Das Grab befand sich bis zur Säkularisation in der Mitte der Kirche, zwischen dem jetzigen dritten Kapellenpaar. Die schwere Deckplatte aus rotem Marmor, auf der Hedwigs Name und das bayerische und polnische Wappen eingemeißelt sind, blieb erhalten. Für Herzogin Hedwig wurde einige Zeit nach ihrem Tod in Ingolstadt eine Trauerfeier abgehalten. Der Humanist Jakob Locher publizierte einen Klagegesang auf die Verstorbene: „Der Tod, der wütende, hat unsere Herrin mit sich genommen; / Sie war berühmt durch einen großen Namen und durch Ehrentitel, / königlichem Geschlecht entsprossen, ausgezeichnet durch Frömmigkeit, / hervorstechend durch ihren Charakter, angesehen durch ihre edle Abkunft. / Sie war noch nicht in hohem Alter und nicht ermüdet mit einem verfallenen Körper, / nicht erschöpft von ihren segensreichen Geburten und auch nicht unfruchtbar. / O glückliches Land der Bayern! Du kannst diese ehrenhafte Frau unter die ersten Gattinnen deiner Herzöge zählen. / Vergieße Tränen der Trauer, aber beende den Schmerz! / Vernimm einen Trost für dein Leid: / Notwendig ist es, das Gesetz zu befolgen, das Schicksal anzunehmen, den Lebensfaden abzuschneiden und schließlich zu sterben. / Niemand kann dem Lauf des Todes entrinnen, niemand der Waage des Gerichtes. / Das Fleisch hat dem Tod den Tribut gezahlt – aber ihre Seele wird gottgefällige Ruhe finden." BS

KDB, Bd. 2: Regierungsbezirk Oberbayern, Bd. 1, 3. Teil: Bezirksämter Mühldorf, Altötting, Laufen, Berchtesgaden; Hofmann 1992; Körner 1997.

2.53

a) Originaltestament Herzog Georgs des Reichen

Friedrichsburg, 14. September 1496; Libell/Pergament, 10 Bll., 38 x 28,5, großes Siegel Herzog Georgs und acht Siegel der Zeugen Hermann Boss von Waldeck, Adam Törring zum Stein, Philipp Forstmeister von Gelnhausen, Wolfgang

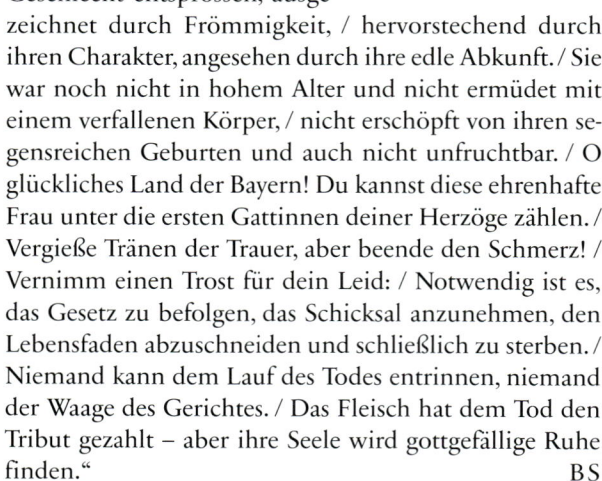

2.53a

von Pienzenau, Dr. iur. utr. Nikolaus von Eusheim, Jörg Kärgl zu Süßbach, Dr. Hieronymus Flore und Heinrich Grüninger an weiß-blauer Seidenkordel, zwei Signete der Notare Johannes von Erlwein und Johannes Mangolt; Geheimes Hausarchiv, München (Hausurkunden 2130)

b) Eigenhändige Testamentskonfirmation Herzog Georgs des Reichen

Landshut, 2. März 1502; Urkunde/Pergament, 38 x 37, Siegel(reste) Herzog Georgs an Pergamentstreifen; Geheimes Hausarchiv, München (Hausurkunden 2128)

Aus der Analyse des Testaments durch R. Stauber wird deutlich, dass Herzog Georg der Reiche hier nicht seinen letzten Willen kurz vor dem Tod verfügt hat, sondern dass es sich bei diesem Rechtsdokument um ein aus politischer Zielsetzung heraus veranlasstes Eventualtestament pfälzischer Prägung handelt. Weil Georg keine männlichen Nachkommen hatte, setzte er unter Umgehung der wittelsbachischen Hausverträge und des Reichsrechts seine älteste Tochter Elisabeth für den Fall zu seiner Erbin ein, dass weiterhin legitime männliche Erben ausblieben, legte ihre Aussteuer fest und projektierte eine Eheverbindung mit den Söhnen des Kurfürsten Philipp von der Pfalz. Während das Testament in Rechtsinhalt, Schreiber- und Zeugenwahl sowie Ausstellungsort – das pfälzische Jagdschloss Friedrichsburg – den kurpfälzischen Einfluss andeutet, belegen die Testamentsbeilagen, dass die Verfügung Herzog Georgs auf Initiative Kurfürst Philipps hin veranlasst war, dessen Hegemonialpolitik auf eine Übernahme Niederbayerns abzielte.

Die eigenhändige Bestätigung seines Testaments zur Sicherung der Nachfolge der seit 1499 mit Kurfürst Philipps drittältestem Sohn, Pfalzgraf Ruprecht, verheirateten Elisabeth erfolgte wenige Tage nach dem Tod der Herzogin Hedwig in Burghausen (Kat.-Nr. 2.52), wodurch das Ausbleiben männlicher Erben unabänderlich geworden war. Zu Testamentsvollstreckern wurden drei niederbayerische Räte eingesetzt, der Hofmarschall Sigmund von Fraunberg zum Haag, Erasmus von Seiboldsdorf und Adam von Törring zum Stein, der von 1509 bis 1522 als Statthalter in Neuburg in Vertretung Pfalzgraf Friedrichs die Regierung und Verwaltung der für die Enkel Herzog Georg des Reichen, Ottheinrich und Philipp, geschaffenen Jungen Pfalz leitete. MCF

von Krenner 1805, Bd. 14, S. 63–65 (Druck) und Bd. 13, S. 354–357; Stauber 1993, S. 695–756.

2.54
CXCIV Abbildungen aus dem Regentenhaus Pfalzbayern mit Texten in Prosa und Versen

16. Jahrhundert; Handschrift/ Papier, kolorierte Zeichnungen, 89 Bll., geprägter Ledereinband, 33 x 21; Bayerische Staatsbibliothek München (Cgm 1604)

2.54

Die illustrierte Handschrift aus dem 16. Jahrhundert zeigt eine teilweise kommentierte Herrscherreihe, die wie der Pariser Rotulus (Kat.-Nr. 2.33) mit der Versöhnung von Norix und Bavarus beginnt. Sie enthält jedoch eine viel größere Zahl an Dargestellten und endet mit den drei Söhnen Albrechts IV. des Weisen, Wilhelm, Ludwig und Ernst. Als Figur 143 und 144 sind Georg der Reiche von Landshut und sein als Erbe eingesetzter Schwiegersohn Pfalzgraf Ruprecht gegenüber gestellt. Der letzte der Reichen Herzöge wird wie folgt charakterisiert: „Jörg Pfalzgraf von dem Rein./ Herzog Jörg war das sein nam / ein Fürst vil edl und zart / reich und gwaltig er auch war / des negst gemelts Ludwig im Bart / unnd zu Landshut

gehaus hat / ist gestorben im 1503 jar." Sein Schwiegersohn wird ausgewiesen als „Ruprecht Pfalzgrave bey Rein / Zu Landshut ward er glassen ein / Elisabeth ein Nunn im verheurat ward / Hertzog Jörgen Tochter war sie zart / Deshalb Krieg zwischen den Fürsten war / Als man zelt nach Christi gepurt 1503 Jar / Entstunnden, darinen vil Behem umbkhumen / Auch ander mer hab ich vernummen / Rueprecht und sein gmahel todt war / Vor unmueth des Krieges im 1504 Jar." Zwei Blatt weiter sind Ottheinrich und Philipp, die früh verwaisten Söhne Ruprechts und Elisabeths, im Erwachsenenalter dargestellt.

SB

Ottheinrichs Pilgerfahrt ins Heilige Land I: Jerusalem-Teppich, Detail
Bayerisches Nationalmuseum, München (Kat.-Nr. 7.14)

3 LANDSHUTER ERBFOLGEKRIEG

Peter Schmid

Der Landshuter Erbfolgekrieg

Vorgeschichte und Ursachen

Der 14. September 1496 sollte als folgenschweres Datum in die Geschichte Bayerns, des wittelsbachischen Gesamthauses und auch des Reichs eingehen. Von diesem Tag datiert das Testament Herzog Georgs des Reichen von Bayern-Landshut, mit dem er seine Tochter Elisabeth und ihren künftigen Gemahl, einen der Söhne seiner Schwester Margarete und des Pfalzgrafen Philipp, zu Erben seines Herzogtums bestellte (Kat.-Nr. 2.53).[1] Herzog Georg wollte mit diesem Testament entgegen den bestehenden wittelsbachischen Hausverträgen die Erbansprüche Herzog Albrechts IV. von Bayern-München umgehen. Er beschwor dadurch nicht nur in politischer, sondern auch in rechtlicher Hinsicht eine höchst problematische Situation herauf. Das Reichsrecht kannte für ein Reichslehen keine weibliche Erbfolge. Diese war nur im äußersten Ausnahmefall und nur mit ausdrücklicher Zustimmung des Königs möglich. Nahe liegend war auch, dass sich Herzog Albrecht IV. in der Erbfrage nicht widerstandslos übergehen lassen würde, denn er hatte die Wiederherstellung des bayerischen Herzogtums in den Grenzen vor der Landesteilung von 1392 zum Hauptziel seiner Politik gemacht. Für das wiedervereinigte Bayern strebte er eine starke Stellung unter den Reichsfürsten an. Die von Herzog Georg vorgesehene Erbregelung hätte dagegen zusammen mit der Oberpfalz im bayerischen Raum einen pfälzischen Herrschaftsbereich begründet, der das Münchner Herzogtum machtpolitisch an den Rand gedrängt hätte. Zu erwarten war auch, dass König Maximilian I. eine personelle Verbindung des Landshuter Herzogtums mit der Kurpfalz nicht akzeptieren würde. Zu frisch musste noch die expansive Politik in Erinnerung sein, die die bayerischen und pfälzischen Wittelsbacher bis Ende der 80er-Jahre des 15. Jahrhunderts in Süddeutschland mit dezidiert antihabsburgischer Zielrichtung betrieben hatten. Nur mit Aufbietung aller Kräfte war es Kaiser Friedrich III. und König Maximilian I. zu Beginn der 90er-Jahre des 15. Jahrhunderts gelungen, die wittelsbachischen Expansionsgelüste einzudämmen.[2] Die Verluste, die König Maximilian I. dabei in Burgund hatte hinnehmen müssen, und insbesondere die Schmach des „bretonischen Brautraubs" schmerzten ihn immer noch. Die Überlassung des wirtschaftlich potenten niederbayerischen Herzogtums an

die Pfälzer hätte erneut die Gefahr einer pfälzischen Vormachtstellung in Süddeutschland heraufbeschworen. Zu augenfällig fügte sich das Testament Herzog Georgs, das unter pfälzischer Federführung formuliert worden war, in das politische Programm Pfalzgraf Philipps ein, das die Kurpfalz zur tonangebenden Größe in Süddeutschland und zur Rivalin der Habsburger machen wollte.[3]

Herzog Georg hatte somit durch seine testamentarische Verfügung eine Konfliktsituation herbeigeführt, bei der es um mehr als nur um Erb- und territoriale Fragen ging, so wichtig diese im Einzelnen auch sein mochten. Es standen die Klärung der künftigen Stellung Bayerns und der Pfalz im Reich und die Entscheidung zwischen den Häusern Wittelsbach und Habsburg um die Vormachtstellung im Reich und damit auf lange Sicht auch um den Besitz des Königtums an.

Entscheidung über Krieg oder Frieden

Das beschriebene Szenario nahm mit dem Tod Herzog Georgs des Reichen am 1. Dezember 1503 Gestalt an.[4] Alle Beteiligten hatten für diese Situation ihre Vorkehrungen getroffen. Herzog Georg hatte zunächst Ende der 90er-Jahre dem König vielfältige Dienste geleistet, um ihn zur Anerkennung seines Testaments zu bewegen. Im Jahr 1499 hatte er seine Tochter Elisabeth mit dem Pfalzgrafen Ruprecht vermählt. Um die Nachfolge Ruprechts zu sichern, hatte er ihn kurz vor seinem Tod adoptiert und zum Statthalter bestellt sowie die Landschaft aufgefordert, Ruprecht als neuem Landesherrn zu huldigen. Gleichzeitig hatte er aber auch Truppen angeworben und sonstige Vorbereitungen für den Kriegsfall getroffen.[5] Auch Herzog Albrecht IV. war nicht untätig geblieben. Er hatte am 23. Mai 1497 die geheime Zusicherung des Königs erwirkt, im Erbfall mit Niederbayern belehnt zu werden.[6] Im Jahr 1500 war er dem Schwäbischen Bund beigetreten, der die Gegner der Kurpfalz und Bayern-Landshuts vereinigte.[7] Welchen Lauf die Dinge letztlich nehmen würden, hing jedoch weitgehend von König Maximilian I. ab, der als oberster Lehensherr über das heimgefallene Reichslehen Bayern-Landshut verfügen konnte.

Die Rechtslage stellte sich allerdings nicht so eindeutig dar, wie es scheinen mochte, denn das Herzogtum Bayern-Landshut umfasste neben den Reichslehen auch beträchtliches Hausgut, auf das Elisabeth und Ruprecht legitimerweise Erbansprüche geltend machen konnten. Diese komplizierten Rechtsverhältnisse erschwerten zwar eine rasche Regelung der Erbangelegenheit. Ausschlaggebend für das Hinauszögern einer Entscheidung war aber in viel höherem Maße die Absicht König Maximilians I., die Situation auszunutzen und sich zum Schiedsrichter über die Wittelsbacher aufzuschwingen, die noch wenige Jahre zuvor den Habsburgern als ernsthafte Rivalen entgegengetreten waren. Wie sehr er sich in dieser Rolle gefiel, verrät sein Ausspruch „Sichstu, eß stat alß an mir, ich sol ein heren zu Bayren machen".[8] Um die Wittelsbacher ihre Abhängigkeit spüren zu lassen und sie gegeneinander auszuspielen, begann er in Augsburg und Aichach Verhandlungen über die Verteilung des Landshuter Erbes, die sich von Januar bis April 1504 hinzogen.[9] Am liebsten wären ihm unverkennbar die Zerstückelung des Landshuter Erbes und die Zersplitterung der Herrschaftsverhältnisse im bayerischen Raum gewesen. Deshalb unterbreitete er immer wieder neue Teilungsvorschläge, die aber weder das Gefallen Herzog Albrechts IV. noch Ruprechts fanden, die beide auf der Übernahme des gesamten Erbes beharrten. Dass König Maximilian I. bei dieser Prozedur nicht zuletzt auch an sich selbst dachte, lässt sich daraus ersehen, dass er bereits zu Beginn der Verhandlungen Herzog Albrecht IV. und Ruprecht die Zustimmung zur Überlassung seines „Interesses" aus dem Landshuter Erbe abnötigte. Herzog Albrecht IV., der am 9. Dezember 1503 vorläufig und vorbehaltlich der „obrikait, gerechtigkait unnd interesse" des Königs mit den Reichslehen Herzog Georgs belehnt worden war und sich der militärischen Unterstützung seitens des Schwäbischen Bundes sicher sein konnte, war zwar über die offensichtliche Hinhaltetaktik des Königs verstimmt, ließ sich aber nicht aus der Reserve locken. Ruprecht dagegen verlor die Geduld. Er ließ sich dazu hinreißen, mit der Besetzung der Städte Landshut und Burghausen am 17. April 1504 vollendete Tatsachen zu schaffen.[10] Durch diesen offenen Landfriedensbruch waren die Pläne König Maximilians I. Makulatur geworden. Er musste nun handeln. Am 23. April 1504 fällte er sein Rechtsurteil. Unter Vorbehalt des eigenen „Interesses" sprach er Herzog Albrecht IV. und dessen Bruder Wolfgang als „nechstgesippten Agnaten und Swertlehens Erben von Menlichem Geschlecht und Stamen" Niederbayern zu und verhängte die Reichsacht über Ruprecht.[11] Der Krieg war damit unvermeidlich geworden. Am 29. April 1504 erklärten Herzog Albrecht IV. und sein Bruder Wolfgang den Pfälzern den Krieg.[12]

Der Kriegsverlauf

In das Kriegsgeschehen wurden aufgrund der bestehenden Koalitionen nahezu ganz Süd- und Südwestdeutschland verwickelt. Ruprecht fand Unterstützung bei seinem Vater, Pfalzgraf Philipp, beim niederbayerischen Adel, der einer Unterstellung unter Herzog Albrecht IV.

wenig Positives abzugewinnen vermochte, bei den Landgrafen von Leuchtenberg und dem Bischof von Würzburg. Zahlreiche Söldner strömten ihm, angelockt durch die reichen Finanzmittel Niederbayerns, vor allem aus Böhmen zu. Auf der Seite Herzog Albrechts IV. standen der König mit seinen Erblanden und seiner Gefolgschaft unter den Reichsfürsten, der Schwäbische Bund, dessen Feldhauptmann der Herzog war, Markgraf Friedrich von Ansbach und Kulmbach, Herzog Ulrich von Württemberg, Landgraf Wilhelm von Hessen, Markgraf Christoph von Baden, Alexander von Veldenz und eine Reihe weiterer Fürsten sowie die finanzstarke Reichsstadt Nürnberg. Politisch unterstützt wurde Herzog Albrecht IV. von Kurfürst Berthold von Mainz, Reichserzkanzler und politisch einflussreichste Persönlichkeit unter den Reichsfürsten.[13] Angesichts dieser Kräfteverhältnisse befand sich die Pfälzer Seite in einer schwierigen Situation. Zusätzlich erschwert wurde die Lage durch die große räumliche Distanz der niederbayerischen und kurpfälzischen Gebiete, die eine einheitliche Kriegsführung verhinderte. Von vornherein aussichtslos war die Lage aber keineswegs, denn Ruprecht konnte in Niederbayern mit einer schlagkräftigen Truppe operieren[14] und die Kurpfalz war für den Kriegsfall durch eine gut organisierte Landesverteidigung bestens gerüstet.[15]

Der Erbfolgekrieg dauerte etwa neun Monate. Er richtete in den kurpfälzischen Gebieten am Rhein und in der Oberpfalz große Schäden an und hinterließ nicht minder schlimme Verwüstungen in Nieder- und Oberbayern, von denen sich das Land lange Zeit nicht erholen konnte. Verantwortlich für das immense Ausmaß der Schäden war die von beiden Seiten praktizierte Kriegsführung, die große Feldschlachten vermied und darauf ausgelegt war, dem Gegner durch einen Abnutzungs- und Ermüdungskrieg sowie durch Plünderungszüge möglichst große Schäden zuzufügen und ihn dadurch zum Einlenken zu bewegen. Die Kriegsplanung folgte einer von König Maximilian I. konzipierten Doppelstrategie: Sicherung der Position in Bayern bei gleichzeitiger energischer Offensive gegen die Kurpfalz. Auf diese Weise sollte zuerst der als mächtigster Gegner eingestufte Pfalzgraf Philipp niedergeworfen werden, der ebenfalls mit der Reichsacht belegt worden war. Mit der raschen Niederwerfung des Pfälzer Kurfürsten sollte vermutlich auch dem mit der Kurpfalz in guten Beziehungen stehenden Frankreich keine Zeit zum Eingreifen gelassen werden. Danach sollte mit dem Einsatz aller Kräfte die Entscheidung in Bayern erzwungen werden. Herzog Albrecht IV. missfiel diese Strategie, denn dadurch war er in Bayern zunächst weitgehend auf sich alleine gestellt.[16]

Im Mai vereinigten König Maximilian I. und Herzog Albrecht IV. bei Augsburg ihre Kräfte und stießen in einem gemeinsamen Feldzug über Aichach, Dillingen und Donauwörth gegen Ingolstadt und Neuburg vor, wo Ruprecht feste Stellungen bezogen hatte, die nicht zu nehmen waren. Daraufhin begab sich König Maximilian I., um den Kriegszug gegen die Kurpfalz vorzubereiten, über Augsburg, wo er am 27. Mai 1504 Pfalzgraf Philipp die Reichsvogtei im Elsass entzog, nach Innsbruck, um sich Geld und schweres Kriegsgerät zu besorgen.[17] Nachdem er zur Sicherstellung seines „Interesses" die Unterinntaler Gerichte Rattenberg, Kitzbühel und Kufstein besetzt hatte, erschien er im Juli 1504 mit rund 8 000 Mann und schwerer Artillerie auf dem kurpfälzischen Kriegsschauplatz, wo bereits Ulrich von Württemberg, Landgraf Wilhelm von Hessen, Erich von Braunschweig, Alexander von Veldenz-Zweibrücken und der Schwäbische Bund das Land verwüsteten.[18] Mehr als 300 Dörfer, Schlösser, Klöster und Städte sollen allein von den Brandmeistern Alexanders von Veldenz-Zweibrücken und des Landgrafen von Hessen in Flammen gesetzt worden sein. Zu leiden hatten vor allem die pfälzischen Außenposten, während der Kernbereich der Kurpfalz verhältnismäßig gut gegen die von allen Seiten anstürmenden Feinde verteidigt werden konnte. König Maximilian I. besetzte die Ortenau und das Elsass, eroberte die Festung Geroldseck und zwang die Städte Gengenbach, Offenburg und Zell zur Übergabe. Die Württemberger nahmen Maulbronn, Besigheim, Löwenstein, Weinsberg, Neuenstadt und Möckmühl ein. Die Hessen und ihre Verbündeten fielen über die Gebiete an der Bergstraße, in Rheinhessen und im Naheraum her und drangen bis ins Heidelberger Umland vor, bis sie im September nach der vergeblichen Belagerung von Kaub gezwungen waren, das linksrheinische Gebiet zu räumen. Am 9. August 1504 zog König Maximilian I. in Straßburg ein, erneuerte noch einmal die Reichsacht über Pfalzgraf Philipp und erklärte ihn seiner Reichslehen für verlustig. Für eine gewisse Zeit trug er sich sogar mit dem Gedanken, dem Pfalzgrafen die Kurwürde zu entziehen, sie auf Tirol zu übertragen und damit seinen eigenen Sohn, Erzherzog Philipp von Burgund, zu belehnen.[19]

Der Krieg in der Kurpfalz war im Sommer 1504 weitgehend zugunsten des Königs verlaufen. Politisch nahezu sinnlos wurde seine Fortführung für den Pfalzgrafen durch den Tod Ruprechts am 20. August 1504 und Elisabeths am 15. September 1504. Unter diesen Umständen wuchs die Wahrscheinlichkeit eines Sondervergleichs zwischen König Maximilian I. und dem Pfälzer unter Ausschluss Niederbayerns, der sich seit Mitte August abgezeichnet hatte, spürbar an. Schließlich konnte Christoph von Baden am 10. September 1504 einen halbjährigen Waffenstillstand vereinbaren, in dem der Pfalzgraf seine Bereitschaft erklärte, sich dem Urteil des Königs zu unterwerfen und Niederbayern keine weitere Unterstützung mehr zu gewähren (Kat.-Nr. 3.25).[20]

Nun konnte sich König Maximilian I. – wie vorgesehen – dem bayerischen Kriegsschauplatz zuwenden. In Bayern hielten sich die gegnerischen Kräfte in etwa die Waage.[21] Ruprecht konnte rund 2 000 Reiter und 8 000 Fußknechte aufbieten. Herzog Albrecht IV. vermochte etwa 2 000 Reiter und zeitweise bis zu 12 000 Fußknechte und 1 600 Wagen ins Feld zu schicken. Angesichts dieser Kräfteverhältnisse gingen beide Seiten zunächst einer

Entscheidungsschlacht aus dem Wege und führten einen verheerenden Verwüstungskrieg. Ruprecht besetzte im April und Mai 1504 neben Landshut und Burghausen zahlreiche Städte in Niederbayern, darunter Teisbach, Dingolfing, Landau, Osterhofen, Eggenfelden, Pfarrkirchen, Moosburg, Neuötting, Wasserburg, Rain und Neuburg. Am 13. August 1504 gelang ihm die Rückeroberung des vom König besetzten Kufstein. Wenige Tage später nahmen die niederbayerisch-pfälzischen Truppen nach harter Belagerung auch Braunau ein und beherrschten damit die Innlinie.

Auch Herzog Albrecht IV. hatte respektable Erfolge vorzuweisen. Moosburg, Landau und das Rotttal fielen in seine Hände. Ebenso konnte er den strategisch wichtigen schwäbischen Teil Niederbayerns an der oberen Donau um Lauingen, Friedberg, Graisbach, Höchstädt, Aichach, Monheim und Ingolstadt in seine Gewalt bringen. Nur Rain und Neuburg waren in der Lage, sich seines Zugriffs zu erwehren. Harte Scharmützel lieferten sich beide Seiten im Zentrum Niederbayerns bei Landshut. Dabei verlor im Juli 1504 der auf Seiten Herzog Albrechts IV. kämpfende Götz von Berlichingen die rechte Hand, die er sich von einem kunstfertigen Waffenschmied durch eine eiserne ersetzen ließ, mit der er noch Jahrzehnte lang Kriegsdienst leistete.[22]

Schwer in Mitleidenschaft gezogen wurde die Oberpfalz.[23] Sie war von pfälzischer Seite als Operationsbasis gegen den zu Bayern-München gehörenden Teil des Nordgaus gedacht und hatte die wichtigen Verbindungslinien nach Böhmen offen zu halten. Sie zog vor allem die Angriffe der Nürnberger und der markgräflich-brandenburgischen Truppen auf sich, die von Westen und Norden in das Land eindrangen und eine Spur der Verwüstung hinterließen. Die Truppen Nürnbergs brannten beispielsweise Schwandorf nieder und belagerten im Juli 1504 Auerbach und Neumarkt wochenlang, ehe sie vor einem pfälzisch-böhmischen Heer zurückweichen mussten. Zahlreiche Dörfer, Märkte und Städte sowie ganze Landstriche wurden in Schutt und Asche gelegt. Im Landgericht Sulzbach gingen fast alle Dörfer in Flammen auf. Ende Juli 1504 sollen an einem einzigen Tag von beiden Seiten in Sichtweite zueinander 30 Dörfer in Brand gesteckt worden sein.

Eine wichtige Vorentscheidung des Kriegs fiel am 12. September 1504, als König Maximilian I. und Herzog Albrecht IV. mit vereinten Kräften bei Wenzenbach nördlich von Regensburg ein böhmisches Heer, das den bayerischen Nordgau verwüstet und die Donaulinie bedroht hatte, in einer mörderischen Schlacht nahezu aufrieben.[24] Das Kriegsende schien gekommen zu sein, als wenig später am 15. September 1504 Elisabeth starb und mit Ottheinrich und Philipp zwei unmündige Kinder hinterließ. Die niederbayerischen Hauptleute zeigten sich jedoch nicht friedensbereit, sondern setzten durch, dass am 21. September 1504 den beiden Kindern die Erbhuldigung geleistet und der Krieg fortgesetzt wurde.[25] Nachdem Pfalzgraf Philipp durch den Waffenstillstand vom 10. September 1504 als Krieg führende Partei ausgeschieden war, konnte sich das Kriegsgeschehen ausschließlich auf den bayerischen Schauplatz konzentrieren. König Maximilian I. wandte sich nach dem Sieg bei Wenzenbach nach Süden, um Kufstein, „einen Schlüssel Bayerns und Tirols", zurückzuerobern und sein „Interesse" im Unterinntal in Besitz zu nehmen. Mit der Kapitulation Kufsteins am 16. Oktober 1504 und dem Blutgericht, dem der Kufsteiner Pfleger Hans von Pinzenau und 17 seiner Hauptleute und Büchsenmeister zum Opfer fielen, hatte er dieses Ziel erreicht.[26] Die von König Maximilian I. danach angestrengten Friedensverhandlungen scheiterten jedoch am Widerstand der niederbayerisch-pfälzischen Hauptleute, die zwischenzeitlich wieder die militärische Lage in Niederbayern stabilisiert hatten, aber auch am mangelnden Friedenswillen Herzog Albrechts IV., der zu keinen Zugeständnissen gegenüber der Pfälzer Seite bereit war. So flammte der Krieg noch einmal auf. Der so genannte „Kehrab" brachte erneut schreckliche Verwüstungen über die Landstriche entlang von Isar, Inn und Salzach, brach aber auch den letzten Widerstand[27], sodass am 31. Januar/1. Februar 1505 erstmals ein Waffenstillstand geschlossen werden konnte, der am 13. April 1505 endgültig in Kraft trat. König Maximilian I. wurde dabei von allen Streitparteien als oberster Richter anerkannt. Er war am Ziel: Die Entscheidung über das Erbe Herzog Georgs des Reichen lag allein in seiner Hand.[28]

Der Kölner Spruch

Am 30. Juli 1505 gab König Maximilian I. auf dem Reichstag zu Köln seine Entscheidung über das Landshuter Erbe bekannt, die dem Krieg endgültig ein Ende setzte (Kat.-Nr. 4.2).[29] Für Ottheinrich und Philipp, die Enkel Herzog Georgs des Reichen, wurde nördlich der Donau um Neuburg und Lauingen und auf dem Nordgau ein neues Fürstentum, Pfalz-Neuburg, mit einem Ertragswert von 24 000 Gulden geschaffen, dessen genaue Grenzen eine Sonderkommission bestimmen sollte. Die Verhandlungen darüber zogen sich bis zum Ingolstädter Hauptvertrag vom 13. August 1509 hin, bis man sich neben den Gebieten um Neuburg und Lauingen mit Burglengenfeld, Regenstauf, Hemau, Parsberg, Sulzbach und Weiden auf den Kernbestand des neuen Herzogtums verständigt hatte. In Köln vergrößerte König Maximilian I. auch sein mit Kufstein, Rattenberg, Kitzbühel und dem Zillertal bereits beanspruchtes „Interesse" um weitere Gebiete. Die Ämter Lauf, Hersbruck und Altdorf gingen an Nürnberg.[30]

Ergebnisse und Folgen

Der Ausgang des Landshuter Erbfolgekriegs hatte weit reichende Folgen für die Geschichte Bayerns und der Kurpfalz und begünstigte auch eine Neustrukturierung der Kräfteverhältnisse im Reich. Für die Entwicklung Bayerns, seine politischen Handlungsmöglichkeiten und seine Stellung innerhalb des Heiligen Römischen Reichs Deutscher Nation ergaben sich neue Perspektiven. Auch wenn Herzog Albrecht IV. wegen der Minderung seines Anteils am Landshuter Erbe durch die Gründung von Pfalz-Neuburg und der Erweiterung des königlichen „Interesses" mit dem Kölner Spruch nicht zufrieden war, so konnte er nun doch wieder den größten Teil des alten wittelsbachischen Kernlandes unter seiner Herrschaft vereinigen. Zur dauerhaften Sicherung der wieder hergestellten Einheit des Landes erließ er am 8. Juli 1506 die Primogeniturordnung, die für alle Zukunft eine Teilung des Landes ausschloss und die alleinige Nachfolge des erstgeborenen Sohns festlegte (Kat.-Nr. 4.8).[31] Damit wurde ein Schlussstrich unter ein Jahrhundert bayerischer Geschichte gezogen, das im Zeichen der Teilungen des Landes, der Rivalitäten und Auseinandersetzungen unter den verschiedenen Teilherzogtümern gestanden war und die Wittelsbacher im Kampf um das Königtum gegenüber den Habsburgern aussichtslos zurückgeworfen hatte. Auch den sich in Ober- und Niederbayern abzeichnenden Tendenzen zur Ausbildung eigener staatlicher Identitäten und der Möglichkeit, dass beide Herzogtümer unabhängig voneinander eigene Wege gehen könnten, war endgültig Einhalt geboten.[32] Die auf Dauer angelegte politische und territoriale Einheit stellte das Herzogtum Bayern auf eine solide Basis, verschaffte ihm unter den Territorien des Reichs den zweiten Platz hinter Habsburg und ließ es zu einem respektierten Faktor nicht nur der Reichspolitik, sondern auch der internationalen Politik werden. Bald streckte vor allem Frankreich seine Fühler nach Bayern aus[33], um mit seiner Hilfe Einfluss auf die Reichspolitik zu gewinnen. Ein Beziehungsverhältnis nahm seinen Anfang, das in wechselnder Intensität über die Jahrhunderte hinweg bis in die napoleonischen Kriege hinein eine Option der bayerischen Politik blieb.

Der Ausgang des Landshuter Erbfolgekriegs brachte auch die Klärung einer Frage, die für die Zukunft Bayerns wie für das gegenseitige Verhältnis der wittelsbachischen Linien von grundlegender Bedeutung war. Es war die Entscheidung darüber gefallen, ob im altbayerischen Raum dem wieder vereinigten Herzogtum die Zukunft gehören würde oder ob die pfälzischen Wittelsbacher durch die Verbindung ihrer oberpfälzischen Besitzungen mit Niederbayern zur politisch bestimmenden Kraft werden würden. Hätten sich die Pfälzer durchgesetzt, hätte die bayerische Geschichte zweifellos nicht nur in konfessioneller Hinsicht, sondern auch in manch anderen Bereichen einen anderen Verlauf genommen. Es liegt auch auf der Hand, dass der Ausgang des Landshuter Erbfolgekriegs zu einer Neugewichtung des Kräfteverhältnisses zwischen den bayerischen und pfälzischen Wittelsbachern und zu einer tief gehenden gegenseitigen Verstimmung führen musste. Pfalzgraf Philipp, der Vater Ruprechts, und sein Vorgänger Friedrich der Siegreiche hatten eine pfälzische Hegemonie in Süddeutschland angestrebt und damit die Perspektive eines möglichen pfälzischen Königtums verbunden.[34] Dieser Traum der Pfälzer war nach der Niederlage im Erbfolgekrieg ein für alle Mal ausgeträumt. Die territorialen Verluste, die die Kurpfalz gegenüber Württemberg, Hessen und dem König hinnehmen musste, bedeuteten den Zusammenbruch ihrer bisherigen Machtstellung am Mittelrhein, am Neckar und im Elsass. Alles, was man sich im Lauf des 15. Jahrhunderts mit großer Anstrengung aufgebaut hatte, war mit einem Schlag zunichte.[35] Nicht minder schwer wog der Prestigeverlust, den Pfalzgraf Philipp aufgrund der demütigenden Umstände, unter denen er aus der Reichsacht entlassen worden war, hinnehmen musste. Die Verstrickung in den Landshuter Erbfolgekrieg endete somit für die Kurpfalz in einem Fiasko. Sie war aus der ersten Reihe der deutschen Fürstentümer herausgefallen, wohingegen die Münchner Linie des Hauses nachhaltig an Bedeutung gewann.[36] Die Errichtung von Pfalz-Neuburg konnte den erlittenen Schaden in keiner Weise kompensieren, vielmehr wurde dadurch zusätzlich für lange Zeit die Atmosphäre zwischen den wittelsbachischen Linien vergiftet.[37]

Das Ringen um das Landshuter Erbe hatte auch gravierende Auswirkungen auf die Reichspolitik. König Maximilian I. stand im Jahr 1500 außen- und innenpolitisch am Tiefpunkt seiner Macht.[38] Die Niederlage im Schweizer Krieg und der Verlust Mailands an Frankreich im Jahr 1499 hatten ihm nahezu jeden außenpolitischen Handlungsspielraum geraubt. In der Innenpolitik hatte er auf dem Augsburger Reichstag von 1500 durch die Errichtung eines von den Reichsständen dominierten Reichsregiments eine empfindliche Beschneidung seiner Kompetenzen hinnehmen müssen.[39] Der Streit um das Landshuter Erbe bot ihm die willkommene Gelegenheit, die ihm auferlegten Fesseln abzustreifen. Die ihm im Frühjahr 1504 zugefallene Rolle eines Schiedsrichters über die Wittelsbacher, die nach den Habsburgern wichtigste Dynastie im Reich, versetzte ihn in die Lage, seine königliche Vorrangstellung vor den Reichsfürsten augenfällig zur Schau zu stellen. Der militärische Erfolg, den er auf den Schlachtfeldern erzielen konnte, geriet zur Demonstration seiner zurückgewonnenen Machtstellung. Auf dem Kölner Reichstag des Jahres 1505 schließlich entschied er aus der Position des Siegers über die Pfälzer[40] und demonstrierte zugleich gegenüber Herzog Albrecht IV., immerhin Mitsieger, durch die Errichtung von Pfalz-Neuburg und die Inbesitznahme seines „Interesses" seine Überlegenheit. Mit der demütigenden Behandlung des Pfalzgrafen, des ranghöchsten weltlichen Reichsfürsten, den er vor seiner Begnadigung Abbitte leisten ließ, erhob er sich selbstbewusst über die Reichsfürsten, die ihm noch kurz zuvor weitgehende Beschränkungen auferlegen wollten. Außer Kurfürst Friedrich von Sachsen und seinem Bruder Johann wagte keiner der Reichsfürsten sich für den in seine Schranken verwiesenen Pfalzgrafen zu verwenden.[41] Die Fürstenopposition war zerschlagen, der König triumphierte. Er stand auf dem Höhepunkt seiner innenpolitischen Macht und konnte auf dieser Grundlage auf die Bühne der europäischen Politik zurückkehren.[42]

Anmerkungen
1 von Krenner 1805, Bd. 14, S. 63–85; Stauber 1993, S. 695–712
2 Stauber 1993, S. 353–397
3 Stauber 1993, S. 700 f.
4 Dokumente zur Geschichte von Staat und Gesellschaft in Bayern 1977, Abt. 1, Bd. 2, S. 183, Nr. 136
5 Stauber 1993, S. 741–753; P. Schmid 1995, S. 229
6 von Krenner 1804, Bd. 9, S. 382–384; Stauber 2002, S. 37 f.
7 Bock 1927, S. 92; Stauber 1993, S. 601–609
8 Stauber 1993, S. 766
9 von Krenner 1805, Bd. 14, S. 152–664; Wiesflecker 1977, Bd. 3, S. 164–174
10 von Krenner 1805, Bd. 14, S. 664–672
11 von Krenner 1805, Bd. 14, S. 672–678; Dokumente zur Geschichte von Staat und Gesellschaft in Bayern 1977, Abt. 1, Bd. 2, S. 183 f., Nr. 137; Stauber 1993, S. 761–770
12 Stauber 1993, S. 770
13 P. Schmid 1995, S. 229; Stauber 1993, S. 757–761; Schaab 1999, S. 214
14 Gugau 2004, S. 124
15 Schaab 1999, S. 214
16 Stauber 1993, S. 770; Wiesflecker 1977, Bd. 3, S. 174–176
17 Wiesflecker 1977, Bd. 3, S. 179
18 Zum Kriegsverlauf in der Kurpfalz vgl. Schaab 1999, S. 214–216
19 Wiesflecker 1977, Bd. 3, S. 183; Stauber 1993, S. 771
20 Stauber 1993, S. 771 f.
21 Zum Kriegsverlauf vgl. von Riezler 1889, S. 595 ff.; Gugau 2004, S. 124 f.
22 Wiesflecker 1977, Bd. 3, S. 180
23 Zum Kriegsgeschehen vgl. Walter 1988, S. 190–200; Gugau 2003, S. 31–45
24 Gugau 2004, S. 123–175; Wiesflecker 1977, S. 186–191; Menzel 2003, S. 113 f.
25 Stauber 1993, Bd. 3, S. 772; Wiesflecker 1977, S. 191
26 Wiesflecker 1977, Bd. 3, S. 192–198
27 von Riezler 1889, S. 631 f.
28 Stauber 1993, S. 772–773; Wiesflecker 1977, Bd. 3, S. 198
29 von Krenner 1805, Bd. 15, S. 111–133
30 Dokumente zur Geschichte von Staat und Gesellschaft in Bayern 1977, Abt. 1, Bd. 2, S. 138 f., Nr. 85 f., S. 149 f., Nr. 106; Wiesflecker 1977, Bd. 3, S. 198–205; Stauber, 1993, S. 774–778; Appl 2003, S. 55–58
31 Dokumente zur Geschichte von Staat und Gesellschaft in Bayern 1977, Abt. 1, Bd. 2, S. 186–194, Nr. 139; Gebert 2002, S. 13–16
32 A. Schmid 2000, S. 133; Störmer 1987, S. 174–194; Störmer 1999, S. 361–381
33 Handbuch der bayerischen Geschichte, Bd. 2, S. 354–356, 436–438, passim
34 Schaab 1999, S. 217; Stauber 2002, S. 34
35 Schaab 1999, S. 187–189, 214–217
36 Press 1986, S. 17; Schaab 1999, S. 213, 217
37 Krieger 1977, S. 385–413
38 Wiesflecker 1975, S. 314–382; Wiesflecker 1977, Bd. 3, S. 1–15
39 Krieger 1992, S. 114–118
40 Wiesflecker 1977, Bd. 3, S. 198–205
41 P. Schmid 1988, S. 53
42 Wiesflecker 1977, Bd. 3, S. 206–220; Tischer 2003, S. 699

Quellen und Literatur
Dokumente zur Geschichte von Staat und Gesellschaft in Bayern 1977, Abt. 1, Bd. 2; von Krenner, Baierische Landtagshandlungen in den Jahren 1429 bis 1513 1804, Bd. 9, 1805, Bd. 14 und 1805, Bd. 15; Appl 2003; Bock 1968; Gebert 2002; Gugau 2003; Gugau 2004; Handbuch der bayerischen Geschichte 1988, Bd. 2; Krieger 1977; Krieger 1992; Menzel 2003; Press 1986, Bd. 1; von Riezler 1889, Bd. 3; Schaab 1999, Bd. 1; A. Schmid 2000, Bd. 2; P. Schmid 1988; P. Schmid 1995; Siegismund 1988; Stauber 1993; Stauber 2002; Störmer, Konsolidierung, 1987; Störmer 1999; Tischer 2003; Walter 1988; Wiesflecker 1975, Bd. 2; Wiesflecker 1977, Bd. 3.

3.1

Der Krieg

Oberschwaben, um 1510; Öl/Holz, 92 x 96; Leihgabe des Wittelsbacher Ausgleichsfonds an die Bayerischen Staatsgemäldesammlungen, München/Staatsgalerie Füssen (WAF 740)

Das Gemälde zeigt den Kampf von bewaffnetem Fußvolk gegen gepanzerte Reiter. Es trägt die lateinische Bezeichnung „gladius", die das römische Kurzschwert bezeichnet und möglicherweise auf den Sieg der Infanterie über die Reiterei anspielt. Die Reiterei kämpft unter dem Banner des Goldenen Vlieses und ist daher als burgundisches oder habsburgisches Heer gekennzeichnet. Die Infanterie, in der Art der Schweizer Söldner oder der Landsknechte gekleidet, kämpft unter rot-weiß gestreiften Fahnen. Die Hauptwaffe dieser neuen Infanterie war die vier bis sechs Meter lange Pike. Sie wurde mit beiden Händen geführt. Zu ihrem Schutz waren die Infanteristen häufig mit leichten so genannten knechtischen Harnischen ausgestattet, wie ihn der zweite Infanterist auf dem Bild trägt. Dieser Schutz bestand häufig nur aus Harnischbrust und Rückenstück sowie kurzen Beintaschen. Dazu kam das kurze Schwert.

Ob hier eine bestimmte Schlacht gemeint ist oder ob es allgemein um das Thema Krieg geht, ist schwer zu sagen. Möglicherweise ist der Sieg der Schweizer über ein burgundisches Heer im Burgunderkrieg in den Schlachten von Grandson, Murten und Nancy angesprochen, der die Übermacht des neuen Fußvolks über die adligen Ritterheere symbolisierte. Es könnte sich auch um eine Szene aus dem Schweizer Krieg Maximilians I. handeln. Das Bild stammt ursprünglich aus der Schlosskapelle zu Hohenaltheim und gelangte über die Sammlung des Fürsten Oettingen-Wallerstein 1828 in den Besitz von König Ludwig I. von Bayern.

MP

Maximilian I. 1969, S. 117, Kat.-Nr. 449; Kurzmann 1985, S. 73.

3.2

Pfalzgraf Ruprecht mit seiner Gemahlin Elisabeth von Bayern-Landshut

Jost Amman (1539–1591); Radierung/Papier, 19,7 x 15; Kurpfälzisches Museum der Stadt Heidelberg (S 40)

Jost Amman, der Sohn des Züricher Rhetorikprofessors Johann Jakob Amman, wuchs im gelehrten Kreis um den Reformator Zwingli auf, dessen Tochter Regula seine Taufpatin war. Obwohl Amman bereits seit 1561 in Nürnberg nachweisbar und dort auch durch zahlreiche Holzschnittillustrationen hervorgetreten ist, erwarb er erst 1577 das Bürgerrecht der Reichsstadt. Sein Frankfurter Verleger Sigmund Feyerabend (1528–1590) vermittelte Amman 1581 den Auftrag, eine Folge von Radierungen mit den Bildnissen der pfälzischen Kurfürsten und ihrer Ahnen zu schaffen. 1583 hielt sich Amman in Heidelberg auf, wo er unter anderem seinen verstorbenen Auftraggeber, den Lutheraner Kurfürsten Ludwig VI. (1539–1583), auf dem Totenbett porträtierte.

Jost Amman zeigt den bärtigen Pfalzgrafen Ruprecht (1481–1504) in kriegerischer Pose, die linke Hand am Knauf seines Schwertes, an der Seite seiner Gemahlin Elisabeth von Bayern-Landshut (1478–1505). Das Paar steht vor einer mit Vorhängen drapierten Säulenstaffage, die den Blick auf kriegerische Szenen im Hintergrund freigibt. Kriegsvolk, brennende Dörfer, eine Burgruine und nicht zuletzt die mit aufgeschlagenem Visier zu Füßen des Pfalzgrafen liegende Sturmhaube sind deutliche Anspielungen auf den Landshuter Erbfolgekrieg.   FH

Heidelberg im konfessionellen Zeitalter 1991, S. 21 f.; 475 Jahre Fürstentum Pfalz-Neuburg 1980.

3.2

3.3

Maximilians I. Sieg über die Böhmen in der Schlacht bei Wenzenbach

Sebastian Steiner; um 1860; Holzrelief nach dem Marmorrelief von der Tumba Maximilians I.; Holz, 55 x 75 x 10,5; Tiroler Landesmuseum Ferdinandeum, Innsbruck

Bei der Aufstellung des Grabmals Kaiser Maximilians I. in der Innsbrucker Hofkirche legte man 1561 fest, dass das Hochgrab von 24 in Stein ausgeführten Reliefs nach Motiven der Ehrenpforte geschmückt werden sollte. Ein großer Teil der Reliefs, welche die hervorragenden Taten des verstorbenen Kaisers darstellen, wurde von Alexander Colin von 1564 bis 1566 vollendet. Bei dem hier gezeigten Holzrelief handelt es sich um eine Kopie des 19. Jahrhunderts nach dem Marmorrelief Alexander Colins.

Der Sieg Maximilians I. in der Schlacht bei Wenzenbach bei Regensburg war eines der bedeutendsten militärischen Ereignisse des Landshuter Erbfolgekriegs (Kat.-Nr. 3.4ff.). Die Pfälzer hatten eine Armee von etwa 6000 Mann, darunter 3000 böhmische Söldner, aus dem Bayerischen Wald gegen Regensburg geführt, wo sie von Maximilian überrascht wurden; die Pfälzer Reiterei ergriff die Flucht und die böhmische Infanterie zog sich auf einen Hügel zurück, errichtete eine Wagenburg und verschanzte sich mit Spießen und Handbüchsen hinter einer Wand von großen Schilden. König Maximilian griff sie mit seiner Reiterei an und geriet dabei selbst in Lebensgefahr. Nur durch den Einsatz von Herzog Erich von Braunschweig konnte er gerettet werden. Durch diesen stürmischen Angriff wurde die Linie der Böhmen überrannt und die Söldner der pfälzischen Partei vernichtend geschlagen. 2000 böhmische Söldner sollen gefallen sein, 600 wurden gefangen genommen. Die Verluste der Angreifer waren mit nur 200 Mann sehr gering. Nach der Schlacht schlug der König verdiente Anführer zu Rittern, darunter die Herzöge Albrecht und Wolfgang von Bayern, den Herzog von Liegnitz, den Markgrafen Kasimir von Brandenburg und den späteren „Vater der Landsknechte", Jörg von Frundsberg.   MP

Wiesflecker 1977, Bd. 3, S. 186–190; Scheicher 1986; Madersbacher 1996.

3.4

3.4

Belagerung von Kufstein und böhmische Schlacht aus dem Ehrenwerk auf das Haus Österreich

Mitte 16. Jahrhundert; Clemens Jäger; Papier/Feder, koloriert, 53,5 x 29,5; Bayerische Staatsbibliothek München (Cgm 896)

Von 1548 bis 1560 arbeitete der Augsburger Schuster, Ratsdiener und Stadtarchivar Clemens Jäger im Auftrag Johann Jakob Fuggers am reich illustrierten genealogisch-historischen „Ehrenwerk des Hauses Österreich", ohne es zu vollenden. 1656 erwarb Kaiser Ferdinand III. den ersten Band der Originalhandschrift für die kaiserliche Hofbibliothek. Der zweite, den Zeitraum von 1493 bis 1559 behandelnde Band gelangte nach Wien und ist heute verschollen. Das hier gezeigte vollständige Exemplar wurde 1565/71 mit der Bibliothek Johann Jakob Fuggers von Herzog Albrecht IV. von Bayern gekauft.

Die Federzeichnung zeigt sowohl den Angriff der Armee Maximilians I. auf die hinter ihren Setzschilden verschanzten böhmischen Söldner in der Schlacht bei Wenzenbach bei Regensburg wie auch die Belagerung von Kufstein, wobei hier gleichzeitig die Beschießung von Stadt und Festung Kufstein durch die Artillerie Maximilians I. und die später stattgefundene Hinrichtung des

3.4

3.4

Festungskommandanten Hans Pienzenauer auf dem Marktplatz dargestellt sind. MP

Wiesflecker 1977, Bd. 3, S. 186–198; Friedhuber 1973; Winkelbauer 2003, S. 256.

3.5

a) Behamisch Schlacht

Jörg Breu d. Ä. (1475/76–1537); um 1516; Tuschfeder/Papier, Ø 21,5 (R); runder Scheibenriss, darüber Aufschrift: „Kayser Maximiliani Behamisch schlacht"; Staatliche Graphische Sammlung, München (2868)

b) Die Belagerung Kufsteins

Jörg Breu d. Ä. (1475/76–1537); um 1516; Tuschfeder/Papier, Ø 21,5 (R); runder Scheibenriss, darüber Aufschrift: „Kayser Maximiliani Kopfstain krieg Bayrisch"; Staatliche Graphische Sammlung, München (2862)

Jörg Breu d. Ä. war wahrscheinlich der Autor der Federzeichnung, welche die Eroberung von Kufstein darstellt (b). Das Blatt gehört zu einer Reihe von 14 Darstellungen, die vermutlich als Vorlage für Glasscheiben dienten, die Kaiser Maximilian am 14. Juni 1516 in Augsburg bestellte. Die Glasscheiben waren wahrscheinlich für das Jagdschloss des Kaisers in Lermoos am Fernpass bestimmt. Die Bestellung erfolgte durch den kaiserlichen Schatzmeister Jakob Villinger beim Hofmaler Hans Knoderer.

Jörg Breu zeigt die Festung Kufstein nach dem Fall. Die Anlage erhebt sich auf einem steilen Felsen über der Stadt, unter ihr fließt der Inn. Im Vordergrund sind auf der anderen Seite des Inns die Landsknechte des kaiserlichen Heeres mit ihren Trommeln, Flöten, Fahnen und Spießen zu sehen, wie sie an Geschützen vorbei einem Hinrichtungsplatz am rechten Rand der Darstellung zustreben. Auf diesem Platz köpft der Henker ein vor ihm kniendes Mitglied der Burgbesatzung. Auf der Anhöhe darüber wird noch ein schweres Geschütz abgefeuert.

Zu der Gruppe der wahrscheinlich von Jörg Breu d. Ä. gezeichneten Kriegsdarstellungen gehört auch die Federzeichnung, welche die Schlacht bei Wenzenbach zeigt (a). Breu zeigt die böhmischen Söldner in aussichtsloser Lage. Sie haben sich auf einem bewaldeten Hügel verschanzt und werden von allen Seiten angegriffen. Am linken und rechten Rand ist der Angriff durch die schwer gepanzerte Reiterei zu sehen, in der Mitte kämpfen die mit Spießen, Helmbarten und Gewehren bewaffneten Landsknechte. Die böhmischen Söldner wehren sich hinter ihren Setzschilden verzweifelt. Dem massierten Ansturm der 1600 Reiter und der 4000 Landsknechte konnten sie nicht widerstehen. Nach zweistündigem Kampf waren 1600 böhmische Söldner gefallen und 600 gefangen genommen. Von den flüchtenden Böhmen wurden noch viele von den erbitterten Bauern der Umgebung getötet. MP

Dörnhöffer 1897; Meisterwerke alter deutscher Glasmalerei 1947, Kat.-Nr. 199; Maximilian I. 1969, S. 39f.; Wiesflecker 1977, Bd. 3, S. 186–190.

3.5a

3.5b

Das Flugblatt erschien im Jahr 1504 nach dem Sieg König Maximilians I. über die Pfälzer Truppen in der Schlacht bei Wenzenbach bei Regensburg am 11. September 1504 (Kat.-Nr. 3.3 ff.). Die für das Flugblatt geschaffene Abbildung der Schlacht wird Hans Burgkmair zugeschrieben und ist als „Die behemsch schlacht" bezeichnet. Neben der Überschrift finden sich das Königswappen Maximilians mit dem einköpfigen Adler, dahinter das Andreaskreuz und das Feuereisen als Symbole des habsburgischen Hausordens vom Goldenen Vlies. Die Darstellung zeigt den Beginn der Schlacht: Die für die Pfälzer kämpfenden Böhmen haben sich auf einem Hügel hinter eine Wand von großen Schilden verschanzt, gegen die sich drei Flügel des königlichen Heeres formieren. Die Reiterei am rechten Flügel wird von König Maximilian kommandiert, unterstützt wird er dabei von Herzog Erich von Braunschweig und dem Markgrafen von Brandenburg. In der Mitte greifen königliche Landsknechte an, zu erkennen an ihren Fahnen mit dem Doppeladler. Auf dem linken Flügel sieht man das reichsstädtische Aufgebot, das durch die Fahnen von Augsburg und Nürnberg charakterisiert ist. Davor stehen leichte Feldgeschütze. Am rechten oberen Rand im Hintergrund befindet sich Herzog Albrecht von Bayern mit seinen Truppen. Das Flugblatt zeigt in der Form eines Überschaubildes die taktische Disposition der Truppenkörper. Nicht das Getümmel der Schlacht, sondern die kluge Disposition Maximilians, die den Erfolg sicherte, sind das Bildthema des Augsburger Künstlers. MP

Dornhöffer 1903; Maximilian I. 1969, S. 39, Kat.-Nr. 138; Falk 1968, S. 48.

3.7

Ein schönes lied vom kopfstain un behamer schlacht weise

München: Hans Schobser, um 1504; Papier/ Holzschnitt, 26,1 x 17,5; Bayerische Staatsbibliothek München (Einblatt I, 16)

Das Medium des Einblattholzschnitts eignete sich hervorragend zur schnellen Verbreitung von aktuellen Flugschriften, Liedern und politischer Propaganda. Im Zuge des Landshuter Erbfolgekriegs wurden zahlreiche Lieder veröffentlicht, die auf einzelne Geschehnisse Bezug nehmen und die Sichtweisen der unterschiedlichen Kriegsparteien vertreten, so zum Beispiel auf die Schlacht bei Wenzenbach, die Bela-

3.6

Flugblatt auf die „böhmische" Schlacht bei Wenzenbach

Hans Burgkmair (1473–1531) zugeschrieben; Augsburg, um 1504; Holzschnitt/Papier, 38,3 x 25,4; Bayerische Staatsbibliothek München (Einblatt I.13)

gerungen von Vilshofen und Neumarkt, die Zerstörung Waldsassens und nicht zuletzt die Belagerung von Kufstein, die ihr grausames Ende in der Hinrichtung Hans von Pienzenaus und seiner Gefährten fand. Der anonyme Verfasser schrieb die Geschichte aus dem Blickwinkel der königlichen Partei. Gesungen wurde das Lied nach derselben Melodie wie das Lied „von der behemschen schlacht", die allgemein bekannt war und nicht notiert wurde. „… Der pfleger war ein stolzer man, er nam die sach nach dem bösten an, er wollt sich nit ergeben; hätt er dsselbig nit gethan, so hätt er behalten sein leben …"

SB

von Liliencron 1866, Bd. 2, Nr. 245; Bayerisch-Tirolische G'schichten 1993, Kat.-Nr. 2.17.

3.8

Die im Landshuter Erbfolgekrieg beschädigte Stadtmauer Neumarkts

Um 1505/10; Feder/Papier, aquarelliert, 48,3 x 108; Staatsarchiv Amberg (Plansammlung 9636)

Die Stadt Neumarkt in der Oberpfalz wurde während des Landshuter Erbfolgekriegs zweimal, vom 12. bis zum 31. Juli 1504 und vom 19. bis zum 27. August 1504, erfolglos von den mit König Maximilian I. und dem oberbayerischen Herzog Albrecht IV. verbündeten Truppen der Reichsstadt Nürnberg belagert (Kat.-Nr. 3.26). Womöglich war es Maximilians Ziel, die an die Kurpfalz verpfändete Stadt auf diese Weise wieder zu einer Reichsstadt zu machen. Ein Erfolg der Belagerung scheiterte daran, dass die Stadt unter Führung des oberpfälzischen Statthalters Ludwig von Eyb standhalten konnte.

Der Plan zeigt die Kriegsschäden im Bereich des unteren Tors und des Spitals. Die zahlreichen erläuternden Beschriftungen waren wahrscheinlich für Ludwig von Eyb bestimmt, der bis 1510 Vitztum der Oberpfalz war. Die Belagerung wurde auch in einem Volkslied überliefert: „Die kro ist ausgeflogen, von Nurmberg aus der stat, furn Newenmarkt ist sie gezogen mit manchem seltsamen parat, … Sie schlugen auf die zelde mit menchem schyrm preit von Newenmarkt in dem velde, des kam manch burger in leid, die dachten es wer der teufel in, got behut uns vor dem teufel, und vor der Nurmberger sinn! … Sie fingen an zu schießen die turn und auch die maurn …" SB

Das Fürstentum der oberen Pfalz 2004, Kat.-Nr. 7; von Liliencron 1866, Bd. 2, Nr. 236.

3.9

Zwei Landsknechte

Deutschland, 16. Jahrhundert (?); Öl/Holz, 94 x 41; Bayerisches Armeemuseum, Ingolstadt (A 6279)

Die hier Abgebildeten werden durch das Wappen auf dem Schild als deutsche Landsknechte ausgewiesen. Sowohl die Vorder- wie die Rückseite der Tafel zeigt jeweils das Ganzporträt eines Landsknechts. Auf der Vorderseite trägt der Dargestellte ein weißes Landsknechtkostüm mit schwarzem Unterstoff und einem weißen, hohen Kragen mit roter Einfassung. Der schwarze Hut ist von den italienischen Condottieri übernommen, dort hieß er Balzo. In den Ellbogen der rechten Hand hat der Landsknecht eine Hellebarde geklemmt, in der linken hält er einen Schild mit rotbezungter schwarzer Doppeladler-Darstellung. Auf der Brust trägt der Adler ein kleines Wappen, zweigeteilt, links die kaiserlichen Farben Schwarz-Gelb, rechts die österreichischen Farben Rot-Weiß-Rot. Der Landsknecht hält auf der linken Seite einen Bidenhänder, von dem nur ein Teil der Parierstange und der Knauf sichtbar sind.

Der mit Schnurrbart und Backenbart ausgestattete Landsknecht auf der Rückseite hat einen schwarzen Hut mit weißen Federn auf. Das Kostüm mit weißem Kragen ist in lila Farbtönen gehalten. Ein Hosenbein ist längs gestreift, rot und lila, das andere ist einfarbig lila. Die Strümpfe sind ebenfalls lila und mit roten Schleifen verziert. Dazu trägt der Dargestellte schwarze Schuhe. In der rechten Hand hält er einen Spieß, in der linken einen Katzbalger. Die beiden Abbildungen geben die farbenprächtigen Kostüme der Landsknechte und die charakteristische Bewaffnung mit Stangenwaffen, Katzbalger und Bidenhänder wieder. Landsknechte gab es nur in Deutschland und der Schweiz.

Die Landsknechte waren ursprünglich Trossbuben, gleichzeitig Domestiken, Stallknechte, Söldner, die einen Ritter begleiteten. Hier wie anderswo vergrößerte sich ihre Zahl durch die Erfordernisse des Kriegs und als sie in mehr oder weniger großen Trupps zusammengefasst wurden, bildeten sie die Infanterie. Nach dem Vorbild der schweizerischen Infanterie und oft im schweizerischen Sold angelernt, schuf Kaiser Maximilian I. am Ende des 15. Jahrhunderts diese besonderen Fußtruppen. Das Wort Landsknechte leitete sich her von Land (flaches Land, Ebene) und Knecht (Dienender), also „Männer der Ebene" im Gegensatz zum schweizerischen „Mann der Berge". Bald genoss diese Infanterie in ganz Europa hohes Ansehen; alle Herrscher wollten Landsknechte in ihren Diensten haben. Die neue Infanterie wurde nach dem Vorbild der Schweizer von Georg von Frundsberg aufgestellt (Kat.-Nr. 3.11). Sie entwickelte sich zum militärischen Machtinstrument der habsburgischen Länder und des Heiligen Römischen Reichs Deutscher Nation. Die Hauptwaffe der Landsknechte war der Langspieß. Weitere Waffen waren die Schusswaffen: Doppelarkebuse mit Lunte und die leichte Arkebuse mit Radschloss. Die Blankwaffen bestanden aus Bidenhänder, Katzbalger und Landsknechtdolch. Schutzwaffen waren meistens der Helm sowie Brust- und Rückenstück. Die Landsknechte trugen eine farbenprächtige Tracht. GRK

3.9

3.10

Nachbildung der Handprothese des Götz von Berlichingen

19. Jahrhundert; Stahl, Leder, fünf Finger, Handrohr, Zahnradmechanismus zur Fixierung der Finger, 40 x 13,10; Privatbesitz
Original: Süddeutschland, um 1505

Gottfried Götz von Berlichingen „mit der eisernen Hand" (um 1480–1563), der schwäbische Reichsritter, wurde vor allem bekannt durch seine Rolle im schwäbischen Bauerkrieg und als literarische Figur in Johann Wolfgang von Goethes gleichnamigem Schauspiel. Er beteiligte

3.10

85

3.11

Beimelborg; Handschrift/Papier, 142 Bll., kolorierte Federzeichnungen, 40 x 29; Bayerische Staatsbibliothek München (Cgm 3663)

Georg von Frundsberg (1473 bis 1528) stand bereits 1499 in den Schweizer Kriegen in Diensten König Maximilians I. Die verlorenen Schlachten ließen ihn die Notwendigkeit eines gut ausgebildeten Fußheeres erkennen: Er wurde der „Deutschen Landsknechte Vater" in zahlreichen Schlachten. Für seine Verdienste im Landshuter Erbfolgekrieg wurde er von Maximilian I. zum Ritter geschlagen. Frundsberg blieb zeit seines Lebens in habsburgischen Diensten.

Er ist zu Pferd dargestellt, trägt einen Helm mit aufschlagbarem Augenschirm und ausladendem schwarzen Federbusch, dazu einen Harnisch, bestehend aus Brust- und Rückenpanzer, der allerdings wegen des Kettenüberwurfs mit zadeligen Kupferabschlüssen und des Textilüberwurfs darüber nicht sichtbar ist. Die Schärpe ist lila, das Armzeug hat ausladende Armkacheln, die Fingerhandschuhe weisen hohe Stulpen auf. Das Beinzeug besteht nur aus beweglichem Oberbeinzeug mit Kniestück, dazu Strümpfe in kurzschaftigen, schwarzen

sich auf bayerischer Seite am Landshuter Erbfolgekrieg. Am 23. Juni 1504 verlor er bei der Belagerung Landshuts durch einen Schuss aus einer Feldschlange die rechte Hand. Sie wurde durch eine mit einem Mechanismus versehene Eisenhand, eine Art Handschuh, der am Unterarmstumpf festgeschnallt wurde, ersetzt. Darauf bezieht sich auch sein Namenszusatz „mit der eisernen Hand".   GRK

3.11

Georg von Frundsberg zu Pferd

aus: Bericht oder Memorial über das Kriegswesen, wie es bisher bei den Teutschen gebraucht und herkommen ist, erstattet an Kaiser Karl V.; Reinhard Graf zu Solms und Conrad zu

Stiefeln mit Sporen. Auf der linken Seite trägt Frundsberg ein langes Schwert in der Scheide mit nach unten gekrümmter Parierstange, mit kugelförmig geschnittenem Knauf und kupfernem Vernietknäufchen. Mit der linken Hand hält er sich am Vordersteg des Sattels fest, die rechte ruht auf einem Marstallstab. Auf dem ledernen Pferdezeug hängen zwei Embleme mit dem Buchstaben A. Im Hintergrund ist ein See in goldenes Licht getaucht zu sehen, links am Ufer erhebt sich ein Felsen mit einer Burg. Die Darstellung ist in einen Rahmen gestellt, die oberen Ecken mit Renaissanceornamenten verziert. Am unteren Bildrand findet sich in der Mitte das Monogramm HD.   GRK

3.12

Zehn Landsknechtsbrustharnische

Um 1475–1480; Münchner Plattner;
Schmiedeeisen, getrieben, poliert;
Münchner Stadtmuseum (Z 774–76,
780, 839–842, 844–45)

Anders als die glanzvollen Kriegs- und
Turnierharnische von Landes- und
Standesherren, von Adligen (Kat.-
Nr. 3.28 ff.) und reichen Bürgern
gehörten die schlichten Knechts-
brüste zur Ausrüstung der städtischen
Münchner „Kriegsknecht". Um 1500
beteiligten sie sich mit etwa rund 200
Mann an landesherrlichen Feldzügen.
Zu ihrer Verstärkung wurden meist
zusätzliche Landsknechts-Kontingente angeworben. Die
einfache „knechtische wehr" bestand aus „pantzier" (Ket-
tenhemden), „kreps" (Bruststücke), „handschuch" und
„hauben" (Hirnhauben), die teurere aus „harnasch"-Brust,
„rugkh", auch Achselkragen und offener Sturmhaube.
Über den meist bunten Spießhosen wurden knielange
Harnisch-Schöße getragen. Die Bewaffnung bestand aus
langen Spießen oder Hellebarden (Kat.-Nr. 3.15).

Die zehn Bruststücke sind charakteristische Beispiele
einfacher Massen- oder Kommissware für die Spießer.
Hersteller waren Münchner Plattner (um 1480/1500 etwa 20), die seit 1319 zur Zunft der „Sichelschauer" und
„Hueffschmied" zählten. Mittels großer Wasser-Ham-
merwerke „auf ainmal dreissig vordertail, dergleichen
hindertail aufzuformen" (in „Matrizen") gelang einer
kaiserlichen Plattnerei in Innsbruck erst nach 1500. Das
Ausgangsmaterial waren schmiedeeiserne Platten, bei
der Knechtsbrust Z 839 (um 1475) wurde bereits gehärte-
ter Stahl verwendet.

Selbst ohne nachweisbare Plattner-Marken sind unter
den Knechtsbrüsten drei teils von Innsbruck beeinflusste
Stilgruppen unterscheidbar. Hiervon wirken acht der
hier ausgestellten Stücke (Z 774–76, 839–40, 842, 844–45)
stark italienisch beeinflusst, wohl aufgrund der Kenntnis
von Erzeugnissen führender Produktionszentren Ober-
italiens (Mailand), die auch in der herzoglichen Har-
nischkammer vertreten waren. „All'italiana" sind ihre
klar konturierten Oberflächen, die Mittelgrate auch mit
zwei Seitenrippen, sowie scharf abgesetzte „Kostüm"-
Borten an Hals- und Armausschnitten. An den dreieckig
aufgedoppelten Magenblechen ist die eigentlich verstär-
kende Blech-Aufdoppelung, da rückwärts nicht durchgehend, in Anlehnung an schwere Turnierharnische nur
vorgetäuscht, während die oberste Rosetten-Niete Mailänder Export-Zubehör verrät. Mehrere „alla fiaminga"-
Stücke vertritt hier nur die schlankere Brust Z 851 ohne
Magenblech und mit tieferem Armausschnitt; ihre abge-
kanteten Hals- und Armbörtelungen könnten wiederum
an spanische Erzeugnisse erinnern.

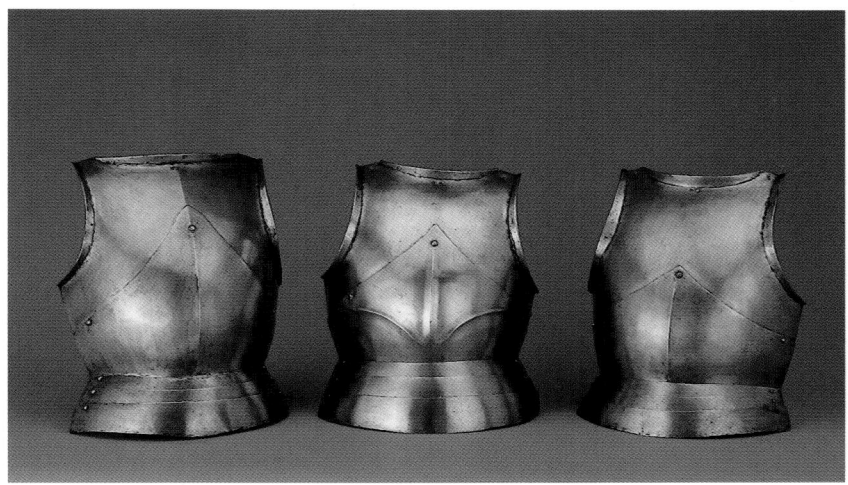

3.12

Ein Großteil der in München seit ca. 1430 nachweisbaren „Gemainen Statt Ristungen und Khriegswaffen"
befand sich in der 1493 vollendeten Geschützhalle des
Städtischen „Korn- und Büchsenhauses" (heute St. Jakobs-
Platz 1). RW

Wackernagel 1982, S. 115–117; Braun 1866; Krenn 1969; Scalini
1985; Williams 1982; Williams 2003, S. 333, 474, 467, 607.

3.13

Zwei Kettenhemden

a) Deutschland, Ende 15. Jahrhundert; langärmlig, Stahlringe geschmiedet, Halsausschnitt, unterer Rand gezackt,
70 x 40; Bayerisches Armeemuseum, Ingolstadt (A 789/64)

b) Deutschland, Ende 15. Jahrhundert; Stahlringe geschmiedet, langärmlig, Kragenausschnitt zuknöpfbar, unterer Rand
gezackt, 80 x 40; Bayerisches Armeemuseum, Ingolstadt
(A 1022)

Der Ursprung des Kettenpanzers ist keltisch, er wurde
auch in der römischen Armee verwendet. Im westeuropäischen Schutzwaffensystem fand er im 12. Jahrhundert Eingang, als die Kreuzfahrer Bekanntschaft mit dem
Ringelpanzer ihrer orientalischen Gegner machten.
Diese neue Art der Schutzwaffe löste den früheren
Schuppenpanzer ab. In der Zeit der Kreuzzüge war der
Kettenpanzer die einzige übliche Art der ritterlichen
Rüstung. Das Geflecht, die Eisenringe, war genietet, geschmiedet oder nur zusammengebogen. Mit der Herstellung waren die so genannten Sarwirker beschäftigt. Von
den Kettenpanzerharnischen, die bis Ende des 14. Jahrhunderts in Gebrauch waren, ist fast nichts erhalten. Im
15. Jahrhundert dienten sie nur mehr zur Ergänzung des
vollständigen Plattenpanzers. Auch die in dieser Zeit ent-
stehende Infanterie benutzte noch den Kettenpanzer als
Körperschutz. GRK

Edel und Frei 2004, S. 287; Grenzenlos 2004, S. 91.

3.14

Vier Helme

a) Geschlossener Helm

Deutschland, 1. Hälfte 16. Jahrhundert; Stahl, einteilig geschlagene Helmglocke, hoher Kamm, Augenschirm aufschlächtig, Visier zweiteilig, aufklappbar, Augenschlitze, Atemlöcher, zwei Visierhaken, Visierknopf, Futternieten, 30 x 20 x 30; Bayerisches Armeemuseum, Ingolstadt (A 1020)

b) Helm

Deutschland, 1. Hälfte 16. Jahrhundert; Stahl, einteilig geschlagene Helmglocke, gebörtelter Kamm, zwei Wangenklappen mit Löchern, beweglicher Nackenschirm, Augenschirm aufklappbar, Futternieten, 25 x 20 x 30; Bayerisches Armeemuseum, Ingolstadt (A 6342)

c) Offene Sturmhaube

Deutschland, Mitte 16. Jahrhundert; Stahl, Leder, Helmglocke mit Kamm, seitlich je ein getriebener Längsstreifen, spitzer Augen- und Nackenschirm, Mittelgrad, große Wangenklappen, an Scharnieren hängend, Wangenklappen oben vorne mit Einschnitt für den Augenschirm, Gehörrosetten mit zwölf Löchern, große Nieten, Ränder leicht geschnürt, am Kamm drei Löcher, Federbuschhülse, ledernes Kinnband, 30 x 23 x 31,5; Münchner Stadtmuseum (Z 18)

d) Geschlossene Sturmhaube

Deutschland, Mitte 16. Jahrhundert; Stahl, geschwärzt, Helmglocke mit Kamm, Augen- und Nackenschirm, zweiteiliges, abschlächtiges Visier, auf einer Seite neunlöchrige Rosette, auf der anderen Seite sechsschlitzige Atemöffnung, zwei Sehschlitze, Visiersperre, Visierhaken, Futternieten, 28 x 24,5 x 28; Münchner Stadtmuseum (Z 20)

Im Verlauf des 16. Jahrhunderts entwickelte sich als Verbindungsglied zwischen den Schallern und dem geschlossenen Helm die so genannte Burgundische Sturmhaube oder Bourguignotte. Mit oder ohne Kinnreff oder Ansteckbart wurde sie gern zum Feldharnisch von der leichten Kavallerie oder zum so genannten knechtischen Harnisch von den Fußtruppen getragen. Die Sturmhaube gehörte neben dem Birnhelm und dem aus einem Stück geschmiedeten Morion mit hohem Scheitelgrad noch im 17. Jahrhundert, vor allem im Dreißigjährigen Krieg, zu den am häufigsten gebräuchlichen Helmformen.　GRK

3.15

20 Hellebarden

a) Deutschland, um 1480; Stahl, Holz, Schaft neu, unbekannte Schmiedemarke, L. 220; Bayerisches Armeemuseum, Ingolstadt (A 113)

b) München, Ende 15. Jahrhundert; Stahl, Holz, Mönchskopfmarke, Schaft neu, L. 234; Bayerisches Armeemuseum, Ingolstadt (A 11876)

c) München, 15. Jahrhundert; Stahl, Holz, Sempacher-Typus, am Hakenansatz Marke, (undeutlich) Mönchskopf (?), Schaft neu, L. 222; Bayerisches Armeemuseum, Ingolstadt (A 11874)

d) München, 15. Jahrhundert; Stahl, Holz, Sempacher-Typus, Mönchskopfmarke, Originalschaft, L. 228; Bayerisches Armeemuseum, Ingolstadt (A 10607)

e) München, 15. Jahrhundert; Stahl, Holz, Marke des Münchner Waffenschmieds Tanner, Landwehrzeughausstempel, Originalschaft, L. 210; Bayerisches Armeemuseum, Ingolstadt (A 10471)

f) Österreich, Ende 15. Jahrhundert; Stahl, Holz, unbekannte Marke, Provenienz Schloss Mittersil im Pinzgau/Salzburg, Schaft ergänzt, L. 213; Bayerisches Armeemuseum, Ingolstadt (A 8122)

g) München, 15. Jahrhundert; Stahl, Holz, Marke des Münchner Waffenschmiedes Tanner, Zeughausstempel, Originalschaft, zweiseitig gestempelt, im Kreis unter Mönch „K.B.L.W.M." (Königlich-Bayerisches Landwehrzeughaus, München), L. 210; Bayerisches Armeemuseum, Ingolstadt (A 10472)

h) Schweiz, Ende 14. Jahrhundert; Stahl, Holz, L. 218; Bayerisches Armeemuseum, Ingolstadt (A 11971)

i) Deutschland, Ende 14. Jahrhundert; Stahl, Holz, auf dem Haken unbekannte Marke, Originalschaft mit Münchner Landwehrzeughausstempel, L. 213; Bayerisches Armeemuseum, Ingolstadt (A 6086)

j) Deutschland, um 1500; Stahl, Holz, am Blatt unbekannte Marke, Originalschaft mit Münchner Landwehrzeughausstempel, L. 217; Bayerisches Armeemuseum, Ingolstadt (A 10480)

k) Deutschland, Ende 15. Jahrhundert; Stahl, Holz, am Blatt unbekannte Marke, Originalschaft mit Münchner Landwehrzeughausstempel, eingebrannte Figur, L. 235; Bayerisches Armeemuseum, Ingolstadt (A 10473)

l) Deutschland, um 1500; Stahl, Holz, am Blatt unbekannte Marke, Originalschaft, L. 240; Bayerisches Armeemuseum, Ingolstadt (A 3128)

m) Säbelhellebarde, Bayern, Ende 16. Jahrhundert; Stahl, Kirschholz, L. 274; Bayerisches Armeemuseum, Ingolstadt (A 1637)

n) Säbelhellebarde, Bayern, Ende 16. Jahrhundert; Stahl, Eschenholz, L. 272; Bayerisches Armeemuseum, Ingolstadt (A 1616)

o) Säbelhellebarde, Bayern, Ende 16. Jahrhundert; Stahl, Kirschholz, L. 278; Bayerisches Armeemuseum, Ingolstadt (A 1442)

p) Süddeutschland, um 1500; Stahl, Holz, Schmiedemarke, L. 236; Münchner Stadtmuseum (Z 1713)

q) Süddeutschland, um 1500; Stahl, Holz, Schmiedemarke, L. 236; Münchner Stadtmuseum (Z 1711)

r) Süddeutschland, um 1500; Stahl, Holz, Schmiedemarke, L. 202; Münchner Stadtmuseum (Z 1706)

s) Süddeutschland, um 1500; Stahl, Holz, L. 202; Münchner Stadtmuseum (Z 1705)

t) Süddeutschland, um 1500; Stahl, Holz, L. 236; Münchner Stadtmuseum (Z 1715)

Helmbarte, Halmbarte, Halparte oder Hellebarde ist eine Stangenwaffe zu Hieb und Stoß. Die Bezeichnung hat ihren Ursprung im Mittelhochdeutschen „Halm", „Helm" (Stiel, Schaft) und „Barte" (Beil, Axt). Die Helle-

3.16

barde entwickelte sich aus dem Spieß und wurde mit der verbreiterten Klinge zu einer Hiebwaffe. Charakteristika dieser Waffe sind die zweischneidige Klingenspitze, das in verschiedenen Formen auftauchende Beil sowie der Schnabel an der Vorderseite. Alle drei Teile sind kompakt in einem Stück geschmiedet. Das Verfahren der mehrlagigen Eisenplatten unterschiedlicher Härte verleiht der Spitze große Dauerhaftigkeit. Der Hellebardentyp existiert in vielen regionalen Varianten und erfuhr immer wieder Verbesserungen. Bei den späteren Exemplaren verleihen Stahlfedern neben der Tülle zusätzlichen Halt.

Die Hellebarde war die Hauptwaffe der schweizerischen Heere im Kampf gegen die habsburgisch-burgundischen Ritterheere. Gut geführt ist die Hellebarde geeignet, einen Harnisch zu durchschlagen. Diese Wirkung dokumentiert anschaulich ein Bericht des Pagen Collona, der nach der Schlacht von Nancy 1416 die Leiche Herzog Karls des Kühnen von Burgund fand. Er schilderte den Zustand des bereits ausgeplünderten Leichnams durch Hellebardenhiebe als fast zerschlagen. Der Schädel war bis zum Kiefer gespalten, das Rückgrat vollkommen zertrümmert. GRK

3.16
20 Stangenwaffen
a) Spieß

Süddeutschland, Ende 16. Jahrhundert; Stahl, Eschenholz, langes vierkantiges Eisen, runde Tülle, zwei kurze Federn, Gesamtlänge 210; Bayerisches Armeemuseum, Ingolstadt (A 55)

b) Langspieß

Süddeutschland, 16. Jahrhundert; Eschenholz, Stahl, langes vierkantiges Eisen, runde Tülle, zwei Federn, Gesamtlänge 270; Bayerisches Armeemuseum, Ingolstadt (A 954)

c) Knebelspieß

Süddeutschland, Ende 15. Jahrhundert; Stahl, Eschenholz, schwere rautenförmige und mit Mittelgrad versehene Klinge, schwertförmige Spitze, dreieckiger Knebel, horizontale Oberkante, zwei Federn, gebrochen und vernietet, Gesamtlänge 225; Bayerisches Armeemuseum, Ingolstadt (A 64)

d) Gläfe

Italien, um 1550; Eschenholz, Stahl, bauchige, im Ort, zuweilen zum Rücken hin gekrümmte lange Messerklinge, Tülle und Schaftfedern, vom Rücken abzweigend schmale Klingenfänger, schräg gestellter Halbmond, ornamentiert, gepunzt, Gesamtlänge 200; Bayerisches Armeemuseum, Ingolstadt (A 6754)

e) Gläfe

Italien, 16. Jahrhundert; Eichenholz, Stahl, identisch mit Kat.-Nr. 3 d, jedoch nicht ornamentiert, unbekannte Marke, Gesamtlänge 250; Bayerisches Armeemuseum, Ingolstadt (A 91)

f) Sturm- oder Kriegsgabel

Deutschland, 16. Jahrhundert; Stahl, Holz, zwei Zinken, unterer Teil spiralig gedreht, spiralig gekerbter Halsring, zwei Federn mit gekerbten Randlinien, beiderseitig unbekannte Marke, Gesamtlänge 183; Bayerisches Armeemuseum, Ingolstadt (A 70)

g) Sturm- oder Kriegsgabel

Italien, 1. Hälfte 16. Jahrhundert; Stahl, Holz, drei Zinken, der mittlere kürzer, auf Kugel rund, Tülle, zwei Federn, gravierte Ornamente, unter der Mittelspitze gravierter Ochsenkopf, Gesamtlänge 220; Bayerisches Armeemuseum, Ingolstadt (A 10690)

h) Spieß

Deutschland, um 1550; Stahl, Eschenholz, gratiges Klingenblatt, runde Tülle, vier Stangenfedern, in der Mitte zwei Parierhaken, unbekannte Marke, Schaft neu, Gesamtlänge 215; Bayerisches Armeemuseum, Ingolstadt (A 65)

i) Bardiche (Streitaxt)

Nordeuropa (?), 16. Jahrhundert; Stahl, Holz, Klinge in Form einer Streitaxt, Schneide sichelförmig gekrümmt, das untere Ende in einer der beiden Federn überführt, auf dem Stangenkopf ein Knopf, Gesamtlänge 225; Bayerisches Armeemuseum, Ingolstadt (A 10879)

j) Kriegsgertel

Süddeutschland (?), Anfang 16. Jahrhundert; Stahl, Holz, Hippenblatt mit angeschmiedeter Tülle, übereinander geschlagene Lappen zur Aufnahme des Schaftes, rechtwinkliger aus dem Blattrücken ragender Schlagdorn, Schaftfeder, Gesamtlänge 215; Bayerisches Armeemuseum, Ingolstadt (A 10940)

k) Spetum (Friauler Spieß)

Italien, Anfang 16. Jahrhundert; Stahl, Eschenholz, lange sich verjüngende gegratete Spitze, sichelförmig gekrümmte Seitenklingen, am Beginn der Tülle vier zapfenförmige Nietknöpfe, zwei Federn, Gesamtlänge 280; Bayerisches Armeemuseum, Ingolstadt (A 78)

l) Couse (Kuse) oder Breschmesser

Deutschland, um 1500; Stahl, Eschenholz, messerartige bauchige Rückenklinge, vierkantige Tülle, Halsring mit Schrägkerben, vier Federn bis auf eine im unteren Teil gebrochen, Gesamtlänge 260; Bayerisches Armeemuseum, Ingolstadt (A 86)

m) Fußstreitaxt

Süddeutschland, 16. Jahrhundert; Stahl, Eschenholz, langgeschäfteter Schlag- oder Hammerkopf, Mittelstück, Beil, Gesamtlänge 175; Bayerisches Armeemuseum, Ingolstadt (A 38)

n) Runka oder Korseke

Italien, Ende 15. Jahrhundert; Stahl, Eschenholz, zweischneidige Gratklinge in Dreiecksform mit abgesetzter Basis, kurzer Hals, von dem beiderseits im Winkel zwei gebogene Flügel abzweigen, im unteren Drittel der Klinge zwei kleine Parierhaken, kurzer Schaft mit zwei Federn, Gesamtlänge 255; Bayerisches Armeemuseum, Ingolstadt (A 10688)

o) Hakenspieß

Deutschland, Ende 16. Jahrhundert; Stahl, Eschenholz, vierkantige Spitze, in den Schaft eingesteckt, am Kopf des Schaftes ein nach abwärts gekrümmter Haken mit kurzem aufwärts gerichteten Dorn, nicht erkennbare Marke, Bauernwaffe, Gesamtlänge 275; Bayerisches Armeemuseum, Ingolstadt (A 275)

p) Rossschinder oder Italienische Helmbarte

Italien, Anfang 16. Jahrhundert; Stahl, Eschenholz, Stahlblatt mit Stoßklinge, starker Reißhaken, Schlagdorn und zwei Parierhaken an der Tülle, Gesamtlänge 250; Bayerisches Armeemuseum, Ingolstadt (A 2852)

q) Ochsenzunge

Deutschland, 16. Jahrhundert; Stahl, Eschenholz, bis zur Spitze gleichmäßig verjüngende Klinge, runde Tülle, ohne Federn, Gesamtlänge 252; Bayerisches Armeemuseum, Ingolstadt (A 8132)

r) Partisane oder Flügellanze

Deutschland, 16. Jahrhundert; Stahl, Eschenholz, frühe Form, gleichmäßig verjüngendes Schwert mit Grat, zwei gerade abstehende Ohren, leicht gekantete Tülle, zwei abgebrochene Federn, Schaft neu, Gesamtlänge 220; Bayerisches Armeemuseum, Ingolstadt (A 6949)

s) Runka

Deutschland, Ende 15. Jahrhundert; Stahl, Eschenholz, Wolle, zweischneidige Gratklinge in Dreiecksform mit abgesetzter Basis, kurzer Hals, von dem beiderseits im Winkel zwei kurze Flügel abzweigen, Tülle, später angebrachte Wollquasten, Gesamtlänge 262; Bayerisches Armeemuseum, Ingolstadt (A 8073)

t) Spieß

Deutschland, Ende 15. Jahrhundert; Stahl, Eschenholz, gegratete sich nach oben verjüngende Klinge, runde Tüllen ohne Federn, Gesamtlänge 252; Bayerisches Armeemuseum, Ingolstadt (A 8132)

Der Begriff „Stangenwaffe" bezeichnet eine am Holzschaft befestigte Klinge, die zum Hieb, Stoß oder Wurf geeignet ist. Die Stangenwaffe ist der älteste Typ des Kampfmittels. Bodenfunde belegen ihre Existenz schon in der Steinzeit.

Die hier gezeigten Beispiele geben einen Querschnitt der vom 15. bis zum 17. Jahrhundert in West-, Mittel- und Südeuropa gebräuchlichen Arten. Zu dieser Zeit war die Stangenwaffe hauptsächlich beim Fußvolk in Gebrauch. Stangenwaffen waren billig herzustellen und damit erschwinglich. Zahlreiche Typen entwickelten sich aus den Ackergeräten der Bauern. Die größte Wirksamkeit zeigen Stangenwaffen im Masseneinsatz. In den Schlachten bei Morgarten 1315, Sempach 1386 und Näfels 1388 besiegten die schweizerischen Gevierthaufen mithilfe ihrer Hellebarden und Langspieße die anstürmenden habsburgisch-burgundischen Ritterheere. Die Wunden, die solche Waffen verursachen, sind furchtbar. In der Epoche der Ritterheere und ihrer Lehensaufgebote, in der Ära der Landsknechtsheere sowie in der Zeit der Söldnerheere des Dreißigjährigen Kriegs bestimmten Stangenwaffen das Kampfgeschehen, bis die Entwicklung der Feuerwaffen ihren Niedergang einleitete. Doch kannten auch die stehenden Heere am Ende des 17. Jahrhunderts noch den mit der Pike bewaffneten Soldaten. Erst die Erfindung des Bajonetts ließ ab 1689 diesen Waffentyp gänzlich aus

3.17

den Heeren verschwinden. Als Repräsentationsobjekt ist die Stangenwaffe in einigen Staaten wie Großbritannien, Spanien und im Vatikan bis heute in Gebrauch.   G R K

Glaube und Macht 2004, S. 188 f.

3.17

Fünf Bidenhänder

a) Deutschland, 2. Hälfte 16. Jahrhundert; Stahl, Holz, Wolle, Leder, Sechskantklinge, Mittelspitze, beiderseitig unbekannte Marke, Gefäß: flache Parierstange, abwärts gebogen, in der Mitte eine, an den Enden zwei Voluten, Holzgriff mit Resten von Belederung, zwei zweifarbige Fransenquasten, birnenförmiger geschnittener Knauf, Vernietknäufchen, Gesamtlänge 171, Klingenlänge 119, Klingenbreite 4,8, Gesamtbreite 48; Bayerisches Armeemuseum, Ingolstadt (A 623)

b) Deutschland, 2. Hälfte 16. Jahrhundert; Stahl, Samt, Wolle, Holz, Sechskantklinge, Mittelspitze, zwei Parierhaken, Fehlschärfe beledert, Gefäß: Parierbügel vierkantig, mit Strichätzung, abwärts gebogen, an den Enden eine senkrechte und zwei waagrechte Voluten, Stempel H. Z. (Herzogliches Zeughaus), Griff mit Samt bezogen, mit drei zweifarbigen Bandresten von Fransen, Holzgriff mit Lederresten, Knauf geschnitten, mit Rankenätzung, plattgehämmertes Vernietknäufchen, Gesamtlänge 166,2, Klingenlänge 120, Klingenbreite 3,5, Gesamtbreite 40,5; Bayerisches Armeemuseum, Ingolstadt (A 642)

c) Deutschland, 2. Hälfte 16. Jahrhundert; Stahl, Leder, Holz, Sechskantklinge, Mittelspitze, im oberen Teil beiderseits eine Marke: Reichsapfel mit gespaltenen Enden (Ulrich Dief-

stetter), Fehlschärfe blank, einseitig ein unbekanntes Zeichen, zwei Parierhaken, Gefäß: flache Parierstange abwärtsgebogen, Parierbügel flach, doppelt, Holzgriff beledert, beschädigt, kugeliger Knauf mit Vernietknäufchen, Gesamtlänge 172,3, Klingenlänge 124,7, Klingenbreite 4,8, Gesamtbreite 43,5; Bayerisches Armeemuseum, Ingolstadt (A 3306)

d) Deutschland, 2. Hälfte 16. Jahrhundert; Stahl, Holz, Leder, Sechskantklinge, Mittelspitze, Gefäß: Fehlschärfe blank, beidseitig unbekannte Marke, Parierstange flach, abwärts gebogen, je eine Volute in der Mitte, eine abgebrochen, am Ende je zwei Voluten, Holzgriff, mit Resten von Belederung, birnenförmiger Knauf, geschnitten, Vernietknäufchen, Gesamtlänge 176,7, Klingenlänge 125,3, Klingenbreite 5, Gesamtbreite 43; Bayerisches Armeemuseum, Ingolstadt (A 3989)

e) Deutschland, 2. Hälfte 16. Jahrhundert; Stahl, Holz, Textil, Leder, Gratklinge, Mittelspitze, zwei gerade Parierhaken, gestempelt, H. Z. (Herzogliches Zeughaus), darüber Krone, Gefäß: gerade Parierstange mit viereckigem Querschnitt, zwei parallele Parierringe, teilweise mit feinen Mustern geschnitten, zwei Parierbügel, Parierstange mit viereckigem Querschnitt, mit abgefassten Mohnkapselenden und Ringgravuren, Holzgriff mit Lederresten, Textilfransen, Knauf mit geschnittener Ringverzierung, rundes Vernietknäufchen, Gesamtlänge 186, Klingenlänge 130, Klingenbreite 4,5, Gesamtbreite 55; Bayerisches Armeemuseum, Ingolstadt (A 10778)

Bidenhänder, auch Beihänder, Bihänder oder Schlachtschwert genannt, entwickelten sich aus dem Anderthalbhänder durch die Verlängerung des Gefäßes im 14. Jahrhundert. Während der Landsknechtszeit waren sie die Angriffswaffe des so genannten verlorenen Haufens und dienten auch zur Bewaffnung der Fahnenrotte. Auf dem Marsch wurden sie geschultert getragen, selten mit Scheide. Im 17. Jahrhundert hatten sie nur noch symbolische Bedeutung als Zeremonial- und Trabantenwaffe ohne praktischen Wert.

Der Bidenhänder wiegt zwischen 2,8 und 5 kg und ist 1,5 bis 1,8 m lang. Er ist aufgrund der oft mit Leder umwickelten Fehlschärfe, die einen günstigen Hebel ermöglicht, gut für den Nahkampf zu gebrauchen. Der seit dem 16. Jahrhundert übliche Parierhaken, der die Hand schützt, ermöglichte es geübten Fechtern sogar einen

3.18

Spießwall zu durchdringen. Landsknechte, die ein Zeugnis über ihre speziellen Fähigkeiten als Bidenhänderkämpfer vorweisen konnten, erhielten als „Trabanten", also als Leibwächter für hoch gestellte Persönlichkeiten oder für die Fahne, doppelten Sold.   GRK

3.18

Drei Katzbalger

a) Passau, 1. Hälfte 16. Jahrhundert; Stahl, Holz, Leder, gerade Klinge, Mittelspitze, kaneliert, Marke: Passauer Wolf, Gefäß: s-förmige Parierstange, an den Enden, Kugel geschnitten, mit zwei Schlangenköpfen abgesetzt, Holzgriff mit Belederung, schirmförmiger Knauf geschnitten, Vernietknäufchen, Gesamtlänge 84, Klingenlänge 70; Bayerisches Armeemuseum, Ingolstadt (A 244)

b) Deutschland, 1. Hälfte 16. Jahrhundert; Stahl, Holz, Leder, gerade Klinge, halbrundes Ende, kaneliert, Gefäß: s-förmige Parierstange in Kugel endend, geschnitten, Parierbügel, Holzgriff mit Belederung, schirmförmiger Knauf, geschnitten, Vernietknäufchen, Gesamtlänge 85, Klingenlänge 71; Bayerisches Armeemuseum, Ingolstadt (A 6152)

c) Deutschland, Anfang 16. Jahrhundert; Bodenfund, Stahl, gerade Klinge, Spitze abgebrochen, Gefäß: s-förmige Parierstange in Kugel endend, Griffschalen fehlen, Klingenangel frei, schirmförmiger Knauf, Vernietknäufchen, Gesamtlänge 71, Klingenlänge 58; Bayerisches Armeemuseum, Ingolstadt (A 6679)

Der Katzbalger war im späten 15. und 16. Jahrhundert die charakteristische Blankwaffe der deutschen und schweizerischen Landsknechte. Es handelt sich dabei um ein Hiebschwert, das durch einen verhältnismäßig kurzen Griff mit Fächerknauf und die s-förmig gebogene, gedrehte Parierstange mit den gedrückten Endknöpfen gekennzeichnet ist. Die Klinge ist kurz und zweischneidig, mit oder ohne Hohlkehle auf beiden Seiten. Getragen wurde der Katzbalger in einer vertikal am Waffengürtel befestigten Lederscheide. Sein Name ist eine Scherzbezeichnung, die Landsknechte mit balgenden Katzen vergleicht. Nach einer anderen Version bezieht sich der Name auf die aus Katzenfell gefertigte Tasche, die zur Ausrüstung der Landsknechte gehörte.   GRK

3.19

a) Streitaxt

Deutschland, Anfang 16. Jahrhundert; Stahl, Holz, Stahlbeil und Holzschaft schwarz bemalt, L. 121; Münchner Stadtmuseum (Z 1410)

b) Streitaxt

Deutschland, Anfang 16. Jahrhundert; Stahl, Holz; Stahlbeil mit unbekannter Marke, Holzschaft schwarz bemalt, L. 103; Münchner Stadtmuseum (Z 1420)

c) Streitaxt

Deutschland, Anfang 16. Jahrhundert; Stahl, Holz, Stahlbeil mit Schlagdorn, Holzschaft schwarz bemalt, L. 110,5; Münchner Stadtmuseum (Z 1423)

Die Äxte waren ursprünglich Werkzeuge, vornehmlich zur Holzbearbeitung (trennen, spalten, behauen), gleichzeitig dienten sie als Waffe. Sie unterscheiden sich vom Beil durch größeres Gewicht und einen längeren Stiel zum beidhändigen Führen. Die Streitaxt wurde als Waffe geführt, aber auch bei der Errichtung von Wehranlagen benutzt.   GRK

3.20

Fahne der Schwazer Knappen

Tiroler Maler (Jörg Kölderer? 1465/70–1540); 1499/1508; Öl/Leinwand, 196 x 142 (R); Tiroler Landesmuseum Ferdinandeum/Museum im Zeughaus, Innsbruck (Historische Sammlungen, Fahnen 6)

Vor den Zeiten des ständig in Dienst stehenden Berufsheeres gehörte es zu den Pflichten der Untertanen, ihrem Landesherrn im Kriegsfall als Landesaufgebot zur Verfügung zu stehen. Dies galt auch für die Gerichte in Tirol, auf die damit ein erheblicher finanzieller Aufwand zukam. So schrieb die Innsbrucker Kammer an König Maximilian I., der bayerische Herzog möge doch seinen Krieg selbst bezahlen.

Das Banner, eine der ältesten erhaltenen Fahnen, stammt aus der Königszeit Maximilians, entstand also vor 1508. Links vom Tiroler Adler ist der hl. Georg als Drachentöter dargestellt, der zu dieser Zeit als Patron Tirols verehrt wurde, darunter in betender Haltung ein Bergknappe, was die Vermutung nahe legt, dass es sich um ein Banner der Schwazer Bergknappen, möglicherweise des „Stählernen Haufens", handelt. Auf zeitgenössischen Schlachtendarstellungen sind die militärischen Einheiten, „Fähnlein" oder „Haufen", durch ihre Fahnen näher bezeichnet. Die Bemalung ist auf beiden Seiten des Textils identisch. Das Banner wurde 1939 vom Tiroler Landesmuseum Ferdinandeum aus den Beständen des Bayerischen Nationalmuseums in München erworben.

CSH

Österreich-Tirol 1963, Kat.-Nr. 74.

3.20

Erzherzog Sigmund, Landesherr von Tirol, anlässlich des Kriegs mit Venedig gegossen wurde. Es hat sich als eines der ganz wenigen Geschütze des 15. Jahrhunderts im Original im Musée de l'Armée in Paris erhalten. Die Kanone schoss wie alle Hauptstücke Steinkugeln. Sie war ein reines Belagerungsgeschütz und wegen ihres Gewichts schwer zu transportieren, zum Schuss wurde sie auf Balken montiert.   M P

Boeheim 1892; Maximilian 1959, S. 221, Kat.-Nr. 604; Maximilian I. 1969, S. 121, Kat.-Nr. 475; Unterkircher 1983, S. 31–36; Wiesflecker 1986, Bd. 5, S. 320; Irblich 1992; Ruhm und Sinnlichkeit 1996, S. 84–86.

3.22

Zeugbuch Kaiser Maximilians

Jörg Kölderer (1465/70–1540); um 1504; Handschrift/Papier, Federzeichnungen, koloriert, 64 Bll., 42,2 x 29; Bayerische Staatsbibliothek München (Cod. Icon 222)

Die Zeugbücher entstanden wahrscheinlich nach den zeichnerischen Vorarbeiten des Hofmalers Jörg Kölderer. Neben anderen Waffen wie Hakenbüchsen, Spießen und Hellebarden (Kat.-Nr. 3.15 ff.) ist das Hauptaugenmerk auf das Geschützwesen gelegt. Unter den unterschiedlichen Kanonen sind besonders die schweren Geschütze, die Hauptstücke, dargestellt. Diese reich verzierten Geschütze sind alle mit Namen versehen.

Im Geschützwesen gelangen Maximilian I. revolutionäre Neuerungen, indem er seinen Geschützpark nach Kaliber und Leistung normierte und so die Herstellung und den Nachschub von Geschossen wesentlich erleichterte. Hauptstücke wie die „Lauerpfeiff" wurden meist auf dem Wasser transportiert, am Ort der Belagerung dann an ihren vier seitlich befestigten Zapfen hochgehoben und in eine vorbereitete Bettung in der Erde montiert. Das heute längst eingeschmolzene Original der „Lauerpfeiff" hatte mit einer Rohrlänge von fünf Metern eine gewaltige Dimension (Kat.-Nr. 3.23).   M P

Boeheim 1892; Unterkircher 1983; S. 31–36; Wiesflecker 1986, Bd. 5, S. 320; Ruhm und Sinnlichkeit 1996, S. 90.

3.21

Zeugbuch Kaiser Maximilians

Jörg Kölderer (um 1465/70–1540); um 1507; Handschrift/Papier, aquarelliert, 42,2 x 29; Österreichische Nationalbibliothek, Wien (Handschriften, Autographen- und Nachlasssammlung, Cod. 10.815)

Die Zeugbücher sind Bildinventare der Zeughäuser Kaiser Maximilians I. und gehen auf die Inventarisierung und Beschreibung der militärischen Depots des Kaisers durch den Hauszeugmeister Bartholomäus Freisleben zurück. Freisleben war seit 1493 Zeugmeister in Innsbruck, seit 1503 Obrister Hauszeugmeister aller österreichischen Lande und als solcher für die Zeughäuser verantwortlich. Die Zeugbücher spiegeln aber auch den Stolz des Kaisers auf seine moderne Artillerie wider. Auf der aufgeschlagenen Seite ist das Hauptstück, „Die Schöne Katharina", zu sehen, die vom Innsbrucker Gießer Jörg Endorfer (seit 1479 in tirolischem Dienst – 1508 in Innsbruck) im Jahr 1487 im Auftrag des Onkels Maximilians,

3.23

Geschützmodell der „Lauerpfeiff"

Peter Laiminger, genannt Löffler (erwähnt 1488 – vor 1530); Innsbruck, 1507; Bronzeguss, L. 52,8; Kunsthistorisches Museum Wien, Hof-, Jagd- und Rüstkammer (A 74)

Das Geschützmodell des schweren Legstücks, ein Belagerungsgeschütz, weist eine reiche Dekoration auf. Profilierte Ringe teilen die Oberfläche in acht Felder, welche die Herrschaftswappen und Embleme Maximilians I. zeigen. Im ersten Feld befindet sich das von zwei Greifen gehaltene Wappen des römisch-deutschen Königtums, im nächsten folgen in einem Schild die Wappen der Königreiche England und Frankreich, Ungarn, Böhmen und Dalmatien, im dritten aneinandergekettet sein Ehewappen Österreich und Burgund. Das vierte Feld, das Mittelstück, füllen die Embleme des Ordens vom Goldenen Vlies, Feuereisen und Andreaskreuz. Das siebte Feld enthält die Inschrift „ICH SIHE VND

3.23

LAVR. ALS DER HAGL VND / SCHAVR VND HAIS DARUMB DIE LAVR / PFEIFF. NIMB HINWEG WAS ICH ERGREIFF". Im achten Feld schmückt das Andreaskreuz den Bereich über dem Zündloch. Das Wappenprogramm der „Lauerpfeiff" bezieht sich auf die Herrschaftsansprüche Maximilians. Wahrscheinlich handelt es sich bei dem Geschützmodell um ein lehrreiches Spielzeug für die Kaiserenkel Karl V. und Ferdinand I. Möglicherweise stammt der Entwurf von Jörg Kölderer (1470–1540), der auch die drei Zeugbücher in der Prunkausführung für Kaiser Maximilian I. schuf (Kat.-Nr. 3.22). Die Datierung auf das Jahr 1507 beruht auf einer Notiz des Kaisers in seinem vor 1508 entstandenen Gedenkbuch. Außerdem hatte Maximilian 1509 in Trient den Titel eines „Erwählten Kaisers" angenommen und somit wäre seither auf der Wappenfolge des Geschützes der Kaiseradler dargestellt. Das Geschütz wurde von Peter Laiminger, genannt Löffler, 1507 gegossen. Es ist sehr wahrscheinlich, dass auch der Guss des Modells von ihm stammt.   MP

Maximilian I. 1969, Kat.-Nr. 610; Egg 1961, S. 82f., Abb. 44f.; Thomas/Gamber 1976, S. 19; Kunst um 1492. Hispania – Austria 1992, S. 299; Ruhm und Sinnlichkeit 1996, S. 90.

3.24

Von Glocken und Stuckgieserei, Büchsenmeisterei … und Brunnwerkeni

Christoph Sesselscheiber, 1524; Handschrift/Papier, Federzeichnungen, koloriert, 154 Bll., 22,3 x 16,9; Bayerische Staatsbibliothek München (Cgm 973)

Das Buch über die zeitgenössische maximilianische Artillerie ist nach den Feuerwerksbüchern des 15. Jahrhun-

3.21

derts verfasst und geht zum Teil noch auf Konrad Kyesers „Bellifortis" (um 1405) zurück. Verfasser ist der Bronzegießer Christoph Sesselschreiber, der von 1516 bis 1518 an den Bronzestatuen des Grabmals für Kaiser Maximilian in Innsbruck mitgearbeitet hatte. Die von ihm gegossenen Glocken sind in Salzburg erhalten.   G R K

Egg 1961, S. 62 f.; Ruhm und Sinnlichkeit 1996, Kat.-Nr. 11.

3.25

Waffenstillstand zwischen Maximilian I. und Kurfürst Philipp von der Pfalz im Landshuter Erbfolgekrieg

Baden, 10. September 1504; Handschrift/Pergament, 33,3 x 55,4, drei Siegel; Haus-, Hof- und Staatsarchiv, Wien (Allgemeine Urkundenreihe)

Kurfürst Philipp von der Pfalz musste bald nach Kriegsbeginn erkennen, dass er weitgehend isoliert war. Auf die Unterstützung durch Frankreich und die Eidgenossen hatte er vergebens gehofft. So stand ihm eine weit überlegene Koalition aus Truppen des Königs, Württembergs, Hessens, Pfalz-Zweibrückens und des Schwäbischen Bundes gegenüber. Um seine Verluste in Grenzen zu halten, musste Philipp bereits wenige Wochen nach Kriegsbeginn über verschiedene Kanäle die Möglichkeit eines Waffenstillstands sondieren. König Maximilian ging darauf jedoch erst ein, nachdem er mit der Besetzung der seit 1408/13 an die Kurpfalz verpfändeten Reichslandvogtei Hagenau sein eigentliches Ziel auf dem westlichen Kriegsschauplatz erreicht hatte.

In der vorliegenden von Markgraf Christoph von Baden als Vermittler ausgestellten Urkunde wird ein bis zum 23. April 1505 geltender Waffenstillstand vereinbart. Der geächtete Philipp musste einwilligen, die Entscheidung über alle mit dem Krieg verbundenen Fragen dem König auf einem bis Weihnachten 1504 einzuberufenden Reichstag zu überlassen und seine Schwiegertochter Elisabeth – sein Sohn Pfalzgraf Ruprecht war am 20. August überraschend gestorben; Elisabeth starb nur drei Wochen später – nicht weiter zu unterstützen. Maximilian I. verpflichtete sich seinerseits, den Anschluss seiner Verbündeten an den vereinbarten Waffenstillstand herbeizuführen.   D H

Stauber 1993, S. 773–783.

3.26

Kriegschronik

Mitte 16. Jahrhundert; Handschrift/Papier, 7 Seiten, 34,2 x 22; Bayerisches Hauptstaatsarchiv, München (Fürstensachen 215/II fol. 155–158)

In dem anonymen Manuskript sind Ursachen, Verlauf und Ausgang des Landshuter Erbfolgekriegs beschrieben. Es bezieht sich auch auf ältere Chroniken. Teile des sagenhaften Schatzes Georgs des Reichen wie die zwölf lebensgroßen Apostelfiguren aus Silber und die Christusfigur aus Gold werden erwähnt, auch dass sie für Kriegsgeld eingeschmolzen wurden, denn „so ist das Geld des Krieges Herz und sterckh". Ein Großteil der Beschreibung bezieht sich auf den Einsatz der Truppen der Reichsstadt Nürnberg, die durch König Maximilian I. auf der Seite Albrechts IV. kämpften. Auch die Belagerung Neumarkts findet Erwähnung (Kat.-Nr. 3.8): „Donnerstag vor St. Margreth tag zogen die Nürnberger für Neuenmarckt, sterckher dann vor und mit vil Fuesvolckh uff 8.000 starckh und mehr vil geschütz und Wägen. Man thuet der stat großen schaden mit schießen, auswendig und inwendig, an Häusern, Mauern und Thürmen, man lag darvor 1 wochen. Da wurden auch vil Nürnberger erschossen, auch 2 jung geschlechter, ein Tucher und ein Grundtherr. Do ligt ein Schloß nit weit von Neuenmarkt, Wolfstein genant, auf einem hohen berg, wann man das schloß am ersten het angriffen und über der Stat ob dem Berg geschossen, wer die stat wol halb gewonnen gewest, und da man das nit that, war die stat ungenommen, dann die statt ein offen thor und stras von disem schloß uff Bamberg hatt, daß im täglich hilf und Proviant zugieng. Mann hatt dismal viel schwäbische Hauptleuth, da hatt einer darnach beim Wein gesagt, ey wir muesten doch nit alle Monat ein stat gewinnen."

Auch die Verheerungen des Kriegs finden ihren Niederschlag: „Ich find in einer cronica, daß die 2 Fürsten, der Landgr. und der von Wirttemberg, dem Pfalzgr. am Rhein und an andren ortten so großen schaden mit raub und brand, an schlössern und clöstern gethan haben, daß es etlich vom Adel erbarmet, daß sie das Land mit grosser Tyrannei verderben und sovil armer Leuth machten, und haben den Keiser gebeten, er wöll darvor sein, daß das land und die junge Fürsten nit so gar verderbt würden, dann es rechte zwen Tyrannen wern." Zum Abschluss weist der Autor auf die Ehe Ottheinrichs mit Susanna als versöhnliches Ende des wittelsbachischen Familienstreits hin: „Dieser Herzog Albrecht zu München ließ ein Dochter, die wurd hernach Marggr. Casimier vermehlt, nach desselben Tod war sie Herzog Ottheinrich vermehlt, ein Sohn des gedachten Pfalzgrafen Ruprechten, da die eltern lang miteinander Kriegs hatten, thatten die Kinder hernach schön und schlieffen beiainander."   S B

3.27

Rhythmi et alia

1504; Handschrift/Papier, 26 Bll., 16,8 x 11,5; Bayerisches Hauptstaatsarchiv, München (Fürstensachen 215/I fol. 39–64)

Der aus der Warte Herzog Albrechts IV. von Bayern geschriebene Bericht über Anlass und Verlauf des Landshuter Erbfolgekriegs in Versform schildert die Vorgänge auf liedhafte Weise. Erzählperspektive ist die Auffassung der Partei König Maximilians I.: „Kain dochter sol kain land nit erben / Wem wol dann die unterthan verderben / Darzu so sey es auch wider gott / Auch wider alle seine gepot /

Den heirat den sye haben gemacht / Damit so haben si Gott veracht / Es ist auch wider unser gesetz." So wird das zentrale Problem des Landshuter Erbfolgekriegs angesprochen: das Testament Georgs des Reichen, in dem er seine Tochter Elisabeth zur Erbin einsetzte und damit sowohl gegen das Herkommen im Reich als auch gegen die wittelsbachischen Erbabsprachen verstieß.

Ähnlich wie in der illustrierten Handschrift „Adler und Löwe" (Kat.-Nr. 3.38) werden die Kriegsparteien mit Tiernamen bezeichnet: der Adler als König, der Pfalzgraf als Löwe und dessen böhmische Söldner als „hündelisch

3.30

gesind". Den Abschluss freilich bildet eine „Kriegserklä-
rung" an Albrecht und Wolfgang von 1504, nachdem ein
„flecken", der zum Erbe Pfalzgräfin Elisabeths gehörte,
gewaltsam von den Truppen Albrechts eingenommen
worden war: „... darumb wellen wir haubtlut, graffen,
herren, ritter und knecht hernach benent mit unsers ge-
fronten knechten und alle die yn irer genade fueter (?),
brot und sold sind, euer fürer, helffer, helffershelffer und
aller der, die euch und denselben verwandt sindt, feindt
sein". Die Liste der Unterzeichnenden führt 101 Namen
auf.   SB

3.28

Zusammengesetzter Harnisch Maximilians I.

Süddeutsch und Niederländisch, um 1495 bis 1511; Stahl,
blank, Leder, 171 x 106; Kunsthistorisches Museum Wien,
Hof-, Jagd- und Rüstkammer (A 110)

Dieser Harnisch wurde von Konrad Seusenhofer (Innsbruck) wahrscheinlich nach 1510 zusammengesetzt. Die
Datierung bis 1511 ergibt sich aus den jüngsten Teilen
und befindet sich auf der rechten Stulpe des Hand-
schuhs. Der Harnisch besteht aus Teilen von vier Platt-
nermeistern und acht verschiedenen Harnischen. Brust
und Rücken wurden um 1500 in den Niederlanden vom
Meister der Globusmarke gefertigt, der auch für Maximilians Sohn, König Philipp I. den Schönen, arbeitete. Die
Beintaschen stammen ebenfalls aus den Niederlanden
um 1500 und wurden vom Meister „h" gefertigt, der für
Maximilian auch ein welsches Stechzeug (S II) ausführte.
Die Schallerkombination, die rechte und linke Schulter
sind Arbeiten des Augsburger Plattners Lorenz Helmschmid aus der Zeit von 1495 bis 1510. Armzeuge, Hand-
schuhe und Beinzeuge wurden wiederum in der Innsbrucker Hofplattnerei von Konrad Seusenhofer zwischen
1510 und 1511 gearbeitet. Auf seine Verwendung als Fuß-
turnier-Harnisch des alternden Kaisers deuten die An-
stückelung und Umarbeitung der Schultern zur Bildung
eines symmetrischen Paares ebenso hin wie die Hieb-
und Stichspuren auf der Brust.   MP

Thomas/Gamber 1976, S. 179–182.

3.29

Schlachtschwert Maximilians I.

Süddeutsch, 1480; Eisen, Messing, 142 x 28,5; Kunsthistorisches Museum, Wien, Hof-, Jagd- und Rüstkammer (A 139)

Das Schwert war nicht nur die Hauptwaffe des mittelalterlichen Kriegers, es wurde auch zum Symbol des Rittertums. Es ist wahrscheinlich auf die Entwicklung des
Plattenharnisches zurückzuführen, dass Schwerter zu Beginn des 14. Jahrhunderts größer wurden: Sie bekamen
einen längeren Griff, sodass man – nötigenfalls – auch
mit der linken Hand zupacken konnte. Den Schwertern
mit längerem Griff gab man meist als Gegengewicht

3.29

gegen die auch verlängerte Klinge Knäufe in Gestalt
einer Birne. Auf dem kantigen Birnknauf und auf der
Rückseite der geraden Parierstange finden sich graviert
die Embleme des burgundischen Ordens vom Goldenen
Vlies: Feuerstein, Feuereisen und Andreaskreuz. Die
Vorderseite der Parierstange schmücken die Buchstaben
„HMIADM", der Wahlspruch des Mäßigkeitsordens:
„Halt Maß in allen Dingen, Maximilian". Maximilian
gehörte diesem Ritterorden genauso an wie sein Vater
Friedrich III. Da es auf dem Schwert jedoch keinerlei
Hinweis auf die Königswürde gibt, muss es nach seiner
Heirat und vor 1486 entstanden sein. Möglicherweise
handelt es sich bei diesem Schwert um die Waffe, die
Maximilian nach zeitgenössischen Beschreibungen bei
seinem Einritt in das eroberte Luxemburg am 29. Sep-
tember 1480 getragen haben soll.   MP

Koltz 1960, S. 13; Gamber 1961, S. 28 f.; Thomas/Gamber 1976,
S. 107 f.; Der Aufstieg eines Kaisers. Maximilian I. 2000, S. 211 f.

3.32

3.30

Fragment eines schweren Rossharnisches Kaiser Friedrichs III.

Lorenz Helmschmid (erwähnt 1467–1515); Augsburg, urkundlich 1477; getriebener Stahl, teils blank, teils gebläut, Rosskopf 90 x 42 x 31, Halspanzer 86 x 65, linkes Flankenblech (Doppeladler) 82 x 64, linkes Zügelblech 72 x 16; Kunsthistorisches Museum, Wien, Hof-, Jagd- und Rüstkammer (A 69)

1477 lieferte Lorenz Helmschmid Kaiser Friedrich III. (1415–1493) für den Krieg zwischen Burgund, Lothringen und den Eidgenossen einen schweren Rossharnisch. Es handelt sich um ein frühes Beispiel einer Pferderüstung. Der Brustpanzer des Pferdes ist in Gestalt eines wappenhaltenden Engels gearbeitet, während das geschobene Hinterzeug die Form eines getriebenen Drachens hat. Als Hinweis auf die Kaiserwürde des Besitzers finden sich getriebene, blau geätzte Doppeladler mit rot-weiß-rotem Herzschild und aufgesetzten Kaiserkronen. Die gezackten Zügelbleche zeigen das habsburgische Herrschaftswappen. Die Haken an den Unterrändern waren ehemals mit Glöckchen behängt. Diesen Rossharnisch aus dem Besitz seines Vaters dürfte Maximilian bei seinen flandrischen Feldzügen 1480 verwendet haben, denn ein Ölbild, eine Kopie nach einem Original des burgundischen Hofmalers Pierre Coustain, zeigt Maximilians Pferd mit diesem Rossharnisch beim Einritt in Luxemburg. Ein weiteres Bild nach Pierre Coustain stellt den Harnischmeister Albrecht May beim Einzug in Namur dar. Hier trägt das Pferd zusätzlich Beinharnische, wie man sie auch auf einer Zeichnung des Codex der Thun-Hohensteinischen Bibliothek (fol. 21) findet. Lorenz Helmschmid dürfte diese Spezialkonstruktion von Pferdebeinzeugen für den kaiserlichen Rossharnisch angefertigt haben. Reste dieser Beinzeuge sind im Inventar des Innsbrucker „Harnischhauses" von 1555 erwähnt. MP

Buttin 1929; Thomas/Lhotsky 1938–1944; von Reitzenstein 1951; Gamber 1957; Thomas / Gamber 1976, S. 105; Der Aufstieg eines Kaisers. Maximilian I. 2000, S. 174.

3.33

3.31

Kaiser Maximilian I.

Nach Bernhard Strigel (1460/61 – nach 1525); nach 1507; Öl/Nadelholz, 83,3 x 49,7; Bayerische Staatsgemäldesammlungen, Staatsgalerie Füssen (1156)

Kaiser Maximilian I. ist in halber Figur, fast zur Gänze ins Profil gedreht, dargestellt. Er trägt einen Reiterharnisch aus der Zeit des Übergangs von spätgotisch gekehlten zu geriefelten Formen, der stilistisch um 1500 bis 1505 entstandenen Arbeiten des Augsburger Plattners Lorenz Helmschmied entspricht, wie sie sich in ähnlicher Weise im Thun'schen Skizzenbuch (fol. 1) dargestellt finden. Die Krone in den Formen des ausgehenden 15. Jahrhunderts besteht aus einem Reif aus reichen spätgotischen Blattformen, besetzt mit Edelsteinen und einem Bügel mit Kreuz. Schwert und Zepter entsprechen den Formen der Krone. Maximilian trägt einen Mantel aus Samt mit Goldreliefstickerei und einer Bordüre aus Goldstoff mit stilisierten Blüten und Zweigen aus Perlen und Edelsteinen. Der Vorhang im Hintergrund ist aus italienischem Seidendamast mit Granatapfelmuster.

Bernhard Strigel, um 1460/61 in Memmingen im Allgäu geboren, aus einer Malerfamilie stammend und zeit seines Lebens in seiner Heimatstadt tätig, hat offenbar bereits seit den späten 90er-Jahren Maximilian I. mehrfach in immer gleichbleibender Form als Profilbildnis in Halbfigur porträtiert, wenn auch ein förmlicher Bildnisauftrag Maximilians erst 1507 dokumentiert ist. Die zeitlich aufeinanderfolgenden Versionen unterscheiden sich durch den Harnisch, das Muster des Mantels und die Form der Krone. Bei dem in den Grundzügen gleichbleibenden Hintergrund wechselt der Fensterausblick, der manchmal, wie bei der vorliegenden Version, als Landschaftsausblick, die in einigen Fällen eine Inschrift trägt, manchmal als schwarze Fläche, erscheint.   K S

Stange 1970, Bd. 2, Nr. 934–940; Porträtgalerie zur Geschichte Österreichs 1982, Nr. 14; 1495. Kaiser Reich Reformen 1995, Kat.-Nr. D 17; Der Aufstieg eines Kaisers. Maximilian I. 2000.

3.32

Kaiser Maximilian I. zu Pferd als christlicher Streiter

Hans Daucher (1486–1538); Augsburg, um 1522; Jurakalkstein (Solnhofer Stein), 22,9 x 15,6; Kunsthistorisches Museum Wien, Kunstkammer (KK 7236)

Das präzise geschnittene Steinrelief zeigt Kaiser Maximilian I. in Rüstung vor neutralem Bildgrund, in denkmalhafter Ruhe und Feierlichkeit auf seinem Schlachtross über den getöteten Drachen hinwegschreitend. Weisheit des Alters und zeitlos jugendliche Energie ergänzen sich zu einem Idealbild herrschaftlicher Größe. Der sich im Todeskampf krümmende Drache ist als Anspielung auf Maximilian als „miles christianus" zu sehen. Zugleich greift das Kryptoporträt die auf Karl den Kühnen zurückgehende burgundische Tradition der Verehrung des hl. Georg, des trefflichsten aller christlichen Streiter, auf. Das sakralisierte Bildnis des Kaisers als „Divus Georgius" propagiert zugleich die aufgefrischten Kreuzzugspläne des Kaisers sowie seine Rolle als souveräner Schutzherr des christlichen Abendlands.

Zwei Holzschnitte Hans Burgkmairs von 1508 mit den Reiterbildnissen des hl. Georg und Kaiser Maximilians (Kat.-Nr. 3.33) sowie die ebenfalls Hans Daucher zugeschriebene Reitermedaille Maximilians von 1516 dienten als formale und ikonografische Vorlagen für das kleine Täfelchen, das zusammen mit seinem Gegenstück, Kaiser Karl V. zu Pferde (1522, Privatbesitz Straßburg) wahrscheinlich ein Doppelporträt bildet.   S H

Kunst um 1492. Hispania – Austria 1992, S. 352 f., Kat.-Nr. 166; Eser/Daucher 1996, S. 159–165.

3.33

Kaiser Maximilian I. zu Pferde

Hans Burgkmair d. Ä. (1473–1531); Augsburg, 1508; Holzschnitt/Papier, 32,7 x 23, 8; Staatliche Graphische Sammlung, München (66338)

Der Holzschnitt präsentiert Maximilian I. im Profil als stolzen Ritter vor einer fast symmetrischen Bogenarchitektur. Der Kaiser sitzt sehr aufrecht im Sattel, gerüstet in einem modernen Riefelharnisch mit geöffnetem Visier. Um den Hals trägt er die Kette vom Goldenen Vlies und auf dem Helm den Pfauenfederstoß als Helmzier, das Symbol des Erzherzogtums Österreich. Die linke Hand ist auf seinen Befehlsstab gestützt. Das gepanzerte Ross ist mit dem alt-österreichischen Wappen und dem österreichischen Bindenschild am Pferdepanzer geschmückt. Im Hintergrund verkünden die Inschrift „IMP.CAES, MAXIMIL.AUG." und der imperiale Doppeladler mit österreichisch-burgundischem Wappen auf der Brust die Kaiserwürde, die sich Maximilian in Trient selbst verliehen hat.

Der Kaiser ist als kampfbereiter Ritter, als Schirmherr der Erblande und des Reichs vor seinen äußeren und inneren Feinden dargestellt. Die Art der Darstellung des berittenen Kaisers ist von italienischen Reiterstandbildern inspiriert und findet ein Pendant in Burgkmairs Holzschnitt des hl. Georg zu Pferd aus demselben Jahr. Die Rüstung entspricht genau den zeitgenössischen Originalen, was nicht weiter verwundert, gab es doch enge Kontakte zwischen Burgkmair und der Augsburger Plattnerfamilie der Helmschmid (Kat.-Nr. 7.20).   M P

Falk 1968; Maximilian I. 1969, S. 48 f., Kat.-Nr. 48; 1473–1975 Hans Burgkmair 1975, Kat.-Nr. 22; Kunst um 1492. Hispania – Austria 1992, Kat.-Nr. 165.

3.34

Der Weißkunig

Marx Treiz-Saurwein (1450–1527); Wien (?), 1514; Handschrift/Papier, eingeklebter Holzschnitt, 590 Bll., 41 x 28,3; Österreichische Nationalbibliothek, Wien (Cod 3032)

Das hier gezeigte Buch des „Weißkunig" ist jenes vorläufige Exemplar, das vom Sekretär und Geheimschreiber Kaiser Maximilians, Marx Treitz-Sauerwein, 1514 in Text und Bild zusammengestellt wurde und als Grundlage für die Druckausgabe diente. Treitz-Saurwein, der Sohn eines Plattners aus Innsbruck, ist auf dem Titelblatt kniend vor dem thronenden Kaiser dargestellt.

Der „Weißkunig" ist eine Autobiografie Kaiser Maximilians I., die von Treitz-Sauerwein in Zusammenarbeit mit dem Kaiser um 1505 begonnen wurde und um 1516 ihren Abschluss fand. Ursprünglich plante der Kaiser den „Weißkunig" als prachtvoll ausgestatteten Foliodruck für einen kleinen Kreis ihm nahe stehender und verwandter

Personen, dem später eine billigere Buch-
ausgabe für ein breiteres Publikum folgen
sollte. Der „Weißkunig" war als Fürstenspie-
gel für die Söhne Philipps des Schönen,
Karl und Ferdinand, gedacht. Das Werk
schildert im ersten Teil die Geschichte der
Werbung und Eheschließung der Eltern
Maximilians bis zur Kaiserkrönung Friedrichs III. in Rom. Der zweite Teil behandelt
die Jugend Maximilians bis zu seiner Hochzeit mit Maria von Burgund 1477. Der
dritte Teil beschäftigt sich mit den Kriegen Maximilians von 1477 bis 1513. Zwischen 1514 und 1516 wurden 251 Holzschnitte in Augsburg unter der Aufsicht
von Konrad Peutinger von den Künstlern
Leonhard Beck, Hans Burgkmair, Hans
Schäufelein, Hans Springinklee und anderen geschaffen. 1516 gerieten die Arbeiten
am „Weißkunig" ins Stocken.

Der „Weißkunig" zählt zu den bekanntesten Grafikwerken, die das Leben Maximilians dokumentieren, verherrlichen und
der Nachwelt erhalten.   MP

Maximilian I. 1969, S. 464; Unterkircher/Hornin-
ger/Lackner 1976, S. 27 f.; Rudolf 1983; Kunst
um 1492. Hispania – Austria 1992, S. 305–307,
Kat.-Nr. 123.

3.34

3.35

Historia Friderici et Maximiliani

Joseph Grünpeck (um 1473 – um 1532)/Albrecht Altdorfer
(um 1480–1538); um 1508–1510; Handschrift/Papier, Federzeichnungen, koloriert, 90 Bll., 29,5 x 22; Haus-, Hof- und
Staatsarchiv, Wien (Blau 9)

Die „Historia Friderici et Maximiliani" ist eine Erzäh-
lung der Lebensgeschichten Kaiser Friedrichs III. und
Maximilians. Dieses hausgeschichtliche Lehrbuch wurde
von Dr. Joseph Grünpeck, einem Humanisten geistlichen
Stands, im Auftrag Kaiser Maximilians für dessen Enkel
Karl, den späteren Karl V., in lateinischer Sprache verfasst.
Die Handschrift besteht aus 90 Blättern, davon 46 aqua-
rellierte Illustrationen, die mit schwarzer Feder gezeichnet wurden. Nach einer Vorrede behandelt das Buch die
Abstammung des Hauses Habsburg und in den folgenden 13 Kapiteln die Geschichte von Maximilians Vater,
Friedrich III., von seiner Wahl zum römischen König
1440 bis zu seinem Tod 1493. Nach einer weiteren Vorrede wird in 32 kürzeren Kapiteln das Leben Maximilians
von seiner Geburt bis zur Übernahme der Regierungsgeschäfte nach dem Tod des Vaters geschildert, und zwar
weniger als zusammenhängende Geschichte denn vielmehr in einzelnen Episoden. Hier aufgeschlagen ist die
Hinrichtung der Verteidiger von Kufstein, die auf Befehl
Maximilians I. erfolgte.

Die Vorarbeiten der „Historia Friderici et Maximiliani" gehen auf Diktate Maximilians an seinen Sekretär
Grünpeck aus den Jahren 1498 bis 1501 zurück. Die Illustrationen entstanden von 1508 bis 1510. Ab 1508 geriet
das Projekt in Konkurrenz mit dem geplanten Druckwerk des „Weißkunig", in dem das Leben des Kaisers in
deutscher Sprache für ein breites Publikum erzählt wurde (Kat.-Nr. 3.36). Viele Szenen aus der „Historia" und
dem 1514 abgeschlossenen „Weißkunig" entsprechen einander. Die unvollendete „Historia" wurde dem Kaiser
offenbar zur Korrektur vorgelegt, der handschriftlich
sowohl im Bild- als auch im Textteil Eingriffe vornahm.
                                                        MP

Benesch/Auer 1957; Maximilian I. 1969, S. 13, Kat.-Nr. 7; Kunst
um 1492. Hispania – Austria 1992, Kat.-Nr. 120; Der Aufstieg
eines Kaisers. Maximilian I. 2000, S. 174.

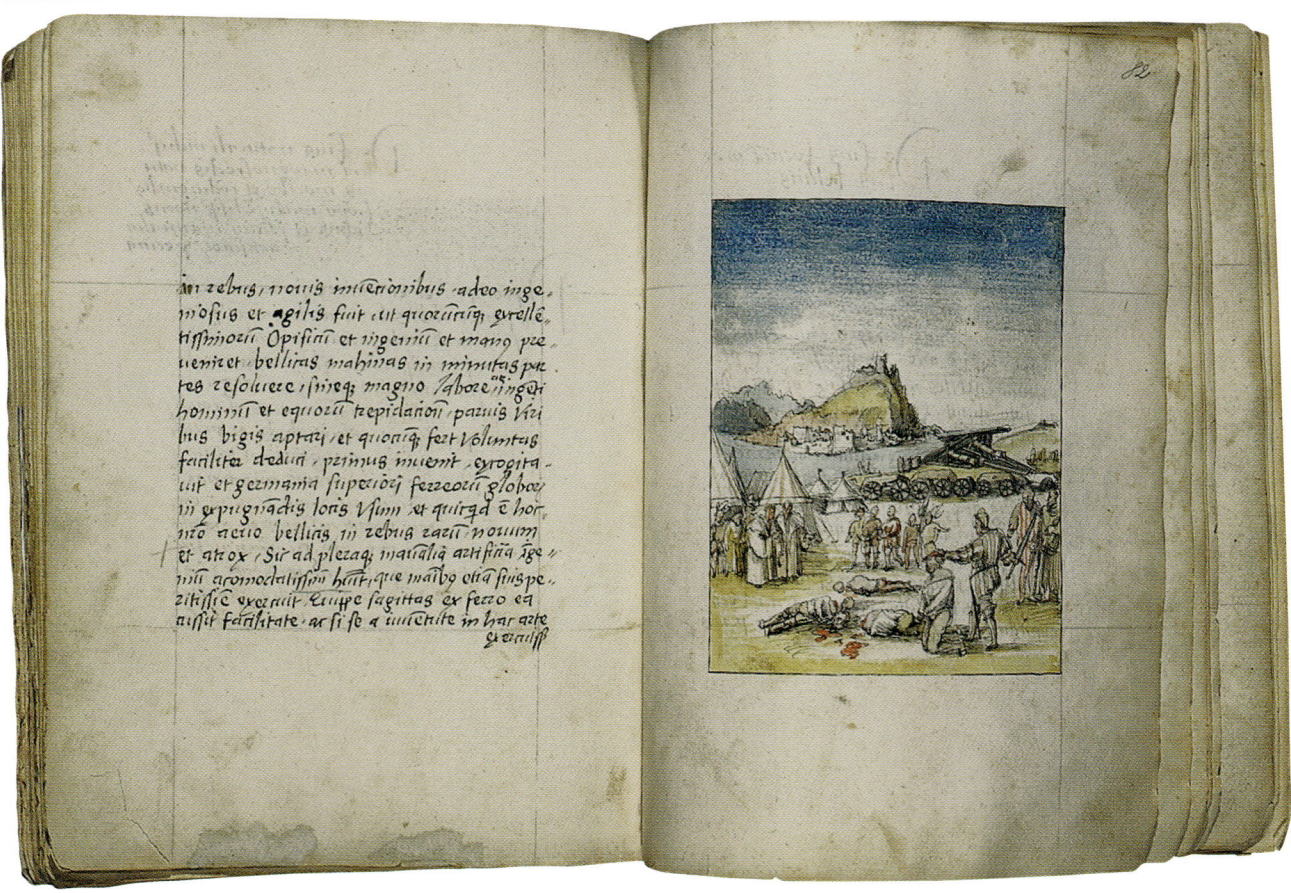

3.35

3.36

Brief König Maximilians I. an seine Frau Bianca Maria

Kufstein, 18. Oktober 1504; Handschrift/Papier 32,8 x 23, italienisches Konzept mit Ausfertigungsvermerk; Tiroler Landesarchiv, Innsbruck (Maximiliana I 42, fol. 15)

Nach dem Tod seiner ersten Frau Maria von Burgund heiratete König Maximilian im März 1494 Bianca Maria Sforza (1472–1510), Tochter Herzog Galeazzo Marias von Mailand (1444–1476). Während des Landshuter Erbfolgekriegs hielt sich die Königin nicht im Heerlager auf, sondern weilte mit ihrem Hofstaat die meiste Zeit in Innsbruck. Im vorliegenden Schreiben berichtet Maximilian seiner Frau über die am Vortag gelungene Besetzung der Festung Kufstein. Er habe das Kapitulationsangebot der Besatzung abgelehnt und die gewaltsame Eroberung der Festung geplant. Der Festungskommandant Johann Pienzenauer habe am 17. Oktober flüchten wollen, sei jedoch mit seinen Leuten gefangen genommen worden. Er habe Pienzenauer und 17 andere „Anführer" wegen ihrer Vergehen enthaupten lassen, die restliche Besatzung jedoch auf Bitten Herzog Erichs von Braunschweig und anderer begnadigt. Die Festung sei der Plünderung preisgegeben worden. Die „Rachejustiz" des Königs stieß schon bei den Zeitgenossen auf Ablehnung und schadete seinem Ruf als Kriegsmann. Militärisch war der Fall der Schlüsselfestung Kufstein indessen von erheblicher Be-

deutung, da Maximilian damit erfolgreich die Besetzung des von ihm beanspruchten Anteils am niederbayerischen Erbe, sein „Interesse", einleiten konnte. DH

Redlich 1888 (auf S.112 Wiedergabe des Briefes); Wiesflecker 1977, Bd. 3, S. 192–198.

3.37

Die böhmische Schlacht und der Kölner Spruch

aus: Andreas Zainer: Chronik des Landshuter Erbfolgekriegs, 1594; Feder/Papier, in Grisaille laviert, 40,3 x 29; Bayerische Staatsbibliothek München (Cgm 1598)

Die reich illustrierte Ingolstädter Chronik des Landshuter Erbfolgekriegs wurde von dem Stadtschreiber Andreas Zainer im ersten Viertel des 16. Jahrhunderts verfasst. Die Darstellung der Böhmenschlacht bei Wenzenbach lehnt sich in der Grundauffassung stark an das von Hans Burgkmair 1504 geschaffene Flugblatt zu diesem Ereignis an. Allerdings ist die Illustration der Zainer-Chronik in einzelnen Details ausführlicher. In der Nähe des Ortes Wenzenbach überraschte König Maximilian I. eine mit böhmischen Söldnern verstärkte Pfälzer Armee. Die Pfälzer Reiterei flüchtete vor den habsburgischen Truppen und ließ die böhmischen Söldner in einer aussichtslosen Lage zurück. Ein energischer Angriff Maximilians I. führte zu einem Massaker an den böhmischen

3.37a

Hilfstruppen. Nach dieser entscheidenden Schlacht waren die Pfälzer Kräfte so geschwächt, dass sie in der Folge am 30. Juli 1505 dem Kölner Spruch Maximilians zustimmen mussten.

Die Darstellung in der Chronik zeigt in der Mitte Maximilian als König thronend, zu seinen Füßen die Repräsentanten der Münchner und Pfälzer Linie der Wittelsbacher. Der Kölner Spruch sah die Teilung des Erbes Georgs des Reichen von Bayern-Landshut vor. Die Gebiete südlich der Donau fielen an die Linie Bayern-München. Aus den Ländereien nördlich der Donau wurde für die Pfälzer Prinzen Ottheinrich und Philipp die „Junge Pfalz", das Herzogtums Pfalz-Neuburg, gebildet.   MP

Leinfelder 1954; Wiesflecker 1977, Bd. 3, S. 186–205; Verfasserlexikon, Bd. 10, S. 1482.

3.38

Adler und Löwe

Um 1504/05; Handschrift/Papier, kolorierte Zeichnungen, 16 Bll., 27,7 x 21,2; Österreichische Nationalbibliothek, Wien (2831**)

Die Ereignisse des Landshuter Erbfolgekriegs, vor allem der Sieg Maximilians, sind in dieser kleinen, bisher unveröffentlichten Handschrift in allegorischen Versen und Bildern festgehalten. Allegorische Gedichte und Darstel-

3.37b

103

3.38

lungen erfreuten sich im späten Mittelalter großer Beliebtheit auch in der Volkspoesie. Vor allem das Medium
des Holzschnitts trug zur massenhaften Verbreitung solcher Flugschriften bei. Die Themen erstreckten sich von
Katastrophen wie Erdbeben und Pest über Kriege bis zu
alltäglichen Begebenheiten. Zu dieser Art von volkstüm-
licher Literatur, von der nur wenig erhalten ist, zählt der
kleine Band mit seinen naiv anmutenden und gerade
deshalb so reizvollen Illustrationen. Der Stil der Verse
und der bildlichen Ausgestaltung rückt die Handschrift
in die Nähe von zeitgenössischen Moritaten.

Neun Motive veranschaulichen die Geschehnisse um
den Landshuter Erbfolgekrieg. Auf dem ersten Blatt spielen der Adler und der Löwe Schach, Symbol für die frucht-
losen Vermittlungsverhandlungen zwischen König Maximilian und Pfalzgraf Philipp. Auf der zweiten Darstellung
kommt es zum Krieg zwischen dem Adler, auf seiner Seite
die Truppen des Herzogs von Oberbayern als Pfauen, und
dem Löwen mit den böhmischen Söldnern, die als Hunde
dargestellt sind: „so werden die thyr hund genennt die ketzer sind vom glauben trennt". Das Wehklagen des besiegten Löwen und der Hunde wird von den anderen Tieren,
Stier, Bär, Wolf, Widder, erhört und sie treffen sich beim
doppelköpfigen „Basulischgen" Hund, der Löwe ist heim-

lich hinter Gittern auch dabei. Stier, Bär, Wolf und Widder
stehen für die Verbündeten des Pfälzers. Sie beschließen
dem Löwen zu helfen und sich am König zu rächen. Ein
Falke überzeugt jedoch den Stier, sich nicht gegen den König zu wenden: „Ir wyst doch das es wyder got den Schopf-
fer ist vnd sin gebot der vnns den Adler selbst hat geben
das er Regier In disem leben." Die Tiere geben daraufhin
ihr Vorhaben auf und machen sich auf den Heimweg. Als
der alte Löwe – der junge Pfalzgraf ist inzwischen gestorben – begreift, dass er nichts mehr ausrichten kann, bereut
er vor dem Pfau, Herzog Albrecht IV., und dem Hirsch.
Der Löwe bittet um Gnade beim Adler und erkennt ihn
als Oberhaupt des Reichs an: „o Adler höchster grad Es
Rewt mich seer Ich bit vmb gnad". Der Adler lädt nun
alle „hochberumpte thyr" nach Köln auf den Reichstag,
um seinen Schiedsspruch zur Beendigung des Krieges zu
fällen.

Die Allegorie ist mehr moralisierend denn erzählend
und stellt ganz klar die Unangreifbarkeit des Königs als
Reichoberhaupt heraus. Er ist durch Gott legitimiert,
die Feinde, die in den Kirchenbann geraten, werden als
Ungläubige verstoßen, ebenso ihre Helfer.   S B

Menhard 1960, 2831**; Unterkircher 1983, S. 59 f.

Die Pfalz, Oberbayern und Niederbayern vor dem Landshuter Erbfolgekrieg

Rhein

Frankfurt
a. Main
Hanau
Aschaffen-
burg

Main

Regnitz

Lorsch

Vils

Naab

Kaiserslautern

Ludwigs-
hafen

Heidelberg

Nürnberg

Amberg

Zweibrücken

Speyer

Schwet-
zingen

Burglengenfeld

Landau

Regensburg

Weissenburg

Heilbronn

Donau

Ingolstadt

Straubing

Beinheim

Donauwörth

Neuburg

Passau

Rhein

Neckar

Augsburg

Isar

Landshut

Donau

Donau

Inn

München

Lech

Wasserburg

Burghausen

Inn

Mondsee

Mülhausen

Rhein

Isar

Kufstein

Basel

Rattenberg

Kitzbühel

Inn

Salzach

Innsbruck

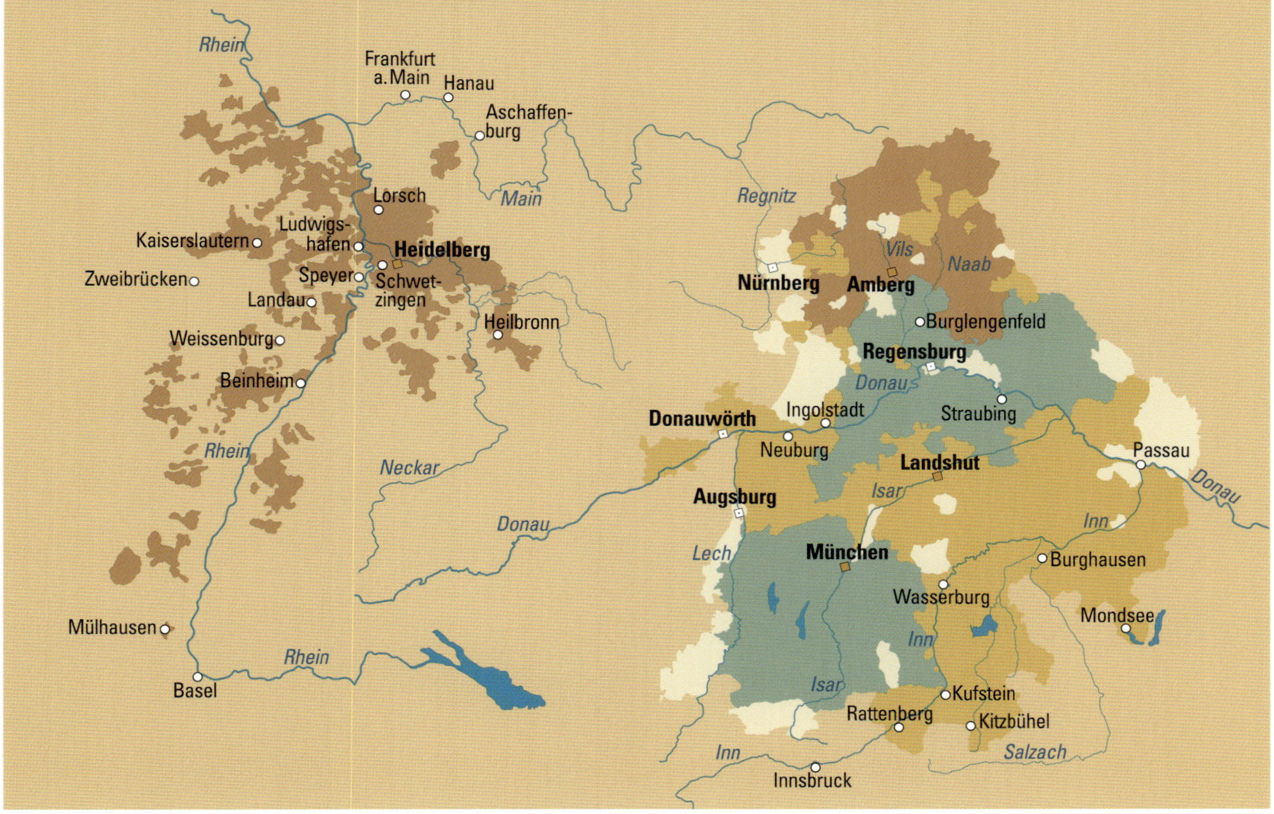

Die Pfalz mit der Oberpfalz, Pfalz-Neuburg und Bayern nach dem Landshuter Erbfolgekrieg

Rhein

Frankfurt
a. Main

Hanau

Main

Aschaffen-
burg

Regnitz

Lorsch

Erbendorf

Kaiserslautern

Ludwigs-
hafen

Heidelberg

Parkstein

Floß

Kaltenbrunn

Weiden

Zweibrücken

Speyer

Schwet-
zingen

Kohlberg

Vohenstrauß

Landau

Sulzbach

Vils

Naab

Furth i.
Wald

Weissenburg

Heilbronn

Nürnberg

Amberg

Schwandorf

Eschlkam

Allersberg

Velburg

Schmidmühlen

Neukirchen

Beinheim

Hilpoltstein

Burglengenfeld

Kallmünz

Kötzting

Heideck

Laaber

Regenstauf

Viechtach

Dietfurt

Heilsberg

Regen

Hemau

Regensburg

Mitter-
fels

Bärnstein

Monheim

Konstein

Egg

Ranfels

Rhein

Neckar

Donauwörth

Grais-
bach

Straubing

Hengersberg

Dießenstein

Dattenhausen

Ingolstadt

Hilgartsberg

Passau

Staufen

Höch-
städt

**Neu-
burg**

Reicherts-
hofen

Donau

Lauingen

Gun-
delfingen

Isar

Landshut

Donau

Donau

Augsburg

Mör-
moosen

Inn

Lech

München

Wasser-
burg

Kling

Wald

Burghausen

Trostberg

Inn

Traunstein

Mondsee

Marquartstein

Isar

Kufstein

Mülhausen

Kitzbühel

Rhein

Ratten-
berg

Basel

Inn

Salzach

Innsbruck

Bayern-München	Bayern-Landshut	Pfälzer Gebiete	Adels-, Reichs- oder Kirchenbesitz
Pfalz-Neuburg	Residenz-, Reichsstadt		

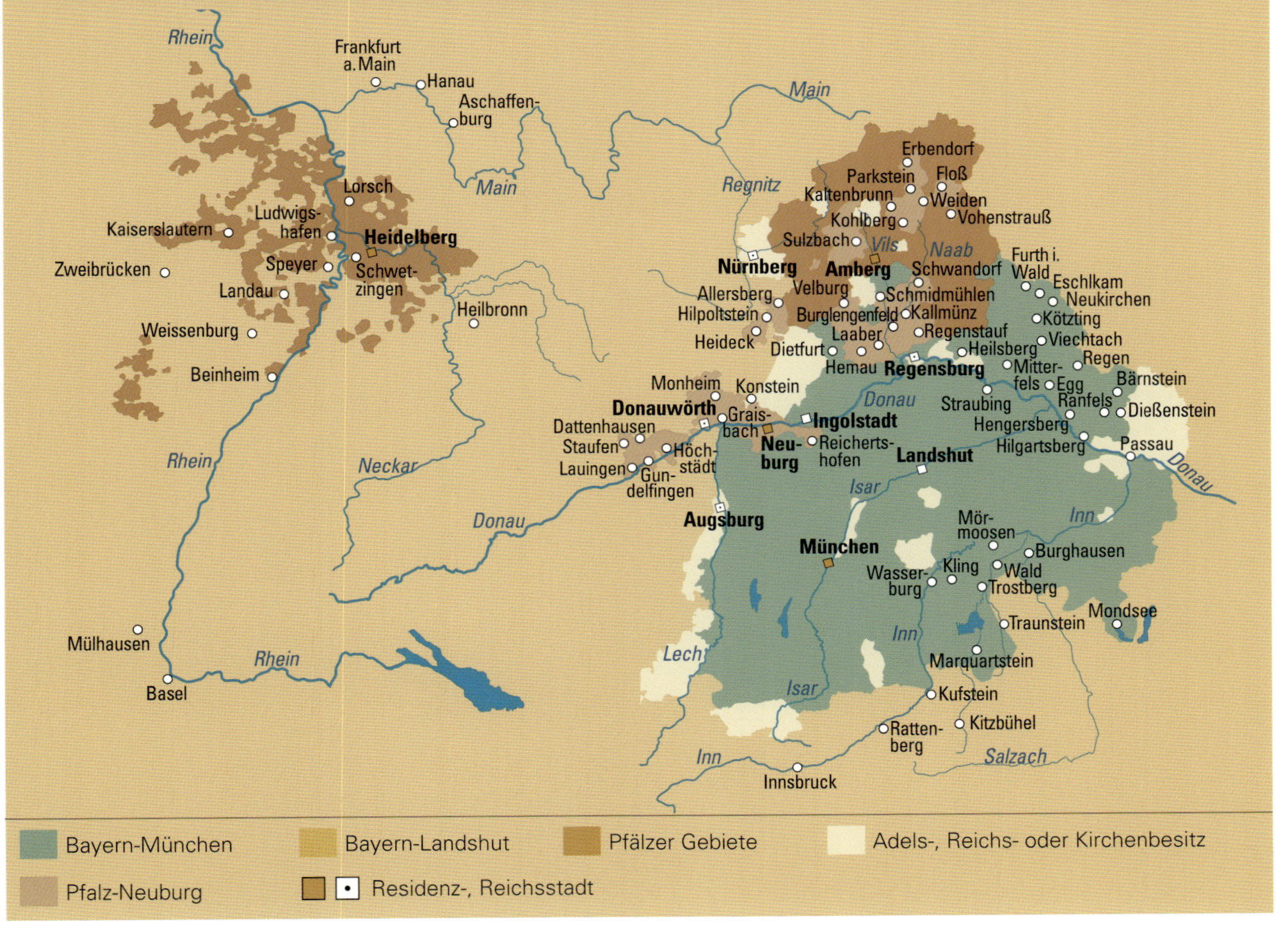

4 KÖLNER SPRUCH

4.1

Maximilian I.

Deutscher Maler nach
Albrecht Dürer, um 1530;
Öl/Holz, 40 x 31; Kunst-
historisches Museum Wien,
Sammlungen Schloss Ambras
(GG 880)

Eine Kreidezeichnung, entstanden am 28. Juni 1518 auf
dem Reichstag zu Augsburg,
war die unmittelbare Vor-
lage für zwei Porträts Kaiser
Maximilians I. von Albrecht
Dürer, heute in Nürnberg
und in Wien, die als Vorbild
für diese kleinere, nicht viel
später entstandene Kopie
dienten. Das Nürnberger
Bildnis, zunächst in Wasser-
farben auf Leinwand gefertigt und erst später mit Öl-
farben übermalt, mag als
Vorarbeit für die Wiener
Holztafel anzusehen sein.
Die ursprüngliche Wiener
Tafel zeigt einen größeren
Bildausschnitt und verzichtet auf die Darstellung des
Goldenen Vlieses auf der
Pelzschaube Maximilians.
Hier kommt zum ersten Mal
ein vollkommen neuer Ty-
pus des Herrscherbildnisses
zum Tragen: Die fürstliche
Repräsentation wird allein
durch kompositorische Mit-
tel betont und der Maler ver-

4.1

zichtet vollkommen auf die Darstellung von Insignien
der herrscherlichen Macht. Der Kopist unserer kleinen
Tafel hatte diesen Mut nicht mehr. Er übernimmt die
Vlieskette, wie sie auf dem Nürnberger Porträt und auf
den Dürer'schen Holzschnitten zu sehen ist. Bei ihm tritt
sie sogar dominant in den Vordergrund.

Die lateinische Inschrift des Wiener Porträts, fertig gestellt nach dem Tod des Kaisers, weist es als gemaltes Epitaph aus: „Der allergroßmächtigste und unüberwind-
lichste Kaiser Maximilian, der bei seinen Zeiten die meisten Könige und Fürsten in Vernunft, Schicklichkeit,
Weisheit und Mannheit, vor allem aber an Kriegsruhm

und Festigkeit übertroffen. Ist geboren den 9. Tag des
Monats März im Jahr des Heils 1459, hat gelebt 59 Jahre,
9 Monat und 25 Tag, ist mit Tod verschieden den 12. Tag
des Monats Januar im Jahr 1519. Der Allmächtige geruhe
der Seele eine göttliche Barmherzigkeit gnädiglich mit-
zuteilen." (Übersetzung in Anlehnung an die deutsche
Inschrift auf der Fassung in Nürnberg, nach Schütz
2002). S B

Kaiser Karl V. 2000, Kat.-Nr. 9; Werke für die Ewigkeit 2002,
Kat.-Nr. 39; Schütz 2002.

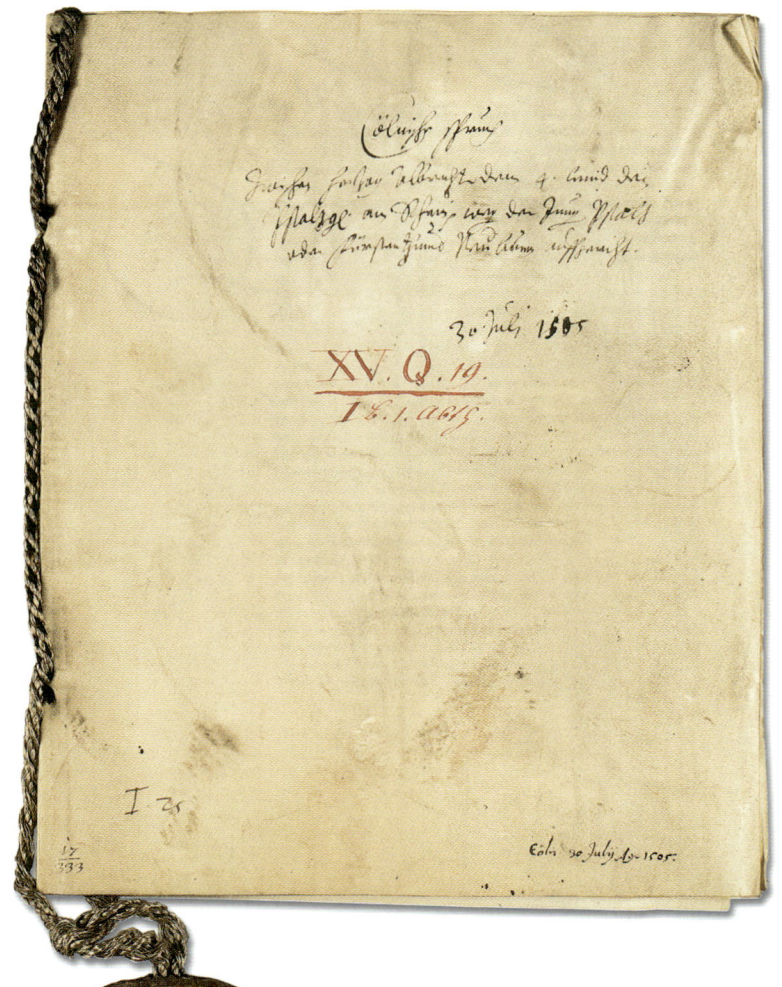

Der weitaus größere Anteil der Verlassenschaft mit einem Einkommen von über 75 000 Gulden fiel indessen vorbehaltlich des königlichen „Interesses", also einiger vom Reichsoberhaupt beanspruchter Gebiete, an Albrecht IV. von Bayern-München. Der königliche Entscheid entsprach damit dessen vor dem Reichstag getroffenen geheimen Abmachungen mit dem königlichen Rat Paul von Liechtenstein, der bei den Verhandlungen in Köln eine maßgebliche Rolle spielte. Pfalzgraf Friedrich, der Vormund der beiden jungen Pfalzgrafen, machte aus seiner Enttäuschung keinen Hehl. Seine Bemühungen um eine Revision des königlichen Urteils blieben jedoch vergeblich. Bei den folgenden jahrelangen Verhandlungen über die genaue Grenze des neuen Herzogtums blieb es im Wesentlichen bei den Bestimmungen des Kölner Spruchs. Nach 250 Jahren staatlicher Sonderentwicklung war damit die Wiedervereinigung Bayerns, wenngleich unter beträchtlichen territorialen Einbußen, besiegelt.   DH

Stauber 1993, S. 773–783.

4.2

Kölner Spruch König Maximilians I.

Köln, 30. Juli 1505; Urkunde/Pergament, Libell, 45 x 24, anhängendes königliches Wachssiegel; Geheimes Hausarchiv, München (Hausurkunden 848)

Mit dem so genannten Kölner Spruch beendete König Maximilian I. den Landshuter Erbfolgekrieg und teilte das umstrittene Erbe Herzog Georgs von Niederbayern auf. Für dessen Enkel Philipp und Ottheinrich wurde nördlich der Donau um Neuburg und Lauingen und in der Oberpfalz ein neues Herzogtum mit einem Ertragswert von 24 000 rheinischen Gulden jährlich gebildet.

4.3

a) Copia literarum Fundationis Monasterii Caesariensis

1535; Handschrift/Papier, 33 x 52, Aquarell über Blei, 11,8 x 11,1; Bayerisches Hauptstaatsarchiv, München (Reichskammergericht 11371 I)

Der Kölner Spruch als fundamentales Ereignis der Pfalz-Neuburger Geschichte fungierte vor allem in den ersten Jahren nach 1505 wiederholt als Belegdokument bei Rechtsstreitigkeiten. Beim vorliegenden Band mit Beilagen zu Prozessakten des Exemtionsverfahrens zwischen Pfalz-Neuburg und dem Kloster Kaisheim handelt es sich um ein relativ spätes Beispiel hierfür. Die Herzöge von Neuburg mussten sich als Rechtsnachfolger der Grafen von Lechsgmünd-Graisbach über mehr als 200 Jahre lang gegen den Anspruch des Schwäbischen Reichskreises und des Abts von Kaisheim auf Reichsunmittelbarkeit des Klosters, also auf Exemtion, verteidigen. 1757 gab das Reichskammergericht deren Klage schließlich statt.

Die Abbildung illustriert den Augenblick der Entscheidung in Köln. Der mit Zepter und Reichsapfel ausgestattete Richter, Maximilian I., sitzt auf dem für den Reichstag im Kölner Gürzenich aufgestellten Thron. Die

4.3

4.4

Rechtsspruch der Fürstentumb weiland Herzog Georgs von Baiern wegen 1505

Handschrift/Papier, 124 Bll., 30 x 22; Österreichische Nationalbibliothek, Wien (Cod. 3358)

Auf fol. 20ᵛ und 21ʳ ist der Wittelsbacher Stammbaum als Begründung für den Kölner Spruch König Maximilians I. wiedergegeben. Die Darstellung beginnt mit Kaiser Ludwig dem Bayern und seinen beiden Söhnen Stephan II. und Albrecht I. von Straubing-Holland. Deutlich werden die drei Familienzweige, die durch Teilung des Erbes der Söhne Stephans II. entstanden (Kat.-Nr. 2.1). Auch die gemeinsame Regierung der Münchner Brüder Ernst und Wilhelm findet Berücksichtigung. Die Nachfahren Albrechts IV. von Bayern-München und Georgs des Reichen von Bayern-Landshut sind nur noch skizzenhaft hinzugefügt. Immerhin sind Georgs Enkelsöhne Ottheinrich und Philipp als Kinder Elisabeths verzeichnet.   SB

4.5

Belehnung eines bayerischen Fürsten

aus: Der neu Layenspiegel: von rechtmässigen ordnungen in Burgerlichen und peinlichen Regimenten…, Augsburg: Othmar, 1511; Ulrich Tengler (1435/1445–1511); Buchdruck/Papier, Holzschnitt, 28 x 21,5 (R); Bayerische Staatsbibliothek München (Res. 2° pract. 76a)

Die Szene zeigt die Belehnung eines bayerischen Herzogs durch König Maximilian I. auf dem so genannten

perspektivische Überhöhung gegenüber den beiden Petenten unterstreicht die königliche Majestät. Die Parteien sind wie der König anhand von Wappenschilden zu identifizieren – links Niederbayern bzw. Pfalz, rechts Oberbayern. Auffällig ist das Fehlen der bei der Verkündung des Kölner Spruchs anwesenden Zeugen. Die über dem Bild angebrachte Aufschrift zu dem auf den folgenden Blättern 181ʳ–196ᵛ wiedergegebenen Kölner Spruch lautet: „Den Kuniglichen Vertrag, gemacht zwuschen den hochgebornen Fursten und Herren, Herren Hertzog Albrecht und Wolffgang gebruedern an einem, und Hertzog Rueprechts weilendt verlassen Erben an anndern, auff den gehaltnen kuniglichen Tag zu Coln Im Funffzehenhunderten vnd funfften Jahre."   DH

b) Den kuniglichen Vertrag

1505; Handschrift/Papier, Zeichnung, aquarelliert, 34,5 x 22; Bayerisches Hauptstaatsarchiv, München (Fürstensachen 215/II fol. 263–279)

Der Kölner Spruch findet seine Wiedergabe in unterschiedlichsten Akten zu diversen Sachverhalten. Die hier gezeigte Titelminiatur kopiert vorausgegangene Varianten und weist deutlich volkstümliche Züge auf.   SB

Laufs 1971, S. 182–185.

4.5

4.7

4.6

Belehnungsgerüst, das wie eine große Tribüne gestaltet war. Um den König auf dem Thronsessel gruppieren sich die geistlichen und weltlichen Kurfürsten. In der Belehnung der Fürsten durch das Reichsoberhaupt bekommt die Einheit des Reichs einen deutlich sichtbaren und vor allem öffentlichen Charakter. Bis zur Mitte des 16. Jahrhunderts wurde die Belehnung in traditioneller Form persönlich, öffentlich und unter freiem Himmel vorgenommen. Die in dieser Darstellung sichtbar werdende kaiserliche Lehenshoheit war eine der bestimmenden Rechtsformen für das Verhältnis des Reichsoberhaupts zu den einzelnen Landesfürsten.

Der Holzschnitt lehnt sich eng an einen Druck aus der Werkstatt Peter Wagners in Nürnberg an, der die Belehnung auf dem Reichstag zu Worms 1495 festhält. SB

Schottenloher 1938.

4.6

Albrecht IV. Herzog von Bayern

Barthel Beham (1502–1540); monogrammiert und datiert 1535; Tempera und Ölfarbenlasuren/Nadelholz, 97,2 x 71,1; Bayerische Staatsgemäldesammlungen, München (2444)

Albrecht IV. (1447–1508) stand nach der siegreichen Beendigung des Landshuter Erbfolgekriegs den wiedervereinigten Herzogtümern Nieder- und Oberbayern als alleiniger Landesherr vor. Sein Sohn Wilhelm IV. erbte aufgrund des Primogeniturgesetzes die gesamte Machtfülle, musste sich dann freilich mit seinem Bruder Lud-

wig die Regierung teilen. Es verstand sich von selbst, dass im Rahmen einer herzoglich bayerischen Familiengalerie das Bildnis des Vaters gefragt war. Nichtsdestoweniger wurde es erst 1535, als letztes der 1530 von Wilhelm IV. in Auftrag gegebenen Reihe vollendet. Es gibt von Albrecht kein Bildnis „nach dem Leben", auch das von Hans Wertinger um 1520/24 gemalte (Bayerisches Nationalmuseum, München) entstand posthum. Beham legte es dem seinen zugrunde, verzichtete aber auf den Girlandenschmuck. Hier wie dort weist der Rosenkranz den frommen Herrscher aus. Albrecht trägt eine stoffreiche rote Samtschaube mit einem breiten Pelzkragen. Die massige Erscheinung des weißhaarigen, mit einer Hobelspankette geschmückten Fürsten prägt sich ein. Energie und Beharrlichkeit kommen gleichermaßen zum Ausdruck. Innerhalb der Reihe diente dem Bildnis Albrechts das seiner Gemahlin Kunigunde von Österreich (Kat.-Nr. 4.7) als Gegenstück. KL

Erichsen 1980; Löcher 1999, S. 148, 150 f., Nr. 3.

4.7

Kunigunde Erzherzogin von Österreich, Gemahlin Herzog Albrechts IV. von Bayern

Barthel Beham (1502–1540); monogrammiert und datiert 1531; Tempera und Ölfarbenlasuren/Nadelholz, 97,6 x 71,5; Bayerische Staatsgemäldesammlungen, München (2445)

Kunigunde von Österreich (1465–1520), Tochter Kaiser Friedrichs III. und Schwester Kaiser Maximilians I., hatte

4.8

Herzog Albrecht IV. von Bayern unter Umgehung der väterlichen Zustimmung geheiratet. Auch fernerhin behielt sie sich persönliche Entscheidungen vor und griff in die Politik ein. Letztlich war sie es, die nach dem Tod ihres Mannes mit Hilfe der bayerischen Landstände die Mitregierung ihres zweitgeborenen Sohnes Ludwig durchsetzte.

Wilhelm IV. ließ das Bildnis der Mutter als eines der ersten für die Wittelsbacher Familiengalerie malen. Es zeigt sie als Witwe in schwarzem Kleid und weißer Haube, schmucklos, aber doch in glänzendem Seidenmoirée und mit einem kostbaren silbergrauen Pelzkragen. Der Apfel in ihren Händen könnte ein Wärmeapfel sein. Der bis zur Hüfte erweiterte Bildausschnitt und die über dem unteren Bildabschluss angehobenen Hände vergrößern den Abstand zum Bildbetrachter und erwecken den Eindruck vornehmer Distanz. Der abgedunkelte Hintergrund hat keinen farbigen Eigenwert. Beham malte die bereits 1520 Verstorbene nach einer Vorlage, wusste aber die markanten Habsburgerzüge lebensnah und Respekt heischend wiederzugeben. Das Bildnis der Kunigunde diente dem ihres Gemahls (Kat.-Nr. 4.6) als Gegenstück.

KL

Erichsen 1980; Löcher 1999, S. 136 f., Nr. 19.

4.8

Primogeniturordnung

8. Juli 1506; Libell/Pergament, 90 x 50, 48 Siegel; Bayerisches Hauptstaatsarchiv, München (Bayerische Landschaft Urkunden 1506 VII 8)

Seit 1255 war das Herzogtum Bayern wiederholt geteilt worden. Um einer weiteren Zersplitterung seines Teilherzogtums Bayern-München vorzubeugen, hatte Albrecht III. vor seinem Tod 1460 verfügt, dass jeweils die beiden ältesten seiner insgesamt fünf Söhne gemeinsam regieren sollten. Albrecht IV. gelangte als drittgeborener Sohn nur schrittweise zur Regierung. Erst nach dem Tod des ältesten Bruders Johann (1437–1463) und der Resignation Sigmunds (1439–1501) hatte er ab 1467 die Alleinregierung inne, musste sich jedoch seinerseits der Ansprüche seiner jüngeren Brüder Christoph (1449 bis 1493) und Wolfgang (1451–1514) erwehren. Die Erfahrungen dieser Jahrzehnte dauernden Konflikte und des Landshuter Erbfolgekriegs machten Albrecht IV. die Notwendigkeit einer Erbordnung für sein Herzogtum deutlich.

In einem als Urkunde der bayerischen Landschaft ausgefertigten Vertrag Albrechts mit Herzog Wolfgang – der

Primogeniturordnung – verzichtete dieser auf alle Regierungsansprüche. Künftig sollte jeweils der älteste Sohn des regierenden Herzogs nachfolgen und jede Teilung des Herzogtums verboten sein. Die Geltung des Primogeniturgesetzes war in der Folge umstritten. Sowohl Herzog Wolfgang selbst – nach dem Tod Albrechts IV. – als auch dessen zweiter Sohn Ludwig X. stellten es in Frage. Erst mit der testamentarischen Bestätigung der Primogenitur durch Albrecht V. im Jahr 1578 war deren Fortgeltung gesichert. D H

Stauber 1997.

4.9

Herzog Fridrichs als Vormunders, der durchleuchtigen hochgebohnen Füersten und Herrn, Herrn Ottheinrichs und Herrn Phlipps Pfalzgrafen bey Rhein …, kurzer Bericht dessen, so in weylands Herzog Georgs … verlassenen Fürestenthum Eigen, Pfandschaft, Erb, erkauft und fräuliches Lehen sey

1504/05; Handschrift/Papier, Feder, 31,5 x 24; Generallandesarchiv Karlsruhe (67/874)

Das Testament Georgs des Reichen (Kat.-Nr. 2.53) widersprach den wittelsbachischen Hausverträgen und dem Reichsrecht, da es die Vererbung des Reichslehens an eine Tochter vorsah. Da man im Zuge der Auseinandersetzungen um dieses Testament auf pfälzischer Seite schnell erkannte, dass man das Recht der Erbfolge in männlicher Linie nicht grundsätzlich ausheben konnte, versuchte man möglichst viele Rechtstitel ausfindig zu machen, die den Erben Georgs des Reichen als nicht als Reichslehen erworbenes Allodialgut (Eigengut), Pfandschaft oder Lehensgut Dritter uneingeschränkt zustehen sollten. Nach dem Krieg ließ der Pfalzgraf und spätere Kurfürst Friedrich II. in Vorbereitung auf den Kölner Reichstag (Kat.-Nr. 4.2) auf dieser Grundlage das hier gezeigte, 623 Nummern umfassende Kopialbuch zum Erweis der Rechte und Besitztitel seiner Mündel Ottheinrich und Philipp an Niederbayern zusammenstellen und dem König vorlegen. Darin wurde jeweils detailliert für die einzelnen Orte des (ehemaligen) Herzogtums Bayern-Landshut dargelegt, nach welchem Recht sie aufgrund ihrer Rechtsgeschichte zu beurteilen seien. Zwar war zum Zeitpunkt der Verhandlungen in Köln wohl schon klar, dass sich eine solche – angesichts der Verschmelzung und Überlappung der verschiedenen Rechtsformen ohnehin kaum mögliche – rechtliche Differenzierung nicht als Grundlage für die Verteilung des Erbes durchsetzen lassen würde, doch konnte die beeindruckende Auflistung zumindest der Stärkung der eigenen Verhandlungsposition dienen. S L

Stauber 2002; von Krenner 1805, Bd. 14, S. 335–394.

4.10

4.10

Pfalzwappen und zwei reitende Knaben

Martin Hering (um 1515 – um 1560); Neuburg, um 1540; Solnhofener Kalkstein, 21,5 x 22,5; Germanisches Nationalmuseum, Nürnberg (Pl.O. 710)

Der trapezförmige Stein trägt in der unteren Hälfte einen Schild mit dem pfälzischen Wappentier, dem gekrönten Löwen. Darüber reiten zwei nackte Knaben auf ungezäumten, ungesattelten Pferden aufeinander zu, die sich souverän in den Mähnen der Tiere verklammern. Während das von rechts kommende Ross kampfeslustig steigt, bäumt sich sein Widerpart zurückscheuend und das Haupt nach hinten reißend auf. Zweifellos dient diese Komposition dem Versuch, die parallel zur Bildfläche bewegte Staffage stärker zu verräumlichen. Naheliegend ist die Interpretation der Szene auf Ottheinrich und seinen Bruder Philipp, zumal auch die beiden steckenreitenden Büblein im Neuburger Stadtwappen in dieser Hinsicht gedeutet werden.

Aufgrund der nur angerissenen Halbkreisform des Schildes und der Art der Oberflächenbehandlung ist auf die Funktion des Bildwerks als Vorlage für ein Gussmodell zu schließen. Bestätigung findet dies in dem als „Löwlerin" und „Rößlerin" benannten Prunkgeschützpaar, das Hans Meixner 1543/44 für Herzog Ludwig X. von Bayern in Landshut goss (Bayerisches Armeemuseum, Ingolstadt, vgl. Schalkhaußer 1981, S. 41). Der Gießer, der erst im Jahr der Ausführung des Auftrags dorthin übersiedelt war, stand noch 1542 in den Diensten Ottheinrichs. Vorher war er wohl in der Hütte seines Schwiegervaters, des Glocken- und Geschützgießers Sebald Hirder tätig gewesen, welcher um 1525 bis 1550 in Neuburg in höfischen Diensten stand. Offenbar hatte Meixner ein Model aus dieser Werkstatt mit nach Landshut gebracht, welches auf das heute in Nürnberg verwahrte Steinmo-

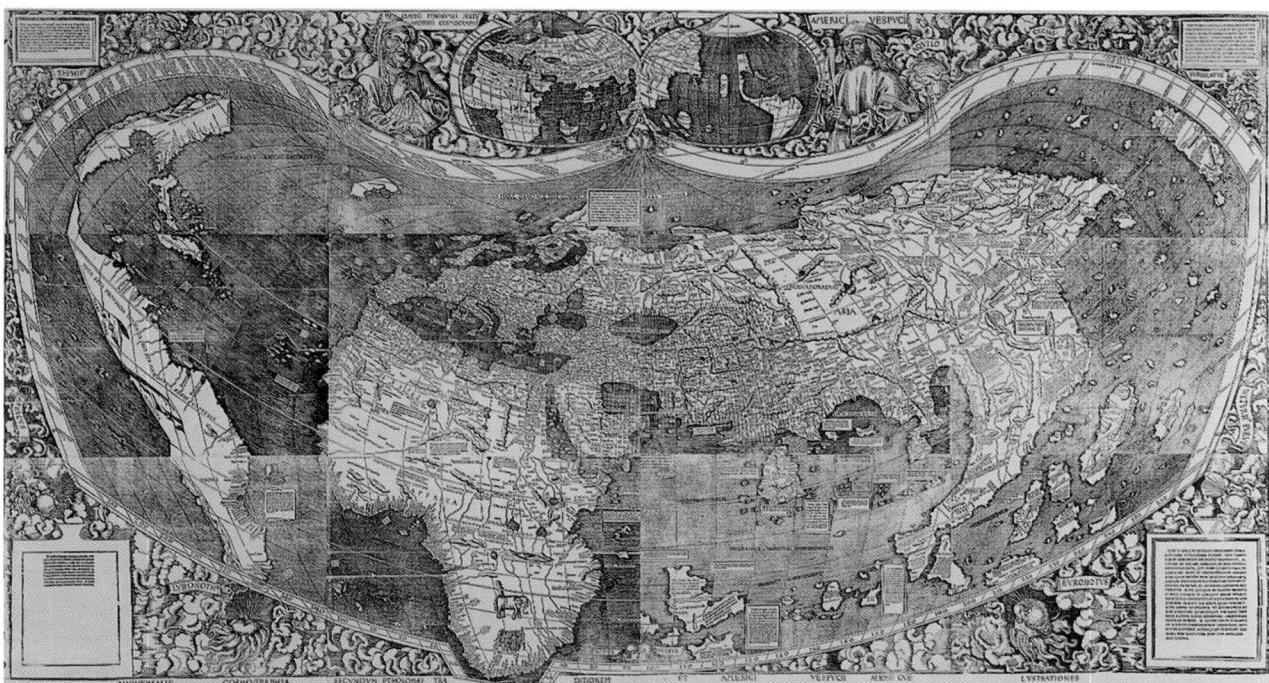

4.11

dell zurückgeht. Wahrscheinlich war dieses im Zusammenhang mit einem Auftrag des Pfalzgrafen, vielleicht ebenfalls zum Schmuck eines Geschützrohrs, geschaffen worden.

Reindls Zuschreibung des Reliefs an Martin Hering, der zwischen 1535 und 1542 am Neuburger Hof arbeitete, erfolgte aufgrund der formalen Nähe zu dem für den Bildhauer gesicherten Jagdrelief am Torbau von Schloss Grünau, das Ende der 1530er-Jahre entstand, sowie dem zwischen 1540 und 1542 gefertigten Kreuzaltar in der Schlosskapelle zu Neuburg.　　　　　FMK

Josephi 1910, S. 36 f.; Habich 1929, Bd. I,1, S. XIV; Peter Flötner und die Renaissance 1946, S. 17; Reindl 1977, S. 454 f.; Faszination Meisterwerk 2004, S. 216; Schalkhaußer 1981.

4.11

Universalis Cosmographia Secundum Ptholemaei Traditionem et Americi Vespucii Aliorumque Lustrationes

Martin Waldseemüller (um 1470–1521); Straßburg, 1507; Holzschnitt/Papier, herzförmig, 125 x 228, gedruckt von zwölf Stöcken (R); Library of Congress, Washington

Die Entdeckung der Neuen Welt seit 1492 drang nur langsam in das Bewusstsein der europäischen Öffentlichkeit. Kolumbus selbst glaubte ja bekanntlich bis zu seinem Tod 1506, lediglich die Westroute nach Indien gefunden zu haben. Erst die Fahrten der Portugiesen Pinzón und Cabral 1500/01 machten deutlich, dass man es mit einer großen Landmasse zu tun hatte. Die aufgrund dieser Fahrten erstellte so genannte Cantino-Weltkarte von 1502 definierte die Entdeckungen allerdings noch als zu Indien gehörige Inseln. Pinzón selbst hatte den Amazonas für den Ganges gehalten. Erst infolge der Berichte Amerigo Vespuccis als Teilnehmer an einer weiteren portugiesischen Expedition im Jahr 1501/02 verbreitete sich die Nachricht von einer „Neuen Welt". Seit 1504 fanden diese Berichte in Form von gedruckten Flugblättern auch in Deutschland weite Verbreitung. Erst jetzt trat das neue geografische Wissen und damit das neue Weltbild seinen Siegeszug an. Die Weltkarte Waldseemüllers steht gleichsam am Schluss dieses Erkenntnisprozesses. Sie gilt deshalb als der „deutsche Taufschein Amerikas". Erstmals werden die seit 1492 gemachten Entdeckungen als kontinentale Landmasse dargestellt und nach Amerigo Vespucci mit dem Namen „Amerika" bezeichnet.

Die in hoher Auflage gedruckte Karte galt lange als verschollen, bevor sie zu Beginn des 20. Jahrhunderts auf Schloss Wolfegg entdeckt wurde. Im Jahr 2001 wurde sie von der US-Kongressbibliothek in Washington als wichtigstes amerikanisches Urdokument erworben.　　　DH

Philipp Apian und die Kartographie 1989, Kat.-Nr. 1.17; Dreyer-Eimbcke 1991; Heil 2002.

115

surau

heilig grab

iero dez dame

pilatus haus

Die Ahnen der Pfalzgrafen Ottheinrich und Philipp; Beginn der mütterlichen Linie, Detail
Bayerisches Nationalmuseum, München (Kat.-Nr. 2.8)

5 DAS NEUE TERRITORIUM

Ferdinand Kramer

Fürstentum und Residenzstadt Neuburg (1505–1618)

Grundlegung und Gründungskrise, Konsolidierung und Stabilisierung, Höhepunkt und Wende

An der Wende vom Mittelalter zur Neuzeit kann man in der europäischen Staatengeschichte diametral entgegengesetzte Prozesse erkennen. Einerseits bildeten sich größere territoriale bzw. staatliche Einheiten, vor allem durch dynastische Verbindungen aus, etwa durch die Personalunion der Königreiche Kastilien-Leon und Aragon in Spanien oder im Süden des Heiligen Römischen Reichs mit der Personalunion von Österreich und Böhmen oder auch mit der Wiedervereinigung der Herzogtümer Ober- und Niederbayern im Jahr 1505. Andererseits entwickelten sich im Prozess von Landesteilungen, Erbauseinandersetzungen und politischen Kompromissen neue Territorien, wie etwa die sächsischen Herzogtümer oder eben das Fürstentum Pfalz-Neuburg. Die solchermaßen und durch die Entwicklung der Landesherrschaft seit dem hohen Mittelalter entstandene staatliche Vielfalt, die das Heilige Römische Reich bis 1806 kennzeichnete, wirkt bis heute in einer reichen Kulturlandschaft fort, wie man dies gerade in vormaligen Herrschaftsmittelpunkten und Residenzstädten wie in der Stadt Neuburg und in ihrem Umland sehen kann.

Was hat diese neuen, oft recht kleinen Territorien lebensfähig gehalten, welche Herausforderungen und Krisen haben diese Länder bestanden, was hat sie dann wieder stabilisiert? Solche Fragen drängen sich auch für das erste Jahrhundert des Fürstentums Pfalz-Neuburg auf, wenn man sieht, dass in dieser Epoche gewaltige Umbrüche im Reich und in Europa vonstatten gingen, die das junge Fürstentum nicht unberührt lassen konnten. Kleinere Reichsterritorien, zumal wenn ihnen wie Pfalz-Neuburg im 16. Jahrhundert eine längere historische und damit auch reichsrechtlich verfestigte Tradition fehlte, konnten, nimmt man allein ihre Rolle in der großen Politik und in den großen Entwicklungen der Zeit zum Maßstab, meist nur allgemeine Trends adaptieren, darauf reagieren, lavieren, sich wenden, anpassen oder sich vielleicht mit Neutralitätsbekundungen aus den großen Konflikten zeitweise heraushalten, um ihre Existenz und ihr Eigenleben zu sichern. Die Höfe und Residenzen schienen in ihrer Größe der Leistungskraft des Landes nicht angemessen. Das hat diesen Territorien bei den Mächtigen der Zeit und später bei den Mächtigen der Historiografie wenig Sympathie eingetragen. Dann aber erkannte man zunehmend die kulturellen Leistungen in den kleineren Territorien und fragte nach deren gesellschaftlichen und politischen Hintergründen und Funktionen. Diese Perspektive hilft uns auch, die Entwicklung des Fürstentums und der Residenzstadt Neuburg im ersten Jahrhundert des Bestehens, in der Zeit von 1505 bis zum Dreißigjährigen Krieg besser zu verstehen. Da ist zu verweisen auf die Fürsten, die Landstände, bestehend aus Vertretern der Prälatenklöster, des Adels und der Städte, auf die Verwaltung, auf die Innen- und Außenpolitik, auf die Wechselwirkung von Reich und Territorium, auf die Kirchen und die Konfessionspolitik und auf die Führungsschichten des Landes. Dann wird man den Blick auf Fragen der Zentralität, der Residenzbildung und des Hofes, auf Formen der Kommunikation und der Öffentlichkeit, der Pflege der Erinnerung, von Ritualen und Symbolen richten und dabei der Relevanz von Kunst und Kultur wieder einen hohen Stellenwert zumessen. In diesen Zusammenhängen soll die Geschichte Pfalz-Neuburgs im Folgenden in drei Phasen im Profil erkennbar werden.[1]

Grundlegung und Gründungskrise

Unser Blick auf die ersten Jahrzehnte des Fürstentums Neuburg ist vielfach überlagert von der Persönlichkeit des Pfalzgrafen Ottheinrich.[2] Dahinter verbirgt sich freilich ein schwieriger, von einer langwierigen Finanzkrise überschatteter und wiederholt auch gefährdeter Staatsbildungsprozess, dessen Erfolg keineswegs von vornherein sicher war. Die Grundlegung und Existenz des Fürstentums Pfalz-Neuburg war zwar 1505 als Kompromisslösung am Ende des Landshuter Erbfolgekriegs durch König Maximilian I. formal ermöglicht worden, doch sollte es Jahre dauern, bis die Gebietsgrenzen und die reichs- sowie landesrechtlichen Absicherungen und ein selbstständiges Staatswesen mit Landesverwaltung entwickelt werden konnte.[3] Da die beiden designierten Fürsten 1505 noch Kinder waren, hatte zunächst über Jahre Kurfürst Friedrich II. von der Pfalz die Vormundschaft zu führen. Wir wissen von zahlreichen Vormundschaftsregierungen des Spätmittelalters und der Frühen Neuzeit, dass die Vormünder nicht immer uneigennützig ihrer Verpflichtung nachkamen. In Pfalz-Neuburg freilich ist eine beachtliche Leistung des Vormunds beim Aufbau der Verwaltung festzustellen. Er hat eine Reihe der wichtigen Probleme bei der endgültigen Grenzziehung des neuen pfalz-neuburgischen Territoriums lösen können. Die Verpfändung mehrerer einträglicher Gerichte und Lehen zeigt allerdings auch, dass er die von Anfang an vorhandenen großen finanziellen Belastungen für das neue Fürstentum nicht in den Griff bekommen konnte.

Auf dem Augsburger Reichstag von 1510 erreichte Friedrich II. die endgültige reichsrechtliche Anerkennung der neuburgischen Landesherrschaft. 1521 belehnte Karl V. die nun volljährigen Erben, die Brüder Ottheinrich und Philipp, mit dem Fürstentum und bestätigte dabei das „Privilegium de non evocando" und verlieh das „Privilegium de non appellando". Diese, die Gerichtsbarkeit und damit die Landesherrschaft und -hoheit betreffenden Exemtionsrechte, trugen erheblich zur territorialen Festigung des neuen Fürstentums bei. Fortan konnte kein Neuburger Untertan außerhalb des Fürstentums bei einer Gerichtsinstanz Gehör finden. Er war auf die Gerichte des Pfalzgrafen verwiesen. Dabei gilt es sich zu vergegenwärtigen, dass das benachbarte Herzogtum Bayern das „Privilegium de non appellando illimitatum" erst ein Jahrhundert später, 1620, vom Kaiser verliehen bekam, was dort 1625 zur Einrichtung des Revisoriums, des Vorläufers des Bayerischen Obersten Landesgerichts, geführt hat, mit hohem Symbolwert für die Staatlichkeit Bayerns.

Der Prozess der abschließenden Festlegung des Gebiets und der Grenzen der neuburgischen Landesherrschaft brauchte von 1505 ab mehr als sieben Jahre. Erst 1512 kamen der neuburgische Vormund und die bayerischen Herzöge zu einem endgültigen Ausgleich. Das Verhältnis zu dem in der Region dominierenden, dynastisch und territorial eng verbundenen Herzogtum Bayern blieb eine Priorität der pfalz-neuburgischen Politik. Für das benachbarte Herzogtum, das sich seit 1505 nach Jahrhunderten der Landesteilungen in einem schwierigen und langwierigen Wiedervereinigungs- und Integrationsprozess von Ober- und Niederbayern befand, mussten die in Bayerisch-Schwaben um Lauingen und Höchstädt, die in der Oberpfalz und anfangs auch noch im altbayerischen Kernland liegenden Gebietsteile des Fürstentums Neuburg wie ein Dorn im Auge wirken. Vor allem die mehrfache Unterbrechung der wirtschaftlich so bedeutenden Donaulinie bei Lauingen, bei Neuburg und anfänglich bei Niederaltaich stellte ein Problem dar. Hier war, wohl ganz in der ursprünglichen Absicht Kaiser Maximilians I., ein dauerhaftes Spannungsverhältnis zwischen dem Fürstentum Neuburg und dem Herzogtum Bayern von vornherein angelegt. Zunächst aber konnten die Spannungen klein gehalten werden. Die Erschöpfung des Landes nach dem Landshuter Erbfolgekrieg,

auch ein persönlich gutes Miteinander zwischen den jungen Pfalz-Neuburger Fürsten Ottheinrich und Philipp mit den bayerischen Herzogsbrüdern Wilhelm und Ludwig hat dazu beigetragen. Gefestigt wurde dieses Verhältnis 1529 durch die Heirat und wohl glückliche Ehe Ottheinrichs mit Susanna, der Schwester der bayerischen Herzöge.

Eine der ersten Aufgaben im neuen Fürstentum war die Formierung der Verwaltung.[4] Sie wurde schon während der Vormundschaftsregierung von 1505 bis 1521 entwickelt, erfuhr aber nach dem Regierungsantritt Ottheinrichs 1522 eine weiter reichende Differenzierung und Modernisierung, insbesondere im Bereich der fortan regelmäßig zusammentretenden und kollegial organisierten Zentralbehörden. Ihre Organisation lehnte sich an Pfälzer und Oberpfälzer Vorbilder an, im Bereich der Unterbehörden, also der Land- und Pfleggerichte, stützte man sich auf die Vorläuferorganisation, die sich im spätmittelalterlichen Herzogtum Bayern entwickelt hatte. Mit Adam von Törring stand ein erfahrener Mann an der Spitze der Verwaltung, der im Kernraum des Fürstentums schon vor 1505 Verantwortung getragen hatte, als Teile der später pfalz-neuburgischen Gebiete noch zum Herzogtum Niederbayern gehört hatten. Törring fungierte ab 1505 als Statthalter für den vielfach abwesenden Vormund und war somit eine der wichtigsten Persönlichkeiten bei den Bemühungen um eine Konsolidierung der Verwaltung des neuen Fürstentums. Ab 1535 leitete ein bürgerlicher Jurist die Verwaltung Pfalz-Neuburgs. Auch bei der Ausbildung der Stände, die eine eigenständige Verwaltung für die von ihnen erhobenen Finanzmittel unterhielten, übernahm man die aus den bayerischen Landesfreiheiten des Spätmittelalters entwickelten Strukturen, mit den Kurien aus Prälaten, Adel und Städten bzw. Märkten. Mit ihren Beiträgen zur Finanzierung und Verwaltung des Fürstentums leisteten die Stände einen wichtigen Beitrag für den Erhalt und die Konsolidierung Pfalz-Neuburgs.

Soweit heute die Rechtssetzung der ersten Hälfte des 16. Jahrhunderts für Neuburg untersucht ist[5], stellte man fest, dass entsprechende Mandate und Ordnungen bis auf weiteres an die Entwicklung im benachbarten Bayern angelehnt wurden. Die gemeinsame Rechtstradition wurde zunächst fortgeschrieben, was die Arbeit der Landesverwaltung ohne Zweifel erleichterte. Erst der Aufbau des lutherischen Kirchenregiments und der evangelischen Landeskirche hat ab 1542 und verstärkt seit 1553 zu einer abweichenden und teilweise eigenständigen Rechtsentwicklung in Pfalz-Neuburg geführt. Das lutherische Kirchenregiment erforderte mit der Einrichtung von Konsistorium und Superintenduren auch spezifische Verwaltungsstrukturen. Der Konfessionswechsel ermöglichte es auch, mit dem landesherrlichen Kirchenregiment und dem Ausschluss von bischöflichen oder päpstlichen Rechten in Pfalz-Neuburg die Kompetenzen des Landesherrn und damit die Landesherrschaft weiter auszubauen.[6]

Man kann durchaus die Phase der Vormundschaftsregierung für die junge Pfalz bis 1522 eigenständig akzentuieren, freilich stand im Zusammenhang mit der Formierung des Fürstentums die abschließende Mittelpunktbildung durch den Ausbau des Hofs und der Residenz bis zu dem Zeitpunkt noch aus. Der Vormund Friedrich II. hielt sich in dem neuen Fürstentum nur selten selbst auf; neben Neuburg hatte für ihn Burglengenfeld zentrale Funktionen. Die Landstände traten zu der Zeit verschiedentlich in Burglengenfeld zusammen, auch als im Juni 1522 mit der Huldigung die Regierungsübernahme der jungen Pfalzgrafen vollzogen wurde. Als die beiden Brüder 1535 eine sechsjährige Teilung der Landesverwaltung vereinbarten, wählte Philipp Burglengenfeld als Sitz und Residenz und baute dort einen Hof auf, der dem zuvor gemeinsamen der beiden Brüder kaum nachstand.[7]

Die Stadt Neuburg hatte allerdings wichtige Vorzüge, die sie als Mittelpunkt des neuen Fürstentums prädestinierten. Dazu gehörte eine historisch-legitimierende und auch gepflegte Tradition, die sich auf einen Bischofssitz, auf eine Pfalz und auf Kaiser Heinrich II. berufen konnte. Dann spielte wohl das vorhandene ansehnliche Schloss eine Rolle, das als Nebenresidenz genutzt worden war, als Neuburg bis 1445 zum Herzogtum Oberbayern-Ingolstadt gehörte. Schließlich waren wichtige Verwaltungen wie das Hofgericht und ein Rentamt schon aus Ingolstädter und ab 1445 niederbayerisch-landshuter Zeit in Neuburg ansässig. Auch Landtage waren dort abgehalten worden. Spätestens seit 1509 war auch der Statthalter für das neue Fürstentum in Neuburg ansässig. Und nicht zuletzt sprach für Neuburg die ausgesprochen günstige Verkehrslage an der Donau.

Mit Beginn der selbstständigen Regierung Ottheinrichs und Philipps sind für den Neuburger Hof erste Hofordnungen überliefert, die einen Blick in die Organisation und Aufgabenteilung, in die Finanzierung des Hofs und im Vergleich mit späteren Hofordnungen und Rechnungen auch in den Wachstums- und Entwicklungsprozess erlauben.[8] Ein Vergleich mit dem kursächsischen Hof in Dresden und dem bayerischen Hof in München zu der Zeit lässt erkennen, dass mit 115 Personen, die dem weiteren Hofstaat in Neuburg angehörten, der Personalumfang Ende der 1520er-Jahre nur wenig hinter Dresden und München zurückstand. Ganz anders gestalteten sich dagegen die Relationen zur Größe der Territorien und zu den Einnahmen der Fürsten: Die Hälfte der ordentlichen Staatseinnahmen der Jungen Pfalz, die 1505 auf 24000 Gulden bemessen worden waren, verschlang schon 1528 die Hofhaltung. Von den Geldeinkünften wurden 95 Prozent, nach anderer Rechnung 111 Prozent, dafür aufgebracht. Die 1535 zwischen Ottheinrich und Philipp vereinbarte geteilte Verwaltung des Landes und der Aufbau einer zweiten Hofhaltung in Burglengenfeld ließen das Hofpersonal weiter steigen. Bis 1543 verdoppelten sich die Besoldungskosten für den Neuburger Hof. Die Hofordnungen, die ihre Ausarbeitung auch

dem Einfluss der auf Sparsamkeit drängenden Stände verdanken, sollten eine sorgfältige und sparsame Haushaltung der Fürsten gewährleisten. Doch das blieb Wunschdenken.

Im Zusammenhang mit der Expansion des Hofs und der Explosion der Kosten stehen die von Ottheinrich und seinem Bruder entwickelten Elemente fürstlicher Repräsentation. Sie werden heute auch als Bestandteil der Entwicklung einer modernen Landesherrschaft in der Frühen Neuzeit gesehen. Fürstliche Repräsentation hatte dynastische, politische und gesellschaftliche Funktionen nach innen und nach außen. Nicht zum geringsten wurden die nach außen sichtbaren Symbole, vor allem die großen Schlossbauten in Neuburg und Grünau, zu Elementen der Identifikation mit Fürst und Land, aber auch der Propaganda für fürstliche Dignität und Macht. Herrschaft und Fürstentum als Abstraktum konnten so sichtbar und greifbar gemacht werden und gewannen für die Untertanen Gestalt. Die Wirkung war allerdings zwiespältig, da die Kritik der Stände an Aufwand und Kosten sowie der Verweis auf die Belastungen für die Untertanen nicht ausbleiben konnten.

Am Beispiel der Darstellungen auf den Thronbaldachinen Ottheinrichs kann die Funktion fürstlicher Repräsentation weiter konkretisiert werden. Fürstliches Wappen, Himmelfahrt Christi und Abendmahl finden sich auf den Tapisserien der Baldachine.[9] Das sind Motive, die sich an gleicher Stelle am sächsischen Hof und mehrfach bei Kaiser Karl V. nachweisen lassen. Offensichtlich soll die Szene auch den Anspruch des Fürsten auf Präeminenz und vor allem auf die Treue der Untertanen, insonderheit der Landstände, unterstreichen. Höfische Repräsentation mit künstlerischen Mitteln ist so Kommunikationsmittel und -medium für politische Programmatik und Loyalitätsansprüche. Sie steht im Zusammenhang der allgemeineren politischen und gesellschaftlichen Ordnungsfunktionen des Hofs, die im neuen Fürstentum Pfalz-Neuburg teilweise erst entwickelt werden mussten. So kann man die Bemühungen um Repräsentation, gerade mit den Mitteln von Kunst und Architektur, auch als Beitrag zur Konsolidierung fürstlicher Herrschaft im jungen Fürstentum sehen.

Des Weiteren hat sicherlich die dynastische Konkurrenz im Reich und in Europa Anregung und Anreiz für fürstliche Repräsentation geliefert. Eine wachsende Zahl von Fürstenreisen bzw. Reiseberichten im 16. Jahrhundert, auch von Ottheinrich und Philipp, öffnet den Blick auf die vielfach vergleichenden Perspektiven, die die Zeitgenossen so gewonnen haben. Gerade deswegen mag bei einem Parvenue wie dem jungen und kleinen Fürstentum Pfalz-Neuburg die aufwändige Repräsentation auch kompensatorische Bedeutung gehabt haben. Jedenfalls wurden die Maßstäbe dafür aus europäischen Vergleichen gewonnen. Vorbilder waren die Höfe in Italien, in Burgund und mehr denn je der Kaiserhof Maximilians I. und schließlich der burgundisch-spanisch-italienisch geprägte Hof und das Gefolge Kaiser Karls V. und Philipps II.

von Spanien. Letzteres ließ an manchen Fürstenhöfen auch Minderwertigkeitsgefühle hochkommen. Der bayerische Kanzler Leonhard Eck riet etwa seinem Herzog, als 1548 Prinz Philipp aus Spanien kommend zu Karl ins Reich reiste und dabei Bayern durchquerte, man möge dem Prinzen zwar entgegenreiten, aber doch so tun, als habe man zufällig während der Jagd in der Nähe der bayerisch-tirolischen Grenze von der Ankunft des Prinzen Nachricht bekommen. So könne man mit wenigen Personen dem Prinzen entgegenreiten. Alles andere würde die bayerischen Möglichkeiten überfordern und gleichzeitig doch als gering gegenüber den Spaniern erscheinen.

Besonders im Konkurrenzverhältnis zu den Habsburgern, das sich in den 1520er- und frühen 1530er-Jahren unter anderem im Ringen um die Königswürde in Böhmen und im Reich konkretisierte, suchte man an den wittelsbachischen Höfen nach dynastischer und historischer Selbstvergewisserung, aus der Ansprüche auf höhere Würden abgeleitet werden konnten. Dies geschah in Neuburg, in enger Zusammenarbeit mit dem Münchner Hof, mittels einer Porträtgalerie und dem Fest- und Ahnensaal im Ottheinrichbau des Schlosses, der ab 1537 errichtet wurde. Für Ottheinrich hatte die fürstliche Repräsentation wohl bald auch die Funktion, seine Ambitionen auf die Pfalz, den Kurhut und selbst auf königliche Würden zu untermauern.[10]

Der zentrale Problembereich, der alle anderen Schwierigkeiten und Krisen im Prozess der Ausbildung der neuburgischen Staatlichkeit von Anfang an überlagerte, war die Finanzknappheit. Wir wissen, dass die meisten Territorien der Epoche mit strukturellen Haushaltsdefiziten zu kämpfen hatten. Im Herzogtum Bayern führte die Zuspitzung der Finanzprobleme 1598 gar zur vorzeitigen Abdankung von Herzog Wilhelm V. Doch selten waren die Finanzkrisen so existenzbedrohend wie in Pfalz-Neuburg. Die Probleme rührten zum einen von der expandierenden Hofhaltung und Repräsentation her, welche die Leistungskraft des kleinen Landes bei weitem überforderte. Sie hatten ihre Wurzel zum anderen im Landshuter Erbfolgekrieg, aus dem das neue Fürstentum eine Schuldenlast übernehmen musste. Manche Teile des Territoriums waren von Kriegshandlungen schwer getroffen worden und konnten über längere Zeit nur wenig zu den Landeseinkünften beitragen. Die von Beginn an vorhandenen Probleme gewannen massiv an Schärfe, als Ottheinrich für die Neuburger Residenz ein umfangreiches Bauprogramm einleitete und ab 1535 eine zweite Hofhaltung in Burglengenfeld für Philipp einrichtete wurde.

Auch bezüglich der doppelten Hofhaltung finden sich Parallelen im Herzogtum Bayern, wo in Landshut und München zwei Höfe nebeneinander eine teilweise wohl auch konkurrierende Dynamik entwickelten. Als Ludwig X. in Landshut 1545 starb, übernahm Wilhelm IV. in München nicht nur die Schuldenlast. Im Sinne des nach wie vor schwierigen Integrationsprozesses der ober- und niederbayerischen Landesteile hat der Münchner Hof auch Angehörigen des Landshuter Hofs den Zugang ermöglicht, was zur weiteren Personalausweitung beigetragen haben dürfte.[11] Leidtragende der so forcierten Finanzkrise waren neben den vielfach belasteten Untertanen die Stände und die fürstlichen Räte, die mit immer neuen Geldforderungen und nicht selten mit skurrilen Geldbeschaffungswünschen wie Goldmacherei konfrontiert wurden. Im Herzogtum Bayern wie im Fürstentum Neuburg hat dies erheblich zur Stärkung der Landstände und vor allem des Adels beigetragen, denn die landständischen Kassen fingen die Schuldenwirtschaft der Fürsten immer wieder auf. Dies hat die Stände zu mehr politischer Beteiligung veranlasst, gleichzeitig in die Abhängigkeit eines Gläubigers gebracht und damit stärker an das Land und die dynastische Spitze gebunden. Vergeblich argumentierten die Stände, dass fürstliche Reputation mehr durch Tugenden, Sparsamkeit und Sorgfalt in der Regierung, mit Klugheit und Gerechtigkeit zu gewinnen wäre denn mit aufwändiger Hofhaltung und Repräsentation. Als die bayerischen Stände und Räte in den 50er-Jahren den jungen Herzog Albrecht V. wiederholt eindringlich wegen der Kosten der Hofhaltung ermahnten, konnten sie auf das Desaster verweisen, das in Neuburg wenige Jahre zuvor vonstatten gegangen war.[12] Der inzwischen bankrotte Ottheinrich hatte im Jahr 1544 dem Ratschlag der Stände Folge leisten und ihnen die Verwaltung des Landes und damit die Sanierung der Finanzen überlassen müssen. Der Hof wurde regelrecht aufgelöst, die Baumaßnahmen vorläufig eingestellt und wesentliche Teile der Ausstattung der Residenz veräußert. Ottheinrich verließ Neuburg. Das Zentrum des dynastischen Fürstenstaats und damit der Fortbestand des eigenständigen Fürstentums selbst schien in Frage gestellt.

Die in der Form Aufsehen erregende Zuspitzung der Finanzkrise hatte ihre Ursachen auch in einer politischen Krise, deren Gründe nicht zuletzt im Konfessionswechsel Ottheinrichs 1542 zu suchen sind. Was immer die Motive im Einzelnen gewesen sein mögen, die Einführung der neuen Glaubenslehre musste zur Abgrenzung und Entfremdung vom dominierenden Nachbarn Bayern und vom Kaiser und damit letztlich auch von wichtigen Kreditgebern führen. Bald verwickelte der Konfessionswechsel Ottheinrich auch verstärkt in die großen Konfliktfelder der Reichspolitik. All dies brachte das junge Fürstentum in existenzielle Gefahr. Finanzkrise und Konfessionswechsel der Neuburger versuchte der bayerische Nachbar dann ohne Umschweife zu nutzen, um Teile oder das ganze Fürstentum Neuburg an sich zu bringen. Die bayerischen Landstände hatten schon 1542 und 1543 auf Landtagen in Ingolstadt und Landshut mit dem Herzog wegen des Geldes für einen möglichen Kauf wesentlicher Teile des Fürstentums Pfalz-Neuburg verhandelt. Diese Politik Bayerns zum Erwerb Pfalz-Neuburgs mündete 1546 geradewegs in die Verhandlungen mit Kaiser Karl V. im Vorfeld des Schmalkaldischen Krieges, als Herzog Wilhelm IV. und seine Berater glaubten, sie könnten Neuburg als Gegenleistung für die Unterstützung des Kaisers kostenlos bekommen. Gezielt lenkte die bayerische Politik deswegen beim Donaufeldzug Karls V. im September 1546 das Interesse des kaiserlichen Heeres auf Neuburg, das ihm am 18. September übergeben werden musste. Was im Schloss zuvor nicht schon verkauft worden war, fiel jetzt den Soldaten des kaiserlichen Heeres in die Hände. Die Übergabe des Fürstentums an Bayern schien die logische Konsequenz in naher Zukunft. Damit erlebte die Gründungskrise Pfalz-Neuburgs ihren vorläufigen Höhepunkt. Das Ergebnis von 1505 stand grundsätzlich wieder in Frage und diese Frage blieb in Form einer kaiserlichen Verwaltung und Statthalterschaft, die rasch auch die Rekatholisierung Pfalz-Neuburgs betrieb, bis 1552 offen.

Konsolidierung und Stabilisierung

Wie schon 1505 so war auch in der Mitte des 16. Jahrhunderts die Zukunft Pfalz-Neuburgs aufs Engste mit der Politik und dem Schicksal des Kaisers verknüpft. Das Scheitern Karls V. im Reich, das dann im Passauer Vertrag zum Ausdruck kam, ermöglichte Ottheinrich schon im Mai 1552 die Rückkehr nach Neuburg. Seine Rückkehr, die sofortige Erneuerung der lutherischen Kirchenordnung und die 1555 eingeleitete und 1557 bestätigte Nachfolgeregelung zugunsten seines Vetters Wolfgang von Zweibrücken mussten wie eine demonstrative Bestätigung und Erneuerung der neuburgischen Landesherrschaft und des Fürstentums wirken.

Mit der Rückkehr Ottheinrichs nach Neuburg und der Übergabe an Wolfgang fand die erneute Wendung zum Luthertum eine zunächst auf Dauer angelegte Entwicklung. Außerdem trug die reichsrechtliche Regelung des Konfessionskonflikts im Augsburger Religionsfrieden von 1555 zur Stabilisierung des Fürstentums Pfalz-Neuburg bei. Die von Ottheinrich seit 1552 wieder aufgebaute und dann von Pfalzgraf Wolfgang und seinem Nachfolger Philipp Ludwig intensivierte lutherische Landeskirche, der Ausbau zu einer Art lutherischem Musterstaat seit den 1560er-Jahren – all dies leistete einen wichtigen Beitrag zur Konsolidierung der neuburgischen Landesherrschaft. Freilich blieben gerade in einem so zersplitterten Territorium – vielfach im Umfeld katholischer Nachbarn – die Grenzen der Konfessionalisierung allgegenwärtig.

Zur Stabilisierung des Fürstentums trug wesentlich bei, dass seit dem letzten Drittel des 16. Jahrhunderts in wachsendem Maße die Personalrekrutierung aus dem eigenen Land gelingen konnte. Landeskinder sollten alsbald das Land verwalten. Voraussetzung dafür war der Ausbau des Schulwesens, vor allem durch die Gründung des Gymnasiums illustre 1561 in Lauingen. Mit den Lebensläufen der Spitzenbeamten an der Wende vom 16. zum 17. Jahrhundert kann sehr schön nachvollzogen werden, dass ein großer Teil des Führungspersonals aus dem Lauinger Gymnasium hervorgegangen war.[13] In Lauingen etablierte sich auch die Anfang der 1560er-Jahre eröffnete Landesdruckerei, mit deren Erzeugnissen sich das Fürstentum als Kommunikationsraum festigte. Schule und Druckerei zogen weitere Gewerbe wie eine Papiermühle oder verschiedene Kunsthandwerksbetriebe nach sich. Ausdruck der Wertschätzung der Fürsten Wolfgang und Philipp Wilhelm für Lauingen wurde die Errichtung der Fürstengruft dort, gleichzeitig ein Inbegriff für die sich etablierende neuburgische oder dritte Linie der Wittelsbacher. Lauingen wurde zum wichtigen geistigen Zentrum des Fürstentums Pfalz-Neuburg, wo auch dynastische Erinnerungskultur gepflegt wurde.[14] Die evangelische Stadt wurde wohl bewusst als Gegenpol zum nahen katholischen Dillingen und der dortigen Universität ausgebaut.

Eine zentrale Errungenschaft der Konsolidierungsphase war die Sanierung der Finanzen. Während Pfalzgraf Wolfgang einerseits wohl Schulden nach Zweibrücken verlagerte, andererseits mit seinem Engagement im Hugenottenkrieg in Frankreich noch einmal finanzielle Risiken schuf, machte sich seit 1569 sein Nachfolger Philipp Ludwig rasch an die Beseitigung dieses Problems, das zu einem weithin bekannten Makel des Fürstentums geworden war. In Kooperation mit den Landständen und durch hohe, auch persönliche Aufmerksamkeit für die Finanzverwaltung gelang ihm das Kunststück, trotz weiterer Expansion des Hofpersonals den Haushalt vor allem durch Einnahmesteigerungen zu sanieren. Außerdem blieb Philipp Ludwig bis in die 1580er-Jahre mit größeren Baumaßnahmen zurückhaltend. Seine Heirat mit Anna von Jülich-Kleve-Berg, diese freilich pompös inszeniert, brachte eine beträchtliche Mitgift und die Anwartschaft auf ein bedeutendes Erbe am Niederrhein um Düsseldorf. Auch dies stärkte die Kreditwürdigkeit der Neuburger Fürsten. Finanziell, dynastisch, kirchenorganisatorisch und konfessionell sowie durch ein gutes Verhältnis zum Kaiserhof auch reichspolitisch stand das Fürstentum Pfalz-Neuburg nun auf gefestigtem Grund.

Höhepunkt und Wende

Nach überstandenen Krisen und erfolgreicher Konsolidierung konnte man 1605 in Neuburg selbstbewusst den 100. Geburtstag des Fürstentums feiern. Seit längerem schon erlebte Pfalz-Neuburg gar eine neue Dynamik, die sich auf sehr unterschiedlichen Ebenen erkennen lässt. Da sieht man im Bereich der Landesverwaltung etwa eine verstärkte Spezialisierung an den Spitzen oder auch eine systematischere Organisation der Außenpolitik innerhalb der Zentralverwaltung mit ersten Ansätzen zur Entwicklung eines spezialisierten Gesandtschaftswesens.[15] Schon seit den Anfängen von Fürstentum und Residenz kann man Veränderungen auf dem Immobilienmarkt und in der Sozialstruktur vor allem in der Stadt, teilweise aber auch im Umland von Neuburg wahrnehmen. Einwohnerverzeichnisse von 1610 und 1613 ermöglichen einen Blick auf das Ergebnis dieses Prozesses.[16] Neuburg wuchs in den Jahrzehnten vor und nach der Jahrhundertwende um etwa ein Drittel an der Zahl von Häusern, man kann um 1613 mit etwas mehr als 4000 Einwohnern rechnen, zu einer Zeit als München etwa 15 000 Einwohner zählte. Etwa 350 Personen oder etwa acht Prozent davon sind in Neuburg dem Hof des Fürsten zuzuordnen. Beamte, Militärs, Künstler, Silberkämmerer, Hofapotheker, Gesandte, dazu ein sehr differenziertes Lebensmittel-, Textil-, holzverarbeitendes und kunsthandwerkliches Gewerbe. Es ist die auch andernorts bekannte Sozialstruktur einer reifen Residenzstadt, die sich hier wiedererkennen lässt. Im Umland von Neuburg kann in der Struktur adliger und gefreiter Sitze zunächst eine Häufung von Besitzwechseln nachgewiesen werden, wobei Spitzenbeamte am Hof sich in den Dörfern mit Niedergerichtsrechten einkauften. Adlige Sitze wurden, ähnlich einem Prozess, der zur gleichen Zeit um München ablief, in größerem Umfang von Höflingen genutzt, die dort den Lebensstil der Residenz nachahmten.[17] Die Residenzstadt Neuburg hatte also auch aus dieser Perspektive alles Provisorische verloren.

Auch am Bauprogramm des Fürsten sind schon seit den 1580er-Jahren neue Impulse zu erkennen. Philipp Ludwig ließ etwa für seinen Bruder das Schloss in Hilpoltstein erweitern und er begann den Ausbau des im Ehevertrag zugesagten Witwensitzes für seine Frau in Höchstädt. In der Residenzstadt Neuburg selbst folgte bald der Ausbau des Marstalls und der Bau eines Kirchen- und Stadtturms. Dieser Turmbau endete im März 1602 in einer Katastrophe, als der unfertige Turm einbrach und die angrenzende Pfarrkirche sowie das Rathaus beinahe gänzlich zerstörte. Allerdings eröffnete die Zerstörung im Zentrum der oberen Stadt auch die Chance, in unmittelbarer Nähe zum Schloss das Residenzareal neu zu gestalten und damit einen repräsentativen Höhepunkt in der Residenzstadt zu schaffen. Fast fünf Jahre lang, bis zum Baubeginn 1607, arbeitete man an den Planungen für die Kirche, die zu einem selbstbewussten Symbol für Fürst, Fürstentum und lutherische Konfession werden sollte, hoch über der Donau auch ein Zeichen der Abgrenzung und ein Gegenpol zum vor wenigen Jahren neu errichteten und weithin ausstrahlenden jesuitischen St. Michael in München.

Schließlich begann wohl 1607 der Bau von Sternschanzen, als im Zusammenhang mit dem jülich-kleveschen Erbfolgekonflikt, der Interessen Neuburgs und darüber hinaus der Konfessionsparteien im Reich betraf, die allgemeine Kriegsgefahr immer offensichtlicher geworden war. Elias Holl dürfte Architekt und Baumeister der Schanzanlagen gewesen sein. Er erweiterte das Areal beträchtlich, was auch als Indiz für die Wachstumsziele der Zeitgenossen gewertet werden darf, zumal zu Beginn des 17. Jahrhunderts Neubürger gezielt angeworben wurden. Gleichzeitig grenzte er damit auf längere Zeit die Stadt ab. Auch diesbezüglich war die Entwicklung der

Residenzstadt zu einem vorläufigen Abschluss gekommen.

Die Konsolidierung des Fürstentums Pfalz-Neuburg hatte Philipp Ludwig eine aktivere Rolle in der Reichspolitik ermöglicht, wobei die Sicherung der Konfession und der Anwartschaften auf die Kurpfalz sowie auf Jülich, Berg, Mark und Kleve die Leitlinien seiner Politik wesentlich bestimmten. Die Bemühungen um die Konfession, die Sorge um die zunehmend expansive Politik des bayerischen Herzogs Maximilian I. im regionalen Umfeld führten spätestens seit dessen Zugriff auf das nahe Donauwörth im Jahr 1607 zu intensivierten Bemühungen um ein Bündnis der protestantischen Fürsten und schließlich zur Beteiligung an der Gründung der protestantischen Union im Jahr 1608. Mithilfe der Union konnte Philipp Ludwig 1609 zwar einen Teilerfolg bei der Verteilung des niederrheinischen Erbes erringen, auf Dauer sichern konnte diese Erbfolge freilich erst sein Sohn Wolfgang Wilhelm, der auf Betreiben des bayerischen Herzogs 1613 heimlich vom Luthertum zum Katholizismus konvertierte und damit die Unterstützung der katholischen Partei im Reich und des Kaisers gewinnen konnte. Die reichen Herzogtümer Jülich und Berg wurden dem Haus Neuburg im Vertrag von Xanten 1614 dauerhaft zuerkannt.[18] Gleichzeitig war damit der Keim gelegt für den Verlust des Hofs in Neuburg und seine sukzessive Verlagerung nach Düsseldorf als Zentrum der niederrheinischen Herzogtümer.

Zunächst aber setzten sich, angeleitet durch den spektakulären Konfessionswechsel des pfalz-neuburgischen Prinzen Wolfgang Wilhelm im Jahr 1613, der schon im Jahr darauf die Regierung vom verstorbenen Vater übernehmen konnte, die Stärkung und der Ausbau der Residenzstadt Neuburg fort. Dabei spielten die im Zuge der Rekatholisierung 1615 nach Neuburg berufenen Jesuiten eine wichtige Rolle. Insbesondere wurde ein Prozess der Zentralisierung wichtiger öffentlicher Funktionen nach Neuburg forciert. Wie zuvor die Etablierung der lutherischen Konfession löste nun die Gegenreformation einen Modernisierungsschub aus. Verlierer dieser Entwicklung war vor allem Lauingen. Die Stadt, die sich vehement, auch mit Verweigerung der Huldigung für den neuen katholischen Landesherrn, gegen die Rekatholisierung wehrte, wurde mit der Verlegung des Gymnasiums 1616 nach Neuburg abgestraft. Es folgten die dortige Bibliothek und schließlich die Druckerei. 1617 konnten die Jesuiten erstmals ein Buch in Neuburg in Druck geben. Das Gymnasium wurde den Jesuiten übertragen. Das Jesuitenkolleg und das Gymnasium, beides in räumlicher Verbindung zum Schloss, blieben auch persönlich eng an den Fürsten gebunden. Der Erbprinz wurde dort erzogen, während im Schloss regelmäßig die Theateraufführungen der Jesuitenschüler stattfanden. Die Beichtväter banden Fürst und Fürstin zusätzlich eng an das Kolleg. Insgesamt lässt sich also eine intensive Ausprägung des konfessionellen dynastischen Fürstenstaats konstatieren.

In der Stadt und im Fürstentum zogen sich die Auseinandersetzungen zwischen Lutheranern und Jesuiten mehrere Jahre hin, bis sich letztere mit wachsender Rückendeckung und zunehmend repressiven Maßnahmen des Fürsten bis 1618 auf der ganzen Linie durchsetzen konnten. Manch einen der Angehörigen des Hofs führte dies in schwere Konflikte um Fragen des Glaubens und der fürstlichen Gunst. Selbst die „Litterae annuae" der Jesuiten beschreiben nicht ohne Respekt die Spannungen, die einzelne Räte Wolfgang Wilhelms auszustehen hatten. Der zentralisierte, modernisierte und gestärkte neuburgische Fürstenstaat konnte jedenfalls in kurzer Zeit, in fünf Jahren, wesentliche Einrichtungen des Landes verlagern und die Loyalität eines beträchtlich angewachsenen Beamtenapparats auch bei grundsätzlichen Richtungswechseln in religiösen Fragen in kurzer Zeit einfordern. Auch das sind Indizien für die Intensität, die die neuburgische Landesherrschaft erreicht hatte.

Während sich in Böhmen 1618 der Anfang des Dreißigjährigen Kriegs abzeichnete, konnte im selben Jahr in Neuburg mit großem Aufwand die neu errichtete Kirche ihrer Bestimmung übergeben werden. Die benachbarten Fürsten aus München und Oettingen, die drei für das Neuburger Territorium wieder zuständigen Diözesanbischöfe aus Regensburg, Eichstätt und Augsburg, der Adel des Landes, die Bürger der Stadt und die Menschen des Umlands kamen zur Kirchweihe. Wie vom evangelischen Vater geplant und vom katholischen Sohn zu Ende gebracht, wurde die Hofkirche mit den von den Zeitgenossen bestaunten Altargemälden von Peter Paul Rubens und mit einer neuen Fürstengruft zu einem symbolischen Höhepunkt der Residenz- und Staatsentwicklung des Fürstentums Neuburg. Einer der frühen Besucher und Bewunderer der Kirche war übrigens Schwedens König Gustav Adolf. Glaubt man den Aufzeichnungen der Neuburger Jesuiten, dann ließ der König Wachen am Eingang der Kirche aufstellen, um 1632 Plünderungen durch seine Soldaten zu verhindern. Wenig später folgte seine Frau, fasziniert von den Rubens-Bildern und angetan von den Theateraufführungen der Jesuiten im Schloss in Neuburg. Ohne diese Szene überbewerten zu wollen, ist sie doch Indiz für ein allgemeineres Phänomen, wonach Landesherrschaft und Gesellschaft in Krisen auch durch den Respekt vor kultureller Leistung Stabilität wahren können.

Mit dem Beginn des Dreißigjährigen Kriegs sollte ein weit reichender Wendepunkt in der neuburgischen Entwicklung von Residenzstadt und Fürstentum erreicht sein. Vergeblich hoffte Pfalzgraf Wolfgang Wilhelm schon in der Anfangsphase auf eine weitere Dividende für seinen Konfessionswechsel, vor allem durch territoriale Zugewinne im neuburgischen Umfeld und durch die pfälzische Kurwürde des gescheiterten „Winterkönigs".

Von Kriegsbeginn an war Neuburg zudem von Truppendurchzügen und anderen Belastungen in Mitleidenschaft gezogen. Umso enttäuschter hatte Wolfgang Wilhelm 1623 erkennen müssen, dass ihm weder der Kaiser noch Herzog Maximilian I. in seinen wichtigsten politischen Zielen Zugeständnisse machen würden, weder in Fragen der pfälzischen Kur noch was den erhofften Besitz der Oberpfalz anbelangte. Gerade eine Arrondierung mit oberpfälzischen Gebieten hätte dem zersplitterten pfalzneuburgischen Territorium ein Gewicht geben können, das womöglich trotz der Bedeutung von Jülich und Berg am Niederrhein den Schwerpunkt und die Residenz in Neuburg erhalten hätte. So aber wurde das benachbarte Bayern endgültig zur dominierenden Vormacht im bayerischen Reichskreis und im südostdeutschen Raum, was die Entscheidung für die sukzessive Schwerpunktverlagerung des pfalz-neuburgischen Hofs nach Düsseldorf weiter befördert haben dürfte und damit einen Wendepunkt für die Entwicklung des Fürstentums Pfalz-Neuburg darstellte. Zwar sicherte dann 1648 der Westfälische Friede mit seinen Regelungen zur staatsrechtlichen und konfessionellen Konstitution des Reichs auch das Fürstentum Pfalz-Neuburg bis zum Ende des Alten Reichs 1806, doch der Verlust des Hofs entzog ihm in der Epoche der dynastischen Fürstenstaaten doch einen wesentlichen Mittelpunkt.

Anmerkungen

1 Volkert 1995; 475 Jahre Fürstentum Pfalz-Neuburg 1980
2 Zeitelhack 2002
3 Cramer-Fürtig 1995, zur Ausbildung des endgültigen Territoriums vgl. auch den Beitrag von M. Nadler in diesem Band
4 Cramer-Fürtig 1995, S. 28–34, 35–186
5 Heydenreuter 2002, S. 140; Cramer-Fürtig 1999
6 Henker 2002, S. 149; Westphal 1994
7 Berwing-Wittl 2003
8 Cramer-Fürtig 1995, S. 47–57
9 Grosse 2002, S. 207–209
10 Grosse 2003, S. 232
11 Vgl. Lanzinner 1980, S. 22–23
12 von Riezler 1894, S. 67; vgl. Dokumente zur Geschichte von Staat und Gesellschaft in Bayern 1991, Abt. 1, Bd. 3/1, S. 247–258
13 Henker 1984, S. 28–370
14 Seitz 1980, Lauingen, S. 68
15 Nadler 2000, S. 62–69
16 Kocher/Kramer/Nadler 2005
17 Nadler 2004, S. 224–248
18 Altmann 1978, S. 289–297

Literatur
Altmann 1978; Berwing-Wittl 2003; Cramer-Fürtig 1995; Cramer-Fürtig 1999; Grosse 2002; Grosse 2003; Henker 1984; Henker 2002; Heydenreuter 2002; Kocher/Kramer/Nadler 2005; Lanzinner 1980; Nadler 2004; Nadler 2000; Nadwornik 1989; Westphal 1994; von Riezler 1894; Seitz 1980, Lauingen; 475 Jahre Fürstentum Pfalz-Neuburg 1980; Volkert 1995; Zeitelhack 2002; Dokumente zur Geschichte von Staat und Gesellschaft in Bayern 1991, Abt. 1, Bd. 3/1.

Markus Nadler

Ein Fürstentum in Geld aufgewogen:
Das Territorium von Pfalz-Neuburg

Der Landshuter Erbfolgekrieg, der für weite Landstriche vor allem auf dem bayerischen Nordgau, in der Oberpfalz, im östlichen Niederbayern und im Inntal schwere Kriegsschäden gebracht hatte[1], wurde ziemlich genau ein Jahr nach seinem Ausbruch beendet. Der Schiedsspruch musste einen Ausgleich herbeiführen, der zwar dem Anspruch der Münchner Herzöge auf das niederbayerische Herzogtum nachkam, zugleich aber die Pfälzer nicht demütigte. Dies konnte nur geschehen, indem sie nicht leer ausgingen, und vor allem, indem die beiden Waisen Ottheinrich und Philipp eine standesgemäße Versorgung erhielten. Ihr Vormund Pfalzgraf Friedrich und sein Vater Kurfürst Philipp hätten kaum akzeptieren können, dass ihre Neffen bzw. Enkel als Prinzen eines der angesehensten Häuser des Reichs ohne Land und ohne Einkünfte geblieben wären. Im Kölner Spruch[2] sprach König Maximilian Ottheinrich und Philipp Schloss und Stadt Neuburg mit allen dazugehörenden Leuten und Einkünften zu sowie weitere Ämter, die insgesamt einen jährlichen Ertrag von 24000 rheinischen Gulden erreichen sollten, jeweils 10000 für die beiden Brüder und weitere 4000 für ihren Vormund Pfalzgraf Friedrich. Das Landshuter Fürstentum sollte den Münchner Herzögen zufallen, abzüglich eines Anteils für König Maximilian.[3]

Damit war zwar ein Kompromiss gefunden, doch waren durch die Bemessung des Ausgleichs in Geld neue Schwierigkeiten geschaffen: Es musste geklärt werden, wieviele und welche Städte, Schlösser, Ämter und Gerichte für die Erfüllung der genannten Summe herangezogen werden sollten. Die geografische Frage wurde im Kölner Spruch zumindest eingegrenzt: Aus dem Fürstentum Herzog Georgs sollte Ottheinrich und Philipp vom Oberland der Teil nördlich der Donau zugeteilt werden, jedoch ohne die Stadt Ingolstadt. Des Weiteren wurden Gebiete Herzog Georgs im „Niederland" (Niederbayern) bestimmt. Wenn dadurch die vorgesehene Summe nicht erreicht würde, mussten Herzog Albrecht und Wolfgang aus ihrem Fürstentum Abtretungen auf dem Nordgau sowie vor dem Bayerischen Wald vornehmen, wie sie überhaupt aus ihren Ländern die Abtretungssumme erfüllen konnten.[4] So blieb letztlich offen, wie das neue Fürstentum aussehen würde. Lediglich die Konzentration an und nördlich der Donau war vorgegeben. Es war zu erwarten, dass die Münchner weniger wertvolle und verstreut liegende Ämter auswählen würden, möglicherweise solche, die im Krieg besonders gelitten hatten[5], und dass sie die Abtretung nach Möglichkeit verzögern würden. Wohl aus diesem Grund benannte der König im

Kölner Schiedsspruch 12 „Stücke" explizit, die bis Michaeli (29. September) 1505 an Pfalzgraf Friedrich zu übergeben waren: außer Neuburg die Schlösser und Städte Lauingen, Höchstädt, Gundelfingen, Heideck, Velburg, Hemau, die Schlösser und Märkte Reichertshofen, Burglengenfeld und Kallmünz sowie die Städte Sulzbach und Weiden.[6] Gleichzeitig sollte eine Kommission deren Wert bzw. jährlichen Ertrag schätzen. Für diese „Taxation" konnte sowohl die Münchner als auch die Pfälzer Partei Schätzmeister (Taxatoren) bestellen.[7] Verständlicherweise war Herzog Albrecht daran gelegen, dass bei der Taxation hohe Beträge festgestellt wurden, weil damit seine Verpflichtung auf 24000 Gulden mit weniger Ämtern erreicht werden konnte. Pfalzgraf Friedrich beurteilte die Ertragskraft entsprechend kritischer und ließ niedrigere Beträge zugrundelegen. Aus den Salbüchern waren zwar die Erträge der einzelnen Ämter in den letzten Jahren zu ermitteln, aber es gab zahlreiche Gründe für unterschiedliche Maßstäbe: Zum einen war die Ertragskraft durch den Krieg zum Teil stark gemindert, zum anderen mussten Naturaleinkünfte und Dienste in Geld bemessen, also Marktpreise zugrundegelegt werden, und unregelmäßige Einnahmen mussten auf einen jährlichen Durchschnitt gerechnet werden.[8] Lange Verhandlungen und Streit waren programmiert. Als Abschlusstermin für die Taxation wurde der Georgstag (23. April) 1506 festgelegt. Bis dahin durfte Pfalzgraf Friedrich als Unterpfand einige Ämter zwischen Inn und Gebirge in Empfang nehmen und nutzen: die Schlösser, Städte und Ämter Wasserburg am Inn, Traunstein, Trostberg, Mörmoosen, Marquartstein, Kling sowie Schloss Wald mit dem Oettinger Forst.[9]

Der Termin für die Abtretung des Unterpfands und der im Kölner Spruch genannten „Stücke" wurde bereits Anfang September von Michaeli auf den Martinstag (11. November) verschoben. Noch am 20. Oktober bei der so genannten „Freisinger Handlung" beklagte Friedrich, dass ihm außer Neuburg bisher keiner der vereinbarten Orte übergeben worden war. Andererseits hielt er selbst noch immer Landshut und Burghausen besetzt, die er nach dem Kölner Spruch den Münchner Vettern hätte übergeben müssen. Friedrich nutzte die Residenzstädte eigenmächtig als Unterpfand. Offenbar war keine Seite bereit, den ersten Schritt zu tun und die vereinbarten Ämter abzutreten. Weitere Verhandlungen und Vereinbarungen von Osterhofen und Passau (15. November 1505) sowie von Linz (königliche Resolution vom 6. Januar 1506) brachten keine Bewegung in die festgefahrene Situation.

Zur ersten königlichen Deklaration des Kölner Spruchs in Enns am 18. Januar 1506 mussten die Münchner Herzöge weitere Ämter benennen, die außer Neuburg und den bisher genannten elf Ämtern in die Taxation einbezogen werden sollten. Herzog Albrecht und Wolfgang bestimmten Schloss, Herrschaft und Landgericht Graisbach, Stadt und Gericht Monheim, die Schlösser Staufen und Konstein und den Ort Dattenhausen, Schloss Parkstein sowie den bayerischen Anteil des Gemeinschaftsamtes Parkstein-Weiden, die Märkte Vohenstrauß, Kohlberg, Erbendorf und Kaltenbrunn, Schloss, Stadt und Landgericht Hilpoltstein, Schloss, Markt und Gericht Allersberg, Schloss, Markt und Landgericht Floß, Schloss und Markt Bärnstein, die Schlösser und Gerichte Egg, Heilsberg, Dießenstein, Ranfels und Hilgartsberg, die Schlösser, Märkte und Gerichte Laaber und Regenstauf, Schloss und Landgericht Sulzbach, das Landgericht Burglengenfeld, Stadt und Gericht Schwandorf, Markt Schmidmühlen und Markt Hengersberg mit dem Landgericht nördlich der Donau.[10]

Nach beendeter Taxation sollten die festgelegten Gebiete zum 22. März 1506 an Friedrich übergeben werden. Im Gegenzug sollte dieser herausgeben, was er noch vom Landshuter Fürstentum besaß und ihm nicht als Pfand eingeräumt worden war. Zu dem genannten Termin war Friedrich jedoch nicht zur Übergabe bereit. So wurde weder die königliche Deklaration des Kölner Spruchs von Enns (18. Januar 1506) noch die anschließende Resolution von Melk (26. Januar 1506) umgesetzt. Im Februar trafen sich die Parteien in Freising. Auf Vermittlung von königlichen Kommissaren einigte man sich auf einen Plan, der den Austausch der Gebiete Zug um Zug vorsah: Am 15. März sollten die Orte im Oberland an die Pfälzer und dafür die von Friedrich noch besetzten Orte im Rentmeisteramt Burghausen, mit Ausnahme des Unterpfands, an die Münchner abgegeben werden. Zum 29. März sollten dann die Ausgleichsgebiete im Niederland und vor dem Bayerischen Wald gegen Schloss und Stadt Landshut sowie besetzte Teile dieses Rentmeisteramts ausgetauscht werden. Die Stadt Rain im Oberland hielt Friedrich ebenso besetzt. Auch sie sollte er herausgeben, da ihm im Oberland nur Gebiete nördlich der Donau zugesprochen waren, mit Ausnahme von Reichertshofen und Neuburg, die beide südlich der Donau lagen. Schloss und Stadt Lauingen hatte sich zunächst König Maximilian vorbehalten, nun wurde es als Bestandteil der Taxation betrachtet und damit Friedrich zugesprochen; die Münchner Herzöge durften es als Teil ihrer Ausgleichsverpflichtung anrechnen.

Die Übergaben erfolgten nun tatsächlich bis zum Sommer 1506.[11] Eine Einigung über die Ertragswerte der geschätzten Ämter konnte jedoch nicht erzielt werden. Zu unterschiedlich waren die Ergebnisse der Taxatoren.[12] Am 22. Juni 1506 erfolgte deshalb ein Schlichtungsversuch durch Bischof Heinrich von Augsburg, Markgraf Friedrich von Brandenburg, Herzog Ulrich von Württemberg und Vertreter des Schwäbischen Bundes: Die

Taxation sollte nun bis 6. Dezember 1506 abgeschlossen und die Unterpfänder herausgegeben werden, sobald die 24 000 Gulden Jahresertrag erreicht wären. Mit einem Schiedsspruch über die Taxation wurde Georg von Neideck, der Bischof von Trient, beauftragt. Dieser entschied am 31. August zugunsten der Münchner Schätzung.[13] Da die Pfälzer die Entscheidung jedoch nicht akzeptierten, gaben sie das Unterpfand um Wasserburg und Traunstein weiter nicht heraus. Herzog Albrecht war gerade an diesen Gebieten des bayerischen Kernlandes gelegen und so drängte er zumindest auf einen Austausch des Unterpfands, was König Maximilian unterstützte: In der Deklaration von Salzburg erlaubte er am 9. Dezember 1506 Herzog Albrecht, statt dem Gebiet um Wasserburg aus den Städten, Schlössern, Märkten und Gerichten Deggendorf, Donaustauf, Falkenstein, Mitterfels, Viechtach, Regen, Kötzting, Furth, Neukirchen, Eschlkam und Dietfurt ein neues Unterpfand mit einem Jahresertrag von 4000 Gulden auszuwählen.[14] Pfalzgraf Friedrich lehnte wiederum ab.

Die Geduld Herzog Albrechts war nun am Ende. Unterstützt vom Schwäbischen Bund, zeigte er sich entschlossen, wenn nötig mit Gewalt, Wasserburg in seinen Besitz zu bringen. Sollte es bis Pfingsten nicht zu einer friedlichen Einigung kommen, wollte er am 30. Mai wieder die Waffen sprechen lassen. Einen erneuten Krieg verhinderte jedoch König Maximilian, indem er jeden Friedensbruch nachdrücklich verbot. Er lud zu einem Treffen nach Konstanz, wo eine zweite Deklaration des Kölner Spruchs erfolgte. Am 2. Juli 1507 wurden drei neue Kommissionsmitglieder benannt, welche die Taxation endgültig abschließen sollten.[15] Erklärt wurde zudem, dass der Austausch der Unterpfänder am 10. August vollzogen werden solle (das Unterpfand um Wasserburg gegen das um Deggendorf). Über das neue Unterpfand sollte die Kommission treuhänderisch Aufsicht nehmen. Andere offene Fragen wie die Zugehörung bestimmter Märkte und Dörfer zu Ingolstadt sowie eine Entscheidung über das umstrittene Wemding sollten weitere Verhandlungen klären.

Pfalzgraf Friedrich gab daraufhin im August 1507 das Unterpfand um Wasserburg auf und nahm das neue Unterpfand links der Donau in Empfang.[16] Der Abschluss der Taxation gelang jedoch wieder nicht. Erneut zogen sich die Verhandlungen in die Länge, wurden im Herbst ohne Ergebnis unterbrochen und waren noch im Frühjahr 1508, als Herzog Albrecht am 18. März starb, nicht wieder aufgenommen worden. Erst im darauffolgenden Jahr 1509 wurde weiterverhandelt, diesmal mit Erfolg: Auf Vermittlung Kurfürst Ludwigs von der Pfalz, des Bruders von Pfalzgraf Friedrich, versammelten sich die Parteien – Friedrich auf der einen Seite und Herzog Wolfgang und die Vormünder des minderjährigen Herzogs Wilhelm IV. auf der anderen Seite – in Heidelberg. Sie trafen am 20. Juni 1509 eine Abrede, in der man sich auf einen Mittelwert von 19 000 Gulden für die taxierten Ämter einigte und sich die Lösung weiterer Detailfragen

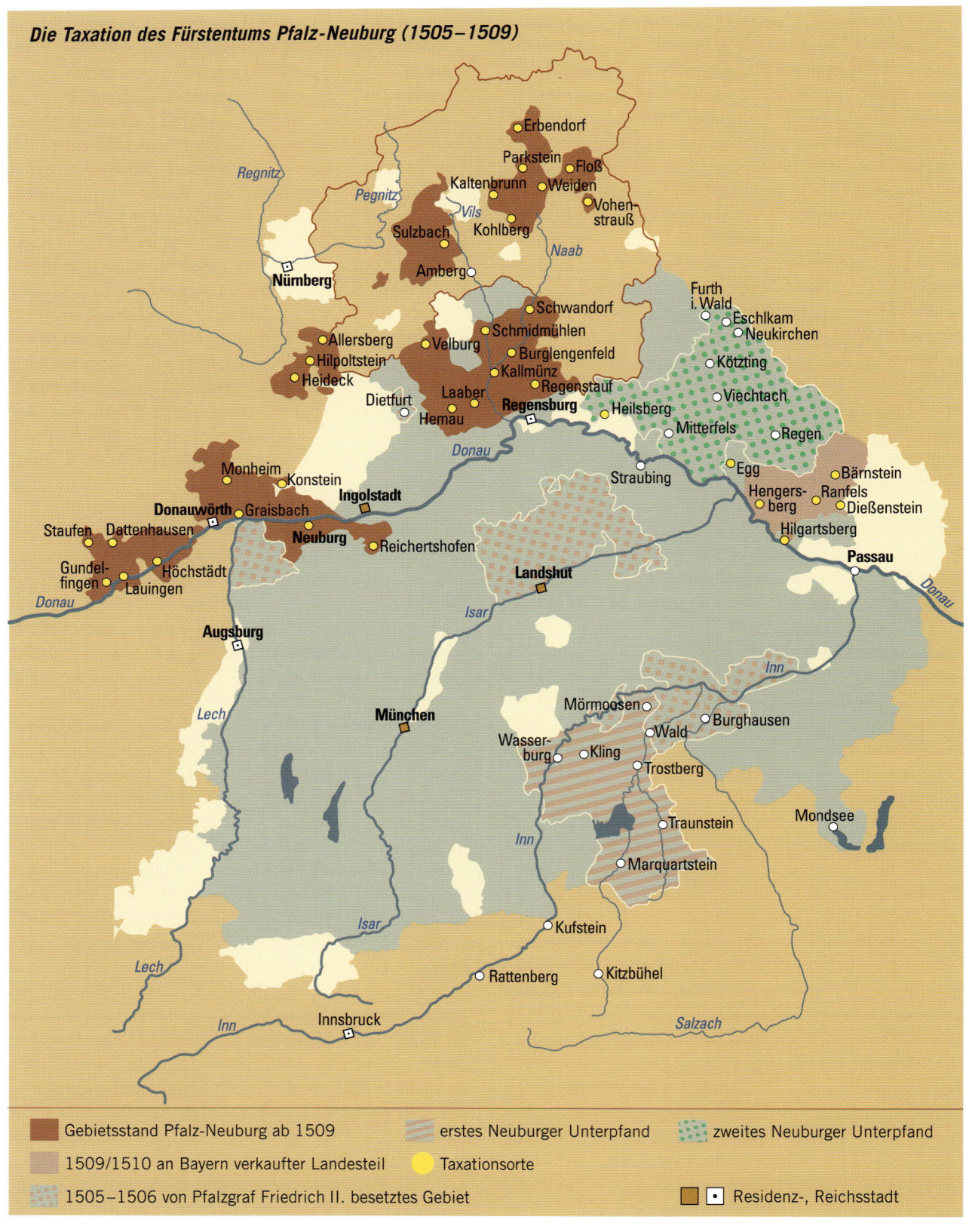

Die Taxation des Fürstentums Pfalz-Neuburg (1505–1509)

Legende:
- ■ Gebietsstand Pfalz-Neuburg ab 1509
- ■ 1509/1510 an Bayern verkaufter Landesteil
- ▨ 1505–1506 von Pfalzgraf Friedrich II. besetztes Gebiet
- ▨ erstes Neuburger Unterpfand
- ● Taxationsorte
- ▨ zweites Neuburger Unterpfand
- ■ □ ● Residenz-, Reichsstadt

in einer Verhandlung in Ingolstadt ab dem 29. Juli vornahm.[17] Dort wurde am 13. August 1509 der Hauptvertrag[18] geschlossen, der das Territorium Pfalz-Neuburgs im Wesentlichen festlegte: Schon in Heidelberg hatten die Münchner Herzöge über eine Ablösung der

Ämter im Niederland gegen Geld verhandelt. Friedrich war dieser Lösung nicht abgeneigt, da diese Gebiete weit abseits von Neuburg lagen, außerdem brauchte er aufgrund der hohen Kriegsschulden dringend Geld.[19] Friedrich erklärte sich bereit, für eine jährliche Summe von

128

4250 Gulden auf Bärnstein, Ranfels, Dießenstein, Hilgartsberg, Egg und Hengersberg zu verzichten. So kamen diese Ämter nicht an Pfalz-Neuburg, sondern blieben beim Herzogtum Bayern. Als Differenz auf die im Kölner Spruch festgelegten 24 000 Gulden waren noch 5 000 Gulden abzuleisten. Diese konnten wie die 4 250 Gulden für das Niederland entweder jährlich in bar oder durch die Verpfändung von Ämtern – im Gespräch war eine Verpfändung von Wemding – bezahlt oder in einer Summe von 100 000 Gulden (für jährlich 5 000) und 85 000 Gulden (für jährlich 4 250), zusammen also für 185 000 Gulden auf einmal abgegolten werden. Eine entsprechende Schuldverschreibung wurde am 5. November 1509 in Landshut ausgestellt.[20]

Einige Detailfragen wurden zwischen Friedrich und Wilhelm 1512 durch einen Vergleich erledigt.[21] Ein von den Pfälzern angestrebter Austausch von Rain gegen Reichertshofen kam trotz einer angebotenen Zuzahlung nicht zustande, sodass zwar Reichertshofen, nicht aber Rain Teil Pfalz-Neuburgs wurde. Auf alle weiteren Ansprüche aus dem Erbe Herzog Georgs leistete Pfalzgraf Friedrich im Namen seiner Neffen Ottheinrich und Philipp Verzicht. Kaiser Maximilian bestätigte den Ingolstädter Hauptvertrag am 24. Dezember 1509 und belehnte Friedrich als Vormund seiner Neffen am 23. Mai 1510 zu Augsburg mit dem neuen Fürstentum.[22] Die Belehnung bedeutete die reichsrechtliche Anerkennung dieses Fürstentums. Das gleichzeitig erteilte Evokationsprivileg sicherte die Unabhängigkeit seiner Rechtsprechung, die durch das Appellationsprivileg von 1521 bekräftigt wurde.[23] Am 9. April 1521 stellte Kaiser Karl V. für Ottheinrich und Philipp die Belehnungsurkunde aus. Am 2. Juni 1522 wurden sie mit 20 bzw. 19 Jahren für mündig erklärt und ihr Vormund übergab ihnen auf dem Landtag zu Burglengenfeld die Regierung.[24]

Das Territorium der Jungen Pfalz war durch die Verträge bis 1512 in seinen Grundzügen festgelegt. Der neue Staat[25] erstreckte sich über 60 Quadratmeilen im heutigen Oberbayern, in Schwaben, Franken und in der Oberpfalz. Sein Territorium bestand aus sechs verstreut liegenden Teilen, die selbst wiederum keine geschlossenen Flächen bildeten. Die Verwaltung des jungen Fürstentums unterschied seine Landesteile im Oberland und auf dem Nordgau und bis zur Ablösung 1509 auch im Niederland.[26] Im Oberland lagen zwei größere Komplexe mit den Ämtern Neuburg, Graisbach, Monheim, Reichertshofen, Rennertshofen, Burgheim einerseits und Höchstädt, Gundelfingen, Lauingen, Staufen, Faimingen und Dattenhausen andererseits. Beide Gebiete hatten bereits zum ehemaligen Teilherzogtum Bayern-Ingolstadt gehört und waren mit diesem 1445/47 an Niederbayern-Landshut gekommen. Einen kleineren Teil des

ehemals landshutischen und jetzt neuburgischen Oberlandes bildeten drei Ämter auf der fränkischen Alb: Allersberg, Heideck und Hilpoltstein, das ebenfalls bereits eine Exklave des Ingolstädter Herzogtums gewesen war.[27]

Auf dem Nordgau nördlich von Regensburg erhielt das neue Fürstentum sein größtes zusammenhängendes Gebiet mit dem Hauptort Burglengenfeld und den Ämtern Hemau, Velburg, Schwandorf, Kallmünz, Hainsacker, Regenstauf und Laaber (mit der Exklave Heilsberg). Bis auf Laaber, das zu Landshut gehört hatte, stammten alle diese Ämter aus dem Herzogtum Oberbayern-München. Von diesem Landesteil getrennt lagen im Norden zwei weitere: das Landgericht Sulzbach und die Ämter Parkstein-Weiden mit Flossenbürg und Vohenstrauß. Letztere stammten wiederum vom Ingolstädter Herzogtum und waren über Niederbayern-Landshut an Pfalz-Neuburg gekommen, während Sulzbach vom Münchner Herzogtum abgetreten wurde.

Alle diese Landesteile waren durch die Auswahl für die Taxation zur Jungen Pfalz gekommen, die Hauptorte bereits durch den Kölner Spruch und die weiteren durch den Abschied von Enns. In den Verträgen waren Schlösser, Städte und Märkte genannt worden, jeweils als Sitze von Ämtern und Gerichten, die zur Abtretung vorgesehen waren. Dass Ottheinrich und Philipp über diese „Flecken" die Landeshoheit ausüben sollten, hatte König Maximilian schon im Kölner Spruch festgelegt, da sie ihnen „mit der Mannschaft und aller andern Obrigkeit, Herrlichkeit, Gerechtigkeit und Zugehörung"[28] zugedacht wurden. Damit war bereits 1505 die formelle Gründung eines neuen Fürstentums vorgenommen worden, das jedoch zunächst keinen anderen Namen als „Herzogtum in Ober- und Niederbayern"[29] hatte und erst später „Junge Pfalz" und schließlich „Pfalz-Neuburg" genannt wurde. Die in Köln und Enns genannten Stücke, also die Ämter, bestimmten die flächenmäßige Ausdehnung dieses Fürstentums. Allerdings war der Zuständigkeitsbereich eines Amts in der Frühen Neuzeit selten ein präzise abgegrenztes Gebiet. Häufig überlagerten sich verschiedene Herrschaftsrechte wie Gerichtsrechte, Steuerhoheit, Reis und Folge, Scharwerksrechte, Leibherrschaft sowie Jagd-, Geleit- und Zollrechte. Solange die Ämter einem Landesherrn gehörten, gab es keine Notwendigkeit für eine flächenmäßige Abgrenzung. Durch die Gründung von Pfalz-Neuburg entstand jedoch an den bisherigen Amtssprengeln eine Territorialgrenze.[30] Die Festlegung der neuen Landesgrenzen bedurfte deshalb einer Reihe von Einzelverträgen zwischen Pfalz-Neuburg und Bayern, die in den Jahrzehnten nach 1505 abgeschlossen wurden. Erst dadurch verfestigte sich das pfalz-neuburgische Territorium.[31]

Anmerkungen

1 Stauber 2002; Gugau 2003; Hruschka 1961; Würdinger 1868, Bd. 2
2 von Krenner 1805, Bd. 15
3 Nebinger 1980, S. 41–47
4 von Krenner 1805, Bd. 15

5 Vgl. Cramer-Fürtig / Stauber 1988/89, S. 18
6 Mit Weiden war die Hälfte des Gemeinschaftsamtes Parkstein-Weiden gemeint; Nebinger 1980, S. 11; von Krenner 1805, Bd. 15, S. 123

7 Als Taxatoren hatte Pfalzgraf Friedrich Ludwig von Habsberg, Adam von Törring und Ulrich Albersdorfer bestimmt. Die bayerischen Taxatoren waren Wolfgang von Ahaim, Kaspar Winzerer d. Ä. und Dr. Dietrich von Plieningen; Cramer-Fürtig 1995, S. 23; von Krenner 1805, Bd. 14, S. 299 f.

8 Rankl 1976, S. 12 f.

9 von Krenner 1805, Bd. 15, S. 124 f.; Nebinger 1980, S. 11

10 von Krenner 1805, Bd. 15, bes. S. 218 f.

11 Cramer-Fürtig 1995, S. 23

12 Im Frühjahr 1506 lag die Schätzung Herzog Albrechts für die Einnahmen des Amtes Neuburg mehr als doppelt so hoch wie die Friedrichs (3 400 bzw. 1500 Gulden). Auch nach Annäherungen im folgenden Jahr waren die Schätzungen noch weit auseinander (2 353 gegenüber 1780 Gulden). Entsprechend wichen auch die Gesamtschätzungen im Juli 1507 stark voneinander ab: Albrecht taxierte die im Ennser Abschied (18. Januar 1506) genannten Ämter auf 27 013 Gulden. Friedrich gab an, dass sie ohne die Kriegsschäden 16 974 Gulden erbringen würden, wegen der Verwüstungen jedoch nur 12 668 Gulden; Rankl 1976, S. 12

13 Nebinger 1980, S. 13

14 von Krenner 1805, Bd. 16, S. 57–60; Herzog Albrecht bestimmte daraufhin die Gerichte Dietfurt, Mitterfels, Viechtach, Regen und Kötzting; Cramer-Fürtig 1995, S. 23 f. (Anm. 55 und 56)

15 Als Verordnete der Kommission wurden nun berufen: Kurfürst Friedrich von Sachsen durch König Maximilian, der königliche Rat Ernst von Welden von den Pfälzern und der württembergische Kanzler Dr. Ludwig Vergenhans von Bayern; Cramer-Fürtig 1995, S. 24; von Krenner 1805, Bd. 16, S. 202

16 Es bestand nach der Auswahl Herzog Albrechts aus den Gerichten Dietfurt, Mitterfels, Viechtach, Regen und Kötzting; Cramer-Fürtig 1995, S. 24 (Anm. 56); Nebinger 1980, S. 14

17 von Krenner 1805, Bd. 17, S. 226–235

18 von Krenner 1805, Bd. 17, S. 236–257

19 Cramer-Fürtig 1995, S. 29 und 109–129; Nebinger 1980, S. 15; Cramer-Fürtig 2002, S. 108–127

20 Cramer-Fürtig 1995, S. 25; von Krenner 1805, Bd. 17, S. 269–289

21 Nebinger 1980, S. 14; Cramer-Fürtig 1995, S. 12

22 Cramer-Fürtig 1995, S. 25

23 Cramer-Fürtig 1995, S. 25 f.

24 Nebinger 1980, S. 15; Cramer-Fürtig 1995, S. 230 ff.

25 Zur Staatsbildung Pfalz-Neuburgs siehe vor allem Cramer-Fürtig 1995, S. 1–186

26 Die folgenden Angaben der Ämter nach Cramer-Fürtig 1995, S. 28 f.

27 Ziegler 1981, S. 142–145

28 von Krenner 1805, Bd. 15, S. 118

29 Nebinger 1980, S. 15 f.

30 Cramer-Fürtig 1995, S. 15–17

31 Bayerisches Hauptstaatsarchiv, München, Pfalz-Neuburg Akten (Neuburger Abgabe 1989), S. 6407 ff. und Pfalz-Neuburg Urkunden, Verträge 8, 9, 29 und 38; Nebinger 1980, S. 15–42; vgl. Nadler 2004, S. 187–190

5.1

5.1

Prunkkarte der Grafschaft Graisbach

1570; Feder/Papier auf Leinwand, koloriert, 135 x 186 (R);
Bayerisches Hauptstaatsarchiv, München (Plansammlung
4269); Reproduktion: Aventinum. Stiftung für Altbayern,
Abensberg

Die Grafschaft Graisbach war ein Überbleibsel des vormaligen Gaues Sualafeld, in dem ihre Hochgerichtsbar-
keit bis hinauf nach Spalt und Schwabach gereicht hatte.
Nachdem Kaiser Ludwig der Bayer sich 1342 die Besitz-
und Grafschaftsrechte angeeignet hatte, wurde Graisbach
Sitz eines bayerischen, seit 1505 eines pfalz-neuburgischen Landgerichts sowie eines Kastenamts. Um 1550
wurde das Landgericht, um 1750 das Kastenamt in die
Stadt Monheim verlegt.

Der unbekannte Verfasser der Karte zeigt sich gleichermaßen als Meister des gebundenen Zeichnens – sichtbar
durch Zirkel und Maßstabsleiste – und als Meister der gebundenen Rede – erkennbar an den gereimten Versen, in
welchen er in den Textfeldern des Kartenrahmens die Geschichte des Territoriums und die Geschicke seiner Landesfürsten erzählt, die Wappen der Grafschaft und ihrer
Erbämter beschreibt sowie den Maßstab der Karte und
die Marschdistanzen einiger Orte erläutert. Die übrigen
Felder des Schmuckrahmens werden eingenommen von
Kartenlegenden, Tabellen und Wappentafeln sowie von
territorialrechtlichen und pfarrrechtlichen Exkursen, die
im Zusammenspiel mit der kartografischen Darstellung
die Quintessenz einer Landesbeschreibung ausmachen.

GL

Krausen 1973, S. 23, Nr. 73.

5.2

Karte der „Provinz" Burglengenfeld

Christoph Vogel (1554–1608); 1597; Feder/Papier auf Leinwand, koloriert, 27,5 x 27,5; Bayerisches Hauptstaatsarchiv,
München (Plansammlung 3688)

Die Karte zeigt das von Burglengenfeld aus verwaltete
Teilgebiet des Fürstentums Pfalz-Neuburg, eingeschlossen in einer Kreislinie, gleichsam innerhalb einer karto-
grafisch überdehnten Horizontlinie eines zentralen Be-
obachters, für dessen irdischen Standpunkt der sinnliche
Gesichtskreis die indirekte Erfahrungsform des nicht
mehr wahrnehmbaren Erdkreises jenseits des Horizonts
ist. Autor dieser Karte ist Christoph Vogel, Pfarrer von Regenstauf, der sie, wie der unteren Rahmenleiste zu entnehmen ist, 1597 erstellt und seinem Landesherrn, Pfalzgraf Philipp Ludwig, gewidmet hat, was er auf der oberen
Rahmenleiste kundtut. In den oberen Ecken zwischen

131

Darstellungskreis und Kartenrahmen hat er in Kreisen eingeschlossen die Wappen von Philipp Ludwig und von dessen Gemahlin Anna gezeichnet, in den unteren Ecken sind ebenfalls auf Kreisflächen der Kartentitel und der Verfasser festgehalten. Mit diesem kartografischen Probestück kam Christoph Vogel gerade zur rechten Zeit, um die 1579 begonnene und 1591 ins Stocken geratene kartografische Aufnahme der Ämter des Fürstentums Pfalz-Neuburg – durch die schwäbischen Maler Friedrich Seefried aus Nördlingen und Philipp Rehlin aus Ulm – fortzusetzen. Er hat diese Landesaufnahme zusammen mit dem ihm als Zeichner zugesellten Matthäus Stang in ziemlich kurzer Zeit im Jahr 1604 auch tatsächlich zum Abschluss bringen können.   GL

Krausen 1973, S. 92, Nr. 291a; Scherl 1960, S. 88 und 102.

5.2

5.3

Karte des Landgerichts Burglengenfeld

Christoph Vogel (1554–1608); 1600; Feder/Papier auf Leinwand, koloriert, 38,5 x 49; Bayerisches Hauptstaatsarchiv, München (Plansammlung 3601)

Mit einer Karte der „Provinz" Burglengenfeld hatte der Regenstaufer Pfarrer Christoph Vogel seine kartografische Tätigkeit zur Aufnahme des Fürstentums Pfalz-Neuburg 1597 begonnen (Kat.-Nr. 5.2), mit einer Karte des Landrichteramts Burglengenfeld beendete er 1600 die Aufnahme der nordgauischen Gebiete. Mitverfasser dieser abschließenden Karte war der Kanzlist und Zeichner Matthäus Stang aus Burglengenfeld. Diesmal ist die kartografische Darstellung in eine elliptische, durch die Randleisten angeschnittene Form eingeschlossen. In den Zwickeln, die sie mit den Rahmenecken bildet, sind auf vier Kreisflächen die Wappen des Pfalzgrafen Philipp Ludwig, der Pfalzgräfin Anna sowie der Kartenmacher Christoph Vogel und Matthäus Stang eingezeichnet. Die Zusammenfassung der einzelnen Ämter des Burglengenfelder Bezirks zu einer Gesamtkarte, in der sie durch unterschiedliche Farbgebung differenziert sind, ist die weiträumigste Darstellung in der Reihe der pfalz-neuburgischen Ämterkarten. Diese sind – was man bei einem derart in Teile zerrissenen Territorium eigentlich erwarten würde – in keiner Gesamtkarte zusammengefasst. Das Landeskartenwerk des Fürstentums Pfalz-Neuburg ist lediglich eine Addition von gesonderten Darstellungen der verschiedenen Amtsbezirke; die ämterweisen Ver-

messungen des Geländes wurden im Rahmen der niederen Geodäsie durchgeführt, insofern bei der zu bewältigenden Größenordnung die Erdkrümmung noch nicht hatte berücksichtigt werden müssen. Man kann deshalb Vogels Werk keineswegs mit Philipp Apians „Bairischen Landtafeln" von 1568 vergleichen, die als systematisches Kartenwerk auf der Grundlage einer einheitlichen Aufnahme des Herzogtums Bayern eine herausragende Leistung der höheren Geodäsie, also der Landvermessung unter Berücksichtigung der Erdkrümmung, darstellen.

GL

Krausen 1973, S. 92f., Nr. 291c; Scherl 1960, S. 92, 95 und 102.

5.4

Die Grenze des pfalz-neuburgischen Landgerichts Höchstädt mit der Markgrafschaft Burgau

Friedrich Seefried; 1584; Feder/Papier auf Leinwand, koloriert, 43 x 169; Bayerisches Hauptstaatsarchiv, München (Plansammlung 4043)

Die von dem Nördlinger Maler Friedrich Seefried gezeichnete Karte der Grenze zwischen dem pfalz-neuburgischen Landgericht Höchstädt und der österreichischen Markgrafschaft Burgau von der Brücke zu Donauwörth bis zur Donaubrücke bei der Reisensburg (Lkr. Günzburg) wurde Ende Februar 1584 anlässlich der Inaugenscheinnahme des strittigen Grenzverlaufs durch den kaiserlichen Kommissär Heinrich Schilbeckh aufgenom-

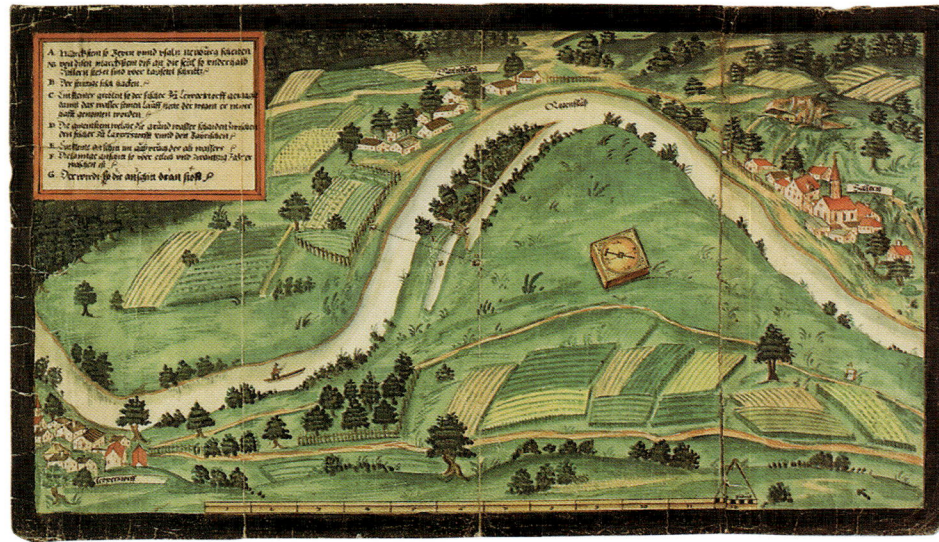

men – in Anwesenheit der beiderseits abgeordneten Räte und unter Einsatz des durch Eid verpflichteten Malers. Außer der augenscheinlichen Evidenz im Gelände dienten als Quellen das Gedächtnis der Zeugen und das Zeugnis der Dokumente. Die alten Männer und die alten Schriften also sollten durch ihre Aussagen über die Offen- und Aktenkundigkeit des freien und öffentlichen Gebrauchs der landesherrlichen „rechte und gerechtigkeiten" die Reichweite der Landeshoheit im Grenzgebiet unter Beweis stellen. Der mit dem Zeichenstift dokumentierende Maler hat die gefundene Grenzlinie in seiner „Contrafactur" rot durchgezogen, das neuburgische Gebiet im oberen Teil grün, das burgauische Gebiet darunter gelbgrün ausgelegt. Das ist eine schon weitgehend abstrakte Kartierung der Fügung zweier komplexer Rechtsräume, die hier aufeinanderstoßen und über die Grenze hinweg gegeneinander vordringen. Grenzen waren im Alten Reich dynamische Gebilde, Grenzstreitigkeiten waren Momente der territorialen Verfassung. GL

Bayerisches Hauptstaatsarchiv, München, Pfalz-Neuburg Akten (Neuburger Abgabe 1989), Nr. 6423, I. Teil; Krausen 1973, S. 47, Nr. 154.

5.5

Territorialgrenze und Fischereigrenze am unteren Regen

Peter Opel; 1605; Aquarell/Papier, 27,5 x 49,5; Bayerisches Hauptstaatsarchiv, München (Plansammlung 3609)

Die Karte zeigt aus der Vogelperspektive das Grenzgebiet zwischen Pfalz-Neuburg (Lappersdorf) und der Oberpfalz (Gallingkofen und Sallern) am unteren Regen sowie der Fischereigrenze zwischen den pfalz-neuburgischen Fischern zu Lappersdorf und den bayerischen Fischern zu Rheinhausen, die den Regen und damit die Territorialgrenze im Kartenzentrum quert. Sie wurde von dem Maler und Geometer Peter Opel aus Regensburg zu Papier gebracht.

Gleich unterhalb der Kreuzung der Hoheits- mit einer Nutzungsgrenze liegt der Streitgegenstand, den Opel nach den Lageverhältnissen darlegt, nämlich ein fischreiches Altwasser am pfalz-neuburgischen Ufer des Regens. Dieses „Hacken" genannte Gewässer war von den bayerischen Fischern widerrechtlich durch eine Verschlagung querdurch so geteilt worden, dass in den lappersdorfischen Teil des Hackens weder Wasser noch Fische

kommen konnten und auf diese Weise die Fischer zu Lappersdorf um ihre Nahrungsgrundlage gebracht zu werden drohten. Das führte verständlicherweise zu unaufhörlichen Auseinandersetzungen, sei es schriftlich oder mündlich, auf dem Vergleichs- oder auf dem Rechtsweg. Der vorliegende Plan zeigt, wie der Lappersdorfer Fischer Ulrich Leitgeb dadurch Abhilfe schuf, dass er die den Hacken teilende Aufschüttung durch einen Graben öffnete und so dem Wasser wieder freien Lauf und den Fischen freien Zug in die lappersdorfische Fanggrube gewährte – für die eine Seite die Verbesserung eines Stücks pfalz-neuburgischen Landes, für die andere die Beschädigung eines bayerischen Fischlehens. GL

Bayerisches Hauptstaatsarchiv, München, Kurbayern Äußeres Archiv 1352; Staatsarchiv Amberg, Landrichteramt Burglengenfeld 332; Krausen 1973, S. 124, Nr. 394.

5.6

Pfälzisch-bayerisches Grenzgebiet am unteren Regen

1615; Feder/Papier auf Leinwand, koloriert, 47 x 63; Bayerisches Hauptstaatsarchiv, München (Plansammlung 3359)

Die Karte erschließt das Grenzgebiet dreier im Norden der Reichsstadt Regensburg zusammenstoßender Territorien, nämlich des Herzogtums Pfalz-Neuburg, das oben links jenseits des Regens gerade noch am Horizont aufscheint, sowie der Kuroberpfalz, die am oberen Kartenrand durch die Ansicht von Sallern repräsentiert wird, und des Herzogtums Bayern, zu dem das am unteren Kartenrand von schräg oben dargestellte Rheinhausen gehört. Anlass zur Aufnahme dieses „Augenscheins" waren die schon seit längerem schwelenden Grenzstreitigkeiten auf der Feldflur zwischen Sallern, dem Sitz eines oberpfälzischen Richteramts, und Rheinhausen, das zum bayerischen Pfleggericht Stadtamthof gehörte, dessen hochgerichtliche Zuständigkeit unten rechts durch den

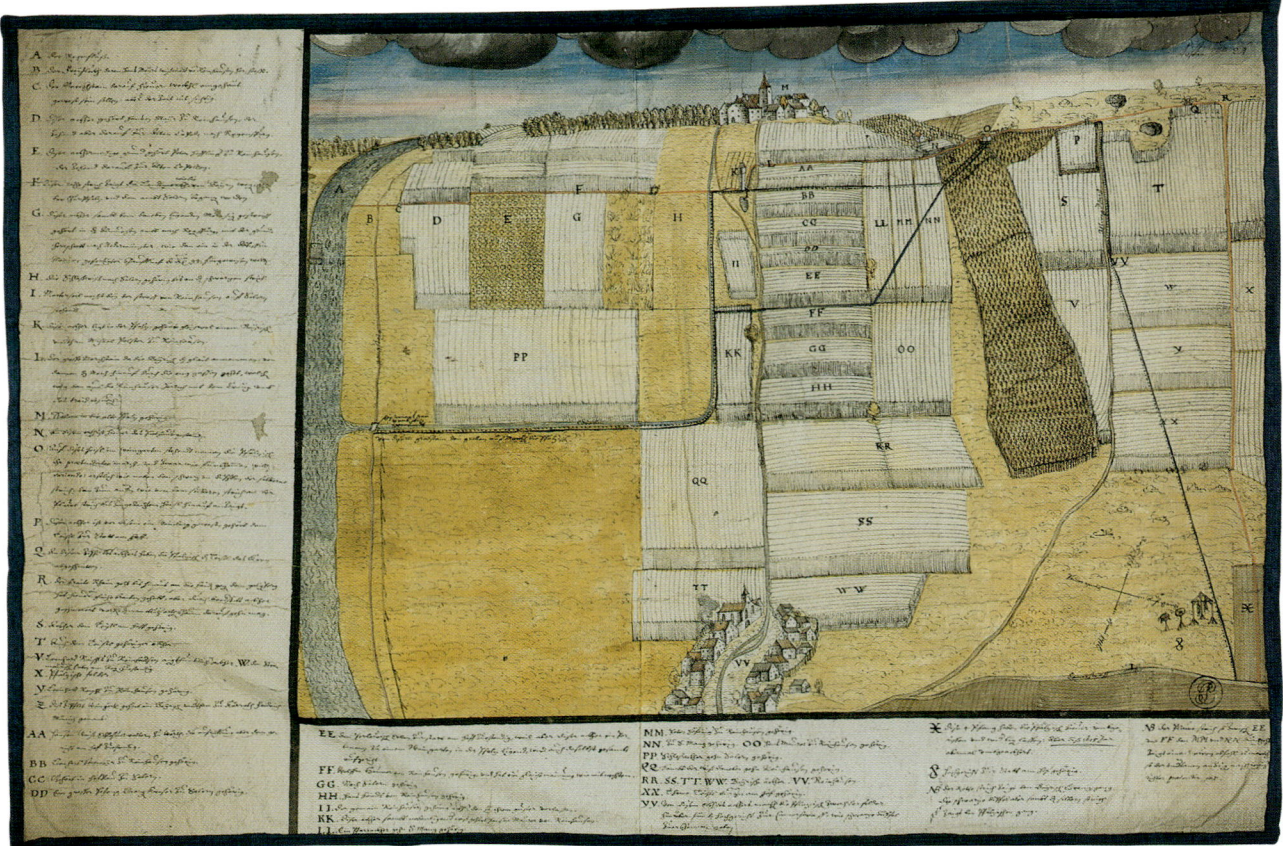

5.6

Galgenberg bezeugt ist. Die Grenze beider Territorien verlief von Westen nach Osten quer durch die auf der Karte wiedergegebene Gemarkung. Strittig geworden war sie durch so banale Vergehen wie Überackern und Übermähen und deren so angemessene Vergeltung durch Garben- und Grasraub. Um zu vermeiden, dass solche Tätlichkeiten auf der Stufe des Nachbarschaftsrechts sich ausweiteten zu Streitigkeiten auf der Ebene des Staatsrechts, mussten zumindest auf der mittleren Ebene der Verwaltungsapparate – der Regierung Straubing und der Statthalterei Amberg – Nachforschungen angestellt und Maßnahmen ergriffen werden. Zu den „Fundamenten", auf die Bayern seine Interessen gründete, zählte neben Dokumenten und Zeugenaussagen der Augenschein, den der Straubinger Regierungskommissär im Sommer 1615 auch „aufs pappier bringen zu lassen" hatte. „Ex inspectione" des Geländes ergebe sich nämlich ohne weiteres die Plausibilität des von Bayern angezeigten Grenzverlaufs (rote Linie) entlang der sichtbaren Raine, Straßen, Gassen und zuweilen Marksteine, während die von den Pfälzern beanspruchte Grenze (blaue Linie) streckenweise quer durch die Äcker laufe, was doch sehr ungewöhnlich sei für die Vermarkung eines Fürstentums. GL

Bayerisches Hauptstaatsarchiv, München, Kurbayern Äußeres Archiv 1355; Krausen 1973, S. 147, Nr. 471.

5.7

Grenzstein des Herzogtums Pfalz-Neuburg gegen die Markgrafschaft Ansbach

Um 1535; heller Granit mit zwei eingemeißelten Wappen, 170 x 42 x 20; Privatbesitz

War bereits die Festlegung, aus welchen Teilen des Landshuter Erbes und oberbayerischen Besitzes das 1505 neu geschaffene Herzogtum Pfalz-Neuburg bestehen sollte, ein jahrelang andauernder Prozess mit umfangreichen Verhandlungen, so zog sich die Grenzfestlegung gegenüber den zahlreichen Nachbarn bis in die 30er-Jahre des 16. Jahrhunderts hin. So fand am Samstag nach Ostern 1535 eine Grenzbegehung mit Grenzsteinsetzung auf dem Gebiet des Dorfes Polsingen statt, das wesentlich auf markgräflich ansbachischem Territorium lag. Teile der Dorfflur aber gehörten von alters her zu der dem Herzogtum Pfalz-Neuburg einverleibten Grafschaft Graisbach. Der Grenzverlauf ist anhand der Flur-, Orts- und Straßennamen exakt beschrieben, ebenso die Standorte von sechs Grenzsteinen: „… und steht der erste Stein beim Cronhof neben der Straß von Laub auß gedachtem Cronhof… der sechste hinter dem Hagenhof… Und soll angregte Trennung Bestand haben, waß auf der Rechten Handt liegt, dass all mit gewißlicher Oberhoheit und allweg Unß, den obgemelden Pfalzgrawen [Ottheinrich und Philipp] und Herzogen in Bairn, deren Erben und Nachkommen. Daß aber auf der linken Handt liegt, daß

134

soll dem Markgrafen, den Erben und Nachkommen sein…" Einer dieser Grenzsteine mit gut sichtbar eingemeißeltem pfalz-neuburgischem Wappen hat sich erhalten. MH

Unveröffentlicht.

5.8

Waffeleisen mit Neuburger Stadtwappen

Süddeutschland, 1501–1550; Eisen, gegossen und graviert, 81 x 7,3 x 15,5; Historischer Verein Neuburg an der Donau (V4155)

Eine der Innenseiten des Waffeleisens zeigt auf halbrundem Schild eine Burg mit zwei Türmen und einem geöffneten Tordurchgang auf einem Dreiberg. Tor und Türme, mit je zwei Fenstern, sind mit drei Zinnen bekrönt. Die Darstellung, mit Ornamenten verziert und von einem umlaufenden Schriftband (MEISTER HANS ꙨWIC TVMHERꙨV COSTNꙨ) eingefasst, lehnt sich an ein frühes Neuburger Stadtwappen an. Dieses zeigt auf einem Siegel zum „Großen Brandbrief" 1374 in gegittertem Feld auf felsigem Grund eine Burg mit zwei Quadertürmen mit je einem Fenster und geöffnetem Tordurchgang. Nach der Gründung des Fürstentums Pfalz-Neuburg verlieh Fürst Friedrich II. im Jahr 1506

5.8

der Residenzstadt Neuburg ein neues Wappen. Vor der Burg – zwei Zinnentürme mit Rautenband und Tordurchgang – auf rotem Feld und grünem Dreiberg sind zwei Steckenreiter, die Symbole für die minderjährigen Prinzen, platziert, die nach Pfote und Schweif des auf dem Tor ruhenden Löwen greifen. BZ

Stadler/Zollhöfer 1952; www.gemeinden.hdbg.de.

135

6 Die jungen Pfalzgrafen

Tobias Appl

Vormundschaft und Jugend der ersten Landesherren des Fürstentums Pfalz-Neuburg

Wenige Tage vor ihrem Ableben bestimmte Pfalzgräfin Elisabeth am 9. September 1504 testamentarisch ihren Schwager Pfalzgraf Friedrich, den jüngeren Bruder ihres Ehemanns Ruprecht, wohl wegen seiner guten Kontakte zum Haus Habsburg, zum Vormund ihrer beiden Söhne Ottheinrich und Philipp. Der erst 21-jährige Pfalzgraf Friedrich, der in Diensten Philipps des Schönen gestanden hatte, kam Anfang November 1504 in Landshut an, um sich seiner verwaisten Neffen anzunehmen. Zusammen mit seinem Bruder Philipp, dem Bischof von Freising, bemühte er sich am Hof König Maximilians um das Ende des Landshuter Erbfolgekriegs, der dann im Spruch des Königs auf dem Kölner Reichstag am 30. Juli 1505 seinen offiziellen Abschluss fand. In Köln wurde nicht nur das Fürstentum Pfalz-Neuburg für die beiden unmündigen Prinzen Ottheinrich und Philipp geschaffen, sondern auch die Vormundschaft Pfalzgraf Friedrichs bis zu deren Volljährigkeit endgültig anerkannt und bestätigt.

Die erste Aufgabe Friedrichs als Vormund seiner Neffen bestand in der Sicherung und im Ausbau des neu geschaffenen Fürstentums Pfalz-Neuburg. Bis zum Abschluss des Ingolstädter Vertrags 1509, der den Umfang des unzusammenhängenden Staatsgebiets endgültig regelte, kam es zu verschiedenen Verhandlungen, Abschieden und Resolutionen. Mit der reichsrechtlichen Anerkennung des Fürstentums Pfalz-Neuburg, das heißt der Erteilung der Reichslehen auf dem Augsburger Reichstag 1510, der Verleihung des „Privilegium de non evocando" sowie der 1512 erfolgten Eingliederung Pfalz-Neuburgs in den Bayerischen Reichskreis fand diese Phase der äußeren Staatsbildung ihren Abschluss.

Im Inneren legte Friedrich die Grundlagen, indem er Regierung und Hofkammer sowie Verwalter der einzelnen Städte und Ämter einsetzte. Rasch entwickelte sich auch eine gemeinsame Landschaft Pfalz-Neuburgs. Bereits im Januar 1508 fand der erste Landtag in Neuburg an der Donau statt. Doch mit dem Amt des Vormunds wollte sich Friedrich nicht begnügen. Schon 1507 stand er wieder in Habsburger Diensten und begleitete König Maximilian auf dessen Zug gegen Venedig. 1508, nach dem Tod Kurfürst Philipps, wurde Friedrich von seinem Bruder, dem neuen Kurfürsten Ludwig V., nach dem testamentarischem Wunsch des Vaters an der Regierung beteiligt und in der Erbfolge direkt hinter Ludwig platziert. Dies stand im deutlichen Widerspruch zur Goldenen Bulle, denn eigentlich wären in der Erbfolge die Söhne Ruprechts, also Ottheinrich und Philipp, vor Friedrich an der Reihe gewesen. Friedrich übernahm die Regierung der beiden pfälzischen Landesteile Pfalz-Neumarkt und des Kurpräzipuums um Amberg. Er verbrachte viele Jahre in der Oberen Pfalz und konnte so seine Neffen in Neuburg relativ schnell erreichen. Dennoch stellte er aufgrund seiner neuen Aufgabe und der damit verbundenen längerfristigen Abwesenheit von Neuburg am 19. März 1508 den Juristen und Hofrichter Eustachius von Liechtenstein als Statthalter bzw. Hofmeister zu Neuburg an. Am 1. September 1509 folgte diesem Adam von Törring, der das Amt des Statthalters bis zur Volljährigkeit der Prinzen im Jahr 1522 innehatte. Törring, treuer Gefolgsmann Herzog Georgs des Reichen, war ein Statthalter, auf den sich Friedrich verlassen konnte. Für Ottheinrich und Philipp war Törring wie ein Vater, er beaufsichtigte ihre Erziehung und förderte die beiden nach Kräften.

Wo sich die heranwachsenden Prinzen im Einzelnen aufhielten, ist schwer zu sagen. Nach dem Tod ihrer Eltern und dem Ende des Erbfolgekriegs dürften die Kinder wohl zu ihrem Vormund Friedrich gebracht worden sein, der sich bis Februar 1506 in Landshut aufhielt. In den nächsten Jahren waren Ottheinrich und Philipp öfter in Burglengenfeld, auch die Residenzstädte ihres Vormunds, Neumarkt und Amberg, kommen als regelmäßige Aufenthaltsorte ab 1508 in Frage. Als Stätte der Kindheit und frühen Jugend der beiden jungen Pfalzgrafen darf jedoch Neuburg, die Hauptstadt des neuen Fürstentums, gelten. Noch heute erinnern die zwei auf Steckenpferden reitenden Prinzen im Neuburger Stadtwappen (Kat.-Nr. 4.10) an die Anfänge des Fürstentums und die Bedeutung der Stadt für Ottheinrich und Philipp. Hier lebte als Nonne bzw. Äbtissin im Benediktinerinnenkloster neben dem Schloss auch ihre Tante Margarethe, die jüngere Schwester ihrer Mutter Elisabeth. Diese war 1506 ohne Genehmigung ihrer Oberin aus dem

Dominikanerinnenkloster Altenhohenau am Inn, mittlerweile im Gebiet des Münchner Herzogs Albrecht IV. gelegen, in die Residenzstadt Neuburg übergesiedelt, vielleicht sogar um ihren Neffen die Mutter zu ersetzen.

Im Jahr 1512 erhielten die Brüder Ottheinrich und Philipp in Alexander „Currificis" Wagner aus Bretten einen Zuchtmeister und Pädagogen. Gleichzeitig wurden den Prinzen einige Knaben beigesellt, mit denen sie nun gemeinsam Unterricht in den Fächern Latein und Deutsch erhielten. Pfalzgraf Friedrich wies den jungen Magister an, seine Neffen zu Gottesfurcht, regelmäßigem Kirchenbesuch und fleißigem Studieren anzuhalten. Auch hatte er darauf zu achten, dass die Prinzen morgens pünktlich aufstanden, abends rechtzeitig zu Bett gingen und sich nicht betranken. Er selbst sollte den beiden Vorbild sein und sich um das körperliche und geistige Wohl der jungen Herren sorgfältig kümmern. Bis 1516 unterrichtete Wagner beide Prinzen, dann begleitete er Philipp an die Universität Freiburg im Breisgau.

Im Februar 1516 hatte Pfalzgraf Friedrich den Ingolstädter Professor der Jurisprudenz, Dr. Hieronimus von Croaria, zum Rat und Hofmeister für seine beiden Neffen bestellt. Croaria, schon unter Herzog Georg als Rat und Hofrichter tätig und seit 1515 Inhaber des pfalz-neuburgischen Ritterlehens Tapfheim, blieb nach Pfalzgraf Philipps Weggang nach Freiburg Ottheinrichs Hofmeister. Zu seinen Aufgaben gehörte die Unterrichtung in Sprachen, adliger Lebensart und ritterlichen Techniken wie Reiten, Fechten und Tanz. Daneben wurde Ottheinrich nach und nach in die Regierungsgeschäfte eingeweiht. Seine ersten Schritte in die Welt der großen Politik unternahm der 16-jährige Pfalzgraf beim Augsburger Reichstag von 1518. Hier beteiligte er sich unter anderem an einem Armbrustschießen, bei dem Kaiser Maximilian die Preise stiftete und selbst drei Schuss abgab.[1]

Als Pfalzgraf Friedrich nach dem Tod Maximilians als wichtigster Unterhändler und Werber des jungen Habsburgers Karl im Reich auftrat, befand sich Ottheinrich wieder im Umfeld seines Vormunds. Diesem hatte es der zukünftige König Karl zu verdanken, dass sich die Kurfürsten, besonders Kurfürst Ludwig V., nicht für den französischen König, sondern für ihn entschieden. Die Tage vor der Königswahl am 28. Juni 1519 verbrachte Ottheinrich zusammen mit anderen Fürsten des Reichs am Wahlort Frankfurt am Main.[2] Nach der einstimmigen Wahl Karls wurde Pfalzgraf Friedrich von den Kurfürsten beauftragt, dem neuen König das Ergebnis persönlich anzuzeigen. Wieder durfte Ottheinrich seinen Onkel begleiten, als dieser Anfang Oktober nach Spanien aufbrach. Schon im August hatte Ottheinrich Herzog Ludwig von Bayern mitgeteilt, dass er sich dem Spanienzug Friedrichs anzuschließen gedenke.[3] Über Burgund und Lyon gelangten sie nach Molin del Rey, wohin Karl V. wegen einer in Barcelona herrschenden Seuche ausgewichen war. Dort übergab Pfalzgraf Friedrich am 30. November 1519

dem neuen König in einer feierlichen Zeremonie das kurfürstliche Wahldekret.[4] Für seinen Neffen Ottheinrich konnte Friedrich bei Karl V. einen auf den 16. Dezember 1519 datierten Provisionsbrief (Kat.-Nr. 7.1) erlangen, nach welchem Ottheinrich vom 1. Januar 1520 an jährlich 2 000 Philippsgulden erhalten sollte.

Als Gegenleistung musste er zum persönlichen Dienst an Karls Hof weilen. Dort blieb Ottheinrich jedoch nur kurze Zeit. Er nutzte die sich bietende Gelegenheit und bereiste Spanien und andere Besitzungen Karls. Ottheinrichs Zeitgenosse Johannes Aventinus schreibt: „[Ottheinrich] hat auch keisser Charolly dem funfften seins namens lanng in Hispanien nach greist, vnd hat in seinen iungen iarn vil gewanndert vnd besehen".[5] Vor Karls Abreise am 20. Mai 1520 zur Krönung nach Aachen war Ottheinrich nochmals kurze Zeit an dessen Hof. Von dort kehrte er nach Neuburg zurück. Doch schon bei der Krönung Karls am 23. Oktober 1520 gehörte Ottheinrich wieder zum Umfeld des Königs. So nahm er auch am festlichen Mahl nach der Krönungszeremonie teil.[6]

Im Januar 1521 beteiligte sich der junge Pfalzgraf an den Verhandlungen über einen Einungsvertrag der beiden Wittelsbacher Linien in München. Danach begab er sich wieder in das Gefolge Karls V. und war dabei, als dieser Ende Januar 1521 den Reichstag zu Worms eröffnete.[7] Im Rahmen dieses Reichstags wurde Ottheinrich vom Kaiser für sich und seinen jüngeren Bruder Philipp mit dem Fürstentum Pfalz-Neuburg belehnt (Kat.-Nr. 6.10, 6.12). Noch bevor Martin Luther vor den Reichsfürsten auftrat, verabschiedete sich Ottheinrich aus Worms, um seine geplante Wallfahrt in das Heilige Land anzutreten. Da er in kaiserlichen Diensten stand, musste er sich diese Reise genehmigen lassen, was auf Vermittlung seines Onkels, Kurfürst Ludwig von der Pfalz, gelang. Am 15. April 1521 machte er sich von Lauingen aus auf den Weg. Seine Abreise wurde in allen Ämtern seines Fürstentums verkündet und die pfalz-neuburgischen Pfarrer wurden aufgefordert, die Untertanen zu ermahnen, für ihren jungen Fürsten zu beten.

Auf dem Wormser Reichstag beschloss man nach Ottheinrichs Abreise (Kat.-Nr. 7.5 ff.) eine kaiserliche Verwaltung mit einem Statthalter einzusetzen, da der König oft nicht im Reich anwesend war. Zum Statthalter an der Spitze des in neuer Form wiederbelebten Reichsregiments, das seinen Sitz in Nürnberg haben sollte, machte Karl V. seinen Bruder Ferdinand und gleichberechtigt Pfalzgraf Friedrich. Als der junge König nach dem Reichstag das Reich wieder verließ, begab sich Friedrich nach Nürnberg und übernahm dieses äußerst kostenintensive Amt, das er bis September 1523, allerdings mit Unterbrechungen, innehatte.

Wie oben ausgeführt, hatten sich 1516 die Wege der beiden Brüder getrennt. Der zwölfjährige Philipp war im Mai 1516 nach Freiburg im Breisgau übergesiedelt, um an der dortigen Universität das Studium aufzunehmen.

In der „Schiffergassen" (heute Schiffstraße) war für ihn ein Haus gemietet worden. Begleitet wurde er von seinem Privatlehrer Alexander Wagner, dem Pfalz-Neuburger Kanzleischreiber Diepold Kais und Kaplan Jörg Kratzer. Diese drei immatrikulierten sich zusammen mit Pfalzgraf Philipp am 6. Juni 1516. Ihnen gleich taten dies am selben Tag acht weitere junge Männer, zum Teil Edelknaben und Schüler Wagners, die mit Philipp in Neuburg erzogen worden waren. Philipp war für den geistlichen Stand ausersehen und nahm wohl deshalb ein Universitätsstudium auf. Wie für die vier geistlichen Brüder seines Vaters schien somit auch für den jungen Philipp der Weg auf einen Bischofsstuhl des Reichs vorgezeichnet.

1517 wurde Alexander Wagner durch Friedrich von Wolmershausen ersetzt. Da dieser aus dem Adel stammte und kurz nach Philipps 14. Geburtstag mit dessen Erziehung betraut wurde, lässt sich vermuten, dass Philipp nun einen Hofmeister zur Seite gestellt bekam. In der Bestallung vom 13. Dezember 1517 wurde Wolmershausen mit einer Studienordnung für den jungen Philipp konfrontiert, in der festgesetzt war, wie Tag und Unterricht abzulaufen hatten und welche Universitätslehrer Philipp aufsuchen sollte. Demzufolge begann der Morgen mit Lateinunterricht bei Kaplan Jörg Kratzer. Daraufhin sollte Philipp zur Aneignung juristischer Grundbegriffe die Vorlesungen des berühmten Rechtsgelehrten Ulrich Zasius hören, der am 1. September 1517 eine Rede auf den jungen Pfalzgrafen mit dem Titel „De Laudibus Legum" hielt. Anschließend stand Literaturunterricht bei Philipp „Engentinus" Engelbrecht, der Philipp im April 1517 ein 23-seitiges „Carmen Paraeneticum" widmete, auf dem Stundenplan. Es folgte die Nachbereitung der Unterrichtsinhalte mit Kaplan Kratzer. Der Tag schloss mit lateinischem Grammatikunterricht. Als 1518 in Freiburg eine pestartige Seuche ausbrach, flüchtete Philipp nach Glatt in Hohenzollern, das seinem Vertrauten Reinhard von Neuneck gehörte. Er blieb dort mehrere Wochen, kehrte aber nicht mehr nach Freiburg zurück, sondern war Anfang Februar 1519 wieder in Neuburg. Dort wurde ihm am 11. Mai 1519 der Lizenziat Matthias Alber, der spätere Reformator Reutlingens, als Pädagoge an die Seite gestellt.

Zusammen mit Alber, seinem Hofmeister Friedrich von Wolmershausen und Kaplan Jörg Kratzer machte sich Pfalzgraf Philipp im September 1519 nach Italien auf, um an der Universität zu Padua seine juristischen Studien fortzusetzen und die italienische Sprache zu erlernen. Bei seiner Ankunft wurde Philipp mit allen Ehren begrüßt und seinem Stand entsprechend behandelt. Um Ostern 1520 wurde Wolmershausen als Hofmeister abberufen und durch Hieronimus von Croaria, Ottheinrichs Hofmeister, ersetzt. Die heißen Sommermonate dieses Jahres verbrachte Philipp in Bruneck im Pustertal. Danach kehrte er nach Padua zurück, wo er im gleichen Jahr erkrankte, da er sich vermutlich mit Syphilis infiziert hatte (Kat.-Nr. 7.111).

Zu Beginn des Jahres 1521 sahen Philipps Pfälzer Verwandte den Zeitpunkt gekommen, die auf ein kirchliches Amt angelegten Studien mit einer einträglichen kirchlichen Pfründe zu krönen. Man versuchte Philipp an der Kurie unterzubringen (Kat.-Nr. 6.6 und 6.7). Obwohl einflussreiche Fürsprecher, wie Jakob Fugger, der päpstliche Nuntius Marino Carracciolo und sogar Karl V., für dieses Projekt gewonnen werden konnten, blieb Philipp der Erfolg versagt. Die Gründe für sein Scheitern sind nicht bekannt. Philipp ging zurück nach Neuburg, wo er Ende Mai 1521 eintraf. Zeitgleich wartete Ottheinrich in Venedig auf die Überfahrt in das Heilige Land. Eigentlich wollte Philipp seinen Bruder begleiten, da er wegen seiner Krankheit eine Pilgerfahrt dorthin gelobt hatte. Weil man aber nicht beide Neuburger Prinzen den Gefahren einer solchen Reise aussetzen wollte, erhielt Philipp vom Papst die Auflösung seines Gelübdes. Von Neuburg aus zog er dann nach Nürnberg zu seinem Vormund und übernahm dort kleinere Repräsentationsaufgaben.

Als Ottheinrich nach seiner Pilgerreise am 5. Dezember 1521 wieder in Neuburg eintraf, machte auch er sich auf den Weg nach Nürnberg. Hier wurde das erste Zusammentreffen der beiden Brüder seit langer Zeit gefeiert. Zu einem großen Familienfest der Pfälzer Wittelsbacher wurde der darauffolgende Fasching, als außer Ottheinrich, Philipp und Vormund Friedrich auch Kurfürst Ludwig, Administrator Johann von Regensburg und Pfalzgraf Wolfgang in der Reichsstadt weilten. Täglich gab es große Bankette, man tanzte, unternahm Schlittenfahrten und sonstige Lustbarkeiten. In Nürnberg dürfte wohl zwischen Ottheinrich, Philipp, Pfalzgraf Friedrich und Kurfürst Ludwig das Ende der Vormundschaftsregierung und die damit verbundene Übergabe der Regierung an die jungen Fürsten besprochen worden sein, wozu es dann im Juni 1522 kam. Friedrich sah sich aufgrund der starken Belastung durch das Amt des Statthalters beim Reichsregiment in Nürnberg nicht mehr in der Lage, neben der Regierung der Oberpfalz auch die Vormundschaftsregierung im Fürstentum Pfalz-Neuburg auszuüben. So lud er die Landschaft für den 2. Juni 1522 zu einem Landtag nach Burglengenfeld ein, das für Friedrich von Nürnberg aus leichter zu erreichen war als Neuburg. Friedrich ließ im Rittersaal der Burg verkünden, dass er wegen seiner Dienste beim Reichsregiment gezwungen sei, die Vormundschaft niederzulegen (Kat.-Nr. 6.14). Außerdem hätten seine Neffen mittlerweile das richtige Alter und die Fähigkeiten, die Regierung selbst in die Hand zu nehmen. Es wurde eine Übergabeurkunde aufgesetzt, in welcher Friedrich von allen Ansprüchen und der Vormundschaft losgesprochen, alle seine Entscheidungen konfirmiert und die Schulden übernommen wurden. Die beiden Prinzen Ottheinrich und

Philipp wurden für volljährig erklärt und konnten die Regierung ihres Fürstentums übernehmen. Damit endete für sie nicht nur die Zeit der Vormundschaft, auch ihre Jugend war mit einem Schlag vorbei. Denn nun ging es darum, möglichst schnell im eigenen Land Fuß zu fassen und dieses als gute Landesherren gemeinschaftlich zu verwalten.

Anmerkungen
1 Böhm 1998, S. 202
2 RTA 1893, Bd. 1, S. 837

3 Bayerisches Hauptstaatsarchiv, Pfalz-Neuburg Akten, Nr. 1043
4 RTA 1896, Bd. 2, S. 23 f.
5 zitiert nach Rockinger 1879, S. 387
6 RTA 1896, Bd. 2, S. 99, Anm. 3
7 RTA 1896, Bd. 2, S. 151

Literatur
Appl 2003; Poensgen 1956, Gestalt und Werdegang; von Reitzenstein 1939; Salzer 1886.

6.1

Friedrich legte die Grundlagen für den Aufbau einer Verwaltung im neu gestalteten Fürstentum Pfalz-Neuburg. Gleichzeitig verfolgte er eigene politische Ambitionen. So trat er 1507 in den Dienst König Maximilians I. und beteiligte sich an dessen Kriegszug gegen Venedig. 1508 nahm er eine Beteiligung an der Regierung des pfälzischen Kurfürstentums von seinem Bruder an und ließ sich in der Erbfolge hinter diesem platzieren. Er übernahm die Regierung der kurpfälzischen Landesteile Pfalz-Neumarkt und des Kurpräzipuums um Amberg. Aufgrund dieser Aufgabe in einem Nachbarterritorium ernannte er Statthalter für seine Neuburger Aufgaben. Nach dem Tod Kaiser Maximilians fungierte Pfalzgraf Friedrich als Unterhändler für dessen Enkel Karl und stimmte die Kurfürsten 1519 für die Wahl Karls V., den er anschließend auf seinem Zug nach Spanien begleitete. 1529 und 1532 führte Friedrich das Reichsheer gegen die Türken. Er setzte sich 1531 für die Königswahl des Bruders Karls V., Ferdinand I., ein. Er präsidierte dem kaiserlichen Religionsgespräch auf dem Regensburger Reichstag von 1541 neben dem Kardinal Granvella. Nach dem Tod seines kinderlosen Bruders übernahm er 1544 dessen Nachfolge als Kurfürst der Pfalz. Er führte dort die lutherische Reformation ein und erließ 1546 eine evangelische Kirchenordnung. Im Schmalkaldischen Krieg 1547 auf der Seite der Unterlegenen, bemühte er sich anschließend um eine politisch neutrale Haltung. Er starb 1556 in Alzey.

Die hier gezeigte Büste ist wahrscheinlich ein Fragment aus einer größeren Darstellung. Das erklärt die nach vorn geneigte Körperhaltung, die in der Kollane mit dem umgehängten Ordensband des Goldenen Vlieses sichtbar ist. Der Harnischkragen besteht aus fünf glatten Ringen und einem sechsten untersten mit gekordeltem Rand. Über die Oberkante des Kragens schiebt sich ein schmaler Kragenrand. CG

6.1

Friedrich II. der Weise

Um 1540; Alabaster, 26,5 x 22,5 x 18,5; Bayerisches Nationalmuseum, München (R 753)

Als vierter Sohn des Kurfürsten Philipp des Aufrichtigen von der Pfalz erhielt der 1482 geborene Friedrich seine Erziehung durch Johann Reuchlin und verbrachte einen Großteil seiner Jugend am burgundischen Herzogshof in den Diensten Philipps des Schönen. Aufgrund der testamentarischen Verfügung seiner Schwägerin, der Pfalzgräfin Elisabeth, wurde der erst 21-jährige am 9. September 1504 zum Vormund seiner Neffen Ottheinrich und Philipp. Im Kölner Spruch von König Maximilian wurden die Vormundschaftsrechte Friedrichs bestätigt.

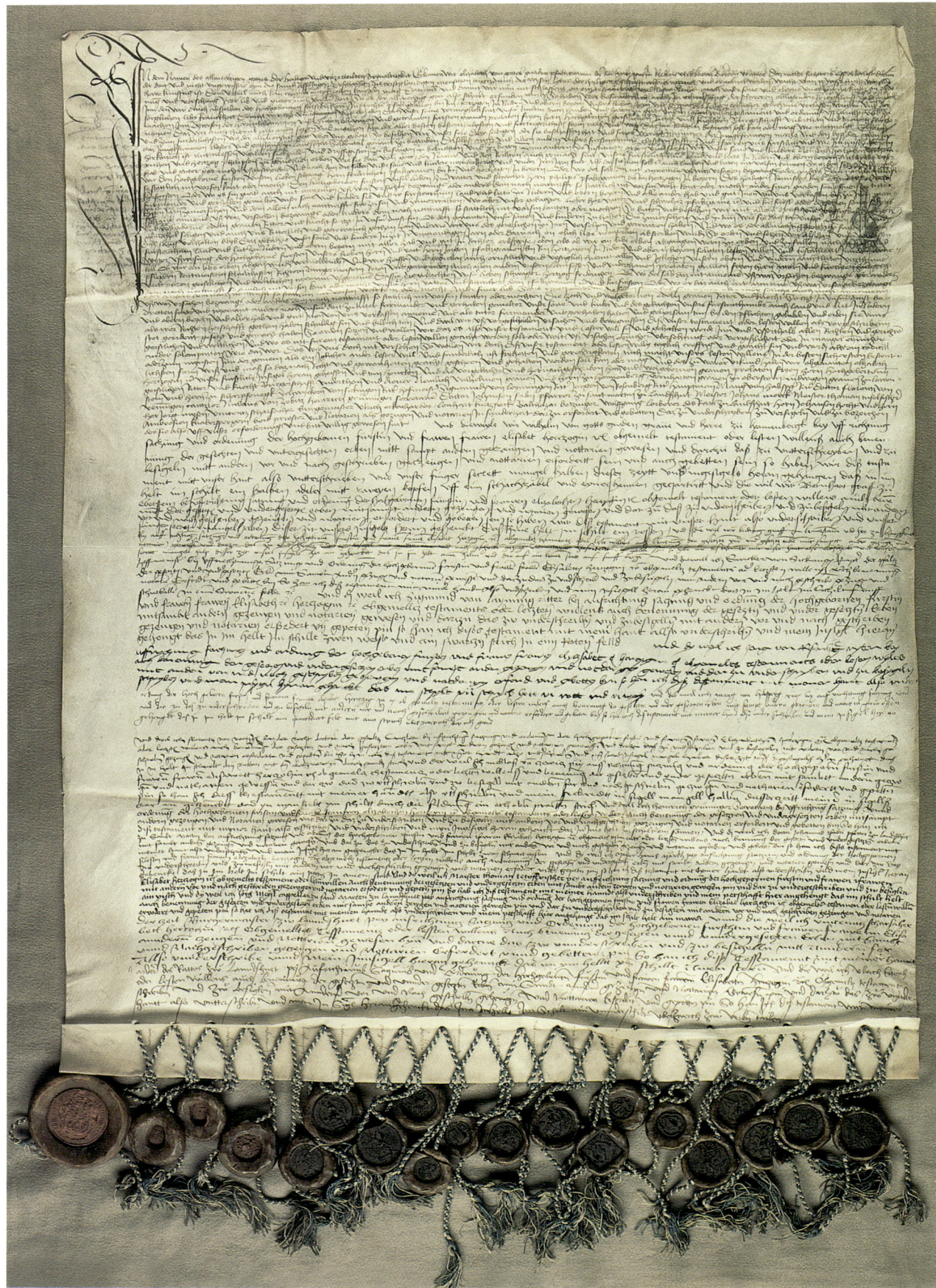

6.2

6.2

a) Testament der Pfalzgräfin Elisabeth von Bayern-Landshut

Landshut, 9. September 1504; Urkunde/Pergament, 92 x 57, mit Siegel; Geheimes Hausarchiv, München (Hausurkunde 2133)

b) Konzept zum Testament für Pfalzgräfin Elisabeth

Urkunde/Papier, 32,5 x 22; Geheimes Hausarchiv, München (Hausurkunden ad 2133)

Wegen ihrer „sorglichen libs kranckheit", ihrer Besorgnis erregenden Erkrankung, verfasste Pfalzgräfin Elisabeth am 9. September 1504 ihr Testament und versah dieses mit ihrem Siegel. Sie bestimmte ihre Söhne Ottheinrich und Philipp zu Erben ihres Fürstentums und des gesamten Besitzes. Zum Vormund der unmündigen Prinzen erklärte sie ihren Schwager Pfalzgraf Friedrich, sollte dieser das Amt nicht annehmen können, ihren Schwiegervater Kurfürst Philipp, bei dessen Ablehnung einen anderen Bruder ihres Mannes, zuletzt die niederbayerische Landschaft.

Das Testament wurde von zwei Notaren gegengezeichnet. Ihnen gleich taten es 19 Adlige, Amtsträger und Geistliche aus Elisabeths Umgebung, die der Urkunde ihre Siegel anhängten. Sechs Tage nach Elisabeths Tod wurde ihr Testament am 21. September 1504 verlesen. Die Regierung in Landshut übernahmen nun Räte, die Stände leisteten ihre Erbhuldigung auf die jungen Prinzen und der Krieg wurde fortgesetzt. Als Pfalzgraf Friedrich Anfang November 1504 in Landshut ankam, verlangte die Landschaft von ihm die Anerkennung seiner Vormundschaftsrechte durch den König, ehe sie bereit war, ihm Gefolgschaft zu leisten. Hierum bemühte sich dieser, doch König Maximilian verwies ihn wieder an die Landschaft zurück, die Friedrich schließlich zu einem Treueschwur bewegen konnte. Der König gewährte Friedrich nun die vorläufige Ausübung der Vormundschaftsrechte. Erst beim Reichstag zu Köln Ende Juli 1505 kam es zur endgültigen königlichen Anerkennung Friedrichs als Vormund der Prinzen Ottheinrich und Philipp bis zu deren Volljährigkeit.   TA

Appl 2003, Der junge Philipp; Stauber 1993.

6.3

Ahnentafel für die Pfalzgrafen Ottheinrich und Philipp

Vermutlich Heidelberg, 1524; Aquarell/Papier, auf Leinen aufgezogen, 84 x 18,5–67; Thüringisches Staatsarchiv Meiningen, Gemeinschaftliches Hennebergisches Archiv (Sektion I Nr. 13)

Im Heiligen Römischen Reich war für den Erwerb höherer Ämter in der Reichskirche vielfach der Nachweis adliger Abstammung erforderlich. Dieser erfolgte seit dem 14. Jahrhundert in schriftlicher Form und der Inhalt des Dokuments wurde von Adligen beschworen. Man

6.3

bezeichnet diesen Vorgang als Aufschwörung, das Dokument als Ahnenprobe. Aus diesen zunächst schmucklosen Urkunden entwickelte sich die oft hohen ästhetischen Maßstäben entsprechende Ahnentafel.

Das Blatt aus Meiningen zeigt die Ahnen der Brüder Ottheinrich und Philipp über fünf Generationen, also bis zu den Ur-Ur-Urgroßeltern. Da es im oberen Bereich zerstört ist, kann nicht mehr gesagt werden, ob es für Ottheinrich, Philipp oder beide Brüder angefertigt wurde. Dargestellt sind insgesamt 62 Personen, jeweils mit Wappen, Brustbild und Namenstafel. Die Angaben sind im Wesentlichen korrekt. Demonstriert wird unter anderem die Abstammung der Brüder von beiden Hauptlinien des Hauses Wittelsbach, väterlicherseits von den Pfalzgrafen bei Rhein, mütterlicherseits von den Herzögen von Bayern-Landshut. In der Generation der Großeltern sind Herzog Georg und seine Ehefrau Hedwig von Polen dargestellt. Kleidung, Haar- und Barttracht derjenigen Vorfahren, die aus den Häusern der Könige von Polen und der Großfürsten von Litauen stammen, unterscheiden sich deutlich von denen der übrigen Vorfahren aus Fürstenfamilien des Reichs.

Die Ahnentafel wurde 1524 von dem in Heidelberg studierenden Christoph von Henneberg dem Vater als Muster zugesandt. Dieser ließ daraufhin ein ähnliches Stück mit den eigenen Vorfahren anfertigen. Vermutlich war die Herstellung derartiger Ahnenproben damals in Heidelberg üblich. Die Künstler dürften vor allem für den dortigen Hof und die hochadligen Studenten gearbeitet haben. JM

Mittelalter. Der Griff nach der Krone 2000, S. 223 f., Nr. 54.

6.4

Die Münzen der Pfalzgrafen Ottheinrich und Philipp

a) Sechs Kreuzer

Sulzbach (?), o. J. (1504); Silber, 2,94 g, Ø 25 mm; Staatliche Münzsammlung, München
Noß 1936, Nr. 1.
Vs.: ✚ OTTO • HEIN • 7 • PHIL [PHILIP] • CO • PA • RENI [REN]; nach links gelagerter Löwe zwischen zwei unbeklei-deten Knaben; der größere, links, schmiegt sich an den

6.4c

Löwen und streichelt seinen Kopf, der rechte reitet auf dessen Rücken; oben im Feld P. – Varianten
Rs.: 7 • INFER' [INFE] – • 7 • SVP' • B–A • DVCE' • – 7• FRAT •; langes Kreuz, in den Winkeln Schilde mit links unten, rechts oben dem pfälzischen Löwen, rechts unten, links oben bayerischen Rauten. – Varianten
Vs. und Rs. mit gotischen (Sulzbach?) und Antiqua-Lettern (Neuburg?)

b) Zehn Kreuzer

Neuburg, o. J. (1505); Silber, 6,50 g, Ø 29 mm; Staatliche Münzsammlung, München
Noß 1936, Nr. 2.
Vs.: ✚ OTTO ✳ HEIN ✳ 7 ✳ PHILIP ✳ COM ✳ PAL ✳ RENI; nach links gewandter Löwe zwischen zwei Knaben; der ältere steht links, bekleidet mit einer langen Schaube, auf dem Kopf eine Mütze mit Straußenfeder, mit der rechten Hand greift er die rechte Pranke des Löwen; der jüngere Knabe steht rechts, nackt, mit der Rechten fasst er den Löwen an, mit der Linken schwingt er ein Steckenpferd über dem Kopf
Rs.: ✚ IN ✳ INFERI 7 SVPER ✳ BAVA ✳ DVCE 7 FRAT; viergeteilter Schild von Pfalz-Bayern, aus dem auf vier Seiten eine Blüte zwischen symmetrisch gerankten Blättern herauswächst

c) Halber Guldengroschen (Halber Guldiner)

Neuburg, 1505; Silber, 15,34 g, Ø 33 mm; Historischer Verein Neuburg an der Donau
Noß 1936, Nr. 3.
Vs.: ✚ OTTO HEINRI 7 PHILIP ✳ COM ✳ PALAT ✳ RENI; wie vorher, die Figuren aus denselben Punzen zusammengesetzt

Rs.: ✝ IN ✳ INFERI 7 SVPER ✳ BAVA ✳ DVCE 7 FRAT ✳ 1505;
bekrönter Löwe frontal sitzend, mit den Vorderpranken
schräg gestellte Schilde mit dem pfälzischen Wappenlöwen
(links) und den bayerischen Rauten (rechts) haltend

Die Münzen wurden für die unmündigen Pfalzgrafen
Ottheinrich und Philipp geprägt. Prägeort der Münzen
zu zehn Kreuzern und einem halben Guldengroschen
war sicher Neuburg, das dem Pfalzgrafen Ruprecht bereits zu Lebzeiten seines Schwiegervaters, Herzog Georg
dem Reichen, eingeräumt worden war und sich seitdem
immer in seiner Hand befunden hatte. Auch die Ähnlichkeit des im Juli 1506 durch Pfalzgraf Friedrich neu
verliehenen Neuburger Stadtwappens (Kat.-Nr. 6.17) mit
dem Münzbild spricht für Neuburg als Prägeort. Von den
Sechskreuzerstücken gibt es Stempel mit gotischen Buchstaben, die für A. Noß nach Sulzbach gehören, und, bisher nur in einem Exemplar bekannt, mit Antiqua-Buch-
staben, die er Neuburg zuweist. Ein Dokument von 1621
– es geht dort um das Münzrecht der jüngeren Brüder
Herzog Wolfgang Wilhelms – erwähnt, dass bereits die
pfalzgräflichen Brüder Ottheinrich und Philipp Münzen
geprägt hätten, und zwar in Sulzbach; die Stempel und
Münzbücher seien noch in Neuburg vorhanden (Staatsarchiv Neuburg, Pfalz-Neuburg Akten, Neuburger Abgabe 1989, Nr. 6767, „Rechtliches Bedenken" etc.).

Die Münzbilder zeigen die beiden Knaben Ottheinrich und Philipp; der ältere war zur Zeit des Kölner Spru-
ches 1505 dreieinviertel Jahre, der jüngere 20 Monate alt.
Sie spielen unter dem Schutz eines Löwen, bei dem es
sich natürlich um das bayerisch-pfälzische Wappentier
handelt. Der Löwe symbolisiert nach Noß bei dem älteren Sechs-Kreuzer-Stück den Vater der Knaben, Pfalzgraf
Ruprecht, bei den späteren Münzen ihren Vormund,
Pfalzgraf Friedrich. Die Stücke zu sechs Kreuzern müssen
vor dem Kölner Spruch geprägt worden sein. Die Legende „inferioris et superioris Bavariae duces" macht den Anspruch auf das gesamte Herzogtum deutlich. Zehner und
Halbguldiner wurden erst nach dem Kölner Spruch geprägt, der den Söhnen Ruprechts nur einen Teil ihres Erbes zuerkannte; es heißt nunmehr „in inferiore et superi-
ore Bavariae duces". Die Prägung dieser Münzen muss
kurz nach dem Kölner Spruch erfolgt sein; sie zeigen, dass
Ottheinrich und Philipp, wenn auch nur mit einem Teil
ihres Erbes, wirkliche Reichsfürsten waren.   DK

Heß/Klose 1986, S. 41f.; Kull 1887; Lockner 1899; von Lori 1765,
Bd. 1, S. 166f., 191–193; Noß 1936; Repertorium 1996, Bd. 2, S. 64.

6.5

Pfalzgraf Ottheinrich

Hans Schwarz (1492 – nachweisbar bis 1532); Worms (?),
vor 1520; Rötel/Papier, 31,5 x 23; Staatsbibliothek Bamberg
(I A 58)

Die Zeichnung ist das früheste überlieferte Bildnis von
Ottheinrich. Sie stellt den jungen Pfalzgrafen im Alter
von etwa 18 Jahren dar und diente dem Medailleur und

6.5

Kleinplastiker Hans Schwarz als Vorlage für die Anfertigung einer Bildnismedaille (Kat.-Nr. 6.16a), die 1520
entstanden ist. Dass sich Hans Schwarz anlässlich der
Krönung Karls V. am 23. Oktober 1520 in Aachen aufhielt, ist anzunehmen, da die Gelegenheit, Aufträge hoch-
gestellter Persönlichkeiten zu erhalten, für Künstler bei
solchen Anlässen sehr günstig war.

Ottheinrich nahm mit seinen Onkeln Ludwig V. und
Friedrich II. an diesem weltpolitischen Ereignis teil und
reiste mit ihnen im Gefolge des Kaisers am 25. Oktober
über Jülich und Köln nach Worms. Wann Ottheinrich
dem Künstler Modell saß, ist nicht bekannt.

Der bartlose, ganz jugendliche Pfalzgraf hat den Kopf
etwas nach hinten geneigt und blickt leicht schräg nach
oben. Ein Barett mit relativ breiter geschlitzter Krempe
hinterfängt das weiche Profil. Das fein gefältelte Hemd
ist weiter ausgeschnitten als bei dem Bildnis auf der entsprechenden Medaille und so wirkt sein Hals auch etwas
kräftiger. Auch das Wams unterscheidet sich von der Umsetzung auf der Medaille.   MG

Stemper 1997, Bd. 1, S. 50–98, bes. S. 56f.; Die Renaissance im
deutschen Südwesten 1986, Textband, S. 575–578; Gaettens
1956, bes. S. 64f.; Salzer 1886, S. 10f.; Fromm 1895.

6.6

Empfehlungsschreiben für Pfalzgraf Philipp

Heidelberg, 10. Dezember 1520; lateinische Handschrift/
Pergament, 37,6 x 29,8, ohne Siegel; Bayerisches Hauptstaatsarchiv, München (PNU 1520 Dezember 10)

Am 10. Dezember 1520 wandten sich die Brüder Kurfürst
Ludwig V. und Pfalzgraf Friedrich mit einem Empfeh-
lungsschreiben aus Heidelberg an Papst Leo X. (1513 bis
1521) und baten um die Aufnahme ihres Neffen Pfalzgraf Philipp an der Kurie. Von ihrem einflussreichen Vertrauten Jakob Fugger war ihnen aus Rom mitgeteilt worden, dass der Papst genehmigt habe, ein Mitglied der kurpfälzischen Familie in sein Umfeld zu berufen. Der junge
Philipp hatte zu diesem Zeitpunkt bereits über vier Jahre
an den Universitäten Freiburg im Breisgau und Padua
verbracht, sodass ihn die Antragsteller dem Papst als
einen in den Wissenschaften und den schönen Künsten
gelehrten jungen Deutschen vorstellen konnten.

Philipps gesamte Ausbildung war auf das Ziel ausge-
richtet, eine lukrative kirchliche Pfründe zu erlangen.
Wie schon sein Vater Ruprecht, der vor seiner Heirat mit
Elisabeth von Bayern-Landshut einige Jahre Bischof von
Freising gewesen war, und die Brüder seines Vaters, die
Pfalzgrafen Philipp (Bischof von Freising), Georg (Bischof von Speyer), Heinrich (Bischof von Worms, Utrecht
und Freising) und Johann (Administrator von Regensburg), sollte auch Pfalzgraf Philipp eine kirchliche Laufbahn einschlagen. Doch obwohl sich einflussreiche Fürsprecher für ihn einsetzten, gelang es Philipp nicht in
päpstliche Dienste aufgenommen zu werden.   TA

Dobmeyer 1914, S. 99 f., Beilage 2 (Druck); Appl 2003, Der junge
Philipp.

6.7

Empfehlungsschreiben Karls V. für Pfalzgraf Philipp an Kardinal Julius de Medici

Worms, 4. Januar 1521; lateinische Handschrift/Pergament,
37,8 x 32, mit Siegel; Bayerisches Hauptstaatsarchiv, München (PNU 1521 Januar 42)

Nachdem sich Kurfürst Ludwig V. und Pfalzgraf Friedrich mit der Bitte an den Papst gewandt hatten, ihren 17-
jährigen Neffen Philipp an der Kurie aufzunehmen, ver-
suchten sie, einflussreiche Fürsprecher für ihr Vorhaben
zu finden. Es gelang ihnen den jungen Karl V. zu gewinnen. Dieser verfasste am 4. Januar 1521 in Worms, wo er
Ende Januar 1521 den Reichstag eröffnete, zwei Empfeh-
lungsschreiben. Eines war an Papst Leo X. (1513– 1521)
persönlich gerichtet (Bayerisches Hauptstaatsarchiv,
München, PNU 1521 Januar 41), ein zweites an den
päpstlichen Vizekanzler und einflussreichen Vetter des
Papstes, Kardinal Julius de Medici, den späteren Papst
Clemens VII. (1523–1534). Er bittet den Kardinal, sich
des jungen Pfalzgrafen anzunehmen und dafür zu sorgen, dass dieser zu einem Vertrauten des Papstes gemacht

werde. Den Brief unterzeichnete Karl V. eigenhändig mit
den Worten „yo el rey" („ich der König").

Am nächsten Tag, dem 5. Januar 1521, beauftragte der
Kaiser seinen spanischen Gesandten in Rom, Don Juan
Manuel, in derselben Angelegenheit aktiv zu werden
(Bayerisches Hauptstaatsarchiv, München, PNU 1521
Januar 5). Auch der päpstliche Nuntius am Wormser
Reichstag, Protonotar Marino Carracciolo, berichtete
dem Papst in einem Brief vom 6. Januar 1521 von Philipps Vorzügen (Bayerisches Hauptstaatsarchiv, München, PNU 1521 Januar 6). Dennoch zerschlugen sich die
Verhandlungen und damit die Aussichten Philipps, in
päpstliche Dienste treten zu können. Der junge Pfalzgraf
verließ Rom unverrichteter Dinge und kam Ende Mai
1521 wieder in seiner Residenzstadt Neuburg an.   TA

Appl 2003, Der junge Philipp; Dobmeyer 1914.

6.8

Philipp der Streitbare, Pfalzgraf bei Rhein und Herzog von Pfalz-Neuburg

Hans Baldung Grien (1484/85–1545); 1517; Tempera und
Ölfarbenlasuren/Lindenholz, 41,5 x 30,8, bez. oben links
»1517«, oben rechts »HBG (ligiert)«, darunter: PHI(LIPP)
CO(MES) PA(LATINVS) / AN(NO) NA(TIVITATIS) /
14 / BALDVNG / FACIEBAT / 1517; Bayerische Staatsgemäldesammlungen, München (683)

Pfalzgraf Philipp studierte an der Universität von Freiburg von 1516 bis 1518, hörte humanistische Vorlesungen
und solche des Rechtsgelehrten Ulrich Zasius. Aufgrund
seiner Herkunft Rektor der Universität, begrüßte Philipp
den 1516 zu einem Besuch in Freiburg weilenden Kaiser
Maximilian I. mit einer lateinischen Ansprache. Hans
Baldung Grien, Dürerschüler und mit der Ausführung
des Hochaltars für die Freiburger Pfarrkirche, das spätere
Münster Unserer Lieben Frau, betraut, porträtierte den
damals 14-jährigen. Auftraggeber war wahrscheinlich
Philipps Bruder Ottheinrich, der das Bildnis in seinem
Schloss in Neuburg verwahrte (vgl. Wagini 1987). Es
gehört zu den inspiriertesten und sorgfältigst ausgeführten des Künstlers. Der junge Fürst legt seinen Unterarm
wie eine Schranke zwischen sich und den Betrachter, dessen Aufmerksamkeit er mit einem Blick aus den Augen-
winkeln prüft. Die jugendlich glatten Züge spiegeln gleichermaßen Scheu und Wissbegier wider. Das glatte blonde Haar, die hellen blauen Augen und der mädchenhaft
zierliche Mund werden ihn auch fernerhin ausweisen.
Das seidene Wams, der pelzbesetzte Rock und die Gold-
stickerei am Hemd, das modische Barett mit der einge-
schnittenen, genestelten Krempe und dem Perlenkränz-
lein über dem Scheitel tragen seinem fürstlichen Stand
Rechnung. Die Inschrift ist kunstvoll in das Bild hinein-
komponiert.   KL

von der Osten 1983, S. 24, 43, Taf. 110; Wagini 1987, S. 14;
Söding 2001; Löcher 2005.

6.8

6.10

gestrählte blonde Bart zum vollen Lockenhaar geben ein
Bild einer bei allem Auf und Ab des Lebens sonnenhell
wirkenden, gewinnenden Persönlichkeit des späteren
Kurfürsten.   KL

Löcher 1999, S. 157, 166f., Nr. 40.

6.9

Ottheinrich, Pfalzgraf bei Rhein und Herzog von Pfalz-Neuburg

Barthel Beham (1502–1540); Tempera und Ölfarbenlasuren/
Lindenholz, 43 x 32; bez. oben rechts: A° 1535/ETATIS 33;
Bayerische Staatsgemäldesammlungen, München (5316)

Im Jahr 1534 hatten die Pfalz-Neuburger und die bayerischen Herzöge mit dem Eichstätter Vertrag ein Schutz-
und Trutzbündnis geschlossen, das ihr gegenseitiges Einvernehmen demonstrierte. Auch aus diesem Grund lag
Herzog Wilhelm IV. von Bayern daran, die Pfälzer Verwandten in Bildnissen präsent zu halten. In einer der
„kleinen" Wittelsbacher-Serien, die wegen der kleineren
Bildformate so genannt wurden und von denen eine offenbar an den Neuburger Hof ging, kommen sowohl
Philipp der Streitbare als auch Ottheinrich und seine
Frau Susanna vor.

Während die meisten der Bilder mithilfe der Werkstatt
ausgeführt wurden (Kat.-Nr. 7.28 f.), ist das Bildnis Ottheinrichs von herausragender Qualität und kann daher
als Beispiel eigenhändiger Ausführung gelten. Bis weit
ins 19. Jahrhundert hinein wurde es als eine Darstellung
König Heinrichs VIII. von England angesehen und dem
Augsburger Maler Christoph Amberger (um1505 bis
1561/62) zugeschrieben.

Der Dargestellte dominiert kraft seiner lebensvollen
Persönlichkeit mühelos über die schmückenden Accessoires, von denen der das Barett zierende Kranz einen besonderen Akzent setzt. Der rosige Teint, die blühenden
Lippen, die strahlenden blauen Augen und der schön

6.10

Kaiser Karl V.

Barthel Beham (1502–1540), 1535; Tempera und Ölfarbenlasuren/Lindenholz, 42,3 x 33,6; Inschrift oben: IMP.CAES.
CAROLVS.V.P.F.AVGVST.AN.AET.XXXV; Bayerische Staatsgemäldesammlungen, München (2558)

Karl V. (1500–1558) war 1520 in Aachen zum König und
1530 in Bologna von Papst Clemens VII. zum Kaiser gekrönt worden. Seine Vision eines römisch-katholischen
Weltreichs scheiterte an den politischen Realitäten und
an der Reformation. Als Erbe Spaniens und der Niederlande und als Enkel Kaiser Maximilians I. fand schon der
Knabe den Weg ins Bildnis. So ist überliefert, dass Lucas
Cranach den damals achtjährigen Erzherzog in Mecheln
1509 gemalt hat. Barthel Beham hielt ihn 1530, als er auf
seinem Weg von Italien zum Augsburger Reichstag in
München Station machte, in einer Zeichnung fest, nach
der er ein Bildnis in Kupfer stach. Das gemalte Porträt ergänzt eine der kleinformatigen Wittelsbacher-Serien, die
über den Familienkreis hinaus reichen und den Kaiser,
seinen königlichen Bruder Ferdinand und den 1526 im
Kampf gegen die Türken gefallenen König Ludwig II.
von Ungarn einbeziehen. Beham zeigt Karl V. im starren
Seidenkleid mit dem Emblem des Ordens vom Goldenen Vlies am Band. Auf das Seidenmuster, die Astwerkkette mit dem kostbaren Anhänger und die Stickerei am
Kragen ist große Sorgfalt verwandt. Als physiognomisches Merkmal des Habsburgers fällt der offen stehende
Mund mit der vortretenden Unterlippe auf. Eine weitere,
schlichtere Version befindet sich ebenfalls in den Bayerischen Staatsgemäldesammlungen (2661).   KL

Löcher 1999, S. 157, Nr. 17.

6.11

Schwert des Reichsherolds Caspar Sturm

Anfang 16. Jahrhundert; Marke: laufender Wolf; Stahl,
Bidenhänder, L. 168, Parierstange: L. 44; Wetterau-Museum,
Friedberg/Hessen (71–16)

Herolden – von denen die Bezeichnung „Heraldik" für
Wappenkunde abgeleitet ist – kam eine zentrale Rolle im
frühneuzeitlichen Zeremonien- und Informationssystem
des Heiligen Römischen Reichs Deutscher Nation zu.
Der Reichsherold, der auf Reichsebene dem Kurfürsten
von Sachsen als Reichserzmarschall unterstand, fungierte
als sakrosanktes Sprachrohr des Kaisers, war oberster Hüter über das Ständewesen, kontrollierte die Rechtmäßigkeit der Wappen als Hoheitszeichen, überbrachte etwa

6.9

6.11

dauerte die endgültige Festlegung der zum neuen Fürstentum gehörenden Gebiete bis zum Ingolstädter Vertrag vom 13. August 1509. So konnte Pfalzgraf Friedrich erst am 23. Mai 1510 beim Augsburger Reichstag die Reichslehen stellvertretend für seine beiden Schützlinge vom Kaiser entgegennehmen. Wie im Lehensrecht üblich, war die Belehnung personenbezogen, das heißt, beim Ableben des Lehenempfängers oder des Lehengebers musste die Belehnung erneuert werden. Dies war nach dem Tod Kaiser Maximilians auch beim Neuburger Lehen der Fall und so wandte sich Ottheinrich wegen „sein selbs" und stellvertretend für seinen Bruder Philipp auf dem ersten Reichstag Karls V. in Worms an den neuen Lehensherrn, er möge das Lehen erneuern. Karl V. bestätigte am 9. April 1521 alle Besitzungen und Rechte, wie sie von seinem Großvater Maximilian den beiden Neuburger Prinzen zuerkannt worden waren, indem er die Urkunde Maximilians von 1510 wörtlich wiedergab und eigenhändig unterschrieb. TA

Cramer-Fürtig 1995.

6.13

Privilegium de non appellando für Pfalz-Neuburg

Worms, 28. Mai 1521; Urkunde/Pergament, 49 x 58, mit Siegel; Bayerisches Hauptstaatsarchiv, München (PNU Reichssachen 160)

Im Zusammenhang mit der reichsrechtlichen Belehnung vom 23. Mai 1510 wurde dem neu geschaffenen Fürstentum Pfalz-Neuburg auch das „Privilegium de non evocando" zugestanden. Kaiser Maximilian verzichtete darauf, Prozesse in Pfalz-Neuburg an auswärtige kaiserliche Hof- oder Landgerichte zu ziehen. Damit befreite er das junge Fürstentum von der grundsätzlichen „erstinstanzlichen" Zuständigkeit des Kaisers und seiner Gerichte.

Als Pfalzgraf Ottheinrich beim Wormser Reichstag am 9. April 1521 die erneute Belehnung mit dem Fürstentum Pfalz-Neuburg für sich und seinen Bruder Philipp durch den neuen obersten Lehensherrn Karl V. erreichen konnte, wurde auch das „Privilegium de non evocando" von 1510 wieder bestätigt. In Ergänzung dazu gewährte Karl V. den beiden jungen Pfalzgrafen am 28. Mai 1521, also bereits nach Ottheinrichs Abreise aus Worms, das „Privilegium de non appellando", das besagt, dass die Pfalz-Neuburger Landsassen oder Untertanen bei einem Klagewert von 100 Gulden oder weniger kein Reichsgericht zur Überprüfung der Rechtmäßigkeit der Entscheidung anrufen durften. Mit diesem Appellationsprivileg bekam Pfalz-Neuburg ein wichtiges Rechtsmittel verliehen, das die jurisdiktionelle Stellung des Fürstentums gegenüber dem Reich weiter stärkte. TA

Cramer-Fürtig 1995.

die Reichsacht oder lud Personen zum Reichstag vor, so im Fall des Reichsherolds Caspar Sturm (1475–1552), der Martin Luther 1521 zum Reichstag nach Worms vorlud und ihm das freie Geleit zusicherte.

Das Schwert war im Mittelalter und in der Frühen Neuzeit nicht nur Kampfmittel, sondern auch das zentrale Machtsymbol der Herrschaft. So wurde durch die Berührung mit dem Schwert des Reichsherolds – wie im Fall Ottheinrichs und Philipps in Bezug auf deren Fürstentum Pfalz-Neuburg auf dem Reichstag zu Worms 1521 – im zeremoniellen Akt der Belehnung die Delegierung der hoheitlichen Gewalt öffentlich sichtbar gemacht. SL

Bavaria – Germania – Europa, S. 328; DBE, Bd. 9, S. 616.

6.12

Belehnung Ottheinrichs und Philipps mit Pfalz-Neuburg

Worms, 9. April 1521; Urkunde/Pergament, 60 x 75, ohne Siegel; Bayerisches Hauptstaatsarchiv, München (PNU Lehen 1448)

In den Jahren nach der Errichtung Pfalz-Neuburgs auf dem Kölner Reichstag 1505 wurde heftig um die Ausstattung des neuen Fürstentums gestritten. Das unzusammenhängende Territorium sollte jährliche Einnahmen von insgesamt 24000 Gulden erbringen. Bis April 1506 hatten je drei pfälzische und bayerische Kommissare eine genaue Taxation der Einnahmen durchzuführen, doch

6.14

Modell der Burglengenfelder Burg um die Mitte des 16. Jahrhunderts

Franz Hofrichter; Frankfurt am Main, 1992; Sperrholz, gefasst, 40 x 128 x 112, Maßstab 1 : 200; Stadt Burglengenfeld

Das Modell der Burglengenfelder Burganlage wurde 1992 aus Anlass der 450-Jahrfeier der Stadtrechtsverleihung geschaffen und repräsentiert den prächtigsten Ausbauzustand der Burg seit Mitte des 16. Jahrhunderts. Am 15. November 1542 waren dem Markt Lengenfeld die städtischen Privilegien, die Stadtfarben und das Stadtwappen durch die neuburgischen Herzöge Ottheinrich und Philipp bestätigt worden.

Die Anlage wurde im Dreißigjährigen Krieg stark zerstört und bis in die Mitte des 19. Jahrhunderts fast vollständig demoliert, sodass es nur wenige annähernd authentische Abbildungen der historischen Anlage gibt. Das Modell wurde nach Beschreibungen und Grundrissplänen des 16. und folgender Jahrhunderte, aber auch durch Vergleich verschiedener, teils romantisch geschönter Grafiken und Gemälde (z. B. von dem Kallmünzer Kirchenmaler und Aquarellisten Georg Hämmerl, um 1800) und anhand von Postkarten und Fotografien seit dem Ende des 19. Jahrhunderts rekonstruiert.

Bei der Burglengenfelder Burg handelt es sich mit rund sieben Tagwerk (2,38 Hektar) Grund um eine der ausgedehntesten romanischen Anlagen der Oberpfalz, die im 11. Jahrhundert strategisch günstig auf einer älteren Fliehburg über der Naab mit weitem Rundumblick von den Grafen von Lengenfeld erbaut worden war. Die Burg war ab 1117 im Besitz von Pfalzgräfin Heilika und Graf Otto von Wittelsbach und diente Pfalzgraf Philipp

nach der Teilung Pfalz-Neuburgs von 1535 bis 1541 als Regierungssitz für sein Landesdrittel. Hier hatte auch vom 2. bis 4. Juni 1522 der 5. Neuburger Landtag stattgefunden, auf dem die Brüder Ottheinrich und Philipp für mündig erklärt worden waren. **MBW**

Berwing 1996; Brandl 1968; KDB, Bd. 2: Oberpfalz und Regensburg, Teil 5: Bezirksamt Burglengenfeld, S. 10–45, mit Abb. und Grundrissen; von Reisach 1780, bes. S. 82–93; Volkert 2003.

6.15

Kalksteinmedaillons zum Regierungsantritt der Brüder Ottheinrich und Philipp

a) Pfalzgraf Ottheinrich

Hans Daucher (um 1485–1538); Augsburg, 1522; Medaillon, Kalkstein, Ø 14,4; Wittelsbacher Ausgleichsfonds, München (P I 15)

VS.: (Rosette) OTTOHEN · COESPA · RENI · DVX · INFE · Z · SVPIORIS · BAVARIAE · M · D · XXII

b) Pfalzgraf Philipp

Hans Daucher (um 1485–1538); Augsburg, 1522; Medaillon, Kalkstein, Ø 14,4; Wittelsbacher Ausgleichsfonds, München (P I 16)

VS.: (Rosette) PHILIS · COESPA · RENI · DVX · INFE · Z · SVPIORIS · BAVARIAE · M · D · XXII

Die zwei fein gearbeiteten Kalksteinmedaillons stellen die Brüder Ottheinrich und Philipp in jugendlichem Alter dar. Die Entstehung dieser Arbeiten dürfte in Zusammenhang mit der Mündigkeitserklärung der beiden Pfalzgrafen auf dem Landtag zu Burglengenfeld am 2. Juni 1522 und der Übernahme der gemeinschaftlichen Regierung im Fürstentum Neuburg veranlasst worden sein. Die Ausführung der Reliefs ist von herausragender Qualität. In subtiler Weise charakterisiert Hans Daucher die Physiognomien. Auch die Details der Rüstungen bis hin zu den einzelnen Ösen der Ringpanzer sind sehr fein und präzise geschnitten.

Die beiden jungen Männer sind mit vollem Turnierharnisch und Kappe ausgestattet. Ottheinrich trägt einen kurzen Backenbart, sein gelocktes Haar ist unter dem Rand der Kappe sichtbar. Die linke behandschuhte Hand hält den Griff des seitlich an einem Gürtel befestigten Schwerts, die rechte Hand deutet nach vorne. Die Devise Ottheinrichs „MIT DER ZEYT" tritt vor dem

6.14

153

6.15a

6.15b

neutralen Hintergrund etwas oberhalb der Schulterhöhe plastisch hervor. Die Umschrift zeigt schwache Spuren von Vergoldungen zwischen erhabenen leicht profilierten Linien.

Philipps Erscheinung ist, trotz völlig entsprechender Ausstattung, zierlicher. Er ist bartlos und trägt das glatte Haar im Kolbenhaarschnitt. Während er die rechte behandschuhte Hand am Schwertknauf hält, stützt er seine Linke in die Hüfte. Auf dem planen Hintergrund ist etwa auf der Kinnhöhe Philipps seine Devise „NICHTZ VNVERSVCHT" in erhabener Schrift zu lesen. Nur bei diesem Medaillon hat der Künstler seine Initialen, ein H mit einem kleinen D unterhalb des Querstrichs an der Schwertscheide, angebracht. Die völlig entsprechende Gestaltung und Materialgleichheit sprechen für die Zusammengehörigkeit der beiden Stücke.

Der Augsburger Kleinplastiker und Medailleur Hans Daucher schuf die zwei Steinmedaillons möglicherweise in Neuburg, als die beiden jungen Fürsten nach ihrer Erbhuldigung Mitte Juli wieder in der Residenzstadt waren. Im Inventar der „kunst Cammer" des Heidelberger Schlosses von 1670 wird nur das Medaillon mit Philipps Bildnis genannt: „Pfalzgraff Philips, der wider die Türcken defendirt hat ao 1522 vff Eichstettischen Marmel". Das Pendant mit Ottheinrichs Porträt bleibt unerwähnt. MG

Bayerisches Hauptstaatsarchiv, München, Fürstensachen Pfalz-Simmern, Nr. 1059c fol.; AKL 24, S. 375 f.; Stemper 1997, Bd. 1, S. 50–98, bes. S. 57 f., 92 f.; Gaettens 1956; Habich 1929–1934; Habich 1914/15.

6.16
Medaillen auf Ottheinrich und Philipp

Die Medaille ist eine Kunstgattung, die erst seit der Renaissance Bedeutung gewann. Der Begriff geht auf das lateinische Wort „metallum" zurück; es bezeichnet ein Metallstück. Die primäre Funktion dieser Kunstgattung war die Übermittlung eines Bildnisses. Empfänger waren in erster Linie hochgestellte weltliche und geistliche Personen. Bedeutende Ereignisse im Leben eines Regenten wurden bisweilen in Medaillen gewürdigt, wie dies bei den Neuburger Fürsten in zahlreichen Beispielen der Fall ist.

Hans Schwarz, der die Zusammenkunft wichtiger Persönlichkeiten auf dem Augsburger Reichstag 1518 als Chance erkannte, diese in Bildnismedaillen darzustellen, trug erheblich zur Verbreitung dieser Kunstgattung bei. In Süddeutschland wurden die Modelle meist in Holz oder Stein geschnitten, was eine präzisere und kleinteiligere Behandlung als bei den in Italien häufigen Wachsmodellen erlaubte. Mithilfe dieser Modelle wurde eine Negativform hergestellt. Beschriftungen wurden oft erst mit Punzen eingebracht. So konnte ein Medaillenmotiv durch unterschiedliche Beschriftungen verschiedenen Anlässen angepasst werden. Die zweiteiligen Formen erlaubten zudem, unterschiedliche Vorder- und Rückseiten zu kombinieren. So findet man bei zwei Porträtmedaillen von Ottheinrich und Philipp aus dem Jahr 1531 (d und e) eine übereinstimmende Rückseite bei unterschiedlichen Bildnissen auf der Vorderseite. Nach dem Gießen wurden die Grate und Nähte entfernt und Feinheiten gegebenenfalls nachziseliert. Manchmal wurden die Arbeiten anschließend vergoldet oder patiniert.

Die Zentren der Medaillenkunst waren im 16. und 17. Jahrhundert Augsburg und Nürnberg. Doch gab es viele Medailleure, die von Ort zu Ort weiterzogen, um

154

6.16f
Vs.

6.16f
Rs.

ihre Künste direkt bei potenziellen Auftraggebern anzubieten.

a) Ottheinrich

Hans Schwarz (1492 – nach 1532); Heidelberg (?), 1520; Silber, Ø 46 mm; Historischer Verein Neuburg an der Donau (111/1)

Vs.: Brustbild von links, den Kopf leicht nach oben gerichtet: : OTTHEIRICH · HERC · I · BEYRN · PFALZC · BEY · REI

Zu der anlässlich der Krönung Karls V. in Aachen entstandenen Medaille ist die Zeichnung (Kat.-Nr. 6.5) des Medailleurs überliefert. Im Gefolge des Kaisers reiste Ottheinrich über Jülich und Köln nach Worms. Die Medaille ist eine der wenigen, bei der die Titulatur in Deutsch abgefasst ist.

Stemper 1997, Bd. 1, Nr. 42a, 56.

b) Ottheinrich

Hans Daucher (um 1486–1538); 1527; Gussform, Ton, Ø 73 mm; Kurpfälzisches Museum der Stadt Heidelberg (M 282 b)

Gussform zu c), Tonform mit breitem, glattem Rand.

c) Ottheinrich

Hans Daucher (um 1486–1538); 1527; Bleiguss, Ø 61,5 – 63 mm; Historischer Verein Neuburg an der Donau

Vs.: Brustbild von vorn mit Barett: OTTOHEN · COESPA · RENI · DVX · INFE · 7 · SVPIOR · BAVAR ·

Bei dieser Medaille blieb die Gussform (b) erhalten. Der Porträttypus Ottheinrichs erinnert an das Porträt des Pfalzgrafen von der Hand eines unbekannten Meisters, das sich in Berchtesgaden befindet. Ottheinrich trägt ein Barett mit außergewöhnlich breitem Rand und eine repräsentative grobgliedrige Kette über dem fein gefalteten Wams, dabei ist die Schaube weit geöffnet.

Stemper 1997, Bd. 1, Nr. 47, 60.

d) Ottheinrich

Matthis Gebel (um 1500–1574); 1531; Silber, Ø 41,5–43 mm; Staatliche Münzsammlung, München

Vs.: Brustbild von rechts: OTTOHENRICVS · DEIGRACIA · CO · PA · RHE – INFERI · SVPE · QZ · BAIO · DVX · ZC ·

Rs.: Fortuna in einem Boot von rechts, stürmisches Meer, Hand Gottes in der Wolke: · SPES · MEA · DEVS · / · FORTVNAM · EXPEC= / · TANS · ETATIS · / · SVE · XXVIIII / MDXXXI

Die Medaillen (d) und (e) haben eine gemeinsame Rückseite. Die Anspielung auf Fortuna und die Hoffnung auf Gott ist religiöses und humanistisches Allgemeingut. Die Zuordnung zu einem besonderen Anlass war bisher nicht möglich.

Stemper 1997, Bd. 1, Nr. 59, 67.

e) Philipp

Matthis Gebel (um 1500–1574); Silber, Ø 43,5 mm; Staatliche Münzsammlung, München

Vs.: Brustbild von links, barhäuptig mit Harnisch: · P · HILIPPVS · DEI · GRA · CO : PA : RHE : DVX : BAIO : Z – C ·

Rs.: Fortuna in einem Boot von rechts, stürmisches Meer, Hand Gottes in der Wolke: · SPES · MEA · DEVS · / · FORTVNAM · EXPEC= / · TANS · ETATIS · / · SVE · XXVIIII / MDXXXI

Stemper 1997, Bd. 1, Nr. 91, 96.

f) Ottheinrich

Ludwig Neufahrer (um 1500–1563); o.J.; Prägung, Silber, Ø 38 mm; Staatliche Münzsammlung, München

Vs.: Brustbild von rechts: OTHEIRICH P · B · R · HERZOG · I · N · V · O · BAIRN · ZC

Rs.: an Baumstumpf gelehnte pfalz-bayerische Wappenschilde, Eule, die allseitig von Vögeln angegriffen wird: ICH LEID MICH BISS ZV MHINHR ZEIT

6.16d
Vs.

6.16d
Rs.

Bei dieser Medaille von Ottheinrich handelt es sich um die einzige nicht gegossene, sondern mit einer Stempelform geprägte. Im Inventar der Neuburger Schreibstube von 1557 befanden sich „in ainer runden Laden zwen gros stempfl meines gnedigsten Herrn Conterfett". Dass es sich hierbei um die Stempel für die Prägung dieser Medaille handelt, ist sehr wahrscheinlich.

Stemper 1997, Bd. 1, Nr. 66,72; Geheimes Hausarchiv, München (Akten Nr. 2690, fol. 14).

g) Ottheinrich

Matthis Gebel (um 1500–1574); Nürnberg, 1532; Silber, Ø 42–44 mm; Historischer Verein Neuburg an der Donau

Vs.: Brustbild von vorn mit Barett: OTTOHENRICVS · D · GRA · CO · PA · RHE · INFE · SVPQZ · BAIO · DVX · ZC

Rs.: ornamentales Zierwerk mit Girlanden, Fruchtschalen, allegorischen Figuren und Putti: SPE / S – TRIBV / LAT / IO – IN / VI / DIA – TO / LER / ANTIA; am Säulenfuß: 1 · 5 · 3 · Z

Die en-face-Darstellung ist außerordentlich selten und kommt bei Matthis Gebel nur zweimal vor. Die Erscheinung des Dargestellten ist hier außerordentlich prächtig, dennoch ist der Anlass für die Entstehung der Medaille nicht bekannt. Mit großem Gefolge reiste Ottheinrich 1532 auf den Reichstag nach Regensburg. In diesem Zusammenhang könnte eine solche Medaille angefertigt worden sein. MG

Stemper 1997, Bd. 1, Nr. 61, 69.

Stemper 1997, Bd. 1, S. 50–58; Martin 1986, Textband, S. 575–608; Gaettens 1956; Habich 1929–1934.

6.16e

6.16g

6.17

Das Wappen der Herzöge Ottheinrich und Philipp

Hans Burgkmair d. Ä. (1488–1531); 1525; Holzschnitt/
Papier, koloriert, 62 x 39,5 (R); Stiftung Preußischer Kulturbesitz – Staatliche Museen zu Berlin, Kupferstichkabinett
(798-10)

Auf diesem großformatigen Holzschnitt erscheinen im
gevierten Schild als wittelsbachische Hauswappen auf
der vornehmeren rechten oberen sowie auf der linken
unteren Ecke der rot bewehrte, rot gekrönte goldene pfälzische Löwe auf schwarzem Grund und auf der linken
oberen und rechten unteren die weiß-blauen bayerischen
Rauten. Den Wappenhelm bilden zwei bekrönte und
stilisierte goldene Kolbenturnierhelme, von denen die
Helmdecken in den Wappenfarben Schwarz und Rot
bzw. Weiß und Blau flattern. Die Helmzier zeigt in Wiederholung und Abwandlung des Wappens zwei rot bewehrte, rot gekrönte goldene Pfälzer Löwen zwischen
Krummhörnern bzw. mit gefiederten Flügeln, die im
bayerischen Rautenmuster geschmückt sind.

Der Anlass für die Herstellung des Holzschnitts ist
nicht bekannt. Häufig wurden solche großformatigen
Holzschnitte auf Leinwand aufgezogen und wie Tapisserien als Wandverkleidung gebraucht. Fürsten ließen auch
vor Kriegszügen Wappenholzschnitte in größerer Menge
herstellen, um damit erobertes Gebiet als Besitz zu markieren. Zudem war es Brauch, auf Reisen Wappendrucke
mitzunehmen und sie an den Herbergen, in denen man
logierte, anzuschlagen. So vermerkte Michel de Mon-
taigne (1533–1592) auf seiner Badereise 1580/81 anlässlich einer Rast in Augsburg in seinem Reisetagebuch:
„Die Deutschen sind Liebhaber von Wappen, denn in allen Gasthäusern findet man sie von den durchziehenden
Edelleuten schockweise an den Wänden zurückgelassen,
auch alle Scheiben sind damit versehen." – möglicher-

6.17

weise auch ein Ausfluss der territorialen Zersplitterung
Deutschlands mit seinen Hunderten von verschiedenen
Herrschafts- und somit auch Wappenträgern.   SL

Appuhn 1976.

Die Ahnen der Pfalzgrafen Ottheinrich und Philipp; Beginn der mütterlichen Linie, Pfalzgräfin Susanna
Bayerisches Nationalmuseum, München (Kat.-Nr. 2.8)

7 Ottheinrich – der Landesherr

Reisen

Folker Reichert

Ottheinrichs Pilgerreise in das Heilige Land 1521

Ottheinrichs Pilgerreise in das Heilige Land lässt sich dank einer ungewöhnlich günstigen Überlieferung in allen Teilen rekonstruieren. Der Pfalzgraf selbst begann mit dem Tag seiner Abreise ein Tagebuch zu führen (Kat.-Nr. 7.4) und vier weitere Teilnehmer der Wallfahrt – Philipp Ulner von Dieburg, Christoph Blarer aus Konstanz sowie zwei anonyme Schweizer Autoren – hinterließen Berichte (Kat.-Nr. 7.5) von unterschiedlicher Länge und Güte. Die geschichtswissenschaftliche Forschung spricht von „Parallelberichten", deren Aussagen sich nicht nur wechselseitig ergänzen, sondern auch unterschiedliche Sicht- und Erlebnisweisen hervortreten lassen.

Ungewöhnlich war es nicht, was Ottheinrich unternahm. Während des ganzen Mittelalters, vor allem aber im 14. und 15. Jahrhundert, reiste eine große Zahl von christlichen Pilgern in das Heilige Land, um auf den Spuren Christi und der Apostel zu wandeln und an den heiligen Stätten in Jerusalem, Bethlehem und anderswo zu beten. Den Transport der Pilger besorgten venezianische Reeder, die dazu von der Lagunenrepublik lizenziert waren. In Palästina übernahmen mamelukische Geleitsleute ihren Schutz, in Jerusalem wurden die Pilger von den Franziskanermönchen vom Zionsberg betreut und geführt. Auch eine Einladung an die Tafel des Abtes stand ihnen zu. Mit anderen Worten: Im späten Mittelalter waren die Wallfahrten nach Jerusalem so perfekt organisiert, dass der Vergleich mit der modernen Pauschal- oder Gruppenreise keineswegs abwegig erscheint. Pilgerberichte, wie sie der Ulmer Dominikaner Felix Fabri, der Konstanzer Patrizier Konrad Grünemberg (Kat.-Nr. 7.7) oder Martin Ketzel aus Augsburg (Kat.-Nr. 7.6) hinterließen, können davon einen anschaulichen Eindruck vermitteln.

Auch Ottheinrich und seine Begleiter nahmen die Dienste eines venezianischen Reeders in Anspruch. Mit kleinem Gefolge, bestehend aus seinem Hofmeister Reinhard von Neuneck, drei weiteren adligen Herren, nämlich Georg von Wemding zu Fünfstetten, Bern von Hürnheim zum Lutzmannstein und Georg Wilhelm von Leonrod, sowie vier Dienstboten, traf der junge Pfalzgraf am 3. Mai 1521 in Venedig ein und nahm im so genannten Deutschen Haus bei San Bartolomeo Quartier. Zusammen mit anderen deutschen, französischen, spanischen, niederländischen und italienischen Pilgern schloss man einen Chartervertrag, der in 28 Artikeln die Leistungen des Schiffspatrons festlegte, weitere Kosten begrenzte und unnötige Aufenthalte vermeiden helfen sollte. Doch nicht alle Bestimmungen des Vertrags ließen sich einhalten: Statt der vorgesehenen 100 Passagiere drängten schließlich 130 Pilger ins Schiff und auf Zypern musste die Reisegruppe nicht acht, sondern 14 Tage verweilen. Denn dort gab es das Handelsgut Zucker, das die Seeleute in großen Mengen einluden, um damit in Venedig einen Nebenverdienst zu erzielen.

Die Überfahrt selbst war an Entbehrungen reich und mit Gefahren für Leib und Leben der Pilger verbunden. Die hygienischen Zustände an Bord, fremdartige Speisen und das ungewohnte Klima konnten ihnen zusetzen und im östlichen Mittelmeer gerieten sie in ein Kriegs- und Krisengebiet, in dem Piraten, Waffenschmuggler und die osmanische Flotte agierten. Man musste also Vorsorge treffen. Ottheinrich besaß Aufzeichnungen, die nicht nur Ratschläge für den Einkauf geeigneter Lebensmittel enthielten, sondern auch vor den üblichen Krankheiten wie Fieber, Magen- und Darmbeschwerden warnten und probate Gegenmittel nannten. Vor militärischen Komplikationen schützte man sich am besten, indem man sich an die übliche Route hielt und den venezianischen Machtbereich so spät wie möglich verließ. Die allermeisten Pilgerschiffe fuhren die dalmatinische Küste entlang, bogen bei Modon (Methoni) nach Osten ab und strebten in einer Art „island-hopping" über Kreta, Rhodos, Zypern und die kleineren griechischen Inseln dem Heiligen Land entgegen. Ottheinrichs Reisegruppe verhielt sich ganz ähnlich, ließ aber Kreta rechts und Zypern links liegen, um rasch an das Ziel zu gelangen. Kriegerische Auseinandersetzungen blieben ihr vorerst erspart. Erst auf der Heimreise wurde ihr Schiff in ein Seegefecht vor Rhodos verwickelt. Aber auch die Herbststürme setzten den Reisenden jetzt zu.

Mit der Landung in Jaffa erreichten die Pilger ihr Ziel. Zwar mussten Ottheinrich und seine Begleiter eine ganze Woche lang im Schiff warten, bis endlich die Geleitsmannschaft eintraf. Doch ein längerer Aufenthalt im berüchtigten St.-Peters-Keller, einem ruinösen Gewölbe am Meeresufer bei Jaffa, blieb ihnen erspart. Über Lydda (Lod), Ramla und Latrun gelangten sie schließlich nach Jerusalem und hatten zwei Wochen Zeit, mehr als die meisten Pilger vor ihnen, um die Heilige Stadt und deren Umgebung zu besehen. Sie wohnten im Muristan-Hospiz im Zentrum oder in privaten Pensionen, wurden durch örtliche Händler mit Lebensmitteln und Andenken versorgt und ließen sich durch einen deutschen Franziskaner die Bedeutung der heiligen Stätten erklären. Ihr Weg führte sie vom Zionsberg über den Blutacker Hakeldama (vgl. Apostelgeschichte I, 19) und das Kidrontal zu Ölberg, Gethsemane und Mariengrab, von dort durch das Stephanstor wieder in die Stadt und über die Stationen der Via Dolorosa zur Grabeskirche mit ihren zahlreichen Gedenkstätten, die an das Sterben Jesu Christi gemahnen. Überall konnten sie beten, sich das Leben und Leiden des Herrn vor Augen führen und Ablässe in unendlicher Menge erwerben. Ottheinrich nahm an allen Gebeten und Umgängen teil und empfing mit einer kleinen Gruppe von Deutschen das Sakrament der Eucharistie an eben der Stelle, wo Christus es eingesetzt haben soll. Von einer Tafel am Zionsberg schrieb er ein mehrseitiges Verzeichnis der heiligen Stätten in Palästina, Ägypten und Syrien ab und legte es seinem Tagebuch bei.

Doch das fromme Erlebnis war mit Gefahren verbunden. Am Jordan, wo die Pilger die Taufe Jesu Christi nachstellten, kam es immer wieder zu Badeunfällen mit tödlichem Ausgang und wer dem Felsendom, den die Christen als den Tempel Salomos ansahen, zu nahe kam, riskierte mindestens Prügel. Auf den Straßen wurden die Fremden oftmals verspottet, manchmal bespuckt und gelegentlich mit Steinen beworfen. Die Franziskaner rieten dazu bei allen Unannehmlichkeiten die Ruhe zu bewahren, geduldig an das Leiden Christi zu denken und sich selbst auch hier in seiner Nachfolge zu sehen. Doch dies gelang den Pilgern nicht immer. Ottheinrichs Hofmeister Reinhard von Neuneck warf einem Türken einen Stein ins Gesicht und ein Franzose schlug „einem Heiden ins Maul". Die Abreise von Jaffa geriet zum Tumult und die Pilgergruppe erzwang ihre Einschiffung mit Gewalt.

Dahinter verbarg sich ein religiöser und kultureller Konflikt von grundsätzlicher Art. Nicht ganz zu Unrecht vermuteten die Muslime in jedem Wallfahrer einen Spion; und vor allem die adligen Pilger verstanden sich als Vorboten eines Kreuzzugs. Höhepunkt der Reise war für sie der nächtliche Ritterschlag am Heiligen Grab. Dabei schworen sie den christlichen Glauben zu verteidigen und nach Kräften bei der Rückgewinnung des Heiligen Landes, der Heiligen Stadt und des Heiligen Grabes zu

helfen. Der Kreuzzugsgedanke blieb dadurch lebendig und der Konflikt zwischen Christen und Muslimen ein Thema. Der adlige Jerusalempilger entpuppte sich als heimlicher Kreuzfahrer und war wie dieser ein christlicher Ritter, der geistliche und weltliche Zielsetzungen untrennbar miteinander verband. Ottheinrich empfing mit 23 anderen vornehmen Pilgern den Ritterschlag am Heiligen Grab. Noch Jahre später war er so stolz darauf, dass er einen vergoldeten Harnisch mit dem Jerusalemkreuz (Kat.-Nr. 7.20) öffentlich trug und zwei Wandteppiche in Auftrag gab, die die Höhepunkte seiner Wallfahrt zur Anschauung bringen: die gefahrvolle Abfahrt von Jaffa (Kat.-Nr. 7.14) und den Ritterschlag am Heiligen Grab (Kat.-Nr. 7.15).

Ottheinrichs Pilgerfahrt dauerte sieben Monate und 21 Tage, sie führte über 6500 Kilometer Land- und Seeweg und wurde teils zu Pferd, teils im Schiff, teils auf dem Rücken eines Esels absolviert – eine bemerkenswerte organisatorische, logistische und auch körperliche Leistung. Die Ziele der Wallfahrt waren zunächst religiöse: das Gebet an den heiligen Stätten, die Nachfolge Christi und der Erwerb geistlichen Lohns. Darin wussten sich alle Pilger einig und deshalb nannten sie sich Brüder. Doch ein Teil von ihnen, die adligen Teilnehmer, sah in der Wallfahrt zum Heiligen Grab auch eine Chance, Ruhm und Ehre zu erwerben und sich in einer Form des Heidenkampfes zu bewähren. Durch den Ritterschlag am Heiligen Grab wurden sie über ihre Mitpilger erhoben. Allen voran ging der junge Pfalzgraf Ottheinrich, der als Reichsfürst eine besondere Stellung beanspruchte und auch als Pilger und Grabesritter davon nicht absah.

Ottheinrichs Wallfahrt in das Heilige Land steht somit fest in den Traditionen spätmittelalterlicher Frömmigkeit und ritterlicher Ethik. Gleichzeitig stellt sie einen Endpunkt in der Geschichte der Wallfahrten dar. Durch den Einfluss der Reformation sollte die Zahl der Pilger bald merklich zurückgehen. Im Dezember 1522 wurde Rhodos von den Türken erobert und fiel als Pilgerstation aus. Im Januar 1524 wurde den Franziskanern in Jerusalem ein Teil ihres Klosters entzogen, 1551 mussten sie in die innere Stadt umziehen. Die Pilger konnten nicht mehr wie früher betreut werden und die Reise nach Jerusalem wurde ein völlig unkalkulierbares Unternehmen. Ottheinrich war daher der letzte Reichsfürst, der die Pilgerfahrt zum Heiligen Grab unternahm. Die Wallfahrt nach Jerusalem kam zwar nie vollends zum Erliegen, aber in ihrer charakteristischen Form, als perfekt organisierte Veranstaltung zum Erwerb geistlicher und weltlicher Verdienste, gehörte sie schon um die Mitte des 16. Jahrhunderts der Vergangenheit an.

Reichert 2005.

Spanien

7.1

a) Provisionsbrief für Ottheinrich von König Karl

Molins del Rey (bei Barcelona), 16. Dezember 1519; Handschrift/Papier, 32 x 23; Bayerisches Hauptstaatsarchiv, München (Neuburger Kopialbücher 122, S. 43)

b) Gesuch um Auszahlung des Jahressolds

Nach dem 15. April 1521; Handschrift/Papier, 32 x 23; Bayerisches Hauptstaatsarchiv, München (Neuburger Kopialbücher 122, S. 45 f.)

Karl, erwählter römischer König und künftiger Kaiser, weist in diesem Brief seinen obersten Aufseher über die Finanzen, Philipp de Croy, Herr von Chièvres, an, Herzog Ottheinrich den Betrag von 2000 Philippsgulden jährlich als Sold aushändigen zu lassen. Ottheinrich sei nach Spanien gereist, um dem König Gesellschaft zu leisten und ihm zu dienen; die Dienstzeit beginne am 1. Januar 1520.

Noch zuvor war Ottheinrich zu einer Rundreise durch die Iberische Halbinsel aufgebrochen. Er begab sich erst im späten Frühjahr 1520 in La Coruña in den Dienst Karls, als man dort günstige Winde für die Seereise nach England abwartete. Eine Soldzahlung war bis ins Frühjahr 1521 nicht erfolgt. Nach der Abreise Ottheinrichs ins Heilige Land ersuchte Conrad von Rechberg zu Staufeneck als Mitglied der vormundschaftlichen Verwaltung in Neuburg den Kaiser im Namen Ottheinrichs um die Bezahlung des Solds. Die Besichtigungsreise Ottheinrichs kann Conrad natürlich nicht bestreiten, betont aber, dass der Pfalzgraf nach Aachen zur Krönung gereist, bis zum 24. März 1521 im Dienst des Kaisers geblieben sei und erhebliche Kosten gehabt habe. Wie das Feilschen um die königliche Provision ausging, muss offen bleiben. Der Anregung Conrads, Ottheinrich in den deutschen Hofstaat Karls aufzunehmen, wurde aber nicht Folge geleistet. JO

7.2

Reisebericht des Johann Maria Warschitz

1519/20; Handschrift/Papier, Teil 1 25 Bll., Teil 2 10 Bll., 21,7 x 16,8; Archiv des Katharinenhospitals, Regensburg (Nachlass des Johann Maria Warschitz, Jg. 1519)

Im Herbst 1519 zog Pfalzgraf Friedrich im Auftrag der Kurfürsten über Burgund und Frankreich nach Spanien, um König Karl offiziell über seine Wahl zum deutschen König zu unterrichten. Ottheinrich begleitete seinen Onkel Friedrich und unternahm dann von Barcelona aus eine Rundreise durch die Königreiche Spanien und Portugal, zu der er mit kleinem Gefolge am 29. Dezember 1519 aufbrach. Sein wichtigster Begleiter war der Italiener Johann Maria Warschitz, der Spanisch sprach und für die Erfragung der Reiseroute und das Mieten von Nachtquartieren zuständig war. Ihm ist auch ein Reisebericht

zu verdanken. Von den adligen Begleitern Ottheinrichs nennt er nur Hofmeister Reinhard von Neuneck und Wilhelm von Leonrodt.

Die Reiseroute verlief bis Cadiz in Küstennähe. Um nach Lissabon zu gelangen, dabei aber die Trichtermündung des Tejo zu meiden, zogen die Reisenden dann in einem weiten, nach Westen ausgerichteten Bogen von Cadiz über Córdoba und Mérida nach Santarèm am Westufer des Tejo und diesen entlang nach Lissabon. Der dritte Abschnitt hatte die Hafenstadt La Coruña in Nordspanien zum Ziel, das man auf küstennahen Straßen erreichte. Für die gewaltige Strecke – allein um von Valencia nach Granada zu gelangen, legte man etwa 480 Kilometer zurück – benötigten die Reisenden knapp drei Monate. Die Tagesstrecke schwankte zwischen 30 und 40 Kilometern.

Warschitz hat seiner Routenbeschreibung außer der Nennung der Übernachtungsorte eine Vielzahl von Bemerkungen beigefügt, die dem Wetter, der Landesnatur, der Beschaffenheit der Herbergen, der Qualität des Weins und dem Wesen und Aussehen der Wirtinnen gelten. Bei den größeren Städten nennt er durch ihre Größe und Kunstfertigkeit auffallende Gebäude. Die aus der römischen, maurischen oder christlich-spanischen Epoche stammenden Bauten dürften bei Ottheinrich, der als Landesherr in Neuburg erhebliche Mittel auf Bauwerke verwendete, auf reges Interesse gestoßen sein. JO

Nachlass Warschitz im Archiv der St. Katharinenspitalstiftung Regensburg; Deutsche Reichstagsakten unter Kaiser Karl V., Jüngere Reihe, Bd. 2, bearb. von Adolf Wrede, Gotha 1906, Neudruck Göttingen 1962, S. 23 f.

Reise nach Krakau

7.3

Verträge und Zeichnungen zur Reise Ottheinrichs nach Krakau

Der Hauptgrund für die Reise Herzog Ottheinrichs nach Krakau 1536/37 liegt in der Heirat seines Großvaters Georgs des Reichen von Bayern-Landshut mit der polnischen Königstochter Hedwig (Kat.-Nr. 2.45) begründet, denn der polnische Hof hatte das vereinbarte Hochzeitsgut in Höhe von 32000 Gulden nie ausbezahlt. Die Neuburger Herzöge Ottheinrich und Philipp hatten ihre Tante Margarethe (1480–1532), die als Nonne 1532 im Benediktinerinnenkloster Neuburg starb, beerbt und waren damit in den Besitz jenes Schuldbriefs gekommen, den König Kasimir IV. von Polen seinem Schwiegersohn als Pfand für das Heiratsgut seiner Braut ausgestellt hatte. Über Mittelsmänner versuchte Ottheinrich mit dem König von Polen – Sigmund I. der Alte (1467–1548), der jüngste Bruder von Ottheinrichs Großmutter Hedwig und somit dessen Großonkel – ins Gespräch zu kommen. Doch Sigmund I. zeigte sich lange Zeit unzugänglich. Nach fünf Jahre währenden zermürbenden Bemühungen konnte sich Pfalzgraf Ottheinrich bei König Sigmund zum Weihnachtsfest des Jahres 1536 in Krakau ansagen.

Durch Archivfunde sind wir in der Lage, die Reise Ottheinrichs nachzuvollziehen. Er brach am 27. November 1536 mit kleinem Gefolge von Neuburg auf und besuchte am 30. November seinen Bruder Philipp, der in Burglengenfeld residierte, wobei sie sich gegenseitig Vollmachten für die Vertretung von Philipps Ansprüchen in Krakau und für die Zeit der Abwesenheit Ottheinrichs erteilten. Dann zog der Pfalzgraf durch teils eigenes Territorium über Schwandorf, Nabburg, Pfreimd und Vohenstrauß zur böhmischen Grenze, die man bei Waidhaus überschritt, um über Haid, Mies, Pilsen und Beraun nach Prag zu gelangen. Von hier ging es am 11. Dezember 1536 weiter über Nimburg, Neu-Bydžow, Jaroměř und Nachod nach Schlesien, über Glatz, Ottmachau, Neisse, Zülz, Oberglogau, Cosel und Beuthen an die polnische Grenze bei Będzin, wo der Gast aus Bayern von einer Delegation empfangen und am 24. Dezember 1536 feierlich in die Königsresidenz Krakau geleitet wurde.

Die Kenntnis der Reiseroute ergibt sich aus einem Brief Ottheinrichs aus Krakau vom 14. Januar 1537 an seinen Schwager, Herzog Wilhelm IV. von Bayern, der den Weg von Prag bis Krakau schildert. Ein früherer Brief aus Prag ist verloren gegangen. Die Hauptquelle bildet eine Folge von fünfzig Reisebildern, welche die Stationen von Prag bis Krakau genau dem Bericht entsprechend abdecken und es erlauben auch die übrigen dargestellten Orte in diesem Kontext von Anreise und Rückreise einzuordnen. Ottheinrich konnte von seinem Großonkel 18 000 ungarische Dukaten – das entsprach knapp der Schuld von 32 000 Gulden, wenngleich ohne Zins und Zinseszins – erhalten. Erfolglos blieben hingegen Ottheinrichs Bemühungen, eine Verlobung zwischen einer Tochter König Sigmunds mit seinem Bruder Philipp zu arrangieren. Am 15. Januar 1537 trat der Pfalzgraf die Rückreise an, die ihn über Breslau, Frankfurt an der Oder und Berlin führte, wo er im Auftrag König Sigmunds diplomatische Verhandlungen führte.

Mit dem Auftrag, die Stationen seiner Reise bildlich zu dokumentieren, hat Ottheinrich außerordentliches Gespür für die Anliegen seiner Zeit bewiesen. Schon im Schloss zu Neumarkt, wo die beiden Prinzen ihren Vormund, Herzog Friedrich von der Pfalz, wiederholt besuchten, wie auch in Neuburg fand sich Ottheinrich mit topografischen Ansichten konfrontiert. Der Künstler, den Ottheinrich mitgenommen hat, lässt sich bislang nicht eindeutig identifizieren. Vermutlich haben ihm die Unbilden der winterlichen Reise nur zu Skizzen Zeit gelassen, die erst nach der Rückkehr zu gefälligen Ansichten komponiert und koloriert worden sind. Nur so lässt sich der Unterschied zwischen erstaunlicher Präzision in vielen Details und mancher Ungenauigkeit in Lage und Zuordnung von Gebäuden erklären.

Dorner 2002; Biller 2002; Pelant 2001; Banach 2001; Marsch/ Biller/Jacob 2001; Seitz 2001.

a) Kopie eines Schreibens von Pfalzgraf Ottheinrich an König Sigmund von Polen

Neuburg, 12. November 1536; lateinische Handschrift/ Papier, 29,2 x 19,4; Geheimes Staatsarchiv Preußischer Kulturbesitz Berlin (XX. HA StA Königsberg, HBA B 1 Nr. 156)

In Latein, der damaligen Diplomatensprache, kündigt Pfalzgraf Ottheinrich am 12. November 1536 seinen Besuch bei König Sigmund von Polen an. Er beabsichtigt, am 27. November von Neuburg aufzubrechen und am 22. Dezember 1536 in Będzin an der polnischen Grenze einzutreffen und bittet seinen Gastgeber um Geleit bis Krakau. Auch Herzog Albrecht von Preußen, sein Schwager, den er wiederholt als Vermittler eingesetzt hatte, sollte dazu gebeten werden. Der Originalbrief Ottheinrichs hat sich nicht erhalten, sondern nur diese Abschrift, die König Sigmund einem Brief an Herzog Albrecht von Preußen vom 6. Dezember 1536 beigelegt hatte. Das Zusammentreffen Ottheinrichs mit Albrecht kam nicht zustande.

b) Vertrag zwischen König Sigmund von Polen und den Pfalzgrafen Ottheinrich und Philipp

Krakau, 13. Januar 1537; Urkunde/Pergament, lateinisch; Archiwum główne akt dawnych w Warszawie (Hauptarchiv der alten Akten Warschau), Dział: Dokumenty pergaminowe (Abt. Pergamenturkunden), no. 5454

Herzog Ottheinrich wurde mit allen Ehren von seinem Großonkel empfangen und am 1. Januar 1537, dem Geburtstag König Sigmunds, mit einem Festbankett auf dem Wawel, bei dem nur Männer zugegen waren, erfreut. Die Verhandlungen über die Anerkennung der Schuld und deren Auszahlung verliefen erfolgreich, sodass am 13. Januar 1537 der Vertrag darüber ausgefertigt werden konnte. König Sigmund von Polen erkennt die Forderung der Pfalzgrafen Ottheinrich und Philipp aus dem Heiratsgut ihrer Großmutter Hedwig an und erklärt sich bereit, beiden Brüdern 18 000 ungarische Dukaten auszahlen zu lassen, von denen 4000 sofort fällig sind, während der Rest in Raten zu je 2000 Dukaten jährlich auf Mariä Reinigung (2. Februar), beginnend mit kommendem Jahr, beglichen werden soll. In einer eigenen Urkunde vom 15. Januar 1537 (r) werden die Vertragsvereinbarungen ratifiziert.

c) Brief Pfalzgraf Ottheinrichs an Herzog Wilhelm IV. von Bayern

Krakau, Sonntag nach Erhardi (14. Januar 1537); deutsche Handschrift/Papier, 33 x 23; Bayerisches Hauptstaatsarchiv, München (Kurbayern, Äußeres Archiv 4563 [Pfalzneuburg und Bayern]), fol. 81

Sofort am folgenden Tag berichtete Ottheinrich seinem Schwager Herzog Wilhelm IV. nach München das Ergebnis seiner Verhandlungen. Die finanzielle Absprache erwähnt der Pfalzgraf in einem eigenen handgeschriebenen Billett, das er dem offiziellen, von Kanzlistenhand

7.3d

geschriebenen Brief beilegte. In dem ausführlichen Schreiben schildert Ottheinrich seine Reiseroute von Prag bis zur Ankunft in Krakau am 24. Dezember 1536. Dem Brief lag eine Notiz über die Geschenke bei, die der Pfalzgraf von König Sigmund, der Königin Bona, dem jungen König Sigmund II. und einer Prinzessin erhalten hatte, sowie eine Liste mit der Tischordnung beim Neujahrs- und Geburtstagsbankett am 1. Januar 1537 auf dem Wawel.

d) Die fürstliche Stadt Neuburg an der Donau von Ostnordost, etwa vom heutigen Arcoschlösschen im Stadtteil Ried, gesehen

1536/37; Feder, Pinsel, Wasser- und Deckfarben, Weiß- und Goldhöhung/Papier, 29,5 x 42,5; Universitätsbibliothek Würzburg (Delin 6,1)

Von seiner Residenzstadt Neuburg brach Ottheinrich am 27. November 1536 auf. Der Winter war damals die bevorzugte Jahreszeit für Fernreisen, weil die Wege, Felder, Flüsse und Seen gefroren waren und damit besser zu passieren. Der Blick über den – Ottheinrich gehörenden – Weinberg auf die befestigte Bergstadt breitet die klassische Ansicht auf die Residenzstadt aus. Links im Weichbild ist das Schloss mit dem Neuen Bau zu sehen, den Ottheinrich 1531–1536 als erstes selbstständiges Werk errichten und mit einer flachgedeckten Altane versehen ließ. Dieser später veränderte Bauzustand ist nur in dieser Zeichnung dokumentiert. Das von allen sonstigen An-

sichten in seiner Farbgebung abweichende Blatt könnte als Probe für die Kolorierung der Serie gedient haben.

e) Blick von der Terrasse des Mühlbergs gegen Süden auf Schloss Sandersdorf

1536/37; Feder, Pinsel, Wasser- und Deckfarben, Weiß-, Silber- und Goldhöhung/Papier, 28,5 x 42,5; Universitätsbibliothek Würzburg (Delin 6,2)

Um die Kosten der Reise niedrig zu halten, bevorzugte Ottheinrich entweder auf eigenen Besitzungen zu übernachten oder die Gastfreundschaft von Freunden und Verwandten in Anspruch zu nehmen, so auf Sandersdorf, das seinem Jugendfreund und Rat Werner von Muggenthal gehörte und wo er wohl vom 27. auf den 28. November 1536 nächtigte. Das Blatt zeigt als eine der wenigen Ansichten der Serie eine der Reisezeit entsprechende winterliche Landschaft. Die meisten Blätter weisen aus ästhetischen Gründen sommerliche Fluren aus.

f) Blick auf Riedenburg von Nordosten

1536/37; Stift, Feder, Pinsel, Wasser- und Deckfarben, Silber- und Goldhöhung/Papier, 29 x 33,7; Universitätsbibliothek Würzburg (Delin 6,3)

In der herzoglich bayerischen Amtsstadt Riedenburg dürfte Ottheinrich vom 28. auf 29. November 1536 genächtigt haben. Für die Unterbringung sorgte wohl der Pfleger seines Schwagers, Herzog Wilhelm IV. Der

7.3h

Zeichner gibt auf dieser frühesten Ansicht der Stadt die hochdramatische Lage mit den Burgen Rosenburg (links) und Dachenstein (rechts) am Eingang zum Schambachtal wieder. Die damals bereits ruinöse Burg Rabenstein, die ganz links zu denken wäre, hat der Zeichner einer bedauerlichen Formatbeschränkung geopfert.

g) Blick vom Galgenberg gegen Nordwesten auf Stadt und Schloss Burglengenfeld

1536/37; Stift, Feder, Pinsel, Wasser- und Deckfarben, Weiß- und Goldhöhung/Papier, 28,7 x 41,3; Universitätsbibliothek Würzburg (Delin 6,4)

Auf Schloss Burglengenfeld residierte Ottheinrichs Bruder Philipp. Auch dieses Blatt ist eines der wenigen der Serie, die eine Winterlandschaft zeigen. Deutlich erkennbar ist im Burgensemble der von Ottheinrich begonnene Neue Bau, der ähnlich wie der gleichnamige Trakt in Neuburg höchstwahrscheinlich eine flachgedeckte Altane aufwies.

h) Schwandorf mit Schloss Fronberg, im Hintergrund Tännesberg, Waldau und Leuchtenberg

1536/37; Feder, Pinsel, Wasser- und Deckfarben, Goldhöhung/Papier, 28 x 41,5; Universitätsbibliothek Würzburg (Delin 6,5)

In Schwandorf dürfte Ottheinrich mit seinem Gefolge auf der im Bild besonders hervorgehobenen, aber wohl nicht sehr realitätsgetreu dargestellten Burg Fronberg gewohnt haben, die im Besitz seines Lehensträgers und Rats Hans Kraft von Vestenberg war.

i) Blick vom linken Naabufer auf Nabburg

1536/37; Feder, Pinsel, Wasser- und Deckfarben, Weiß- und Goldhöhung/Papier, 30 x 44; Universitätsbibliothek Würzburg (Delin 6,6)

Dieses Landschaftsbild mit der breitgelagerten Oberstadt von Nabburg, einer Bezirksstadt der damals zur Kurpfalz gehörenden und von Statthalter Pfalzgraf Friedrich II., dem einstigen Vormund Ottheinrichs, verwalteten Oberpfalz, ist versatzstückartig aus mehreren, an verschiedenen Standpunkten zwischen Nabburg und Perschen aufgenommenen Ansichten zusammengefügt. Etwa drei Monate vor dem Besuch Ottheinrichs war am 1. September 1536 durch Blitzeinschlag der Turm der Pfarrkirche St. Johann abgebrannt. Dieser ruinöse Zustand ist auf der Ansicht dokumentiert.

j) Ansicht von Pfreimd mit den Burgen Wernberg und Pleystein in der Ferne

1536/37; Feder, Pinsel, Wasser- und Deckfarben, Weiß- und Goldhöhung/Papier, 30 x 43,5; Universitätsbibliothek Würzburg (Delin 6,7)

Pfreimd gehörte zur Gefürsteten Landgrafschaft Leuchtenberg. Gastgeber Ottheinrichs war der gleichaltrige Georg III. von Leuchtenberg (1502–1555), ein guter Freund Ottheinrichs seit früher Jugend und zudem Großonkel des Pfalzgrafen. Er dürfte in dem erst 1533/34 entstandenen Fürstenbau links der Kirche genächtigt haben. Die im Hintergrund aufragenden Burgen Wernberg und Pleystein waren vermutlich Stationen auf dem Reiseweg Ottheinrichs.

166

7.3*l*

k) Die königliche Stadt Pilsen

1536/37; Feder, Pinsel, Wasser- und Deckfarben, Gold-
höhung/Papier, 30 x 42,5; Universitätsbibliothek Würzburg
(Delin 6,11)

Kurz hinter Waidhaus gelangte Ottheinrich in das Königreich Böhmen. Hauptort auf dem Weg nach Prag war hier
Pilsen, eine jener vier Städte, die im Vertrag von Fürs-
tenwalde 1373 als Bürgen für die Zahlung einer Jahres-
rente von 10 000 Gulden für die Abtretung der Mark
Brandenburg durch Markgraf Ludwig den Brandenburger an die Krone Böhmen bestellt wurden. Ob Ottheinrich diese ebenfalls an ihn übergegangene Schuldforde-
rung bei seinem Durchzug vor dem Stadtrat vertreten
konnte, ist nicht bekannt. Über Beraun erreichte Ottheinrich wohl am 9. Dezember Prag, von wo er nach kurzem
Aufenthalt am 11. Dezember 1536 die Weiterreise antrat.

l) Blick vom Krakushügel auf Krakau mit dem Wawel

1536/37; Feder, Pinsel, Wasser- und Deckfarben, Silber- und
Goldhöhung/Papier, 29,7 x 60; Universitätsbibliothek Würzburg (Delin 6,26)

Nach einem fast einmonatigen Ritt erreichte Ottheinrich
am Weihnachtstag, 24. Dezember 1536, das Ziel seiner
Reise. An der Grenze des Königreichs Polen in Będzin
hatte ihn eine Delegation polnischer Würdenträger erwartet und „wol mit tausend pferden" in die Residenzstadt geleitet. Auch auf dieser Ansicht hat sich ein aktu-
elles Ereignis im Bild niedergeschlagen: der Brand des
Süd- und Ostflügels auf dem Wawel in der Nacht vom
17. auf 18. Oktober 1536. Deutlich ist am rechten Rand
der Königsresidenz die Ruine zu sehen. Für die Unterbringung von Gästen und für Empfänge dienten die
Gemächer des Nordflügels, der auf der Ansicht verdeckt
ist. Hier müssen das Geburtstags- und Neujahrsbankett

stattgefunden haben sowie die Verhandlungen zwischen
Ottheinrich und König Sigmund.

m) Breslau von Südosten

1537; Feder, Pinsel, Wasser- und Deckfarben, Silber- und
Goldhöhung/Papier, 30 x 61; Universitätsbibliothek Würzburg (Delin 6,31)

Ottheinrich trat am 17. Januar 1537 die Rückreise über
Breslau und Berlin an, wo er auf Bitten König Sigmunds
in diplomatischer Mission bei Kurfürst Joachim II. von
Brandenburg vorstellig wurde.

n) Blick von Südwesten auf Vilseck

1537; Feder, Pinsel, Wasser- und Deckfarben, Weiß- und Gold-
höhung/Papier, 28,5 x 40; Universitätsbibliothek Würzburg
(Delin 6,45)

Am 10./11. Februar 1537 kam Ottheinrich durch Wittenberg, wo er mit Wein und Fisch, den traditionellen Eh-
rengeschenken, willkommen geheißen wurde. Hier hatte
vor 62 Jahren seine Großmutter Hedwig im Oktober
1575 auf ihre Einholung durch die Landshuter gewartet.
Über Leipzig, Zeitz und Schleiz erreichte er um den
20. Februar 1537 Hof. In der bambergischen Stadt Vilseck logierte er als Gast von Fürstbischof Weigand von
Redwitz, mit dem er seit 1529 bekannt war. Im Hintergrund dieses Blattes sind Creußen (rechts) und Auerbach
(links) dargestellt, die der Pfalzgraf auf dem Weg nach
Vilseck passiert hatte.

o) Sulzbach-Rosenberg mit Amberg

1537; Feder, Pinsel, Wasser- und Deckfarben, Weiß- und Gold-
höhung/Papier, 28,5 x 40; Universitätsbibliothek Würzburg
(Delin 6,46)

In Sulzbach-Rosenberg erreichte Ottheinrich eigenes
Territorium. Die Doppelstadt gehörte zum Unterland

167

7.3m

von Pfalz-Neuburg und stand von 1535 bis 1541 unter der Regierung seines Bruders Philipp. Von Rosenberg ist nur die Burg ganz rechts am Rand zu sehen, nicht jedoch der zugehörige Ort, der dem knappen Beschnitt des Blattes zum Opfer gefallen ist. Bei der darüber erscheinenden, mit der rätselhaften Beschriftung „hantwach" oder „hamwerh" versehenen Ansicht kann es sich nur um Am-

berg handeln, die Hauptstadt der Oberpfalz und zeitweilige Residenz von Pfalzgraf Friedrich II., Statthalter der Oberpfalz und Vormund der Brüder Ottheinrich und Philipp. Es ist verwunderlich, dass die Stadt auf diesem Blatt nur dilatorisch behandelt ist, nachdem es sich mit großer Wahrscheinlichkeit um den Geburtsort Ottheinrichs handelt (Kat.-Nr. 7.101).

7.3o

168

7.3p

p) Heideck mit dem Schlossberg, im Hintergrund Walting und Burg Sandsee

1537; Feder, Pinsel, Wasser- und Deckfarben, Weiß- und Goldhöhung/Papier, 28,5 x 37,5; Universitätsbibliothek Würzburg (Delin 6,48)

Heideck war die vorletzte Station auf der Rückreise Ottheinrichs. Die Amtsstadt gehörte zu seinem Fürstentum und war zugleich die Heimat eines seiner Räte und Reisebegleiters, des Ritters Georg von Heideck.

q) Ansicht von Eichstätt im Altmühltal

1537; Feder, Stift, Pinsel, Wasser- und Deckfarben; Weiß-, Silber- und Goldhöhung/Papier, 28,7 x 41,5; Universitätsbibliothek Würzburg (Delin 6,49)

In der Haupt- und Regierungsstadt des Fürstbistums Eichstätt war die Reisegesellschaft Gast von Fürstbischof Christoph Marschall von Pappenheim, der die Besucher auf der Willibaldsburg untergebracht haben dürfte. Bischof und Pfalzgraf kannten sich von einem Besuch Ottheinrichs und Susannas im August 1536. Diese Ansicht ist ein bewundernswertes Beispiel für das Bemühen des Künstlers um naturnahe Wiedergabe der charakte-

ristischen Landschaftsformen des Altmühltals mit seinen Weißjurakalkfelsen. Zusätzliche Bedeutung erhält diese Ansicht durch die Darstellung der romanischen Rotunde (rechts), die das einzige Bilddokument der längst verschwundenen Schottenkirche mit dem berühmten Heiligen Grab ist.

r) Vertragsratifikation Pfalzgraf Ottheinrichs über die Zahlung des großmütterlichen Heiratsguts

Krakau, 15. Januar 1537; Urkunde/Pergament, lateinisch, mit anhängendem Siegel Ottheinrichs; Archiwum główne akt dawnych w Warszawie (Hauptarchiv der alten Akten Warschau), Dział: Dokumenty pergaminowe (Abt. Pergamenturkunden), no. 5453

s) Quittung über die letzte Ratenzahlung

1544; Urkunde/Pergament, lateinisch, Siegel verloren; Archiwum główne akt dawnych w Warszawie (Hauptarchiv der alten Akten Warschau), Dział: Dokumenty pergaminowe (Abt. Pergamenturkunden), no. 5461

Ende Februar oder Anfang März kehrte Ottheinrich wieder in seine Residenzstadt Neuburg zurück. Sein Fazit im

169

7.3r

Brief an seinen Schwager, Herzog Wilhelm IV., vom 14. Januar 1537 lautet: „das ich danocht nit gar bin umb ein sunst geriten." In der Vertragsratifikation vom 15. Januar 1537 sind die Zahlungsmodalitäten festgelegt. Der Erfolg seiner Reise konnte indes Ottheinrichs finanzielle Situation nicht wesentlich verbessern. Genau einen Tag, nachdem am 2. Februar 1544 die letzte Rate aus Krakau ausbezahlt war, versammelten sich 600 Gläubiger im Schloss zu Neuburg und betrieben den Ausverkauf des bankrotten Fürsten. Er übergab die Regierung einem Ständerat und ging ins Exil nach Heidelberg und Weinheim. J HB

Heiliges Land

7.4

Tagebuch Ottheinrichs 1521–1534

Abschrift des 17. Jahrhunderts; Handschrift/ Papier, 109 Bll., 20,5 x 31,5; Geheimes Hausarchiv, München (Hs. 301)

Ottheinrichs Tagebuch setzt mit der Pilgerfahrt des jungen Pfalzgrafen in das Heilige Land ein und endet mit seiner Heimkehr von einem Treffen, das ihn mit Herzog Wilhelm IV. von Bayern in Ingolstadt zusammenbrachte. Es enthält Aufzeichnungen von Reisen, Jagden und Turnieren, von Schießübungen, Bädern und höfischen Festen, vom Feldzug gegen Landstuhl (1523), vom Bauernkrieg in der Pfalz (1525) und vom Reichstag in Speyer (1529). Meistens fallen die Texte knapp aus und beschränken sich auf Angaben zu Wegstrecken und Waffen, Ehrungen und Empfängen. Reflexionen des Verfassers fehlen fast völlig. Allein die Pilgerfahrt nach Jerusalem wird ausführlich behandelt. Das vollständige Tagebuch ist nur in der vorliegenden schlechten Abschrift aus dem 17. Jahrhundert erhalten. Der Kopist hatte offenbar Mühe mit der Handschrift des Pfalzgrafen und leistete sich nicht wenige, zum Teil sinnentstellende Fehler. Feuchtigkeitsschäden taten ein Übriges und haben die Lesbarkeit der Handschrift erheblich beeinträchtigt. Außerdem gingen die zahlreichen Verzeichnisse und Fremdtexte („Zettel"),

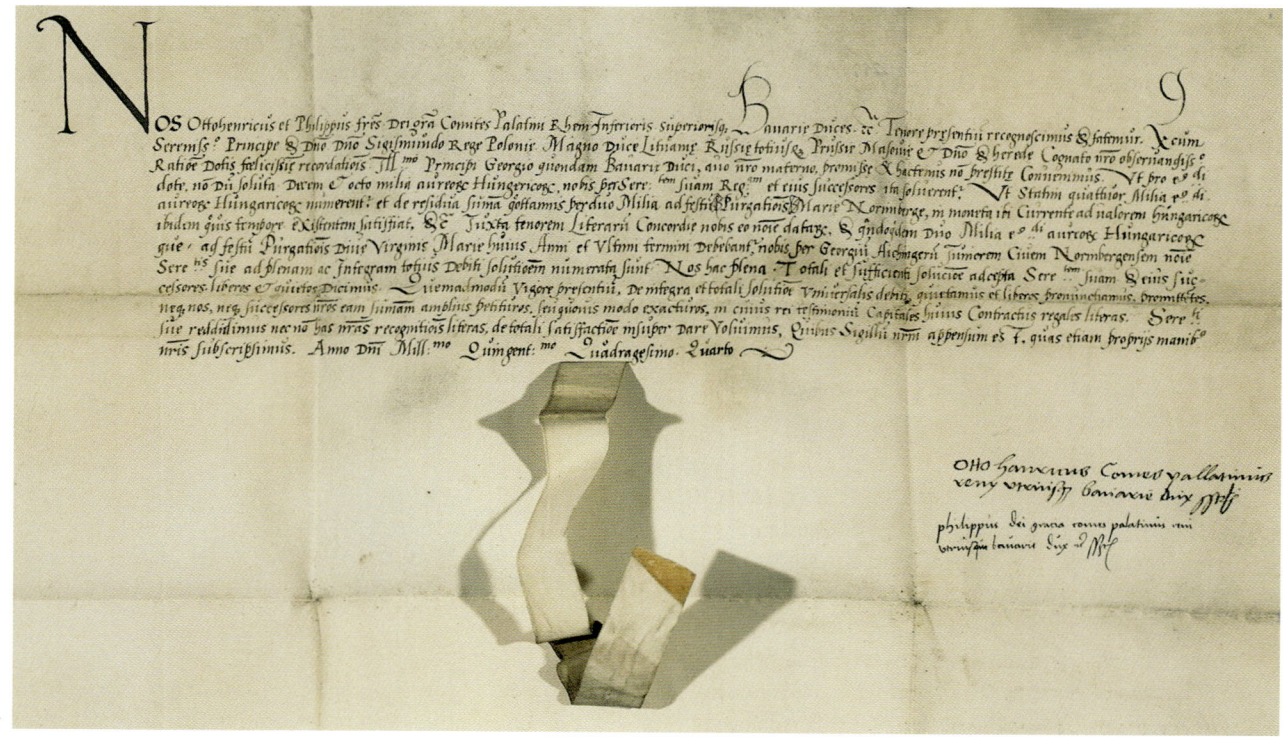

7.3s

7.7

die Ottheinrich in sein Tagebuch einlegte, verloren. Für die Pilgerfahrt nach Jerusalem lassen sie sich mithilfe einer Berliner Handschrift (Kat.-Nr. 7.5) rekonstruieren.

FR

Reichert 2005.

7.5

Philipp Ulner von Dieburg: Bericht über seine Wallfahrt in das Heilige Land

Mitte 16. Jahrhundert; Handschrift/Papier, 173 Bll., 15 x 21,5; Staatsbibliothek Preußischer Kulturbesitz, Berlin (Ms. Germ. Quart. 1126)

Philipp (V.) Ulner (gest. 1556) entstammte einem Adelsgeschlecht, das sich nach Stadt und Schloss Dieburg nannte, aber seit dem späten 14. Jahrhundert in der pfälzischen Amtsstadt Weinheim vermögend war. 1535 ist er als rheingräflicher Amtmann in Daun, 1545 als kurpfälzischer Kammermeister, 1549 als Mitglied des Hofgerichts in Heidelberg nachgewiesen. Als junger Mann unternahm er zur selben Zeit wie Ottheinrich die Wallfahrt nach Jerusalem und schloss sich in Venedig der Reisegruppe des Pfalzgrafen an. Erst auf der Rückreise trennten sich ihre Wege wieder. Von 1547 bis 1552 lebte Ottheinrich in Weinheim und residierte in unmittelbarer Nachbarschaft des Ulner'schen Stadthauses am Obertor. Philipp Ulner nahm die Gelegenheit wahr, einen Pilgerbericht zu verfassen, der sich eng an das Tagebuch des

Pfalzgrafen anlehnt. Streckenweise sind die Texte identisch. Allerdings enthielt Ottheinrichs Tagebuch zu diesem Zeitpunkt noch zahlreiche „Zettel" (Verzeichnisse, Notizen, Fremdtexte), die später aus der Überlieferung herausfielen. Philipp Ulners Bericht bietet somit den kompletteren Text und ermöglicht die Rekonstruktion der verlorenen oder verstümmelten Partien von Ottheinrichs Reisebericht. Später gelangte die Handschrift Ulners an Ottheinrichs Hofmeister Reinhard von Neuneck, der die beiden Geleitbriefe, die er in Worms und in Venedig erhalten hatte, auf den letzten Seiten eintrug. FR

Reichert 2005.

7.6

Martin Ketzel: Pilgerfahrt ins Heilige Land

Augsburg (?), um 1480; Handschrift/Papier, 111 Bll., 15,3 x 10,6; Universitätsbibliothek Heidelberg (Cod. Pal. germ. 117)

Der vor 1456 in Augsburg geborene Kaufmannssohn Martin Ketzel unternahm wie viele Mitglieder seiner Familie eine Pilgerfahrt in das Heilige Land. Seine „Ritter fart über mer gen Jerusalem und zu dem hayligen grab" fand 1476 statt. Über die Reise verfasste er einen Bericht, der nur in der Heidelberger Handschrift erhalten ist. Die Überfahrt einer größeren Gruppe von Pilgern, darunter Herzog Albrecht III. von Sachsen, für den Ketzel auch als Dolmetscher fungierte, begann in Venedig mit zwei

171

Schiffen und führte über Rhodos und Zypern nach Jaffa. Von dort reiste die Gruppe nach Palästina und besuchte die heiligen Stätten in und um Jerusalem, die ausführlich beschrieben werden. Kurz vor dem Verlassen des Heiligen Landes wurde der Besitzer des Schiffes entführt und musste mit Waffengewalt befreit werden.

Der Bericht ist Herzog Johann von Mosbach-Neumarkt gewidmet. Über die Bibliothek der Mosbacher Nebenlinie fiel die Handschrift an die Heidelberger Kurfürsten. Der Band trägt einen auf 1558 datierten Ottheinrich-Einband. In diesem Jahr ließ Ottheinrich viele deutsche Handschriften der Schlossbibliothek umbinden. AS

Codices Palatini germanici 2003, S. 270 f.; Huschenbett 1995.

7.7

Konrad Grünemberg: Pilgerfahrt ins Heilige Land 1486

1487; Handschrift/Papier, Feder, koloriert, 103 Bll., 30,5 x 21; Universitäts- und Forschungsbibliothek Erfurt, Forschungsbibliothek Gotha (Chart. A 541)

Konrad Grünemberg (gest. 1494) entstammte einem Konstanzer Patriziergeschlecht. 1465 wurde er auf eigenes Betreiben aus den Zünften entlassen und trat der Gesellschaft „Auf der Katze" bei. Er war Mitglied des Großen und Kleinen Rats und wird in den Konstanzer Stadtbüchern als Bürgermeister, Reichsvogt, Baumeister zu St. Stephan sowie als Kurator der städtischen Bauten genannt. 1485 wird er erstmals als Ritter erwähnt. Neben seinem Pilgerbericht hat er eine Österreichische Wappenchronik (um 1470) sowie ein Wappenbuch (fertig gestellt am 9. April 1483) mit etwa 2000 farbigen Wappen hinterlassen. 1486 reiste Grünemberg ins Heilige Land. Der lebendig geschriebene detaillierte Bericht von seiner Pilgerfahrt ist in zwei Handschriften (neben Gotha Badische Landesbibliothek, Karlsruhe) sowie in zwei späteren Abschriften in Aarau und Luzern überliefert. Er beginnt mit der Abreise aus Konstanz am 22. April 1486, behandelt ausführlich alle Stationen auf dem Weg nach Jerusalem wie in der Heiligen Stadt selbst und endet mit der Ankunft in Venedig am 16. November 1486. Die Gothaer Handschrift enthält 50 kolorierte Federzeichnungen, deren Urheber möglicherweise der Konstanzer Meister Werner Röser ist. AD

Goldfriedrich/Fränzel 1912; Verfasserlexikon, Bd. 3, Sp. 288–290; Paravicini 2001, Teil 1, Nr. 92; Betschart 1996.

7.8

Bernhard von Breydenbach: Peregrinatio ad Terram Sanctam

Speyer 1502; Buchdruck/Papier, 27,3 x 123,6; Bayerische Staatsbibliothek München (2° Inc. c. a. 1727)

Bernhard von Breydenbach entstammte einem alten oberhessischen Adelsgeschlecht mit Stammsitz bei Bie-

denkopf an der Lahn. Bernhard schlug die kirchliche Laufbahn ein, war promovierter Jurist und bekleidete hohe geistliche und weltliche Ämter. Als er im April 1483 zur Wallfahrt nach Jerusalem aufbrach, stand er in mittlerem Alter und war Dekan des Domkapitels in Mainz. Mit ihm reisten Graf Johann von Solms-Lich, ein Lehensmann aus dessen Gefolge sowie der Utrechter Maler Erhard Reuwich, der die besuchten Orte, namentlich die Heilige Stadt Jerusalem, im Bild festhalten sollte. In Palästina schlossen sich der Franziskaner Paul Walther von Güglingen und der Ulmer Dominikaner Felix Fabri der Reisegruppe an, um gemeinsam auch den Abstecher zum Katharinenkloster auf dem Sinai zu unternehmen. Breydenbachs „Peregrinatio ad Terram Sanctam", die von Paul Walther und dem Heidelberger Theologen Martin Roth redigiert wurde, war der mit Abstand erfolgreichste Pilgerbericht des späten Mittelalters. 1486 erstmals publiziert, wurde er bis 1520 in 24 weiteren Ausgaben gedruckt und in fünf Sprachen übersetzt. Diesen Erfolg verdankte er weniger der Genauigkeit oder Originalität seiner Beobachtungen als den opulenten Holzschnitten, mit denen Erhard Reuwich das Buch ausstattete. Auch die Landschaftsdarstellung auf Ottheinrichs Jerusalemteppichen (Kat.-Nr. 7.14 und 7.15) basiert auf diesem Vorbild. Bernhard von Breydenbach wird heute als früher „Medienprofi" (Betschart) betrachtet. FR

Verfasserlexikon, Bd. 1, Sp. 752–754; Paravicini 2001, Teil 1, Nr. 87; Betschart 1996.

7.9

Zieglerus, Iacobus / Weissenburgius, Wolfgangus: terræ sanctæ qvam palæstinam nominant, Syriæ, Arabiæ, Ægypti & Schondiæ doctissima descriptio …/ holmiæ plane regiæ vrbis calamitosissima clades …/ terrae sanctae altera descriptio, ivxta ordinem alphabeti …

Straßburg: Wendelinus Rihelius, 1536, CXLII Bll., acht Doppeltafeln, 14 Bll., Einband: braunes Leder, Holz, Rollen- und Plattenpressung, vorne und hinten je vier Eckbeschläge und zwei Schließen aus Messing, 27,5 x 21; Staatliche Bibliothek Neuburg an der Donau (2° OHP 7)

Das Werk über das Heilige Land stammt ausweislich des vergoldeten Supralibros auf dem Vorderdeckel (geviertes pfalz-bayerisches Wappen, Devise MDZ, Monogramm OHP) und der gleichfalls vergoldeten Jahreszahl 1548 eindeutig aus dem privaten Besitz von Pfalzgraf Ottheinrich. Auffallend ist, dass sich auf dem Titelblatt unterhalb des Druckervermerks ein handgezeichneter Reichsapfel findet. Der (nachträglich) gekalkte Rücken des Bandes weist darauf hin, was durch den Besitzeintrag („Collegij Soc. Jesv Neoburgj 1638") auf dem Titelblatt bestätigt wird: Das Werk kommt aus der Neuburger Jesuitenbibliothek, in der ja – außer der Bibliothek der fürstlichen Schule in Lauingen – verschiedenste Bibliotheken, auch solche des Hofs, aufgegangen sind.

7.10a

7.10b

7.10

Zwei Wallfahrtsandenken

a) S. SEBULCRO; Jerusalem (?), 16. Jahrhundert; Perlmutt, 4,7 x 6,7; Historischer Verein Neuburg an der Donau (V 623)

b) TENBLUM SALAMOON; Jerusalem (?), 16. Jahrhundert; Perlmutt, 5 x 7; Historischer Verein Neuburg an der Donau (V 624)

Zwei kleine Perlmuttreliefs mit Darstellungen heiliger Stätten in Jerusalem haben sich in der Sammlung des Historischen Vereins in Neuburg erhalten. Das kleine Format erlaubt die Vermutung, dass die fein geschnittenen Flachreliefs Erinnerungsbilder für wohlhabende Pilger waren. Ein Zusammenhang mit Ottheinrichs Reise ins Heilige Land (1521) liegt auf der Hand. Die aufwändig gearbeiteten Perlmuttreliefs unterscheiden sich von den massenhaft gefertigten Pilgerzeichen, welche die Wallfahrer an der Kleidung trugen.

Das Heilige Grab (a) ist als schlichtes Gebäude mit romanischen Anklängen mit einem Zwiebelturm dargestellt. Der auferstandene Christus fährt rechts neben dem Gebäude in monumentaler Größe mit erhobenem rechten Arm und dem Triumphbanner in seiner Linken zum Himmel auf. Ottheinrichs Tagebuchnotiz zum Heiligen Grab basiert auf der Abschrift einer Steintafel in Jerusalem, welche er sich bei seiner Pilgerreise notiert hatte: „In der heyligen stat Hierusalem ist die kirch des heyligen grabs, darinne ist der allerwirdigs berg Caluarie, daran unser heylmacher gecreuczigt warde. Item die statt, do Christus gelegt warde in die hende seiner sußten mutter unnd alda gesalbt unnd in leylach gewickeltt. Item das allerheyligst grab, darin Christus begraben warde unnd der uns ehrliche ufferstanden ist …“

Der „TENBLUM SALAMOON“ (b) nimmt auf die bauliche Erscheinung der heiligen Stätte Bezug, wie aus dem Vergleich mit zeitgenössischen Darstellungen und Beschreibungen hervorgeht. Der oktogonale Bau ist ebenfalls mit einem Zwiebelturm bekrönt. Links neben dem Tempel steht ein kleiner Rundbau, der an ein Brunnenhäuschen erinnert, rechts eine Loggia mit zwei Arkaden, in die Stufen hineinführen. Ottheinrich berichtet über seinen Tempel-Besuch in seinem Tagebuch: „…unndt gingen dieselbig nacht das erst mohl in denn tempel unndt blieben die nacht dorinnen unndt sah[en] auch die helgen stet, die dorin sendt …“   MG

Geheimes Hausarchiv, HS. 301; Pfaltz graffen Ott Heinrichs reißbeschreibung in daß heilige landt, 1521, fol. 27v, 28.

Ottheinrich mag sich das Buch zur Erinnerung an seine eigene Reise in das Heilige Land beschafft haben, zumal er diese auch auf den beigegebundenen doppelseitigen Karten – Syrien sowie drei Detail- und eine Übersichtskarte zu Palästina – nachvollziehen konnte. Zudem enthält der Band Beschreibungen von Ägypten und dem Sinaigebiet, ebenfalls mit Karten. Dagegen würde man den Abschnitt über „Schondia“, also Skandinavien, in einem solchen Werk nicht erwarten; auch dazu ist eine Karte beigegeben, die von Finnland bis Nordamerika, „vlteriora gronlandia incognita“ („das äußerste unbekannte Grönland“), reicht, ferner eine Beschreibung des Einfalls von Christian II. von Dänemark (1513–1522/23) „in proceres Suecię & populum Holmensem“ („gegen die Vornehmsten von Schweden und das Volk von Stockholm“). Neben diesen beschreibenden Teilen, die Jakob Ziegler auf der Grundlage anderer Bücher verfasste, enthält das Buch im zweiten Teil eine alphabetisch angeordnete Beschreibung der Orte des Heiligen Landes von dem Basler Mathematiker Wolfgang Weissenburg.   RHS

VD 16, Z 443.

Herrschaftliche Repräsentation

Hanns Hubach

„… mit golt, silber und seyd kostlichst, erhaben, feyn unnd lustig gmacht". Pfalzgraf Ottheinrich und die Bildteppichproduktion in Neuburg 1539–1544/45

Im Spätsommer 1545, gegen Ende August, machte sich der Augsburger Goldschmied Ludwig Sauer von Neuburg aus auf den Weg nach Frankfurt. Diesmal war es nicht der Trubel der jährlichen Herbstmesse, der ihn in die Reichsstadt am Main lockte, sondern er reiste als Vertrauter des Neuburger Kammermeisters Michael Herpfer, in dessen Auftrag er die Juwelen Pfalzgraf Ottheinrichs verkaufen sollte. Sauers Mission war offenbar erfolgreich, denn nach seiner Rückkehr konnte er der Hofkammer annähernd 4350 Gulden übergeben, die er für die fürstlichen „cleinotter" erhalten hatte. Er selbst durfte für seine Mühe sicherlich einen gewissen Prozentsatz des Erlöses als Provision behalten, deren Höhe aber nicht bekannt ist. Darüber hinaus wurden ihm 167 Gulden zugebilligt, zum einen als Zehrgeld für die Reise, zum anderen zur Deckung der Unkosten, die ihm zusätzlich entstanden waren, weil er Kleider und „tappetzereyen", das heißt Wandteppiche und andere textile Renommierstücke, mit nach Frankfurt genommen hatte, die nicht zum Verkauf bestimmt waren. Es handelte sich vielmehr um jene Gewänder und Tapisserien, die Pfalzgraf Ottheinrich nach der Übernahme der Regierungsgeschäfte durch die Neuburger Landstände aus der Konkursmasse seines Herzogtums hatte auslösen können und die ihm jetzt ins kurpfälzische Exil nachgeschickt werden mussten. Zur Verpackung dieser empfindlichen Ladung war eigens ein professioneller „pallenbinder" aus Augsburg bestellt worden, der die „tappessereyen und kleider einmachen solt". Es kann nur vermutet werden, dass Sauer seine wertvolle Fracht der kurpfälzischen Faktorei in Frankfurt übergeben hat, die dann für den Weitertransport nach Heidelberg gesorgt haben dürfte.[1]

Obwohl Ottheinrichs Bedeutung als Sammler und Auftraggeber von Bildteppichen und anderen wertvollen textilen Ausstattungsstücken in der Vergangenheit mehrfach gewürdigt worden ist[2], war bisher nicht bekannt, dass er einen größeren Teil seines Tapisseriebesitzes rechtzeitig in der Pfalz hatte in Sicherheit bringen können, bevor die Stadt Neuburg und das Schloss zu Beginn des Schmalkaldischen Krieges 1546 von den marodierenden Truppen Kaiser Karls V. geplündert wurden. Man hat viel-

mehr geglaubt, dass die meisten der heute noch erhaltenen Stücke 1551 als Geschenk des französischen Königs Heinrich II. an den Pfalzgrafen zurückgekommen seien, die dieser auf einem von seiner Flotte aufgebrachten spanischen Schiff erbeutet hatte. Soweit ich heute sehe, wurde die Möglichkeit einer Rückgabe damals zwar geprüft, Belege dafür, dass sie auch zustande gekommen ist, gibt es jedoch nicht.[3]

Der tatsächliche Umfang der von Ottheinrich ausgelösten Tapisserien lässt sich anhand der Quellen nicht sicher bestimmen. Er selbst hätte gerne alles erworben, was „an tappissereien, aufschlägen, umbhengen, deppichen, bedstadt undt anderm in dem newen paw, desgleichen in der capellen an kirchengezir undt gemäl, item im runden thurn, auch aufm sal an gemäln undt desgleichen, an alten tappissereien, auch alten gülten aufslegen, gülten degken und anderm, gleichweis was in der schneiderei und andern gemächen vorhanden ist, es sei gut oder bös, gar nichts ausgenomen", doch wollte er dafür nicht mehr als 6000 Gulden zahlen.[4] Zu seinem Leidwesen hatten die Regenten den Wert der Teppiche und Aufschläge aber deutlich höher angesetzt, sodass der Pfalzgraf, da er kurzfristig nicht mehr Geld aufbringen konnte, erhebliche Abstriche hinnehmen musste. Bezeichnenderweise verzichtete er jedoch lieber auf den Rückkauf der Gemälde als auf die Tapisserien. Aber selbst danach lag der tatsächliche Gegenwert des Neuburger Bestands noch immer zu hoch, um unter den bedrückenden finanziellen Bedingungen des Exils vollständig abgegolten werden zu können.[5] Es versteht sich daher von selbst, dass Ottheinrichs erste Sorge den genuin für ihn geschaffenen, familiengeschichtlich bedeutsamsten Stücken gegolten hat. Glaubt man dem Urteil Bernabé Bustos und Vigilius van Zwichems, die das kaiserliche Heer begleiteten und das Neuburger Schloss vor dessen Plünderung besucht hatten, dann entfaltete der reduzierte Bestand immer noch solch einen Reichtum und eine solche Pracht, dass beide zutiefst beeindruckt waren.[6] Kein Wunder also, dass Ottheinrich nicht sogleich bereit war, seine ehemaligen Besitztümer gänzlich verloren zu geben, sondern durch Kammermeister Herpfer bei den

Neuburger Juden erst einmal anfragen ließ, ob sie von den Plünderern „tappisserey, claider und anders" angekauft und wohin sie diese in den Handel gebracht hätten.[7]

Die Anfänge der Neuburger Tapisseriesammlung

Die Hartnäckigkeit und Opferbereitschaft, mit der Pfalzgraf Ottheinrich trotz seiner widrigen Lebensverhältnisse den Rückkauf seiner Tapisserien persönlich betrieben hat, wirkt aus heutiger Sicht befremdlich, für einen exilierten und unter kaiserlichem Bann stehenden Bankrotteur fast widersinnig. Im 16. Jahrhundert galten jedoch andere Regeln, zumal für einen der vornehmsten Fürsten des Reichs. Denn es waren gerade die textilen Ausstattungs- und Renommierstücke, angefangen bei Thronbaldachinen, über die Bett- und Tafelaufschläge bis hin zu den verschiedenen Formen exquisiter Wandbehänge – allen voran Wappenteppiche, Verdüren und Jagdstücke jeder Art, Allegorien sowie Tapisserien mit biblischen und mythologischen Historien oder Legenden –, die dem fürstlichen Repräsentationsbedürfnis am meisten entsprachen und dem Herrscher sowohl im häuslichen Umfeld als auch bei öffentlichen Auftritten jenes hohe Maß an Magnifizenz verliehen, das als besondere Tugend von ihm gefordert wurde. Denn anders als heute, wo sie bestenfalls den dekorativen Künsten oder dem Kunsthandwerk zugerechnet werden, galten Bildteppiche im Spätmittelalter und in der Frühen Neuzeit als prestigeträchtigstes und wirkungsmächtigstes Bildmedium; das übergroße Format und die immens hohen Herstellungskosten dürften ein Übriges zu diesem Ruf beigetragen haben.[8] Vor diesem Hintergrund erscheint Ottheinrichs Wunsch, einen möglichst großen Teil seiner Tapisserien zu retten, durchaus verständlich, dies umso mehr als er auch im Exil dem Druck ständiger Statuskonkurrenz zu anderen Fürstenhäusern nicht entgehen konnte und darüber hinaus wegen der andauernden Demütigung durch den Kaiser aufgefordert blieb offensiv darauf zu reagieren.

Dem Pfalzgrafen und späteren Kurfürsten Ottheinrich waren die Anforderungen fürstlicher Repräsentation und die dabei zum Tragen kommenden Mechanismen gezielter Bildpropaganda zeit seines Lebens bewusst. Entsprechend umfassend hat er sein „Image der Macht" sowohl als Bauherr wie auch als Auftraggeber für Kunstwerke in unterschiedlichen Bereichen und auf verschiedenen Ebenen zur Schau gestellt, weiter entwickelt und konsequent gepflegt.[9] Der Erwerb von Tapisserien spielte dabei von Beginn an eine herausragende Rolle. Dies belegen schon die beiden ältesten erhaltenen Stücke seiner Sammlung, die Behänge mit der „Verherrlichung der Prudentia" und den „Beispielen des guten Glücks" von 1531, die eine ideale, auf ethischen Grundwerten aufbauende Fürstenherrschaft thematisieren (Kat.-Nr. 7.16). Allerdings handelt es sich bei ihnen noch nicht um einen genuinen Auftrag des jungen Neuburger Landesherrn,

sondern um eine für den freien Markt konzipierte Kurzfassung der berühmten „Los-Honores"-Serie, die der Brüsseler Hoftapissier Pieter van Aelst für Kaiser Karl V. geschaffen hatte[10]; in der – wenn auch formal missglückten – Hinzufügung seines Wappens und seines Porträts ist das Streben des Käufers nach dem Besitz unverwechselbarer, auf seine Person und seinen Rang hin zugerichteter Tapisserien jedoch erstmals greifbar.

Schon die künstlerische Konzeption und die Arbeit an den Entwürfen der drei berühmten Porträtteppiche von sich selbst, seiner Gemahlin Susanna von Bayern und seines Bruders Pfalzgraf Philipp vollzogen sich dann aber von Beginn an unter den kritischen Augen Ottheinrichs, der das Projekt seinen Neuburger Hofmalern übertrug (Kat.-Nr. 7.11, 7.12, 7.13). Stilistische Gründe sprechen dafür, dass nicht der Lauinger Maler Mathis Gerung sondern sein Kollege Peter Gertner der Hauptverantwortliche gewesen ist, bis hin zur Anfertigung der Kartons.[11] Die hohe persönliche Wertschätzung, die Ottheinrich diesen gewirkten Bildnissen entgegenbrachte, drückt sich besonders darin aus, dass er die entsprechende „Visirung zu ainer fürsten dapisserei", das heißt die Originalentwürfe beziehungsweise petits patrons, behalten und zusammen mit anderen Kunstwerken in seiner Schreibstube sicher verwahrt hat.[12] Gertner zeigt die Porträtierten in ganzer Figur, die Männer majestätisch, die Frau geziemend im Vordergrund einer weiten, kultivierten Landschaft stehend, umgeben von zahlreichen, zum Teil exotischen Tieren und Pflanzen. Auf der mit Girlanden und übereinander gesetzten Pflanzkübeln geschmückten Bordüre demonstriert ein stringentes heraldisches Programm die hochfürstliche Herkunft der Personen. Die typische Stadtmarke am Galon des Susanna-Teppichs belegt, dass die Stücke in Brüssel, dem im 16. Jahrhundert führenden Zentrum der Tapisserieproduktion, hergestellt worden sind. Die Qualität ihrer handwerklichen Ausführung genügt höchsten Ansprüchen, ebenso der verschwenderische Einsatz teuerster Materialien wie farbiger Seiden, Gold- und Silberlahns. Das uneingeschränkte Lob des pfälzischen Hofhistoriografen Peter Harer wäre ihnen sicher gewesen, eines gebildeten Kenners der Materie, dem es beim Anblick hochrangiger, „mit golt, silber und seyd kostlichst, erhaben, feyn unnd lustig gmacht(er)" Tapisserien aus lauter Bewunderung schon einmal die Sprache verschlagen konnte.[13] Am Galon des Philipp-Teppichs ist eine fast vollständige Wirkermarke erhalten geblieben – ein von einem kleinen Kreuz bekrönter Reichsapfel zwischen zwei Buchstaben, von denen jedoch nur noch der linke als „j" zu lesen ist –, die ich dem Atelier des älteren Jan De Roy zuschreibe. Denn zum einen verweist der Reichsapfel in aller Regel auf einen König, in diesem Fall als sprechendes Zeichen auf den Familiennamen des Meisters, aufgrund der Begleitinitiale „j", konkret auf Jan De Roy d. Ä., dessen Werkstatt von 1491 bis 1536 in Brüssel nachgewiesen werden kann.[14] Zum anderen berief Ottheinrich bald darauf mit „Meister Christian De Roy" ein jüngeres

Mitglied dieser Wirkerfamilie als Hoftapezierer nach Neuburg. Der Vollständigkeit halber sei erwähnt, dass Jan (Johann) De Roy d. J. – zeitweise unterstützt von seinem Vetter Lorenz – von 1533 bis 1564 Hoftapissier König Ferdinands I. war, lange Zeit als „dapecereymacher" in Nürnberg gelebt und das dortige Bürgerrecht erworben hatte.[15]

Christian De Roy, „deppich wirgkher"

Ottheinrichs Kontakt zu Christian De Roy (tätig von 1539–1545) ist in den nur spärlich erhaltenen Quellen erstmals 1539 belegt, als er ihm über das Fugger'sche Kontor in Antwerpen 82 Gulden für nicht näher spezifizierte „tapezerei" auszahlen ließ.[16] Die Entscheidung, in Neuburg ein professionelles Atelier mit mehreren Mitarbeitern einzurichten, muss jedoch früher gefallen sein, da die regelmäßigen Mietzahlungen der Hofkammer für die Unterbringung von drei „niderlendischen tebichwurgkern" schon in jenem Jahr einsetzten.[17] Ottheinrich stand mit diesem Unternehmen ganz in der Tradition seiner Pfälzer Vorfahren, die bereits im 15. Jahrhundert und damit früher als andere deutsche Fürstenhäuser damit begonnen hatten, auswärtige Wirkmeister fest an ihren Hof zu ziehen. Kurfürst Ludwig V. beschäftigte zu Beginn des 16. Jahrhunderts Meister „Johannes Velthan von Bruxel in Brabant", Friedrich II., der ein mindestens ebenso großer Liebhaber prächtiger Tapisserien war wie sein Neffe, für mehrere Jahre den aus Nürnberg stammenden Melchior Grienman (Griemont).[18] Die Einkünfte Christian De Roys als Hoftapezierer betrugen halbjährlich etwas mehr als 28 Gulden, einschließlich der Kosten für sein Hofkleid.[19] In den Jahren von 1540 bis 1544 produzierten er und seine Helfer in der Neuburger Werkstatt insgesamt neun großformatige Bildteppiche, deren Programme in sehr persönlicher Art und Weise Ottheinrichs Leben und die Geschichte seiner Familie verherrlichen. Ob, und wenn ja in welchem Umfang, das Atelier darüber hinaus an der Herstellung der beiden nach Aussage der Quellen aufwändig aus vielen Einzelstücken gefertigten Baldachine mit Darstellungen des Paris-Urteils beziehungsweise des Abendmahls und Christi Himmelfahrt beteiligt war[20], lässt sich nicht mehr feststellen (Kat.-Nr. 7.17). Ähnlich wie seine Kollegen am kurpfälzischen Hof war Christian De Roy sicherlich noch für die sachgemäße Betreuung der „tapezereykammer" und natürlich für das fachgerechte Auf- und Abschlagen der Tapisserien verantwortlich.

Der erste mit Sicherheit in der Neuburger Werkstatt ausgeführte, 1540 abgeschlossene Auftrag betraf die Herstellung der vier „Ahnenteppiche" mit dem väterlichen und mütterlichen Stammbaum Ottheinrichs und Philipps (Bayerisches Nationalmuseum, München, Kat.-Nr. 2.8; Privatbesitz). Dem Entwerfer, wahrscheinlich Peter Gertner, ist es gelungen dem spröden Stoff der Genealogie Leben einzuhauchen. Die Ahnherren und -frauen sind porträthaft aufgefasst und tragen die ihrer Zeit gemäßen Kostüme. Die detailreich gestaltete Landschaft, in der sie nach Generationen gestaffelt aufgestellt sind, bietet dem Betrachter ein hohes Maß an Abwechslung. Trotz der Kleinteiligkeit im Detail schließt sich der Zyklus zu einem imposanten dynastischen Repräsentationsbild zusammen. Im Zusammenspiel der Figurenreihen, der Inschriften und der heraldischen Elemente entsteht eine beeindruckende Ahnenprobe, eine überzeugende, ins Monumentale gesteigerte visualisierte Beglaubigung der legitimen hochfürstlichen Abstammung der Neuburger Pfalzgrafen und des königsgleichen Rangs ihrer Familie.[21]

Die folgenden, 1541 fertig gestellten Tapisserien hatten Ottheinrichs „Raiß zum Heyligen Grab" in Jerusalem zum Thema, die er 1521 zusammen mit seinem Hofmeister, acht Rittern und mehreren Bediensteten unternommen hatte (Kat.-Nr. 7.14). Eine über beide Behänge geführte Überblickslandschaft des Heiligen Landes mit der Stadt Jerusalem definiert die historischen Orte des christlichen Heilsgeschehens, das sich vor den Augen des Betrachters in vielen Einzelszenen vollzieht, von der Geburt Christi über die Passion bis zu Auferstehung und Himmelfahrt. In einer zweiten Zeitschicht sind Ottheinrich und seine adligen Begleiter in die Komposition integriert. Als Pilger sieht man sie von einem Ort zum nächsten wandern und als Ritter vom Heiligen Grab, ein Ehrentitel, den sie sich während ihrer Besuche in der Grabeskirche erworben hatten, knien sie im Bildvordergrund, alle voll gerüstet, jedoch barhäuptig und mit zum Gebet gefalteten Händen.[22]

Zwei 1543 entstandene Bildteppiche, die Pfalzgraf Philipps heroischen Einsatz als Kommandant bei der Verteidigung Wiens gegen die Türken 1529 darstellten, kennen wir nur noch aus alten Beschreibungen. Auf dem einen sah man die Belagerung der Stadt und das vergebliche Anrennen des Feindes gegen ihre Mauern: „Fast die ganze Länge des Mittelgrundes nahm die Ansicht von Wien ein. Von der Spitze des alten, alles überragenden St. Stephan=Thurms hieng eine große, weiß und roth gestreifte Fahne herab. Den Vordergrund machte das türkische Lager, die Artillerie und Wagenburg; ein buntes Gewühl von Soldaten und Pferden belebte das Ganze. Zwischen dem Lager und der Stadt entdeckte man stürmende Haufen; von den Wällen und Mauern Wiens stieg der Rauch des losgebrannten Geschützes empor." Der andere zeigte die Plünderung der Wiener Vorstädte: „Neben den verschiedenen Gräueln, welche in einem solchen Bilde vorkommen, erblickte man im Vordergrunde die Beraubung einer Kirche. Die Türken hatten Monstranzen und Kelche in den Händen, schütteten die Hostien heraus, und traten mit Füßen darauf." Die Entwürfe stammten von Mathis Gerung, dessen Signatur auf dem Belagerungsteppich angebracht war.[23]

Der neunte, 1544 datierte, gegen Ende der Neuburger Schaffenszeit Meister Christians entstandene Behang sollte Ottheinrichs militärische Fähigkeiten ins rechte Licht rücken. Dies war ein schwieriges Unterfangen, denn anders als Philipp der Streitbare hatte dessen älterer Bruder weder als Landesherr selbst Krieg geführt noch jemals ein Truppenkontingent in die Schlacht geführt. So kommt es, dass dem verhinderten Feldherrn eine Episode des Bauernkriegs in der Pfalz als Folie seiner Ruhmestaten dienen musste: die Belagerung Weißenburgs durch Kurfürst Ludwig V. im Jahr 1525 (Schlossmuseum Berchtesgaden). Als junger Mann hatte Ottheinrich an dem Zug gegen die Stadt an der Lauter zwar teilgenommen, sein aktiver Beitrag blieb jedoch auf das Heranführen der Nachhut beschränkt, ein Heldenstück, mit dem nicht viel Staat zu machen war. Daher musste unter Verkehrung der realen Verhältnisse ein Wunschbild entworfen werden, auf dem Kurfürst Ludwig und seine Hauptleute – zu linken Randfiguren degradiert – als passive Zuschauer erscheinen, während der Neuburger Pfalzgraf in der Rolle des jugendlichen Helden auf springendem Pferd im Sturm das Bildzentrum erobert und als Befehlshaber der Artillerie das pfälzische Heer sicher zum Sieg führen wird.[24]

Alle in der Neuburger Hofwirkerei gefertigten Tapisserien haben ein gestalterisches Merkmal gemeinsam: Ihre Bordüren folgen demselben Muster. Den Grunddekor bildet eine rot, gelb und braun schattierte Hohlkehle, die mit Festons aus Schilf und Lorbeerblättern ausgelegt ist, um die sich Blatt- und Fruchtgirlanden herumwinden. In die Mitte der beiden seitlichen und des unteren Streifens sind von goldenen Lorbeerkränzen eingefasste Täfelchen eingefügt, denen jeweils links das aus den Initialen Ottheinrichs und Susannas ligierte Monogramm „OHS", rechts die Buchstabenfolge „MDZ" einbeschrieben ist, die auf das Lebensmotto des Auftraggebers verweist; die untere Tafel trägt die Datierungen. Darüber hinaus besetzen bei den nach 1540 entstandenen Teppichen kleine Grüppchen spielender Putti die unteren Ecken und der Lorbeerkranz mit der Jahreszahl wird bei ihnen von einem weiteren Paar der kleinen Nackedeis präsentiert. Die Ähnlichkeit der Bordüren trägt wesentlich zu dem einheitlichen, in seiner Geschlossenheit zugleich unverwechselbaren Erscheinungsbild bei, das die ganze Gruppe der von Christian De Roy gefertigten Tapisserien auszeichnet.

Im Zuge der von den Regenten strikt durchgeführten Konsolidierung der Neuburger Staatsfinanzen wurde offenbar allen Hofkünstlern der Dienst aufgekündigt; jedenfalls erscheinen ihre Namen nach 1545 nicht mehr in den Besoldungslisten.[25] Zu diesem Zeitpunkt müssen auch Christian De Roy und seine Mitarbeiter ihre Werkstatt geschlossen und die Stadt verlassen haben. Wohin sie gegangen sind, ist nicht bekannt.

Heidelberger Epilog

Die bedrückenden finanziellen Engpässe während seiner Exilzeit hinderten Ottheinrich nicht daran neue Aufträge für Tapisserien zu vergeben. So ließ er zwischen 1547 und 1549 eine reich mit Seiden-, Gold- und Silberfäden durchsetzte Folge der „Sieben Planeten und ihrer Kinder" anfertigen, die wegen ihres kleinen Formats wohl zum Schmuck seines Wohnhauses am Kornmarkt vorgesehen waren (Kat.-Nr. 7.125 f.). Als Grundlage für die Kartons diente eine überarbeitete Holzschnittserie von Georg Pencz, während die Ausführung wohl am ehesten in der Werkstatt des damals als Hoftapezierer Kurfürst Friedrichs II. in Heidelberg tätigen Wirkmeisters Melchior Grienman erfolgt sein wird.[26]

Anders als in Neuburg verzichtete Ottheinrich während seiner Regierungszeit als Pfälzer Kurfürst auf die Gründung eines eigenen Wirkateliers in Heidelberg. Jetzt konnte er es sich leisten, auch nicht marktfähige Sonderanfertigungen direkt in den führenden niederländischen Produktionszentren zu bestellen. Unter anderem betraute der alternde Fürst eine Brüssler Werkstatt mit der Herstellung einer achtteiligen Folge mit dem Stammbaum seiner Vorfahren, die offenbar die vier älteren Neuburger Ahnenteppiche inhaltlich ersetzen sollte, allerdings in doppelter Größe und unter Berücksichtigung des höheren Status des Auftraggebers. Bei seinem Tod waren davon lediglich das Initial- und das Endstück des väterlichen Stammbaums mit dem Porträt des im Kurornat thronenden Ottheinrich fertig gestellt; diese wurden später zusammengenäht und bilden heute den so genannten „Großen genealogischen Teppich" (Bayerisches Nationalmuseum, München).[27] Alle weiteren Erwerbungen des Kurfürsten sind nur aus dem Heidelberger Schlossinventar des Jahres 1584 überliefert. Demnach kaufte er in den Niederlanden zwei Tapisserieserien mit biblischen Historien: zum einen die „Historia verkaufung Josephs", die auf neun Behängen dessen Verscharcherung nach Ägypten und sein Schicksal am Hof des Pharao schilderte, zum anderen „zehen stück von der historien Abrahams", eine Replik des um 1540 von Barent Van Orley für den englischen König Heinrich VIII. entworfenen und von Willem de Kempeneer in Brüssel gewirkten Zyklus. Weiter besaß er einen Satz von neun großen Rücktüchern mit Verdüren und dem dreiteiligen Kurwappen, einen dazu gehörigen Thronbaldachin sowie einen prächtigen Aufschlag über sein Bett, an dessen Himmel die „Opferung Isaacs" und am Rücklagen die „Ermordung Abels durch seinen Bruder Kain" angebracht waren.[28]

In seinem Testament bestimmte Ottheinrich, dass die zuletzt besprochenen Tapisserien und Aufschläge für alle Zeiten als unveräußerlicher Besitz des pfälzischen Kurhauses in Heidelberg verbleiben sollten. Jenen Teil seiner beweglichen Habe, den er vor seiner Kurfürstenzeit erworben und aus Neuburg mit an den Neckar gebracht hatte, darunter die gesamte „tapetzerey", mussten die Testamentsvollstrecker jedoch an seinen Nachfolger Pfalzgraf Wolfgang von Zweibrücken-Veldenz und das „fürstenthumb Neuburg" zurückgeben.[29] Außerdem verschenkte er dahin sechs ehrwürdige Behänge mit „Altfränkisch historisch bildwerck", die er erst kurz zuvor von seinem Onkel Pfalzgraf Wolfgang (gest. 1558), dem jüngsten Sohn Kurfürst Philipps des Aufrichtigen, geerbt hatte.[30]

Anmerkungen

1 Bayerisches Hauptstaatsarchiv, München, Pfalz-Neuburg, Akten Nr. 1114 (ohne Seitenzählung); Neuburger Landschaft, Literalia 176, fol. 9', 25, 25' und unter der Rubrik „Besoldungen" (ohne Seitenzählung)

2 Vgl. Rott 1905, Kunst; Hofmann 1911; Rott 1912, Kunstbestrebungen; Stemper 1956; Stemper 1958; Rösch 1969; Abreß 1984; Siefert 1986; Grosse 2000; Dittrich 2001; Grosse 2002; Hubach 2002, Tapisserien; Hubach 2002, Ottheinrichs neuer hofbaw; Grosse 2003

3 Vgl. Rott 1905, Kunst, S. 46f., Anm. 2; Hofmann 1911, S. 76

4 Bayerisches Hauptstaatsarchiv, München, Geheimes Hausarchiv, Korrespondenzakten Nr. 1514, fol. 9–10'; vgl. Rott 1905, S. 45f.

5 Bayerisches Hauptstaatsarchiv, München, Geheimes Hausarchiv, Korrespondenzakten Nr. 1514, fol. 2-5', 9–11'; vgl. Rott 1905, Kunst, S. 45f.

6 Vgl. Druffel 1877; Busto 1938

7 Vgl. Rott 1905, Kunst, S. 46

8 Vgl. Brassat 1992; Delmarcel 1999; Campbell 2002

9 Vgl. Wagini 1987; Eichler 1993; Löcher 1993; Hoppe 2001, Schlossbau Ottheinrichs; Hubach 2002, Parnassus Palatinus; Hubach 2002, Ottheinrichs neuer hofbaw; Hubach 2002, Hercules Palatinus; Grosse 2003; Kaeppele 2003, S. 20–61

10 Vgl. Stemper 1956, S. 154–156, Stemper 1958; Verenkotte/von Wilckens 1984; Delmarcel 2000, S. 38–42

11 Vgl. Stemper 1956, S. 154–156; Abreß 1984; Siefert 1986, S. 809f.; Löcher 1993, S. 104–109; Dittrich 2001; Grosse 2003, S. 191–236

12 Bayerisches Hauptstaatsarchiv, München, Geheimes Hausarchiv, Pfalz und Pfalz-Neuburg, Akten Nr. 2690, fol. 2–26'; vgl. Rott 1905, Kunst, S. 193

13 Vgl. Rosenberg 1882, S. 106; Hubach 2002, Tapisserien, S. 100

14 Vgl. Duverger 1934, S. 226–233; Roobaert 2002, S. 4–25

15 Vgl. Hampe 1904, Nr. 2379, 2382, 2383, 2597, 3288; Bauer 2002, S. 66

16 Vgl. Lieb 1958, Bd. 2, S. 152

17 Bayerisches Hauptstaatsarchiv, München, Landshuter Abgabe 1979, fol. 154'; vgl. Grosse 2000; Hubach 2002, Tapisserien, S. 101; Grosse 2003, S. 176f.

18 Vgl. Göbel 1934, Bd. 2, S. 15–18; Hubach 2002, Tapisserien

19 Bayerisches Hauptstaatsarchiv, München, Neuburger Landschaft, Literalia 176, unter der Rubrik „Besoldungen" (ohne Seitenzählung); vgl. Grosse 2003, S. 176f.

20 Vgl. Wölfle 1917, Sp. 318f.; Grosse 2002, S. 208–210, 213–222

21 Vgl. Rott 1905, Kunst, S. 41f.; Stemper 1956, S. 149–154; Rösch 1969; Abreß 1984; Hubach 2002, Tapisserien; Hubach 2002, Ottheinrichs neuer hofbaw, S. 196f., 245–255

22 Vgl. Rott 1912, Schriften, S. 34–41, 66–105; Stemper 1956, S. 160–163; Abreß 1984; Grosse 2003, S. 189f.

23 Archiv des Historischen Vereins, Neuburg an der Donau, Akten Nr. 26/05, § 5. Vgl. Graßegger 1846, 19–20; Abreß 1984; Eichler 1993, S. 8–10; Grosse 2003, S. 166–169

24 Vgl. Hofmann 1911; Stemper 1956, S. 157–160; Abreß 1984; Grosse 2003, S. 176–186

25 Bayerisches Hauptstaatsarchiv, München, Neuburger Landschaft, Literalia 177

26 Vgl. Auktion Charpentier 1958, Nr. 133; Grosse 2000; Hubach 2002, Parnassus Palatinus; Hubach 2002, Ottheinrichs neuer hofbaw, S. 196f.

27 Vgl. Stemper 1956, S. 151–154; Abreß 1984; Hubach 2002, Ottheinrichs neuer hofbaw, S. 197, 254f., Nr. VI.5

28 Bayerisches Hauptstaatsarchiv München, Geheimes Hausarchiv, Korrespondenzakten Nr. 998/2, fol. 239 b–261'; vgl. Kat.-Nr. 7.128; vgl. Rott 1905, Kunst, S. 204–206; Stemper 1956; Hubach 2002, Tapisserien, S. 101; Hubach 2002, Ottheinrichs neuer hofbaw, S. 196f.

29 Stadtarchiv Lauingen an der Donau, Urkunde 1044; vgl. Stemper 1956, S. 144; Reiprich 1980, S. 96f.

30 Vgl. Wölfle 1917, S. 319

Literatur

Abreß 1984; Versteigerungskatalog Galerie Charpentier 1958; Bauer 2002; Brassat 1992; Busto 1938; Campbell 2002; Delmarcel 1999; Delmarcel 2000; Delmarcel 2002; Dittrich 2001; Druffel 1877; Duverger 1934; Eichler 1993; Göbel 1923; Göbel 1934; Grosse 2000; Grosse 2002; Grosse 2003; Hampe 1904; Hofmann 1911; Hoppe 2001, Schlossbau Ottheinrichs; Hubach 2002, Parnassus Palatinus; Hubach 2002, Tapisserien; Hubach 2002, Ottheinrichs neuer hofbaw; Hubach 2002, Hercules Palatinus; Kaeppele 2003; Lieb 1958; Löcher 1993; Graßegger 1846; Reiprich 1980; Roobaert 2002; Rösch 1969; Rosenberg 1882; Rott 1905, Kunst; Rott 1912, Kunstbestrebungen; Siefert 1986; Stemper 1956; Stemper 1958; Verenkotte/von Wilckens 1984; Wagini 1987; Wölfle 1917.

7.11

Pfalzgraf Ottheinrich

Jan de Roy d. Ä. (um 1470 – nach 1536) zugeschrieben, Entwurf Peter Gertner (um 1495 – nach 1541) zugeschrieben; Brüssel, 1535; Wirkteppich: Wolle, Seiden, Gold- und Silberlahn; ca. 422 x ca. 320

Inschriften: OTTHE(i)NRICH, VON GOT(t)- / ES GENADEN PFALCZGRA- / VE BEY RHEIN, HERCZOG / IN NIDERN VND OBERN / BAI(e)RN // MIT DER ZEYT / 1535

Historischer Verein Neuburg an der Donau, Schloss Neuburg an der Donau (T 175)

Die Neuburger Porträtteppiche mit den Bildnissen Pfalzgraf Ottheinrichs, seiner Gemahlin Susanna und seines Bruders Philipp sind zu Recht berühmt. Dies liegt zum einen sicherlich an deren überzeugender künstlerischer Qualität, welche die sorgfältig bis in kleinste Details ausgeführten Kompositionen der einzelnen Stücke ebenso auszeichnet wie zum anderen die stringente, formal und inhaltlich aufeinander bezogene Konzeption der gesamten Gruppe. Als lebensgroße Ganzfigurendarstellungen verkörpern die Bilder einen damals noch jungen repräsentativen Porträttypus, für dessen Übertragung in das monumentale Medium der Tapisserie es kaum Vorbilder gibt. Die Entwürfe der Serie sowie die Anfertigung der Kartons werden aus guten Gründen dem Neuburger Hofmaler Peter Gertner zugeschrieben.

Den Aktionsraum für Ottheinrich und die ihm am nächsten stehenden Personen bildet eine einheitlich über alle drei Teppiche ausgebreitete ideale Weltlandschaft mit breiten Flussläufen, Bergen und Wäldern, festen Burgen, Schlössern und prosperierenden Städten. Der Vordergrund nimmt ein paradiesisch anmutender, dem Wechsel der Jahreszeiten scheinbar entzogener Garten ein, in dem Mensch und Tier friedlich zusammenleben. Offenbar ist hier ein Goldenes Zeitalter angebrochen, als dessen Garant kein anderer als der regierende Fürst, Ottheinrich, angesehen werden soll. Entsprechend selbstbewusst tritt er auf: Fest, fast unverrückbar steht er da; die rechte Hand in die Seite gestützt, die linke, Wehrhaftigkeit demonstrierend, den Griff des Rapiers umfassend, mustert er mit wachem Blick seine Umgebung. Die männlich-kraftvolle Haltung wird durch die Pracht der Gewänder und den Reichtum des Schmucks in eine wahrhaft fürstliche Erscheinung überführt, an der sich sowohl Susanna als auch Philipp auf den folgenden Behängen werden ausrichten müssen. Den durch eine illusionistisch gestaltete Leiste abgesetzten Rahmen der Teppiche bildet jeweils eine oben und unten mittels umlaufender Girlanden, an den Seiten durch übereinander gesetzte Blumentöpfe mit Lorbeer-, Feigen-, Orangen- und Granatapfelbäumchen geschmückte Bordüre. Zum Beleg der hochfürstlichen Abstammung der Porträtierten sitzen in den Ecken und auf den Seitenmitten jeweils deren acht urgroßelterliche Wappen. An der oberen Leiste ist ein ins Bild hängender Feston angeschlagen, auf dem jeweils zwei Putten sitzen, die das pfalz-bayerische Wappen samt Helmzier

und Decken präsentieren; außerdem sind daran die Inschriftentafeln aufgehängt. Die Porträtteppiche sind Musterbeispiele einer formal und inhaltlich auf Ottheinrich als zukünftiger pfälzischer Kurfürst bezogenen politischen Ikonologie, deren Komplexität jedoch erst in der Zusammenschau mehrerer Deutungsebenen verständlich wird, die hier nicht weiter ausgeführt werden kann.

HH

Göbel 1923; Stemper 1956; Abreß 1984; Siefert 1986; Kusche 1991, S. 16; Löcher 1993; Dittrich 2001; Grosse 2003, S. 191–236.

7.12

Pfalzgräfin Susanna von Bayern

Jan de Roy d. Ä. (um 1470 – nach 1536) zugeschrieben, Entwurf Peter Gertner (um 1495 – nach 1541) zugeschrieben, am Galon befindet sich die Stadtmarke Brüssels, der rote Schild zwischen den beiden „b"; Brüssel, 1533; Wirkteppich: Wolle, Seiden, Gold- und Silberlahn, ca. 420 x 320

Inschriften: DIE DVRCHLEVC(h)TIG, HOCHGEBORN, FVRSTIN / VND FRAW, FRAW SVSANNA, PFALCZGREFIN / BEY RHEIN, HERCZO-GIN IN NIDERN VND / OBERN BAI(e)RN // DES DVRCHLEVC(h)TI-GEN, HOCHGEBORNEN, / FVRSTEN VND HER(r)N, HER(r)N OTT-HEINRICHS, / PFALCZGRAF(e)NS BEY RHEIN, HERCZOGS IN / NIDERN VND OBERN BAI(e)RN ET(c). GEMAHL, / I(h)RS ALTERS IM X.X.X.I. IA(h)R. A(nno 1)533

Historischer Verein Neuburg an der Donau (T 373), Schloss Neuburg an der Donau

1529 heiratete Ottheinrich seine Kusine Susanna von Bayern. Die junge Pfalzgräfin tritt dem Betrachter in einem überaus prächtigen, mit Perlen bestickten rot-silbernen Gewand entgegen. Über einer Bluse mit goldgesticktem Kragen trägt sie ein unterhalb der Brust geschnürtes Mieder mit breit geschlitzten langen Ärmeln. Der schmale, in kunstvollem Plissee bis zum Boden fallende Rock ist von einem aus Metallfäden gewirkten Rankenmuster überzogen. Susannas Haar verdeckt eine kostbare Haube, auf welche ein flacher Hut gesetzt ist.

Im Gegensatz zu der kraftstrotzenden Gestalt ihres Gemahls wirkt der Auftritt Susannas jedoch zurückhaltend, fast schüchtern, wie erstarrt in der nach Ansicht ihrer Zeitgenossen einer Fürstin einzig geziemenden Rolle der tugendhaften und ihrem Mann gehorsamen Ehefrau. Sie hat ihre Hände daher zu so genannten „Treuen" zusammen gelegt, einer Passivität ausdrückenden Geste, die im 16. Jahrhundert auf Verlobungs- beziehungsweise auf Bildnissen von Ehepaaren häufig vorkommt. Das sich ständig wiederholende Motiv der ineinander verschlungenen Eheringe an ihrem Dekolleté und der aus den ligierten Buchstaben „OHS" gebildete Perlenbesatz auf ihrer Brust verweisen ebenfalls auf das Ideal eines von ehelicher Hingabe geprägten Verhältnisses zu Ottheinrich.

HH

Göbel 1923; Stemper 1956; Froning 1973, S. 23; Abreß 1984; Siefert 1986; Kusche 1991, S. 16; Löcher 1993; Dittrich 2001; Grosse 2003, S. 191–236.

7.11

7.12

7.13

Pfalzgraf Philipp der Streitbare

Jan de Roy d. Ä. (um 1470 – nach 1536) zugeschrieben, Entwurf Peter Gertner (um 1495 – nach 1541) zugeschrieben, Wirkermarke: von einem Kreuz bekrönter Globus zwischen den Buchstaben „j" und „(zerstört)"; Brüssel, 1533/35
Inschriften: PHILIPS, VON GOT(T)ES GENA- / DEN PFALCZGRAF BEY RHEIN, / HERCZOG IN NIDERN VND / OBERN BAI(E)RN / NICH(T)S VNVER- / SVCHT
Historischer Verein Neuburg an der Donau, Schloss Neuburg an der Donau (T 372)

Pfalzgraf Philipp tritt in identischer Pose wie sein Bruder auf, denn auch er war Landesherr im Fürstentum Pfalz-Neuburg. Allerdings zeigt sich eine gewisse Nachordnung gegenüber Ottheinrich, denn er wendet sich wie schon seine Schwägerin diesem zu. Er ist gleichermaßen fürstlich bekleidet, trägt als Schmuck aber lediglich die Kette des Ordens vom Goldenen Vlies. Wegen seiner großen Verdienste um die Verteidigung Wiens gegen die Türken 1529 war Philipp von Kaiser Karl V. erst kurz zuvor in den Kreis dieser exklusiven Gesellschaft berufen worden.

Die hervorragende handwerkliche Qualität ihrer Ausführung und der hohe Wert der Materialien haben zu dem Ruf beigetragen, den die Neuburger Porträtteppiche genießen. Denn außer Wolle und verschiedenen Seiden wurde zu ihrer Herstellung großzügig Gold- und Silberlahn verwendet, vor allem an den kostbaren Gewändern und Schmuckstücken. Die unverwechselbare Stadtmarke am Galon des Susanna-Teppichs beweist, dass sie ohne Zweifel in Brüssel gewirkt worden sind, dem Zentrum und Sitz der bedeutendsten Tapisseriemanufakturen jener Zeit. Auf dem Galon des Philipp-Teppichs ist darüber hinaus eine fast vollständige Wirkermarke erhalten geblieben, deren Träger bisher nicht ermittelt werden konnte. Sie besteht aus einer von einem kleinen Kreuz bekrönten Erdkugel, die ursprünglich von zwei Buchstaben flankiert war, wovon aber nur noch der Linke als „j" zu lesen ist. Davon ausgehend und weil der „Reichsapfel" in der Regel symbolisch auf einen König verweist, möchte ich die Marke Meister Jan de Roy d. Ä. zuerkennen, dessen Tätigkeit als Tapissier in Brüssel von 1491 bis 1536 nachzuweisen ist. Die Tatsache, dass Ottheinrich später mit Christian de Roy einen nahen Verwandten Jans als Hoftapezier nach Neuburg berufen hat, kann diese Identifizierung zusätzlich stützen.   HH

Göbel 1923; Stemper 1956; Abreß 1984; Siefert 1986; Löcher 1993; Dittrich 2001; Roobaert 2002; Grosse 2003, S. 191–236.

7.14

Ottheinrichs Pilgerfahrt ins Heilige Land I: Jerusalem-Teppich

Neuburg, 1541; Christian de Roy (tätig 1539–1544/45), Entwurf Mathis Gerung (um 1500–1570) zugeschrieben; Wirkteppich: Wolle, Seiden; 432/431 x 527 (R); Inschriften auf der Bordüre: MDZ/1541/OHS (ligiert), zahlreiche Inschriften im Inneren der Darstellung bezeichnen die heiligen Stätten in und um Jerusalem, Inschrift bei Ottheinrich: Der durchleuchtig hochgeborn fürst und her(r) / Otthainrich pfalzgraf bey r(h)ein, hertzog in nidern / und obern bai(e)rn, zoge über me(e)r gein Ierusalem zum / heiligen grab im ja(h)r nach der gepurt Christi 1521; seine Begleiter werden durch ihre Namen und Wappen identifiziert; Bayerisches Nationalmuseum, München (T 3860)

Im Frühjahr 1521, nur wenige Tage nach seinem 19. Geburtstag, begab sich Ottheinrich mit einigen Vertrauten und Dienern auf Pilgerfahrt ins Heilige Land. Zwanzig Jahre später ließ der Fürst seine Reise auf zwei Bildteppichen verewigen. Sie zeigen die adligen Pilger bereits am Zielort angekommen. Im Vordergrund des linken Teilstücks sind sie alle porträtiert: außer dem Pfalzgrafen selbst und seinem Neuburger Hofmeister Reinhard von Neueneck noch Graf Georg zu Zweibrücken, die Ritter Georg von Wemding und Engelhard von Hirschhorn, der Herr von Hirschheim, der Ritter Georg Wilhelm von Leonrod sowie Philipp Ulner von Dieburg und Bonaventura von Breitenbach. Hinter den Protagonisten erstreckt sich eine weite, einheitlich über beide Teppiche hinweg geführte Panoramalandschaft, die sich am Horizont bis zum Toten Meer, zum Berg Sinai und sogar bis nach Damaskus und Alexandria erstreckt; auf dem Münchner Teppich dominiert als zentrales Motiv das prächtige Jerusalem mit seinen fantastischen, orientalisch anmutenden Palästen und Gebäuden. Dahinein gesetzt sind Szenen der Lebens- und Leidensgeschichte Christi sowie anderer wichtiger Ereignisse der Heilsgeschichte, zum Beispiel am linken Bildrand, unmittelbar oberhalb der Stadtmauer, die Steinigung des Erzmärtyrers Stephanus oder, weiter rechts im Hintergrund, die lichterloh brennenden Städte Sodom und Gomorra als ständige Mahnung an das göttliche Strafgericht. Als zeitgenössische Einblendung in das biblische Geschehen erscheint an einigen wenigen Stellen die Pilgergruppe, erkennbar an ihrer schlichten braunen Tracht und den Reisesäcken. Prominent wird ihr Einzug in Jerusalem gezeigt, wo die Wallfahrer unter Anleitung eines franziskanischen Führers den im Bild szenisch entfalteten Leidensweg Christi vom Palast des Pilatus bis zum Heiligen Grab Station für Station abgeschritten sind. Dieses von Gebeten begleitete Wandern entlang der Via Dolorosa wurde damals als eine besonders authentische Art der „imitatio Christi" verstanden.

Der unmittelbare Aufenthalt und das Beten am Grab Christi waren Höhepunkte jeder Jerusalem-Wallfahrt. Dies galt auch für den Neuburger Pfalzgrafen und seine Gefährten, die zudem bei ihrem dritten Besuch in der Grabeskirche zu Rittern des Heiligen Grabes geschlagen worden sind. Passend zu den goldenen Sporen, die ihm als Zeichen seiner neuen Würde verliehen wurden, ließ sich Ottheinrich später einen vergoldeten Harnisch anfertigen, in dessen Kragen die Ordenskette der Heilig-Grab-Ritter mit dem fünffachen Jerusalem-Kreuz eingeätzt ist. In diesem Harnisch hat er sich auf dem Bildteppich

7.13

7.14

offenbar darstellen lassen. Dieses Prunkstück wurde nur zu besonderen Anlässen getragen, etwa zur Hochzeit seines Onkels Pfalzgraf Friedrich mit Dorothea von Dänemark 1535 in Heidelberg. In seiner glänzenden Rüstung erscheint Ottheinrich gleichzeitig als ideale Verkörperung des „miles christianus". Ein Seitenblick auf den zweiten Bildteppich unterstreicht diese Lesart ausdrücklich. Denn dort, quasi im Blickfeld des Pfalzgrafen, erscheint der hl. Georg, das Urbild des christlichen Rittertums, ebenfalls in goldener Rüstung betend niedergekniet, um demütig sein Martyrium zu erleiden. Lydda, den Ort der Hinrichtung, wollte Ottheinrich unbedingt besuchen, denn der heilige Ritter war der Namensgeber und Schutzpatron des pfälzischen Hausordens.   HH

Rott 1912, Schriften, S. 34–41, 66–105; Göbel 1923; Stemper 1956; Abreß 1984; Eichler 1993, S. 8–10; Ganz-Blättler 2000; Grosse 2003; Reichert 2005.

7.15

Ottheinrichs Pilgerfahrt ins Heilige Land II: Die Abfahrt aus Jaffa

Neuburg, 1541; Christian de Roy (tätig vor 1539–1544/45), Entwurf Mathis Gerung (um 1500–1570) zugeschrieben; Wirkteppich: Wolle, Seiden, 437 x 530, Inschriften auf der Bordüre: MDZ/1541/OHS (ligiert), zahlreiche Inschriften im Inneren der Darstellung bezeichnen die heiligen Stätten; Historischer Verein Neuburg an der Donau, Schloss Neuburg an der Donau (T 374)

Auf dem rechten Wandteppich füllt ebenfalls eine weite, mit Szenen der Heilsgeschichte durchsetzte Überblickslandschaft fast den gesamten Bildraum. Und auch hier erscheinen zwischen den biblischen Szenen gelegentlich die bekannten zeitgenössischen Pilgergestalten. Dieses Darstellungsprinzip wird im rechten Vordergrund durch die Umkehr der Erzählperspektive jedoch durchbrochen. Denn hier wird entlang des Küstenstreifens eine recht unerfreuliche Episode der Reise geschildert, nämlich die tumultartige Abfahrt Ottheinrichs und seiner

7.15

Begleiter aus Jaffa. In seinem Tagebuch sind die Ereignisse festgehalten: Demnach empfingen die Türken die Wallfahrer bei ihrer Rückkehr aus Jerusalem mit Schlägen und Prügel und, nachdem sie „genugsam mutwill" mit ihnen getrieben hatten, sperrten sie die ganze Gesellschaft in das dortige Pilgerhaus, den verrufenen St.-Peters-Keller; als „Menschenfischer" charakterisiert, steht St. Peter zur Bezeichnung des genauen Orts deshalb in der rechten unteren Bildecke. Während dem Pfalzgrafen und einigen Anderen schon bald der Ausbruch und die Flucht auf ihr Schiff gelang, musste der Kapitän Marcantonio Dandolo die türkischen Drangsale fast eine Woche lang ertragen, bevor er entlassen wurde.

Auf dem Bildteppich ist die Lage Jaffas lediglich durch zwei mächtige, einzeln stehende Wehrtürme bezeichnet. In deren Vorfeld ist ein türkisches Zeltlager aufgeschlagen, von dem aus die Misshandlungen der Pilger offenbar befohlen worden sind. Ottheinrich und drei seiner Gefährten haben sich jedoch in ein Boot geflüchtet und rudern hinaus aufs Meer, zur „Nafe", dem schwerfälligen Handelsschiff, das sie zurück nach Venedig bringen

sollte. Dessen Anker ist bereits gelichtet, während die Matrosen damit beschäftigt sind die Segel zu setzen, um mit dem günstigen, von Land her wehenden Wind, die Gestade des Heiligen Landes zu verlassen. HH

Rott 1912, Schriften S. 21–191; Göbel 1923; Stemper 1956; Abreß 1984; Eichler 1993; Ganz-Blättler 2000; Grosse 2003; Reichert 2005.

7.16

Phoebus/Apoll (Die Beispiele des guten Glücks)
Niederländisch, Brüssel (?) oder Tournais (?), um 1531; Wirkteppich: Wolle und Seiden, 383 x 175 und 437 x 462 (R); Germanisches Nationalmuseum, Nürnberg (Gew 3946) und Kurpfälzisches Museum der Stadt Heidelberg

Der heute gebräuchliche den Sonnengott Phoebus/Apoll hervorhebende Titel wird der Bedeutung des Bildprogramms dieses Teppichs nicht gerecht. Denn in der Landschaft unter Apollon und dem von rechts heranschwebenden Windgott Aeolus tummelt sich eine namhafte

185

Gruppe wahrer Glückskinder der antiken Geschichte und Mythologie, deren Schicksal durch das freundliche Walten der Glücksgöttin Fortuna positiv gewendet wurde: Unter anderem treibt ein günstiger Wind die Schiffe des Aeneas und seiner Gefährten ihrer neuen Heimat Italien zu; der Bootsmann Amyklas rudert Caesar über den Rubikon; die ausgesetzten Zwillinge Romulus und Remus werden von der Wölfin gesäugt und schließlich durch den Hirten Faustulus gerettet; und, allen voran, wird der schiffbrüchige Sänger Arion, der die Gesichtszüge des noch recht jugendlichen Ottheinrich trägt, von einem Delfin an Land gerettet.

Der Teppich war ursprünglich das linke Teilstück einer aus drei Behängen bestehenden Serie, deren 1531 datiertes Mittelbild der allegorischen Verherrlichung der Prudentia – der Klugheit – und der menschlichen Vernunft gewidmet ist (vgl. 7.16a), während das wahrscheinlich den tugendhaften Menschen schildernde rechte Gegenstück verloren ging.

Das inhaltliche und formale Vorbild der Trilogie waren die neun berühmten Tapisserien der „Los Honores"-Serie des Brüsseler Hoftapissiers Pieter van Aelst (Patrimonio Nacional, Madrid). Das figurenreiche Programm dieses zwischen 1520 und 1525 für Karl V. konzipierten Zyklus sollte dem jungen Kaiser durch gelehrte Anspielungen bestimmte ethische Grundlinien für seine Herrschaft vermitteln. Die drei aus der Madrider Folge ausgeschiedenen Teppiche – Prudentia, Fortuna und Virtus – gehören inhaltlich insofern enger zusammen, als ihre Konzeption auf einen bedeutenden literarischen Text des Hochmittelalters zurückgeht, den um 1183 entstandenen „Anticlaudian" des Alanus ab Insulis. Darin wird erzählt, wie Natura den Wunsch gefasst hat, mit Rat und Unterstützung aller Tugenden, den vollkommenen Menschen zu erschaffen. Da dies aber nur mit Gottes Billigung zu erreichen war, der dem Körper die Seele beizugeben hatte, beschloss man, Prudentia als Bittstellerin zu ihm zu schicken. Zahlreiche Fährnisse überwindend, bewältigte sie die gefahrvolle Reise durch die Himmelssphären, sodass das Vorhaben schließlich gelang und zum Schluss der neue Mensch, nämlich Christus, den endgültigen Sieg über die Laster erringen konnte.

Aufgrund der eingewebten Wappen und des Rollenporträts Ottheinrichs als Arion wurde vermutet, dass die reduzierte Honores-Serie in dessen Auftrag entworfen worden sei. Da von dem Heidelberger Teppich jedoch eine weitgehend identische, aber wappenlose Fassung existiert, erscheint es aus heutiger Sicht plausibler, dass der Pfalzgraf lediglich eine ohnehin für den freien Markt konzipierte Kurzfassung des Zyklus auf seine Person und seinen Rang hin hat individualisieren lassen. Die kompositionell unbefriedigende, eben wie nachträglich eingesetzt wirkende Platzierung der „Wappentafeln", wäre dann auch eher verständlich. HH

Mâle 1931, S. 341f.; Stemper 1956, S. 163–170; Stemper 1958; Souchal 1979, S. 117; Abreß 1984; Verenkotte/von Wilckens 1984; Delmarcel 2000, S. 38–42.

7.16

7.17

Himmelfahrt Christi

Niederländischer Wirker; Entwurf Michiel Coxcie (1499 bis 1592) zugeschrieben; um 1540 (?); Wirkteppich: Wolle, Seiden, Gold- und Silberlahn, ca. 240 x ca. 223 (Maße vor der Restaurierung); Staatliche Verwaltung der Bayerischen Schlösser, Seen und Gärten, Schloss Neuburg an der Donau (BSV, WA. 0061)

Wie aus Inventaren ersichtlich ist, besaß Ottheinrich mehrere wertvolle Thronbaldachine unterschiedlichster Art, darunter einen aus Gold-, Silber- und Seidenfäden gewirkten großen Aufschlag mit den Wappen seiner Ahnen und dem Monogramm OHS, dessen „rucktuech mit der histori des nachtmals Christi unnd der himmel mit der himmelfarth Christi" geschmückt waren. Möglicher-

186

7.16a

weise ist die in ihrer aufwändigen Machart den überlieferten Beschreibungen entsprechende, annähernd quadratische und relativ kleinformatige Münchner Himmelfahrts-Tapisserie davon das einzige erhaltene Stück. Solche Thronbaldachine mit ihrem dazugehörigen Teppichdekor definierten eine besondere repräsentative Sphäre des Herrschers, dessen Anwesenheit sie signalisierten und dessen Autorität sie eine unverwechselbare Aura verliehen. Sie waren und sind bis heute fester Bestandteil des höfischen Zeremoniells.

Die Darstellung des Bildteppichs schildert das Wunder der Himmelfahrt durch die Hervorhebung der Ergriffenheit der Zuschauer. Die Szene ist in eine Landschaft vor der Stadtkulisse Jerusalems gesetzt. HH

Standen 1985, Bd. 1, S. 119–126; Grosse 2002, S. 213–222.

7.17a

Rückseite von 7.17 (aus Vergleichsgründen seitenverkehrt abgebildet)

Welche Faszination die Wirkteppiche Ottheinrichs ursprünglich hatten, wird dort klar, wo ihre Farbigkeit besser erhalten ist, nämlich an den lichtgeschützten Rückseiten. Der Vergleich von Vorder- und Rückseite ist heute nur im Ausnahmefall möglich, da aus Gründen des Klimaschutzes die meisten Teppiche in Schlössern und Museen mit einem rückseitigen Futter versehen worden sind. Die heutigen Betrachter erleben nur noch die weitgehend ausgebleichten, auf Schwarz, Schwarzgrün, Blau und matte Rot- und Braunwerte reduzierten Farbskalen. Die holzschnittartigen Wirkungen der entsprechenden Bildmotive sind ein Ergebnis der Lichtbelastung,

7.17

insbesondere bei Dauerhängung, wie diese im Museums-
zeitalter üblich wurde (während die Aufhängung zu den
historischen Repräsentationszwecken nur temporär war).

Die lichtabgewandte Anbringung im „Himmel" eines
Thronbaldachins könnte den verhältnismäßig guten
Farbzustand der Sichtseite (Kat.-Nr 7.17) erklären. Deren
Rückseite erscheint jedoch optimal geschützt gewesen zu
sein. Die sonst meist verlorenen Gelb-, Rot- und lichten
Grüntöne sind an diesem historischen Dokument er-
staunlich deutlich erhalten. Auch sind die eingewirkten
Gold- und Silberfäden in ihrem Glanz sichtbar. Man
beachte auch die Feinmodellierung des Fleischtons in
den Füßen, Händen und Gesichtern. Wir haben diesen
Teppich hier seitenverkehrt abgebildet, um eine einfache

Vergleichbarkeit mit der stärker verblichenen Vorderseite herzustellen. Der farbige Eindruck entspricht so am
nächsten dem uns nicht mehr zugänglichen der heute
verlorenen Kartonvorlage des Malers, wahrscheinlich des
Niederländers Michiel Coxcie.

Dieser fein gewebte Teppich nach einer anspruchs-
vollsten Vorlage und mit einem so hohen Anteil von
Gold- und Silberlahn ist um eine Stufe aufwändiger und
dürfte viel mehr gekostet haben als die vergleichsweise
etwas gröberen Gewebe der Werkstatt von Ottheinrichs
Neuburger „Hoftapezierer" Christian de Roy. Sie nähern
sich den Qualitäten, von denen ein Wirker im Jahr nicht
mehr als ein bis zwei Quadratmeter schaffte – verglichen
mit den vier bis fünf Quadratmetern der Neuburger

188

7.17
Rs.

Teppiche. Der Fürst, der sich unter einem solchen Baldachin und ummantelt von Bildteppichen an Thron und Wänden präsentiert, erschien im Wortsinne in einer bilderbuchartigen Pracht. Wir zeigen auf den Seiten dieses Kataloges noch einige weitere Beispiele farbiger Ausschnitte aus Rückseiten, so von dem genealogischen Teppich auf S. 14, S. 380 vor der Literatur und auf den Umschlaginnenseiten.

Wir sind der Bayerischen Schlösserverwaltung, namentlich Frau Dr. Brigitte Langer und der verantwortlichen Restauratorin für Tapisserien, Frau Cornelia Wild, dankbar für ihre Mitteilung über dieses virtuelle Ausstellungsobjekt, das in der Ausstellung in Form einer Projektion sichtbar gemacht wird. Wenige Wochen vor

Ausstellungsbeginn wurde die singulär erhaltene Geweberückseite in ihrer Farbqualität frei gelegt. Nach der Abnahme aufliegender Verschmutzungen und der Entfernung alter Montagen war der Teppich an die Teppichmanufaktur de Wit in Mecheln gesandt worden. Dort wurde er in einem Wasserbad gewaschen. Danach wurden in München die Schlitznähte genäht und abgestützt sowie einzelne Unterlegungen vorgenommen. Bei der Betrachtung des rückseitigen Bildes muss man die sichtbaren Fadenenden und Nähte wegdenken, um sich die Vorderseite vorzustellen. CG

189

7.18

der Harnisch aus dem Jahr 1516 stammen. Bei diesem Harnisch dominieren die runden Formen, die Taille ist nach oben gezogen und die Proportionen sind der menschlichen Gestalt angepasst. Hier kopierte der aus spätgotischer Tradition kommende Lorenz Helmschmid den Hochrenaissance-Harnisch, den sein Sohn Kolman für Andreas von Sonnenberg geschaffen hatte. Der Harnisch stammt aus dem alten Bestand der Heldenrüstkammer Erzherzog Ferdinands II. auf Schloss Ambras.   M P

Thomas 1937–1939; Thomas/Gamber 1976, S. 223 f.

7.19

a) Sattel und Rossstirn Pfalzgraf Ottheinrichs

Lorenz Helmschmid (1467–1515) und Kolman Helmschmid (1470/71–1532); Augsburg, 1516 und 1523; Eisen, geätzt, Leder, Holz; Sattel 60 x 70 x 70, Rossstirn 65 x 35 x 21; Kunsthistorisches Museum, Wien, Hof-, Jagd- und Rüstkammer (A 239 a, b)

Die Rossstirn gehört zur Rüstung Ottheinrichs, die, wie die Marken bezeugen, der Augsburger Plattner Lorenz Helmschmid geschlagen hat. Man kann davon ausgehen, dass Lorenz Helmschmid auch die beigegebene Rossstirn angefertigt hat. Sie wurde von dem Augsburger Ätzer Daniel Hopfer mit Laubwerk, Blumen, Fabelwesen und Trophäen geschmückt. Auf dem Stirnschildchen sind der Wahlspruch des Prinzen „MDZ" (Mit der Zeit) sowie die Jahreszahl 1516 eingeätzt. Da Lorenz Helmschmid 1516 starb, muss die Rossstirn, wenn das Stirnschildchen zugehörig ist, 1516 gefertigt worden sein. Der Krippensattel trägt auf dem Hintersteg in der Ätzung die lateinische Ziffer „XXIII", die wohl als Datum 1523 aufzulösen ist und daher zu einem anderen Rosszeug als die Rossstirn gehört haben muss.

Aufgrund der Datierung kann der Sattel nicht von Lorenz Helmschmid stammen. Als Plattner kommt wegen der stilistischen Nähe zur Rossstirn eigentlich nur sein Sohn Kolman Helmschmid infrage, der die Werkstatt des Vaters fortführte.

b) Streitaxt

Eisen, geätzt, Holz; 65 x 38 x 40;
Kunsthistorisches Museum, Wien, Hof-, Jagd- und Rüstkammer (A 298)

Ab der Mitte des 15. Jahrhunderts war die Streitaxt eine bei der Reiterei zunehmend beliebte Waffe, die entweder am Sattelknopf oder im Gürtel getragen wurde. Um die Axt besser im Gürtel tragen zu können, wurde sie mit

7.18

Riefelküriss Pfalzgraf Ottheinrichs

Lorenz Helmschmid (erw. 1467–1515); Augsburg, 1516; Stahl geriefelt, Leder, 171 x 70 x 59; Kunsthistorisches Museum, Wien, Hof-, Jagd- und Rüstkammer (A 239)

Der Riefelküriss wurde, wie die Marken bezeugen, vom Augsburger Plattner Lorenz Helmschmid in seinem letzten Lebensjahr geschlagen. Da Ottheinrich 1516 erst 14 Jahre alt war und Lorenz Helmschmid 1516 starb, muss einem gewundenen Gürtelhaken versehen. Mit dem Hammerteil der Axt konnte die Wucht des Schlags auf eine sehr schmale Fläche konzentriert werden. Damit war die Streitaxt eine effektive Angriffswaffe gegen den widerstandsfähigen Plattenharnisch, während ungeschützte Gegner mit der Schneide der Streitaxt angegriffen wurden. Bis um 1540 blieb die Streitaxt in militärischem Gebrauch. Zur Dekoration wurden auf dem Schlagblatt fantastische Figuren geätzt und die Ätzung eingeschwärzt. MP

Mann 1937–1939; Thomas/Gamber 1976, S. 224f.

7.20

Harnisch für Pfalzgraf Ottheinrich

Wilhelm von Worms d. Ä. (gest. 1537) (?); Nürnberg, um 1535; Eisen, Leder, H. 102; Musée de l' Armée, Paris (G 137)

Die Zuordnung dieses Harnisches zu Ottheinrich ergibt sich aus zwei Verzierungen. Auf dem Kragen der Rüstung ist die Kette des Ordens vom Heiligen Grab geätzt und die Randbordüren des Rückens zeigen das von zwei Löwen getragene Rautenschildwappen der Wittelsbacher. Der Träger des Harnisches muss daher gleichzeitig Mitglied der Familie der Wittelsbacher und Ritter des Heiligen Grabes gewesen sein. Das trifft in der in Frage kommenden Zeit nur auf eine einzige Person zu, nämlich auf Ottheinrich. Er unternahm 1521 eine Pilgerreise ins Heilige Land, wo er zum Ritter des Heiligen Grabes geschlagen wurde.

Der Turnierharnisch dürfte zwischen 1535 und 1542 entstanden sein. Er trägt auf der Brust in Ätzung ein Bild Mariens in der Glorie, was nach dem Übertritt Ottheinrichs zum Protestantismus 1542 nicht mehr denkbar ist. Bis 1534 wird zudem über die Turnierleidenschaft Ottheinrichs berichtet. Später dürfte die Teilnahme des korpulenten Kurfürsten am gefährlichen Turniersport immer weniger möglich gewesen sein. Daher ist davon auszugehen, dass dieser blanke Dreiviertelharnisch wohl die letzte für Ottheinrich angefertigte Rüstung ist. Die Nürnberger Beschau weist auf die Entstehung in der Reichsstadt hin. Ob der Plattner, der diese Rüstung schuf, der prominente Wilhelm von Worms d. Ä. war, kann nicht mit letzter Sicherheit gesagt werden, ist aber aufgrund des Entstehungszeitraums und der stilistischen Einordnung durchaus möglich. MP

von Reitzenstein 1956; Reverseau 1982, S. 131.

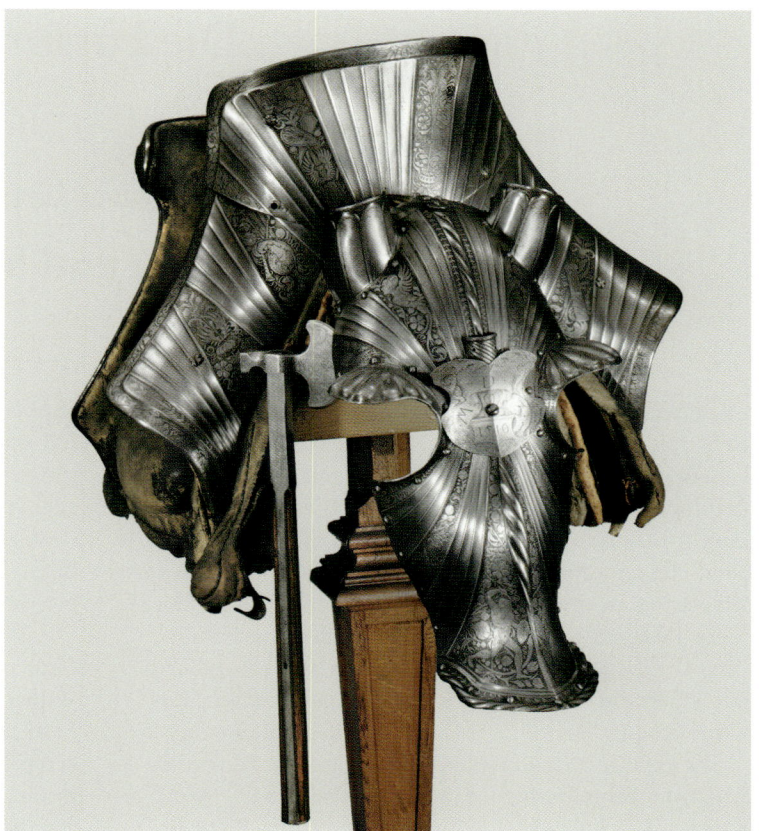

7.19 a/b

7.20

191

Die Fürstin

Magdalene Gärtner

Ottheinrich und Susanna

Die erste nachweisliche Begegnung Pfalzgraf Ottheinrichs mit seiner fast auf den Tag gleichaltrigen Kusine kam beim Augsburger Reichstag 1518 anlässlich der Vermählung Susannas mit Markgraf Kasimir von Brandenburg-Ansbach zustande. Die am 2. April 1502 als sechstes Kind Herzog Albrechts IV. von Bayern geborene Prinzessin war bei der Hochzeit gerade sechzehn Jahre alt. Der junge Pfalzgraf geleitete sie im Gefolge des Brautführers, ihres Onkels Kaiser Maximilian I. als Page aus Augsburg zur Hochzeitsfeier in ihre neue Heimat Ansbach. Ein Flugblatt aus dem Jahr 1518 schildert diesen Brautzug.[1]

Die erste Ehe Susannas dauerte knapp neun Jahre. Von den fünf gemeinsamen Kindern, Maria (1519–1567), Katharina (1520–1521), Albrecht Alcibiades (1522 bis 1557), Kunigunde (1523–1558) und Friedrich (geboren und gestorben 1525), spielte die älteste Tochter Maria eine wichtige Rolle, da sie gemeinsam mit ihrem Ehemann Friedrich III., der als Kurfürst von der Pfalz die Nachfolge des kinderlosen Ottheinrich antreten sollte, die neue Linie der Pfälzer Kurfürsten begründete. Mit dem Tod von Albrecht Alcibiades, erlosch die ansbachische Linie der fränkischen Hohenzollern.[2]

Der erste Ehemann Susannas, Markgraf Kasimir von Brandenburg-Ansbach und Kulmbach, war der älteste Sohn des Markgrafen Friedrich I. Seinen Namen bekam er von seinem Großvater mütterlicherseits, König Kasimir von Polen, der auch Urgroßvater mütterlicherseits von Ottheinrich war. Kasimir war anfangs für den geistlichen Stand bestimmt, entschied sich aber schon bald für eine militärische Laufbahn im Dienst Kaiser Maximilians I. In zahlreichen diplomatischen Missionen und auf den Kriegszügen gegen die Schweiz und gegen Venedig erwarb er sich große Verdienste. 1515 setzte er in Absprache mit den Brüdern seinen eigenen Vater ab und hielt ihn auf der Plassenburg in Kulmbach gefangen. Zusammen mit seinem jüngeren Bruder Georg, der aber die meiste Zeit außer Landes weilte, übernahm er ab 1518 formell die Regierung in Brandenburg-Ansbach und in Brandenburg-Kulmbach. Dass die Hochzeit mit der bayerischen Prinzessin auf dem Reichstag in Augsburg stattfand, war ein politischer Akt, der seinen Machtanspruch festigen sollte. Seine Regierung und Verwaltung waren geprägt von äußerster Strenge, Ordnung und Sparsamkeit, da er die finanziell folgenschwere Misswirtschaft des Vaters zu kompensieren versuchte. Am 21. September 1527 starb Markgraf Kasimir im Alter von 46 Jahren während des ungarischen Feldzugs bei der Belagerung von Ofen an der Ruhr. Sein Leichnam wurde in der ehemaligen Zisterzienser-Klosterkirche Heilsbronn, der Grablege der fränkischen Hohenzollern, beigesetzt.[3] Ein Epitaph, das ihn mit seiner Ehefrau Susanna zeigt, erinnert hier an das Paar (Kat.-Nr. 7.21).

Im Frühjahr 1528 begannen die Eheverhandlungen Ottheinrichs mit den Brüdern Susannas, den Herzögen Wilhelm IV. und Ludwig X. von Bayern, und mit dem Markgrafen Georg von Brandenburg-Ansbach, dem jüngeren Bruder Kasimirs und Vormund der Kinder Susannas aus erster Ehe. Zu einer vorläufigen Einigung gelangten die Beteiligten bereits im Mai oder Juni desselben Jahres, einen endgültigen Abschluss fanden die Gespräche mit den bayerischen Herzögen jedoch erst am 14. Juli 1529, als zwischen den Räten beider Seiten in Ingolstadt der Ehevertrag (Kat.-Nr. 7.23) vereinbart wurde. Die Dauer der Verhandlungen hatte ihre Ursache wohl in der geringen finanziellen Sicherheit, die Ottheinrich seiner zukünftigen Gemahlin bieten konnte.[4]

Die Hochzeit wurde am 18. Oktober 1529 in Neuburg in verhältnismäßig kleinem Rahmen gefeiert, da die meisten Verwandten des Paares wegen der Belagerung Wiens durch die Türken ihre Teilnahme absagten. So erklärt sich auch die für Ottheinrich sicher bedauerliche Abwesenheit seines Bruders Philipp. Susanna brachte 32 000 Gulden Aussteuer und 32 000 Gulden „Wittum" in ihre Ehe mit Ottheinrich ein; hinzu kam die Morgengabe Markgraf Kasimirs in Höhe von 10 000 Gulden. Falls Ottheinrich vor ihr sterben sollte, wurden ihr vertraglich ein Witwensitz in Hilpoltstein und ein jährliches Witwengeld in Höhe von 800 Gulden zugesichert. Ottheinrich erhielte, so wurde es in der Abrede (Kat.-Nr. 7.23) festgelegt, bei einer kinderlosen Ehe nach der Rückgabe von Susannas Aussteuer an Bayern 1600 Gulden jährliche Rente aus dieser Summe ausbezahlt.[5]

Über den genauen Ablauf der Hochzeitsfeierlichkeiten gibt es keine Aufzeichnungen, da das gesonderte Blatt, das Ottheinrichs Erinnerungen festhielt, verloren ging.[6] Es ist anzunehmen, dass, dem Brauch fürstlicher Hochzeiten entsprechend, die Braut am Vortag des Vertragsabschlusses ankam und die Feierlichkeiten am selben Tag mit einem Kirchenbesuch begannen. In einem Brief an Sigmunda von Rindsperg, geb. von Feilitzsch und Weildingen, fordert Susanna diese auf, sie am 14. Oktober in Ellingen zu treffen und mit ihr nach Neuburg zu ziehen. Wahrscheinlich handelt es sich bei Sigmunda um die spätere Hofmeisterin Susannas. Am 17. Oktober erfolgten der Abschluss und die gegenseitige Anerkennung der Verträge durch das Brautpaar. Am 18. fanden der Kirchgang und das Beilager statt, dem sich der gesellschaftliche Teil des Festes mit Rennen, Stechen, Schießen, Festmahl und Tanzvergnügen anschloss. In diesen Tagen dürfte auch die Nachricht von Philipps Triumph bei der Befreiung der Stadt Wien in Neuburg eingetroffen sein.[7]

Ottheinrich und Susanna unternahmen zahlreiche Wallfahrten und eine Badereise, um den erhofften Kindersegen herbeizuführen, jedoch ohne Erfolg. So berichtet Ottheinrich in seinem Tagebuch 1531: „... den 22 octobris bin ich mit mein gemahl undt dem frauwenzimmer mit 46 pferden wallfarren geritten ...“[8] Auf den Reisen waren Ottheinrich und Susanna häufig Gäste bei Verwandten.[9] Aus den Tagebuchaufzeichnungen Ottheinrichs und aus seinen Briefen geht hervor, dass beide eine große Vorliebe für die Jagd, für Feste, „Mumerey“ und „welschem Danz“ (Kat.-Nr. 7.26) hatten.[10]

In die Jahre von 1529 bis 1543, die Ottheinrich mit seiner Frau verbrachte, fallen große Bauprojekte, wie der Umbau von Schloss Grünau. Diese setzten äußere Zeichen, die für eine – in Zeiten der arrangierten dynastischen Hochzeiten nicht selbstverständliche – Zuneigung Ottheinrichs zu seiner Gemahlin sprechen. In der 1530 datierten Bauinschrift auf einer Marmortafel (Kat.-Nr. 7.47) kommt dies zum Ausdruck: „...ALS SICH DER FVRST HOCHGENANT / DVRCH RAT: MIT HEYRAT HET GEWANT. / ZV AINER FVRSTIN HOCHGEBORN / DIE ER IM DAN HET AVSERKORN / FRAW SVSANNEN GEPORNE PFALCZGREFIN / HAT SEI GNAD AVS FVRSTLICHEM SIN / IR ZV GEFALLEN ANGEFANGEN / DISS HAVS NACH IR BEDER VERLANGEN /...“ In diese Zeit fällt auch der groß angelegte Um- und Neubau des Residenzschlosses in Neuburg. Sowohl in den Bauverzierungen als auch bei der Ausstattung findet man verschiedentlich Hinweise auf Ottheinrich und Susanna. Das lorbeerumkränzte ligierte Initial des Bauherrn und seiner Ehefrau „OHS“ ist für den Ankommenden direkt über dem Schlossportal in dem rankengezierten Bronzegitter (Kat.-Nr. 7.63) nicht zu übersehen. Der Fürst setzte damit ein Verbundenheitszeichen, das auch an weniger prominenten Stellen wie dem Kellertor des Treppenturms Wiederholung fand.

Unter den der Repräsentation geschuldeten Bildnissen des Fürstenpaars gibt es einige herausragende Werke. Das Relief mit der Darstellung des „Urteils des Paris“ spielt auf die Hochzeit an (Kat.-Nr. 7.27). Hervorzuheben sind auch die monumentalen Tapisserien, die Ottheinrich, Susanna und Philipp darstellen (Kat.-Nr. 7.11–7.13). Susanna erscheint hier gleichberechtigt mit den beiden Landesherren der Jungen Pfalz.

Im Inventar Susannas, das nach ihrem Tod im Auftrag von Ottheinrich und Albrecht Alcibiades erstellt wurde,

sind zahlreiche Schmuckstücke aufgelistet, welche die ligierten Initialen OHS tragen, wie „Ain armpandt mit vier robin rosen und dreien puechstaben H.O.S.“ oder „Sieben clainatln mit dreien puechstaben H.O.S.“. Selbst auf den Stoffen ihrer Gewänder findet man diese Buchstaben, wie die Porträts der Pfalzgräfin zeigen.

Ottheinrich bekannte sich im Juni 1542 in einem Schreiben an die Geistlichen und Laien seines Landes zur Reformation. Sicherlich führte dieser Schritt, auch für Susanna, die wie ihre Brüder zeitlebens beim alten Glauben blieb, zu einer Entfremdung von ihrem Gemahl. Hinzu kam, dass die letzten Ehejahre durch die finanziellen Belastungen geprägt waren.

Susanna erkrankte 1543; über ihre Todesursache ist nichts bekannt. Sie starb am 23. April, nachdem sie die Sterbesakramente empfangen hatte. Zwei Tage später hielt der Reformator Andreas Osiander in Neuburg eine Leichenpredigt für die Verstorbene, die sich nicht nur auf ihren Tod bezog, sondern mehr noch grundsätzliche reformatorische Auffassungen über die christliche Zukunftshoffnung zum Ausdruck brachte.[11] Herzog Ottheinrich selbst nahm aus politischen und religiösen Gründen nicht an der Beisetzung seiner Frau teil, die ihrem Wunsch zufolge in München neben dem Grab ihrer als Kind verstorbenen Schwester gleichen Namens nach katholischem Ritus am 1. Mai 1543 um 7 Uhr morgens beigesetzt wurde.[11] Kurze Zeit nach Susannas Tod beauftragte Ottheinrich die Nürnberger Vischer-Werkstatt mit einem Bronzerelief, das den Abschied Christi von Maria darstellt (Kat.-Nr. 7.58).

Wenn Ottheinrich auch gezwungen war, Neuburg und damit den Ort, der ihn in vielfältiger Weise an Susanna erinnerte, im Jahr 1544 zu verlassen, so bewahrte er ein Andenken an sie bis zu seinem Tod. Eine Zeichnung von 1559 (Kat.-Nr. 7.134a), auf der Susanna hinter dem Kurfürsten Ottheinrich erscheint, bringt diese Erinnerung zum Ausdruck. Susanna ist hier als zartes, fast jugendlich anmutendes Wesen dargestellt, als stetige Begleiterin des Kurfürsten, der nach seinem wechselhaften Leben bereits von seiner Krankheit sichtbar gezeichnet ist.

Anmerkungen
1 Poensgen 1956, Gestalt und Werdegang, S. 34
2 Merkl 2002, S. 9–11
3 Merkl 2002, S. 11–14
4 Salzer 1886, S. 45 f.
5 Salzer 1886, S. 86
6 Poensgen 1956, Gestalt und Werdegang, S. 34
7 Salzer 1886, S. 47
8 Rott 1912, Schriften, S. 140
9 Salzer 1886, S. 53
10 Salzer 1886
11 Osiander 1990, Bd. 8, S. 61–82
12 Salzer 1886, S. 76

Literatur
Bayerisches Hauptstaatsarchiv, München, Geheimes Hausarchiv, Hausurkunden 3969; Salzer 1886; Poensgen 1956, Gestalt und Werdegang, S. 22–62; Osiander 1990, Bd. 8, S. 60–82; Henker 2002; Bousska 2003; Seitz 1980, Reformation und Gegenreformation; Merkl 2002; Rott 1912, Schriften; Rott 1905, Kunst.

7.21

Epitaph von Markgraf Kasimir von Brandenburg-Ansbach und Kulmbach und seiner Ehefrau Susanna

Kopie nach Peter Gertner (nachweisbar von 1521–1541); nach 1543; Öl/Holz, 92 x 74; Evang.-Luth. Pfarramt Heilsbronn

Das Epitaph von Markgraf Kasimir von Brandenburg-Ansbach und Kulmbach und seiner Ehefrau Susanna, die in zweiter Ehe mit Pfalzgraf Ottheinrich verheiratet war, befindet sich in der ehemaligen Zisterzienser-Klosterkirche, der heutigen Pfarrkirche Heilsbronn, der Grablege der fränkischen Hohenzollern. Zum Gedächtnis seiner Eltern stiftete es Markgraf Albrecht Alcibiades (1522–1567), der Sohn des Paares.

Wie aus der Inschrift hervorgeht, starb der am 27. September 1481 geborene Markgraf am 21. September 1527: „In dem jar Als man zalt nach XPI (= Christi) geburt Tause(n)t fünfhundert vnd in dez Sibe(n) vndtczweynczigste(n) iar an dem ein vndczwey(n)czigsten tag Septe(m)bers an Sant Mathes tag Zw morgens Zwischen dreie(n) vn(d) viern Starbe der Durchleuchtig hochgeborn Fürst vnd Her Her Casimir Marggrave Zw Bra(n)denburg zw Stetin Pommern des Cassuben vnd wenden Herzog Burggraven Zw Nurmberg vnd Fürst Zw Rügen Der hie begraben(n) leydt dem got von Himel genedig vnd barmherczig Sey. Amen"

Zunächst war der Markgraf für den geistlichen Stand bestimmt, dann aber diente er König Maximilian I. bei dessen Kriegszügen gegen die Schweizer und gegen Venedig. In Absprache mit seinen Brüdern hatte Kasimir den Vater, Friedrich den Älteren, 1515 entmachtet und auf der Plassenburg gefangen gesetzt. Ab 1518 regierte Kasimir weitgehend allein. Er warf den Bauernaufstand 1525 in Franken blutig nieder. Unter seiner Herrschaft gelang es die Wirtschaftskraft des Markgrafentums zu stärken. Am 25. August 1518 heiratete er Susanna, die am 2. April 1502 geborene Schwester der regierenden Herzöge von Bayern. Fünf Kinder gingen aus dieser Ehe hervor.

Die zweite Inschrift bezieht sich auf Susannas Tod und ihre Grablege in der Frauenkirche in München. Auf ihre zweite Ehe mit Pfalzgraf Ottheinrich gehen diese Zeilen nicht ein: „Nach Christi vnsers lieben Herenn vnd seligmachers geburt Mdxliij am tag Georgy zwische(n) viij vnd ix vhr nachmittag ist zu Neuburg an der Thonaw in got v(er)schieden die Durchleuchtig hochgeborene Fürstin und fraw fraw Susanna margg(ref)in zu Bra(n)denburg geboren e herczogin in obern vnd nidern Bayrn ec vnd ist irer F.g. leib zu Mü(n)chen in vnser liebe(n) frauen kirchen fürstlich zu d(er) erden bestattet d(er) almechtig got wöll irer F.g. sele in d(em) ewige(n) lebe(n) gnedig vnd barmherczig sein. Amen"

Kasimir und Susanna sind mit der Kolane des Schwanenordens dargestellt, einer brandenburgischen Stiftung, die auch Frauen aufnahm. Der Anhänger zeigt die apokalyptische Maria mit dem Kind in einer Strahlen-

7.22

gloriole als Halbfigur, darunter einen Schwan. Links von Markgraf Kasimir sieht man sein helmgeziertes Wappen und in Analogie gegenüber, rechts von Susanna, ihr bayerisches Wappen. Den Bildnissen dürften Originalgemälde zugrunde liegen; es ist allerdings nicht nachweisbar, ob es sich um einzelne Bildnisse der Verstorbenen handelt oder ob die Vorlage bereits ein Doppelporträt war.

Aus dem Buch „Brandenburgischer Ceder-Hein" von Johann Wolfgang Rensch geht hervor, dass das Epitaph bereits früh kopiert wurde: „Das Bildnuß, welches zu Heilsbronn an einer Seul gegen dem neuen Predigtstuhl über, gegen Markgraf Georgen Epitaphium zu sehen, und dessen Copie gegenüber stehet …" Bei dem vorliegenden Tafelgemälde handelt es sich nicht um das Original, sondern um die besagte frühe Kopie, die aber das Original zuverlässig wiedergibt. MG

Löcher 1993; Rensch 1682, S. 608, Abb. N. 18; Rall 1986, S. 115.

7.22

Gebetbuch der Markgräfin Susanna von Brandenburg-Ansbach-Kulmbach

Narziss Renner; Augsburg, 1520; Handschrift/Pergament, 186 Bll., 42 ganzseitige Miniaturen, 15 x 12; Badische Landesbibliothek, Karlsruhe (Kodex Durlach 2)

Die Handschrift ist für Markgraf Kasimir von Brandenburg-Ansbach-Kulmbach (1481–1527) und dessen jung-

7.22

vermählte Frau Susanna 1520 entstanden. Die Hochzeit Kasimirs mit Susanna von Bayern (1502–1543) war ein gesellschaftliches Ereignis ersten Rangs. Sie fand 1518 in Augsburg zur Zeit des Reichstags statt und damit in Anwesenheit Kaiser Maximilians I., des Onkels der Braut.

Das Gebetbuch gilt als Frühwerk des Augsburger Malers Narziss Renner. Es beeindruckt mit 42 ganzseitigen Miniaturen, ungewöhnlich prächtigen Zierrahmen und weiteren kunstvollen Details, wobei Blatt- und Muschelgold höchst verschwenderisch eingesetzt wurden. Die Illustrationen beziehen sich zum Teil auf die Biografie des Markgrafenpaars. Das Gebetbuch entstand zu einer Zeit, als man nach der Geburt der Tochter Maria auf einen Stammhalter hoffte. Zwei Jahre später kam der ersehnte Sohn Albrecht zur Welt. UO

Merkl/Obhof/Neidl 2002.

7.23

Abrede zwischen Wilhelm und Ludwig von Bayern, der verwitweten Markgräfin von Brandenburg sowie Pfalzgraf Ottheinrich

Ingolstadt, 14. Juli 1529; Urkunde/Pergament, 31,5 x 22,5, Wachssiegel; Geheimes Hausarchiv, München (Hausurkunden 3950)

Lange Verhandlungen gingen dem Abschluss des vorliegenden Vertrags voraus, was wohl in erster Linie darin begründet lag, dass Ottheinrich seiner zukünftigen Ge-

mahlin keine großen Reichtümer in Aussicht stellen konnte. In der „Abrede" zwischen Wilhelm IV. und Ludwig X., den älteren Brüdern Susannas, sowie Ottheinrich und Susanna wurden genaue Absprachen darüber getroffen, welche Rechte Ottheinrich an dem Vermögen aus Susannas erster Ehe mit Kasimir von Brandenburg zustehen werden. Genauso wurden Ottheinrichs Verpflichtungen gegenüber seiner zukünftigen Gemahlin festgelegt. Der Susanna jährlich zugesicherte Betrag sollte aus den Einkünften bezahlt werden, die er jährlich von Bayern aufgrund des Vertrags von Landshut 1509 erhielt. Auf diese Weise lag die Sicherheit von Susannas „Widerlage" in der Einhaltung dieses Vertrags auf Seiten ihrer Brüder.

Die Urkunde ist von allen vier Vertragspartnern unterzeichnet und gesiegelt. Der Termin der Eheschließung wurde zum Zeitpunkt der Heiratsabrede noch nicht festgelegt. Niedergeschrieben wurde unter anderem, dass Ottheinrich unmittelbar nach der Eheschließung alle Rechte am Heiratsgut Susannas aus ihrer ersten Ehe und aus ihrem „Wittum" in Höhe von 32 000 Gulden bekommen sollte. Würde Susanna vor Ottheinrich sterben, fiele dieser Betrag allerdings an Bayern, während Ottheinrich in diesem Fall lediglich eine jährliche Rente von 1600 Gulden ausbezahlt bekäme. Das jährliche „Widerlager" von 800 Gulden, das Susanna von ihrem Gemahl erhalten sollte, hatten im Fall von Ottheinrichs Tod seine Erben zu tragen. Genauso wurden ihr für diesen Fall die Nutzungsrechte an ihrem in die Ehe eingebrachten Vermögen von 64 000 Gulden zugesichert. Zudem wurden Absprachen über die Erbsituation für Susannas Kinder aus erster Ehe sowie für Kinder aus der Ehe mit Ottheinrich getroffen. Darüber hinaus bestätigte Susanna ihren Verzicht auf ein weiteres Erbe von Bayern; dies war bereits 1519 im Jahr nach ihrer Eheschließung mit Kasimir von Brandenburg vertraglich geregelt worden. Über Kasimirs Morgengabe durfte Susanna frei verfügen.

7.23

In einer am 17. Oktober 1529, einen Tag vor der Hochzeit von Ottheinrich und Susanna, in Neuburg ausgestellten Urkunde versprach Susanna an den Regelungen des Ehevertrags festzuhalten. Zudem wurde festgelegt, dass sie an gegenwärtigen und künftigen Schulden Ottheinrichs keinen Anteil habe.   MG

Salzer 1886, S. 45, 86 f.

7.24

Susanna, geborene Herzogin von Bayern, Gemahlin des Pfalzgrafen Ottheinrich

Peter Gertner (nachweisbar 1521–1541); 1530/31; Tempera und Ölfarbenlasuren/Föhrenholz, 67,4 x 50; Wittelsbacher Ausgleichsfonds, Schloss Berchtesgaden (WAF B Ia 43)

Susanna von Bayern (1502–1543) heiratete 1518 den Markgrafen Kasimir von Brandenburg-Kulmbach. Er starb 1527 während eines Feldzugs gegen den ungarischen Thronprätendenten Johann Zapolya. Am 16. Oktober 1529 ehelichte Susanna den Pfalzgrafen Ottheinrich, mit dem sie in harmonischer Ehe lebte. Während er sich der Reformation zuwandte, blieb sie der alten Kirche treu. Der „Hofmaler Peter", den Ottheinrich ab 1530 mit umfangreichen Bildnisaufträgen betraute, kam aus Nürnberg und hatte zuvor für den Markgrafen von Brandenburg-Ansbach gearbeitet. Susanna kannte ihn von daher und empfahl ihn ihrem Gemahl. Dieser hat sie sowohl allein wie im Zusammenhang einer größeren Familiengalerie ins Bild setzen lassen. Der Maler gibt Susanna in der Pracht ihrer festlichen Erscheinung vor einem Ausblick auf das Schloss von Neuburg wieder. Das goldfarbene Kleid aus Brokatseide, die Perlenstickerei und der kostbare Schmuck kommen vor dem grünen Vorhang besonders gut zur Geltung. Am Brustlatz trägt sie die Initialen HOS (Heinrich Otto Susanna) zum Zeichen ihres Ehebundes.   KL

475 Jahre Fürstentum Pfalz-Neuburg 1980, Kat.-Nr. 44; Löcher 1993, S. 39, 42.

7.25

Medaillen auf Ottheinrich und Susanna

Vgl. einleitenden Text in Kat.-Art. 6.16

a) Medaille auf die Vermählung Ottheinrichs

Hans Daucher (um 1485–1538); 1529; AE, Ø 60 mm; Kunsthistorisches Museum Wien, Münzkabinett

Vs.: Brustbild Ottheinrichs von vorne: OT · HE – CO · PA · RHE

Rs.: Brustbild Susannas von rechts: SV · D · BA – MDXXIX

Die Datierung der Medaille neben dem Bildnis Susannas legt einen Zusammenhang mit der Vermählung von Ottheinrich mit seiner Kusine, der verwitweten Markgräfin von Brandenburg, am 18. Oktober 1529 nahe.

Stemper 1997, Bd. 1, Nr. 54, 64 f.

7.24

b) Doppelmedaille Ottheinrich und Susanna

Matthis Gebel (um 1500–1574); 1530; Metall, Ø 35–36 mm; Historischer Verein Neuburg an der Donau, Schloss Neuburg an der Donau

Vs.: Brustbilder von Ottheinrich und Susanna, hintereinander von rechts: OTTOHEN · CO · PA · RHE · DVX · BAIO · Z – C · NA · AN · XXVI · SVSSANNA CO · PAL · R · DVCIS · BAIO · ZC · AN · XXVIII NA ·

Rs.: pfalz-bayerischer Wappenschild mit Helmzier: DOMI · EST QVOD BO · EST IN OCV · SVIS FACIAT · M · DXXX ·

Stemper 1997, Bd. 1, Nr. 57, 66.

7.25 b

7.26

Es ist möglich, dass die Medaille auf dem Reichstag in Augsburg entstanden ist, da sich das Paar hier gemeinsam zwischen August und Oktober aufhielt. Andernfalls müsste Ottheinrich den Medailleur Matthis Gebel nach Neuburg berufen haben. MG

Stemper 1997, Bd. 1, S. 50–58; Martin 1986, Textband, S. 575–608; Gaettens 1956; Habich 1929–1934.

7.26

Hochzeitstänzer

Heinrich Aldegrever (Hinrich Trippenmecker) (1502–1555/61); norddeutsch, 1538; acht Kupferstiche/Papier, je 11,7 x 7,6; Historischer Verein Neuburg an der Donau (G 531 / 1–8)

Die Stichfolge „Hochzeitstänzer" (Bartsch 16) von Heinrich Aldegrever, einem der bedeutendsten Maler und Stecher der deutschen Renaissance, stammt aus der Sammlung Pfalzgraf Ottheinrichs. Wann die 1538 entstandene Serie in seinen Besitz gelangte, lässt sich nicht mehr nachweisen. Sie umfasste zwölf nummerierte Einzelblätter, die in ihrer Gesamtheit einen Hochzeitstanzzug ergeben; lediglich acht Stiche haben sich in der Sammlung Ottheinrichs erhalten.

Der Hochzeitstanz ist wie folgt aufgebaut: Der Platzmeister gibt – den Blick auf die hinter ihm tanzenden Paare gerichtet – mit dem Stock den Auftakt. Ihm folgen zwei junge Männer mit Fackeln. Diese beiden Eröffnungsblätter fehlen in der vorliegenden Stichfolge. Auf den nächsten Blättern beginnen die Paare mit dem Vortanz, der mit gravitätischen Schritten begangen wurde, sodass man sich beim Tanzen auch unterhalten konnte. Im Nachtanz ging es lebhafter zu, man legte bisweilen den Arm um die Schulter des anderen, gelegentlich wagte man sogar sich zu küssen. Zwei der neun Blätter mit

den tanzenden Paaren fehlen ebenfalls. Den Schluss bilden ein Trompeter und zwei Posaunisten, die zum Tanz aufspielen.

Der Zyklus ist eine wichtige Quelle der Übergangszeit von der Renaissance zum Manierismus. In der kleinteiligen Ausführung spiegelt sich eine Fülle an Tanzsitten, spezifischen Trachten und Realien wider. Die Damen tragen kostbare Kleider aus schweren Stoffen mit Schnüren und Gürteln. Den Kopfputz bilden reich geschmückte, zierlich geflochtene Kalotten. Ihre lang wallenden Oberkleider mit Schleppen gestatten nur ein moderates Schreiten. Die Herren sind in weite Schauben mit gebauschten, teilweise geschlitzten Ärmeln gekleidet, wie man sie auch auf einigen Bildnissen Pfalzgraf Ottheinrichs sehen kann. Man tanzte mit bedecktem Haupt, nur die Vortänzer und der Platzmeister tragen keine Kopfbedeckung. Den Degen behielten die Herren umgegürtet und das Ehrenkleid des Edelmanns, die Mantelschaube, durfte auch nicht abgelegt werden. Die Herren tragen Schnabelschuhe oder Kuhmaulschuhe.

Die Hochzeitstänzer als ikonografisches Thema sind keine Originalleistung Aldegrevers. Mit Dürers „Tanzendem Bauernpaar" fand dieses Bildmotiv seinen Anfang, das Hans Sebald Beham und Hans Leonhard Schäufelein auf andere Gesellschaftsschichten erweiterten. Aldegrever kannte sicherlich die Arbeiten seiner Künstlerkollegen. Die Besonderheit in seiner „Hochzeitstänzer"-Serie liegt in der Darstellung des Verhältnisses zweier Menschen zueinander, das in den ausdrucksstarken Körperhaltungen sichtbar gemacht wird.

Ottheinrich erinnerte diese Kupferstichfolge sicherlich an die höfischen Feste, wie er sie häufig in seinem Tagebuch oder in Briefen erwähnt, wenn man wieder „fröhlich gewest" oder „guter Ding" gewesen war. MG

Weiss 1872; Zschelletzschky 1933 und 1974; Bartsch, Bd. 16; AKL 1992, Bd. 2; Rott 1912, Schriften, S. 21–191.

7.27

Das „Urteil des Paris" oder eine Allusion auf die Hochzeit des Pfalzgrafen Ottheinrich mit Susanna von Bayern

Thomas (Doman) Hering (um 1510–1549); um 1529; Solnhofener Stein, 22 x 19,7; Stiftung Preußischer Kulturbesitz – Staatliche Museen zu Berlin, Skulpturensammlung und Museum für Byzantinische Kunst (1959)

Der Bildhauer des Paris-Urteils folgte einer seit dem Mittelalter verbreiteten Variation des Themas, die vor allem durch das 1502 erschienene Bühnendrama des Jacob Locher Philolumus (1471–1528) hohe Popularität genoss. Paris ist darin nicht der trojanische Königssohn, der den Schönheitswettbewerb zwischen den Göttinnen Hera, Athena und Aphrodite zugunsten letzterer entschied, sondern ein vornehmer Ritter, dem in einer Traumvision Merkur mit den drei Göttinnen erscheint, nachdem er auf der Jagd sein Gefolge verloren und sich zur Ruhe niedergelegt hat. Schon 1508 hatte Lucas Cranach d. Ä. diese Version in einem Holzschnitt festgehalten (Bartsch 114), der sehr geschätzt wurde, sodass Hering ihn als Vorlage für seine Komposition nutzte. Die nun im Relief als Traum dargestellte Begegnung erlaubte es, eine neue, nach moralischen Gesichtspunkten zu treffende Entscheidung zu fällen. So wählte der Ritter nicht die verführerische Aphrodite (voluptas) wie in der antiken Sage, die Paris zum Lohn, Helena, die schönste aller Frauen, versprochen hatte, was bekanntlich zum Trojanischen Krieg führte, sondern die tugendhafte, hier von Merkur ihm zugeführte Hera (virtus), die nach der Mode der Zeit die für verheiratete Frauen übliche Haube trägt.

Friedrich H. Hofmann (1905, S. 13–16) vertrat als Erster die bis auf Reindl (1977, S. 419–421) akzeptierte Meinung, dass der Ritter auf dem Relief die Gesichtszüge des Pfalzgrafen Ottheinrich aufweise, wie sie von den Porträtmedaillen des Matthes Gebel (um 1500–1574) bekannt sind (Habich 1931, Bd. 1, 2, Nr. 982–984, Taf. CXIX 4,5,7 und Nr. 1044, Taf. CXXV 1), während Hera die Züge von Ottheinrichs Frau Susanna trägt (Habich 1931, Bd. 1, 2, Nr. 1045, Taf. CXXV 2). Ihre Vermählung fand 1529 statt und es liegt nahe, dass der repräsentationsfreudige Pfalzgraf Ottheinrich aus Anlass dieser Verbindung die Eheallegorie bei dem jungen Bildhauer Thomas Hering in Auftrag geben ließ. Ob es sich allerdings bei dem Schlösschen links um das Jagdschloss Grünau und bei der Burgstadt um die Residenzstadt Neuburg handelt, ist umstritten.

HUK

Hofmann 1905; Mader 1905; Hampe/Mader 1907; Vöge 1910; Koetschau 1911, H. 2; Bange 1930; Habich 1931, Bd. I/2; Cannon-Brookes 1971, H. 113; Wernli 1977; Reindl 1977.

7.28

Pfalzgräfin Susanna

Barthel Beham (1502–1540); monogrammiert und datiert 1533; Tempera und Ölfarbenlasuren/Nadelholz, 96,1 x 70,2; Bayerische Staatsgemäldesammlungen, München (2450)

Im Jahr 1530 gab Herzog Wilhelm IV. von Bayern bei Barthel Beham eine bis in die Elterngeneration zurückreichende Familiengalerie in Auftrag. Sie umfasste 14 Bildnisse fürstlicher Persönlichkeiten aus dem Haus Wittelsbach bayerischer und pfälzischer Herkunft nebst ihren Gemahlinnen. Drei Bildnispaare von Eheleuten gibt es in der Reihe und sowohl Wilhelm IV. als auch sein Vater Albrecht IV. nehmen in dieser Konstellation jeweils den (heraldisch) rechten, vornehmeren Platz ein. Hier beansprucht ihn – wohl auf Wunsch des Auftraggebers – Susanna als geborene bayerische Prinzessin gegenüber ihrem Mann (Kat.-Nr. 7.29). Den Brustlatz zieren die Initialen H und O von Heinrich Otto, die Ärmel mehrfach wiederkehrend die Initialen H, O und S = Heinrich Otto Susanna. Wichtiger als die Ähnlichkeit waren bei dieser Art Repräsentationsbildern Statur und Pose, Kostüm und Insignien. Die blaue Seide, die kostbaren Schmuckkolliers und das goldfarbene, federgeschmückte Barett stellen fürstlichen Luxus zur Schau, sieben mit Edelsteinen besetzte Ringe zieren die Hände. Mehr als bei den anderen Bildnissen der Reihe erweckt die große freie Fläche über dem Kopf den Eindruck, dass ursprünglich an eine Inschrift gedacht war.

KL

Erichsen 1980; Löcher 1999, S. 147 f., Nr. 53.

7.29

Pfalzgraf Ottheinrich

Barthel Beham (1502–1540); monogrammiert und datiert 1533; Tempera und Ölfarbenlasuren/Nadelholz, 97 x 71,2; Bayerische Staatsgemäldesammlungen, München (2449)

Das Bildnis gehört zu der Familiengalerie, die Herzog Wilhelm IV. 1530 bei Barthel Beham in Auftrag gab. Es geht auf dieselbe gezeichnete Bildnisaufnahme zurück wie das Gemälde Ottheinrichs (Kat.-Nr. 6.9). Ottheinrich war Pfälzer Wittelsbacher und als Ehemann der Susanna mit den bayerischen Herzögen verschwägert. Die Höfe in München und Neuburg gereichten einander zu gegenseitigem Ansporn. Die Bildnisse des Neuburger Fürstenpaars tragen dem gesteigerten Anspruch Rechnung. Innerhalb der farbig zurückhaltenden Wittelsbacher-Serie treten Ottheinrich und seine Gemahlin buntfarbig und in der Zurschaustellung ihres Reichtums beinahe protzig auf. Das Kostüm Ottheinrichs ist auf Rot und Gold gestimmt. Den Rock mit dem breiten Kragen und der über einen festen Futterstoff gespannten Seide kennen wir bereits von dem Bildnis, das Peter Gertner 1531 von ihm malte (Bayerisches Nationalmuseum, München). Seine

7.27

Linke liegt am Schwert, seine Rechte hält die der Gemah-
lin als Liebesgabe zugedachte Nelke, ein Pfeifchen (Ge-
fäßflöte) schmückt seine Brust. Das rosige, von blondem
Haar und Bart umfangene Gesicht spricht für die wohl-
lebige Natur des Fürsten, der für die Segnungen der
Renaissance aufgeschlossen und ein großer Mäzen der
Künste war. Zu seinem Bildnis gehört das der Gemahlin
(Kat.-Nr. 7.28) als Gegenstück.   KL

Erichsen 1980; Löcher 1999, S. 146, Nr. 39.

7.30
Brevier für Pfalzgraf Ottheinrich (Breviarium
Latino-Germanicum)

Nikolaus Bertschi (?–1541/42); Augsburg, 1529/30; Hand-
schrift/Pergament, 275 Bll. (original und modern foliiert),
Goldschnitt, 20,8 x 19,5; Bayerische Staatsbibliothek München (Clm 11332 a)

In dem Breviarium sind die täglich wechselnden und auf
die Festtage abgestimmten Stundengebete der Geistlichen zusammengestellt. Die Eröffnungsminiatur zeigt
die Geburt Christi, da das Brevier mit Weihnachten

199

7.28

beginnt. Auf der Rahmenarchitektur dieser Darstellung (fol. 1ʳ) befindet sich ein eigenhändiger Eintrag Ottheinrichs mit Jahreszahl, Devise und Namensinschrift „15 S 29 / mit der zeit / H. Otthainrich pfallzgrave". Möglicher-

weise sollte mit dem Initial „S" in der Mitte der Jahreszahl ein Bezug zu der im Oktober 1529 erfolgten Heirat Ottheinrichs mit Susanna von Brandenburg-Ansbach hergestellt werden. Auch sein Wappen und die Wappen

7.29

seiner Großeltern (Pfalz: Großvater väterlicherseits, Bayern: Großmutter väterlicherseits, Herzogtum Bayern: Großvater mütterlicherseits, Polen: Großmutter mütterlicherseits) weisen auf Ottheinrich hin. Der eigenhändige

Eintrag wurde wohl zu einem Zeitpunkt angebracht, als die Illumination des Gebetbuchs noch nicht vollendet war, denn auf einem Täfelchen in der unteren Randleiste von fol. 245^v befindet sich die Jahreszahl „1530". Damit

201

7.30

handelt es sich bei dem Gebetbuch um eine der frühesten von Ottheinrich in Auftrag gegebenen illuminierten Handschriften, die alle in den Jahren 1530 bis 1557 entstanden sind. Dass das Brevier kein reines Sammlerstück war, sondern eher für den privaten Gebrauch diente, spiegelt sich in der zweisprachigen Ausführung wider. Dem lateinischen Text mit der Miniaturmalerei auf der Verso-Seite steht die Übersetzung ins Deutsche auf der Recto-Seite gegenüber. Während die von unterschiedlichen Schreibern ausgeführten Gebettexte mit brauner Tinte geschrieben sind, findet man in roter Schrift liturgische Anweisungen.

Die Miniaturmalereien stellen Heilige und biblische Szenen dar, das florale Rankenwerk ist von Tieren und Menschen bevölkert. Die Initialen sind fein verziert und mit Blattgold belegt. Diese Ausstattung ist wohl wie die des Münchner Chorbuchs (Kat.-Nr. 7.34) in der Werkstatt Nikolaus Bertschis entstanden. Allerdings dürfte lediglich das Titelblatt eine eigenhändige Arbeit von Bertschi sein, die übrigen Darstellungen wirken flächig, wenig gewandt und bleiben durch das lokalfarbig geprägte Kolorit der Tradition des 15. Jahrhunderts verbunden. Die anatomisch und physiognomisch reduzierten Figuren wirken spannungs- und ausdrucksarm, Tiere tragen menschenähnliche Gesichtszüge und Haartracht.

Im Kammerbibliotheksverzeichnis von 1556 erscheint der Band als „Herzog Otthainrichs alt Betbuch, in Pappen gebunden mit schwarzem Sammat überzogen".

MG

Schottenloher 1927, S. 23; Kurras 1987, S. 13, 19; Neumüllers-Klauser 1986, Gebetbuch Ottheinrichs; Merkl 1999, S. 302 f., Abb. 216.

7.31
Gebetbuch für Pfalzgraf Ottheinrich

Neuburg, um 1525/30; Handschrift/Pergament, 80 Bll., 19,3 x 14,5; Historischer Verein Neuburg an der Donau (Bibliothek 2844)

Von dem Text entfallen 46 Blatt auf den lateinischen und 31 auf den daran anschließenden deutschen Abschnitt. Das Gebetbuch ist nur von der Arbeit des Modisten bzw. Schreibers her vollendet, das heißt, es zeigt den handgeschriebenen Text mit Überschriften (diese in roter Tinte), es fehlen jedoch durchgehend die Initialen, für die jeweils Platz freigehalten ist. Im lateinischen Text sind ebenfalls einige Miniaturen, die jeweils in der oberen Hälfte einer Seite platziert werden sollten, nicht ausgeführt.

Der lateinische Text beginnt mit der „Confessio, cum vadis dormitum" und mit Gebeten an die Heilige Dreifaltigkeit sowie eigenen an Gottvater, Gottsohn und Gott Hl. Geist, es folgen das Stabat Mater sowie Gebete und Betrachtungen zu einzelnen Heiligen (Johann Baptist, Christophorus, Sebastian, Anna, Katharina, Barbara, Simon und Juda, auffallend ist ein Gebet an Maria contra pestilentiam, endend mit Johann Evangelist). Den Abschluss bilden die sieben Bußpsalmen, die Allerheiligenlitanei und Gebete für die Verstorbenen.

Erst aus dem deutschen Text ergibt sich, dass dieses Gebetbuch für Pfalzgraf Ottheinrich geschrieben ist. Im einleitenden Gebet zur Jungfrau Maria heißt es: „erbarm dich vber deinen Otthainrich", auch im anschließenden täglichen Sündenbekenntnis taucht der Name „Otthainrich" mehrfach auf, sogar in der Ichform: „Jch Otthainrich beuilh mich". Es folgt „ein schöne offne beicht täglichen für die sünd zesprechen", Gebete, „ee man zu gottes tisch geet", und Gebete nach dem Empfang des Sakraments.

Der braune Ledereinband mit Rollenblindprägungen, der wohl aus dem späten 17./frühen 18. Jahrhundert stammt, weist darauf hin, dass das Gebetbuch zu Lebzeiten Ottheinrichs vor seinem Übertritt zur neuen Lehre noch unfertig war. Die Handschrift war nach der Vorbemerkung über das Neuburger Jesuitenkolleg überliefert, sie stand aber wohl nicht in der Bibliothek, da die charakteristische Kalkung des Bandrückens fehlt. Der Band wurde von Joseph Benedikt Graßegger (1776 bis 1849) erworben und dem Historischen Verein Neuburg überlassen. RHS

7.32

Sterbeinventar der Pfalzgräfin Susanna

Neuburg, 1543; Handschrift/Pergament, 28 Bll., 32,5 x 24, zwei Wachssiegel; Geheimes Hausarchiv, München (Hausurkunden 3969)

Das von Herzog Ottheinrich und Susannas Sohn, Markgraf Albrecht Alcibiades, veranlasste Inventar von Susannas Schmuck, Kleidern, Silbergeschirr, Barschaft und anderen beweglichen Gegenständen wurde am 4. Mai 1543 von Jörg von Wembding, Ritter Marschalh, Mathern von Haldetmanstetn und Sebastian Pemerler erstellt. Hierzu wurden das „Clain Stüblin" und die „Capelln", die unmittelbar nach dem Tod der Herzogin versiegelt worden waren, geöffnet. Man nahm das alte Inventar von Susannas Gegenständen zur Hand, versah darin alles noch Vorhandene mit einem Kreuz und listete die noch nicht aufgeführten Gegenstände in dem neuen Inventar auf. Bei dem hier vorliegenden, unveröffentlichten Inventar handelt es sich um den neuen Teil. Geht man davon aus, dass das alte Inventar die in die Ehe mit Ottheinrich eingebrachten Güter festhält, so wurden die im neuen Inventar verzeichneten Gegenstände wohl während der Ehe mit Ottheinrich hinzuerworben.

Der Inhalt jeder Truhe ist einzeln aufgelistet. Die Zusammenstellung im Folgenden fasst die Gegenstände in Gruppen zusammen. Die Schmuckstücke sind bis zu jedem Edelstein genau beschrieben. Insgesamt sind es 52 Ketten, Halsbänder und Halsreife, elf Armbänder, 30 Ringe, ein Säckchen mit wertlosen kleinen Ringen, 13 Gürtel, 34 Broschen o. ä., 36 Kreuzanhänger, 32 verzierte, mit Perlen besetzte Barette, 35 weitere Kleinode (Kleiderspangen u. ä.), fünf perlenbestickte Borten, ein perlenbesetztes Haarband, mehrere goldene Hauben, sieben Rosen- oder Herz-Anhänger mit Diamanten, neun „Zeichen" (Gemmen, Bildnisse), zwei Ärmelschmuckstücke aus Perlen, vier kostbare Knöpfe, eine goldene Sonne, aus Gold die Buchstaben O.S.

Die Beschreibung des Bestecks und des Geschirrs ist weit weniger differenziert: ein Paar Messer, ein Löffel, zwölf eckige Silberteller, eine Glasschale, eine Silber-

schale, eine verzierte Schale, sechs Zinnkrüge, drei Zinnkannen, 22 Zinnschüsseln, 25 Zinnteller zum Teil verziert, zwölf Zinnteller in einer Schatulle, vier Zinnflaschen, zwei Serviermesser, 13 große Ess-Silber, sechs Silberlöffel, eine Flasche, ein goldenes Paar Messer, ein Salzfass, ein Kupferkrug, zwei Kristallgläser, 30 venezianische Gläser, verschiedene andere Gläser, 35 Becher und Kelche aus verschiedenen Materialien, zum Teil mit Wappen verziert, weitere Krüge, Flaschen, Kannen, Büchsen, fünf kupferne Handbecken.

Darüber hinaus sind Truhen und Kästchen erwähnt, bei denen das Behältnis selbst wertvoll ist: vier silberne Truhen, zwei Körbchen aus Silberdraht, ein Kästchen aus Elfenbein. Weitere Kostbarkeiten sind 82 Rosenkränze, Täfelchen, Kruzifixe, Messkännchen, Kelche, Statuen, 25 weitere Gegenstände, etwa 40 Gebetbücher, ein vergoldetes Schreibzeug, zwei silberne Uhren, zwei Silberleuchter, 15 weitere Leuchter, ein Straußenei, ein Spinnrad aus Elfenbein, mehrere Bücher, Körbe, Garne etc., Spinnräder.

Des Weiteren ist ihre Barschaft aufgeführt: neun Säckchen mit insgesamt 1161 Gulden, 931 Gulden in Gold, 386 Talern, 55 Schautalern, verschiedenes Schaugeld, weitere Dukaten, Münzen in einem roten Ledersäckchen, Ungarische Gulden, Alte Silberpfennige, 13 Medaillen mit unterschiedlichen Motiven.

Auch Stoffe, Gewänder und sonstige Textilien wie Teppiche und Decken sind in großer Zahl aufgeführt: altes Leinen, Damast, Samt, Taft, Atlas, Satin in verschiedenen Farben, teils verziert, teils mit Hermelin oder Zobel besetzt, ein bemalter Stoff mit dem Bildnis Susannas (wohl eine Art Tüchleinmalerei), Decken aus verschiedenen Materialien, zum Teil verziert, verschiedene Tischdecken, Decken über den Wagen oder über die Sänfte, etliche Schürzen, vier goldene Röcke, mehrere farbige Röcke (gelb, grün, leibfarben, schwarz, gelb), drei Wollröcke, mehrere Schauben aus verschiedenen Materialien in der Farbe Schwarz, Kleidung mit silbernen und goldenen Spangen, zum Beispiel zum Reiten, Umhänge aus Seide und anderen Materialien in verschiedenen Farben, mehrere Weibsärmel, vier Regenmäntel, Satteldecken, 20 Polster aus Samt, Goldstoff etc., 28 Kissen, groß und klein, zwei lederne Kissen, Leintücher und Bettzeug, Auflagen aus Samt, Leinen etc., 17 Bettdecken, mehrere Bettlaken aus Damast, Seide, Samt etc., ein samtenes Prunkpolster, sechs Wandteppiche, drei Teppiche für den Tisch, ein Türvorhang. MG

7.33

Seelenamt für Pfalzgräfin Susanna

München, 27. April 1543; Einblattdruck/Papier, 27,5 x 21,5; Bayerische Staatsbibliothek München (Einblatt, Kloeckeliana 3, 46)

Am 23. April 1543 starb Pfalzgräfin Susanna in Neuburg. Sie wurde am 1. Mai in der Frauenkirche in München nach katholischem Ritus bestattet. Die beiden älteren

Brüder Susannas, Wilhelm IV. und Ludwig X., stifteten für das Seelenheil ihrer jüngsten Schwester Seelenmessen. Der vorliegende Druck wurde wohl an die landständischen Klöster des Herzogtums Bayern versandt. Darauf deutet auch der handschriftliche Eintrag auf der Blattrückseite „1543 / Bevehl an al p[re]lat …" hin. In der dritten Zeile ist eine für den Namenseintrag des Prälaten oder Klostervorstands vorgesehene Lücke in das Grußwort „Unnsern gru(o)s zu(o)vor … in got lieber getrewer" eingefügt. Wie in dem Text angeordnet, sollten die Klöster nach Erhalt dieser Aufforderung am Abend des folgenden Tags der verstorbenen Pfalzgräfin Susanna

in Vigilien gedenken und am nächstfolgenden Tag morgens ein Seelenamt und Messen lesen. Das sollte, wie üblich, am 7. und am 30. Tag nach ihrem Tod wiederholt werden „unnd zu yedem mal / wie sich gebürt der lieben Seelen / mit verkhündung / unnd gemainem andechtigem für = biten / gedenncken …"

Die Erfüllung dieser Aufforderung lag in der Pflicht der landständischen Klöster und wurde sicherlich ohne Dotation erfüllt, zumal bei Missachtung ungnädiges Missfallen angedroht wurde: „Dann wo Ir / oder Eur Conuent Euch in solhem nach lässig erzaiget / So wurden wir des ungenedigs mißfallen empfahen."   MG

Hofmusik

7.34

Münchner Chorbuch C

Nikolaus Bertschi (d. J. ?); München, 1538; Handschrift/ Pergament, Miniaturmalereien, 208 Bll., 55,5 x 40; Bayerische Staatsbibliothek, München (Mus. Ms. C)

Das 1538 entstandene Chorbuch C ist eines der qualitätvollsten und umfangreichsten Werke der Augsburger Bertschi-Werkstatt, die bereits acht Jahre zuvor für Pfalzgraf Ottheinrich gearbeitet hatte. Im Neuburger Kapellinventar von 1544 ist es erwähnt. Es gehört zu den mehr als 60 Chorbüchern, die Ottheinrich in den Jahren von 1535 bis 1544 für seine Neuburger Kantorei zusammentrug.

Die Wappen (fol. 1^r, 41^v, 42^r) geben eindeutige Hinweise auf Ottheinrich. Der Schreiber und die Auswahl der Messen lenken jedoch den Blick nach München an den Hof des bayerischen Herzogs Wilhelm IV. Er war es, der diesen Prachtband für seinen Vetter und Schwager anfertigen ließ und ihm zum Geschenk machte. Sicherlich erreichte das kostbare Werk seinen Besitzer noch vor 1542, da das Verhältnis zwischen den beiden Vettern durch Ottheinrichs Aufgeschlossenheit gegenüber der neuen Lehre einen schweren Bruch erlitt und man davon ausgehen kann, dass Wilhelm IV. Ottheinrich später kein solches Geschenk mehr gemacht hätte.

Neben der einleitenden Wappenseite sind sieben Doppelseiten mit Miniaturmalereien ausgestattet, und zwar jeweils am Beginn einer neuen Komposition. Die Doppelseiten sind achsensymmetrisch angelegt, formal wie inhaltlich einheitlich aufgebaut und nehmen illustrierend auf das entsprechende Musikstück Bezug. Auf den ersten beiden Doppelseiten (2^v/3^r, 41^v/42^r) findet man Marienszenen, die dritte (71^v/72^r) zeigt Darstellungen der Tugenden und Laster. Auf den nächsten illuminierten Seiten (100^v/101^r) sind die Bilder den Guten Juden/Jüdinnen und den Guten Christen/Christinnen gewidmet. Neben Szenen mit Gottvater illustriert das

Thema Minnesklaven die folgende Doppelseite (123^v/ 124^r). Die vorletzte Doppelseite (144^v/145^r) zeigt Evangelisten, Apostel und Kirchenväter. Auf die Totenmesse am Ende des Chorbuchs sind die Szenen zu Tod und Auferstehung (188^v/189^r) abgestimmt.

Zu den typischen Merkmalen der Werkstatt Nikolaus Bertschis gehören neben traditionellen Stilmerkmalen des ausgehenden Mittelalters wie bunte Lokalfarbigkeit, geschlossene Umrisse, ausdrucksarme, spannungslose Gesichter oder anatomische Unstimmigkeiten auch die Pagenkopf-Frisuren, die nach unten gebogenen Schnurrbärte oder die Mützen mit Ohrenklappen als leicht wiedererkennbare Besonderheiten.   MG

Merkl 1999, S. 308–311, Abb. 80F; Körndle 1997; Bayerische Staatsbibliothek, Katalog der Musikhandschriften 1989, S. 58f.; Bibliotheca Palatina 1986, Textband S. 492f., Nr. H 5.7 und Bildband S. 307.

7.35

Tabulaturbuch auff die Lauten

Sebastian Ochsenkhun (1521–1574); Heidelberg: Johann Khol, 1558; Buchdruck/Papier, zwei Holzschnitte, 92 Bll., Ledereinband, 32 x 22,5; Badische Landesbibliothek, Karlsruhe (Don. Mus. Dr. 3127 [Mus.Bd. A. 678])

Der in Nürnberg geborene Sebastian Ochsenkhun musizierte für Ottheinrich bereits in Neuburg, begleitete ihn ins Exil und wurde dann in Heidelberg zum kurfürstlich pfälzischen Hoflautenisten ernannt. In diesem Amt blieb er auch unter Ottheinrichs Nachfolger Kurfürst Friedrich III. In der Zueignung des 1558 bei Johann Khol in Heidelberg erschienenen „Tabulaturbuchs auff die Lauten" an Ottheinrich spiegelt sich die Wertschätzung des Dienstherrn wider. Ein Porträt zeigt den 38-jährigen Lautenisten mit seiner Devise „Hab Gott vor Augen".

In den Lautentabulaturbüchern ersetzen Zeichen, Buchstaben und Zahlen die in der Instrumental- und

7.34

7.35

7.36
Altpommer auf g

Mathes (?) Schnitzer (um 1500–1553); Nürnberg, um 1550; Korpus Ahorn, Zwingen Messing, Gesamtlänge 74,4 (Pirouette und Rohrblatt fehlend), größter Durchmesser 9,2; Germanisches Nationalmuseum, Nürnberg (MI 91)

Der Pommer ist eines der tieferen Schalmei-Instrumente, also der mit einem Doppelrohrblatt ähnlich der Oboe angeblasenen Holzblasinstrumente. Das Rohrblatt wurde in eine hölzerne Pirouette gesteckt, eine auf der Oberseite abgeflachte und leicht konvex gestaltete Scheibe, die hier fehlt. Diese diente der Auflage für die Lippen des Bläsers, wobei das Rohrblatt im Mundraum des Bläsers vibrierte. Umfassen hingegen die Lippen des Bläsers das Rohrblatt, so kann die Tongebung besser kontrolliert und ein differenzierterer Klang erzeugt werden. Beide Spielweisen sind auf diesem Instrument möglich. Es weist sechs vorderständige Grifflöcher auf, die Fontanelle (die fässchenförmige Schutzkapsel mit Luftlöchern) verdeckte eine vermutlich doppelflügelige Klappe für den kleinen Finger.

Vokalmusik übliche Notenschrift und legen die Position der Finger auf dem Griffbrett fest. Insgesamt sind es 76 vier- bis sechsstimmige Motetten, geistliche und weltliche Lieder, die Ochsenkhun für Laute bearbeitet hat, wobei die Stimmen der Vokalvorlagen deutlich nachgezeichnet sind. Die Texte der Lieder sind der Tabulatur nicht unterlegt, sondern getrennt aufgeführt. Werke von Josquin de Près und Ludwig Senfl sowie Kompositionen des Heidelberger Liedmeisters und Hoforganisten Gregor Pesthins sprechen dafür, dass es sich um Stücke handelt, die dem Repertoire der Heidelberger Hofkapelle entnommen sind.

Dem Exemplar des Tabulaturbuchs von Ochsenkhun in der Badischen Landesbibliothek Karlsruhe sind zwei weitere Lautentabulaturbücher von Bernhard Jobin, dem Drucker und Verleger in Straßburg, beigebunden: „Das Erste Buch Newerleßner Fleissiger ettlicher viel schöner Lautenstück" (1572) und „Das Ander buch Newerleßner Kunstlicher Lautenstück" (1573).　　　MG

Die Renaissance im deutschen Südwesten 1986, Textband, S. 903, Nr. T 6; MGG 9, Sp. 1824 f.; Pietzsch 1963, S. 733 f.

7.36

7.37

an, beim Niedergehen des Springers gleitet die Zunge mit dem Kiel geräuschlos an der Saite vorbei. Ein am Springer angebrachter Filz dämpft dann den Klang der Saite.

Unterschiedliche Namen finden sich für diese Platz sparende Variante eines Cembalos, sowohl Spinett als auch Virginal. Im 16. Jahrhundert wäre es in Italien als spinetta oder arpicordo bezeichnet worden, ersteres wegen der gegenüber einem Cembalo geringeren Größe, letzteres wegen der formalen Ähnlichkeit polygonaler Virginale mit einer Harfe. Heute ist es üblich, diese kleinen Kielinstrumente mit parallel zur Tastatur verlaufenden Saiten, wobei die langen Bass-Saiten vorne zum Spieler hin liegen, Virginale zu nennen; als Spinett werden hingegen diejenigen Instrumente bezeichnet, deren Saiten in einem spitzen Winkel zur Tastatur liegen, die Bass-Saiten hinten. Die konstruktionsbedingte Anreißposition der Saite führt zu einem grundtönigen, nasalen Klang. Das durch Abschrägen der hinteren Ecken polygonale Instrument saß ursprünglich in einem massiven und sicherlich bemalten Holzkasten, der hier heute fehlt.

Der Umfang C/E–f3 ist der für diese Instrumente übliche, mit einer so genannten kurzen oder gebrochenen Oktave, das heißt, die beiden untersten Obertasten dienen nicht für die chromatischen Töne Fis und Gis, sondern ergänzen die sozusagen fehlenden Töne D und E (die unterste Taste der Tastatur sieht im Tastenbild wie E aus, ergibt aber C). Als Besonderheit weist dieses Virginal Spuren eines ursprünglich angehängten Pedals auf: Durch kleine Löcher im Boden des Instruments konnten Drähte geführt werden, die eine mit den Füßen zu bedienende Pedaltastatur mit den Tasten der unteren Oktave (C/E–c) verbanden. So konnte nicht nur Musik weit gespannten Umfangs gespielt werden, die schwierig zu greifen wäre, sondern Organisten konnten es auch als Übungsinstrument benutzen.

Hergestellt wurde dieses Virginal von dem berühmten venezianischen Cembalobauer Dominicus da Pesaro, wegen seiner Tätigkeit im Zentrum des italienischen Cembalobaus auch „Venetus" genannt. Giuseppe Zarlino bezeichnet ihn 1558 als „fabricatore eccelente di simili istromenti", ein Urteil, das dadurch bestätigt wird, dass von ihm mehr Tasteninstrumente erhalten sind als von allen anderen Herstellern des 16. Jahrhunderts. Pfalzgraf Ottheinrich unterhielt enge Kontakte mit Italien, bemerkenswert ist etwa die vergleichsweise frühe Berufung des „Welschen Geyger" Giacomo de Mallgrate im Jahr 1540.

MK

Dieser Pommer in Altlage ist mit „A" gestempelt und weist damit auf ein Mitglied der in München und dann vor allem in Nürnberg nachweisbaren Familie Schnitzer hin. Aus einem Gesuch von Veit Schnitzer um ein kaiserliches Privileg von 1555 geht hervor, dass der „Stammvater" dieser Familie bereits um 1500 ein solches „A" zur Kennzeichnung der offenbar weitum begehrten Blasinstrumente benutzte – ihre Verwendung ist bis nach Rom dokumentiert. Hier handelt es sich vielleicht um Mathes Schnitzer, der 1522 als Stadtpfeifer nach Nürnberg kam und dort 1528 Bürgerrecht erwarb.

Verwendung fanden die Pommern entweder in der Alta cappella, einem Ensemble aus lauten Blasinstrumenten wie Schalmei, Pommer und Posaune, später auch mit Zink und Dulzian. Im 16. Jahrhundert beliebt war aber auch der chorische Ausbau zu einer Instrumentenfamilie mit Klein und Discant Schalmey, Alt Pommer, Basset oder Tenor-Pommer und Bas-Pommer – so die Namen bei Praetorius 1619. Ein solches Ensemble war ideal für Musik im Freien, wie sie Pfalzgraf Ottheinrich 1533 bei seinem Besuch in München mit „dantzen und musica, undt bancket im garten" erlebte.

MK

Kirnbauer 1994, S. 113 f.; Baines / Kirnbauer 2001; Layer 1958, S. 259.

7.37

Virginal

Dominicus Pisaurensis (nachgewiesen zwischen 1533–1575); Venedig, 1540; signiert „DOMINICVS. PISAVRENSIS. M.DXXXX" auf der Namenswand über der Klaviatur C/E–f3, ein 8'-Register; Boden Fichte, Zargen und Resonanzboden Zypresse, Stimmstock Nussbaum, Tasten Buchsbaum und Ebenholz bzw. gebeiztes Nussbaumholz, 153,8 x 37,1 x 17; Germanisches Nationalmuseum, Nürnberg (MIR 1081)

Es handelt sich um ein Kielinstrument, also ein Tasteninstrument mit Zupfmechanik: Beim Niederdrücken der Taste schnellt ein Holzstab (Springer oder Docke) nach oben, an dem eine bewegliche Zunge sitzt, an der ein kleiner Dorn (Kiel) angebracht ist. Dieser reißt die Saite

Huber 1989, S. 88–91; Layer 1958, S. 262.

7.38

Positiv aus Schloss Hohenems

Vermutlich Südtirol (Brixen), 16. Jahrhundert; Gehäuse
Pappel- und Birnbaumholz, geschnitzt, 95 x 70,5 x 40;
Vorarlberger Landesmuseum, Bregenz (T1)

Das besonders aufwändig gestaltete Positiv, eine einmanualige Standorgel mit wenigen Pfeifen, entstand in der
Blütezeit dieses Instrumenttyps im 16. Jahrhundert. Auf
einer flachen Windlade mit der Klaviatur sitzt das Gehäuse, das die Pfeifen umgibt. In der durchbrochenen
Reliefschnitzerei sind musizierende Figuren integriert.
An den Schmalseiten befinden sich Sirenen, an der
Längsseite oberhalb der Klaviatur sieht man eine geflügelte Genienfigur mit einer Doppelflöte. Die Figuren
links und rechts spielen Zink und Laute. Auf der anderen
Seite hält die mittlere Figur eine Viella, die Vorform der
Geige, die geflügelte Figur links bläst eine Traversflöte
und die rechte musiziert auf einer Sackpfeife. Das Orgelgehäuse ist mit einem Tonnengewölbe abgedeckt, auf
dem in der Bekrönung ebenfalls ein Sackpfeifer dargestellt ist. Zwei Handschöpfbälge versorgen die Pfeifen
mit Luft. Die 41-tastige Klaviatur hat einen Tonumfang
von E bis a". Jede einzelne Taste ist mit einem Stecker an
der Unterseite mit je einem Ventil in der Windlade verbunden. Diese Ventile schließen kleine Öffnungen an der
Oberseite der Windlade zu den darüber stehenden Pfeifen ab. Die Orgel hat vier Register, jeder Ton ist also im
Oktavabstand viermal besetzt, wobei jedes Register eine
andere Klangfarbe besitzt. Das hier als Beispiel für diesen
Instrumententypus gezeigte Positiv stammt aus Schloss
Hohenems.

Ottheinrich war bestrebt, für seine Hofkapelle erfahrene Musiker zu verpflichten, er legte stets besonderen
Wert auf die Anstellung „namhafte[r] und berombte[r]"
Organisten. 1535 begann der Pfalzgraf seine Hofkapelle
aufzubauen. Im selben Jahr ließ er das Positiv der Neuburger Schlossorgel durch den Nürnberger Orgelbauer
Georg Voll grundlegend renovieren.   MG

Layer 1958; Die Renaissance im deutschen Südwesten 1986, Textband, S. 906, Nr. T9; Brunner 2002.

7.39

Posaune

Anton Schnitzer d. Ä. (nachgewiesen 1557–1608); Nürnberg,
1576; Messing, getrieben, gepunzt und graviert, Mundstück
(18. Jahrhundert?) gegossen, Rohrlänge ca. 260,8, Stürzenweite 98, Rohrdurchmesser 9,8; Bischöfliche Administration
der Kapellstiftung, Altötting

An Ottheinrichs Hof verfügte die seit 1534 „angestellte
Capell vnd Musica" auch über mindestens einen „Pusauner". Zudem wurde wohl öfter einer der vier angestellten
Trompeter zum Dienst an der Posaune verpflichtet. Das
hier gezeigte zeitnahe Instrument ist die früheste datierte

Posaune des Nürnberger Meisters Anton Schnitzer und
die drittälteste erhaltene Posaune überhaupt.

Es handelt sich um eine eng mensurierte Zugposaune
mit schlankem, kegelförmig verlaufenden Schallstück.
Auf dem Kranz der Stürze trägt es den vom Spieler her zu
lesenden umlaufenden Schriftzug: „MACHT ANTONI
SCHNITZER [Krone] A MDLXXVI". Die Signatur und
die floralen Ornamente des flachen Querstegs wurden
von einem spezialisierten Handwerker, einem Poasaunenstecher, ausgeführt. Die Zwingen, unter denen die
Rohre zusammengesteckt sind, tragen das für den Nürnberger Metallblasinstrumentenbau zeittypische Schuppenmuster. Die Posaune verfügt über einen aufsteigenden Zug. Das gute Erscheinungsbild wird durch wenige
Veränderungen späterer Epochen nicht beeinträchtigt:
So dürften die im Querschnitt runden Querstege des
Zugs von einer späteren Umarbeitung des 18. Jahrhunderts stammen, der Unterbogen erscheint aufgrund der
fehlenden Öse samt der zugehörigen einfachen Zwingen als Reparatur des 19. Jahrhunderts ebenso wie der
gedrehte Bortendraht.

Anton Schnitzer entstammte einer weit verzweigten
Dynastie von Musikern, Holz- und Blechblasinstrumentenmachern. 1596 wurde er als Genannter in den Kleinen
Rat der Stadt berufen. Die Krone als Meisterzeichen führte er aufgrund eines kaiserlichen Privilegs. Von ihm und
einem gleichnamigen Verwandten sind zahlreiche Trompeten und Posaunen, darunter reich verzierte Prunkinstrumente, erhalten geblieben.   KM

Jahn 1925; Layer 1958.

7.40

Laute

Georg Greiff; Füssen, 1590; Lautenrücken: 37 gebogene
Späne aus Eibenholz (Kern/Splint), Deckel Nadelholz,
heute für zwölf Chöre eingerichtet (10 x 2 + 2 x 1), Korpuslänge 53, B. 33,5, heutige schwingende Saitenlänge 70;
Hessisches Landesmuseum, Darmstadt (Kg 67:103)

In Ottheinrichs Hofkapelle gab es unter den 20 bestallten Musikern stets auch die Stelle eines Lautenisten zu
besetzen, deren namhaftester Sebastian Ochsenkuhn
war. In seinen überlieferten Lautenbüchern finden sich
zahlreiche für die Laute gesetzte Stücke des Neuburger
Kapellen-Repertoires. Die so genannte „Recht Chorist-
oder Altlaute" war seit dem Ende des 15. Jahrhunderts
zum vielseitigsten Instrument der Renaissance avanciert.
Als Ensemble- und Soloinstrument und nicht zuletzt
durch die viel geübte Praxis des Intavolierens, des Bearbeitens von Vokalsätzen für Orgel oder Laute, war sie Trägerin der wichtigsten musikalischen Formen.

Das hier gezeigte Instrument ist aufgrund seiner Korpuslänge wohl als Tenorlaute anzusprechen. Es ist mit
dem eingeklebten Zettel: „Georgius Greif a Fiesen me
fecit 1590" signiert und auch der Mittelspan trägt von

7.40

außen lesbar den Namen seines Herstellers. Die aufwändige Rosette ist aus dem Holz der Decke geschnitzt. Hals und Wirbelkasten sind nicht mehr original, sondern vermutlich im 20. Jahrhundert nach Bildvorlagen in der jetzigen Form ergänzt worden, nachdem das zu seiner Erbauungszeit vermutlich acht- oder neunchörige Instrument verschiedentliche Umbauten erfahren hatte. Zwischen den vom Griffbrett aus in die Decke hineingezogenen Griffbrettspitzen erkennt man noch die ursprünglich näher beisammen liegenden Enden des alten Griffbretts.

Die Eibe ist das für Füssener Lautenrücken typische Material, das auch für den lukrativen Bau von Kriegsbögen gesucht war und deswegen oft zum Streit zwischen Rüstungsexporteuren und den Lautenmeistern Anlass gab. Der Erbauer Georg Greiff ist Mitglied einer jener über viele Generationen als Lautenbauer tätigen Füssener Familien, die sich 1562 als erste Instrumentenmacherzunft in Europa organisiert und vom Lech aus ihr Handwerk in zahlreiche Städte Mitteleuropas getragen hatten.   K M

Musikinstrumente aus dem Hessischen Landesmuseum 1980; Layer 1978.

7.41

a) Zink in a

Italien (?), 2. Hälfte 16. Jahrhundert; Holz, mit Leder umwickelt, Mundstück Elfenbein (nicht original), Gesamtlänge 65,3; Städtische Kunstsammlungen Augsburg (3004)

b) Tenor-Zink in d

Italien (?), 2. Hälfte 16. Jahrhundert; Holz, mit Leder umwickelt, Mundstück Elfenbein (nicht original), Gesamtlänge 96,5; Städtische Kunstsammlungen Augsburg (3003)

Der Zink, italienisch cornetto (kleines Horn), wird mit einen Kesselmundstück ähnlich wie bei einer Trompete angeblasen, eigentümlich ist ihm aber ein ungleich weicherer und geschmeidigerer Klang. Er hat sechs vorderständige Grifflöcher und eines auf der Rückseite für den

Daumen. Die gekrümmte Form erleichtert bei den größeren Instrumenten das Greifen der weit auseinander liegenden Tonlöcher, bedingt aber zugleich eine kompliziertere Bauweise: Gewöhnlich wird das Instrument aus zwei ausgehöhlten Hälften hergestellt, die zusammengesetzt und mit Leder abgedichtet werden.

Die Blütezeit dieses Instruments lag zwischen der ersten Hälfte des 16. und der zweiten Hälfte des 17. Jahrhunderts, wobei es sich zu einem beliebten Virtuoseninstrument entwickelte. Seine Vorzüge lagen neben den klanglichen Qualitäten in der Fähigkeit zu piano- und forte-Spiel sowie der Möglichkeit, in vielen Tonarten zu spielen. Es wurde in verschiedenen Größen gebaut, neben dem cornetto in a auch als um eine Quint höherer cornettino (kleiner Zink) und als um eine Quint tieferer corno torto (Tenor-Zink oder großer Zink). Letzterer ist aus Gründen der Greifbarkeit in der Längsachse gekrümmt und mit einer Klappe, der Mechanismus unter einer Schutzkapsel verdeckt, versehen. Beide ausgestellten Zinken haben die gleiche Stimmtonhöhe und gehörten vielleicht ursprünglich zum Bestand der Augsburger Stadtpfeifer. Während der Zink in a nicht signiert ist, ist die Signatur des Tenor-Zink in d unleserlich.   M K

Tarr 1981, S. 35 f., 37 f.

7.42

Krummhorn in c

Jörg Wier (um 1485/90–1549); Memmingen, vor 1549; Korpus Holz, Zwinge Messing, Gesamtlänge 77,8 (ohne die nicht originale Windkapsel); Städtische Kunstsammlungen Augsburg (3011)

Krummhörner waren echte Modeinstrumente des 16. Jahrhunderts. Die nicht in die Oktave überblasenden Instrumente mit einer zylindrischen Bohrung weisen einen beschränkten Tonumfang auf und wurden stets als zusammengehöriges Ensemble in verschiedenen Größen gebaut. Verwenden ließen sich aber auch einzelne Instrumente, vor allem in Verbindung mit allen Arten von Blasinstrumenten wie Zink, Posaunen und Blockflöten. Da das Doppelrohrblatt in einer Windkapsel sitzt, benötigt das Anblasen keine besonderen Fertigkeiten, was die Beliebtheit dieser Instrumente in höfischen Kreisen erklärt, obwohl sie dort auch von professionellen Musikern gespielt wurden.

Nicht weit von Neuburg entfernt, in Memmingen, wurden die gesuchtesten Krummhörner gefertigt. Als beispielsweise der römische Kardinal Luigi d'Aragona im Juni 1517 durch Deutschland reiste, machte er eigens in Waldsee Station, um die in Memmingen und Schrattenbach gebauten „flauti, piffari et storte [Krummhörner], lavorandosene in quel loco assai excellentemente" zu kaufen. Noch 1563 fragte der sächsische Kurfürst den bayerischen Herzog nach der Bezugsquelle für dessen offenbar herausragende Krummhörner und erhielt zur

Antwort, dass sie in Memmingen hergestellt wurden: „Es sei aber derselb meister mittlerzeit abgestorben und habe auff seine pfeiffen ein gross deutsch J zum zeichen oder gemerk brennen lassen." Bei diesem Meister handelt es sich um Jörg Wier, der mit seiner Initiale „JJ" signierte. Ein früher in Berlin aufbewahrtes Krummhorn trug zusätzlich auf der Schutzkapsel die Inschrift „IOERG WIER ZVO MEMINGEN" und die Jahreszahl „1537".   MK

Boydell 1982, passim; Pastor 1905, S. 100.

7.43

a) Bass-Dulzian

Hieronymus Bassano (um 1470–1539) oder einer seiner Söhne; Venedig, Mitte 16. Jahrhundert; Korpus Holz, Klappenteile und Fontanelle Messing, Gesamtlänge 98,7 (Korpus); Städtische Kunstsammlungen Augsburg (3014)

b) Quartbass-Dulzian

Hieronymus Bassano (um 1470–1539)oder einer seiner Söhne; Venedig, Mitte 16. Jahrhundert; Korpus Holz, Klappenteile und Fontanelle Messing, Gesamtlänge 127 (Korpus); Städtische Kunstsammlungen Augsburg (3013)

Als Bassinstrumente dienten im 16. Jahrhundert neben Posaunen, Pommern und – als Verstärkung – tiefen Krummhörnern vor allem Dulziane. Charakteristisch für diese Doppelrohrblattinstrumente ist, dass die Innenbohrung im einteiligen Korpus doppelt geführt ist, also vom Anblasende (mit einer Verlängerung durch einen S-Bogen aus Messing) zum unteren Ende und von dort wieder nach oben zum Schallbecher verläuft. Diese Bauweise ermöglicht eine buchstäblich handliche Größe für diese tiefen Instrumente und führte auch zu dem Namen „fagot" (frz. Bündel), der ihnen manchmal gegeben wurde. Die Bezeichnung „Dulzian" hingegen leitet sich wohl von „dulcis" (lat. sanft, süß) ab, wegen des gegenüber Pommern weniger lauten Klangs.

Die mit „HIERO.S." signierten Dulziane aus Augsburg wurden von Hieronymus Bassano oder einem seiner Söhne gebaut. Eine zeitgenössische Quelle berichtet 1577 über ihn: „Mastro Gieronymo, detto il Piua, inuentore di vn nuouo instrumento di basso à fiato, Pifaro eccelentissimo, & salariato dall Illustiss. di Venetia" (zitiert nach Kilbey 2002, S. 31). Er war demnach Musiker der venezianischen Signoria und erhielt wegen seiner Künste als Spieler und Erbauer von Blasinstrumenten den Namen „Piva" (Pfeife im Sinne von Blasinstrument). Die genannte Erfindung eines neuen Bass-Blasinstruments könnte sich tatsächlich auf den Dulzian beziehen, fallen doch die ersten Belege für dieses Instrument genau in die Schaffenszeit dieses „Mastro eccelentissimo".   MK

Kilbey 2002, S. 31, 194f.

7.44

Große Bass-Viola da gamba

Merten Weber; Dresden, 1597; Zargen und Boden aus Ahorn, Decke aus Nadelholz, heute für sechs Saiten eingerichtet, Korpuslänge 107,5, B. 48/34,8/65,3, Deckenmensur 58,4, heutige schwingende Saitenlänge 102; Städtische Kunstsammlungen Augsburg (Nr. 3022)

Das 1597 geschaffene Instrument des Dresdner Instrumentenbauers Merten Weber darf neben dem berühmten Bass von Hanns Vogel, 1563, Nürnberg (Germanisches Nationalmuseum, Nürnberg) als das wichtigste und früheste Instrument dieser Größe und Gattung im deutschsprachigen Raum gelten. Es ist mit dem gedruckten Zettel: „Merten Weber in Dreden 1597" signiert und trägt mit seinem geigenförmigen Umriss, Randüberstand, doppelter Randeinlage und ff-Löchern Merkmale des Gambenbaus, wie er in Italien überliefert ist.

Heute ist nur mehr das Korpus original erhalten, Hals und Schnecke wurden 1969 nach dem Vorbild des erwähnten Vogel-Instruments von Günther Hellwig ergänzt, wobei das überlieferte alte Griffbrett wieder Verwendung fand. Die darin eingelegten Ornamente sowie die gesamte Erscheinung des Bassinstruments gleichen ganz erstaunlich dem bei Michael Praetorius abgebildeten „Groß Viol-de Gamba Baß" (Syntagma Musicum II). Klangliche Erfordernisse, veränderte Stimmtonhöhen, vor allem aber Neuerungen in der Saitentechnologie, wie die Erfindung der umsponnenen Bassbesaitung, brachten oft Änderungen der Mensurverhältnisse und damit Erneuerungen der Hälse bei Streichinstrumenten mit sich.

Wie auch die vier Krummhörner, die Zinken und das Dulzian-Ensemble des Augsburger Museums stammt das Instrument mit hoher Wahrscheinlichkeit aus dem Besitz der Augsburger Stadtpfeiferei, die auch Ottheinrich auf seinen zahlreichen Besuchen in Augsburg kennengelernt haben dürfte. Ob zu Ottheinrichs „Feine[r] Cantorey und gute[n] Instrumentisten" auch ein Spieler der Großen Bassgambe gehörte, wissen wir nicht, dürfen es aber mit einiger Wahrscheinlichkeit annehmen, wenn wir beispielsweise die Miniatur der Münchner Hofkapelle betrachten, wie sie Hans Mielich 1571 in den Bußpsalmen Orlando di Lassos darstellt. Dass sich Ottheinrich auch am Münchner Vorbild orientierte, beweist die Tatsache, dass er einen Knaben zum dortigen Hoflautenmeister zur Ausbildung auf der Laute, Geige und Zwerchpfeife schickte.   KM/JF

Praetorius 1958.

Baukunst

Stephan Hoppe

Antike als Maßstab. Ottheinrich als Bauherr in Neuburg und Heidelberg

Als Herzog Ottheinrich 1522 zusammen mit seinem Bruder die Herrschaft in Pfalz-Neuburg antrat, fand er in seiner Residenzstadt Neuburg eine mittelalterlich geprägte Burganlage vor, die anders als andere Fürstenresidenzen vergleichbarer Funktion baulich noch nicht an die seit den letzten Jahrzehnten des 15. Jahrhunderts gewachsenen Anforderungen einer fürstlichen Hofhaltung angepasst worden war. Obwohl Ottheinrich im Hinblick auf seine finanziellen Ressourcen kaum mit den Bauherren in Dresden, Meißen, Ingolstadt, Würzburg, Innsbruck oder Heidelberg konkurrieren konnte, stiegen ab den späten 1520er-Jahren seine Ansprüche an eine standesgemäße Residenz. Als Maßstab dienten ihm neben Bauprojekten in Deutschland auch Nachrichten und eigene Eindrücke der flämisch-französischen Hofkultur und des aufblühenden Bauwesens in Italien. Gerade die Kultur der italienischen Renaissance dürfte ihn in seinem Vorhaben bestärkt haben, sich in Gestalt prächtiger Bauten den Glanz der römischen Antike als Unterpfand eigenen Prestiges in der Gegenwart und zur Aufrechterhaltung des Nachruhms nutzbar zu machen. Diesen retrospektiven, aber gleichzeitig in die Zukunft projizierten Maßstab höchsten Anspruchs wird man immer wieder in seinen Architekturen aufscheinen sehen, umgesetzt allerdings nicht in getreuer Kopie, sondern durch persönlichen Eingriff und eigene Wahl schöpferisch und manchmal recht eigenwillig anverwandelt.[1]

Wichtige Neuerungen, die konkrete Folgen für die Architektur zeitigten, waren die Ausdifferenzierung des höfischen Zeremoniells und der damit zusammenhängenden räumlichen Struktur eines Fürstenschlosses, der zunehmende Einsatz von bildlichen Bauapplikationen zur Verherrlichung des Rangs, der Taten und Tugenden des Bauherrn, weiterhin die symbolische Verknüpfung von Schloss und Territorium durch wohlüberlegt inszenierte Blickbeziehungen und schließlich die Wiedergewinnung antiker Bautypen und antiker Formensprache. Zur Umsetzung dieser Ansprüche griff Ottheinrich in seiner Neuburger Zeit vor allem auf Angebote der Kunstmetropole Augsburg zurück; vieles wird jedoch zuvor durch ihn selbst und zahlreiche Berater vorformuliert und durch den Einsatz geeigneter Bildvorlagen und die neue Gattung des Kunsttraktats angeregt worden sein.

Später werden in Ottheinrichs Besitz gleich mehrere Ausgaben der Architekturlehren des antiken Autors Vitruv und des modernen Zeitgenossen Sebastiano Serlio nachweisbar sein (Kat.-Nr. 7.83).[2]

Die erste große Baumaßnahme im Neuburger Residenzschloss war die Errichtung des Nordflügels durch den Augsburger Baumeister Heinrich Knotz (Kat.-Nr. 7.51) zwischen 1530 und 1538. Die beiden Obergeschosse waren fast gleich aufgeteilt: unten für Ottheinrich und oben für seine Frau Susanna bestimmt, jeweils mit Teilen des Gefolges. An einem Verbindungsgang lag die herrschaftliche Wohnung, als Appartement (Raumfolge) aus einem ofenbeheizten Wohnraum (Stube) und einer Schlafkammer bestehend, außerdem im Westen ein großer Speiseraum (die so genannte Tafelstube). Dass sich ein deutscher Fürst im Obergeschoss seines Schlosses zur Mahlzeit in den engsten Kreis der Höflinge zurückzog, war in den 1530er-Jahren eine geradezu revolutionäre Neuerung im Hofzeremoniell. Zuvor war es in Deutschland Jahrhunderte lang üblich gewesen, dass der Fürst als Haupt eines bis zu 100 Personen umfassenden Haushalts mit diesem zusammen speiste.[3]

In seiner Tafelstube präsentierte sich Ottheinrich im Zentrum einer mehrseitigen Fensteranordnung, die ihm die symbolische, aber auch praktische Überwachung des Geschehens im Schlosshof und auch tief in die Oberstadt hinein erlaubte. Einen solchen polyfokalen „mehransichtigen" Ausblick konnte er in den Schriften des antiken Autors Plinius d. J. gepriesen finden, dort allerdings im Speisezimmer einer Villa an der Seeküste und deshalb weitaus mehr ästhetisch als „politisch" gemeint. Ottheinrichs Nordbau bezog sich jedoch nicht nur auf gewisse Baudetails einer antiken Villa, sondern zielte weit höher in der Skala antiker Baukultur. Es ließ sich nachweisen[4], dass der Nordbau in ganz ungewöhnlicher Weise bei seiner Fertigstellung 1538 ein Flachdach und wahrscheinlich darauf einen Garten getragen hat. Mit dieser Bauform spielte Ottheinrich auf Vorstellungen an, die man sich zu seiner Zeit von der untergegangenen Residenz des Kaisers Augustus auf dem römischen Palatin machte und wie sie beispielsweise der Maler Jan Mostaert 1512 im Hintergrund eines Porträts des Abel van Coulster dargestellt hat (Abb.).

Etwas außerhalb der Residenzstadt war schon 1529 mit der Anlage eines großen Hofgartens begonnen worden und ein Jahr später ließ das Herzogspaar ebenfalls vor den Toren der Stadt das Jagdschloss Grünau (Kat.-Nr. 7.47) errichten, das ab 1537 von Jörg Breu d. J. mit einem umfangreichen Bildprogramm ausgemalt und später baulich vergrößert wurde. Auch hier wurden mittelalterliche Traditionen, wie die Darstellung von Jagdtrophäen und der heraldischen Herrschaftszeichen, mit zahlreichen Anspielungen auf antike Ereignisse und Darstellungsformen zusammen gebracht.

1537 wurde die letzte große Neuburger Baumaßnahme begonnen, die allerdings aufgrund des Bankrotts 1544 nur mit großer Verzögerung fertig gestellt werden konnte. Der Westbau griff so weit über den Bereich der alten Burg hinaus, dass deren Wehrmauer auf der Westseite nun die Fundamente der neuen Hoffassade abgab und der Bau selbst im ehemaligen Burggraben errichtet wurde. Ottheinrich verzichtete damit in einem Maße demonstrativ auf die Verteidigungsfähigkeit seiner Residenz gegenüber seinen Untertanen, wie es in Deutschland damals kaum ein anderer Fürst gewagt hat.[5] Der Neubau vereinte Hofstube, Großen Festsaal, Schlosskapelle und zwei sehr großzügig bemessene Appartements. Nach außen war er durch ein triumphbogenartiges Tor zur Stadt und auf der Hofseite durch einen Arkadengang ausgezeichnet. Fast alle der neuen Räume hatte es in bescheideneren Ausführungen bereits vorher an anderer Stelle im Schloss gegeben; nun wurde ihre Pracht weiter gesteigert. Wie wichtig selbst Details genommen wur-

den, zeigt die Tatsache, dass man das schon fertig gestellte Rippengewölbe der Schlosskapelle wieder abtrug, um es von italienischen Maurern durch jenes Spiegelgewölbe ersetzen zu lassen, das dann die bauliche Voraussetzung für das 1543 geschaffene illusionistische Fresko des Salvators von Hans Bocksberger d. Ä. war.[6]

Ottheinrich hatte den mit den neuesten italienischen Entwicklungen vertrauten Maler von einem anderen ambitionierten fürstlichen Bauunternehmen hergeholt, dem damals ganz im transalpinen Stil erstehenden Stadtpalast seines Verwandten Ludwig X. in Landshut.[7] Von dort kamen auch die italienischen Stuckateure für die Neuburger Hofeinfahrt, deren aus der Antike stammende Technik und Formensprache ein weiteres Unterpfand für antike Größe und aktuelle Würde bot. In unmittelbarer Nachbarschaft, in der Großen Hofstube, spielte ein in romanisierenden Formen errichteter Gewölbesaal auf dieselben Werte an.[8] Ganz unterschiedliche Stile, Motive und Kunsttraditionen wurden so gemeinsam in den Dienst einer Aufgabe, die Verherrlichung des Bauherrn, gestellt.

Ottheinrich trat 1543 auf die Seite der Reformation. In seiner Neuburger Kapelle verbanden sich die Erlösungsversprechen des christlichen Glaubens mit der Zurschaustellung einer auf den Fürsten bezogenen weltlichen Ordnung.[9] Auch an anderen Stellen war das Bildprogramm unmissverständlich auf den Schlossherrn als standhaften und weisen Regenten bezogen: Im Treppenturm spielten die Malereien der Tobias-Legende mit ihrer leidgeprüften und doch erretteten Hauptperson auf das widrige politische Schicksal an, das Ottheinrich aufgrund seiner Glaubensüberzeugung erlitt. Die Sgraffito-Dekoration der Hoffassade mit der biblischen Geschichte Josephs in Ägypten als Prototyp des weisen Herrschers wurde zwar erst unter Ottheinrichs Nachfolger ausgeführt, ging aber sicherlich noch auf dessen Planung zurück.[10]

Für wie wichtig Ottheinrich zeitlebens das Medium der Architektur für seine Repräsentation ansah, demonstriert eindrücklich sein letztes Bauprojekt, der später nach ihm benannte Wohnpalast auf dem Heidelberger Schloss.[11] Im Jahr 1556 begonnen, war der Ottheinrichsbau drei Jahre später bei seinem Tod noch nicht vollendet. Das erhöht liegende Erdgeschoss nahm einen Saal, die Herrentafelstube und das zum persönlichen Gebrauch Ottheinrichs bestimmte Appartement auf. Jüngst wurde vorgeschlagen, den ursprünglichen oberen Abschluss als Wiederholung der Neuburger Dachterrasse zu rekonstruieren, sodass auch hier bereits der Bautyp auf höchstrangige, antik-imperiale Architektur angespielt hätte. Bedeutungsgeladen war auch die zum Schlosshof hin ausgerichtete, mehr als 50 Meter breite Schaufassade, auf der antikisierende Säulenstellungen einen Wechsel von Fenstern und Statuennischen rahmen. Wie schon in Neuburg dürfte Ottheinrich auch hier eine Vielzahl von literarischen, bildlichen und baulichen Anregungen herangezogen und kombiniert haben. Dabei wurde er von gelehrten Beratern und erfahrenen Baumeistern und Bildhauern unterstützt. Das Bildprogramm dient auch hier der Verortung seines Bauherrn in die lange Tradition antiker Exempla und führt gleichzeitig einen auf Ottheinrich zugeschnittenen Spiegel fürstlicher Tugenden vor Augen. Auf die sieben Planetengötter ganz oben folgen im zweiten Obergeschoss fünf Figuren aus dem Zyklus der sieben Kardinaltugenden als Ideale fürstlicher Herrschaft. Im Register des Erdgeschosses rahmen vier biblische bzw. antike Heldengestalten ein Prunkportal im Zentrum, welches von dem Wappen und einem Bildnis Ottheinrichs bekrönt wird, der sich auf diese Weise als Bauherr und Bezugsperson des Programms zugleich präsentiert.

Ottheinrich gehört zu den bedeutendsten Bauherren des Heiligen Römischen Reichs in der Epoche der Renaissance. Manch anderer hatte bereits vor ihm die Architektur als Medium der fürstlichen Selbstdarstellung erkannt, kaum jemand sonst hatte jedoch solches persönliches Interesse an neuen künstlerischen Darstellungsmöglichkeiten, solche konzeptionelle Fantasie und solche Aufmerksamkeit für die gegenseitige Steigerung der einzelnen Künste entfaltet. Dies mag zum Teil in Ottheinrichs Veranlagung begründet gewesen sein; in hohem Maß stellte es aber eine Antwort auf die Herausforderungen einer Zeit dar, die die Maßstäbe fürstlicher Repräsentation höher als je zuvor gehängt hatte, während die Möglichkeiten zu ihrer Befriedigung erst langsam heranwuchsen. Der Wittelsbacher Reichsfürst Ottheinrich von der Pfalz ist deshalb in seiner Beziehung zur Architektur durchaus in die Nähe weitaus potenterer Bauherren wie den französischen König Franz I. oder Papst Julius II. zu stellen, deren materielle Ressourcen die seinen natürlich um ein Vielfaches überstiegen und deren Projekte nicht

zuletzt deshalb im heutigen Bewusstsein weitaus besser verankert sind.

Anmerkungen

 1 Allgemein: Kaufmann 1998; grundlegend zur Kunstpatronage Ottheinrichs zuletzt: Grosse 2003; zum Neuburger Schloss: KDB, Bd. 7: Regierungsbezirk Schwaben, Teil 5: Stadt und Landkreis Neuburg an der Donau, bearb. von Adam Horn und Werner Meyer, München 1958; Seitz/Kaeß 1987, Heckner 1995, Stierhof/Haller 1998, Hoppe 2001, Schlossbau Ottheinrichs; zum architektonischen Innovationsschub in der höfischen Architektur um 1470: Hoppe 2001, Burg zum Schloss
 2 Der in der Architektur dilettierende Fürst war gerade im deutschen Bereich eine nicht seltene Erscheinung: Lippmann 2001
 3 Hoppe 1996
 4 Hinweis bei Heckner 1995, S. 87, Anm. 43
 5 Schütte 1994
 6 Stierhof 1972, Stierhof 1993, Kaeppele 2003
 7 Hojer 1994; Lauterbach/Endemann/Frommel 1998
 8 Hoppe 2003
 9 Grosse 2003
10 Heckner 1995
11 Als Einstieg in die verwickelte Bau- und Überlieferungsgeschichte des Heidelberger Schlosses hilfreich, jedoch in vielen Einzelpunkten überholt: von Oechelhäuser 1986; neue Erkenntnisse werden vorgestellt von: Seeliger-Zeiss 1967, Gensichen 1996, Wendt / Benner 2000, Hoppe 2002; zum Ottheinrichbau ist nun zuallererst heranzuziehen: Hubach 2002, Ottheinrichs neuer hofbaw

Literatur
Gensichen 1996; Grosse 2003; Heckner 1995; Hitchcock 1981; Hojer 1994; Hoppe 1996; Hoppe 2001, Schlossbau Ottheinrichs; Hoppe 2001, Burg zum Schloss; Hoppe 2003; KDB, Bd. 7: Regierungsbezirk Schwaben, Teil 5: Stadt und Landkreis Neuburg an der Donau, bearb. von Adam Horn und Werner Meyer, München 1958; Hubach 1995; Hubach 2002, Ottheinrichs neuer hofbaw; Kaeppele 2003; Kaufmann 1998; Koch 1891; Lauterbach/Endemann/Frommel 1998; Lippmann 2003; von Oechelhäuser 1986; Schütte 1994; Stierhof 1972; Stierhof 1993.

7.45

Nagel aus Schloss Grünau

Neuburg (?), um 1530; Eisen,
9 x 3,3 x 3,4; Historischer Verein
Neuburg an der Donau (V 4614)

Während der Bauzeit des Neuburger und des Grünauer
Schlosses wurden große Mengen an Baumaterial geliefert,
darunter einige Schiffladun-
gen Marmorsteine. In den Jah-
resrechnungen tauchen sowohl
die beschäftigten Handwerker
als auch ihre Werke auf. Für Juni 1535 ist neben dem Ankauf
von Eisen und Stahl eine Lieferung von „8000 Pretnagel" bezeugt. Aus dieser Lieferung haben sich unverarbeitete Nägel
erhalten. R. Salzer nennt das
Jahr 1538 und eine Anzahl von
80000 Nägeln, gibt allerdings
keine Quelle hierzu an.   MG

7.47

KDB, Bd. 7: Regierungsbezirk Schwaben, Teil 5: Stadt- und Landkreis Neuburg an der Donau, S. 177; Rott 1905, Kunst, S. 188;
Salzer 1886, S. 67.

7.46

Glegenhait vmb das Fürstliche Haus Grienaw vnd Rorenfeldt

Johann Rummell; 11. Juli 1598; Feder/Papier, koloriert,
20 x 24; Bayerisches Hauptstaatsarchiv, München
(Plansammlung 10853)

Auf der mit „Johann Rummell 98 den 11. July" signierten
Federzeichnung der Umgebung Grünaus ist in der oberen Mitte eine Darstellung des Jagdschlosses zu sehen,
die ältere Darstellungen an Exaktheit übertrifft. Aus der
Vogelschau bietet die Karte eine südöstliche Ansicht der
Schlossgebäude, an denen nach dem Tod Ottheinrichs
– abgesehen vom Abriss zahlreicher Nebengebäude im
19. und 20. Jahrhundert – nur noch unwesentliche Änderungen vorgenommen wurden. In der Mitte des Gebäu-
dekomplexes ist das Alte Schloss zu sehen. Um 1530 begann die bis 1536 dauernde erste Ausbauphase dieses bereits existierenden Gebäudes, als Ottheinrich es durch
den Baumeister Hans Knotz unter anderem mit einem
Treppenturm und einem Dachgeschoss ergänzen ließ.
Das auf der linken Seite des Schlosskomplexes sichtbare
Neue Schloss und die umliegenden Gebäude wurden in
zwei weiteren Bauphasen von 1537 bis 1542 sowie – nach
einer Unterbrechung wegen der Verschuldung Ottheinrichs – wieder ab 1555 errichtet. Bereits während der
zweiten Bauphase wurde der verantwortliche Baumeister

Hans Knotz durch Hans Heckel ersetzt, die dritte Bauphase leitete Michael Schaler. Auf der Kartenzeichnung
Johann Rummells ist auch der um 1540 ausgehobene
Schlossgraben zu erkennen, der Grünau den Charakter
eines Wasserschlosses gab.   CZ

Burmeister 1976.

7.47

Kopie der Gedenktafel zur Errichtung des Jagdschlosses Grünau

Gips; Bayerisches Nationalmuseum, München (R 6727)
Original: Martin Hering (um 1515–1560); Süddeutschland,
1530; roter Marmor, 119 x 140; Schloss Grünau

Umgeben von Eichen- und Buchenwäldern liegt östlich
von Neuburg an der Donau das Jagdschloss Grünau.
Über seine Errichtung gibt eine Rotmarmortafel im
Hauptsaal, der so genannten Tafelstuben, im ersten Ober-
geschoss Aufschluss. „AM MONTAG NACH SONTAG IV-
DICA" des Jahres 1530 hatte Pfalzgraf Ottheinrich seiner
Frau Susanna „ZV GEFALLEN" selbst „DEN ERSTEN
STAIN" zur „GRIENAW" gelegt. Unter dem Baumeister
Hans Knotz konnte „AM LIECHMESSABEND" des Jah-
res 1531, also am 2. Februar, der Bau des Alten Schlosses
fertig gestellt werden. Die Arbeiten zogen sich noch bis
1537 hin; in diesem Jahr begann Jörg Breu d. J. mit der
Freskierung der Räumlichkeiten. Bis 1555 wurde die
Grünau in zwei weiteren Bauabschnitten mit dem Kom-
plex des Neuen Schlosses zu einer Rechteckanlage mit
vier runden Ecktürmen erweitert.

Die zweiteilige Tafel zeigt im oberen Segment eine fürstliche Hirschjagd. Um den zentralen Baumstamm legt sich eine Banderole mit dem Wahlspruch Ottheinrichs „MIT DER ZEIT". Zunächst wurde das Relief Loy Hering zugeschrieben, es ist aber nach eingehenden Forschungen seinem Sohn, Martin Hering, zuzusprechen. In der bildnerischen Umsetzung orientierte sich Hering an einem themengleichen Holzschnitt von Lucas Cranach d. Ä. (Bartsch 119). Die Tafel befand sich von 1856 bis 1925 im Bayerischen Nationalmuseum, München (R 6727). **M F**

Reindl 1977, S. 448f., Kat.-Nr. D 10; Burmeister/Heiß/Stierhof 1980, S. 31f., Abb. 117.

7.48

Eisenofen

Brenztal, 1536; Gusseisen, 161 x 58 x 130; Bayerisches Nationalmuseum, München (R 738)

Der langgestreckt-schmale Eisenofen wird (ursprünglich) an der rückwärtigen Schmalseite von einem gemauerten Sockel gestützt. Vorne ruht der Heizkörper auf drei kurzen ornamentierten Eisensäulchen. Die insgesamt vier hochrechteckigen Platten der beiden großen Längsseiten sind jeweils in sechs große Felder und zwei kleinere Felder der Sockelzone unterteilt. Die großen Felder zeigen vor gemustertem Flächengrund drei einander zugewandte Fürstenpaare im Brustbildformat: König Ferdinand I. und seine Gemahlin Anna von Ungarn, wohl Landgraf Philipp I. von Hessen und seine Gemahlin Christine von Sachsen sowie möglicherweise Herzog Ulrich von Württemberg und seine Gemahlin Sabine von Bayern. Die Sockelfelder werden von den Bildnissen Pfalzgraf Ottheinrichs und seiner Gemahlin Susanna eingenommen. Die porträthaften Darstellungen gehen offensichtlich auf Medaillen oder Plaketten zurück. Auf der dreiseitig gebrochenen Stirnpartie des Ofens finden sich unter anderem das Wappen Ottheinrichs sowie die Jahreszahl 1536.

Der zu den bedeutendsten vollständig erhaltenen Exemplaren der deutschen Frührenaissance zählende Eisenofen wurde in einer Hütte des Brenztals gegossen, eventuell unter der Ägide des Ulmer Patriziers und Bürgermeisters Bernhard Besserer. Ursprünglich stand der

7.48

Ofen im Gastzimmer von Schloss Grünau. Nach langen, über drei Jahrzehnte während Verhandlungen gelangte er 1888 aus Schloss Neuburg in das Bayerische Nationalmuseum. **LS**

Rott 1905, Kunst, S. 18, Abb. 6; Brachert 1958, S. 20f., 117f., Nr. VIII/1, Abb. 1, 2; Blümel 1965, S. 57, Abb., S. 216, 222; Weber 1986, Bd. 2, S. 702, Abb. M 1.

7.49

Pulverhorn Herzog Ottheinrichs

Um 1520/1550; Horn, graviert, geschwärzt, 10,5 x 7 x 9; Historischer Verein Neuburg an der Donau, Schloss Neuburg an der Donau (V 024)

Das fein gravierte Pulverhorn trägt das pfälzische Wappen mit den Initialen „ · OT · H · " und stammt wohl aus dem Besitz Ottheinrichs. Wie aus der Jahreszahl hervorgeht, die das lorbeerumkränzte Wappen flankiert, ließ

7.49

sich der Auftraggeber 1552 das Pulverhorn aus einer Hirschgeweihgabel für die Jagd fertigen oder bekam es zum Geschenk. In die geglättete Oberfläche sind florale Ranken mit Putti eingraviert, die einen Löwenkopf halten, der sich maskenartig um den dünneren Teil des Geweihstücks wölbt. Die daran anschließende flammenartige Verzierung lässt den Löwen Feuer speiend erscheinen. Die in das Horn gravierten Linien sind schwarz eingefärbt und bilden einen starken Kontrast zu dem geglätteten hellen Fond.

Während das Schießpulver zum Befüllen in die obere große Öffnung gegeben wurde, befindet sich an dem dünneren Arm eine Eisenmontierung, die als Dosiervorrichtung diente, mit deren Hilfe die Menge an Schwarzpulver bemessen wurde, die man als Treibladung in den Lauf des Vorderladers gab, bevor das Geschoss eingebracht wurde. Eine zweite nicht mehr vorhandene Eisenmontierung verschloss die befüllbare Seite des Pulverhorns.

Aus Ottheinrichs Aufzeichnungen und aus seiner Sammlung geht hervor, dass für ihn, wie für viele Herrscher seiner Zeit, die Jagd eine große Rolle spielte. Ob seine körperliche Konstitution in den 1550er-Jahren eine Teilnahme an der Jagd noch zuließ, ist nicht gesichert. In jedem Fall erfüllte dieses aufwändig gearbeitete Pulverbehältnis eine repräsentative Funktion. **MG**

Meinz 1966; Borsos 1982; Berliner 1926, Bd. 4, S. 28–36, Taf. 36–38, 40; Auktionskatalog Galerie Koller, Zürich, Auktion

XII, 3.–10. 11. 1965, Pulverhörnersammlung von Sir Alfred Bossom, vgl. Nr. 903, 904, 906, 909, 910, 915, 916, 921.

7.50

Relieftondi

Magnus Dreier (nachgewiesen 1534–1538); süddeutsch, 1538/40; Holz, Ø 15,5–18; Historischer Verein Neuburg an der Donau (P 009, P 010, P 012, P 013, P 014, P 015, P 016, P 017, P 018, P 019, P 044, P 046, P 047, P 048, P 049, P 050, P 051, P 052), Bayerische Verwaltung der staatlichen Schlösser, Gärten und Seen, München (ND P 1, ND P 2)

Wenn auch die Architektur des unter Ottheinrich erweiterten Neuburger Schlosses in ihrer Anlage der Gotik verbunden bleibt, so findet in Dekoration und Ausstattung die beginnende Renaissance ihren Niederschlag. Neben aufwändigen Türeinfassungen und Türfüllungen gehören Vertäfelungen zu der zeitgemäßen Ausstattung des Schlosses. Die Relieftondi stammen wohl aus einer Kassettendecke, vielleicht auch aus einer Wandvertäfelung, die für die Neuausstattung des Schlosses kurz nach Vollendung der Baumaßnahmen angefertigt wurde. Sie stellen, soweit sie zu bestimmen sind, Porträts von Angehörigen des Hauses Wittelsbach und deren Ehepartnern dar. Bei den erhaltenen Porträts handelt es sich um zehn Fürstenbildnisse. Einheitlich wenden sich die Frauen nach links und die Männer nach rechts. Identifizierbar sind: Kurfürst Friedrich II. (ND P 1), Pfalzgräfin Dorothea (ND P 2), eine Fürstin (Dorothea von der Pfalz?, P 044), eine Fürstin (Jakobäa von Bayern?, P 049), ein Fürst (P 048), ein Fürst (Ludwig V. von der Pfalz?, P 050), ein Fürst (Wilhelm IV. von Bayern?, P 046), ein Mann (P 014), ein Mann (Melanchthon?, P 019), wohl Pfalzgräfin Susanna (P 51), wohl Pfalzgraf Ottheinrich (P 052), wohl eine Fürstin (P 047), acht antik-römische Imperatoren (P 009, P 010, P 012, P 013, P 015, P 016, P 017, P 018). Sehr wahrscheinlich entspricht die Anzahl der überlieferten Tondi nicht der ursprünglich vorhandenen. Es fällt auf, dass sich die Bildnisse des Auftraggeberpaars Ottheinrich und Susanna in Erscheinung und Größe

7.50

nicht von den übrigen absetzen. Die Gleichstellung des Hauses Wittelsbach mit den römischen Imperatoren zeigt ein auch in anderen Fürstengenealogien zu findendes herrschaftliches Legitimationsprogramm.   MG

KDB, Bd. 7: Regierungsbezirk Schwaben, Teil 5: Stadt- und Landkreis Neuburg an der Donau, bearb. von Adam Horn und Werner Meyer, München 1958, S. 174–176, Abb. 96–98; Martin 1986, Textband, S. 575–578; Bibliotheca Palatina 1986, Bd. 1, S. 149; von Reitzenstein 1939, S. 37; Kunst der Reformationszeit 1983; 475 Jahre Fürstentum Pfalz-Neuburg 1980, S.118 f.

7.51

„Pawregister"

Neuburg, 1541; Handschrift/Papier, 32,5 x 22; Geheimes Hausarchiv, München (Pfalz-Neuburg Akten 2643, 1541 VIII 7)

Für die erste Ausbauphase seiner Residenz, das heißt vor Errichtung des Saalbaus, bediente sich Ottheinrich des Augsburger Baumeisters Hans Knotz. Dieser stellte eine Liste der von ihm im Zeitraum von über zehn Jahren ausgeführten Bauten zusammen: „Was maister Hanss Knotz maur meinem genedigen herrn hertzog Ottheinrich gepaut und gemacht hat". Sie ist in drei Versionen erhalten und zeigt, wie der Baumeister und Bauunternehmer erst nach und nach die Maßnahmen in eine zeitlich geordnete Reihe brachte. Knotz wurde beispielsweise das Jagdschloss Grünau als Gewerk vergeben, für dessen Umsetzung er auch finanziell verantwortlich war.

Wer jedoch im Einzelnen die Ideen geliefert und die Pläne erstellt hat, darüber sagen die Zusammenstellungen nichts aus. Hans Knotz kann nicht als Architekt im neuzeitlichen Sinn verstanden werden. Neben ihm arbeiteten die Werkmeister Georg Gebhard, Jeremias Wagner aus München, Hans Hartmann, Michael Schaler aus Ulm, Simon Has, Hans Häckel, Jakob von Brand, Hans Nicl und Mathias Gaiser. Zusätzlich wurden renommierte Baumeister als Berater und Gutachter hinzugezogen, so Paul Beheim aus Nürnberg (1532–1556), der Heidelberger Hofbaumeister Opfrigkam (1536) und die Münchner Baumeister Oswald Kronsdorfer und Heinrich Fugkinger (1538).   SHa

Rott 1905, Kunst, S. 185 f.; KDB, Bd. 7: Regierungsbezirk Schwaben, Teil 5: Stadt und Landkreis Neuburg an der Donau, bearb. von Adam Horn und Werner Meyer, München 1958, S. 171 ff.; Thieme/Becker 21, S. 34.

7.52

a) Grundriss und Aufriss zu einem Brunnen in Neuburg

Magnus Dreier (nachgewiesen 1534–1538); Neuburg, 1534/38; Feder/Papier, 53 x 38,5; Geheimes Hausarchiv, München (Pfalz-Neuburg Akten 2644 Nr. 6 Nr. 7)

b) Brunnenplatte

Magnus Dreier (nachgewiesen 1534–1538); Neuburg, 1534/40; roter Kalkstein, 106 x 136 x 18; Bayerisches Nationalmuseum, München (R 6751)

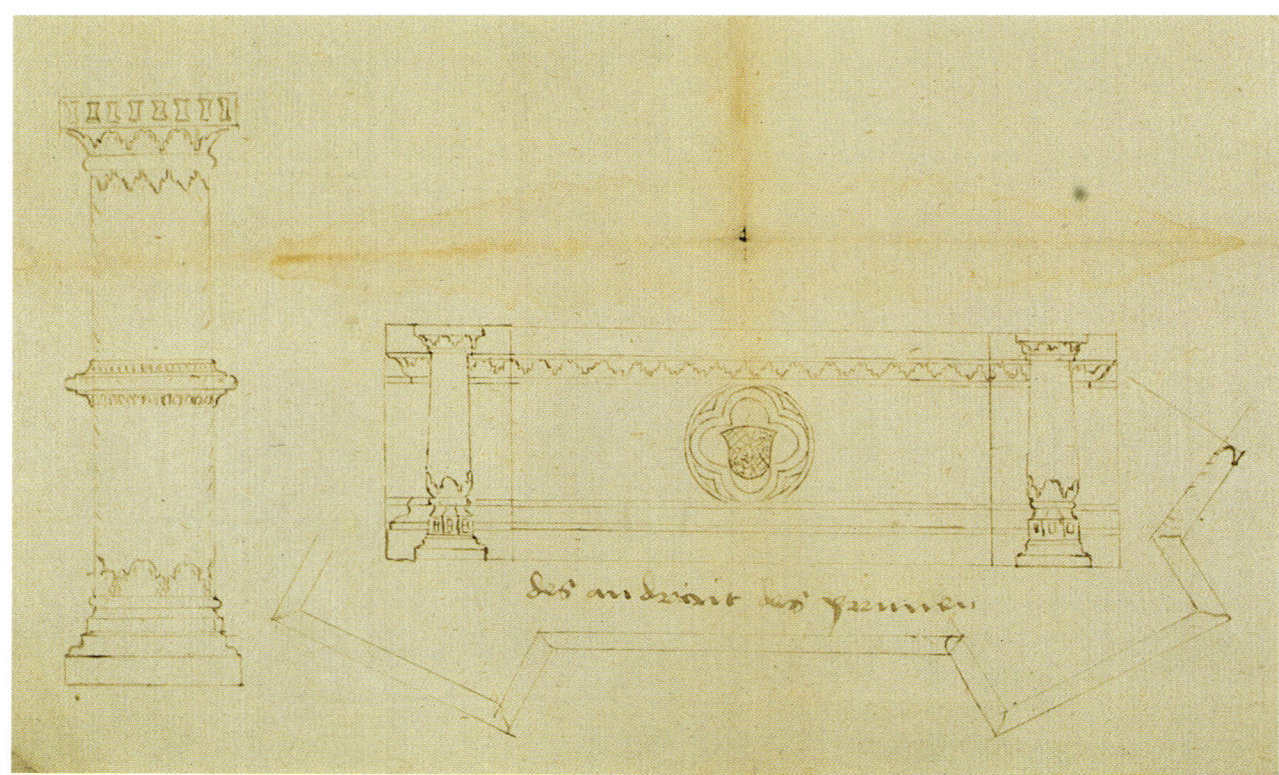

7.52a

c) Knabe, auf einem Pferd reitend

Magnus Dreier (nachgewiesen 1534–1538); Neuburg, 1534/40; roter Kalkstein, 66,5 x 66 x 20; Historischer Verein Neuburg an der Donau

7.52c

Eine wesentliche Versorgungsgrundlage für jeden befestigten Platz war eine vor Belagerern geschützte Wasserzufuhr. In Neuburg gab es in der Oberen Stadt lediglich den St.-Martins-Brunnen, der als Tiefenbrunnen den Trink- und Brauchwasserbedarf nicht in ausreichender Menge decken konnte. Als die umfangreichen Baumaßnahmen am Neuburger Schloss begannen, musste auch dort eine Lösung für die Wasserversorgung gefunden werden. An der Stelle des heutigen Marienbrunnens stand seit den späten 1530er-Jahren in der Mitte des Karlsplatzes ein nahezu ebenso großer Röhrenkasten und versorgte die Obere Stadt mit Wasser. 1692 muss der von Ottheinrich beauftragte Brunnen aus rotem Kalkstein so schadhaft gewesen sein, dass er abgetragen wurde.

1531 ließ Ottheinrich von seinem Baumeister Hans Knotz in der Nähe des Schlosses einen heute noch im Hof der Amalienschule stehenden Wasserturm erbauen. Ottheinrich veranlasste, dass 1534 der Zeugmeister Friedrich Praitner vom Hof Herzog Wilhelms IV. aus München nach Neuburg kam, um für die Wasserzufuhr eine dauerhafte Lösung zu schaffen. Hierzu wurde das Wasser einer Quelle in der Nähe von Laisacker in einer Wasserleitung aus durchbohrten Baumstämmen (Deicheln) in den Kupferkessel des Wasserturms geleitet. Der Höhenunterschied ließ das Wasser von allein fließen. Mit dieser Voraussetzung konnten nicht nur die Wasserversorgung des Schlosses und der Oberen Stadt gesichert werden, sondern auch an verschiedenen Stellen Zweck- und Kunstbrunnen errichtet werden.

Mindestens zwei Brunnen aus Stein ließ Ottheinrich nach Entwürfen des Steinmetzen Magnus Dreier fertigen. Wahrscheinlich wurden sie auch von diesem ausgeführt. Der Brunnen mit einem wappenhaltenden Löwen als Bekrönung des Aufsatzes war im kleinen Hof des Schlosses bei den Muschelgrotten aufgestellt. Der Grundriss (a) gehört zu dem achteckigen Brunnenbecken eines Röhrenkastens, dessen Weite mit 24 Schuh (ca. sieben Meter) angegeben ist. Ein weiterer Entwurf entspricht der Seitenwand dieses Röhrenkastens. Der heutige Marienbrunnen hat ebenfalls eine achteckige Grundfläche und eine annähernd dem Grundrissplan entsprechende Größe; deshalb darf man davon ausgehen, dass dieser in den 1720er-Jahren errichtete Brunnenbau den erstmals am 1. Juli 1581 schriftlich erwähnten Brunnen auf dem Markt ersetzte.

Im Bayerischen Nationalmuseum befinden sich vier Brunnenwandungen aus rotem Kalkstein, die ehemals zu diesem Brunnen am Markt gehörten. Das Beispiel (b) trägt in reich ornamentiertem Rahmen einen fein gearbeiteten Fischleib mit dem Kopf eines Einhorns, hinter ihm ein Vogel mit langem Schnabel und rechts das – nicht mehr vollständig erhaltene – Wappen von Savoy-

en. Ein weiterer Stein zeigt das Relief eines vollbärtigen Mannes mit Fischleib und das Wappen von Sachsen, das sich ursprünglich in der Mitte dieser Brunnenwandung befand. Die anderen beiden Platten hatten ursprünglich sicher die gleiche Breite, wurden aber später wesentlich verkürzt. Die beiden erstgenannten Reliefs stammen von einer Hand, die beiden letzten von einer anderen. Wenn auch die Rohlinge augenscheinlich aus demselben Steinbruch kommen, so sind sie unterschiedlich verwittert. Die dritte Steinplatte stellt drei nackte spielende Kinder und das bayerische Rautenwappen dar. Die vierte Brunnenwand wiederholt das Motiv der drei nackten spielenden Kinder. Das schlecht erhaltene Wappen mit einem nach links schreitenden Pfälzer Löwen auf einem Wappenschild bildet hier die ehemalige Feldmitte, an der linken Seite ist der Stein allerdings stark verkürzt. In der Mensa des Altars der Neuburger Schlosskapelle ist eine weitere Reliefplatte der Brunnenwandung eingebaut. Sie ist mit einer Breite von 1,87 Meter die einzig vollständig erhaltene und zeigt zwei Genien, die das pfalz-bayerische Wappen halten. Zwei weitere in Material und Bearbeitung entsprechende Fragmente finden sich im Schlossmuseum Neuburg. Eines zeigt einen reitenden Knaben (c), das andere das Spiegelbild dieser Darstellung. Von den restlichen Steinen und Fragmenten fehlt jede Spur.

Die vorgefundenen Wappen beziehen sich auf den Auftraggeber Ottheinrich. Man findet die Wappen seiner Urgroßeltern nicht nur hier, sondern auch an den Arkaden des Schlosshofs, im Erker im Rittersaal oder auf den genealogischen Teppichen (Kat.-Nr. 2.8).   MG

Fitzek 1993; KDB, Bd. 7: Regierungsbezirk Schwaben, Teil 5: Stadt und Landkreis Neuburg an der Donau, bearb. von Adam Horn und Werner Meyer, München 1958, S. 174–176, Abb. 96–98; AKL 29, S. 364.

7.54

7.53

Drei Entwürfe für den Bau eines Marstalls

Hans Knotz (nachweisbar 1527–1538); Neuburg, um 1530;
Papier/Feder, 43,2 x 31,4; Geheimes Hausarchiv, München
(Pfalz-Neuburg Akten 2644 Nr. 3)

Da keine Originalpläne zum Schloss erhalten sind,
kommt diesen Rissen zum Bau eines Marstalls besondere
Bedeutung zu. Hans Knotz, der eine herausragende Rolle
unter den Bauleuten bei Ottheinrichs Bauprojekten in
Grünau und Neuburg spielte, diente seinem Fürsten von
1527 bis 1538. Der Bauherr selbst gab die entscheidenden
Anregungen und beeinflusste die Planung. Überwiegend
lässt sich Knotz als Bauführer nachweisen, dennoch war
er sicher auch an den Planungen beteiligt. Das Verzeichnis seiner für Ottheinrich ausgeführten Bauten ist im
Original überliefert (Kat.-Nr. 7.51).

Das Entwurfsblatt zeigt drei Architektursskizzen. Die
lang gestreckten Gebäude unterscheiden sich in erster
Linie in Anordnung und Zahl der Stützen. Die erste
Zeichnung stellt einen dreischiffigen Bau mit elf Säulenpaaren dar, der mittlere zweischiffige Grundriss hat
lediglich fünf Stützen und die dritte Skizze bildet mit
fünf Säulenpaaren einen Kompromiss. Die beiden oberen Entwürfe enden in der linken oberen Ecke mit einem
kleinen Rundbau, die untere Zeichnung hingegen weist

an der entsprechenden Stelle eine halbkreisförmige Aus-
buchtung der Wand auf.

Der wohl in den frühen 1530er-Jahren südwestlich des
Neuburger Schlosses gebaute Marstall wurde 1535 erstmals urkundlich erwähnt. Die ausgeführte Bauform entspricht am ehesten dem ersten Entwurf, hat aber nur
zehn Säulenpaare und verzichtet auf den kleinen Eck-
rundbau. Es handelt sich um eine dreischiffige Halle mit
Kreuzrippengewölbe über schlanken achtseitigen Stützen mit Würfelkapitellen. Im Scheitel des südlichen Tors
ist die Jahreszahl 1594 zu finden, die sich aber wohl auf
den Einbau des Tors bezieht.   MG

Geheimes Hausarchiv, München, Pfalz-Neuburg Akten 2643;
KDB, Bd. 7: Regierungsbezirk Schwaben, Teil 5: Stadt- und
Landkreis Neuburg an der Donau, bearb. von Adam Horn
und Werner Meyer, München 1958, S. 170f., 284f. Abb. 93;
Thieme/Becker 21, S. 34.

7.54

Die obere Burg in Heidelberg

Heidelberg, 1537; Feder/Papier, 14,9 x 20,6 (R); Kurpfälzisches Museum der Stadt Heidelberg (Z 1314)

Auf den frühesten Ansichten von Heidelberg aus dem
15. und 16. Jahrhundert ist die Stadtsilhouette stets durch
die Neckarbrücke im Vordergrund und zwei Burgan-

lagen im Hintergrund gekennzeichnet. Das Erscheinungsbild
der jüngeren, etwas unterhalb
auf dem Jettenbühel gelegenen
Burg, das so genannte Heidelberger Schloss, ist in seiner historischen Genese durch zahlreiche Darstellungen hinläng-
lich bekannt. Das Aussehen der
oberen Burg an Stelle der heutigen Molkenkur wird dagegen
ausschließlich durch die in der
älteren Forschung dem Pfalzgrafen Ottheinrich zugeschriebene Federzeichnung wiedergegeben. Die Bezeichnung des
Blattes oben links lautet: „arx
sup. in Haydelberch 1537 Ott-
heinr. c. p." (= obere Burg in
Heidelberg 1537 Ottheinrich,
Pfalzgraf). Die eigenhändige
Unterschrift „Ott Heinrich
pfallsgrave m.p." (manu prop-
ria) ist allerdings späteren Da-
tums und darf, wie jüngste Untersuchungen geltend machen,
nicht als Hinweis darauf missverstanden werden, dass der
Pfalzgraf die elegante Federzeichnung eigenhändig angefertigt habe. Die Unterschrift

7.55

kennzeichnet die Zeichnung lediglich als Eigentum Ottheinrichs. Wahrscheinlich diente sie als Vorlage für ein
anderes Kunstwerk. Im Jahr 1537 bekam sie allerdings
dokumentarischen Wert, denn am Nachmittag des 25.
April 1537 wurde der Bergfried der oberen Burg, die zuletzt nur noch als Pulvermagazin gedient hatte, von einem Blitzschlag getroffen und die Anlage durch eine gewaltige Explosion in die Luft gesprengt. Das große Stadt-
panorama in Sebastian Münsters „Cosmographie" aus
dem Jahr 1550 zeigt nur noch „Reliquiae vetustae arcis",
Überreste der Grundmauern der alten Burg.   F H

Mittelalter. Der Griff nach der Krone 2000, S. 198; Wendt/Benner
2003/04, bes. S. 14 ff.; Kettemann 1986, S. 38 f.

7.55

Abguss des Reliefs aus dem Portal des Ottheinrichbaus

Haus der Bayerischen Geschichte, Augsburg; Original: Werkstatt des Alexander Colin (1526–1612); Heidelberg, 1558/59;
weißer Heilbronner Keupersandstein, Ø 70; Schlossverwaltung Heidelberg

Dass Ottheinrich die Baukunst zur Repräsentation nutzte, kommt am deutlichsten an dem später nach ihm benannten Wohnpalast des Heidelberger Schlosses zum

Ausdruck. So stellt das Porträtmedaillon in der giebelför-
migen Bekrönung der Portaleinfassung nicht nur den
Kurfürsten vor, sondern führt Bedeutung und Würde des
Regenten über seine Lebenszeit hinaus vor Augen. Das
Portal zitiert die Architekturform des Triumphbogens,
dessen Wappenfeld und Inschrift Namen und Rang des
Bauherrn zeigen: „Ott Hainrich von Gottes gnaden
Pfaltzgraf bei Rhein. Des heylige Römische reichs Ertz-
druchses und Churfürst. Hertzog in Nider und Obern
Baiern …"

Wenn auch der Entschluss, das Stammschloss seiner
Vorfahren durch einen eigenen Palastbau zu erweitern,
zum Zeitpunkt der Regierungsübernahme längst gefallen war, so reichten Ottheinrichs verbleibende Lebensjahre nicht aus, dieses bedeutende Bauprojekt bis zum
Abschluss zu begleiten. Dennoch sind seine Pläne vollständig ausgeführt worden.

Das Herrscherbildnis in einem lorbeerbekränzten
Medaillon, das von zwei musizierenden Putti flankiert
wird, ist in einer Rollwerkkartusche gefasst. Anatomisch
nicht besonders gelungen wirkt der Kopf in die Schulter-
partie eingesunken. Die Gesichtszüge erscheinen, verglichen mit den Bildnissen, die ihn als Kurfürsten darstellen, jung und ohne Zeichen seiner Krankheit.

Die Ausführung der Bauplastik des Heidelberger Ottheinrichbaus lag im Wesentlichen bei dem aus Mecheln

stammenden Bildhauer Alexander Colin, in dessen Werkstatt zeitweise bis zu zwölf Mitarbeiter tätig waren.

MG

Gaettens 1956; Kölmel 1956; Hubach 2002, Herkules Palatinus; Hubach 2002, Ottheinrichs neuer hofbaw.

7.56

Klebeband mit Kupferstichen

Italien u.a., 1548–1553; Kupferstiche/Papier, 88 Doppelbll., 41,2 x 28,5; Universitätsbibliothek Heidelberg
(C 7222–50 fol. imp. Res.)

Der Klebeband mit überwiegend italienischen Kupferstichen der Zeit von 1548 bis 1553 steht für eine weitere Facette von Ottheinrichs Sammelleidenschaft, aber auch in Zusammenhang mit seinen Bauunternehmungen. Der inhaltlich disparate Band enthält Stiche mit biblischen Ereignissen und Szenen der antiken Mythologie. Karten stellen das antike Rom und seine Umgebung vor.

Gebäude der Römerzeit sind im mittelalterlichen Zustand und in Rekonstruktionen wiedergegeben, darunter das Kolosseum, antike Triumphbögen, Grabmäler und Tempel. Fortgeführt wird der Bereich der Architektur mit einer Ansicht des Petersdoms und mit italienischen Wohnbauten der Renaissance. Neben römischen Statuen finden sich Reproduktionen antiker Wandmalereien. Der Band endet mit einem Blatt mit Porträts italienischer Dichter und Humanisten, darunter Dante, Boccaccio und Petrarca. In Rom hat sich ein ähnlicher Klebeband mit Kupferstichen Ottheinrichs aus der Bibliotheca Palatina erhalten. Das Heidelberger Exemplar ist mit einem Ottheinrich-Prachteinband aus dem Jahr 1558 geschmückt und wurde 1893 von der Universitätsbibliothek Heidelberg erworben. Als Vorbesitzerin lässt sich, wie ein Exlibris zeigt, die Bibliothek der Grafen von Virmond und Neersen namhaft machen.

AS

Bibliotheca Palatina 1986, Textband, Kat.-Nr. E 18.4; Von Ottheinrich zu Carl Theodor 2003, Kat.-Nr. 18; Warnecke 1890, Nr. 36.

Fürstliche Aufträge

7.57

Hl. Martin zu Pferd

Sebald Hirder (nachgewiesen 1524–1563); Neuburg (?), um 1525; Bronze, 62 x 58 x 39; Bayerisches Nationalmuseum, München

Die wohl von Sebald Hirder gegossene St.-Martin-Gruppe befand sich ursprünglich über der Tür der St.-Martin-Kapelle, die, 1310 erstmals erwähnt, eine der ältesten Kirchen der Pfarrei St. Peter in Neuburg war. Die Kapelle befand sich bis 1731 an der Stelle der heutigen Staatlichen Bibliothek.

Hirder, der bei Peter Vischer d. Ä. in Nürnberg das Gießen von Glocken und Plastiken erlernt hatte, betätigte sich in den 1520er-Jahren hauptsächlich als Geschützgießer, wozu er wahrscheinlich in der damals berühmten Gießhütte in Amberg ausgebildet worden war. Von hier aus führte sein Weg wohl durch die pfälzischen Kontakte nach Neuburg. Hirder betrieb hier eine Gießerwerkstatt und stand als Hofangestellter Ottheinrichs wohl bis 1550 in dessen Diensten. In der Entstehungszeit der St.-Martin-Gruppe ist kein anderer Bronzegießer in Neuburg nachweisbar. Die Skulptur trägt allerdings keine Signatur und es sind keine Dokumente für die Urheberschaft Hirders überliefert. Mit der Martin-Gruppe knüpfte Hirder an seine Nürnberger Ausbildungsjahre an; es ist die einzige freiplastische Figurengruppe, die von ihm erhalten ist. Es fällt auf, dass der hl. Martin in zeitgenössischer Kleidung in der Bedeutungsperspektive größer dargestellt ist als der Bettler, der ihm eher attributiv beigeordnet ist.

MG

Thieme/Becker 17, S. 127; KDB, Bd. 7: Regierungsbezirk Schwaben, Teil 5: Stadt- und Landkreis Neuburg an der Donau, S. 275, 279; Fitzek 1993.

7.58

Der Abschied Christi von seiner Mutter

Kopie: Schlosskapelle, Schloss Neuburg an der Donau; Original: Bayerisches Nationalmuseum München (R 555); Nürnberg (?), 1543; Bronze, 121 x 85

Über dem (ursprünglich einzigen) Zugang in die Schlosskapelle (von der Durchfahrt her) mit einem 1538 datierten Rotmarmortürstock ist eine Bronzetafel mit einem Bild- und einem Schriftteil angebracht. Das Bild zeigt in einem Arkadenbogen vor einer Architektur (mit Blick in einen Innenraum) zwei Personengruppen: links den segnenden Christus, den Kopf im Profil, etwas zurückgesetzt hinter ihm und gestaffelt stehend vier Apostel – vorne ganz offensichtlich Petrus, der sich, den Kopf drehend, zu den hinter ihm stehenden Aposteln umsieht; rechts leicht gestaffelt drei Frauen, von denen sich die vorderste, im Profil dargestellte mit gefalteten Händen Christus zuwendet und zu ihm hinüber-, ihn aber nicht direkt ansieht, während Christus sie direkt anblickt; von den beiden anderen Frauen schaut die mittlere mit gefalteten Händen auf den Betrachter, von der ganz am Rand ste-

222

henden dritten Frau sieht man den geneigten Kopf im Profil. Von Typus und Habitus, vor allem von der Gestaltung der Haube her, kann man die erste Frau nur als Maria deuten, zumal diese auf gleicher Höhe wie Christus steht.

Für die Deutung der Darstellung scheint eine Inschrift im Schriftteil der Tafel einen Hinweis zu geben: ✦ DISS ✦ EVANGELIVM ✦ WIRT ✦ BESCHRI WEN ✦ MATHEI ✦ AM ✦ XV ✦. Im Matthäus-Evangelium wird die Geschichte einer Frau beschrieben, nämlich der Kanaanäerin („Kanaanäisches Weib"), die Christus um Heilung ihrer vom Dämon besessenen Tochter anfleht (Matth. 15, 21–28) – in welcher Geschichte auch die sprichwörtlich gewordenen Brosamen vorkommen, die für die Hunde vom Tisch abfallen. Allein auf Grund des allgemeinen Hinweises auf Matth. 15 wird die Darstellung in der Neuburger Literatur immer (nachweisbar seit mindestens 1835) als die des Kanaanäischen Weibes angesprochen. Die Tafel selbst wird der Vischer-Werkstatt aus Nürn-

7.57

berg zugeschrieben. Diese hatte eine fast gleiche Darstellung schon für ein Messing-Epitaph (früher in der Ulrichskapelle, heute im Dom zu Regensburg), das signiert ist und wohl von Peter Vischer d. J. (1487–1528) stammt, für die 1521 verstorbene Ehefrau Margreth des Mertein Tucher aus Nürnberg geliefert; die Darstellung wurde bis 1931 nicht als das Kanaanäische Weib gedeutet, sondern als der Abschied Christi von Maria (so von Walderdorff 1896 und Otto Schmitt 1928/30). Erst durch einen Aufsatz des Passauer Bischofs Sigismund Felix Frhr. von Ow (1931) wurde die Neuburger Deutung auf das Regensburger Epitaph übertragen – seitdem gilt diese Darstellung auch dort als das Kanaanäische Weib.

Die hergebrachte Deutung als Abschied hat jedoch wesentlich mehr Sinn, steht hier doch das Motiv für den Abschied von einer geliebten Person. Und bietet sich diese Deutung nicht auch für die Neuburger Tafel an, hier für den Abschied Ottheinrichs von seiner Frau Susanna, die am 23. April 1543 gestorben ist? Doch, was soll der Hinweis auf Matth. 15 auf der Schrifttafel, die auch noch die Bauinschrift OTHAINRICH ✦ VON ✦ GOTTES ✦ GENADEN ✦ PFALZGRAF ✦ BEI ✦ REIN ✦ HERTZOG ✦ IN

✦ NIDERN ✦ VND ✦ OBERN ✦ BAYRN , dazu die einander zugewandten Vollwappen (mit Helmzier) von Pfalz (an vorderer, weil vornehmerer Stelle) und Bayern (an zweiter Stelle) zeigt und das Jahr 1543 (✦ M ✦ D ✦ XXXXIII ✦ IAR) nennt?

Das Rätsel löst sich, wenn man weiß, dass der Neuburger Reformator Andreas Osiander am 25. April 1543 nicht nur die Leichenpredigt auf Pfalzgräfin Susanna, sondern auch eine Grundsatzpredigt über Math. 15,13 gehalten hat: „Alle pflantzen, die mein himelischer Vatter nicht pflantzet, werden außgereutet werden", die der Bearbeiter G. Zimmermann in der Osiander-Gesamtausgabe so zusammenfasst: „Die Gemeinde soll über die papistischen Mißbräuche und Irrlehren aufgeklärt und mit der neuen Ordnung des Gottesdienstes und des Kirchenwesens vertraut gemacht werden". So gesehen ergibt der Hinweis auf Matth. 15 einen Bezug zur Reformation, der für die Kanaanäerin kaum herzustellen ist. Zudem wird die Geschichte der Kanaanäerin in der Bildenden Kunst ganz anders dargestellt, so etwa bei Lucas Cranach d. Ä.: die Frau kniend vor Christus mit einer hersehenden Jüngerschar – und eben nicht mit nur einigen und dazu

223

im Weggehen abgewandten Aposteln –, die Christus an den Ölberg begleiten, hinter ihr die dämonisierte Tochter, zwischen der Frau und Christus das sprichwörtliche Hündchen. Betrachten wir also zukünftig die Neuburger Bronzetafel als Abschied Christi von Maria und damit als Zeichen der Liebe und Achtung, die Ottheinrich seiner Frau entgegengebracht hat. RHS

Die Residenz in Neuburg, wie sie war und ist, in: Monatliches Collectaneen-Blatt für die Geschichte der Stadt Neuburg a/D. und deren Umgebung 1 (1835), S. 58; Lübke 1890, S. 506; von Walderdorff 1896, S. 156; Rott 1905, Kunst; Schmitt 1937; von Ow 1931; KDB, Regierungsbezirk Oberpfalz, Teil 12: Stadt Regensburg 1, bearb. von Felix Mader, München 1933, S. 124 f. mit 127; KDB, Bd. 7: Regierungsbezirk Schwaben, Teil 5: Stadt- und Landkreis Neuburg an der Donau, bearb. von Adam Horn und Werner Meyer, München 1958, S. 205, Abb. 130; Kaeß/Stierhof 1977, S. 8; Hubel/Kurmann 1989, S. 83 f.; Osiander 1990, Bd. 8, S. 60–82, Nr. 297 und S. 83–111, Nr. 298; Stierhof 1993, S. 46, 51; Smith 1994, S. 81 ff.; Cranach im Detail 1994; Hubel 1995, S. 23; Denkmäler in Bayern. Ensembles – Baudenkmäler – Archäologische Denkmäler, Bd. 3: Oberpfalz, Kreisfreie Städte, Teil 37: Regensburg, bearb. von Anke Borgmeyer und Achim Hubel, Regensburg 1997, S. 176 ff.; Grosse 2003, S. 57–59, 62–65.

7.58

7.59

Weinkühler

Sebald Hirder d. Ä. (nachgewiesen 1524–1563), Neuburg, 1538 oder 1543; Bronze, H. 101, Ø 88,3 (oberer Rand); Bayerisches Nationalmuseum, München (R 558)

Das monumentale Gefäß von zylindrischer Form ruht auf einer kaum sichtbaren Mittelstütze sowie auf drei nach außen gerichteten Delphinen. Die beiden Handhaben sind aus zwei symmetrisch angeordneten Delphinen gebildet. Die senkrechte Wandung wird von drei flachen Friesen umzogen. Die beiden schmaleren Friese oben und unten zeigen feine Spiralranken bzw. ein aus C-Spangen gebildetes Ornament. Der große Fries in der Mitte wird von Weinranken eingenommen, die auf die

Funktion des Gefäßes als Weinkühler verweisen. Die Hauptmotive des Reliefdekors sind vertikal übereinander angeordnet. Über dem pfalzbayerischen Wappen befindet sich eine große Löwenfellkartusche mit der Inschrift: OTHAINRICH VN / PILIPS GEPRIEDER / PFALCZGRAFE PEY / REIN HERZOG / IN NIDERN VND / OBERN PAYRN; eine kleinere Tafel darunter nimmt die Inschrift des Gießers auf: SEWOLT HIRDER / ZV NEWPVRG / HAT MICH GOSSEN / MDXXXVIII [oder MDXXXXIII]. Die viertletzte Ziffer kann als V oder X gelesen werden (die korrekte Schreibung wäre MDXLIII, doch wurde diese Form oft nicht beachtet).

Der als gusstechnisches Meisterwerk anzusehende Weinkühler, für den sich den Maßen nach in der deutschen Renaissance keine Parallelen finden, wurde erst auf mehrfache Bitte des Bayerischen Nationalmuseums hin 1869 aus Schloss Neuburg überwiesen.   LS

Fitzek 1993, S. 153, Abb. 4.

7.60

Stoßboden einer Kartaune mit pfalz-bayerischem Wappen und Bildnis Pfalzgraf Friedrichs II.

Gipsabguss 1956; Ø 63; Heimatmuseum Neuburg an der Donau; Original: Sebald Hirder d. Ä., 1524, Bronze

Die reich verzierten schweren Geschütze fertigte der Nürnberger Gießer Sebald Hirder d. Ä. in den Jahren 1524/25 in Neuburg. Während sich die auf den Rohren befindlichen Reliefbilder und Inschriften zur Personifikation der Geschütze als Scherer und Schererin unterscheiden, sind Rohrform, Dekor und Stoßböden identisch. Sie werden deshalb als Doppelkartaunen bezeichnet.

In der Mitte des Stoßbodens befindet sich ein Reliefbildnis Pfalzgraf Friedrichs II., umgeben von einem verzierten Rundstabring, an den die Umschrift anschließt: FRIDERICH. VON. GOTTES. GNADEN. PFALCZGRAF. BEI. REIN. HERCZOG. IN. PAIRN. Nach außen folgt ein in zwölf Felder unterteilter Ring, in dem neben Rosen und Wappenschilden mit bayerischen Rauten und dem pfälzischen Löwen drei Brustbilder zu sehen sind, deren um 1522 entstandene Medaillenvorlagen dem Augsburger Bildhauer Hans Daucher (um 1485–1538) zugeschrieben werden: links Ottheinrich, gefolgt von Friedrich, dessen Darstellung im Vergleich zum großen Bildnis vereinfacht ist, und anschließend Philipp.

Ob die Kartaunen von Friedrich in Auftrag gegeben wurden oder ob sie ein Geschenk seiner Neffen waren, ist unklar. Die große Darstellung Friedrichs deutet auf eine Auftragsarbeit hin, die Reliefbilder der jungen Fürsten hingegen sprechen für ein Geschenk zum Dank für die Ausübung der Vormundschaft bis 1522.   CZ

Fitzek 1993; Schalkhaußer 1977.

7.61

Glocke mit hölzernem Joch

Sebald Hirder (nachgewiesen 1524–1563); Neuburg, 1543; Bronze, H. 61 bzw. 79 (mit Krone), Ø ca. 63; Historischer Verein Neuburg an der Donau, Schloss Neuburg an der Donau (V 037)

Die Ausstattung des Schlosses mit Glocken ist aus der Repräsentationsabsicht der Pfalzgrafen Ottheinrich und

7.60

Philipp zu verstehen. Die überlieferten Werke der Gießerwerkstatt Sebald Hirders sind vor allem Geschütz- und Glockengüsse. Sieben Glocken haben sich erhalten, vier davon sind signiert. Drei unsignierte und eine der signierten Glocken befinden sich bis heute im Neuburger Schloss: 1528 und 1534 goss Hirder zwei Glocken für den Uhrturm des Neuburger Schlosses. Die ältere spiegelt noch ganz die religiöse Gesinnung der Auftraggeber wider: DV * BIS * GEGRISET * MARIA * VOL * GENADEN * DER * HER * MIT * DIR 1 * 5 * 28 ***. Die jüngere ist mit einem Durchmesser von 83 cm die größte nachweisbare Glocke Hirders. Sie nennt ihre Auftraggeber: AN * DO-M * OTHONRICH * VND * PHILIPPS * GEBRIEDER * VON * GOTZ * GNADEN * PFALZ * GRAF * BEIRHEIN * HERCZIG * IN * BORN.

Zwei Glocken entstanden für die neu erbaute Schlosskapelle. Die kleinere wurde 1541 gegossen und ist signiert mit SEWPOLT * HIRDER * ZV * NEVPURG * GOS * MICH * M * D * XXXXI *. Die größere hier gezeigte Glocke trägt die Inschrift: DIE △ FORCHT △ DES △ HERRN △ IST △ DER △ WEISHEIT △ ANFANG △ ANNO △ 1543 △ IAR △. In der Flanke der Glocke befindet sich ein Schild mit dem Wappen von Pfalz-Bayern. Der glatte Kronenbügel hat einen oktogonalen Querschnitt, ein scharfer Knick mit eingezogenem Arm. Die Glocke hängt an einem hölzernem Joch.

Der Glockenturm der Schlosskapelle, der ehemalige Aufbewahrungsort der beiden letztgenannten Glocken, schließt sich an die Kapelle im Nordwesten an. Die

7.63

Glocken wurden jedoch schon vor Jahren entfernt. Im Uhrturm sind sie zwar an ihrem angestammten Platz geblieben, sie sind aber seit mehr als einem Jahrhundert verstummt, da die für den Betrieb notwendige Uhranlage fehlt.   MG

Deutscher Glockenatlas 1967, Bd. 2, S. 402, Nr. 1305; Weihrauch 1956, S. 22; Fitzek 1993.

7.62

Türklopfer des Neuburger Schlosstors

Sebald Hirder d. Ä. (nachgewiesen 1524–1563); Neuburg (?), 1538/1540 (?); Bronzeguss, 47,5 x 33,5; 18 x 13; Bayerische Verwaltung der staatlichen Schlösser, Gärten und Seen, Schloss Neuburg an der Donau

Zu den wenigen in Neuburg verbliebenen Arbeiten des Gießers Sebald Hirder d. Ä. gehören die beiden bronzenen Türklopfer, die für die Torflügel des Schlosses gefertigt wurden. Die zweiteiligen Bronzewerke erscheinen jeweils als löwenkopfartige Fratze mit menschlich ausgeprägten Gesichtszügen und muschelförmiger Mähne, die seitlich in eine Schneckenform übergeht. Der birnenförmige Klopfring wird vom Maul des Löwen gehalten und das Gegenstück zum Klopfring nimmt die Muschel der Mähne in verkleinerter Form spiegelbildlich auf.

Die Türklopfer sind nicht datiert; sehr wahrscheinlich ist eine Entstehung in den Jahren 1538/40, da in dieser Zeit viele Ausstattungsstücke für das Schloss angefertigt wurden. Sebald Hirders jahrzehntelange Tätigkeit in Neuburg nach seiner Ausbildung bei dem Nürnberger Bronzegießer Peter Vischer d. Ä. (um 1460–1529) galt zunächst vor allem dem Geschützguss. Dann übernahm er auch andere Aufgaben: Er betätigte sich als Glockengießer und fertigte Bronzereliefs und -skulpturen für den Schlossneubau. Während er das Bürgerrecht in Neuburg nie bekam, sondern ausschließlich bei Hofe arbeitete, verlieh ihm 1551 die Stadt Nürnberg das Bürgerrecht. Spätestens zu diesem Zeitpunkt hatte Hirder Neuburg wieder verlassen.   MG

Fitzek 1993, S. 147–163, 182–185; KDB, Bd. 7: Regierungsbezirk Schwaben, Teil 5: Stadt- und Landkreis Neuburg an der Donau, S. 197, Abb. 114.

7.63

Ziergitter mit Faun und Nymphe vom Neuburger Schlossportal

Sebald Hirder d. Ä. (nachgewiesen 1524–1563); Neuburg, um 1538/40; Schmiedeeisen, Bronze, 109 x 370; Bayerische Verwaltung der staatlichen Schlösser, Gärten und Seen, Schloss Neuburg an der Donau

Das aufwändige Ziergitter diente als Oberlicht (heute ist es durch einen Nachguss ersetzt). Kleine Farbspuren weisen darauf hin, dass es einst, zumindest teilweise, farbig gefasst und vergoldet war. Das segmentbogenförmige schmiedeeiserne Gitter ist in drei einzelnen Werkstücken gearbeitet. Üppige Akanthusvoluten rahmen zwei Figuren, links ein Faun und rechts eine Nymphe. Auf den Oberarmen dieser nach außen orientierten Gestalten ruht ein Lorbeerkranz mit den ligierten Initialen OHS (Otto Heinrich Susanna). Während der Faun einen Schild mit dem Pfälzer Löwen hält, präsentiert die Nymphe einen Schild mit den bayerischen Rauten. In den Zwickeln des Bogenfelds stehen zwei kleine Genien.

Das Gitter ist nicht datiert. Es ist sicherlich vor dem Tod Susannas 1542, sehr wahrscheinlich in den späten 1530er-Jahren entstanden, da in dieser Zeit viele Ausstat-

7.62

7.64

tungsstücke für das Schloss in Auftrag gegeben wurden. Im vielfältigen Werk des Gießers Sebald Hirder d. Ä., der die meiste Zeit seines Schaffens in Neuburg verbrachte, nimmt das Ziergitter als kunsthandwerkliche Arbeit eine singuläre Stellung ein. MG

Fitzek 1993, S. 147–163, 182–185; 475 Jahre Fürstentum Pfalz-Neuburg 1980, S. 120; KDB, Bd. 7: Regierungsbezirk Schwaben, Teil 5: Stadt- und Landkreis Neuburg an der Donau, bearb. von Adam Horn und Werner Meyer, München 1958, S. 196, Abb. 111, 113.

7.64

Tischuhr des Pfalzgrafen Ottheinrich

Neuburg an der Donau (?), um 1540; Gehäuse: Kupfer, graviert, teilweise vergoldet und versilbert (teilweise ergänzt); Werk: Eisen, Messing, H. 11, Ø 15,6; Bayerisches National-museum, München (R 769)

Die runde Tischuhr, die von kräftigen Profilen eingefasst wird, trägt auf dem Boden des Gehäuses das pfalzbayeri-sche Wappen; zwischen den Helmzieren findet sich die Devise Ottheinrichs: MIT DER ZEIT. Den Rand umzieht die Inschrift: OTT · HEINRICH · VON · GOTTES · GENA-DEN · PFALSGRAF · BII DEN REIN · HERTTZOG · IN · OBEREN UND NIDEREN BAI. Das Zifferblatt zeigt zwei Stundenzeiger für die Stundenskalen I–XII, 1–24 und 4 x I–VI. Die senkrechte Wandung wird von umlaufenden Szenen der Hirsch-, Bären- und Eberjagd eingenommen.

Das weitgehend in Eisen ausgeführte Werk ist zum Teil im 17. Jahrhundert umgearbeitet worden. Als Verfertiger der Uhr kommt möglicherweise Jörg Leberer in Frage, der seit 1539 in Neuburg als Hofuhrmacher für Otthein-rich tätig war. Die qualitätvollen Gravierungen der Wan-dung gehen zweifellos auf einen professionellen Kupfer-stecher zurück. Wie der Name und das Wappen Otthein-richs sowie der für eine Uhr in spezieller Weise angemes-sene Wahlspruch „Mit der Zeit" vermuten lassen, handelt es sich hier um einen persönlichen Auftrag des Pfalzgra-fen oder aber um ein wichtiges Geschenk für den auch an astrologischen Fragen interessierten Wittelsbacher. In typengeschichtlicher Sicht zählt der Zeitmesser zu den frühen Beispielen der runden Tischuhr in noch recht ho-her Form. LS

Maurice 1976, Bd. 1, S. 62, Bd. 2, Abb. 493; Die Welt als Uhr 1980, S. 204, Kat.-Nr. 38.

7.65

Diptychon des Pfalzgrafen Ottheinrich

Meister M. S. (tätig um 1535/1550) (?); süddeutsch, Neuburg, 1549; Einlegearbeit, Mooreiche, Nußbaum, Obstholz, 27,7 x 18,6 (geschlossen); Historischer Verein Neuburg an der Donau, Schloss Neuburg an der Donau (V 025)

Das Diptychon wurde wohl als Schreibtafel gebraucht, dennoch kann die ursprüngliche Funktion der durch

227

7.65

Scharniere miteinander verbundenen Holztäfelchen schwer nachvollzogen werden, da die originalen Rahmenprofile im 19. Jahrhundert ersetzt wurden. Zudem wurden innen links zwei Pergament- oder Lederschlaufen abgeschnitten, die wohl als Halterung für einen Griffel dienten. Die kleine Kerbe am Innenrand erlaubte, dass der Griffel plan zwischen den Täfelchen lag.

Die repräsentative Wirkung des Diptychons wird aus der sorgfältig gearbeiteten Elfenbein-Intarsienarbeit ersichtlich. Außen auf der Vorderseite ist das pfalz-bayerische Wappen mit Helmzier von zwei Schriftbändern eingefasst. Auf dem oberen sind die Buchstaben M D Z (Mit der Zeit) zu lesen, die Ottheinrichs Wahlspruch wiedergeben, auf dem unteren O H P (Otto Heinrich Pfalzgraf). Darunter sind Figuren von Jägern zu Pferd mit Hunden und Stangenkämpfern in den dunklen Hintergrund eingelassen. Auf der Rückseite sind drei Szenen geschildert, die auf unterschiedlichen Quellen basieren. Oben sieht man die neutestamentliche Darstellung mit dem thronenden Pilatus, dem Christus von zwei Soldaten vorgeführt wird, unten links die alttestamentliche Szene mit Samson, der einen Löwen bezwingt, rechts daneben die mythologische Szene mit Herkules, der die Säulen des Tempels bei Gades trägt. Auf der Vorderseite sind damit die Vorlieben des Fürsten dargestellt, die Jagd und das Turnier, während auf der Rückseite Tugenden des Herrschers zum Ausdruck gebracht werden: Das Urteil des Pilatus weist auf die Gerechtigkeit Ottheinrichs hin, Sam-

son spielt auf seinen Heldenmut an und Herkules auf seine Stärke. Die relativ genau übertragenen Vorlagen für die gravierten Einlegearbeiten sind in Blättern von Virgil Solis, Israel van Meckenem, Meister FVB und Hans Sebald Beham zu finden. Die Innenseite ist mit kreuzförmig ausgerichteten floralen Ranken mit stilisierten Blüten gestaltet. Rechts in der Mitte ist ein Medaillon mit dem Kopf eines bärtigen Mannes mit Helm im Profil zu sehen. Die Darstellung erinnert an das Idealbild eines antiken Herrschers.

Das Diptychon ist in Programm und Ausführung singulär. Die Elfenbeineinlegearbeiten entsprechen der Arbeit der Büchsenschäfter, die in ähnlicher Weise Jagdwaffen, Pulvergefäße oder Kästchen für Armbrustbolzen verzierten. Auf dem rechten Ärmel des Samson findet man das Monogramm M S, auf dem anderen Ärmel die Jahreszahl 1549. Ob es sich bei dem Initial um den in Neuburg nachweislichen „Büchsenmeister Sebold" handelt, der hier mit M S (Meister Sebold) signiert, ist nicht nachzuweisen. MG

Die Renaissance im deutschen Südwesten 1986, Textband, S. 784, Nr. P 21; Bartsch 8, S. 164 und 9, S. 224; Pauli 1974, Taf. X, Abb. 101, II; O'Dell-Franke 1977, Taf. 55, Nr. f 33, Taf. 56, Nr. f 35 (I), Taf. 56, Nr. f 38; Taf. 77, Nr. g 43 (I)

7.66

Runde Stube

Installation

Zwischen 1527 und 1530, also vor der Errichtung des Westflügels des Neuburger Schlosses, ließ Ottheinrich durch Hans Knotz einen Rundstubenbau errichten, der bis zum barocken Schlossumbau bestehen blieb. Ein Gemäldeinventar aus der Zeit um 1600 verzeichnet in der Runden Stube 16 Einzel- und drei Familienporträts sowie ein Ehebildnis. Die heute noch identifizierbaren neun Originalbilder wurden – mit zwei Ausnahmen – von dem Nürnberger Maler Peter Gertner geschaffen, der offenbar auf Empfehlung von Ottheinrichs Ehefrau Susanna in den 1530er-Jahren am Neuburger Hof tätig wurde. Nicht von Gertners Hand stammen das um 1500 entstandene Ehebildnis Philipps des Aufrichtigen und das 1535 von Barthel Beham gefertigte Porträt Pfalzgraf Ottheinrichs (Kat.-Nr. 6.9). Weder die Auswahl der Gemälde noch deren aus dem Inventar zu erschließende Anordnung lassen ein klares Programm der Runden Stube erkennen: Gegen das Konzept einer Ahnengalerie spricht der Schwerpunkt auf den noch lebenden Verwandten Ottheinrichs, während beispielsweise seine Eltern ausgespart blieben. Auffällig ist die starke Betonung der pfälzischen Linie der Wittelsbacher, die zu Zeiten Ottheinrichs wichtige Fürstentümer und Bischofssitze inne hatte. Die Nähe der Runden Stube zur Schreibstube Ottheinrichs lässt daran denken, dass die Bilder in erster Linie der Erbauung des Fürsten dienen sollten.   CZ

Löcher 1993; Wagini 1987.

7.67

Almosenspende

Mathis Gerung (um 1500–1570); Lauingen (?), 1553; Tempera/Öl auf Holz, 85 x 79; Katholisches Pfarramt Mariä Himmelfahrt, Höchstädt an der Donau

Der wohl in Nördlingen geborene und spätestens seit 1525 in Lauingen angesiedelte Mathis Gerung stand über einen großen Zeitraum immer wieder im Dienst Ottheinrichs. Die frühesten gesicherten Aufträge erhielt der Maler im Rahmen der Illumination der Ottheinrich-Bibel (Kat.-Nr. 7.70).

In den Jahren 1553 und 1557 entstanden zwei ähnliche Tafeln mit Darstellungen von Almosenspenden (Stadtpfarrkirche Höchstädt und Heimathaus Lauingen). Sie beziehen sich auf die Stiftungen Herzog Georgs des Reichen an die Stadt Höchstädt am 26. Januar 1495 bzw. an die Stadt Lauingen am 5. Januar 1495. Aus dem erhaltenen Lauinger Stiftungsbrief geht hervor, dass Herzog Georg für sein Seelenheil und das seiner Vorfahren und Nachkommen Almosenstiftungen in 18 seiner Städte veranlasste. In dem Brief ist auch die Aufforderung enthalten, dass man den Bedürftigen vor der Almosenverteilung im Gottesdienst von der Stiftung Mitteilung

machen und sie anhalten solle, als Gegenleistung für das Seelenheil der herzoglichen Familie und ihrer Ahnen zu beten.

Die beiden Bilder entstanden in erheblichem zeitlichen Abstand zu der Almosenverfügung des Herzogs. Wer sie in Auftrag gab und wie die Anfertigung motiviert war, ist nicht gesichert. Möglicherweise gab eine beabsichtigte Wiederbelebung der Armenfürsorge in reformatorischer Zeit den Anstoß oder man wollte die Erinnerung an die großzügigen Spenden Herzog Georgs lebendig halten. Vor diesem Hintergrund wäre es denkbar, dass Ottheinrich seines Großvaters gedachte, zumal in der durch Herzog Georg verfügten Almosenstiftung auch das Seelenheil der Nachkommen bedacht wurde.

Auf der hier gezeigten Höchstädter Tafel ist zu sehen, wie der Herzog, seine Gemahlin Hedwig und ein Ratsherr aus gefüllten Beuteln Münzen an Bedürftige, Versehrte und Aussätzige verteilen. Während die prunkvollen Gewänder und der Schmuck des Herzogspaars stofflich ausgearbeitet sind, bildet die eintönige, zerlumpte Kleidung der Bedürftigen dazu einen deutlichen Kontrast. Der Hintergrund erscheint durch seine versatzstückartige Architektur kulissenhaft. Auffallend sind die im Größenverhältnis stark reduzierten Bettler im Vordergrund. Drei auf die Almosenspende bezugnehmende Bibelverse stehen auffordernd über dem Bildfeld: „Vnder Euch soll gar kain dirfftiger noch betle erfunden Werden / auf das des dir dein Her Und Got benedeije (deut 1,3)“, „Brich dem hungerigen dein brot Und die fremdling fier in dein havs / Vnd so du sichst armen nackeden so beklaid in (Jessai 3,8)“, „das ir in gethan habe aim aus meinen geringste(n)das habt ir mir gethan (math 25, 40)“.

Die kleinteilige Malweise verweist auf das Betätigungsfeld Gerungs als Illustrator und Miniaturmaler. Die wenigen überlieferten Gemälde des Malers sind alle durch minutiöse Genauigkeit und Sorgfalt in der Ausführung gekennzeichnet.   MG

Eichler 1993, S. 5–15, 95–101, 163–165.

7.68

Die Geschichte Lots

Mathis Gerung (um 1500–1570) zugeschrieben; Lauingen, 1536; Tempera und Öl/Nadelholz, 69,5 x 56; Staatsgalerie Stuttgart (2765)

In der weiten Landschaft ist in einzelnen Szenen simultan die Geschichte von der Entstehung des Volkes Israel (1 Mose 18, 19) geschildert. Die Vorgeschichte beginnt – in der Mitte links zu sehen – mit Abrahams Begrüßung der drei Engel. In der nächsten Szene, unmittelbar dahinter, werden diese von Sarah und Abraham bewirtet. Dass die Gruppe hier vor einer Hütte dargestellt ist, deutet darauf hin, dass sich der Künstler in seiner Darstellung

7.68

bekommt, während die Szene links die nächtliche Lagerstatt schildert.

Ein Künstlermonogramm mit ligierten Buchstaben, wohl G und M, ist auf dem von der Rinde befreiten Baum zusammen mit dem Entstehungsjahr geschrieben. Obwohl die Signatur schlecht lesbar ist, wird die stilistische Zuschreibung des Gemäldes an den Lauinger Maler Mathis Gerung wenig angezweifelt. Das Gemälde entstand in einer Zeit, in der zwischen Ottheinrich und dem Künstler im Rahmen des Auftrags für die Illumination der Ottheinrichs-Bibel (Kat.-Nr. 7.70) Kontakte bestanden. Der Fürst legte im Lauf der Jahre eine umfangreiche und qualitätvolle Gemäldesammlung an, in der sich auch Werke von Mathis Gerung befanden. Auch dieses Gemälde könnte sich in der Sammlung befunden haben.   MG

Eichler 1993, S. 5–15; Löcher 1968, S. 202; Rettich 1992.

an die Übersetzung Luthers hielt, da in der katholischen Übersetzung der Heiligen Schrift ein Zelt genannt ist. Dem hochbetagten Paar Abraham und Sarah wird die Geburt eines Sohnes Isaak verkündet. Adam begleitet die Engel auf ihrem Weg nach Sodom und erbittet die Errettung der Gerechten der Stadt, die der Herr ihrer Sündhaftigkeit wegen zerstören wird. Am Stadttor werden die Engel von Lot, dem Neffen Abrahams, empfangen. An dieser Stelle geht die Geschichte in den zweiten Handlungsstrang, die Geschichte Lots, über. Dieser beherbergt die beiden Engel und wird dafür errettet. Während Sodom bereits in Flammen steht und Rauchwolken zum Himmel aufsteigen, führen die Engel Lot mit seiner Frau und den beiden Töchtern aus der Stadt heraus. Entgegen dem Gebot hatte sich Lots Frau umgedreht und ist zur Salzsäule erstarrt. Über die Landschaftstiefe erreicht der Betrachter das zentrale Thema im Vordergrund. Hier sieht man rechts den vornehm gekleideten Lot mit seinen beiden Töchtern, wie er gerade einen Becher gereicht

7.69

Siegel des Mathis Gerung

Wachssiegel in Holzkapsel an Pergamentpressel; Stadtarchiv Lauingen

Der vermutlich in Nördlingen um 1500 geborene Mathis Gerung kam wohl durch seine Heirat mit Anna, Tochter des Lauinger Malers Mathes Reiser und Witwe des Lauingers Ulrich Augustin, um 1521 nach Lauingen, wo er in einem Zinsbuch von 1525 als mit dem Bürgerrecht versehen in der „Kaesingersgaß“ im Weberviertel besteuert wird. Am 21. Dezember 1531 trat er seinen Dienst als städtischer Wagmeister an und nahm vermutlich in dieser Zeit seine Wohnung im städtischen Waghaus in der Brunnengasse, wo er in den Steuerregistern von 1534 bis 1569 geführt wird. Den damit verbundenen zusätzlichen Verdienst brauchte Gerung, um sich und seine Familie – archivalisch belegt sind die Söhne Hans, David und Ambrosius – ernähren zu können, denn allein durch sein

Kunstschaffen vermochte er – wie viele Künstler seiner Zeit – sein Auskommen nicht zu finden, trotz prominenter Auftraggeber aus allen konfessionellen Lagern wie Herzog Ottheinrich oder Kardinal Otto Truchseß von Waldburg und trotz großer Aufträge wie der Ottheinrich-Bibel, Holzschnitten zum Augsburger Missale und anderem mehr. Zusätzlich zum Wagmeisteramt hatte er das Amt eines städtischen Sieglers inne, das er gemeinsam mit dem Stadtvogt ausübte. Sein Siegel zeigt einen nach links steigenden, hechelnden Hund mit Halsband. Deuten das Wagmeisteramt und die Funktion als städtischer Siegler auf eine gefestigte Stellung Gerungs im öffentlichen Leben Lauingens hin, so war der Meister doch Zeit seines Lebens offenbar kein wohlhabender Mann und musste 1569, ein Jahr vor seinem Tod, sein Wagmeisteramt wegen der Schuldenklage eines Gläubigers aufgeben.

MH

Eichler 1993.

7.70

Die Ottheinrich-Bibel

Mathis Gerung (um 1500–1570); Text und erste Illuminationen: Regensburg 1430, jüngere Illuminationen: Lauingen oder Neuburg, 1530–1535; Handschrift/Pergament 54,5 x 38; Bayerische Staatsbibliothek München (Cgm 8010–3, Bd. 7)

Die älteste illuminierte Handschrift des Neuen Testaments in frühneuhochdeutscher Übertragung der Vulgata stammt aus der Zeit 1425/30. Erster Auftraggeber war der Wittelsbacher Herzog Ludwig VII. der Gebartete von Bayern-Ingolstadt, der die Bibelhandschrift in Regensburg vollständig schreiben ließ (Kat.-Nr. 2.24). Der Text ist von einem einzigen Schreiber von seiner Vorlage nahezu fehlerfrei kopiert worden. Der Platz für die Initialen und die Miniaturen wurde ausgespart. Jeweils am seitlichen oder oberen Rand wurden in der Entstehungszeit Anweisungen für den Maler der Miniaturen in Latein notiert. Bei den bekannten ikonografischen Themen sind die Notizen ganz knapp gehalten, z.B. „angeli annunciatio" (Mariae Verkündigung), weniger bekannte Bildthemen sind umfangreicher beschrieben. Üblicherweise wurden derartige Anweisungen nach der Ausführung entfernt. Hier ist es vielleicht dem buchkundlichen Interesse Ottheinrichs zu danken, dass diese Bemerkungen erhalten geblieben sind.

Die Bilder stehen in der Regel im Anschluss an die Passage, die sie illustrieren. In der Entstehungszeit wurde nur etwa ein Fünftel der Miniaturen von drei Regensburger Meistern, die jedoch nicht namentlich bekannt sind, ausgeführt. Die Handschrift wurde noch zu Lebzeiten des Auftraggebers in unvollendetem Zustand gebunden. Als sich Herzog Ludwig der Gebartete 1438 nach Neuburg zurückzog, führte er diese Handschrift sehr wahr-

scheinlich mit sich und vermutlich gelangte sie 1446 dann mit ihm nach Burghausen. Heinrich von Landshut eignete sich wohl nach dessen Tod das Erbe an. Über seinen Sohn Ludwig IX. gelangte die Bibelhandschrift an Georg den Reichen, den letzten männlichen Erben der Landshuter Linie. Da Ottheinrich und Philipp die „fahrende Habe" der Landshuter Linie aus den Schlössern Landshut und Burghausen erbten, kamen sie unmittelbar in den Besitz dieser Handschrift. 1530 beauftragte Ottheinrich den Maler Mathis Gerung aus Lauingen, die Illumination zu vollenden. Zunächst sollte er die Miniaturen bis auf die Apokalypse ausführen, ein zweiter Vertrag für die Ausstattung der Apokalypse folgte 1531.

Gerung bezieht sich in seinen Entwürfen auf grafische Werke Burgkmairs, Cranachs, Dürers und Schäufeleins. Vor allem Dürers 1498 entstandene Serie zur Apokalypse stand bei den Zeitgenossen in höchstem Ansehen, sodass es nicht verwundert, wenn Gerung sich auf diese Arbeit bezog. Insgesamt fertigte er 252 Zierinitialen, vier ganzseitige Darstellungen und 103 rechteckige Bildfelder unterschiedlicher Größe. Alle Miniaturen sind mit einem einfachen Farbband mit feinen Arabeskenverzierungen gerahmt. Wenn sich der Maler mit seinen perspektivischen Raumdarstellungen als fortschrittlich erweist, ist doch das Kolorit noch ganz lokalfarbig geprägt; so erscheinen die Gewänder der Personen als nahezu ungebrochene isolierte Farbflächen. Während die Miniaturen Gerungs in leuchtenden Deckfarben ausgeführt sind, verzichtet er im Gegensatz zu seinen Kollegen, die fast ein Jahrhundert vor ihm an dem Werk arbeiteten, völlig auf den Einsatz von Goldauflagen für die Gestaltung des Himmels oder des Hintergrunds. Die Gesichter folgen einem einheitlichen Typus und unterscheiden sich hauptsächlich in Haar- und Barttracht.

Vier Miniaturen sind signiert bzw. datiert (65^V „OW 1530 ON", 263^r „M OW 1530 ON G", 283^V „ MG 1532", 306^r „1532"). Die Initialen M und G weisen eindeutig auf den Künstler. Die Buchstaben OW und ON, die mehrmals auch auf den Tafelbildern Gerungs auftauchen, lassen sich nicht eindeutig auflösen.

MG

Bibliotheca Palatina 1986, Bd. 1, S. 491f., Kat.-Nr. H 5.6; Roettig 1991, S. 14f., Abb. 32, 86, 91; Löcher 1990, bes. S. 41, Abb. 42, 18, 29f., 36f.; Eichler 1993, 194f., Abb. 38.1, 38.2, 48a, 48b, 75.1, 76, 78.1, 78.2, 78.3; Merkl 1999, S. 504–509, Abb. 476, 477, 479; Eichler 2002; Gullath 2002.

7.71

a) Vertrag über die Illuminierung des Neuen Testaments

Neuburg, 23. Dezember 1530; Urkunde/Papier, 34 x 23,5; Bayerisches Hauptstaatsarchiv, München (Neuburger Kopialbücher 111, fol. 182^V–183^r)

b) Vertrag über die Illuminierung der Apokalypse

Neuburg, 24. September 1531, Urkunde/Papier, 34 x 23,5;
Bayerisches Hauptstaatsarchiv, München (Neuburger Kopialbücher 111, fol. 329^v–330^r)

Ottheinrich schloss mit dem Maler Mathis Gerung am
23. Dezember 1530 in Lauingen einen Vertrag über die
Illuminierung eines Neuen Testamentes: „Mathesen Malers Verding das Biblisch buch zufigurirn…" Zu diesem
Zeitpunkt hatte Gerung, wohl nach mündlicher Absprache, bereits 67 Miniaturen und etwa 200 Initialen für den
Lohn von 60 Gulden ausgeführt. Nachdem die Arbeit offensichtlich zur Zufriedenheit Ottheinrichs fortgeschrit-
ten war, sollte Gerung weitere 32 Miniaturen und 35 Initialen anfertigen. Er sollte dafür weitere zehn Gulden
und drei Kleidungsstücke, und zwar „winterclaidung.
Nemlich Rogkh, Hosen und wamas", bekommen. 55 Gulden wurden gleich ausbezahlt, die restlichen 15 Gulden
waren nach Abschluss der Arbeiten fällig. Die Kleidungsstücke bekam Gerung ebenfalls sofort zur Verfügung.

Der zweite Vertrag betrifft die Ausgestaltung der Apokalypse, für die Mathis Gerung 20 Gulden und ebenfalls
drei Teile „summer klaidung" erhalten sollte. Das höhere
Honorar für die Ausführung der Miniaturmalereien in
der Apokalypse gibt einen Hinweis auf ihre Einschät-
zung innerhalb der Handschrift, wobei das größere Format der Malereien durch die freigelassenen Felder bereits
vorgegeben war. Gerung hatte wohl schon vor Abschluss
des Vertrags mit der Ausmalung der Apokalypse begonnen, da zwei Miniaturen das Datum 1530 (fol. 65^v und
fol. 263^r) tragen. Fertig gestellt wurde das Werk 1532,
wie aus Gerungs Monogramm und der Datierung auf
fol. 283^v und fol. 306^r zu erschließen ist. Aus dem Vertrag
geht nicht hervor, ob es seitens des Auftraggebers genaue
Vorgaben für die Gestaltung, wie etwa die Orientierung
an bestimmten Vorbildern oder konkreten Vorlagen gab.
Die beiden Verträge zählen im Rahmen der süddeutschen Buchmalerei zu den ausführlichsten Quellen, die
sich erhalten haben. MG

Eichler 1993; Merkl 1999, S. 229f.; Eichler 2002; Gullath 2002,
S. 12–16, 36–41.

Der Bücherliebhaber

Wolfgang Metzger

Reformation und Nachruhm – Die Bibliothek Ottheinrichs von der Pfalz

„An Herzog Ottheinrich

Ich vernehme nämlich, Du hast … zum Gedeihen der Universität die Bücher verschiedener Fachgebiete …, aus verschiedenen Weltgegenden zusammengebracht …, um damit in der Heiliggeistkirche eine öffentlich zugängliche Bibliothek einzurichten, und hast ihnen dort eigene Bücherschränke zugewiesen. Eine weise Entscheidung!

Denn bei den Ägyptern, in Epidaurus und Babylon waren die Tempel der Götter die Bibliotheken der Ärzte und die Priester Meister der Heilkunst. So, geneigter Fürst, mögest auch Du, nicht weniger als Ptolomäus Philadelphus, Pisistratus und Attalus in Pergamon sowie bei den Römern Lucius Lucullus, aus herausragenden Geistern eine Gelehrtenrepublik schaffen.

Lucullus nämlich, ein ehemaliger Konsul, hat in Rom eine Bibliothek errichtet, die nach seinem Willen allen Studenten, auch den fremden, ständig unbeschränkt offenstehen sollte, als angenehme Herberge und Zufluchtsort der Musen. … Dadurch hat sich Lucullus ewigen Ruhm erworben.

Wahrlich also, bester Fürst, neuer Mäzen der Gelehrten, wohlan, mögest auch Du solche Tugend erweisen."

(Lange 1560, S. 30 f., Übersetzung des Autors)

Johann Lange (1485–1565), der Verfasser dieser ebenso lobenden wie fordernden Zeilen aus dem letzten Lebensjahr Ottheinrichs, gehörte zur unmittelbaren Umgebung des Kurfürsten und kannte die Vorgänge dort gut. Der langjährige Leibarzt fasste hier zusammen, was er über Ottheinrichs Bestrebungen als Bibliotheksgründer wusste und formulierte gleichzeitig seine eigenen Wünsche und Hoffnungen. Ottheinrich von der Pfalz gilt als einer der bedeutendsten Bibliophilen des 16. Jahrhunderts im deutschen Sprachraum. Er tritt als Sammler von Handschriften und Drucken ebenso hervor wie als Förderer von Autoren, Übersetzern, Gelehrten und Druckern.[1] Vor allem jedoch schuf er Büchersammlungen, allen voran die Bibliotheca Palatina.[2]

Bibliotheca Palatina

Die Bibliotheca Palatina konnte bis zu ihrer Wegführung im Jahr 1623 als wichtigste deutsche Bibliothek gelten. Als geistiger Hort des Protestantismus, vor allem aber als Fundgrube antiker und mittelalterlicher Texte wie historisch bedeutsamer Schriften wurde dieser reiche Bestand

in seiner späten Heidelberger Zeit eifrig genutzt. Unter berühmten Bibliothekaren wie dem Gräzisten Wilhelm Xylander, dem Dichter Paulus Melissus und dem Herausgeber lateinischer Klassiker Jan Gruter erlebte die Palatina eine bedeutende Blüte. Die umfangreichen Editionen Gruters waren zu ihrer Zeit weithin berühmt. Zusammen etwa mit den Publikationen des gelehrten Heidelberger Druckers Commelin prägten sie nicht nur das Ansehen der Palatina, sondern indirekt auch den Ruf der in sie eingegangenen Büchersammlung Ottheinrichs. Die noch heute berühmten Zimelien aus dem Besitz des Fürsten wie der Vergilius Palatinus, der beim Druck verloren gegangene Codex der Selbstbetrachtungen Marc Aurels oder die – heute alleine erhaltene – Abschrift des Speyerer Itinerarium Antonini (Kat.-Nr. 7.84) taten ein Übriges. Doch welchen Stellenwert hatten Ottheinrichs Bücher in dieser Schatzkammer des Humanismus und wie kam es zu ihrer Vereinigung mit der Bibliothek des Heiliggeiststifts und der „älteren Schlossbibliothek", dem eigentlichen Gründungsakt der Palatina?

Die Palatina war weit mehr, als Ottheinrich besessen hatte. Eine herausragende Bibliothek war 1584 aus dem Nachlass Ulrich Fuggers in sie eingegangen.[3] Dieser hatte zuvor die Bibliothek seines Freundes Achilles Pirmin Gasser erworben[4] wie auch zahlreiche Bände des italienischen Humanisten Giannozzo Manetti. Durch ihn kamen viele Klassikertexte in die Heidelberger Bestände. Schließlich stammten die 1623 abtransportierten Bücher keineswegs alle aus der Palatina: Die deutschen Handschriften, heute die Heidelberger Palatini germanici, kamen überwiegend vom Schloss. Die Bücher des Heidelberger Sapienzkollegs und privater Buchbesitz, etwa der Jan Gruters, landeten ebenfalls in den Transportkisten.[5]

Der Beitrag Ottheinrichs

Der genaue Umfang von Ottheinrichs Beitrag zur Bibliotheca Palatina lässt sich nicht beziffern. Von den rund 6600 Bänden im Inventar der Schlossbibliothek von 1556 stammen nur einzelne aus seinem Besitz. Der größte Teil der Neuburger Kammerbibliothek, etwa 390 Titel, ging wieder dorthin zurück.[6] So bleiben die Handschriften und Drucke, die er vor allem zwischen 1544 und 1552, in der Zeit seines Exils in Heidelberg und Weinheim, gesammelt hatte – darunter die Handschriften des Klosters Lorsch – und natürlich die Erwerbungen der Kurfürstenzeit. Da Ottheinrich ab 1556 auch viele Bände der vorhandenen älteren Schlossbibliothek mit seinen Einbänden versehen ließ, erscheint sein persönlicher Anteil leicht umfangreicher als er tatsächlich war. Dazu kommt, dass fast alle Palatinabände in Rom und Heidelberg ihre ursprünglichen Einbände eingebüßt haben – bis auf die Ottheinrichs und wenige andere. Die Instruktion, Provenienzhinweise zu erhalten, rettete die auffälligen Supralibros. So könnte man heute den Eindruck bekommen, dass der größte Teil der Palatina – soweit nicht offensichtlich später entstanden – auf Ottheinrich zurückgehe. Doch nur die vor 1556 datierten Ottheinrich-Einbände zieren mit Sicherheit eigene Erwerbungen. Der persönliche Buchbesitz Ottheinrichs wird zumeist mit etwa 1000 Bänden beziffert.[7] Zieht man die nach seinem Tod nach Neuburg zurückgegangenen und die versprengten Bände ab, blieben also gut 600 für die Palatina.

Vereinigung der Bibliotheken in der Heidelberger Heiliggeistkirche

Wie kommt es nun, dass die von Ottheinrich erworbenen Bücher mit wesentlichen Teilen der Heidelberger Schlossbibliothek und der schon seit dem 15. Jahrhundert existierenden Bibliothek des Heiliggeiststifts vereinigt wurden? Wenn H. Alting berichtet, Ottheinrich habe die Bücherbestände der Universität aus schmalen Anfängen nicht nur vergrößert, sondern praktisch neu begründet, so bezieht er sich auf diese Bibliothek, nicht auf die Bücher der Fakultäten.[8] Er berichtet von der Erneuerung des Bibliotheksraums im Schloss durch Kurfürst Friedrich II., der ihn dann aber anderweitig habe nutzen lassen, weshalb sein Nachfolger den Büchern einen Ort in der Stadt bereitete, nahe der Kanzlei, wohin der Kurfürst im Wagen fahren konnte. Von einem Bibliotheksneubau, wie oft vermutet wurde, ist hier nicht die Rede. Ottheinrich hatte schon 1553 die in seiner Exilzeit gesammelten Bücher auf der Bibliotheksempore der Heiliggeistkirche untergebracht, zusammen mit der von Ludwig III. begründeten Stiftsbibliothek.[9] Obgleich er in Heidelberg über ein Anwesen verfügte und auch Räume im Schloss nutzen konnte[10], wollte er die mit Eifer gesammelten Bücher zusammen mit den Bänden der Universität in der Heiliggeistkirche aufbewahren lassen. Der „unvergleichliche Schatz an Büchern, den er durch größte Anstrengungen und Kosten zusammengebracht habe", wie Rektor Wagemann, vermutlich mit Bezug auf ein Schreiben Ottheinrichs, in den Universitätsakten formulierte, war also bereits auf der Bibliotheksempore, als 1556 ein Großteil der Schlossbibliothek hinzukam. Und obwohl das Schloss durchaus Raum geboten hätte, um die rund 6 600 Bände der Schlossbibliothek zu beherbergen, lässt Ottheinrich auch diese Schätze zum größeren Teil in Heiliggeist mit den dort bereits befindlichen bei-

den Büchersammlungen vereinen. Warum aber sollte der durch Leibesumfang und Krankheit kaum mehr bewegliche Kurfürst seine kostbaren Bände auf eine nur über enge Treppen zugängliche Kirchenempore bringen lassen?[11] Verständlich wird dies erst im größeren Zusammenhang mit seinem schon lange vorher greifbaren Projekt einer großen protestantischen und für weite Kreise offen stehenden Bibliothek.[12]

Ottheinrichs Bibliotheksprojekt

Dass Ottheinrich bereits in den 1540er-Jahren begonnen hatte, eine Bibliothek aufzubauen, geht aus einem Schreiben Martin Bucers von 1544 hervor: Bucer ersucht darin Bullinger, er möge von Conrad Gesner die gedruckten Teile seiner „Bibliotheca universalis" – der ersten internationalen Allgemeinbibliografie – für den Pfalzgrafen erbitten. Dieser lege eine Bibliothek an und wolle daraus erfahren, welche Bücher er erwerben solle. Im Übrigen widme er sich jetzt ganz der Reformation.[13] Privater Buchbesitz wie die ererbte Ottheinrich-Bibel (Kat.-Nr. 7.70)[14] gehören nicht in diesen Kontext und müssen hier außer Acht bleiben. Der systematische Aufbau einer Bibliothek bedingte auch in den Folgejahren immer wieder den Wunsch nach bibliografischer Handreichung in Form von Bibliotheksverzeichnissen und Literaturlisten. 1547 bekam er von Paul Fagius aus Straßburg eine Liste hebräischer Bücher geschickt. Im November desselben Jahres schrieb er an Theobald Billican in Marburg und erkundigte sich nach der Bibliothek des Klosters Fulda.[15] Auch Caspar Hedio schickte Ottheinrich, zusammen mit der Übersetzung von Platinas Papstgeschichte (Kat.-Nr. 7.97), ein „Libel" mit einer Bücherliste für die im Aufbau befindliche Bibliothek. Die umfangreiche Vorrede Hedios zu dieser Übersetzung von 1546 liest sich stellenweise wie ein Programm für Ottheinrichs Aktivitäten als Büchersammler und Mäzen in den kommenden Jahren (Kat.-Nr. 7.74).[16] Der Aufbau einer Bibliothek, zunächst für die protestantischen Seelsorger, mit der grundlegenden Literatur in Latein, Griechisch und Hebräisch, aber auch für die breitere Öffentlichkeit und die Nachwelt mit guten Übersetzungen der wichtigsten Literatur ins Deutsche war, Hedio zufolge, Gesprächsthema bei seinem Besuch in Heidelberg im Vorjahr. Wenn Ottheinrich 1547/48 um ein Verzeichnis der Bibliothek Konrad Peutingers bat[17], so ging es ihm ebenfalls darum zu erfahren, welche Bücher es wert waren erworben zu werden. Gerade weil Ottheinrich selbst kein Gelehrter war, interessierte er sich für die Sammlungen bedeutender Köpfe.

1550 sah er die Heidelberger Schlossbibliothek Friedrichs II. durch und legte sich ein Inventar an.[18] Auch sie gehörte zu seinem „wartend erb" und wurde eingeplant. Bedenkt man daher Ottheinrichs über viele Jahre mit Bedacht verfolgtes Bibliotheksprojekt, so ist es höchst unwahrscheinlich, dass die Vereinigung dreier bedeutender Bücherbestände in der Heiliggeistkirche in den Jahren 1553 und 1556 ihren Grund lediglich in einem kurzfristigen Platzproblem gehabt haben soll. Es ist vielmehr die wohlüberlegte Begründung einer bedeutenden Bibliothek und ihre Verknüpfung mit der reformierten Universität.[19] Diese wurde aus ihrer kirchlichen Verankerung gelöst und als Landesuniversität unmittelbar in die Obhut des Kurfürsten gegeben. Auch das reformierte Heiliggeiststift befand sich nun ganz in dessen Hand. Die auf den Kirchenemporen zunächst nur räumlich vereinigten Bibliotheken wurden damit auch besitzrechtlich zur kurfürstlichen und gleichsam zur „Landesbibliothek".[20] Auch hier wird deutlich, wie planvoll Ottheinrich verschiedene Maßnahmen miteinander verzahnte. Es spricht somit alles dafür, dass die 1553 erfolgte Unterbringung seiner Bücher in Heiliggeist wie auch die wohl 1556 erfolgte Verlagerung eines erheblichen Teils der Schlossbibliothek dorthin Etappen einer langfristigen Planung waren und keine Provisorien.

Die Beweggründe liegen auf der Hand. Schon die zeitliche Koinzidenz der Hinwendung zur Reformation mit dem Beginn der Bucherwerbungen und der Anfertigung der ersten persönlichen Einbände in den frühen 1540er-Jahren weist auf einen unmittelbaren Zusammenhang.[21] Explizit geht die angeführte Vorrede Hedios von 1546 darauf ein. Auch der Gedanke an die Verbindung mit einer künftigen reformierten Landesuniversität dürfte eine Rolle gespielt haben. Daneben sind historische Vorbilder nicht außer acht zu lassen. In den Widmungsvorreden von Drucken an Ottheinrich wird immer wieder das Vorbild antiker Herrscher angeführt, so auch durch den eingangs zitierten Johann Lange. Die Aussicht auf langfristigen Ruhm in dieser Tradition dürfte auch Ottheinrichs Motivation gestärkt haben. Ausdrücklich spricht dies 1552 der in seinen Diensten stehende Sekretär Heinrich Rüdinger an[22], wenn er betont, dass Ottheinrich „mit sondern vleiß und uncosten" am Aufbau einer Bibliothek arbeite. Es sei wichtig, dass der Fürst „auch den nachkommenden ainen schatz von allerlay kunsten vorbehalte, dardurch er von inen nach vilen jaren in loblicher gedechtnus erhalten und fur solches werck gepreiset werde".[23] Die Gestaltung der Bibliothekseinbände mit Monogramm, Devise und Bildnis stellte sicher, dass der Glanz dieses Nachruhms auch auf den Richtigen fiel. Dass Ottheinrich sich in die Tradition der römischen Kaiser stellte, allen voran Augustus, und an der Vorstellung eines kommenden „Friedenskaisers" orientierte, hat die neuere Forschung erwiesen.[24]

Bucheinbände Ottheinrichs

Parallel zu dem Projekt einer großen protestantischen Bibliothek bildete sich auch das Grundmuster für die bekannten Ottheinrich-Einbände heraus. Das früheste erhaltene Beispiel findet sich an einem Straßburger Druck von 1540 (Kat.-Nr. 7.72). Auffällig ist, dass das goldene Monogramm „OHP" mitten in einen Rollstempelabdruck gesetzt wurde. Die beiden kleinen Wappenschilde, die Devise und die Jahreszahl fanden oben und unten in

der glatt gebliebenen Umrandung Platz. Hier individualisierte man einen bereits vollständig dekorierten Lederband nachträglich für Ottheinrich.[25]

Einbände, die von vornherein für den Fürsten konzipiert waren, treten in den späteren 1540er-Jahren auf (Kat.-Nr. 7.73 ff.). Sie kombinieren blindgeprägte Rollstempelrahmen mit einer goldgeprägten Mittelplatte sowie goldenen Schriftelementen. Bevorzugt wird dunkles Kalbsleder auf Holzdeckeln mit Schließen und Messingbuckeln. Die Mittelplatten für den Golddruck zeigen ein Porträt Ottheinrichs mit entsprechender Inschrift für den Vorderdeckel und eine Wappenplatte für den Hinterdeckel.[26] Variationen ergeben sich aus den verschiedenen Formaten, außerdem finden sich Prachteinbände. Der überlieferte Text einer Bestallung des Buchbinders Jörg Bernhardt aus dem Jahr 1550 belegt, dass die skizzierte Grundform der Einbände von Ottheinrich selbst festgelegt wurde. Darüber hinaus zählt der Text die Werkzeuge auf, die sich im Besitz Ottheinrichs befanden und dem Buchbinder nur für die Aufträge zur Verfügung gestellt wurden.[27] Ottheinrichs Vorgehen ist nicht ganz alltäglich. Nicht nur die Porträt- und Wappenplatte, auch die weiteren Prägestempel waren in seinem Besitz. Dies sollte sicherstellen, dass seine Bücher einheitlich und konsequent nach seinen Wünschen gestaltet wurden.

Deutlich ist die Orientierung an einem Vorbild: dem geistigen Zentrum Wittenberg. Im Wittenberger Umkreis entstand eine besondere Variante des deutschen Renaissance-Einbands, die sich vor allem durch die Verwendung figürlicher Platten- und Rollenstempel auszeichnet. Es finden sich neben Porträts der Buchbesitzer auch Darstellungen Luthers, Melanchthons und weiterer reformatorischer Persönlichkeiten als Brustbild oder Ganzfigur sowie christliche Motive. Beispiele für Einbände, die Ottheinrich als Anregung gedient haben können, bieten die prägnanten Arbeiten von Joachim Linck für Johann von Sachsen und Georg von Anhalt. Die Kombination von Holzdeckeleinbänden mit blindgedruckten Rollstempelrahmen und goldgeprägter figürlicher Mittelplatte findet sich hier schon in den 1530er- und 40er-Jahren. Ottheinrich hätte durchaus Alternativen gehabt, eine Vielzahl von deutschen Renaissance-Einbänden ganz unterschiedlicher Prägung führt dies vor Augen. Entschieden hat er sich letztlich für die deutsch-reformatorische Variante mit Anklängen an italienische Formen und durchaus individuellen Elementen. Dies entspricht überraschend genau der inhaltlichen Prägung seiner Büchersammlung mit primär reformatorischer Ausrichtung, in der sich humanistisches Gedankengut und auch persönliche Vorlieben feststellen lassen. Mit seinen Einbänden ließ Ottheinrich nicht nur seine eigenen Bücher versehen, sondern auch viele Bände, die er im Heidelberger Schloss vorfand. Die einheitliche Gestaltung sollte auch nach seinem Tod fortgesetzt werden.[28] Das Testament Ottheinrichs von 1559 verfügt nicht nur die Einsetzung eines regelmäßigen Ankauftats, sondern enthält auch die Anweisung, alle Bücher, die sich unter seiner

Regierung in der Bibliothek befunden haben, mit seinem Bildnis zu versehen – was jedoch wohl unterblieb. Dies zeigt, dass Ottheinrich die von ihm geschaffene Bibliothek auf Dauer fest mit seinem Namen verbinden wollte. Als geistiges und geistliches Monument sollte sie sein „Gedechtnus" sichern und diesem ein besonderes Gepräge geben.

Die Zusammenführung der drei Bibliotheken, der universitären Stiftsbibliothek, der Sammlung Ottheinrichs und der „Älteren Schlossbibliothek" in der Heiliggeistkirche war der eigentliche Gründungsakt jener großen „Bibliotheca Palatina" des 16. und beginnenden 17. Jahrhunderts. Durch die nunmehr ganz beträchtliche Basis, durch seinen Ruhm als Büchersammler, durch die konfessionelle Weichenstellung und schließlich durch seine persönlichen Kontakte hat Ottheinrich zudem den Boden bereitet für die spätere Zuwanderung der Bibliothek Ulrich Fuggers. Die dabei zusammengeführten Bestände bildeten Anlass und Voraussetzung für das weitere Wachsen der Bibliothek. Die einheitliche Kennzeichnung der Bände durch den „Ottheinrich-Einband" war geeignet, die Bestandteile der Sammlungen auf unübersehbare Weise zusammenzubinden. Zudem, und auch dieser Aspekt verdient Aufmerksamkeit, bedeutete die Anbringung des eigenen Supralibros mit Porträt, Wappen und Jahreszahl eine ebenso explizite Denkmalsetzung wie der Bau des aufwändigen Grabmals an eben demselben Ort. Der Ottheinrich-Einband ist oft als Ausdruck einer Liebhaberei des müßigen, da exilierten Fürsten missverstanden worden. Es gehört jedoch zu den prinzipiellen Neuerungen Ottheinrichs, diese personalisierten Werke für seine – gerade nicht private – „landesfürstliche" Bibliothek vorzusehen. Das Zustandekommen dieses sehr soliden Grundstocks war alles andere als Zufall. Nicht nur Ottheinrichs Beitrag im engeren Sinne, also die 1553 teilweise eingebrachte Sammlung der Exilzeit, war mit einem klaren Ziel erfolgt, auch die Zusammenführung mit den von seinen Vorfahren gestifteten Büchern von Heiliggeist und mit der Schlossbibliothek war ein lange im Voraus bedachter Schritt zur Schaffung eines Horts der evangelischen Gelehrsamkeit im Verbund mit der reformierten, nunmehr kurfürstlichen, Universität. Der Ausbau der Residenz als intellektuelles wie religiöses Zentrum unter dem leuchtenden Zentralgestirn des Herrschers korrespondiert dabei mit dem ebenso neuartigen wie ehrgeizigen Palastbau Kurfürst Ottheinrichs.

Anmerkungen

1 Rott 1905, Kunst; Schottenloher 1927; Klauser 1956
2 Bibliotheca Palatina 1986; Metzger 1999; Metzger 2002, „Ein recht fürstliches Geschäft"
3 Lehmann 1956–1960
4 Burmeister 1986
5 Bibliotheca Palatina 1986, S. 459 f.; Metzger, Reformationshandschriften der Palatini latini, 2002, S. IXX–XXII
6 Schottenloher 1927, 17; Rockinger 1880, S. 1–18; Rott 1905, S. 206–215
7 Schottenloher 1951, S. 225; Klauser 1956, S. 136
8 Alting 1702, S. 165 f.
9 Jeudy 1982
10 Hepp 2002, S. 105
11 Fechner 1986
12 Metzger 2002, „Ein recht fürstliches Geschäft", S. 275–316
13 Metzger 2002, „Ein recht fürstliches Geschäft", S. 276 f.
14 Gullath 2002, Kodikologie, S. 25–27
15 Schottenloher 1927, S. 6
16 Neumüllers-Klauser, Papstgeschichte, 1986, S. 211 f.
17 Schottenloher 1927, S. 8
18 Rott 1905, Kunst, S. 57
19 Vgl. Berschin 1992, S. 10
20 Vgl. Schottenloher 1927, S. 19
21 Metzger 2002, „Ein recht fürstliches Geschäft"
22 Vgl. Gullath 2002, Kodikologie, S. 15, 29
23 Metzger 2002, „Ein recht fürstliches Geschäft", S. 302, 304, 315
24 Grosse 2003, S. 87–96
25 Metzger 2002, „Ein recht fürstliches Geschäft", S. 280
26 Haebler 1928/29
27 Koch 1889, S. 157 f.
28 Reiprich 1986

Stephan Lippold

Die Kammerbibliothek Ottheinrichs

Mit dem systematischen Sammeln von Büchern hatte Pfalzgraf Ottheinrich erst in den 1540er-Jahren begonnen.[1] Seine Interessen waren also nicht wie bei anderen Fürsten „ein Nach- oder Fortleben einer einmal in der Jugend mit einem gelehrten Studium begonnenen, liebgewordenen Gewohnheit", sondern eher Ergebnis seiner späteren persönlichen Entwicklung.[2] Obwohl als „Vater der Gelehrten" apostrophiert[3], war Ottheinrich kein besonders gelehrter Fürst. Auch machte er von seiner Bibliothek selbst wohl nur selten Gebrauch, schon weil ihm dafür die notwendige Bildung fehlte. Er hatte die Ausbildung eines Fürsten in ritterlichen Tugenden erhalten und war in Latein, möglicherweise auch in Französisch unterrichtet worden.[4] Es gibt einige Indizien dafür, dass der Bestand der Kammerbibliothek als private Bibliothek Ottheinrichs streng von der öffentlichen kurfürstlichen Bibliothek in der Heilig-Geist-Kirche geschieden werden sollte.[5] Doch ist eine Trennung der beiden Bibliotheken im Hinblick auf die Intentionen Ottheinrichs nicht eindeutig möglich.

Im Bestand der Kammerbibliothek spiegelt sich die „Buchleidenschaft" Ottheinrichs in besonderen Schwerpunkten wider. Die Quelle dafür ist das Kammerbibliotheksverzeichnis von 1556.[6] Ottheinrich kehrte nach seiner Exilzeit in Heidelberg und Weinheim zwischen 1552 und 1556 noch einmal nach Neuburg zurück, bevor er 1556 endgültig nach Heidelberg übersiedelte. Das Verzeichnis von 1556 listet die in diesem Jahr aus Neuburg mitgebrachten Bücher auf. Dieses Verzeichnis der Bücher, die nach Heidelberg „in meins gnädigsten Herrn Stuben und Kammer von Neuburg kommen sind"[7], führt viele Werke ohne Verfassernamen bzw. nur summarisch auf[8], was eine genaue Identifizierung erschwert. Zudem erfasst das Kammerbibliotheksverzeichnis mit seinen je nach Zählung 332[9] bzw. 390[10] Werke umfassenden Bestand keineswegs alle Bücher, die sich zu diesem Zeitpunkt im Besitz Ottheinrichs befanden[11], sondern nur rund ein Drittel seines insgesamt auf etwa 1000 Werke geschätzten Besitzes.[12] Auch tauchen in dem Verzeichnis weder alle Ottheinrich geschenkten noch alle für ihn besonders bedeutungsvollen Werke auf.[13] Zumindest ein Teil der in der Weinheimer bzw. Heidelberger Exilzeit gesammelten Bücher blieb offensichtlich nach 1552 in Heidelberg – wenngleich nicht nur die bedeutenderen wie etwa das im Verzeichnis aufgeführte, zwischen 1548/50 aus dem Besitz des Klosters Lorsch erworbene Itinerarium Antonini (Kat.-Nr. 7.84, 7.86) beweist. Zudem kehrten offensichtlich nicht alle vor dem Exil gesammelten Werke 1552 noch einmal nach Neuburg zurück. So blieb die

Ottheinrich-Bibel (Kat.-Nr. 7.70), für deren Vollendung der Pfalzgraf bereits 1531 den Auftrag erteilt hatte, in Heidelberg.

Unter den nach der Zählung Schottenlohers 332 Titeln der Kammerbibliothek befanden sich 80 Handschriften und ca. 250 Druckwerke, von denen Schottenloher 1927 nur mehr 30 nachweisen konnte, davon 18 in München, sechs in Neuburg, vier in Heidelberg und eines in der Vatikanischen Bibliothek in Rom.[14] Sicherlich waren Vollständigkeit und gleichmäßige Berücksichtigung aller Wissensgebiete in dieser Zeit selten, doch ist die Tatsache, dass Ottheinrich sich nicht an die Aufnahme aller Wissensgebiete nach dem Schema der „septem artes liberales" hielt, hervorhebenswert. Werke zur klassisch-lateinischen Literatur und Schriften der Humanisten etwa spielen eine geringe Rolle[15], obwohl sich Ottheinrich auch für diesen Bereich durchaus interessierte. So befindet sich unter den summarisch verzeichneten 32 Büchern immerhin eines oder mehrere Werke[16] des Erasmus von Rotterdam, nach dessen Bibliothek Ottheinrich hatte forschen lassen.[17] Wie in den meisten reformatorischen Bibliotheken fehlen auch juristische Bücher.[18] Der Schwerpunkt der Bibliothek lag vielmehr auf der religiösen Literatur. Von den nach der Zählung Metzgers 390 Werken gehören dazu 150, wobei sich etwa 90 Schriften der theologischen und religionspolitischen zeitgenössischen Literatur widmen. Zwar befinden sich darunter die Hauptwerke Luthers und Melanchthons, doch spielten wohl auch religionspolitische Tagesfragen und persönliche Interessen Ottheinrichs eine Rolle.[19] Neben Erbauungsschriften (Kat.-Nr. 7.74, 7.78) sind biblische Texte stark vertreten, darunter mehrere Ausgaben der Apokalypse (Kat.-Nr. 7.85, 7.88).[20] Gering ist hingegen der Anteil des theologischen Schrifttums der Antike und des Mittelalters. Ein weiterer Akzent der Sammeltätigkeit Ottheinrichs lag mit rund 60 Titeln[21] bei den „Magia naturalis", das heißt bei Astrologie, Astronomie, Alchemie und anderen Wissenschaften der damaligen Zeit wie der Geomantie (Kat.-Nr. 7.77, 7.104ff.). Ebenso stark vertreten ist der Bereich der Geschichte mit knapp 60 Titeln, darunter viele gegenwartsnahe Werke, vereinzelt aber auch antike Kostbarkeiten wie das Itinerarium Antonini. Die nicht geringe Zahl geografischer Werke in Ottheinrichs Kammerbibliothek, so etwa der Wallfahrtsbericht des Martin Kletzel (Kat.-Nr. 7.6) oder die „Cosmographie" von Sebastian Münzer (Kat.-Nr. 7.128), hat ihre Ursache vermutlich in den Reisen Ottheinrichs. Dass sich der Pfalzgraf lebhaft für Architektur interessierte, zeigen die zwölf Bücher zu diesem Thema, darunter das Werk

Torello Sarainas über Venedig (Kat.-Nr. 7.83). In der Kammerbibliothek befanden sich auch drei hebräische und eine „syrische" Handschrift. Nicht zuletzt enthielt die Bibliothek kleinere literarische Werke, zumeist leichte Unterhaltungskost wie die unter der Überschrift „Dialogi vnnd spil, auch andere kurtzweylige gesprech" aufgeführten Werke[22], darunter mehrere Stücke von Hans Sachs. Hier sei auch das im Inventar von 1556 als „seer lustig gechriben" charakterisierte Emblembuch des Mailänder Rechtsgelehrten Andrea Alciatus (1492–1531) in der Übersetzung von Wolfgang Hunger erwähnt, das die vor allem im 16. und 17. Jahrhundert bedeutsame emblematische Literatur begründete.

Eine zweite Quelle stellt das Verzeichnis der Kammerbibliothek Ottheinrichs von 1566 dar, das alle Werke auflistet, die sein Nachfolger in Neuburg, Herzog Wolfgang, erhielt. Dieser war im Lauinger Testament von 1556, dem einzigen, das vermutlich Rechtskraft erhielt, als Universalerbe auch der persönlichen Hinterlassenschaft Ottheinrichs eingesetzt worden, soweit sie aus dem Fürstentum Neuburg herrührte.[23] Er hätte demgemäß alle Werke, die im Verzeichnis von 1556 angeführt sind, erhalten müssen. Dem war jedoch nicht so. Im Verzeichnis von 1566, das die Bestände wesentlich genauer aufnimmt und so auch die Identifizierung vieler Bände aus dem Verzeichnis von 1556 ermöglicht, konnte Schottenloher 200 von 332 Titeln des Kammerbibliotheksverzeichnisses von 1556 finden. Ein gutes Drittel der Bibliothek war offensichtlich in Heidelberg geblieben, während rund zwei Drittel nach Neuburg zurückgingen. Anscheinend verfuhr Ottheinrich bei der Aufteilung seiner Buchbestände ziemlich willkürlich.[24] Von Schottenloher stammt ein detaillierter Vergleich der Verzeichnisse, aus dem hervorgeht, dass für die Aufteilung der Kammerbibliothek von 1556 weder die Bedürfnisse einer wissenschaftlichen Bibliothek noch der Zeitraum, in dem die Bücher in den Besitz Ottheinrichs gekommen waren, noch ihr Wert oder ihre Herkunft entscheidende Kriterien waren. So kehrte beispielsweise das in der Exilzeit erworbene Itinerarium Antonini nach 1559 nach Neuburg zurück, obwohl Ottheinrich sich intensiv um dieses Werk bemüht hatte. Auch andere kostbare Bücher wie die von Mathis Gerung mit Holzschnitten versehene Apokalypse (Kat.-Nr. 7.89), die Apokalypse des Andreas von Caesarea aus dem 12. Jahrhundert (Kat.-Nr. 7.85) oder die von Albrecht Glockendon illuminierten Apostelbriefe (Kat.-Nr. 7.87) kamen noch 1559 nach Neuburg zurück. Während Schottenloher von diesen „Neuburger" Bänden 26, also 13 Prozent, in heutigen Bibliotheken nachweisen konnte, haben sich die Spuren des „Heidelberger" Teils weitgehend verloren – nur vier Bände konnten von Schotten-

loher aufgefunden werden.[25] Wie viele Bücher Ottheinrichs tatsächlich in die Heidelberger Schlossbibliothek bzw. mit dieser in die Bibliotheca Palatina gelangten, bleibt unklar. Nur ein kleiner Teil der 132 Bände der Kammerbibliothek wurde schon 1556 mit der Schlossbibliothek vereinigt.[26] Der Grund dafür lag sicherlich nicht in der fehlenden Eignung des restlichen Bestands für Ottheinrichs Bibliotheksprojekt, denn die Kammerbibliothek enthielt eine Reihe der bedeutendsten der von ihm gesammelten bzw. in Auftrag gegebenen Werke aus der Zeit vor 1556.

Anmerkungen

1 Vgl. hierzu den Text von Metzger in diesem Band
2 Vgl. Petersohn 1957, S. 345
3 In einer ihm gewidmeten Schrift von Andreas Schöner, dem Sohn des Nürnberger Astronomen Johannes Schöner (vgl. Einleitungstext Oestmann und evtl. Kat.-Nr. 7.100), vgl. Unger 1994, S. 77ff.
4 Metzger 2002, „Ein recht fürstliches Geschäft", S. 276; vgl. Petersohn 1957, S. 336
5 Vgl. Schottenloher 1927, S. 5; schärfer akzentuiert noch bei Kurze 1956, S. 76
6 Bayerisches Hauptstaatsarchiv München, Pfalz-Neuburg Akten 165; vollständig abgedruckt bei Rockinger 1880, S. 1–18
7 Verfasser des Inventars, zitiert nach Schottenloher 1927, S. 15
8 Klauser 1956, S. 127f.
9 Schottenloher 1927, S. 17
10 Metzger 2002, „Ein recht fürstliches Geschäft", S. 306
11 Metzger 2002, „Ein recht fürstliches Geschäft", S. 305
12 Schottenloher 1951, S. 225
13 Schottenloher 1927, 14f.
14 Vgl. Schottenloher 1927, S. 22–31; vgl. auch Schottenloher 1951, S. 76 beide Spalten; vgl. Unger 2002, S. 10; Klauser liefert für ihre Behauptung, dass sich Bestände der Kammerbibliothek heute in Rom, Uppsala, London und Budapest befänden (S. 213), keinen Beleg, doch ist davon auszugehen, dass eine systematische Untersuchung weitere Bände der Kammerbibliothek zu Tage fördern kann.
15 Vgl. Klauser 1956, S. 124ff., 128
16 Klauser 1956, S. 128
17 Schottenloher 1951, S. 74
18 Petersohn 1957, S. 353f.
19 Klauser 1956, S. 127
20 Metzger 2002, „Ein recht fürstliches Geschäft", S. 306
21 Metzger 2002, „Ein recht fürstliches Geschäft", S. 306
22 Vgl. Rockinger 1880, S. 17
23 Vgl. zu diesem und den anderen Testamenten Reiprich 1980
24 So schon Schottenloher 1951, S. 76
25 Vgl. Schottenloher 1927 S. 22ff.
26 Vgl. hierzu Metzger 2002, „Ein recht fürstliches Geschäft", S. 309f.

Literatur
Klauser 1956; Kurze 1956, bes. S. 73ff.; Metzger 2002, „Ein recht fürstliches Geschäft"; Bibliotheca Palatina 1986; Mittler/Werner 1986, S. 19–24; Petersohn 1956; Presser 1955; Quark 1998; Reinwald 1931; Reiprich 1980, S. 12f., S. 206–215; Rockinger 1880; Rott 1905, Kunst; Schottenloher 1927, S. 3–39; Telle 1981; Unger 1994; Unger 2002.

7.72

Hinzufügung von Wappen, Devise und Monogramm in Gold umgearbeitet. Monogrammierte Einbände dieser Machart lassen sich bis etwa 1544 nachweisen. Während die Jahreszahl bei späteren Ottheinrich-Einbänden das Bindejahr angibt, könnte es sich hier auch um das Erscheinungsjahr des Drucks handeln, da er erst im Dezember 1540 in Straßburg fertig gestellt worden war. Wahrscheinlich ist der Band identisch mit einem in Neuburg in den Wirren des Zweiten Weltkriegs abhanden gekommenen Exemplar. Das überaus erfolgreiche „Feldtbuoch der Wund Artzney" geht auf den 1529 in Straßburg gestorbenen Wundarzt Hans von Gersdorf zurück und erschien erstmals 1517 im Druck. AS

Schunke 1962, Bd. 1, S. 49; Wagner 2002, S. 26, Anm. 7; Von Ottheinrich zu Carl Theodor 2003, Kat.-Nr. 3 und Farbtafel 3.

7.73

Johannes Gast: De anabaptismi exordio

Basel: Robert Winter, 1544; Buchdruck/Papier, Einband: Schweinsleder über Holzdeckeln, zwei Schließen, Rollen in Blindprägung, 18 x 12; Staatliche Bibliothek Neuburg an der Donau (8° OHP 2)

Der Basler Diakon Johannes Gast (gest. 1552) wurde vor allem durch seine „Convivales sermones" bekannt, eine im 16. Jahrhundert häufig aufgelegte Sammlung von unterhaltsamen Anekdoten und belehrenden Geschichten. Auch seine Schrift über die Wiedertäufer behandelt das Thema nicht so sehr aus der systematischen Sicht des Theologen, sondern liefert eine Fülle von wenig geordnetem Material, das Geistliche in der Argumentation gegen die Bewegung unterstützen sollte. Gast erzählt aus dem Alltagsleben, gibt Streitgespräche zwischen Rechtgläubigen und Anabaptisten wieder und berichtet von historischen Vorläufern. Dabei beruft er sich auf Autoritäten wie seinen Lehrer Johannes Oekolampad und Heinrich Bullinger. Auch mit Basler Druckern der Reformationszeit stand Gast in engem Kontakt; er wirkte als Korrektor bei Adam Petri und war befreundet mit Johannes Oporinus.

7.72

Hans von Gersdorf: Feldtbuoch der Wund Artzney sampt vilen Instrumenten der Chirurgey

Straßburg: Johann Schott, 1540; Buchdruck/Papier, 145 Bll. (unvollständig), 29 x 19; Universitätsbibliothek Heidelberg (P 7585 fol. Res.)

Der klassische Ottheinrich-Einband war das Produkt einer längeren Entwicklung, an deren Anfang dieser älteste für Ottheinrich gefertigte Einband steht. Es handelte sich ursprünglich um einen nahezu vollständig mit blinden Rollen verzierten Kalbledereinband der Zeit, den I. Schunke dem Augsburger Meister mit der Sonnenrolle zuschrieb. Der Band wurde dann für Ottheinrich durch

Die einzige Ausgabe der hier gezeigten Schrift erschien 1544 in Basel bei Robert Winter. Im gleichen Jahr erwarb Ottheinrich das Buch und ließ es wohl in Neuburg binden. Der Einband entspricht noch dem Typus des spätgotischen Gebrauchseinbands, wie er in Deutschland seit dem 15. Jahrhundert üblich war. Der Vorderdeckel trägt Ottheinrichs Monogramm und das viergeteilte pfalz-bayerische Wappen in Goldprägung.   BW

Schottenloher 1927, S. 21, Nr. 5; Ottheinrichs deutsche Bibel 2002, Kat.-Nr. 16; Wagner 2002, Nr. 6.

7.74

Caspar Hedio: Trostgeschrifft

Neuburg: Hans Kilian, 1546; beigebunden: Caspar Huberinus, Vom Christlichen Ritter, Neuburg: Hans Kilian, 1545; Theobald Billicanus, Auslegung des 91. Psalmen Davids, Neuburg: Hans Kilian, 1545; Trostschriften von Martin Bucer, Theobald Billicanus, Adam Bartlme und Vulcanus Callisti (Handschrift, geschrieben von J. Rüdinger, 1547); Handschrift, Druck/Papier, Einband: Metallbeschläge, punzierter Schnitt, 21,7 x 16,8; Bayerische Staatsbibliothek München (Cgm 6614)

Der Sammelband enthält mehrere Schriften mit Trostgründen für einen rechtgläubigen Fürsten, den Unglück und Anfeindungen heimsuchen. Während der letzte Teil des Bandes 1547 in einer kalligrafischen Kanzleischrift mit goldenen und farbigen Hervorhebungen niedergeschrieben ist, stammen die ersten drei Drucke aus der Werkstatt Hans Kilians. Sie tragen jeweils auf der letzten

Seite seine Druckermarke, die wohl eine Personifikation der Druckkunst darstellt. Dasselbe Signet findet sich auch auf der Rückseite des aufwändig gestalteten Bucheinbands, dessen Vorderseite Ottheinrichs Wappen und die Jahreszahl 1547 zeigt.

Aus den Widmungen an Ottheinrich wird ersichtlich, in welch engem Gedankenaustausch er nicht nur mit der Neuburger Geistlichkeit, sondern auch mit prominenten Vertretern der Reformation stand. Die Trostschrift des Straßburger Reformators Caspar Hedio steht in unmittelbarem Zusammenhang mit den dramatischen Ereignissen in Neuburg im Jahr 1546, als sich der verwitwete Fürst in Heidelberg bzw. Weinheim im Exil befand. Seine Residenz in Neuburg war zu dieser Zeit in höchster Gefahr: Die Stadt wurde am 18. September 1546 von den Truppen Kaiser Karls V. erobert, das Schloss geplündert. Der Kaiser zog Ottheinrichs Land ein und erklärte ihn zum Reichsrebellen. Dennoch hielt Ottheinrich am evangelischen Bekenntnis fest. Übrigens fiel auch die Druckerei Hans Kilians den Zerstörungen zum Opfer.

Hedio führte dem im Exil befindlichen Fürsten vor Augen, dass Gott immer für die Gläubigen sorge, aber gerade den frommen Christen besonderen Prüfungen unterziehe. Er belegt dies mit zahlreichen Beispielen aus der Bibel, so mit dem ägyptischen Joseph, der als Vorbild des Glaubens durch alle Prüfungen hindurch und als Trost für die verfolgten evangelischen Christen gezeigt wird, wie dies in der reformatorischen Theologie der Zeit nicht unüblich war. Daraus solle der Fürst Vertrauen zu Gott schöpfen, der die Frommen errettet und erhöht. Ottheinrich hat dieses Gleichnis offenbar aufgegriffen

241

und sein Schicksal mit dem Josephs identifiziert. So hat er, als sich mit der Wiedergewinnung seines Landes 1552 und seiner „Erhöhung" zum pfälzischen Kurfürsten 1556 an ihm die Geschichte seines Vorbilds erfüllte, die Josephsgeschichte als zentrales Motiv der Fassadendekoration an seinem Neuburger Schlossbau bestimmt, eine Festlegung, an der sein Nachfolger Wolfgang von Pfalz-Zweibrücken und Neuburg mit der Beauftragung des Malers Hans Schroer aus Lüttich festhielt.   BW/RT

Schottenloher 1927, S. 24, Nr. 9; Keute 1980; Hans Kilian 1994, Nr. 14, 6, 4; Heckner 1995; Ottheinrichs deutsche Bibel 2002, Kat.-Nr. 18; Wagner 2003, Nr. 4.

7.75

Jean Calvin: Commentarii in priorem epistolam Pauli ad Corinthos

Straßburg: Wendelin Rihel, 1546; beigebunden: Jean Calvin: Catechismus ecclesiae Genevensis, Straßburg: Wendelin Rihel, 1545; Buchdruck/Papier, 17 x 11; Staatliche Bibliothek Neuburg an der Donau (8° OHP 3)

Zwei wichtige Werke von Jean Calvin (1509–1564) erwarb Pfalzgraf Ottheinrich, nachdem er 1546 Neuburg verlassen hatte und im Exil in Heidelberg und dann in Weinheim an der Bergstraße lebte. Schon lange bevor sein Nachfolger Friedrich III. den Kalvinismus in der Kurpfalz einführte, setzte sich also Ottheinrich mit der Lehre des Genfer Reformators auseinander. Der Band enthält den Genfer Katechismus in der maßgeblichen Fassung von 1545, ein zentrales Werk der Unterweisung im reformierten Glauben, sowie Calvins Kommentar zum ersten Brief des Apostels Paulus an die Korinther, eine der zahlreichen exegetischen Schriften des Reformators. Beide Werke veröffentlichte der Drucker Wendelin Rihel in Straßburg, wo Calvin bis 1541 während seiner Verbannung aus Genf gewirkt hatte.

Der Einband ist auf das Jahr 1548 datiert. Auf dem Vorderdeckel ist das von einer Helmzier bekrönte pfälzische Wappen eingeprägt, begleitet von zwei Schriftbändern mit den Buchstaben MDZ („Mit der Zeit") und OHP („Ott Heinrich Pfalzgraf"). Der hintere Deckel zeigt die Darstellung einer weiblichen Gestalt, die Buchstaben sieht – die Druckermarke des Neuburger Erstdruckers Hans Kilian, der für den Herzog auch als Rentschreiber tätig war. Kilian befasste sich mit den unterschiedlichsten Aspekten der Buchherstellung. Er wirkte wohl auch als Buchbinder, nachdem seine Druckerei 1546 bei der Besetzung Neuburgs durch die kaiserlichen Truppen zerstört worden war.   BW

Schottenloher 1927, S. 20, Nr. 3; Ottheinrichs deutsche Bibel 2002, Kat.-Nr. 19; Wagner 2002, Nr. 10.

7.76

Marsilius von Padua: Fridschirmbuch, übersetzt von Marx Müller von Westendorff

Neuburg: Hans Kilian, 1545; beigebunden: Bartholomäus Platina, Historia von der Bäpst und Keiser Leben, übersetzt von Caspar Hedio, Straßburg: Wendelin Rihel, 1546; Buchdruck/Papier, 31,5 x 22; Bayerische Staatsbibliothek München (ESlg/2° J.can.P. 137)

Die gründliche Kenntnis wichtiger Werke der politischen Theorie und Geschichte war für Pfalzgraf Ottheinrich unerlässlich. Da seine Sprachkenntnisse für die Lektüre lateinischer Schriften aber nicht ausreichten, gab er Übersetzungen in Auftrag. Für einen bayerischen Herzog war der „Defensor pacis" des Marsilius von Padua (1275 bis 1342), dem Berater Kaiser Ludwigs des Bayern, auch von persönlichem Interesse. Unter „abschneidung verdrieslicher leng" brachte Marx Müller (Markus Millner) von Westendorff das Werk ins Deutsche. Hans Kilian druckte die Übersetzung 1545 in Neuburg in aufwändiger Typografie und mit einem dekorativen Titelholzschnitt, in den Ottheinrichs Wappen integriert ist.

Ebenfalls von einem italienischen Autor stammt das beigebundene zweite Werk, die Papst- und Kaisergeschichte des Bartholomäus Platina (gest. 1481), die Caspar Hedio ins Deutsche übertrug und bis 1546 fortsetzte. Die Ausgabe erschien bei Wendelin Rihel in Straßburg, trägt aber den gleichen Titelholzschnitt wie das „Fridschirmbuch".

Von Ottheinrichs Hochschätzung der Texte zeugt die prächtige Gestaltung des großformatigen Buchs, dessen Schnitt vergoldet und mit punzierten Ornamenten verziert ist. In Goldprägung trägt der Vorderdeckel über der Jahreszahl 1546 das Motto Ottheinrichs und sein Monogramm, verbunden mit der Initiale seiner Frau Susanna. Wie ein Eintrag des Pfalzgrafen Philipp Wilhelm und das Exlibris sowie das ehemals über den Dekor aufgeklebte Supralibros Karl Theodors zeigen, verblieb das Buch im Familienbesitz.   BW

Schottenloher 1927, S. 25f., Nr. 13; Schunke 1962, Bd. 1, S. 52; Bibliotheca Palatina 1986, Nr. E 3.9; Hans Kilian 1994, Kat.-Nr. 9; Wagner 2003, Nr. 2.

7.77

Astronomische Sammelhandschrift

1. Hälfte 14. Jahrhundert; Handschrift/Pergament und Papier, 22,5 x 16; Bayerische Staatsbibliothek München (Clm 28229)

Nach der Theologie waren Astronomie und Astrologie die zentralen Interessensgebiete des Büchersammlers Ottheinrich. Dass er sich auch mit mittelalterlicher Literatur zu diesen Themen beschäftigte, bezeugt eine Handschrift des 14. Jahrhunderts, die sich spätestens 1548 im

Besitz des Pfalzgrafen befand. Sie enthält auf 90 Pergament- und Papierblättern zahlreiche Tabellen und meist anonyme Schriften, die sich insbesondere mit dem Lauf der Gestirne und dem Tierkreis befassen. Auch praktische Anleitungen zum Bau und zur Benutzung eines Astrolabs werden geboten, die dem Pariser Mathematikprofessor Johannes de Sacrobosco zugeschrieben sind. Der Bedeutung der Astrologie für die Medizin gilt eine Schrift, die unter dem Namen des Hippokrates überliefert ist.

Woher Ottheinrich die Handschrift erwarb, ist unbekannt. Möglicherweise wurden die Texte erst für ihn zusammengebunden. Der Einband ist ohne die sonst üblichen Eckbeschläge eher schlicht gestaltet und trägt die Jahreszahl 1548 sowie das pfälzische Wappen. Von der Benutzung des Buchs durch den streitbaren Lutheraner und Kirchenhistoriker Matthias Flacius (gest. 1575) zeugt ein handschriftlicher Eintrag. BW

Schottenloher 1927, S. 27, Nr. 18; Katalog der lateinischen Handschriften der Bayerischen Staatsbibliothek München: Clm 28111–28254, S. 202–206; Wagner 2003, Nr. 6.

7.78

Vil schöner trost sprüche aus gottlicher schrift außlegung

Handschrift/Papier, 199 Bll., 21,5 x 16; Staatliche Bibliothek Neuburg an der Donau (8° OHP 10)

Ebenfalls zur Gattung der Trostbücher (vgl. Kat.-Nr. 7.74) gehört diese Handschrift, die für Ottheinrich in dekorativer Kalligrafie in Gold und Tinte angefertigt wurde. Sie enthält eine Sammlung von Sprüchen aus der Heiligen Schrift, die dem von Unglück und Anfeindungen heimgesuchten Fürsten Trost bieten sollten, indem sie ihm Beispiele für menschliches Leid und seine Bewältigung mit göttlichem Beistand vor Augen führen. In den 1540er-Jahren erlitt Ottheinrich mehrere Schicksalsschläge: 1541 starb seine Ehefrau Susanna, was dem Fürsten die Hoffnung raubte die dynastische Linie mit eigenen Nachfahren fortsetzen zu können. Wegen seiner Hinwendung zur neuen Lehre überwarf sich der Pfalzgraf mit Susannas Brüdern, den Herzögen von Bayern, und war der Kritik durch Reformgegner ausgesetzt. 1544 musste Ottheinrich wegen seiner Überschuldung Neuburg verlassen und ins Exil gehen. Zwei Jahre später wurde Neuburg durch die kaiserlichen Truppen eingenommen und geplündert.

Die Handschrift wurde im Jahr 1549 mit einem Einband versehen, der erstmals mit einem Porträt Ottheinrichs gekennzeichnet ist. Der Pfalzgraf erscheint im Halbprofil nach links blickend mit einem aufgeschlagenen Buch in der Hand innerhalb eines fensterartigen Rahmens; die Bildunterschrift lautet: „Ott Hainrich von G[ottes] G[naden] Pfaltzgrave bey Rhein Hertzog in Nidern vnd Obern Bairn". Die Porträtplatte ist in die

Mitte des Vorderdeckels eingeprägt, das bisher dort platzierte große pfälzische Wappen findet sich nun auf dem hinteren Deckel. BW

Schottenloher 1927, S. 27, Nr. 17; Ottheinrichs deutsche Bibel 2002, Nr. 20; Wagner 2002, Nr. 11.

7.79

Girolamo Savonarola: Prediche Quadragesimali

Vinegia: Thomaso Bottietta, 1543; Buchdruck/Papier, 16 x 11; Staatliche Bibliothek Neuburg an der Donau (8° OHP 7)

Der Florentiner Dominikaner Girolamo Savonarola (1452–1498) geißelte in seinen Predigten mit großer Schärfe kirchliche und gesellschaftliche Missstände und propagierte eine grundlegende Erneuerung des christlichen Glaubens und Lebens. Savonarolas Fastenpredigten aus den Jahren seit 1485 sind zudem stark von seinen Visionen des bevorstehenden Weltuntergangs beeinflusst. Auch ein halbes Jahrhundert nach seiner Hinrichtung als Häretiker und noch vor der Rehabilitierung durch die römische Indexkongregation im Jahr 1558 hatten Savonarolas Kritik am Sittenverfall und der Aufruf zur Reform des Christentums nichts an Aktualität verloren.

Ottheinrich besaß Savonarolas Fastenpredigten in einer italienischen Ausgabe von 1543, die er 1556 binden ließ. Als Ottheinrich in diesem Jahr die Pfälzer Kurwürde annahm, änderte sich auch das Erscheinungsbild seiner Bücher. Der Kurfürst legte offensichtlich Wert darauf, dass sein neuer Status auch in seiner Bibliothek sichtbar wurde. Das kleinformatige Buch trägt eine Porträtplatte, die Ottheinrich im Halbprofil nach rechts blickend zeigt. Den Rahmen bildet eine Kartusche, in die die Initialen OH (für Ottheinrich) und PC (für Pfalzgraf und Churfürst) eingearbeitet sind. Auf dem hinteren Deckel findet sich eine analog gearbeitete Wappenplatte; das mit der Helmzier bekrönte pfälzische Wappen zeigt jetzt zusätzlich einen Schild mit dem Reichsapfel als Hinweis auf das von den Pfälzer Kurfürsten ausgeübte Erztruchsessenamt. BW

Schottenloher 1927, S. 26, Nr. 15; Ottheinrichs deutsche Bibel 2002, Kat.-Nr. 26; Wagner 2002, Nr. 25.

7.80

Albrecht Alcibiades, Markgraf von Brandenburg-Kulmbach: Ferrnere, rechtmäßige, beständige und unablainliche, gegründte erclärung und bericht

1557; Buchdruck/Papier, 36 x 24,5; Staatliche Bibliothek Neuburg an der Donau (2° OHP 3)

Mit dem „fürstlichen Mordbrenner" verbanden Ottheinrich enge verwandtschaftliche Beziehungen, denn Albrecht Alcibiades (1522–1557) war der Sohn seiner Ehefrau Susanna aus ihrer ersten Ehe mit dem Markgrafen Kasimir (gest. 1527). Obwohl im lutherischen Glauben erzogen, trat Albrecht nach seiner Volljährigkeit in kaiserliche Dienste und nahm an Feldzügen gegen seine Glaubensgenossen teil, bevor er sich dem antikaiserlichen Fürstenbund des Kurfürsten Moritz von Sachsen zuwandte. Nicht religiöse Parteinahme bestimmte seine militärischen Aktionen, sondern das Streben nach Gewinn und Macht. Nachdem Albrecht im Markgräflerkrieg seine Position in Franken zunächst hatte ausbauen können, setzten Niederlagen seiner Gewaltherrschaft schließlich ein Ende.

Im Jahr 1557 erschienen ohne Angabe von Druckort und Drucker mehrere Schriften, in denen der Markgraf sein Verhalten gegenüber den Bischöfen von Bamberg und Würzburg und der Stadt Nürnberg begründet. Auch Ottheinrich, der bis zum Tod Albrechts eine Parteinahme gegen seinen Stiefsohn vermied und für dessen Forderung nach Restitution der verlorenen Güter eintrat, besaß ein Exemplar einer solchen Rechtfertigungsschrift. Indem er den Druck mit einem mit seinem Porträt und dem kurfürstlichen Wappen geschmückten Einband ausstatten ließ, gab er auch äußerlich seine Unterstützung für den entmachteten Stiefsohn zu erkennen.   BW

Schottenloher 1927, S. 22, Nr. 1; Ottheinrichs deutsche Bibel 2002, Kat.-Nr. 27; Wagner 2002, Nr. 26.

Sammler und Auftraggeber

7.81

Evangelistar für Kloster Michelfeld

Nikolaus Glockendon d. Ä. (gest. 1534); Nürnberg, um 1515/19; Buchdruck/Pergament und Papier, Miniaturen, 36,5 x 26,5; Stadtbibliothek Nürnberg (Solger MS. 9.2)

Das lateinische Evangelistar wurde zusammen mit den anderen Werken der umfangreichen Bibliothek des Klosters Michelfeld, aus der heute nur mehr fünf Bücher bekannt sind, nach Aufhebung des Konvents unter Kurfürst Ottheinrich 1556 nach Heidelberg gebracht. Merkl konnte durch einen Stilvergleich nachweisen, dass die Ausgestaltung des Evangelistars um 1516/19 von der Nürnberger Werkstatt des Nikolaus Glockendon d. Ä., der wohl bedeutendsten Künstlerpersönlichkeit dieser weit verzweigten Nürnberger Künstlerfamilie, vorgenommen wurde. Die Miniaturen zu den in der Messe verlesenen Abschnitten der Evangelien (Perikopen) sind auf das Kloster Michelfeld abgestimmt, in dessen Auftrag das Werk entstanden war. Neben Szenen, die auf den hl. Benedikt als Ordensgründer Bezug nehmen, sowie Darstellungen des hl. Otto, Bischof von Bamberg, schmücken etwa auch der Erzengel Michael und der im Kreis seiner Jünger abgebildete Johannes als Patrone des Klosters die Handschrift.

Die aufgeschlagene Seite zeigt exemplarisch die künstlerische Ausgestaltung des mit 43 historisierenden Initialen reich ausgestatteten Werks; wie hier entwachsen den Initialen Akanthusranken mit lang gezogenen, weit und locker geschwungenen Stängeln, auf denen Früchte, Vögel oder kleine Szenen wie der auf einen Storch schießende Jäger dargestellt sind.   SL

Merkl 1999, S. 434–436; Thieme/Becker, Bd. 14, S. 257–261.

7.81

7.82

tischen Anwendung kam das Lehrprogramm wohl hauptsächlich im Rahmen von Turnieren. Zu Ottheinrichs Zeit war das Fechtbuch vor allem ein Zeugnis traditioneller Adelskultur.   WM

Schneider 1991, S. 190–192; Wierschin 1965, S. 28f., 37, 50f.

7.83
Torello Saraina: De origine et amplitudine civitatis Veronae

Verona: Antonio Putelleto, 1540; Buchdruck/Papier, Holzschnitte, 32 x 22,5; Bayerische Staatsbibliothek München (Res. 2° Itd. 148)

Das Werk des um 1475 geborenen Veroneser Juristen und Ratsherren Torello Saraina besitzt einen außerordentlichen kunst- und mediengeschichtlichen Wert. Es ist nicht nur die erste illustrierte Stadtgeschichte der Frühen Neuzeit, sondern es markiert mit seinen Holzschnittillustrationen der antiken Monumente Veronas auch den Beginn wissenschaftlich-archäologischer Druckwerke.

Das dem Veroneser Bischof Matteo Giberti gewidmete Buch erzählt die anti-

7.82
Fechtbuch des Paul Kal für Herzog Ludwig von Bayern-Landshut

Bayern, 2. Hälfte 15. Jahrhundert (vor 1479), Einband Landshut; Handschrift/Pergament, 95 Bll., 173 ganzseitige Illustrationen, Einband: braunes Kalbleder mit Blindprägung, 28,8 x 28,5; Bayerische Staatsbibliothek München (Cgm 1507)

Das Fechtbuch Paul Kals gehört zu den aufwändigsten Stücken des Genres. 173 ganzseitige Bilder verdeutlichen die Unterweisung im ritterlichen Fechten unter besonderer Berücksichtigung des gerichtlichen Zweikampfs. Der Band wurde für Herzog Ludwig IX. von Bayern-Landshut (reg. 1450–1479) geschaffen, der darin zweimal mit seinem Wappen dargestellt ist. Da sich die Handschrift 1556 in Ottheinrichs Kammerbibliothek befand und offenbar nicht in die Bibliotheca Palatina überging, sondern vererbt wurde, ist anzunehmen, dass sie über seine Mutter, Elisabeth von Bayern-Landshut, die letzte ihrer Linie und Erbin Georgs des Reichen, in seinen Besitz gelangt war. Ein Fechtmeister wurde in Dienst genommen, um seinen Herrn in der Kunst des ritterlichen Fechtens auszubilden oder zu trainieren. Die Grundlage dieser Fechtkunst und ihrer schriftlichen Fixierung schuf Johann Liechtenauer um die Mitte des 14. Jahrhunderts. Auf diesen legendären Meister berief sich auch Kal in seinem Prolog. Zur prak-

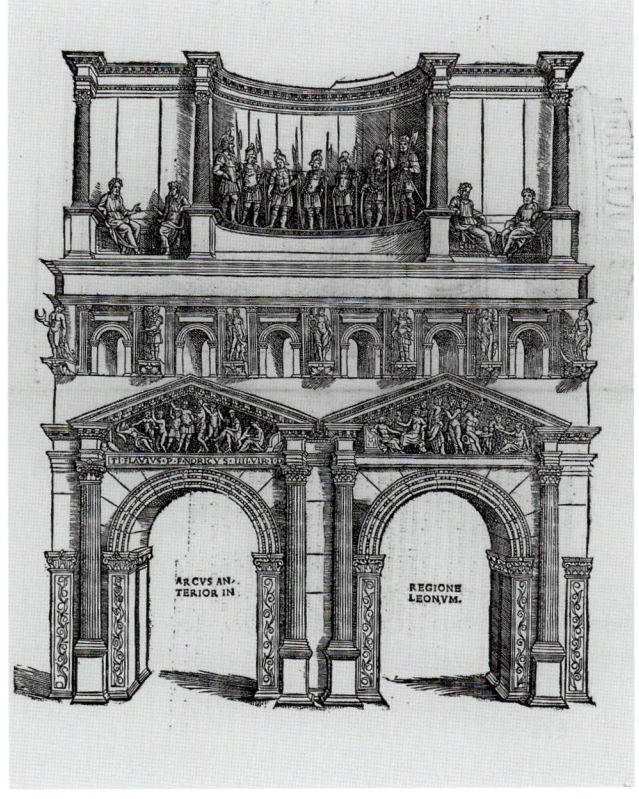

7.83

ken Ursprünge und den Aufstieg der Stadt in einer an vier Tagen stattfindenden Unterhaltung zwischen dem Autor, zwei gelehrten Freunden und dem Illustrator Giovanni Francesco Caroto. Dass er den Maler und Zeichner Caroto an den fiktiven Dialogen beteiligt, macht Sarainas Beschreibungen der antiken Monumente Veronas anschaulich. Der Text verdeutlicht die archäologische Vorgehensweise der beiden Gelehrten, informiert über ihre Rekonstruktionen auf der Basis fragmentarischer Überlieferungen, über ihre Versuche, stilistische und inschriftliche Details zu deuten und die reichen architektonischen Hinterlassenschaften der Antike stadthistorisch zu lesen.

Die 30 Holzschnittillustrationen konkurrierten mit den ebenfalls 1540 publizierten Kupferstichen Sebastiano Serlios in dessen „Libro Terzo dell' architettura". Saraina warnt im Vorwort sogar vor dem Werk des Architekturtheoretikers Serlio. Trotz aller Fantasien bei der Rekonstruktion von antiken Bauten sind Carotos Architekturdarstellungen baugerechter als diejenigen Serlios. Besonders interessiert zeigten sich Zeitgenossen an Bauaufnahmen von den beiden römischen Theatern (Arena und Teatro romano), den beiden Stadttoren (Porta Borsari und Porta Leoni) sowie dem Ehrenbogen der Gavier mit der Inschrift eines Architekten namens Vitruv, den Saraina, im Gegensatz zu Serlio, für den berühmten antiken Traktatautor hielt.

Nach dem Tod Sarainas 1547 veröffentlichte Caroto seine Holzschnitte, erweitert um Inschriften, eigenständig unter dem Titel „De le Antiquita de Verona" in der Druckerei des Paulo Ravagnan. Er befriedigte damit offenbar die Nachfrage nach bildlichen Darstellungen der antiken Bauwerke Veronas. Die Holzschnitte Carotos illustrierten noch die postum 1647 veröffentlichte Schrift „Antiquitatum veronensium libri VIII" des Antiquars Onofrio Panvinio. Bis zu Scipione Maffeis „Verona illustrata" (1732) blieben sowohl der Text Sarainas als auch die Holzschnitte Carotos die grundlegende Quelle zur antiken Geschichte Veronas und zu den Denkmälern des Altertums in der Etschstadt. **SS**

Cavattoni 1851; Pascetti 1586; Archäologie der Antike 1994, S. 66–68; Franco Fiorio 1971; Kruft 1995; Palladio e Verona 1980, S. 33–127; Schweikhart 1977; Serlio 1584; Schweizer 2005.

7.84

Itinerarium provinciarum Antonini Augusti

Speyer (?), 10. Jahrhundert; Handschrift/Pergament, 1 Bl., 32,5 x 24,5; Universitätsbibliothek Augsburg (Cod. I. 2. 2° 27)

Das „Itinerarium provinciarum Antonini Augusti" – in der Überlieferung fälschlich Kaiser Antoninus Pius (138–161) zugeschrieben – ist ein römisches Reisehandbuch des 3. Jahrhunderts, das die Etappenstationen und Streckenentfernungen des römischen Militärstraßennetzes verzeichnet. Im vorliegenden Fragment aus dem 10. Jahrhundert sind zwei Hauptrouten, die beide in der römischen Provinz Pannonien beginnen, durch das Rubrum „Item" kenntlich gemacht: Die erste Verbindung führt über Lorch, Augsburg und Straßburg nach Trier, die zweite über Passau, Eining und Günzburg nach Kempten.

Das Fragment entstammt einer Sammelhandschrift, die ursprünglich 15 verschiedene Werke zum Thema Geografie und Reisen enthielt, darunter auch eine reich illustrierte „Notitia dignitatum", ein Ämterverzeichnis der zivilen und militärischen Reichsverwaltung des östlichen und westlichen Imperium Romanum. Diese Handschrift war um 1430 in Speyer entdeckt und als Objekt gelehrter Begierde schon bald mehrfach kopiert worden. Auch Ottheinrich gab 1542 in Speyer eine Abschrift in Auftrag (Kat.-Nr. 7.86), bemängelte aber deren Qualität und konnte schließlich dank seiner Hartnäckigkeit leihweise auch an das Original gelangen. Ottheinrichs Kammerbibliotheksverzeichnis von 1556 führt beide Exemplare, Original und Kopie, auf und auch bei Ottheinrichs Tod 1559 war das Original noch immer nicht an seinen Eigentümer, das Speyerer Domkapitel, zurückgegeben worden. In der Folge kamen 1562 beide Exemplare als Erbteil des Pfalzgrafen Wolfgang nach Neuburg. Während die Abschrift um 1660 mit Pfalzgraf Philipp Wilhelm nach Düsseldorf und vor 1800 in die Hofbibliothek Karl Theodors weiter nach Mannheim wanderte, galt das Original schon bald als verschollen.

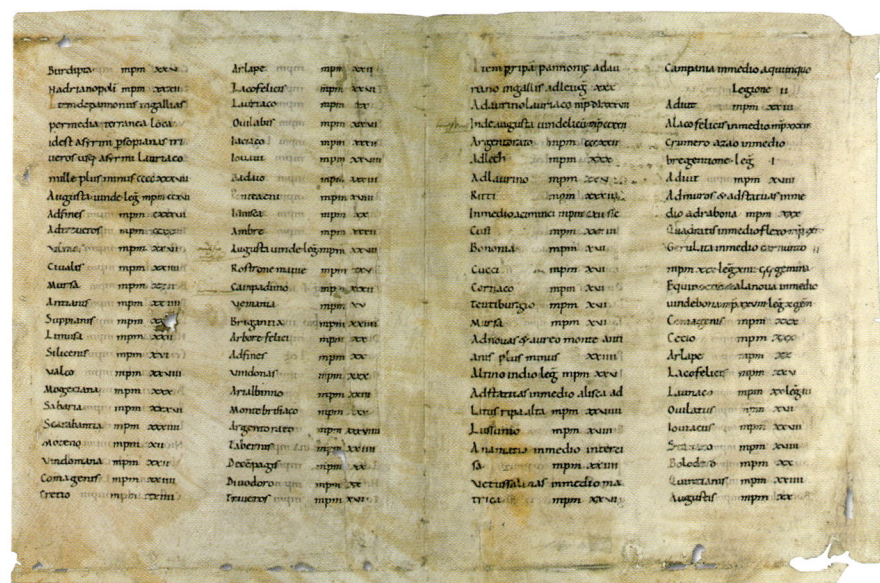

7.84

Erst als 300 Jahre später der fürstlich Oettingen-Wallerstein'sche Archivar Diemand die Pergamentmakulatur eines Aktendeckels näher untersuchte, klärte sich das Schicksal der Handschrift auf: Bereits kurz nach 1600 war sie zerlegt, das stabile Pergament zweckentfremdet und als Einbandmakulatur verwendet worden für den Umschlag eines Aktenkonvoluts in „Sachen Westersteten contra Pfalz-Neuburg, das Besteuerungsrecht zu Zöflingen betr". Weitere „membra disiecta" konnten bisher nicht gefunden werden.   GH

Diemand 1909; Preisendanz 1924; Hägele 1996, S. 84; Lohrmann 2003.

7.85

Andreas von Caesarea: Kommentar zur Johannes-Apokalypse

Byzanz, 12. Jahrhundert; Handschrift/Pergament, 64 Bll., und Handschrift/Papier, 28 Bll., 22,5 x 15; Universitätsbibliothek Augsburg (Cod. I. 1. 4° 1)

Andreas, Erzbischof von Caesarea in Kappadokien (um 563–614), ist der Verfasser dieses frühen, textgeschichtlich wichtigen Kommentars zur Apokalypse, der in dieser Handschrift mit dem Grundtext alterniert. Das vorgebundene erste Blatt zeigt – entgegen der Zuschreibung der jüngeren Randnotiz „Papa romanus Hippolytus" – den am Pult sitzenden Evangelisten Johannes, der den Beginn seines Werks niederschreibt.

   Die Handschrift hat eine bewegte Geschichte. Noch zu Beginn des 15. Jahrhunderts befand sie sich in ihrem Entstehungsgebiet und gehörte, wie einige Randnotizen belegen, einem unter dem Eindruck des osmanischen Vordringens stehenden Christen. In Konstantinopel erwarb sie um 1435 Kardinal Johannes von Ragusa, der sich dort als Beauftragter des Basler Konzils zu Unionsverhandlungen mit der griechischen Kirche aufhielt. Fünf Jahre später vermachte er die Handschrift dem Basler Dominikanerkloster. Seit 1488 befand sie sich als Leihgabe des Klosters bei Johannes Reuchlin, den Erasmus von Rotterdam im Herbst 1514 um Rückstellung der Handschrift nach Basel bat – ihm selbst, dem Drucker Johan-

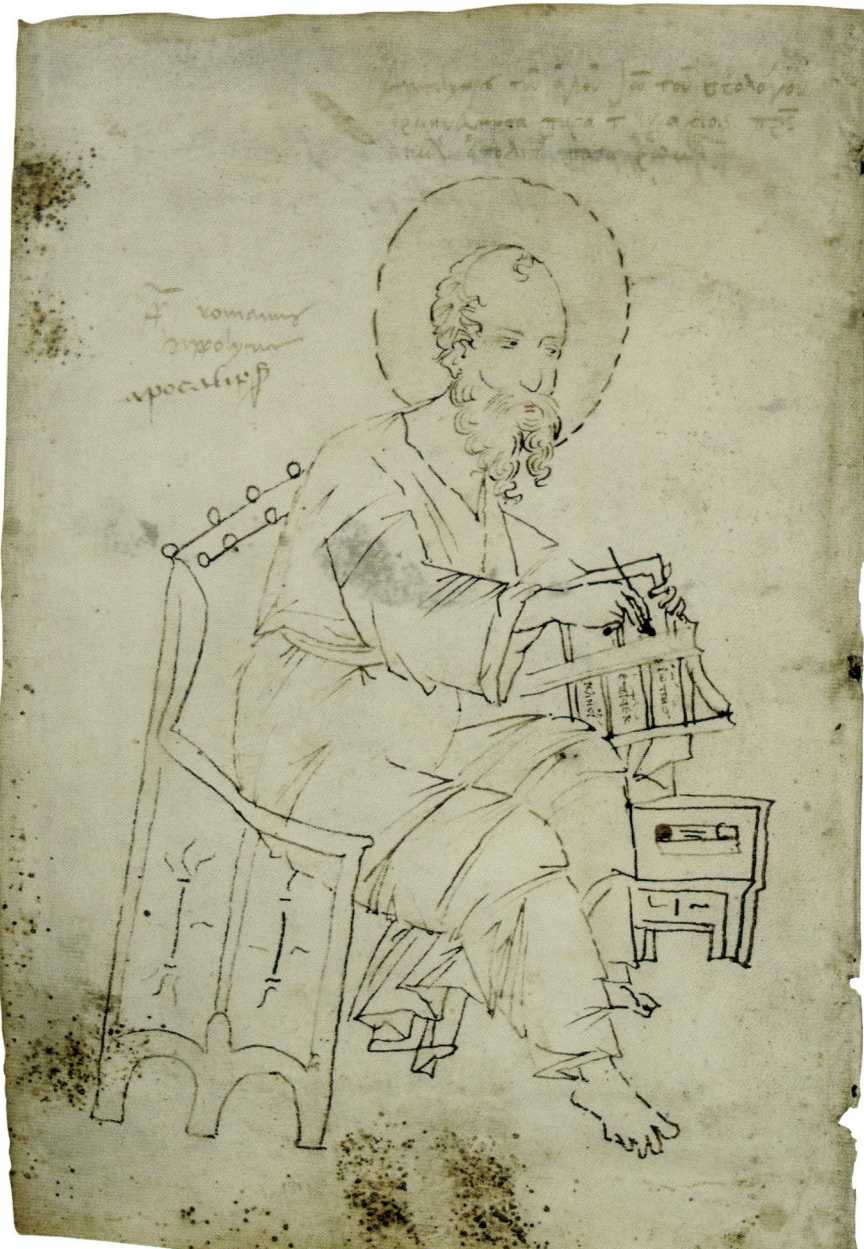

7.85

nes Froben und allen Studiosi zuliebe, wie Erasmus schrieb. Der Humanist war zu dieser Zeit mit den Druckvorbereitungen für seine mehrsprachige Erstausgabe des Neuen Testaments beschäftigt und wollte dazu die Handschrift verwenden. Dieser 1516 in den drei Bibelsprachen Hebräisch, Griechisch und Latein erschienene Druck ist wohl das wichtigste Buch für den Beginn der Reformation und markiert darüber hinaus den Beginn der neuzeitlichen Bibelwissenschaft. Die Ausgabe – genauer: ihre im lateinischen Teil wesentlich verbesserte und in den Anmerkungen weiter ausgearbeitete zweite Auflage von 1519 – wurde zur Grundlage für Luther und für alle anderen nationalsprachlichen Bibelübersetzungen, ihr griechischer Text wurde nach den Revisionen der nächsten Auflagen von 1519, 1522, 1527, 1532 und 1535 zum allgemein gültigen für Jahrhunderte.

7.86a

7.86b

Rätsel zu lüften: Zum einen waren Erasmus Teile des Kommentars in den Apokalypse-Text geraten, zum anderen hatte er Textverluste am Ende der Handschrift dadurch behoben, dass er kurzerhand aus der Vulgata ins Griechische „rückübersetzte", ohne dies für den Leser kenntlich zu machen.

Nachdem die Handschrift auf unbekanntem Weg spätestens 1664 in die Würzburger Jesuiten-Bibliothek gelangt war, konnte Fürst Ludwig von Oettingen-Wallerstein sie 1816 für die „Mittelalterliche Bibliothek" seines 1812 in Wallerstein eröffneten Museums für mittelalterliche Kunst erwerben.

GH

Delitzsch 1862, H. 2, S. 17–24; Lehmann 1960, Bd. 2, S. 593–600; Frankenberger/Rupp 1987, S. 42–44; Aland 1994.

7.86

Itinerarium Antonini, Abschrift des Speyrer Codex für Ottheinrich

Speyer, 1542 und 1550; Handschrift/ Pergament, 222 Bll., Ottheinrich-Einband von 1551, 20 x 22,5; Bayerische Staatsbibliothek München (Clm 10291)

Ottheinrichs „Itinerarium Antonini" ist die Abschrift einer Sammelhandschrift des 10. Jahrhunderts, die sich einst in der Speyrer Dombibliothek befand (Kat.-Nr. 7.84). Deren Bedeutung beruht weniger auf dem namengebenden Text, einem vielfach überlieferten römischen Reisehandbuch des 3. Jahrhunderts, als auf den reich illustrierten „Notitia dignitatum", einem Verzeichnis aller zivilen und militärischen Ämter des Römischen Reichs mit 89 Darstellungen, entstanden zwischen 395 und 425. Seit dem fast vollständigen Verlust der Speyrer Handschrift ist die vorliegende Abschrift der wichtigste Text- und Bildzeuge. Ottheinrichs Bemühungen um den Codex sind mehrfach bezeugt. Das Speyrer Domkapitel reagierte auf sein Drängen mit einer Kopie, die schon 1542 angefertigt worden war. Ottheinrich bemängelte daran jedoch die wenig vorbildgetreuen Illustrationen im aktuellen Zeitstil. Schließlich gelang es ihm 1550, dem Codex

Johannes Froben vererbte den Codex seinem Sohn Hieronymus, der schließlich Ottheinrich das fremde Eigentum „schenkte", wie eine eigenhändige Notiz auf einem vorgehefteten Blatt verrät: „1553. Der Frobenius zu Basell hat mirss geschenkt." Mit dem Übergang an Ottheinrich verloren sich die Spuren der Handschrift und mehr als 300 Jahre lang rätselten Bibelwissenschaftler über etliche sonst nirgendwo belegte Lesarten im Apokalypse-Text des Erasmus. Erst 1861 entdeckte der Theologe Franz Delitzsch den lange gesuchten Codex in der Sammlung Oettingen-Wallerstein und vermochte das

7.87

Handschrift ausführlich beschrieben hat, hat aufgrund verschiedener für Albrecht Glockendon typischer Stilmerkmale wie den „ovalen Köpfen mit der hohen Stirn", den „kräftigen roten Lippen", der Gestaltung der Pupille „als dicker schwarzer Punkt", der „dichten, fleischigen Akanthusranken mit den reichen Federschnörkeln in den Zwischenräumen" oder der weich „verfließende[n] Malweise", den „aufgelösten Konturen" und den „milden Farben" die Miniaturen als späteres Werk von dessen eigener Hand nachgewiesen.

Die Handschrift der Apostelbriefe in der Übersetzung Luthers ist aber auch deshalb von Bedeutung, weil sie durch den eigenhändigen Besitzeintrag Ottheinrichs „1541. Mit der Zeit. H. Otthain. Pfalltzgraf etc." auf dieses Jahr zu datieren ist, was zeigt, dass sich Ottheinrich bereits spätestens ein Jahr vor seinem offiziellen Übertritt der neuen Lehre endgültig zugewandt hatte. Die Handschrift befand sich in Ottheinrichs Kammerbibliothek und kam mit deren größerem Teil 1566 als Erbe an Pfalzgraf Wolfgang, Ottheinrichs Nachfolger in Neuburg. 1667 wurde sie an den Buchhändler Johann Fuchsen verkauft, 1907 kam sie über die Stadtbibliothek Regensburg in die Bayerische Staatsbibliothek nach München.   S L

Henker 2002; Merkl 1999, S. 418 f.

genauere Wiedergaben der alten Bilder hinzufügen zu lassen. Zwei Jahre später kam auch das Speyrer Original in seinen Besitz; das Inventar der 1556 von Neuburg nach Heidelberg verbrachten Bücher führt es auf. Nach Ottheinrichs Tod ging es bis auf ein Fragment verloren. Nur durch das Insistieren des Fürsten auf genauen Kopien haben wir heute eine relativ genaue Vorstellung vom Original.   W M

Gullath 2003; Vorderstemann 1981.

7.87
Apostelbriefe für Ottheinrich

Albrecht Glockendon, 1541; Nürnberg; Handschrift/Pergament, 204 Bll., 16,6 x 11,8; Bayerische Staatsbibliothek München (Cgm 81)

Dieser „in Text und Bild mit liebevoller Sorgfalt gefertigte Codex gehört zu den schönsten für Ottheinrich entstandenen Miniaturenhandschriften". U. Merkl, der diese

7.88
Apokalypse und Franziskanerregel in Deutsch

Um 1500, Miniatur England, wahrscheinlich London, um 1350; Handschrift/Pergament, 234 Bll., Einband mit reich verziertem Messingbeschlag, 13,2 x 10,5; Bayerische Staatsbibliothek München (Cgm 111)

Das preziöse Büchlein, durchgehend in Goldschrift geschrieben und mit einem aufwändigen Einband versehen, dürfte für den persönlichen Gebrauch einer österreichischen Adligen hergestellt worden sein. In den Besitz Ottheinrichs gelangte es „durch Andren Schmauß, genannt Taittinger, von einer Erbschaft von Regenspurg herrürend", wie das Inventar der Kammerbibliothek mitteilt. Die Einfügung der weit älteren Miniatur als eine Art Titelbild muss in dieser Zeit erfolgt sein. Die Handschrift, aus der sie stammt – ein englisches Stundenbuch, das wohl als Besitz Blancas, der Frau Ludwigs III. von der Pfalz, nach Heidelberg gelangt war –, hat sich in der Vatikanischen Bibliothek erhalten (Cod. Pal. lat. 537). Die

7.88
Rs.

7.88
Vs.

Miniatur zeigt oben Christus mit anbetenden Engeln und unten den Sturz Luzifers und der abgefallenen Engel. Ihr Vorbild war der so genannte Queen Mary Psalter, ein Höhepunkt der englischen Buchmalerei um 1320. Ottheinrich hatte das Ganze offenbar als Darstellung zur Apokalypse verstanden und die Miniatur an einer vermeintlich passenderen Stelle einfügen lassen. Von der „Vorgeschichte" der Schöpfung rückte das Bild somit ans „Ende aller Tage". Die ursprünglich größere Seite wurde angepasst und der untere Teil der Bordüre zerstückelt und neu zusammengesetzt.   W M

Metzger 1994, S. 37, 48–51, 193 f.; Katalog der deutschsprachigen illustrierten Handschriften des Mittelalters 1991, Bd. 1, S. 233, 246 f.; Schottenloher 1927, S. 27 f.

7.89

Sebastian Meyer: Kommentar zur Apokalypse

Übersetzung von Laurentius Agricola, Holzschnitte von Mathis Gerung (1500–1570); 1544–1558; Handschrift/Papier, Holzschnitte, 376 Bll., 34, x 24,5; Bayerische Staatsbibliothek München (Cgm 6592)

Als eines der wichtigstes Dokument der Reformationspropaganda gilt die von 1544 bis 1558 entstandene Holzschnittfolge von Mathis Gerung im Codex germanicus 6592 der Bayerischen Staatsbibliothek. Auftraggeber dieses ehrgeizigen Buchprojekts war Pfalzgraf Ottheinrich, der nach seiner Entscheidung für die Reformation den Holzschnitt als massenwirksames Medium entdeckte. 1544 beauftragte er die deutsche Übersetzung des lateini-

schen Kommentars zur Apokalypse von Sebastian Meyer, einem reformierten Prediger in Bern, und verpflichtete Mathis Gerung für die Illustrationen. Kurze Zeit nach der Vollendung des letzten, 1558 datierten, Holzschnitts starb Ottheinrich im Januar 1559. Vermutlich ist dies der Grund, dass diese umfangreiche antikatholische Streitschrift nie zum Druck gelangte und die Handschrift mit den Illustrationen in Vergessenheit geriet.

Stilistisch und formal erinnern Gerungs Holzschnitte an Albrecht Dürers „Apokalypse" von 1498 und Lucas Cranachs Darstellungen zur „Offenbarung" von 1522. Anders als seine Vorgänger konfrontiert Gerung jedoch seine apokalyptischen Blätter mit antikatholischen Darstellungen. So sind von insgesamt 58 ganzseitigen Holzschnitten 52 in antithetischen Bilderpaaren einander gegenübergestellt, die als Illustrationen jeweils einem Kapitel der Apokalypse vorangehen. Die apokalyptischen Blätter befinden sich dabei jeweils auf der linken Seite, während die reformationsallegorischen Holzschnitte die rechte Seite besetzen. Sinn und Zweck dieser Gegenüberstellung war es, entsprechend Meyers Schriftauslegung die Apokalypse als heilsgeschichtliche Verheißung für die unmittelbare Gegenwart verständlich zu machen: Der Leser sollte dadurch die „Zeit seiner Heimsuchung erkennen", wie der Übersetzer Laurentius Agricola im Nachwort ausdrücklich vermerkt.

Diese Form der antithetischen Darstellung als Mittel der Bildpolemik ist in der Reformationssatire durchaus nicht neu. Bereits 1521 hatte Lucas Cranach d. Ä. im „Passional Christi und Antichristi" in 13 Gegenüberstellungen Szenen aus dem Leben Christi mit Bildern aus dem Leben des Papstes konfrontiert. Cranach wiederum bezog sich auf mittelalterliche Bildtraditionen, in denen der Papst mit dem Antichrist gleichgesetzt wird. In Gerungs Bilderpaaren wird das apokalyptische Geschehen ebenfalls direkt auf die reformatorische Gegenwart bezogen.

Deutlich wird dies besonders am Beispiel der Aktualisierung des Starken Engels (Apk. 10, 1–11), wo der biblischen Darstellung das Bild eines protestantischen Predigers kontrastiert wird. Gleich seinem apokalyptischen Vorbild steht der mit Barett und Talar bekleidete Prediger mit gespreizten Beinen über dem Wasser. Mit der rechten Hand weist er, ähnlich dem schwörenden Gestus des Starken Engels, auf die im Himmel erscheinende Gestalt Gottvaters. Der von seinem Mund und dem Buch ausgehende Rauch demonstriert die Rolle des Predigers als von Gott gesandtem Vermittler, der die wahre christliche Lehre durch die Bibel an die Menschen weitergibt.

Neben den Bildern, in denen Gerung die Verbreitung der christlichen Lehre durch die Reformation aufzeigt, stellt er vor allem den unabwendbaren Untergang des Papsttums dem Heilsgeschehen der wahren Kirche gegenüber. So wird der Fall Babylons (Apk. 18,1–24) unmittelbar mit der Zerstörung der päpstlichen Kirche konfrontiert. Dabei stürzt in optischer Analogie zum apokalyptischen Mühlstein nun das Evangelium auf die katholische Kirche nieder. Indem das vom Himmel fallende Evangelium den päpstlichen Tempel mitsamt seinem Bilderschmuck zerstört, wird zudem die Autorität des göttlichen Wortes betont. PR

Roettig 1991.

Der Drucker Hans Kilian

7.90

Diploma et instructio nobil viro Andreae Pragadeno – Ain alt griechisch monumentum uf pirken Rinden

Jakob Micyllus (1503–1558); Heidelberg (?), 1536; Handschrift/Pergament, 24,5 x 17,5; Bayerische Staatsbibliothek München (Cod. lat. 13096)

Die aus dem Kloster Lorsch stammende Aufschreibung der griechischen Eidesformel römischer Senatoren wurde wohl Anfang der 50er-Jahre des 16. Jahrhunderts von dem Tübinger Professor Johannes Sichardus an Pfalzgraf Ottheinrich geschickt. Dieser übergab aufgrund seiner „sonnderlichenn grossenn lust undt liebe zu allen Antiquiteten" (Micyllus in seiner Vorrede) die Schrift Jacob Micyllus, Professor für Griechisch an der Universität Heidelberg, der sie ins Lateinische und Deutsche übersetzen sollte. Original und Übersetzung sind im Kammerbibliotheksverzeichnis von 1566 unter der Rubrik „Historien" verzeichnet. Kurze Zeit später aber muss das Original, das laut Micyllus schon stark von Würmern zerfressen war, zerfallen sein. So bewahrt nur die von Micyllus im Auftrag Ottheinrichs angefertigte Übersetzung diesen Amtseid römischer Senatoren, der in der Zeit des Humanismus großes Aufsehen bei den Gelehrten erregte. Der Herausgeber der Annalen Aventins, der Ingolstädter Professor Hieronymus Ziegler, kam 1555 eigens nach Neuburg, um die Abschrift des Micyllus einzusehen.

Jacob Micyllus stand in enger Beziehung zu Ottheinrich. Seit 1547 war er Professor für Griechisch an der Universität Heidelberg, seit 1548 Dekan der Artistenfakultät und seit 1549 Mitglied der Kommission zur Revision der Bibliothek, 1556 emeritierte er als Rektor der Universität.

1556 würdigte er Ottheinrichs Regierungsantritt in Heidelberg ausführlich und Ottheinrich wiederum beauftragte ihn mit einem der bedeutendsten Reformwerke seiner Kurfürstenzeit, der Überarbeitung der Statuten der Universität (Kat.-Nr. 7.144). Micyllus starb im Januar 1558, ein knappes Jahr, bevor die neuen Statuten in rechtsgültiger Form eingeführt wurden. SL

„Über eine griechische Eidesformel römischer Senatoren" – Bericht über einen Vortrag von G. M. Thomas, in: Gelehrte Anzeigen der k. bayerischen Akademie der Wissenschaften 19 (1860), Sp. 153–160; Schottenloher 1927, S. 12–14; NDB 17, S. 459 f.; Metzger 2000, „Ein recht fürstliches Geschäft".

7.91

Fragment einer Terrakottascheibe

Hans Kilian (?); Neuburg, 1552; Terrakotta, 29,2 x 60; Historischer Verein Neuburg an der Donau, Schloss Neuburg an der Donau (P 282)

Die obere Hälfte einer Terrakottascheibe mit einer außen von einem Akanthusblattkreis eingefassten Umschrift (lesbar: ANNO • 155Z • HANS • KILIAN •) um ein freies Innenfeld wurde 1975 zufällig im Haus Herrenstraße A 86 in Neuburg an der Donau eingemauert entdeckt. Sie ist wohl ein Hinweis darauf, dass dieses Haus dem Sekretär von Pfalzgraf Ottheinrich, Hans Kilian, gehört hat. Nachweisbar war die von 1544 bis 1546 und dann wieder 1556/57 tätige Druckerei von Hans Kilian im Nachbarhaus Herrenstraße A 85, einem Eckhaus an der Hinteren Gasse (heute Herrenstraße), untergebracht. Insgesamt besaß Kilian hier drei Häuser, wobei er zwei davon zu

7.91

ckerei in der Residenzstadt und im Fürstentum Neuburg ein. Kilian blieb 1544, als Ottheinrich in das Exil ging, in Neuburg. Er arrangierte sich in der Zeit der Besetzung des Fürstentums 1546/52 mit der neuen Regierung; darauf weist auch das ihm von Kaiser Karl V. verliehene Wappen hin: in Blau auf rotem Dreiberg ein weißer Papagei, also in den Farben der Stadt Neuburg. An Lichtmess 1550 wurde Kilian von Ottheinrich zum Diener auf Lebenszeit bestellt, wobei ihm Ottheinrich Druckerei und Druckereigebäude schenk-

einem vereinigte. Das Eckhaus, der frühere Sitz der Druckerei, wurde 1569/70 wegen Schulden versteigert.

Möglicherweise hatte Kilian auch Erfahrung in der Verarbeitung von Erden, worauf, allerdings erst 1569, die Überlassung eines Ziegelplatzes hinter Laisacker (nördlich von Neuburg), „sein neu erfundne Zieglkunst darauf zu gebrauchen", hinweist. RHS

Hans Kilian 1994, S. 154 f., 157–160.

7.92
Modelle zu zwei Medaillen auf Hans und Ursula Kilian

Originalgetreue Nachbildung; Schiefer, Ø 25,5 mm und 26 mm; Staatliche Bibliothek Neuburg an der Donau

Die Schiefermodelle stellen gleichsam Bozetti, Entwürfe, zu zwei Medaillen aus dem Münzkabinett der Staatlichen Museen zu Berlin dar. Die Medaille auf Hans Kilian zeigt – gemäß der Umschrift HANNS KILIAN • SEINS • ALTERS • IM • 39 • IA R – das Brustbild eines Mannes leicht nach links gewendet mit Vollbart, Barett und Mantel, wobei im Feld beiderseits des Kopfes die Jahreszahl 1555 steht. Die zweite Medaille zeigt, gleichfalls als Brustbild, eine Frau im leichten Halbprofil nach rechts gewendet, mit einem Kopftuch, das auf ihre rechte Schulter herabfällt. Nach der Umschrift gibt sie sich als VRSVLA • HKIL: HAUSF: IRS ALTERS • IM • ZI • IAR zu erkennen, als Haus-, also Ehefrau Hans Kilians. Es sieht fast so aus, als seien die Modelle zu den Medaillen im Jahr ihrer Heirat entstanden.

Hans Kilian, 1516 wohl in Neuburg als Sohn des Ratsherrn Hans Kilian geboren, war 1537 Rentschreiber Herzog Ottheinrichs. Kilian war vielseitig begabt, er war als Komponist und Dichter tätig und muss auch etwas von Terrakotta, der „neu erfundnen Zigelkunst", verstanden haben (Kat.-Nr. 7.91). Im Auftrag Ottheinrichs widmete er sich dem Buchdruck und richtete die erste Buchdru-

te. Kilian hatte auch eine Vorliebe für die Alchemie und verwaltete die von Ottheinrich erworbenen umfangreichen Paracelsus-Schriften (Kat.-Nr. 7.111, 7.113).

Von Kilians Ehefrau Ursula ist kein Mädchenname überliefert. Aus der Ehe gingen – soweit bekannt – zehn Kinder hervor, von denen das letzte 1579 in der Neuburger Hofkirche getauft wurde. Am bekanntesten ist sein Sohn Mang, der spätere Neuburger Hofmaler (um 1567 bis nach 1625), der die Schlosskapelle in Höchstädt sowie den Fest- und Ahnensaal wie auch Teile der Dürnitz im Schloss Neuburg ausgemalt hat. Hans und Ursula Kilian sind bis 1594 im Kommunikantenregister der Hofkirche verzeichnet. Hans Kilian starb im Alter von 80 Jahren am 29. Dezember 1595, seine Leichenpredigt wurde von Leonhart Reinmichel in Lauingen gedruckt, wo 1561/62 die fürstliche Druckerei für das kleine Fürstentum Neuburg gleichsam als Nachfolger der Kilian'schen Druckerei begründet worden war. Ursula Kilian überlebte ihren Mann, ihr Sterbedatum ist nicht überliefert. RHS

Seitz 1994.

7.93
Donato Gianotti: res pvblica venetvm. Der grossen Commun / der Statt Venedig / vrsprung / erbauwung vnd aufnemung Jrer Herrschafft …

Neuburg: Hans Kilian, 1557; Buchdruck/Papier, 84 Bll., 29,5 x 19,5; Staatliche Bibliothek Neuburg an der Donau (2° Kilian 22)

Der vorliegende Band ist kein älterer Bestandteil der Provinzialbibliothek bzw. Staatlichen Bibliothek Neuburg, sondern ein Ankauf aus dem Antiquariatshandel. Das Werk ist, wie auf dem Titelblatt angegeben, „Aus Jtalianischer sprach verteutscht", der Übersetzer ist nicht genannt. Der Autor Donato Gianotti (1492–1573) gilt als bedeutendster politischer Denker aus dem Umkreis von Machiavelli, lehrte zunächst an den Universitäten Pisa und Padua Altphilologie, war ab 1527 „segretario dei

Dieci" im Stadtstaat Florenz, musste 1530 bei der Machtübernahme durch die Medici fliehen und lebte daraufhin in Oberitalien im Exil, darunter auch etwa zehn Jahre lang in Venedig. Der „Libro della Repubblica di' Vinitiani" wurde 1540 erstmals in Rom gedruckt und sollte bereits 1546 bei Kilian in einer deutschen Übersetzung erscheinen. Durch die Ereignisse vom September 1546 musste aber das Vorhaben abgebrochen werden, wie Kilian in seiner Widmungsvorrede an Kurfürst Ottheinrich vom 20. März 1557 berichtet. Der Druck ist bemerkenswert durch den Nachstich einer Venedig-Vedute auf dem Titelblatt und auch insofern, als er auf dem Titelblatt eine eigenhändige Widmung von Kilian aufweist: „Joannes Kilianus, suo fratri Steffano Zirlero Dono dedit". Die „Fraternität" wies manche Gemeinsamkeit auf: Wie Kilian war der fast gleichaltrige Stephan Zirler (um 1520 bis 1568) Hofdiener in verschiedensten Positionen der Heidelberger Regierung und er war wie Kilian auch Komponist; von ihm stammen 20 vierstimmige Liedsätze in Forsters „Frische teutsche Liedlein".   R H S

VD 16: G 1952; MGG 14, S. 1319–1320; Hans Kilian 1994, S.148–150, Kat.-Nr. 22 (mit weiterer Literatur); Encyclopedia of the Renaissance, Bd. 3, S. 52.

7.94

Christoff Mandel: Beweisung aus der Juden Gesatz … Das vnser HErr Jesus Christus / warer Gott vnd Mensch / der verhaissen Samen / Hailand vnd gelaisstet Messias sey / Jnn ain Gesprech / zwischen ai(ne)m Christen vnd Juden

Neuburg: Hans Kilian, 1557; Buchdruck/Papier, 62 Bll., 19,5 x 14,5; Staatliche Bibliothek Neuburg an der Donau (4° Theol. 116 [Beiband 10])

Christoff Mandel genannt Hunger [= Ungar] stammte aus Ofen, dem heutigen Budapest. Die Widmungsvorrede an Kurfürst Ottheinrich ist datiert zu Feuchtwangen am 19. August 1556, wo Mandel markgräflich-ansbachischer Gegenschreiber war (dies schon 1552; 1536 war er in Leutershausen ansässig). Er hebt hervor, dass Ottheinrich „ain sonderlich hertz / begirde / vnd liebe zum wort Gottes" habe und „das die Kirchen inn E. CF. G. Lande herrlich / vnd Christlich aufgericht … sind". In dem in Reimen abgefassten Zwiegespräch zwischen dem Juden Simon, der auf dem Weg zur Würzburger Messe ist, und Mandel, der nach Ansbach unterwegs ist, geht es darum, dass die Sünder „der verdamnus wirdig" sind, „wie / wo / vnd durch wen wir die verdamnus loß werden" und dass „ausserhalb Christo / kein wege oder mittl zur seligkeit" führen.

Der Sammelband enthält zum Teil frühreformatorische Schriften (Drucke der Jahre 1521–1525 aus Offizinen in Straßburg und Speyer), auch Werke von Martin Luther (VD 16: L 5461, 4541, 4995, 5446) sowie weitere theologische Drucke der Jahre 1550–1557. Der Band wurde bald nach 1557 in der für das pfalz-neuburgische

Oberland typischen Weichpergamentart – natürliches oder gefärbtes Pergament, Lederbünde, Lederbänder zum Verschließen – gebunden. Er enthält auch die Ottheinrich gewidmete Schrift von Veit Nuber (VD 16: N 1940) über „Propheceyen/Weissagungen vnd verheissungen von Christo Jesu" (hauptsächlich aus dem Alten Testament), deren Widmungsvorrede vom 2. März 1553 datiert; Nuber, einer der frühen pfalz-neuburgischen evangelischen Prediger in Burglengenfeld und Schwandorf, war damals Prediger im oberpfälzischen Nabburg und 1559 Hofprediger in Zweibrücken. Eine nähere Provenienz des Bandes ist unbekannt.   R H S

VD 16: M 539; Hans Kilian 1994, S. 150f., Kat.-Nr. 23.

7.95

Johannes Müller genannt Regiomontanus: … fvndamenta operationvm qvae fiunt per tabulam generalem …

Neuburg: Hans Kilian, 1557; Buchdruck/Papier, 38 Bll., 30,5 x 22; Staatliche Bibliothek Neuburg an der Donau (B.W. 58)

Zu den bedeutenden Mathematikern und Astronomen des 15. Jahrhunderts zählt der nach seinem Geburtsort im fränkischen Königsberg als Regiomontanus benannte Johann Müller (1436–1476). Seine Ephemeriden, Vorausberechnungen der täglichen Stellungen der Himmelskörper, für die Jahre 1475–1506 erschienen 1474 in Nürnberg. Dort lebte Regiomontanus ab 1471 bei Bernhard Walther (um 1430–1504), der ihm eine mechanische Werkstätte, Druckerei und Sternwarte einrichtete sowie die Ephemeriden weiterführte. Sein Schüler wiederum war der aus Karlstadt stammende Nürnberger Mathematiker, Astronom und langjährige Mathematikprofessor am Nürnberger Gymnasium Johannes Schöner, latinisiert Schonerus (1477–1547), welcher auch Globen herstellte, darunter jenen bekannten, auf dem 1515 erstmals Amerika erscheint. Ab 1532 edierte Schöner einige Handschriften von Regiomontanus (Kat.-Nr. 7.100). Mit seinem Nachlass kam eine unveröffentlichte Handschrift von Regiomontanus, der „Libellus, continens Apodixes seu demonstrationes operationum, quæ fiunt per Tabulam generalem", in den Besitz von Schöners Sohn Andreas (1526–1590). Dieser überreichte sie – wie er in seiner am 27. April 1556 in Neuburg geschriebenen Vorrede berichtet – an Kurfürst Ottheinrich, über den er gehört hatte, dass er auch mathematische Bücher sammle. Wer das praktische Anleitungsbuch mit vielen Ekliptik-Zeichnungen 1557 zum Druck bei Hans Kilian in Auftrag gab, ist unklar. Auf der Rückseite des Titelblatts findet sich ein Holzschnitt mit dem großen kurpfälzischen Wappen und den Buchstaben O(tto) H(enricus) C(omes) P(alatinus) E(lector).

Der Druck ist mit mehreren, meist astronomischen und mathematischen Schriften von Joannes de Sacrobosco (De Sphera, Paris 1516), Georgius Burbachius (Quadratum Geometricum, Nürnberg 1516), Jacobus Peletarius (Comentarii tres, Basel 1563) und der bekannten „Vnderweysung der messung / mit dem zirckel vn(d) richt scheyt" von Albrecht Dürer (Nürnberg 1525, VD 16 D 2856/2857) zu einem Band zusammengebunden. Dem Besitzeintrag „Collegy Soc Jesu Neoburg 1648" und dem gekalkten braunen Lederrücken nach zu schließen war er sicher in der Neuburger Jesuitenbibliothek. Dorthin war er wohl mit der Bibliothek der Fürstlichen Schule Lauingen gekommen und dahin wiederum, wie die heutige Signatur B(ibliotheca) W(olfiana) zeigt, mit der in ihr aufgegangenen Bibliothek Hieronymus Wolf.   RHS

VD 16: M 6536; ADB 1891, Bd. 32, S. 294–297, 1896, Bd. 41, S. 97–99; Hans Kilian 1994, S. 151–154, Kat.-Nr. 24 (mit weiterer Literatur zu Regiomontanus).

7.96

Bernardino Tommassini, genannt Ochino: Zwanzig Predigten, übersetzt von Joseph Höchsteter

Neuburg: Hans Kilian, 1545; Buchdruck/Papier, 19,2 x 15; Historischer Verein Neuburg an der Donau (2756)

Wer aber erbt das Himmelreich? Diese auch heute für Christen zentrale Frage war ein Hauptthema auf dem Kampfplatz der Konfessionen im 16. und 17. Jahrhundert und sie steht auch im Mittelpunkt des ersten Teils des Hauptwerks des Bernardino Tommassini, genannt Ochino, das 1545 in der Druckerei Kilians in Neuburg erstmals veröffentlicht wurde. Bernardino hatte sich in Italien als reisender Bußprediger großen Ruhm erworben. Als er sich lutherischem Gedankengut zuwandte, wurde er nach Rom vorgeladen, doch entzog er sich der Befragung durch Flucht nach Genf. Über Basel und Straßburg kam der inzwischen verheiratete Ochino 1545 nach Augsburg, wo er eine Stelle als Prediger der italienischen Gemeinde annahm. Zwei Jahre später, 1547, ließ ihn der Augsburger Rat entkommen, als nach der Einnahme von Augsburg im Schmalkaldischen Krieg von kaiserlicher Seite seine Auslieferung befohlen worden war. Weitere Stationen seines bewegten Lebens waren London, Genf, Zürich, Polen und Mähren, wo er Ende 1564 in Schlackau starb.

Der Übersetzer von Ochinos Zwanzig Predigten, Joseph Höchsteter, widmete in seiner in Augsburg am 1. Januar 1545 verfassten Vorrede das Werk Ottheinrich, der ihn neben anderen zu dieser Übersetzung veranlasst habe. Das Titelblatt illustriert als Hauptthema die Rechtfertigung allein durch den Glauben und spitzt die Gegensätze zwischen Protestanten und Altgläubigen polemisch zu. Um wen es sich bei den Erwählten und den Verdammten handelt, die im Jüngsten Gericht voneinander geschieden werden, machen die Darstellungen deutlich. Sie zeigen die Eröffnung bzw. Verschließung des Zugangs zum Herrn in der Erteilung des Abendmahls in beiderlei Gestalt bzw. in dem der Gemeinde den Rücken

zukehrenden, die Messe lesenden Priester, hinter dem eine Höllengeburt aus dem Kirchengrund aufsteigt. Dieselbe Polemik wird durch das Motiv des Schafstalles Christi (Joh. 10, 1–11) auf der unteren Blatthälfte vorgetragen. Man sieht Christus, der mit dem Stab in der Hand als Hirte im Eingang einer angedeuteten Kirche steht und die sich an ihn wendenden Menschen willkommen heißt. Auf der rechten Seite aber versuchen sich die irrgläubigen Katholiken – erkennbar an Prozessionsfahnen, Bischofsmützen, Mönchskutten und der auf einem Sockel stehenden Heiligenfigur – mithilfe einer Leiter auf unlautere Weise durch das Fenster Zugang zur Kirche zu verschaffen.   SL

Hans Kilian 1994, S. 117ff.; Religion in Geschichte und Gegenwart 1986, Bd. 4, Sp. 1555f.; Unger 1994.

7.97

Bartolomeo Sacchi genannt Platina: historia. Von der Baepst vnd Keiser leben …, übersetzt und ergänzt durch Caspar Hedio

Straßburg: Wendel Rihel, 1546; 14, cclxxxj, 8 Bll., Einband: braunes Leder, Rollenblindpressung, 31,5 x 21,5; Staatliche Bibliothek Neuburg an der Donau (2° Hist. 53)

Einer der wichtigsten Anreger für Pfalzgraf Ottheinrich als Büchersammler war der reformatorische Straßburger Münsterprediger Caspar Hedio (1494–1552). Er war es, der – nach der Vorrede – Ottheinrichs „Christliches vnd Fürstliches für haben … ein Librarei von büchern der heiligen geschrifft Juristerei / Medicin / vnd aller Historien auffzürichten", tatkräftig unterstützte: Er schickte Ottheinrich auf dessen Begehr ein „Libel der fürnemesten bücher namen" und benannte ihm die Bezugsorte. Caspar Hedio empfahl ihm auch die Einrichtung einer „Teütschen Bibliotheck an einem offnen ort", damit „gotsförchtige burger vnd leien, junge mans personen auch junge handwercks gesellen ein offnen zügang" dazu hätten und an Sonn- und Feiertagen nicht wie „sunst in wein vnd bierheüsern / auff den kegel vnd spil plätzen" sein müssten, sondern in „Teütschen Buechern möchti selbs lesen oder hören lesen".

Im Sommer 1545 hielt sich Hedio in Heidelberg bei dem dort im Exil lebenden Ottheinrich auf. Er fertigte hier für Ottheinrich die Übersetzung der Papstgeschichte des aus Piadena bei Cremona stammenden italienischen Humanisten Bartolomeo Sacchi genannt Platina (1421 bis 1481) an. Die im März 1546 vollendete Übersetzung führte das bei Platina nur bis zum Pontifikat von Papst Paul II. (1464–1471) reichende Buch weiter bis zum Beginn des Tridentiner Konzil unter Papst Paul III. (1534 bis 1549). Hedio schloss den Text mit der Nachricht von Martin Luthers Tod ab und fügte zur Bekräftigung eine von ihm am 22. März 1546 angefertigte Übersetzung der Leichenpredigt an, welche Melanchthon am 22. Februar 1546 in Wittenberg auf Luther gehalten hatte.

In der Widmungsvorrede der „Historia" vom 20. März 1546 gibt Hedio einen bibliotheksgeschichtlichen Überblick, nennt dabei auch den Sacco di Roma von 1527, als die Truppen Karls V. Rom verwüsteten, auch zu der „Bibliotecken grosser schad", wobei der Verlust „gůtter bůcher" schlimmer sei als der von Kelchen, Monstranzen, Silber und Gold – nicht ahnend, dass solches kurz darauf auch Neuburg bevorstehen sollte. Der Straßburger Drucker Wendel Rihel verwendete für das Titelblatt denselben Buchschmuck, den ein Jahr zuvor Hans Kilian für den Druck der auszugsweisen Übersetzung aus dem Fridschirm-Buch des Marsilius von Padua (Kat.-Nr. 7.76) benutzt hat: die obere Schmuckleiste zeigt Christus, begleitet von der Versammlung der Kurfürsten sowie von der Darstellung der beiden (evangelischen) Sakramente Taufe und Abendmahl. Die untere Bildleiste präsentiert das Vollwappen und die Devise MDZ von Ottheinrich, links und rechts Kaiser bzw. Papst.

Das vorliegende in einen zeitgenössischen Lederband gebundene Exemplar enthält sowohl die „Historia" wie das Fridschirm-Buch und stammt aus der Bibliothek des Zisterzienserklosters Kaisheim, kam also 1804 in die Provinzialbibliothek Neuburg.   R H S

VD 16: P 3271; Klauser 1956; Neumüllers-Klauser 1986; Hans Kilian 1994, S. 129–131, Kat.-Nr. 9; Metzger 2002, „Ein recht fürstliches Geschäft".

Magia Naturalis

Günther Oestmann

Astrologi und Mechanici im Umkreis Ottheinrichs

Pfalzgraf Ottheinrich war der Astrologie wie der Astronomie, die damals noch eine Einheit bildeten, sehr zugetan. Dies spiegelt sich im Bestand seiner astrologischen Handschriften und Bücher wider.[1] Astronomischen Instrumenten und Uhren brachte Ottheinrich ein besonderes Interesse entgegen und verfertigte diese auch selbst.[2] 1576 wird eine von ihm entworfene Horizontalsonnenuhr mit silberner Platte erwähnt[3] und das Museum des Adler-Planetarum in Chicago verwahrt eine mit den einschlägigen Signaturen MDZOHP und 1547 OHP AVCTOR versehene Sonnenuhr aus vergoldetem Kupfer (Kat.-Nr. 7.103a). Es wurden von ihm aber auch Kommissionen zum Bau von Instrumenten und für astrologische Auftragsarbeiten an verschiedene Gelehrte vergeben. Die Verbindungen Ottheinrichs zu bedeutenden Astronomen, Astrologen und Mathematikern werfen ein Schlaglicht auf die lebhaften Interessen des Herrschers an der horoskopischen Prognostik und naturwissenschaftlich-technischen Erkenntnissen. Im Folgenden soll dieser Personenkreis kurz vorgestellt werden.

Hieronymus von Croaria

Über die Persönlichkeit und die astrologischen Aktivitäten des Graisbacher Landvogts und Pflegers zu Monheim, Hieronymus von Croaria, ist einiges bekannt.[4] Croaria bezog am 20. März 1511 die Universität Ingolstadt und wurde 1527 zum Rat des Landschaftsausschusses im Fürstentum Pfalz-Neuburg ernannt. Die Astrologie übte er neben seinen Ämtern aus. Ottheinrich bestürmte ihn 1534 mit der Frage, welchen Ausgang der Krieg in Württemberg nehmen werde, denn sein Bruder Philipp war als kaiserlicher Statthalter in schwere Bedrängnis geraten, nachdem der vertriebene Herzog Ulrich sich im April 1534 anschickte, mit Landgraf Philipp von Hessen in Württemberg einzufallen. Croaria stellte ein Horoskop und übergab Ottheinrich am 14. Mai 1534 ein astrologisches Gutachten[5], das nichts Gutes erwarten ließ.[6] Die Entscheidung war zu diesem Zeitpunkt allerdings bereits gefallen: In der Schlacht von Lauffen war Herzog Philipp geschlagen und selbst schwer verletzt worden. Württemberg fiel den Aufständischen zu und Philipp musste kapitulieren. Ottheinrich ritt nach München, um die Herzöge von Bayern um Rat und Beistand zu bitten. Um eine für den Bruder möglichst günstige

Entscheidung zu erlangen, veranlasste er Croaria, aus dem Horoskop König Ferdinands die für Verhandlungen günstigen Zeiten herauszufinden. Die von Croaria ermittelten Daten – 1. Juli vormittags 11.00 und nachmittags 4.00, sowie 8. Juli um 6.00 in der Frühe[7] – nahm Ottheinrich dann aber doch nicht wahr, da er sich bereits vom 17. bis 29. Juni 1534 mit Landgraf Philipp, Herzog Ulrich und König Ferdinand zu Unterhandlungen über die künftige Gestaltung Württembergs traf. Es endete damit, dass Herzog Ulrich das Land als Lehen Österreichs wieder zugesprochen wurde. Ottheinrich wollte offenbar auch Genaueres über sein eigenes Schicksal erfahren. Croaria wandte sich mit diesem Anliegen an den angesehenen Nürnberger Astronomen Johannes Schöner (1477–1547). Er übermittelte ihm zwei Geburtsdaten des Pfalzgrafen, ohne dessen Namen zu nennen.[8] Auch Croaria selbst berechnete ein Horoskop für Ottheinrich (Kat.-Nr. 7.101).[9] Die beiden Horoskope Schöners scheinen sich dagegen nicht erhalten zu haben. Nach dem Tod Croarias trat Ottheinrich im Frühjahr 1537 direkt mit Schöner in Kontakt und bat ihn um ein Geburtshoroskop, das, wie er schrieb, „wir begirlich erwarten".[10] Auch dieses Horoskop konnte bislang nicht aufgefunden werden (Kat.-Nr. 7.100).

Johannes Schöner

Johannes Schöner wurde 1477 in Karlstadt am Main geboren und studierte ab 1494 an der Universität Erfurt (Kat.-Nr. 7.100).[11] Neben der Theologie beschäftigte er sich mit mathematischen und astronomischen Studien. Im Jahr 1500 wurde Schöner zum Priester geweiht, ging nach Bamberg und war 1501/04 Kaplan in Hallstatt und 1504/06 als Vikar in Karlstadt tätig. In den folgenden Jahren war er Geistlicher im Dienst Bischof Georgs III. an St. Jakob zu Bamberg. Schöner scheint mit den Lehren Luthers sympathisiert zu haben. Wegen Vernachlässigung seiner geistlichen Pflichten erfolgte 1523 eine Strafversetzung nach Kirchehrenbach nahe Forchheim, wo er in Erfüllung eines frommen Stifterwillens Frühmessen zu halten hatte. Die Auswirkungen des Bauernkriegs waren auch in dem abgelegenen Dorf bald spürbar. Im Frühjahr 1525 geriet Schöner durch aufständische Bauern in Bedrängnis und ging Ende des Jahres nach Bamberg zurück. Nachdem Nürnberg evangelisch geworden war, beschloss der Rat der Stadt, ein akademisches Gymnasium zu gründen. Durch Vermittlung Willibald Pirckheimers (1470–1530) wurde Schöner 1526 als Professor für Mathematik berufen und lehrte in Nürnberg bis zu seinem Tod im Jahr 1547.

Auf den Gebieten der Mathematik, Astronomie und Geografie war Schöner eine weithin bekannte und hochgeachtete Persönlichkeit. Er besaß in Bamberg, Kirchehrenbach und Nürnberg eine Druckerei, in der neben eigenen Schriften die von ihm entworfenen und in Holz geschnittenen Segmente für Erd- und Himmelsgloben gedruckt und auch die Kugeln hergestellt wurden.[12] Schöner verfasste mehrere Abhandlungen über astronomische Instrumente und publizierte eine Version der Mitte des 13. Jahrhunderts entstandenen „Alfonsinischen Tafeln" („Tabulae resolutae", Nürnberg 1536). Mit der Astrologie hat sich Schöner eingehend beschäftigt; seine beiden Hauptwerke auf diesem Gebiet sind das „Opusculum astrologicum" (Nürnberg 1539) und „De iudiciis nativitatum libri tres" (Nürnberg 1545). Seine Devise lautete „Mathesis fati index" – „Die Mathematik (Astrologie) ist ein Wegweiser des Schicksals".[13]

Cyprianus Leovitius

Cyprianus Leovitius wurde am 8. Juli 1524[14] in Königgrätz, dem heutigen Hradec Králové, als Sohn des Edelmanns und nachmaligen Bürgermeisters Johann Karásek geboren. 1547 verlieh Kaiser Ferdinand I. der Familie das Adelsprädikat Leovitius a Leonicia (Lwowiczy z Lwowicz).[15] Nach Aufenthalten in Breslau (1540) und Leipzig (1544) wandte sich Leovitius nach Wittenberg, wo er in Kontakt zu Melanchthon trat und Astronomie, Mathematik sowie Latein studierte. 1547 unterhielt er Verbindung zu Johannes Schöner sowie 1551 in Augsburg zu Georg Fugger und dem astrologisch interessierten Patrizier Johann Hainzel, der 1569 mit Tycho Brahe einen großen hölzernen Quadranten baute. Auch war er mit dem Direktor des dortigen Anna-Gymnasiums, Hieronymus Wolf (1557–1580), der sich intensiv mit Astrologie beschäftigte, gut bekannt und hat diesem das Horoskop gestellt.[16] Leovitius wurde von den Familien Fugger und Rosenberg gefördert und möglicherweise von diesen Pfalzgraf Ottheinrich empfohlen, der ihn als Hofmathematiker in seiner zeitweiligen Residenz Lauingen verpflichtete; der genaue Zeitpunkt der Ernennung ist nicht bekannt. Jedenfalls wird Leovitius in drei Briefen Ottheinrichs an Ulrich Fugger aus dem Jahr 1557 als „unser mathematicus" bezeichnet.[17] Als solcher hat er auch ein Horoskop für seinen Landesherrn erstellt. Der von Leovitius erarbeitete Kanon der Finsternisse für den Zeitraum von 1554 bis 1606 wurde 1556 in Augsburg gedruckt und war bereits Ottheinrich gewidmet. Nach dem Tod Ottheinrichs 1559 war Leovitius als Astrologe gelegentlich für Kaiser Maximilian II. tätig.[18] 1563/64 wird er als Rektor des Lauinger Gymnasium illustre genannt.[19] Die offenbar geplante dauerhafte Rückkehr in seine Heimatstadt Königgrätz[20] gab er wieder auf und blieb in Lauingen, wo er am 25. Mai 1574 starb.

Als Astrologe, der sich intensiv mit den astronomisch-mathematischen Grundlagen der Sterndeutung beschäftigte, wie auch als Berechner von Tafeln der zukünftigen Planetenpositionen (Ephemeriden), war Leovitius im 16. Jahrhundert weithin bekannt. Mit Tycho Brahe pflegte er ein freundschaftliches Verhältnis. Um Anschauungsmaterial zur Verfügung zu haben und das Leben bekannter Persönlichkeiten mit den Vorgängen am Himmel zu korrelieren, legten sich Astrologen Horoskopsammlungen an.[21] Auch von Leovitius sind vier derartige Kollektionen erhalten.[22] Im heute in der Vatikanischen Bibliothek aufbewahrten Codex Palatinus lat. 1425, der die Horoskope etlicher Familienmitglieder der Fugger, Welser und Rosenberg enthält, finden sich auch die beiden oben erwähnten Horoskope Ottheinrichs.

Nikolaus Prugner

Ein weiterer mit Pfalzgraf Ottheinrich in Kontakt stehender Mathematiker und Astronom war der am 22. Oktober 1488 im fränkischen Windsheim geborene Nikolaus Prugner, der in erster Linie als Theologe bekannt ist.[23] 1516 immatrikulierte sich Prugner in Wien und erwarb dort wahrscheinlich den Doktortitel. Als Prior des Augustinereremitenklosters von Mühlhausen setzte er sich für die Einführung der lutherischen Reform in seinem Kloster und der Pfarrgemeinde ein. 1523 hatte Ulrich von Hutten Zuflucht im Augustinerkloster gefunden und noch im selben Jahr wurde Prugner von seinem Ordensprovinzial seines Amtes enthoben, erhielt jedoch auf Betreiben der städtischen Obrigkeit eine Predigerstelle. Drei Jahre später wurde er entlassen; doch aufgrund einer Intervention der Eidgenössischen Tagsatzung, dem obersten Bundesorgan der Schweizer Eidgenossenschaft, stellte ihn bald darauf der Straßburger Rat als Prediger im Städtchen Benfeld an. Offenbar hat Prugner das Pfarramt zugunsten der intensiven Beschäftigung mit der Astrologie vernachlässigt, sodass anlässlich einer Kirchenvisitation 1535 Klagen laut wurden.[24] Prugner genoss als Mathematiker, Astronom und Astrologe einen guten Ruf. Er wurde neben Johannes Schöner in Betracht gezogen, als 1537 in Marburg die mathematische Professur der Universität besetzt werden sollte.[25] In die Benfelder Zeit fällt auch Prugners Beteiligung am Neubau der Straßburger Münsteruhr.[26]

Eine aufschlussreiche Quelle für die Geschichte der Astrologie stellen seine für den Basler Juristen Bonifacius Amerbach (1495–1562) und dessen Bruder Bruno gestellten Horoskope dar.[27] Wie viele Astronomen und Astrologen seiner Zeit veröffentlichte Prugner Gelegenheitsschriften über ungewöhnliche Himmelsereignisse – etwa das Erscheinen von Kometen – und Vorhersagen, so genannte Praktiken, für jedes Jahr.[28] Für ein bei Johannes Herwagen 1533 in Basel gedrucktes astrologisches Sammelwerk steuerte Prugner eine Neuausgabe der „Matheseos" („Astronomicon Libri VIII") des Firmicus Maternus bei. Als der Bischof 1537 die von ihm an Straßburg verpfändete Stadt Benfeld wieder einlöste, war Prugner gezwungen, sein Amt aufzugeben. Er wandte sich an den Hof des Kölner Erzbischofs Hermann von Wied, der ebenfalls mathematischen, astrologischen und naturphilosophischen Studien zugetan war. So fand bei ihm Cornelius Agrippa von Nettesheim, der seine „Occulta Philosophia" dem Erzbischof widmete, Aufnahme und Unterstützung.[29] Nach der Rücknahme der Reformation in Geldern verblieb auch das Kölner Erzbistum beim alten Glauben, 1546 erfolgte die Exkommunikation Hermann von Wieds. Wieder musste Prugner seine Wirkungsstätte verlassen. Er ging nach Basel, wo er Unterstützung bei Graf Georg von Württemberg-Mömpelgard fand.[30]

1553 gab Prugner bei Herwagen in Basel ein astronomisches Tafelwerk in zwei Teilen heraus, das er Kurfürst Ottheinrich widmete. Der erste Teil beinhaltet eine verbesserte Version der „Alfonsinischen Tafeln" von Giovanni Bianchini mit Erläuterungen, im zweiten Teil findet sich ein Nachdruck der Finsternistafeln von Georg Peuerbach, gleichfalls mit Erklärungen versehen. Ottheinrich unterstützte die Herausgabe des Werks durch Übersendung einer Handschrift.[31] Um 1547 bezog Prugner vom Heidelberger Hof eine Pension.[32] Als 1554 der Tübinger Mathematikprofessor Philipp Imsser Ottheinrich in Baden-Baden aufsuchte, um diesen für den Bau einer astronomischen Uhr zu gewinnen (Kat.-Nr. 7.102), begleitete ihn Prugner.[33] Darüber hinaus bestanden intensive Briefkontakte. Die Straßburger Stadtbibliothek besaß einst mehrere, nicht mehr erhaltene, eigenhändige Briefe Ottheinrichs über mathematische und astronomische Gegenstände an Prugner aus den Jahren 1548 bis 1554.[34]

Die letzte Lebensstation Prugners war Tübingen, wo er sich am 26. Oktober 1553 immatrikulierte. In einem Brief ist er zwar als Professor der Mathematik bezeichnet[35], doch ist sein Verhältnis zur Universität nicht geklärt. Zu dieser Zeit war die mathematische Lehrkanzel von Philipp Imsser besetzt und eine förmliche Anstellung Prugners ist nicht nachweisbar. Mit Herzog Christoph erörterte Prugner die Bedeutung von Kometen und anderen Himmelszeichen. 1557/58 wurden Prugners Witwe 50 Gulden für ein Buch mit Horoskopen für den Herzog und dessen Kinder ausbezahlt.[36] Am 25. Februar 1557 starb Prugner. Er ist in der Tübinger Stiftskirche beigesetzt.[37]

Jakob Rabus

Jakob Rabus, genannt Gintzer, Günzer oder Günser, wurde 1522 in Memmingen geboren. Er immatrikulierte sich am 2. November 1535 in Tübingen, am 21. Juli 1540 erlangte er die Magisterwürde; er hielt sich danach 1543/44 in Wittenberg und 1545 in Straßburg auf. Die lange Studiendauer mag darauf zurückzuführen sein, dass Rabus neben der Theologie auch Astronomie studierte. Ab dem 13. Dezember 1546 war Rabus als Pfarrhelfer in Memmingen tätig. 1550 immatrikulierte er sich nochmals in Tübingen und übernahm am 13. August 1552 die Pfarrstelle in Monheim, wo er zwei Jahre später zum Superintendenten ernannt wurde. Rabus starb am 8. Februar 1581 in Monheim.[38] Sein Bruder Paul war herzoglicher Sekretär und Lehenpropst am Hof von Pfalzgraf Ottheinrich in Neuburg. Am 11. September 1553 erhielt er für sich und die beiden Brüder Jakob und Ludwig einen Wappenbrief.[39]

Jakob Rabus war auch mit Leovitius bekannt, der ihm 1562 ein Exemplar seiner sechs Jahre zuvor in Augsburg gedruckten Ephemeriden widmete, in das Rabus und später auch sein Sohn Familienereignisse, aber auch kirchliche, politische und andere bemerkenswerte Vorkommnisse eintrugen.[40] Neben einem Himmelsglobus, der 1546 datiert ist, sind zwei weitere Instrumente von Rabus bekannt. 1556 fertigte er für Ottheinrich einen Quadranten (Kat.-Nr. 7.103) und im selben Jahr einen weiteren für Pfalzgraf Wolfgang.[41]

Philipp Imsser

Philipp Imsser (1500–1570) war Schüler und Nachfolger Johannes Stoefflers (1452–1531) auf dem Tübinger Lehrstuhl für Mathematik und Astronomie. Er immatrikulierte sich am 16. Juli 1526.[42] Noch nicht Magister, wurde Imsser bereits 1531 für astronomische Vorlesungen verpflichtet.[43] Am 17. Juli 1545 immatrikulierte er sich in Ingolstadt, wo er zum Doktor der Medizin promoviert wurde. Nach Einführung der Reformation im Herzogtum Württemberg hielt sich Imsser von 1535 bis 1537 vorübergehend an der Universität Freiburg auf. Dem Vorbild Stoefflers folgend, der 1493 für den Konstanzer Weihbischof einen Himmelsglobus und wahrscheinlich auch die Tübinger Rathausuhr konstruiert hat[44], verband Imsser in seiner akademischen Tätigkeit Theorie und Praxis, indem er „instrumenta mathematica" für die Universität anfertigte.[45] Es hat sich eine Dosenuhr aus dem Jahr 1554 erhalten.[46]

Ungleich bedeutender aber ist die astronomische Uhr, mit deren Bau Imsser von 1554 an über einen Zeitraum von sieben Jahren beschäftigt war (Kat.-Nr. 7.102). Ottheinrich hatte von einer Planetenuhr gehört, die der Mathematiker Johannes Hommel (1518–1562) 1553 Kaiser Karl V. überreicht hatte[47] und wünschte sehr, etwas Vergleichbares zu besitzen.[48] Imsser schwebte ein „ein new astronomisch werck" vor, das „durch rederwerck aller planeten ware leuff sampt anderm treiben und bewegen" sollte[49], und Ottheinrich erteilte ihm 1554 den Auftrag, die Uhr für 800 Gulden zu bauen. Die astronomische Uhr Imssers steht indes nicht voraussetzungslos da. Bereits 1364 hatte Giovanni de Dondi in Padua eine Uhr („Astrarium") vollendet, welche die Bewegungen der Planeten anzeigte.[50] Gegen 1553 baute der französische Mathematiker und Astronom Oronce Finé (1494–1555) das Werk einer offenbar älteren Planetenuhr um.[51] Jedoch entwickelte sich die Ausführung seines Entwurfs für Imsser zum Alptraum. Die Arbeiten an den überaus komplizierten Mechanismen zogen sich über Jahre hin, und trotz aller Bemühungen wollte der Planetenlauf nicht stimmen. Wenig später entstanden noch zwei weitere Planetenuhren vergleichbarer Komplexität, die von Eberhard Baldewein, Christoph Müller und Hermann Diepel 1561 und 1567/68 an Landgraf Wilhelm IV. und Kurfürst August von Sachsen geliefert wurden.[52] Sie alle veranschaulichen das spätantike astronomische Weltbild des Ptolemäus und die von ihm konzipierte Kinematik der Planetenbewegungen. Nur wenige Jahrzehnte später wurde durch das Werk Johannes Keplers nicht nur in himmelsmechanischer Hinsicht, sondern auch im Hinblick auf die erreichbare Genauigkeit der Vorausberechnung von Planetenstellungen ein Wendepunkt in der Geschichte der Astronomie erreicht. Kepler formulierte seine drei Gesetze der Planetenbewegung und rückte vom Axiom der gleichförmigen Kreisbewegung ab, das noch für Kopernikus von zentraler Bedeutung gewesen war. In seiner „Astronomia nova" (1609) blickte Kepler mitleidig auf die Verfertiger von Modellen der ptolemäischen Theorien der Planetenbewegung, deren prachtvollste Publikation 1540 von Peter Apian (1495 – 1552) in Buchform vorgelegt worden war. Über das „Astronomicum Caesareum" Apians bemerkte Kepler: „Wer gibt mir nun eine Tränenquelle, daß ich den kläglichen Fleiß des Apianus beweine, der in seinem Opus Caesareum im Vertrauen auf Ptolemäus so viele gute Stunden aufwandte und so viele höchst geistreiche Überlegungen damit verschwendete, durch Spiralen, Schleifen, Schneckenlinien, Wirbel und ein ganzes Labyrinth von höchst verwickelten Windungen darzustellen, was doch nur Menschen geschaffen haben und was die Natur in keiner Weise als ihr eigenes Bild gelten läßt! … Und was sollen wir von der leeren Kunst der Automatenfabrikanten sagen, die 600, ja 1200 Rädchen benützen, um die Breiten (d. h. Gebilde menschlichen Geistes) in ihren Werken darstellen, über diese Leistung triumphieren und den Preis dafür beanspruchen zu können!"[53] Die letzte Bemerkung mag sich auch auf die Planetenuhr Imssers beziehen, die in mancher Hinsicht zu dessen Schicksal wurde.

Nikolaus Kratzer

Wie die Beziehungen Pfalzgraf Ottheinrichs zu Nikolaus Kratzer beschaffen waren, ist aufgrund fehlender Quellen recht vage. Dass es Kontakte zu dem 1486/87 in München geborenen Astronomen Heinrichs VIII. gab, der nach dem Tod des englischen Königs möglicherweise nach Deutschland zurückkehrte, ist jedoch wahrscheinlich. Kratzer war „Deviser of the King's horologes"[54] und durch die Anfertigung von Sonnenuhren und astronomischen Geräten hervorgetreten. Mit dem Maler Hans Holbein d. J. arbeitete Kratzer bei der Konzeption der geheimnisvollen Programmatik des Doppelporträts „Die

Gesandten" (1533) höchstwahrscheinlich eng zusammen.[55] 1546 hatte Kratzer Scheibeninstrumente aus Pergament fertig gestellt, die ihren Weg in Ottheinrichs Besitz fanden und im Bibliotheksinventar folgendermaßen beschrieben werden: „Zway instrument uf pirgament gemacht von scheiben und zirckeln, das erst betreffendt organum aestivum maris und das ander organum motuum humorum humani corporis durch Nicolaum Kratzer gemacht ao. 1546."[56] Es handelte sich demnach um zwei Geräte mit drehbaren Scheiben (Volvellen), die zur Ermittlung der Gezeiten und iatromathematischen, also astromedizinischen Zwecken dienten. In der von Nikolaus Prugner verfassten Widmungsvorrede für den 1550 in Basel erschienenen „Tractatus de astronomia" des Guido Bonatti wird Kratzer erwähnt. Da sich nach diesem Datum keine weiteren Spuren finden, wird angenommen, dass Kratzer kurz darauf gestorben sein muss.

Georg Hartmann

Der 1489 im fränkischen Eggolsheim geborene Georg Hartmann (gest. 1564) erhielt nach dem Studium der Theologie und Mathematik in Köln und einem Aufenthalt in Rom 1522 zunächst eine Pfründe an der St.-Walpurgis-Kapelle auf der Nürnberger Burg und wurde später Vikar an der St. Sebaldus-Kirche. Als Mathematiker, Astronom und Feinmechaniker war Hartmann weithin bekannt.[57] 1540 erfand er einen Kalibermaßstab zur Bestimmung des Gewichts von Kanonenkugeln aus der Mündungsweite eines Geschützes. Er beschäftigte sich mit der Missweisung des Kompasses, die von ihm genauer bestimmt wurde, und entdeckte die Inklination der Magnetnadel. 1544 beschrieb er das Phänomen in einem an Herzog Albrecht I. von Preußen gerichteten Brief.[58] Hartmann entwarf eine Vielzahl verschiedener Arten von Sonnenuhren und vervielfältigte Instrumente als Holzschnitte und Kupferstiche, die sich leicht auf Holz aufziehen ließen. Die von ihm in großer Zahl gefertigten Sonnenuhren, Globen, Armillarsphären sowie Astrolabien waren begehrte Objekte. Über den Aufriss von Sonnenuhren und Astrolabien mit Zirkel und Lineal verfasste er 1518/28 eine umfangreiche Handschrift.[59] Ottheinrich beauftragte ihn 1544 mit der Ausführung zweier Sonnenuhren aus Elfenbein nach einem älteren, von ihm übersandten Vorbild und bestellte darüber hinaus ein Astrolabium und eine Armillarsphäre: „Ich habe von Herzog Ott Heinrich vor vier Wochen zwei Briefe empfangen sammt einem buxbaumnen Compäßle, welches, nachdem die Jahrzahl darauf steht, gemacht ist worden im Jahr 1417; ist gleichförmig schier den elfenbeinern Compassen, die ich E. F. G. gemacht habe; allein Herzog Ott Heinrichs hat kein Kreuz, sondern zwei Hörnlein an beiden Seiten und gefällt mir in Wahrheit über die Maßen wohl diese Faction. Ich muß seiner fürstl. Gnaden zwei von Elfenbein zurichten, ein messinges Astrolabium und eine Sphära materialis auch von Messing."[60] Eine Blocksonnenuhr aus Elfenbein, die dem hier beschriebenen Stück sehr ähnlich und 1544 datiert ist[61] und eine weitere hölzerne Blocksonnenuhr dieses Typs[62] sind erhalten. Letztere ist möglicherweise eine von Hartmann verfertigte Kopie der Sonnenuhr, die Ottheinrich ihm geschickt hatte.

Anmerkungen

1 Rott 1905, Kunst, S. 209–211
2 Rott 1905, Kunst, S. 72
3 Zinner 1979, S. 461
4 Solleder 1933
5 Bayerisches Hauptstaatsarchiv, München, Fürstensachen 990, fol. 3^r–6^v
6 Solleder 1933, S. 284–286
7 Bayerisches Hauptstaatsarchiv, München, Fürstensachen 990, fol. 11^r
8 Bayerisches Hauptstaatsarchiv, München, Fürstensachen 990, fol. 19^r
9 Bayerisches Hauptstaatsarchiv, München, Fürstensachen 990, fol. 23^r
10 Bayerisches Hauptstaatsarchiv, München, Fürstensachen 990, fol. 22
11 Reicke 1907, Thorndike 1923/41, Bd. 5, S. 354–371, Zinner 1934, S. 99–103, Klemm 1992
12 Schottenloher 1907
13 Doppelmayr 1730, S. 49
14 Garcaeus 1570, S. 169
15 Mayer 1903, S. 134; auch werden die Jahre 1534 und 1555 für die Erteilung von Wappenbriefen genannt: Král 1904, S. 109, 140, 151
16 Zäh 1998, S. 18 f., 104 f., 138 f., 141
17 Universitätsbibliothek Heidelberg, Cpg 834, fol. 260, 263, 264
18 Oestmann 2002, S. 358
19 Ludwig 1964, S. 36
20 Wydra 1778, S. 21 f.
21 Grafton 2000
22 Bayerische Staatsbibliothek München, Clm 10666 (Abschrift aus dem 17. Jahrhundert); Biblioteca Apostolica Vaticana, Rom, Cod. Pal. lat. 1424, 1425; Österreichische National-bibliothek, Wien, Cod. Vin 10715
23 Lutz 1903/13; Mieg 1929, 1939, 1970; Rau 1963; Pantaleon 1565/66, Bd. 3, S. 249; Lutz 1903/13, S. 36, 54 (26, 1902)
24 Röhrich 1855, Bd. 1, S. 361 f.
25 Varrentrapp 1878, S. 93
26 Oestmann 2000, S. 29–35; am 11. Februar 1531 schrieb Prugner, dass der Senat ihn zur Vollendung eines „opus astronomicum" aufgefordert habe: Lutz 1903/13, S. 57 (36, 1912); Röhrich 1855, Bd. 3, S. 191, 193

27 Schiller 1997
28 Lutz 1903/13, S. 41 f. (36, 1912); Mieg 1929, S. 52–55; Mieg 1970, S. 43 f.
29 Varrentrapp 1878, S. 84
30 Pantaleon 1565/66, Bd. 3, S. 249
31 Klauser 1956, S. 134
32 Rott 1905, Kunst, S. 71
33 Roth 1877, S. 168
34 Diese Quellen sind höchstwahrscheinlich beim Beschuss der Bibliothek im Deutsch-Französischen Krieg 1870 verbrannt, Schmidt 1856, S. 9, 56
35 Mieg 1939, S. 48
36 Ernst 1899/1907, Bd. 4, S. 36
37 Westermayer/Wagner/Demmler 1912, S. 202 f.; Rau 1964, S. 433
38 Kugler 1964, Kirchenvisitationen, S. 37, 39–42, 45–47, 50, 56 f., 59 f.; Kugler 1964, Beiträge, S. 185–190; Eberhard 1977, S. 61
39 Bayerisches Hauptstaatsarchiv, München, Abt. I, Pfalz-Neuburg, Lit. 1296, fol. 17; dazu der Kopialbucheintrag Abt. I. Neuburger Kopialbücher 123, fol. 146
40 Plochmann 1888/89
41 Württembergisches Landesmuseum, Stuttgart, 591
42 Biografische Angaben bei Staigmüller 1903, S. 241 f.; Thorndike 1923/41, Bd. 5, S. 371–373; Rau 1962; Jenny 1974, S. 309; Zinner 1979, S. 397 f.
43 Hofmann 1982, S. 131 f.
44 Oestmann 1993
45 Hofmann 1982, S. 143 f.
46 British Museum, London; Coole/Neumann 1972, S. 48 f.; Maurice 1976, Bd. 2, S. 65; Brusa 1978, S. 72–74
47 Beschorner 1902, S. 300 f.
48 Rott 1905, Kunst, S. 71 f.
49 Rott 1956, S. 190
50 King/Millburn 1978, S. 29 f., 32–41
51 Science et astrologie au XVIe siècle 1971; Poulle 1974
52 Museum für Astronomie- und Technikgeschichte Kassel, Mathematisch-Physikalischer Salon, Dresden
53 Kepler 1929, S. 134
54 ODNB, Bd. 32, S. 95 f.
55 North 2002; Pächt 1944
56 Rott 1905, Kunst, S. 211
57 Pilz 1977, S. 169 f.; Zinner 1979, S. 357–368; Klemm 1990
58 Balmer 1956, S. 287–292
59 Österreichische Nationalbibliothek, Wien, Cod. Vin. 12768; Lamprey 2002
60 Voigt 1841, S. 292; Brief von Georg Hartmann an Herzog Albrecht von Preußen vom 29. September 1544
61 Kunstgewerbemuseum Berlin, F 1593
62 Germanisches Nationalmuseum, Nürnberg, WI 680

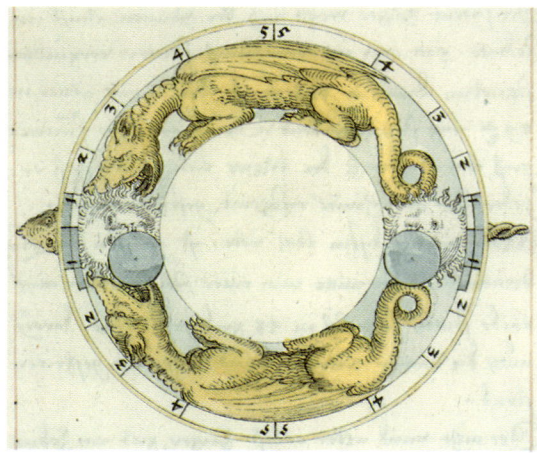

Joachim Telle

Ottheinrich als Alchemoparacelsist

Zu den wenigen deutschen Gestalten aus der ersten Hälfte des 16. Jahrhunderts, deren Namen bis heute einer breiten Öffentlichkeit geläufig sind, gehören unzweifelhaft Martin Luther und der Astronom Nikolaus Kopernikus. Hinzu gesellen lässt sich ein Mann, dessen Name für Schnaps, Bier oder Magenbitter wirbt, insbesondere Krankenhäusern, Apotheken oder Schulen, aber auch vielen Straßen, Wegen und Plätzen in Deutschland zu einem Namen verhilft: Theophrastus von Hohenheim, genannt Paracelsus (1493/94–1541). Die Präsenz dieses Arztes und Laientheologen ist umso erstaunlicher, als sich Hohenheims Schicksal unter den Deutschen zwischen Achtung und Ächtung vollzog. Er hatte keine gesellschaftlich höhere Stellung erlangt, besaß kaum Mitstreiter und die Mehrzahl seiner Schriften, darunter manche Hauptwerke, hatte keinen Verleger gefunden. Doch allen Fehlschlägen zum Trotz war Paracelsus vor allen anderen deutschen medizinisch-naturkundlichen Autoren seiner Zeit eine ungewöhnlich reich schattierte Wirkungsgeschichte beschieden, schmolz der „Schnee seines Elends", zog dieser zu Lebzeiten gescheiterte Arzttheologe in manche neuzeitlichen „Heldensäle für große Deutsche" ein, fand sogar Platz im kleinen Pantheon für die „Großen der Weltgeschichte".

Zu einer Zeit, als Hohenheims Name vom Aschenregen des Vergessens gelöscht zu werden drohte, hielt Pfalzgraf Ottheinrich den Arzt Adam von Bodenstein, aber wohl auch Alexander von Suchten und den Humanisten Michael Toxites zur Lektüre paracelsischer Schriften an. Zum anderen schuf Ottheinrich mit seiner Sammlung handschriftlicher Paracelsica die vielleicht wichtigste Textgrundlage für die Ausgabe der medizinisch-naturkundlichen Werke Hohenheims durch Johann Huser (1589/91, 1605), immerhin die von allen Paracelsusdrucken des 16. bis 20. Jahrhunderts auch heute noch wichtigste Edition (Kat.-Nr. 7.113).

Im Jahr 1550 widmete der Drucker Cyriacus Jacobus dem exilierten Landesherrn Ottheinrich eine Sammlung spätmittelalterlicher Alchemica („De alchimia opuscula"); der Alchemiker Dominicus Blanckenfeld widmete ihm einen Traktat „De materia, forma et substantia" (Heidelberg, Universitätsbibliothek, Cpg. 467), Jonas Freudenberg seine Übersetzung einer „Margaritha philosophorum" („Perle der Alchemiker", 1554, in: Cpg. 801) und Laurentius Ventura im Jahr 1557 weitere – von paracelsischen Doktrinen unberührte – Schriften zur Transmutationsalchemie („De ratione conficiendi lapidis philosophici", 1571). Hinzu kommen manche eigenhändige Einträge Ottheinrichs zu metallurgischen Praktiken

(Cpg. 843) und andere Texte[1], vorab aber ein „Inventarium vasorum", das reiche Aufschlüsse über Ottheinrichs Laborgerät gewährt (Cpg. 302). Diese Zeugnisse bestätigen die Sicht all jener Zeitgenossen, die in Ottheinrich einen „naturae arcanis indagator solertissimus", einen „sehr regen Erforscher von Naturgeheimnissen", nämlich einen Transmutationsalchemiker erblickten. Zum anderen beteiligte sich der Pfalzgraf seit 1542 am Salzburger Metallbergbau und beschäftigte sich in diesem Zusammenhang ebenfalls mit metallurgisch-alchemischen Fragen. Hinreichend dokumentieren lässt sich schließlich, dass sich Ottheinrich 1552/53 von Bartholomäus Claudius Nero, einem bald darauf am Hof Cosimos I. de'Medici tätigen Alchemiker, die alchemische Universalarznei erhoffte. Auch wissen wir, dass sein langjähriger Sekretär Hans Kilian (1516–1595), nach dem Tod Ottheinrichs bis in die 1580er-Jahre Hüter der „Theophrastischen Bücher" des Fürsten in Neuburg, ein tüchtiger Chemicus gewesen ist.

Gelockt vom weltlichen Großen, angezogen aber auch von seinen naturkundlich-alchemischen Neigungen, fanden Zentralgestalten des deutschen Frühparacelsismus den Weg nach Neuburg, Heidelberg und Weinheim: Im Jahr 1549 bestallte Ottheinrich den Dichterarzt Alexander von Suchten (um 1520–1576/90), der sich bis um 1553/54 den alchemischen „Kunstbüchern" Ottheinrichs widmete, paracelsischen Lehren nachsann und sie „mit grosser mühe / vnd arbeit" „in das werck" zu setzen suchte.[2] Zu dieser Zeit nahm Ottheinrich auch den Humanisten Michael Toxites (1514–1581) in seine Dienste, 1553 bestallte er Adam von Bodenstein (1528–1577), und zwar als „Medicus von hauß aus". Um Ottheinrich bildete sich also kurzzeitig ein lockerer Alchemikerkreis, zu dem auch der Arzt Wilhelm Rascalon (1525/26–nach 1591) gehörte.

Bestimmte Paracelsica aus Ottheinrichs Besitz sind heute nicht mehr greifbar; auch die Verzeichnisse von Schriften Ottheinrichs aus den Jahren 1556 und 1566 gewähren keinen Aufschluss, doch kann an ihrer einstigen Existenz kein Zweifel sein: Nicht nur hatte Ottheinrich Adam von Bodenstein „mehrmals gantz gnedig ermahnet / Theophrasti Schrifften zulesen"[3], sondern auch Hans Kilian testamentarisch zum lebenslangen Verwahrer der „Theophrastischen Bücher" seiner Handschriften- und Drucksammlungen bestimmt und man weiß[4], dass von Kilian in Neuburg mindestens 141 „philosophische Alchimey Bücher", darunter manche Paracelsica, gehütet worden sind. Auf Befehl von Pfalzgraf Philipp Ludwig gelangte dann 1585 ein Großteil dieser Schriften, nämlich 112 „Bände", in die Hände des Kurfürsten und Kölner Erzbischofs Ernst von Bayern (1554–1612): Paracelsica aus Ottheinrichs Besitz sicherten nun der von Ernst von Bayern tatkräftig geförderten Paracelsus-Edition Johann Husers ihre textlich hochstehende Qualität.

Ein vielerorts fassbares Merkmal der frühneuzeitlichen Paracelsusrezeption ist der mächtige Beifall, der Hohenheim von Anhängern der Alchemia transmutatoria metallorum und der Alchemia medica zuteil wurde, von Paracelsisten, die Hohenheim seit der zweiten Hälfte des 16. Jahrhunderts manche Alchemica unterschoben und zum deutschen Hermes Trismegistus entstellten. Dieser produktiv-ausgreifende Mystifikationsprozess hatte wohl bereits den – nur schemenhaft kenntlichen – Paracelsismus Ottheinrichs fundamentiert. Zumal oft in schweren Geldnöten und von kränklicher Disposition, scheint Ottheinrich hauptsächlich auf bestimmte transmutationsalchemische Fähigkeiten seines kleinen Paracelsistenkreises gesetzt zu haben: In durchaus schroffem Widerspruch zum Streben Hohenheims, die traditionelle Goldmacheralchemie zu pharmazeutisieren, wurde Ottheinrichs Alchemoparacelsismus wohl hauptsächlich von den zeitüblichen Hoffnungen auf den Gold und Gesundheit versprechenden „Stein der Philosophen" befeuert. Seine Hoffnungen auf eine alchemische Universalarznei zerstoben, doch beförderten sie die „paracelsische Wende" eines Suchten, Bodenstein und Toxites und brachen der paracelsistischen Reformbewegung in Medizin und Naturkunde am Oberrhein erfolgreich Bahn.

Anmerkungen
1 Telle 1981, S. 135f.
2 So Michael Toxites 1570; vgl. Corpus Paracelsisticum 2004, Bd. 2, S. 157
3 So Bodenstein 1567; vgl. Corpus Paracelsisticum 2001, Bd. 1, S. 428
4 Sudhoff 1899, II. Theil, S. 2–12

Literatur
Blaser 1979, S. 144–199; Corpus Paracelsisticum 2001, Bd. 1, Corpus Paracelsisticum 2004, Bd. 2; Poensgen 1956, Gestalt und Werdegang, S. 22–61; Sudhoff 1894, I. Theil; Sudhoff 1899, II. Theil; Telle 1981; Telle 1992.

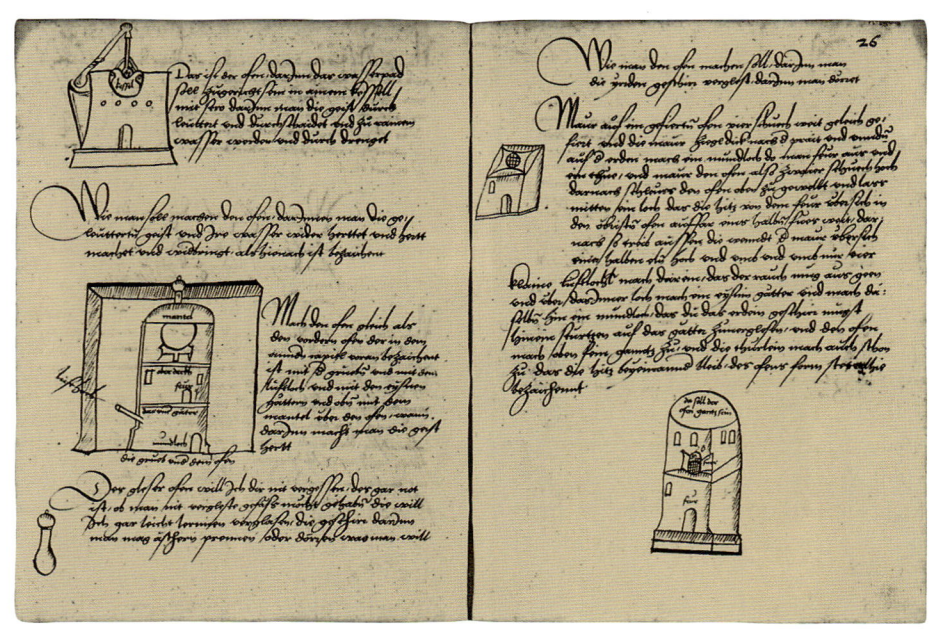

Christa Habrich

Alchemische Laborgeräte, Naturstoffe und chemiatrische Präparate

Ottheinrich von der Pfalz gehört zu den Fürsten des 16. Jahrhunderts, die selbst die Hände in die Kohlen steckten und als praktische Alchemiker arbeiteten. Sein Interesse an den Schriften des Paracelsus war nicht theoretischer Art, sondern zielte auf die praktische Gewinnung alchemischer Präparate. Die Ausrüstung seines Laboratoriums lässt sich durch ein überliefertes Verzeichnis, das „Inuentarium vasorum" rekonstruieren. Wir finden hier neben Skizzen von verschiedenen Laborgeräten „distillirzeug", „wannen", die zum „putreficirn, distillirn und vnd solvirn" dienten, ein „putrefactorium", Rezipienten, Blasebälge, „sublimatoria", „wind"- und „probirofen", Kolben, Retorten und anderes Laborarsenal.[1] Wo sich das Laboratorium Ottheinrichs befand, ist nicht bekannt. Möglicherweise arbeitete er im Haus des Arztes und Alchemikers Hans Kilian in der Neuburger Oberstadt, vielleicht gab es aber auch in der Nachbarschaft des Kamins der Schlossküche einen Raum, in dem laboriert werden konnte.

Die alchemischen Prozesse waren unabdingbar mit geeigneten Feuerstellen und Öfen verbunden, deren kostspieliges Brennmaterial manchen Adepten ruinierte. Auch der umherziehende Paracelsus sorgte immer dafür, dass das Feuer nicht erlosch: Nach einem Augenzeugenbericht diente ihm eine „officina carbonaria", wohl ein kleiner Windofen, dazu, „bald ein Alcali, bald ein Oleum sublimati, bald ein Arsenisches Öl, bald Crocus martis oder den wundersamen Opodeldok oder sonst ein Gebräu" zu kochen.[2] Paracelsus beherrschte virtuos die Anwendung der unterschiedlichen Engergiequellen vom Sonnenlicht und Misthaufen bis zum „Athanar"[3], dem „unsterblichen" Ofen, eine Art Dauerbrenner, in dessen Mitte das Brennmaterial aus einer Röhre selbsttätig nachfiel. Dabei gingen die Künste des Arzt-Alchemikers weit über das hinaus, was etwa Hieronymus Brunschwig (um 1450–1512/13) in seinen Destillierbüchern seit 1500 an technologischem Fortschritt geboten hat.

Der differenzierte Umgang mit dem Feuer, dessen Intensität dem aufzuschließenden Material angepasst werden musste, zeichnet die Arbeitsweise von Paracelsus aus. In seinem Buch „Paragranum" von 1530 zeigt er im dritten Traktat, „Alchimia, der dritte grund medicinae"[4], wie den Naturstoffen die innewohnenden Kräfte durch alchemische Prozesse abgerungen werden müssen: „Dan die natur ist so subtil und so scharpf in iren dingen, das sie on große kunst nit wil gebrauchet werden; dan sie gibt nichts an tag, das auf sein stat vollendet sei, sonder

der mensch muß es vollenden."[5] Das Ziel ist nicht die Transmutation unedler in edle Metalle – etwa des Crocus martis (Eisenoxid) in Gold –, sondern die Herstellung wirksamer Arzneimittel. Diese „arcana", „die da tugend und kreft seind, darumb so seind sie volatilia und haben kein corpora", galt es zu gewinnen. Die subtilen, den alten Arzneimitteln wie Electuarien, Sirupen, Pillen und Salben der galenischen Arzneibücher entgegengesetzten[6] Spagyrica werden „im feur geboren" und durch „fermentiren, calciniren, sublimiren, reverberiren, solviren" von den rohen Naturprodukten abgeschieden.[7] In den „Neun Büchern Archidoxis" von 1525/26 findet sich eine Fülle genau beschriebener Laborverfahren, die sich an erfahrene Alchemiker richten. Auffallend ist die Anpassung der unterschiedlichen Vorgehensweise bei Mineralien, Ölen, Aromata, Harzen und Kräutern. Die arzneilichen Endprodukte sind Magisterien, Quintessenzen und Elixiere. Das Rezept für das berühmteste, das „elixir proprietatis", zusammengesetzt aus Grundstoffen, die bereits natürlicherweise heilende Eigenschaften haben, lautet: „Rec. (nimm) myrrhae, aloepatici, croci, ana, 1 vierling; laß in pelicano mit arena ascendiren auf das miltest zween monat. darnach separir per alembicum herüber das oleum von faecibus sine adustione und das oleum digerir mit circulato ein monat in gleichem gewicht, darnach behalts."[8] Die hier genannten Laborgeräte wie Pelikan (Zirkulationsgefäß) auf dem Sandbad (arena), der Alembik, der das Öl überdestilliert, waren unverzichtbare Utensilien für jede Scheidungsreaktion bei der Arzneiherstellung. Die alchemischen Manipulationen dienten bei Paracelsus, wie Joachim Telle immer wieder hervorgehoben hat[9], niemals der Goldmacherei sondern der Arzneimittelfindung und -herstellung.[10] Diese pharmazeutisierte Alchemie war das eigentlich Neue, das Paracelsus mit Nachdruck vertrat und das auch Ottheinrichs besonderes Interesse an dessen Schriften bestimmt haben mag.

Ein Hindernis für die Durchsetzung seiner Materia medica reformata sah Paracelsus sicherlich zu Recht in der traditionellen Medizin und ihrer Pharmazie[11], die nur zu gern die überladenen Rezepturen der alten galenisch-arabistischen Heilkunde bereitstellte. So erklären sich die Beschimpfungen der Apotheker in den paracelsischen Schriften, wo sie als „Sudler" bezeichnet werden. Eine Abgrenzung dieser „Suppenwüst", von denen, die den Einzug der Alchemie in ihren Offizinen förderten, findet sich in der kleinen Schrift „Andere Ausarbeitung über den Terpentin": „also werden die falschen und gerechten apoteker von einander erkant durch das lumen apothecariorum on den namen maiorum den sudlern zugelegt, maiorum aber, maioribus zugelegt, von wegen der grüntlichen und gerechten erfarenheit." Anstatt des alten „Lumen apothecariorum", einem Buch zur traditionellen Arzneiherstellung, sieht Paracelsus seine Bereitung von Arkanen als ein neues Licht, das „Lumen apothecariorum spagirorum".[12]

Die Gerätschaften zur Herstellung solcher Spagyrica und chemiatrischer Präparate, die durch die Rezeption paracelsischer Gedanken im späten 16. und 17. Jahrhundert Einzug in die Apotheken hielten, werden durch die Ausstellung verschiedener Requisiten aus dem Bestand des Deutschen Museums München repräsentiert (Kat.-Nr. 7.114ff.). Hier soll auch gezeigt werden, wie die Grundformen der alchemischen Laborausrüstung, von der sich nur wenige Originalstücke in Museen erhalten

haben, bis in die Anfänge der modernen Chemie weiter wirkten.

Anmerkungen
  1 Telle 1981, S. 135f.
  2 Telle 1994, S. 159
  3 Paracelsus 3, 109–111
  4 Paracelsus 8, S. 181–203
  5 Paracelsus 8, S. 181
  6 Paracelsus 8, S. 186
  7 Paracelsus 8, S. 187
  8 Paracelsus 3, S. 194
  9 Telle 1994, S. 159
 10 Dilg 1993, Nowotny 1994
 11 Habrich 1987, S. 6–22
 12 Paracelsus 2, S. 191f.

Literatur
Dilg 1993; Habrich 1987; Nowotny 1994; Principe 1998; Telle 1981; Telle 1994.

7.98
Karte des nördlichen Sternhimmels

Albrecht Dürer (1471–1528);
1512/15; Holzschnitt/Papier,
43 x 43 (R); Staatliche Graphische
Sammlung, München
(118931)

7.98

Dürers Holzschnitte des nördlichen und südlichen Sternhimmels (Kat.-Nr. 7.99) waren für den kaiserlichen Sekretär und Domdechanten von Trient, Jacob de Panissis, bestimmt. Sie werden am 16. April 1512 in einem Brief des Historiografen Johannes Cuspinian (1473 bis 1529) an Panissis erwähnt, kamen aber erst drei Jahre später als Resultat der Zusammenarbeit Dürers mit den Nürnberger Mathematikern Johann Stabius (gest. 1522) und Conrad Heinfogel (um 1455–1517) heraus. Es handelt sich um die ersten gedruckten Himmelskarten, welche die Ikonografie der Sternbilder im 16. Jahrhundert nachhaltig beeinflusst haben.

Die beiden Holzschnitte hängen mit den beiden Nürnberger Himmelskarten von 1503 (Germanisches Nationalmuseum, Nürnberg, Hz 5576, 5577) zusammen, deren astronomische Daten wahrscheinlich Heinfogel geliefert hat. Enge Verbindungen bestehen auch zu zwei um 1440 entstandenen Himmelskarten (Österreichische Nationalbibliothek, Wien, Cod. Vin. 5415, fol. 168^r, 170^r).

In den Ecken oben und unten links sind zwei antike Schriftsteller dargestellt, die beide Lehrgedichte von weitreichendem Einfluss verfassten: Aratus lieferte in den „Phainomena" eine Beschreibung der Sternbilder mit ihren Auf- und Untergängen, Manilius legte in den fünf Büchern seiner „Astronomica" das astrologische Wissen seiner Epoche dar. Rechts oben wird Ptolemäus mit einem hohen Fellhut gezeigt – entgegen der ikonografischen Tradition, die ihn als vermeintliches Mitglied der ägyptischen Ptolemäerdynastie oft mit Königskrone ausstattet. Schließlich ist den drei Vertretern antiker Himmelskunde in der Gestalt Abd ar-Rahman al Sufis (Azophi Arabus, rechts unten), der um 965 einen bebilderten Fixsternkatalog verfasste, ein bedeutender arabischer Astronom beigesellt.

Jedes Tierkreiszeichen ist für sich in 30° (Bezifferung in Fünferschritten) unterteilt, die Zeichengrenzen sind durch Breitenkreise markiert. Die Sterne der insgesamt 48 Konstellationen (nördliche und südliche Karte zusammengerechnet) sind nach dem ptolemäischen Katalog nummeriert und entsprechend ihren Größenklassen gekennzeichnet (großer, weißer Stern: I. Klasse, mittelgroßer, schwarzer Stern: II., teilweise auch III. Klasse, kleines, ringförmiges Zeichen für die übrigen Sterne III. bis VI. Klasse). Ihre ekliptikalen Längen sind gegenüber den im Fixsternkatalog des Ptolemäus verzeichneten Werten im Mittel um 19°40' vergrößert. Ausgangspunkt der Zählung ist nicht das Frühlingsäquinoktium, die Frühlingstagundnachtgleiche, sondern ein Stern beim Kopf des Widders (Gamma arietis). Ob für die in der Fixsternliste des erwähnten Cod. Vin. 5415 (fol. 217^r–251^r) verzeichneten Positionen eine Umrechnung des Sternverzeichnisses der Alfonsinischen Tafeln für das Jahr 1500 von Johannes Regiomontanus (Österreichische Nationalbibliothek, Wien, Cod. Vin. 5280, fol. 47^r–56^r) oder eine Sternliste des Klosters Reichenbach für 1499 (Bayerische Staatsbibliothek München, Clm 24103, fol. 55^r–59^r) von Heinfogel benutzt wurde, ist eine offene Frage.　　GO

Retberg 1868; Weiss 1888; Schottenloher 1917; Hauber 1918, S. 52–54; Saxl 1927, S. 19–40; Voss 1943, S. 95–103; Barton 1947; Zink 1968, S. 121 ff., Nr. 99, 100 (dort weitere Literatur sowie Angabe sämtlicher Inschriften der beiden Nürnberger Pergamentkarten); Hamann 1971; Pilz 1977, S. 153–157; Warner 1979, S. 71–75; Rosenfeld 1980, S. 154–172; Focus Behaim-Globus 1992, Bd. 2, S. 521–523; Kaunzner 1993, S. 36, 39 (zum Sternverzeichnis Clm 24103).

7.100

7.99

Karte des südlichen Sternhimmels

Albrecht Dürer (1471–1528); 1515; Holzschnitt/Papier,
43 x 43 (R); Staatliche Graphische Sammlung, München
(118930)

In der linken unteren Ecke der Sternkarte für die südliche Himmelshälfte ist der Anteil der an ihrer Herstellung beteiligten Personen klar benannt: „Ioann Stabius
ordinauit / Conradus Heinfogel Stellas posuit / Albertus
Durer imaginibus / circumscripsit." Die Inschriften in
den Ecken auf der rechten Seite vermerken Widmung
und Datierung: „Reverendiss. / Domino Matheo / sacro-
sancte Romane ecclesie / … Dedicatum; … 1515". Links
oben ist das Wappen des Kardinals Matthäus Lang von
Wellenburg – seit 1505 Bischof von Gurk und Koadjutor
von Salzburg – zu sehen; ganz unten nebeneinander die
Wappen von Stabius, Heinfogel und Dürer. Auch diese
Karte weist eine Teilung der Ekliptik in Abschnitte zu je
30° mit einer Bezifferung in Fünferschritten und zwölf
Breitenkreise auf, jedoch fehlen die bildlichen Darstellungen der Tierkreiszeichen und ihre Sterne. Gegenüber
dem figurenreichen Blatt des nördlichen Sternhimmels
weist die Karte links vom südlichen Ekliptikpol einen
großflächigen Leerraum auf. Dies ergibt sich aus der Orientierung am ptolemäischen Fixsternkatalog, denn für
den alexandrinischen Astronomen lag die südliche Erd-
hälfte außerhalb der Oikumene.   GO

7.100

Johannes Schöner

Umkreis Albrecht Dürers (Hans Springinklee, um 1490/95
bis um 1540?); 1528; Öl/Lindenholz, 58,5 x 43,5; Niedersächsische Landesgalerie, Hannover (KM 24)

Johannes Schöner (1477–1547) ist hier in Halbfigur in
Dreiviertelprofil mit dunkelbrauner Schaube, schwar-
zem Pelzkragen und brauner Pelzmütze dargestellt. In den
Händen hält er einen Himmelsglobus. Links oben ist die
Inschrift zu lesen: CORPORIS HANC FACIEM HVNC
VVLTVM SCHONERVS HABEBAT / CVM IAM DESINE-
RET CONDERE LVSTRA DECEM. / ARTIS ET INGENII
DECORA HAEC DIVINA TENEBAT / VNDE SVI PRIMVS
TEMPORIS ILLE FVIT / M.D.XXVIII. Die kreisförmige,
gelbliche Aufhellung des dunkelgrünen Hintergrunds in
der oberen rechten Ecke zeigt das Tierkreiszeichen Waage, also Schöners Aszendenten, das ist der Grad eines Zei-
chens bzw. in diesem Fall jenes Zeichen allgemein, das
zum Geburtszeitpunkt am östlichen Horizont aufgeht.
Das Horoskop Schöners ist in Wien im Cod. Vin. 5002,
fol. 50^r–73^v und in den von seinem Sohn Andreas
posthum herausgegebenen „Opera mathematica" (Nürnberg 1551) überliefert. Auch sein Exlibris zeigt zwischen
der Hausmarke und den Initialen JS das von drei Sternen
bekrönte Zeichen der Waage (vgl. Stadtbibliothek Nürnberg, Pirckheimer-Sammlung 499, Cod. Vin. 5002, Abb.
bei Maruska 1993, S. 433).

Das Bildnis befand sich im Kunst- und Naturalien-
kabinett von Johann Friedrich Volkamer (1651–1712)
und seinem Sohn Johann Magnus (gest. 1752) in Nürnberg und gelangte als Erbstück in die Sammlung Georg
Christoph von Forsters (1766–1857). Nach einer Verstei-
gerung im Jahr 1863 kam es in den Besitz des Buch-
druckereibesitzers Friedrich Culemann (1811–1886)
nach Hannover und wurde 1887 von der Stadt Hannover
erworben.   GO

Sander 1950; Osten 1954, S. 150 f., Nr. 371; Pilz 1977, S. 178 f.;
Maruska 1993.

7.101

Nativität Ottheinrichs

Hieronymus von Croaria; um 1530; Feder/Papier, 31 x 22;
Bayerisches Hauptstaatsarchiv, München (Fürstensachen 990)

1537 ersuchte Ottheinrich den Nürnberger Mathematiker und Astronomen Johannes Schöner, ihm sein Horoskop zu berechnen. Der Herzog übersandte dazu diverse
Papiere, unter denen sich auch zwei früher von Croaria
bei Schöner in Auftrag gegebene Horoskope befanden.
Aufgrund der widersprüchlichen Angaben erbat Schöner die genaue Geburtszeit des Fürsten, die Ottheinrich
diesem in einem Schreiben vom 11. August 1537 mittel-
te: „Wir seyen an einem Sontag [10. April 1502] geboren.
Zue dem das die stund in der nacht zwischen 11 und 12
eigentlich gewiß ist". Nach zwei von seinem Hofmathe-

matiker Cyprianus Leovitius gestellten Horoskopen ist Amberg der Geburtsort, wobei Leovitius verschiedene Geburtszeiten, nämlich 9.30 und 9.57 nachts, vermerkt. Sehr wahrscheinlich sind diese Angaben aus Ereignissen im Leben Ottheinrichs rückwirkend errechnet worden.

Da Schöners Horoskop nicht erhalten ist, wird im Folgenden der Versuch unternommen, es zumindest in Umrissen nach zeitgenössischen Parametern zu rekonstruieren. Hierzu hat der kanadische Astrologe Robert Zoller die Geburtszeit Ottheinrichs mit den im 16. Jahrhundert üblichen Methoden genauer eingegrenzt ("rektifiziert") und für die Deutung zeitgenössische Literatur (Guido Bonatti, Abu Ali al-Khayyat, Alchabitius und Abu Mashar) herangezogen. So gelangt man auf eine von Ottheinrichs eigener Angabe abweichende Geburtszeit, nämlich 9.16 p.m. Da auch Leovitius zwei Geburtszeiten angibt, erscheint es wahrscheinlich, dass Schöner ebenfalls einen rektifizierten Zeitpunkt zur Berechnung des Horoskops verwendet hat.

Zur Berechnung der Planetenpositionen wird Schöner die Alfonsinischen Tafeln verwendet haben, von denen er selbst 1536 eine Version publizierte. Für die Einteilung der zwölf Himmelshäuser dürfte die von Johannes Regiomontanus favorisierte, im 16. Jahrhundert ganz überwiegend angewandte Methode in Frage kommen. Hierbei werden durch den Nord- und Südpunkt des Beobachterhorizontes Großkreise gelegt, die den Himmelsäquator in zwölf Abschnitte zu je 30° gleichmäßig teilen. Daraus resultieren ungleichlange Abschnitte der Ekliptik.

Am 10. April ergaben sich für die rektifizierte Geburtszeit von 9.16 p.m. folgende Planetenpositionen (angegeben sind die ekliptikalen Längen in Graden und Minuten, mit den lateinischen Bezeichnungen der Tierkreiszeichen): Sonne 29;55 Aries; Mond 17;22 Gemini; Saturn 17;39 Gemini; Jupiter 14;05 Taurus; Mars 6;17 Cancer; Venus 13;35 Gemini; Merkur 12;51 Taurus; Knoten 1;07 Taurus.

Für die geografische Breite von Amberg (nach Angaben des 16. Jahrhunderts: 49°26'N) ergeben sich folgende Häusergrenzen (die sechs übrigen liegen diesen auf der Ekliptik diametral gegenüber): X: 15;41 Virgo; XI: 14;37 Libra; XII: 5;12 Scorpius; I: 25;17 Scorpius; II: 21;48 Sagittarius; III: 2;30 Aquarius.

Beide Lichter (Sonne und Mond) befinden sich in männlichen Zeichen, der Mond in einem Eckhaus (VII. Haus). Auch stehen die Begleiter Venus und Saturn im VII. Haus. Die Häuser I (Aszendent), IV (Himmelstiefe, untere Kulmination), VII (Deszendent) und X (Himmelsmitte, obere Kulmination) werden als Eckhäuser bezeichnet; sie sind besonders wichtig für die Prognose. Venus und Saturn aspektieren – wie auch Jupiter und Merkur – die Himmelsmitte. Dies zeigt eine hohe gesellschaftliche Position an. Jedoch bedeutet die Behinderung von Sonne und Mond durch Schadenstifter (Sonne in Quadratur mit Mars, Mond in Konjunktion mit Saturn) Herausforderungen der Autorität im häuslichen Leben

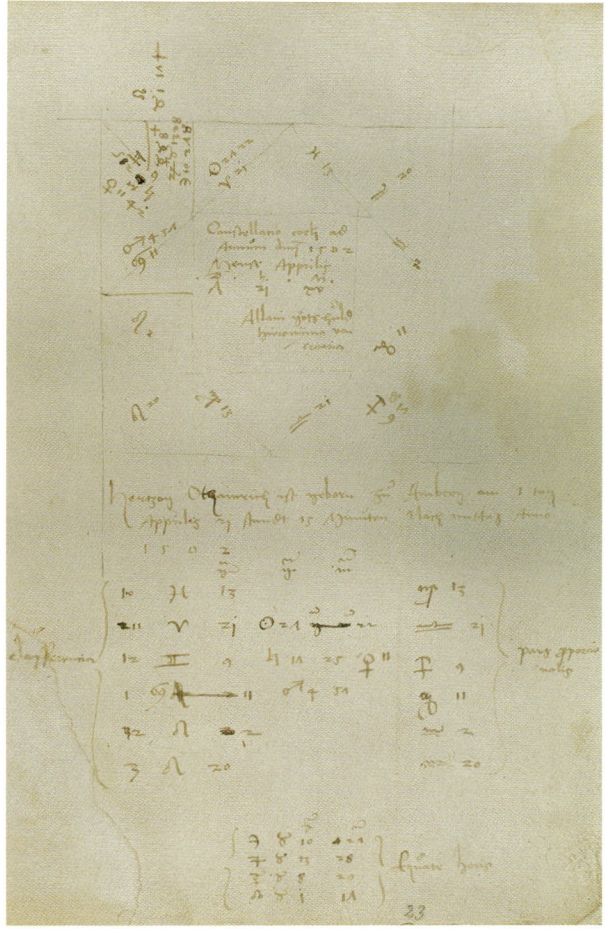

7.101

des Geborenen. Widrigkeiten engen die Reichweite seines Einflusses ein. Diese Konfiguration bedroht auch das Leben der Eltern. Jupiter in Konjunktion mit Merkur und beide im Aspekt zur Himmelsmitte zeigen an, dass der Geborene durch Gelehrsamkeit, Religiosität und als Gesetzgeber bekannt sein wird. Hyleg (Lebensgeber) ist der Mond, der sich in Konjunktion mit Saturn befindet. Die Position des Mondes wird vom Saturn durch Triplizität beherrscht. Saturn ist Alcochoden, also der Planet, der die Lebenserwartung bestimmt. Er verheißt dem Geborenen 57 Lebensjahre.

Der Geborene wird zwischen seinem 27. und 30. Geburtstag heiraten. Seine Frau wird schön, aber kühl sein. Er wird von der Verbindung finanziell profitieren. Das aufsteigende Zeichen des Skorpion und Mars im VIII. Haus deutet an, dass der Geborene eifrig bemüht ist seinen Reichtum auf diese Weise zu mehren. Obwohl sein Aszendent im sehr fruchtbaren Zeichen Skorpion liegt, zeigt das Horoskop eine kinderlose Ehe an. Da Saturn im VII. Haus steht, wird die Ehefrau des Geborenen vor diesem sterben. Das Jahr 1543 unter der Herrschaft von Mars wird schwere finanzielle Verluste, Angriffe auf die Autorität des Geborenen und den Tod der Ehefrau bringen. Der Tod des Geborenen wird durch ausschweifende Lebensweise verursacht, die seine Leber zerstört und zu Blutungen führt.

Vergleicht man den astronomischen Befund des hypothetischen Horoskops Schöners mit dem von Leovitius für 9.30 p.m. gestellten Horoskop, so zeigt sich, dass durch eine Verschiebung des Geburtszeitpunkts um 14 Minuten die Planetenpositionen (abgesehen vom sich rasch bewegenden Mond) überhaupt nicht betroffen werden. Bei den Häusergrenzen ergeben sich allerdings Differenzen, und zwar verschieben sich – hier seien nur die Hauptachsen betrachtet – Aszendent und Himmelsmitte um 2°34' bzw. 3°48'. Es steht aber kein Planet so nahe an einer Hausgrenze, dass er dadurch in ein anderes Haus „versetzt" würde. GO

Apian 1533, fol. 37[r]; Zinner 1964, Nr. 1647.

7.102

a) Astronomische Uhr

Philipp Imsser (1500–1570) und Gerhard Emmoser (gest. 1584); 1554/61; Stahl, Kupfer, feuervergoldet und versilbert, Messing, 85 x 50 x 50; Technisches Museum Wien (11939/22)

Die Grundidee der Uhr Imssers war, das Äquatorium, einen im späten Mittelalter sehr beliebten, in seiner Funktion dem Rechenschieber ähnlichen Instrumententypus mit einem Uhrwerksantrieb zu versehen. Äquatorien dienten dem direkten Auffinden der wahren Position eines Planeten zu einem gegebenen Zeitpunkt. Sie stellten die ptolemäischen Theorien der Planetenbewegung modellhaft dar und halfen, langwierige und komplizierte Rechenarbeit zu vermeiden: Eine in 360° geteilte Scheibe vertritt den Deferenten, ein weiterer graduierter Kreis auf dessen Umfang den Epizykel. Beide Scheiben sind auf einer runden Grundplatte montiert, deren Teilung am Außenrand die Ekliptik darstellt. Im Zentrum, an dem ein Faden befestigt ist, hat man sich die Erde vorzustellen. Man entnimmt die mittlere Bewegung und Anomalie aus Tafeln, stellt die Scheiben entsprechend ein und spannt den Faden zum Planeten auf dem Epizykel. Der wahre Ort des Planeten kann dann am Schnittpunkt des Fadens mit der Ekliptik abgelesen werden. Die einzelnen Bewegungskomponenten konnten für jeden Planeten auch in separaten Scheibeninstrumenten dargestellt werden. Versah man ein solches Scheibeninstrument mit einem Uhrwerksantrieb, ließen sich die Planetenörter direkt ablesen, und man erhielt eine Art astronomisch-astrologischen Analogrechner. Die Idee erscheint auf den ersten Anblick von bestechender Einfachheit, doch deren praktische Ausführung gestaltete sich ungleich schwieriger. Hochkomplexe mechanische Baugruppen mussten konzipiert und in Eisen ausgeführt werden. Nicht genug damit, wollte Imsser auch noch die Breitenbewegung der Planeten mechanisch darstellen. Da er „die speculation gemelts wercks dermaßen im Kopf gefaßt und dero so gewiß, daß es ime im wenigsten nit fälen köndt", erbot sich Imsser, das Werk binnen Jahresfrist zu

vollenden. Jedoch zogen sich die Arbeiten an den überaus komplizierten Mechanismen über Jahre hin und es traten zahlreiche Probleme mit den Anzeigen der Planetenpositionen auf. Der zunehmend ungehaltene Ottheinrich bedrängte Imsser, ihm endlich die Uhr auszuliefern und schickte ihm schließlich den Uhrmacher Gerhard Emmoser von Rainen zur Unterstützung. Alsbald gerieten beide in Streit, wiesen sich wechselseitig die Schuld am unregelmäßigen Lauf des Werks zu und beanspruchten die Priorität der Konstruktion bestimmter Teile. Nachdem ihn die Tübinger Universität seiner häufigen Reisen nach Heidelberg halber ermahnt hatte und Imsser selbst zur Erkenntnis gekommen war, dass sich der Bau der Uhr nicht mit seinen akademischen Lehrverpflichtungen vereinbaren ließ, suchte er 1557 um die Entbindung vom Professorenamt nach. Er war am Ende seiner psychischen Kräfte und klagte in einem Brief an Ottheinrich, daß er über der Arbeit an der Uhr einen „melancolischen kopf und verrückte sinn" bekommen habe und ihm „alle freud und lust zu künsten, auch hohe versehenliche hoffnung ganzt und gar enphallen, also das ich jetzt der zeit mit meinem verückten haupt und sinn nichts mehr waiß mit disem werck auszurichten". Ende 1558 wurde eine erneute Prüfung der Uhr vorgenommen, an der unter anderen auch Cyprianus Leovitius teilnahm. Es zeigten sich immer noch zahlreiche Mängel und die besonders komplizierte Mechanik für die Merkurbewegung wollte nicht stimmen. Danach kam eine Vereinbarung zustande, wonach Imsser 600 Gulden zu zahlen hatte. Nunmehr konnte er die Uhr anderweitig veräußern, wenngleich Ottheinrich das Vorkaufsrecht behielt. Nach Heidelberg ist sie indes nie gekommen, denn Ottheinrich starb zehn Tage nach diesem Abschluss am 12. Februar 1559.

Imsser und Emmoser gelang es schließlich, die Planetenuhr 1561 an Kaiser Ferdinand I. zu verkaufen. Wahrscheinlich kam sie in den Besitz von Karl II., seinem Enkel, der in Graz residierte, da man 1752 die Uhr in der erzherzoglichen Burg eingemauert auffand. Wenig später gelangte sie als Geschenk Maria Theresias an das Musaeum Mathematicum der Jesuiten in Graz und musste 1801 auf kaiserlichen Befehl nach Wien überführt werden. 1890 kam die Uhr in das Museum der Geschichte der österreichischen Arbeit in Wien und von dort in das Technische Museum.

Der hochrechteckige Uhrenkasten mit quadratischem Grundriss wird von einem achteckigen, turmartigen Aufsatz mit Himmelsglobus bekrönt. Sie besitzt ein federgetriebenes Antriebswerk mit Viertel- und Vollschlag sowie einen Weckermechanismus. Im Jahr 1753 wurde die ursprünglich vorhandene Unruh mit Spindelhemmung gegen ein Pendel mit Ankergang ausgetauscht. Das Hauptzifferblatt auf der Vorderseite weist koaxiale Scheiben mit Zeigern für die Anzeige der wahren Positionen der sieben Planeten und der Mondknoten auf, die am Tierkreisring ganz außen abgelesen werden können. Auf der rechten Seite ist eine Kalenderscheibe mit Index zu se-

7.102a

hen, der von einer Engelsfigur gehalten wird; innen befindet sich ein Ziffernring mit Unterteilung in 24 Stunden und Viertelstundenabschnitte. Die Breitenbewegungen von Jupiter und Saturn (oben) sowie Mars und Venus (unten) werden auf der linken Gehäusewand mittels Scheiben angezeigt, die sich hinter fächerförmigen Öffnungen mit fest stehender Zeigerleiste bewegen. Im Zentrum wird die Breitenbewegung Merkurs auf einem Zifferblatt mit komplizierten Kurven veranschaulicht. Die beiden Flügeltüren auf der Rückseite ermöglichen den Einblick in das Werk und weisen außen eine gravierte Karte Mitteleuropas, innen eine Karte von Westeuropa

auf. Hierfür bediente sich Imsser wahrscheinlich der Koordinatenliste in Johannes Schöners „Luculentissima quaedam terrae totius descriptio" (Nürnberg 1515), wobei er einige Berichtigungen und Ergänzungen vorgenommen hat.

Im Obergeschoss der Uhr sind Automatenwerke montiert. Eine Frauengestalt umrundet den achteckigen Turmaufsatz in einer Stunde, wobei sie mit dem linken Arm auf die abgeschrägte Brüstung des Uhrenkastens zeigt, der eine Minutenskala besitzt. Erreicht die Figur eine Ecke des Gehäuses, öffnet sich eine Tür im unteren Teil des Turmaufsatzes, in der die Personifikation des je-

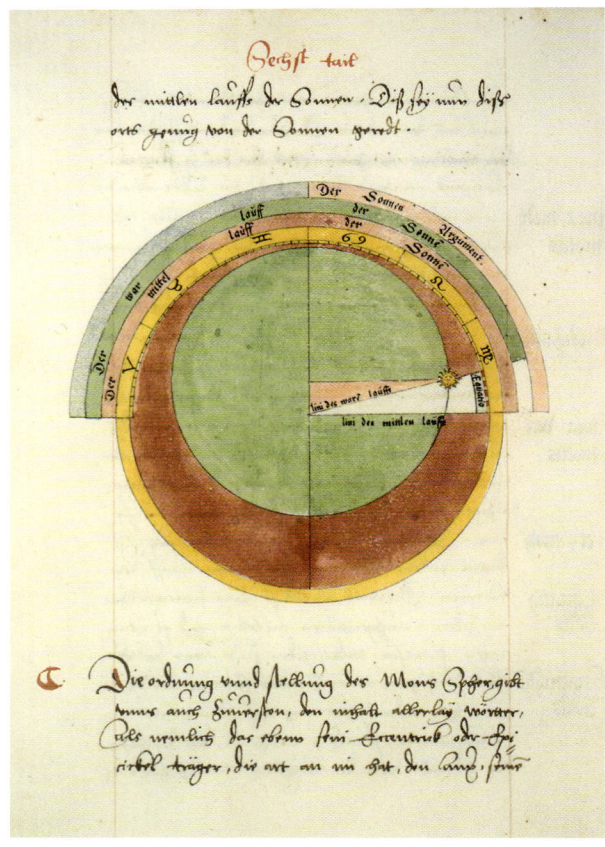

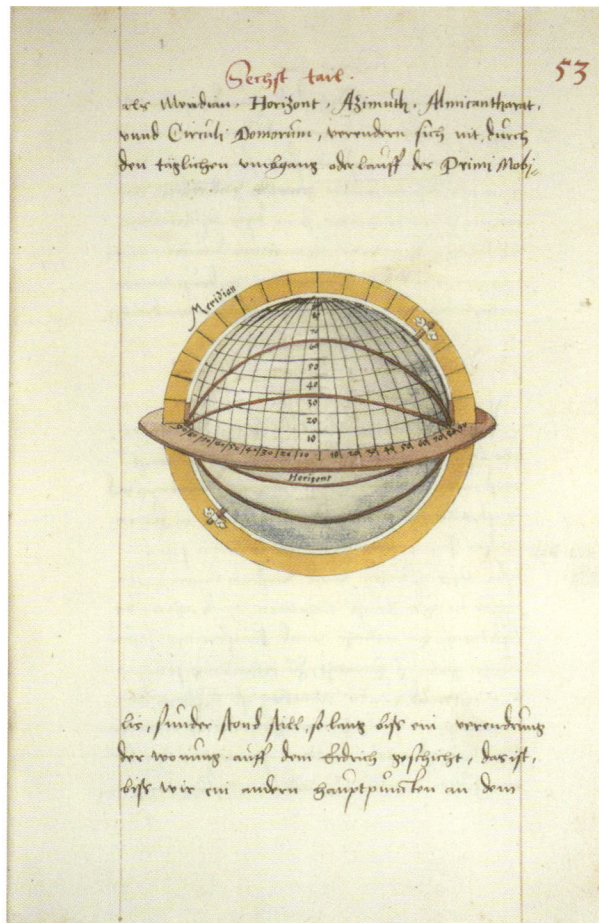

7.102b

weiligen Lebensalters erscheint. Beim Vollschlag zeigt sich in der höher liegenden Öffnung die Personifikation des Planeten, der die folgende Stunde regieren wird.

Der auf dem achteckigen Aufsatz montierte Himmelsglobus ist aus vergoldetem Kupfer gefertigt und läuft nach Sternzeit um. Die Kugel ist zum Teil eingesenkt und ihr Horizontring auf kleinen, schräg gestellten Säulen gelagert. Zur Gravierung der Sternbilder bediente sich der Stecher der Himmelskarten Albrecht Dürers (Kat.-Nr. 7.98f.). Über der Kugeloberfläche bilden vier am Nord- und Südpunkt zusammenlaufende Blechstreifen Großkreise, die mit dem Horizont- und Meridianring den Himmelsäquator in zwölf Abschnitte zu je 30° teilen. Es handelt sich hier um ein weit verbreitetes Verfahren der Einteilung der zwölf astrologischen Häuser, die mit dem Namen des Nürnberger Astronomen Johannes Regiomontanus (1436–1476) verbunden wurde (tatsächlich war es bereits im 11. Jahrhundert im islamischen Spanien bekannt). Hierbei werden durch den Nord- und Südpunkt des Beobachterhorizonts Großkreise gelegt, die den Himmelsäquator in zwölf Bogenstücke zu je 30° gleichmäßig teilen. Daraus ergeben sich ungleich lange Abschnitte der Ekliptik. Die so genannte „rationale Manier" war das von Astrologen mit Abstand am häufigsten verwendete Verfahren der Häusereinteilung im 16. und 17. Jahrhundert. Horizont- und Meridianring legen die vier kardinalen Punkte, nämlich Aufgang (Aszendent), Himmelsmitte (Medium coeli), Untergang (Deszendent) und Himmelstiefe (Imum coeli) des Horoskops

270

7.103

fest. Im Gegensatz dazu ist die Stellung der Ringe für die Zwischenhäuser von der geografischen Breite des Beobachterstandorts abhängig. Damit die Uhr auch für andere Orte brauchbar ist, sind sowohl diese Ringe als auch die Polachse des Globus schwenkbar. Letztere kann über einen Zeiger an der rechten Gehäusewand auf Polhöhen von 42°, 45°, 48°, 51° und 54° eingestellt werden.

Man kann die Planetenuhr Imssers allgemein als einen astronomisch-astrologischen Analogrechner betrachten: Auf der rechten Seite der Uhr ist der Beobachtungstermin (Uhrzeit, Datum und Wochentag) ablesbar; die geografische Lage des Standorts entnimmt man den Landtafeln auf den Flügeltüren der Rückseite, um gegebenenfalls Globus und Häuserringe justieren zu können. Das vordere Hauptzifferblatt ermöglicht die Bestimmung der Planetenpositionen, welche man gedanklich auf den Himmelsglobus, der den Anblick des Himmels zum gegebenen Zeitpunkt darbietet, übertragen kann. Schließlich ist es dem Betrachter möglich, ohne Rechnungen oder die Benutzung von Tafeln die Schnittpunkte der Häuserteilung mit der Ekliptik (die so genannten „Häuserspitzen", cuspes) direkt abzulesen. So ist leicht ersichtlich, in welchem Haus sich Planeten befinden, ob ihre Position unter oder über dem Horizont, in Nähe des Aszendenten, der Himmelsmitte usf. liegt, was für die Erstellung eines Horoskops notwendig ist. Dabei setzen allerdings Gangschwankungen und die komplizierte, nur annäherungsweise realisierbare mechanische Darstellung der Planetenbewegungen Grenzen der Genauigkeit.

b) Beschreibung der astronomischen Uhr für Pfalzgraf Ottheinrich

Straßburg, 1560; Handschrift/Papier, Einband: Leder, 81 Bll., 28 x 19; Österreichische Nationalbibliothek, Wien (Cod. Vin. 10783)

Von der „Außlegung vnd geprauch des newen Astronomischen Vren wercks Darinn alle Himmlische leuff täglich vor augen stond. Durch Philippum Imsserum von Straßburg geschriben" existiert auch eine Abschrift von der Hand Emmosers in der Universitätsbibliothek Graz (Ms. I, 151) und von dieser wiederum eine Kopie aus dem 18. Jahrhundert im Stift Rein.   GO

Rott 1905, Kunst, S. 117–120, 220–226; Pfisterer 1941; Rott 1956; Rau 1962; Král 1973; Mucke 1973; Maurice 1976, Bd. 1, S. 60–62, Bd. 2, S. 36f.; King / Millburn 1978, S. 68–72; Stolberg 1979, S. 151–153; Poulle 1975, 1980, Bd. 1, S. 681–689; Chandler/Vincent 1971, 1980, 1989/90; Tebel 1997; Zinner 1925, S. 90, Nr. 2509, S. 165, Nr. 5129.

7.103

Quadrant

Jakob Rabus (1522–1581); 1556; Messing, feuervergoldet, mit Etui, 12 x 15,5 x 1,3; Germanisches Nationalmuseum, Nürnberg (WI 1851)

Auf dem Etui ist die Inschrift „ILLVSTRISSIMO/Principi ac Domino: Domino / OTTHONI HENRICO / Comiti Palatino Reni: Sacri / Romani Imperii Archidapifero /

atque Electori: Bauariaeque/ et inferioris et superioris DVCI: &c / DOMINO SVO CLEMENTISSIMO./ faciebat./ IACOBVS RABVS / Memmingensis / ANNO SALVTIS / 1556" mit Punzen eingeschlagen, auf der anderen Seite befindet sich das Wappen Ottheinrichs.

Das Gerät besitzt zwei Grundfunktionen: Die eine Seite stellt einen Quadranten zur Bestimmung der Ortszeit aus der Höhe der Sonne dar. Hierzu muss man die geografische Breite des Standorts und die Deklination der Sonne am Beobachtungsdatum kennen, das heißt den Winkelbetrag, um den die Sonne über oder unter dem Himmelsäquators steht. Die Benutzung eines Quadranten veranschaulicht das Blatt der Merkurkinder des Hausbuchmeisters, wo unter anderem ein Uhrmacher abgebildet ist, der mittels eines Quadranten die Zeit zur Kontrolle der Räderuhr bestimmt. Man hält den Quadranten senkrecht, lässt den am Schnittpunkt der beiden geraden Kanten befestigten, mit einem kleinen Gewicht versehenen Faden (nicht erhalten) auspendeln und dreht das Instrument in Richtung der Sonne, bis ihr Strahl durch die obere Absehe fällt und das Loch in der unteren Absehe trifft. Von der gemessenen Höhe ist die Deklination der Sonne je nachdem, ob man im Sommerhalbjahr (zwischen 11. März und 14. September) oder im Winterhalbjahr (zwischen 14. September und 11. März) beobachtet, zu addieren oder zu subtrahieren. Man legt den Faden über den solcherart erhaltenen Winkelbetrag und liest an dessen Schnittpunkt mit den Stundenlinien die Zeit ab. Der für Pfalzgraf Ottheinrich gefertigte Quadrant zeigt die gleich langen, von der Räderuhr angezeigten Stunden an – im Gegensatz zu den so genannten Temporalstunden, bei denen der Tag zwischen Sonnenauf- und -untergang in zwölf Abschnitte geteilt wird, die je nach der Jahreszeit von ungleicher Länge sind. Das mit „UMBRA VERSA" und „UMBRA RECTA" bezeichnete Schattenquadrat (Quadratum geometricum) dient geodätischen Zwecken. Die andere Seite erlaubt die Bestimmung der wahren Bewegung des Mondes im Tierkreis und seiner Bewegung in Breite. Sie ermöglicht auch die näherungsweise Bestimmung von Finsternissen. Ein gleichfalls 1566 entstandenes Parallelstück befindet sich im Württembergischen Landesmuseum Stuttgart (591).

GO

Schätze der Astronomie 1983, S. 60; Focus Behaim-Globus 1992, Bd. 2, S. 604f.; Waldburg-Wolfegg 1997, S. 39.

7.103a

Sonnenuhr

Pfalzgraf Ottheinrich, 1547; Kupfer, vergoldet, 14,5 x 14,5; Adler Planetarium & Astronomy Museum, Chicago/Illinois (M–237)

Zwar kamen in Europa schon um 1300 mechanische Uhren auf und verbreiteten sich relativ rasch als Turmuhren, die seit dem 15. und 16. Jahrhundert auch in kleineren Städten anzutreffen waren, doch erst in der zweiten Hälfte des 17. Jahrhunderts entwickelten sich spezielle Taschenuhren. Deshalb waren in der Frühen Neuzeit die schon von den Römern erfundenen tragbaren Reisesonnenuhren sehr beliebt. Auch Ottheinrich interessierte sich offensichtlich lebhaft für solche Objekte. 1544 sandte er Georg Hartmann eine aus Buchsbaumholz gefertigte Reisesonnenuhr von 1417 und bestellte bei ihm unter anderem zwei Sonnenuhren aus Elfenbein, die sich allerdings nicht erhalten haben. Waagrechte Sonnenuhren dieser Art wurden auf Platten aus Holz, seit dem 16. Jahrhundert aus Ton und seit dem 17. Jahrhundert aus Glas hergestellt. Häufig nahm man Stein, insbesondere Solnhofer und Kelheimer Kalk und Marmor, mitunter aber auch Platten aus Schiefer. Oft verwendete man Metallplatten.

Das Zifferblatt der Sonnenuhr aus dem Besitz Pfalzgraf Ottheinrichs ist quadratisch. Es besteht aus feuervergoldetem Kupfer. Das Gnomon fehlt, doch ein kleines Loch am Zusammenlauf der Stundenlinien und ein größeres Loch in der Nähe der Nordseite des Zifferblatts lassen erkennen, dass ein solches Gnomon einmal vorhanden gewesen sein muss.

Das Gnomon ist ein an einem Stab befestigter Faden, der auf das Zifferblatt einen Schatten wirft und so die Zeit anzeigt. In diesem Fall erstreckte es sich von dem Loch in der Mitte der Stundenlinien bis zum oberen Ende eines Stabs, der früher in dem größeren Loch saß. Der Stab hielt den Faden parallel zur Rotationsachse der Erde, sodass sich die jahreszeitenbedingte Scheinbewegung der Sonne nach Norden und nach Süden (parallel zum Faden) nicht auf die Länge des von dem Gnomon geworfenen Schattens auswirkte.

Die Platte ist mit OHP, für Ott Heinrich Pfalzgraf, signiert. Die Buchstaben MDZ stehen für seine Devise „Mit Der Zeit". Das Datum 1547 ist unter dem Fadenloch in der Platte zu sehen. Das Wappen mit doppelter Helmzier ist in der Mitte der Platte eingraviert, in einem Bereich, in dem die Vergoldung weitgehend abgenutzt ist und das darunter liegende Kupfer freiliegt. Die Himmelsrichtungen sind an den vier Seiten eingraviert: MITAG, NIDERGANG, MITNACHT, AUFGANG. Von vier über zwölf bis acht reichende Stundenlinien sind in ein graviertes Band eingeschrieben.

Unter dem Zifferblatt ist eine zweite Signatur „1547 OHP Auctor" graviert, die Ottheinrichs Anspruch als Urheber des Instruments postuliert. Auch wenn es nicht möglich ist einzuschätzen, welchen persönlichen Anteil der Pfalzgraf tatsächlich bei der Herstellung dieser Sonnenuhr hatte, so betrachtete er sie doch offensichtlich als sein eigenes Werk.

BSt/SL

Münch 1998, S. 136 ff.; Zinner 1941

7.103a

7.103a

7.104

Astronomisch-astrologische Sammelhandschrift

Süddeutschland, 1551 und 1564; Handschrift/Pergament,
Deckmalerei, 132 Bll., 25,5 x 18,7; Universitätsbibliothek
Heidelberg (Heid. Hs. 3394)

Heinrich Rüdinger, der Schreiber dieser Prachthandschrift, war ein Nürnberger Schreibmeister aus der Schule Johann Neudörffers d. Ä. Nach eigener Aussage kompi-
lierte Rüdinger, der spätestens 1530 als Sekretär, Diener
und Kanzleischreiber Ottheinrichs belegt ist, den Codex
in dessen Auftrag 1551; 1564 signierte er ihn noch einmal eigenhändig. Die kalligrafisch auf höchstem Niveau
stehende Fraktur-Handschrift beginnt mit einem Wap-
penexlibris Ottheinrichs mit seinen Initialen und dem
monogrammierten Motto M[it].D[er].Z[eit]. An einen
astronomischen Kalender mit jeweils zwei Bildmedail-
lons pro Monat schließen sich Aderlass-, Wetter- und Ge-

273

Jenner

Maÿ

Hornung

Brachmon

Mertz

Heümon

Aprill

Augstmon

7.104

sundheitsregeln an. Den Hauptteil bilden drei astrologische Traktate, unter anderem von Petrus Apianus, mit dem Ottheinrich korrespondierte, und von Johannes Mercurius Morsheymer, der von 1553 bis 1560 an der Universität Heidelberg Mathematik lehrte und 1562 Rektor des Gymnasium illustre in Lauingen wurde. Bei der 1957 aus dem Antiquariatshandel erworbenen Handschrift, deren Schnitt vergoldet und punziert ist, fehlt heute der originale Einbandbezug.   AS

Kostbarkeiten gesammelter Geschichte 1999, Kat.-Nr. B 17; Merkl 1999, S. 124, 426.

7.105
Astrologisch-astronomische Sammelhandschrift

Nürnberg, 1552–1557; Handschrift/Pergament, Deckmalerei, 98 Bll., 35 x 24 (R); Universitätsbibliothek Heidelberg (Cod. Pal. germ. 833)

Auch diese Handschrift wurde wie Heid. Hs. 3394 (Kat.-Nr. 7.104) von dem Schreibmeister Heinrich Rüdinger aus Nürnberg angefertigt. Wie er in der Vorrede schreibt, habe ihn Ottheinrich, der sich bemühe eine umfassende Handschriftenbibliothek zu sammeln, um eine Einführung in die Geomantie gebeten, eine im 16. Jahrhundert weit verbreitete Methode der Zukunftsvorhersage.

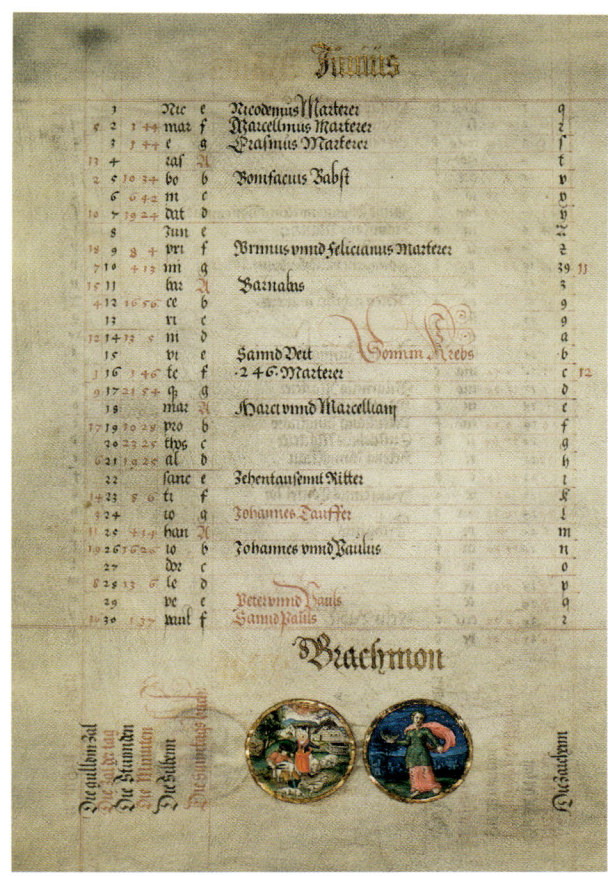

7.104

7.104

Rüdinger erledigte seine Aufgabe überwiegend durch Abschrift des um 1490 entstandenen Heidelberger Schicksalsbuchs Cod. Pal. germ. 832. Neu errechnet wurden allerdings die Kalenderdaten für das Schaltjahr 1552 und die Tabellen von Sonnen- und Mondfinsternis für die Jahre 1552 bis 1600, und zwar von Ottheinrichs Hofastronomen Cyprianus Leovitius. 1557 vollendete der Nürnberger Maler Albrecht Glockendon d. J. den Buchschmuck auf der Basis des Heidelberger Schicksalsbuchs, darunter zwei astronomische Instrumente mit drehbaren Kreisscheiben, die unter anderem den Stand von Sonne und Mond im Tierkreis darstellen. Die Handschrift hat einen gepunzten, vergoldeten und bemalten Schnitt und ist in einen der seltenen Ottheinrich-Prachteinbände mit reicher Stempelvergoldung eingebunden.   A S

Mittler/Werner 1986, Nr. 43; Kostbarkeiten gesammelter Geschichte 1999, Kat.-Nr. B 16 und Farbtafel 9; Von Ottheinrich zu Carl Theodor 2003, Kat.-Nr. 17 und Farbtafel 16 f.; Merkl 1999, Nr. 89.

7.105

7.106

Astrologisch-medizinisches Kompendium

Bayern, um 1477; Handschrift/Pergament, Deckmalerei, 114 Bll., 29 x 19; Universitätsbibliothek Heidelberg (Cod. Pal. germ. 291)

Die astrologisch-medizinische Prachthandschrift wurde von einem Schreiber im bayerischen Raum hergestellt. Der astronomische Kalender, mit dem der Codex beginnt, weist recht eindeutig in die Diözese Freising. Die aufwändige Ausstattung mit 38 Miniaturen lässt vermuten, dass die inhaltlich eher disparate Handschrift ursprünglich für einen bibliophilen medizinischen Laien gedacht war. Der Band enthält einen Traktat über die zwölf Zeichen des Tierkreises; zu jedem Zeichen gehört eine kreisrunde Illustration. Es folgen unter anderem ein Planetenbüchlein mit sieben Planetendarstellungen, ein „Lucidarius"-Auszug mit dem Bild zweier Astronomen

und eine Abhandlung über die vier Temperamente. Die eigentlich medizinischen Traktate behandeln das Aderlassen und das Baden; sie sind mit einem Aderlassmann und den Darstellungen von Ärzten geschmückt. Am Ende stehen geistliche Betrachtungen und Gebete, die Fabel vom kranken Löwen sowie Rezepte.

Die Handschrift in Deutsch und Latein lässt erkennen, wie eng die Verbindung von Astrologie, Medizin und Gesundheit in dieser Zeit war. Der Codex, der keinen Ottheinrich-Einband trägt, wurde Ottheinrich wohl zwischen 1552 und 1556 von Johannes Herold aus Höchstädt geschenkt, der unter anderem antike und humanistische Texte übersetzte.   A S

Werner 1975, Nr. 22; Mittler/Werner 1986, Nr. 33; Kostbarkeiten gesammelter Geschichte 1999, Kat.-Nr. B 12 und Abb. 13; Die Codices Palatini germanici 2005, S. 408–416.

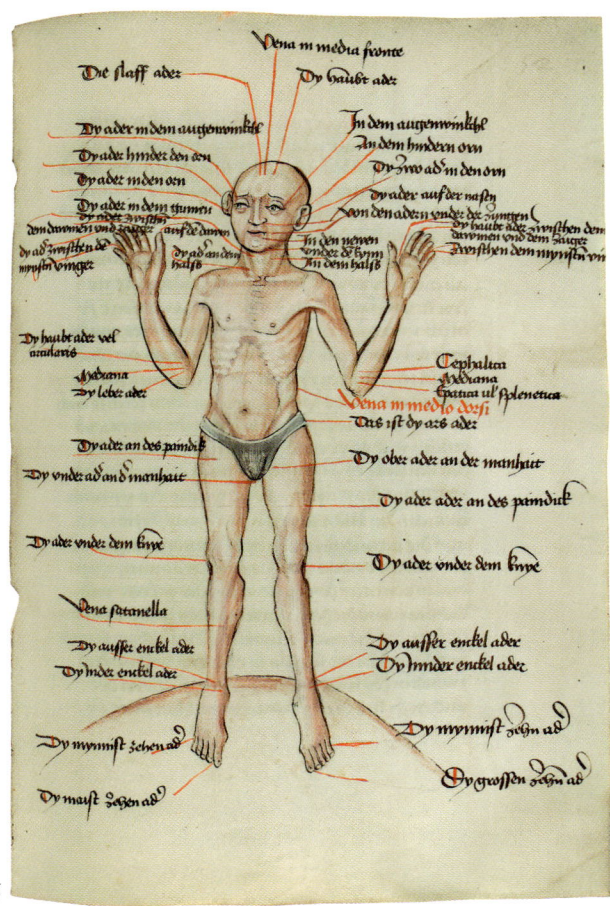

7.106

7.107

Metallurgische Rezepte mit eigenhändigen Vermerken Ottheinrichs

Neuburg (?), um 1550; Handschrift/Papier, 13 Bll., 31 x 21; Universitätsbibliothek Heidelberg (Cod. Pal. germ. 843, Faszikel 1, Bl. 5^{v})

Die Handschrift setzt sich aus verschiedenen kleineren Faszikeln zusammen, die erst in der Biblioteca Vaticana zusammengebunden worden sind. Das erste Faszikel enthält 20 Rezepte, die überwiegend den Metallguss in verschiedenen Legierungen und mit unterschiedlichen Zuschlagstoffen betreffen. Nur bei einem wird ein Rezeptzuträger genannt, der „hertzog von Farar". Er ist mit Ercole II. von Este, Herzog von Ferrara, gleichzusetzen, mit dem Ottheinrich spätestens seit 1536 in Briefverkehr stand. Bei zehn Rezepten finden sich eigenhändige Vermerke Ottheinrichs, die zeigen, dass er die Anleitungen persönlich ausprobiert hat („probatum est"). Fol. 5^{v} enthält einen längeren Eintrag zum Gießen in eine Sandform mithilfe des Minerals „Unser Frauen Eis": „Item dise obgeschriben stuck zum raingisen in sandt sindt alle gerecht, doch ist mit dem spadt oder unser frawen eis am ranglichisten umbzugen, hab es auch am maisten braucht. Probatum est. Otthainrich pfallczgrave."   AS

Telle 1981, S. 135 und Anm. 45; Kostbarkeiten gesammelter Geschichte 1999, Kat.-Nr. B 18.

7.108

Inventar von Kurfürst Ottheinrichs alchemischem Labor

Neuburg: Hans Kilian, um 1555/56; Handschrift/Papier, Federzeichnungen, 25 Bll., 32,5 x 21,8; Universitätsbibliothek Heidelberg (Cod. Pal. germ. 302)

Die schlecht erhaltene Papierhandschrift überliefert ein nach Werkstoffen geordnetes Inventar alchemischer Geräte, die in Federzeichnungen dargestellt und zusätzlich beschrieben werden. Der Titel des Inventars, das sich aufgrund der Schrift dem Neuburger Erstdrucker und Vertrauten Ottheinrichs, Hans Kilian, zuweisen lässt, lautet: „Was Ich von des durchluchtigsten gnedigsten herns Churfurstens herzog Ottheinrichs pfaltzgrafen wegen in meinen laboratoriis alhie zu Neuburg underhanden hab… ungeverlich verzaichnet". Dazu gehören „distillirkolben, probir ofen, geschirr", Blasebälge, Kolben und Retorten und anderes mehr. Aus diesen Eintragungen ist zu ersehen, dass Kilian in Neuburg über alchemische Werkstätten („laboratoria") verfügte, die sicherlich von Ottheinrich finanziert und auch mit seinen alchemischen Geräten ausgestattet worden sind. Wahrscheinlich stellten Kilian und Ottheinrich in diesen Einrichtungen auch ihre metallurgischen Experimente an (Kat.-Nr. 7.107).   AS

Telle 1981, S. 135f.; Die Codices Palatini germanici 2005, S. 449f.

7.109

Alchemische Sammelhandschrift

16. Jahrhundert; Handschrift/Papier, 29 x 22,5; Bayerische Staatsbibliothek München (Cod. germ. 5443)

Die „Haimliche schatz der kunst alchamia" wurde im 16. und 17. Jahrhundert zu einer unwiderstehlichen Verlockung für viele Fürsten und Bürger. Das vorliegende Werk befand sich höchstwahrscheinlich im Besitz Ottheinrichs, wie ein Vermerk auf Seite 2 zeigt. Er stammt von der Hand des Neuburger Druckers Hans Kilian, der für Ottheinrich die Handschriften des Paracelsus

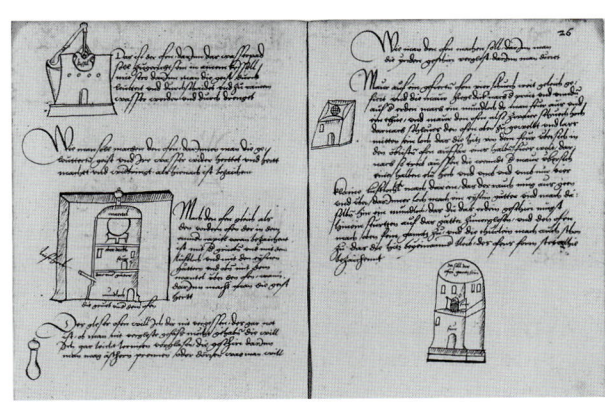

7.109

verwahrte und in Neuburg das alchemische Laboratorium des Landesherrn unterhielt.

Die Sammelhandschrift enthält auf über 500 Seiten „allerley alchimistische stuckh und andere kunst". Allerdings findet man keine Geheimrezepte zur Herstellung von Gold, sondern – über ein ausführliches Register systematisch erschließbar – die detaillierte Beschreibung alchemischer Grundprozesse, so etwa das Reinigen und Scheiden von Schwefel – der in der Alchemie seit dem frühen Mittelalter eine herausragende Rolle spielte – oder von „Operment" (Arsen-III-sulfid).

Ottheinrich bestimmte in der Bestallungsurkunde des von ihm 1549 nach Neuburg berufenen Mediziners Alexander von Suchten (1520 – um 1590), dass dieser aus den „Kunstbuechern", also insbesondere dem Schatz der alchemischen Schriften Ottheinrichs, ohne Wissen des Fürsten nichts abschreiben und weitergeben dürfe.   S L

Schottenloher 1927, S. 27; Schottenloher 1928; Kerscher 1984; van Dülmen 2004; Telle 1981.

7.110
Theophrastus von Hohenheim, gen. Paracelsus

Um 1700; Öl/Leinwand, 96,8 x 82,7; Deutsches Medizinhistorisches Museum Ingolstadt (Neuerwerbung 2004)

Das Bild stammt aus englischem Privatbesitz und ist im Jahr 1989 aufgetaucht. Maler, Entstehungszeit und ursprüngliche Herkunft sind bisher nicht geklärt. Die Vorbesitzer ließen es bei einem Londoner Experten begutachten, wobei die zunächst angenommene Autorschaft Tintorettos ausgeschlossen worden ist. Es besteht die Vermutung, dass es in Mittel- oder Nordeuropa angesiedelt werden könnte. Das Gemälde wurde um 1800 doubliert und auf einen neuen Keilrahmen gespannt, wobei eine Verkleinerung um jeweils ca. 15 cm entstand.

Im Einzelnen fällt auf, dass der nach rechts gewandte Kopf einen höher gezogenen Schädel als entsprechende Vergleichsporträts aufweist und ein „jüngerer" Paracelsus mit dunkelblondem Haarkranz und nur leicht angedeuteter Stirnfalte zu sehen ist. Damit besteht eine gewisse Verwandtschaft zu dem Porträt, das sich in der Alten Pinakothek in München (WAF 1105) befindet. Die linke Hand umfasst einen kannelierten Schwertknauf in Form einer stilisierten Mohnkapsel mit der Aufschrift „AZOT", die rechte stützt sich auf die Parierstange. Vor einem dunklen Hintergrund heben sich das schwarze Gewand und das weiße Hemd mit schmaler Halskrause ab, von der eine rote Schnur mit goldener Kugel (Pomander?) und roter Quaste herabhängt. Die Umschrift im Oval lautet: AVREOLVS PHILIPPVS THEOPHRASTVS PARACELSVS. Von den hier angegebenen Namen verwendete Theophrastus von Hohenheim (1493/94–1541) zu Lebzeiten neben seinem gräkolatinisierten Namen „Paracelsus" und dem der Familie der Bombaste, „Bombastus", nur „Aureolus" (Paragranum, um 1530). Der Vorname „Philippus" taucht erst auf seinem Grabstein in Salzburg auf.

Die Aufschrift „AZOT", ein Begriff, der sich in den echten Schriften des Paracelsus nirgends findet, erscheint erstmals 1567 auf dem Schwertknauf des „Rosenkreuzer"-Bildnisses, nicht „vor 1565" auf dem Flugblatt von Balthasar Jenichen, das erst im 17. Jahrhundert gedruckt wurde. Angeblich von dem arabischen Begriff „al-zaug" für Quecksilber abgeleitet, gehört „AZOT" zu der theosophisch geprägten paracelsistischen Ideenwelt, von der K. Sudhoff einige Beispiele aufführt. Als eine Art „Spiritus mundi" enthält AZOTH, meist mit „h" geschrieben, die Gesamtheit der vier aristotelischen Elemente und gehört als Attribut zu dem paracelsistisch mystifizierten Paracelsus-Bild, das ihn seit 1550 als den „Deutschen Hermes Trismegistos" glorifizierte, der die arkane „Materia" der alten Alchemiker besessen habe.

Die typologische Einordnung des Bildes in die Vielzahl der überlieferten echten und zweifelhaften Paracelsus-Porträts, die Sudhoff zusammentrug und die in jüngster Zeit I. Hannesschläger auf 32 erweiterte und eingehend bearbeitete, lässt sich auf den Kupferstich des Monogrammisten AH von 1540 beziehen. Als seitenverkehrte Variante und ohne den Architekturprospekt leitet sich das Bild ikonografisch von dem zu Lebzeiten geschaffenen Porträt des 47-jährigen Hohenheim ab. Hervorzuheben ist, dass dieser bekannte Kupferstich, ebenso wie der von 1538, nicht von Augustin Hirschvogel, wie immer wieder fälschlich angegeben, sondern von dem Monogrammisten AH zu Lebzeiten des Paracelsus gezeichnet und gestochen worden ist.

Die Gestalt des Paracelsus gewann nach seinem Tod durch seine Anhänger so große Popularität, wie sie kein Arzt der Neuzeit erreichte. Entsprechend zahlreich sind seine Porträts, die bis in den Bereich der Volkskunst führen. So erscheint er, als Arzt schlechthin, in der Figur des „Gallenus" (sic!) auf der Türe eines Apothekenschrankes aus der Stadt-Apotheke Kaufbeuren um 1719 im antikisierenden Gewand, in der Hand eine Schlange und Kräuter, umgeben von Laborgeräten.

Das Deutsche Medizinhistorische Museum Ingolstadt zeigt in seiner Dauerausstellung eine Auswahl von fünf grafischen Paracelsus-Porträts, die alle nach seinem Tod entstanden sind. Sie unterstreichen den Bezug, den die Biografie des Hohenheimers zu Ingolstadt aufweist: Im Jahr 1526 kam er in die Universitätsstadt und nahm dort offensichtlich Kontakt zu dem Medizinprofessor Peter Burckhard (um 1465–1526) auf, einem erklärten Reformer und Gegner der arabistischen Medizin, die auch Paracelsus scharf bekämpfte. Mit Burckhard war er der Meinung, dass man aus den traditionellen Werken etwa des Valescus von Tarent (15. Jahrhundert) und des Mesue nichts über die Zeichen der „Franzosenkrankheit" lernen könne. Wahrscheinlich hat er den Tod Burckhards am 30. März 1526 miterlebt, denn er weiß, dass dieser „in asmate" erstickt ist. In das Reich der Fantasie dürfte jedoch die Geschichte von der Heilung der gelähmten Tochter des Ingolstädter Ratsherrn Georg Schober gehören, die Paracelsus mit einer Messerspitze seines

„Azoth des roten Löwen" bewirkt haben soll. Das neu erworbene Paracelsus-Porträt wird jedenfalls als medizin- und stadtgeschichtlich bedeutsames Objekt Beachtung finden. **CH**

Fehlmann 1989, S. 38–40; Hannesschläger 1994, S. 218, 223, Abb. 5, 225, Abb. 11, 226, Abb. 12, 217–249; Schipperges 1970, S. 67–116, bes. S. 109; Figala 1998, S. 295–300, bes. S. 296; Paracelsus 1922–1933, Bde. 3, 4, 7–12, Bd. 6, S. 430, Bd. 14, S. XXXII f., S. 537, 542, 547–595; Telle 1994, S. 157–172, bes. S. 159 f.; Fellmeth/Kotheder 1993, S. 30; Launert 1990, S. 135, Abb. 109; Boehm u. a. 1998, Teil 1, S. 55; Sammelblätter des Historischen Vereins Ingolstadt 2 (1887), S. 60; Benzenhöfer 1997, S. 20–24, 41.

7.111

Paracelsus: Vom Holtz Guaiaco gründlicher heylung

Nürnberg: Friedrich Peypus 1529; Buchdruck/Papier, 21 x 15,5; Bayerische Staatsbibliothek München (4 med. 295, 31)

Seit 1495 grassierte im deutschen Kulturgebiet eine „neue Krankheit", die bislang unbekannten „Franzosen". Manche Heiler bekämpften sie mit Guajakholz, das seit etwa 1500 aus Mittelamerika importiert wurde, zur Zeit Ottheinrichs in der „Franzosen"-Therapie eine steile Karriere machte und nicht zuletzt aufgrund eines Lobpreises aus der Feder des Humanisten Ulrich von Hutten (1519) hohes Ansehen genoss. Andere Heilpersonen aber setzten auf Kuren mit Quecksilber. Am heftigen Streit zwischen Anhängern der Guajakholzkur und Anwälten der Quecksilbertherapie beteiligte sich Paracelsus mit mehreren Werken, darunter mit dem Kurztraktat „Vom Holtz Guaiaco gründlicher heylung" (1529), das erste in Druck gelangte Werk Hohenheims überhaupt.

Gerichtet an medizinische Laien, etwa städtische Obrigkeiten, und ärztlich tätige Fachleute, attackiert Paracelsus Kopflosigkeiten in der Guajakholztherapie, insbesondere das „geschrey des holtzes" von einem „vnerfarne[n] vnd … weltrhümig[en] man / in Deutsch land" (Ulrich von Hutten). Seinem Verdikt verfällt eine Medizin ohne „grund" und „verstandt": Der Kranke werde nicht geheilt, sondern „elendiglich … gepeynigt vnnd ausgehungert", mit etlichen weiteren „beschwerden" beladen und schließlich zugrunde gerichtet. Getadelt findet man vor allem gewisse diätetische Maßnahmen. Entgegen geläufiger Ansichten aber wird die Guajakholzkur keineswegs zugunsten etwa eines arzneilichen Quecksilbergebrauchs verworfen.

Angesichts seiner gesundheitlichen Kümmernisse, aber auch seiner massiven Geldnöte steht zu vermuten, dass sich Ottheinrichs Alchemoparacelsismus durchaus zeitgemäß von Hoffnungen auf die alchemische Universalarznei für Menschen und die Gewinnung von Metallen nährte. Hinzu kommen Leiden und Tod seines Bruders: Pfalzgraf Philipp starb 1548 an einer damals unheilbaren Infektionskrankheit, vielleicht an den „Franzosen". Hatten etwa der Traktat „Vom Holtz Guaiaco gründlicher heylung" oder andere paracelsische „Franzo-

7.110

sen"-Schriften Ottheinrichs ausgeprägtes Interesse am paracelsischen Werk geweckt? **JT**

Sudhoff 1894, I. Theil, Nr. 1; Poensgen 1956, Gestalt und Werdegang.

7.112

Lignum Guajaci concisum

Geschnittenes Pockholz, Franzosenholz, Deutsches Arzneibuch (DAB), 6. Ausgabe, Neudruck 1951; Stammpflanze: Guaiacum sanctum L. und Guaiacum officinale L. Zygophyllaceae

Das Holz des in Florida, auf den Antillen, in Guayana, Venezuela und Kolumbien verbreiteten Baumes enthält Harz, ätherisches Öl, Kautschuk, Triterpensaponine und Alkaloide. Die Tinktur aus dem Harz wird nur noch in Zentralamerika gegen Syphilis, Hautleiden und rheumatische Beschwerden angewandt. Die Saponine zeigen eine deutlich fungistatische Wirkung, die Tinktur als Zusatz zum Mundwasser wirkt durch das ätherische Öl hemmend auf die Entwicklung von pathogenen Keimen. Guajaktinktur dient ferner als Reagenz zum Nachweis von Blut im Harn und Stuhl (Hämocult-Test).

Die Therapie von Geschlechtskrankheiten mit dem „heiligen Holz" geriet schon zu Beginn des 16. Jahrhunderts in einen heftigen Meinungsstreit innerhalb der Medizin, den nicht zuletzt Paracelsus auslöste. Er hatte sich schon früh mit dem tropischen Holz beschäftigt und es chemisch geprüft. Bereits in seiner Vorlesung 1526/27 trug er an der Universität Basel über die alchemische Zubereitung und den Aufschluss des Holzes vor (Paracelsus 3, S. 369 f.). Er fand „dreierlei arznei", die sich durch

Scheidungsprozesse gewinnen ließen: einen Liquor als Trank, einen Gummi als Salbe und ein Alkali zur „purgirung und reinigung". Die Destillation, Reverberation, Transmutation und Koagulation der im Holz enthaltenen Stoffe wird genau beschrieben und deren wesentlich stärkere Wirkung gegenüber den üblicherweise verwendeten und ärztlich verordneten wässrigen Abkochungen des Holzes herausgestellt. Die Angaben über die therapeutische Anwendung der alchemischen Guajak-Produkte zeigen, dass Paracelsus das Holz durchaus als effektiv befand, seinen falschen und übertriebenen Einsatz als Modearznei und überteuerte Importdroge jedoch bekämpfte. In der 1528 verfassten Schrift „Von Blatern, Lähmi, Beulen, Löchern und Zitrachten der Franzosen und irs Gleichen" (Paracelsus 6, S. 327–333) geißelt er die Unwissenheit der Ärzte und den verkehrten Umgang mit dem Naturprodukt. Gemäßigter reagiert er in der 1529 publizierten Schrift „Vom Holtz Guaiaco gründlicher heylung" (Kat.-Nr. 7.111). Hier beschreibt er die Bereitung einer Suppe und eines Arzneitranks mit Wein aus dem geraspelten Holz und betont, dass die Kur individuell dem Kranken angepasst und keine salzlose Diät dabei beachtet werden solle. Die Skepsis bezüglich der hervorgehobenen Stellung, die dem Holz zugesprochen wird, bringt er dadurch zum Ausdruck, dass er einheimische Hölzer der Kiefer, Esche und Mistel nennt, die ebenso gut und ähnlich wirkten. CH

Hagers Handbuch der Pharmazeutischen Praxis 1993, Bd. 5, S. 349–357; Vöttiner-Pletz 1990.

7.113

Paracelsus: Bücher vnd Schrifften, hg. von Johann Huser, Teile 1–10

Basel: Konrad Waldkirch, 1589–1591; Buchdruck/Papier, 25 x 20; Universitätsbibliothek München (4° Med. 833 [1–10])

Zu Ausgang des 16. Jahrhunderts wurde von dem Arzt Johann Huser (um 1545 – Ende 1600/vor dem 8. März 1601), tatkräftig unterstützt vom Kölner Kurfürst-Erzbischof Ernst von Bayern, die erste umfängliche Ausgabe der medizinisch-naturkundlichen Schriften Hohenheims besorgt. Bei seinen Vorarbeiten zu dieser bis heute erstrangig gebliebenen Edition konnte sich Huser auf Texte unterschiedlichster Herkunft stützen, darunter auf etliche „Autographa vnd andere manuscripta [Hohenheims]" aus der „herrlichen Bibliotheca zu Newburg an der Thonaw". Gerade diese Neuburger Handschriften spielten offenbar bei der Textkonstitution eine maßgebliche Rolle. Jedenfalls sah sich Huser 1589 gelegentlich seines Dankes an etliche Helfer und Textvermittler in der Vorrede an den Leser veranlasst, an erster Stelle den Herrn der Neuburger Bibliothek, Pfalzgraf Philipp Ludwig (1547 bis 1614) zu rühmen: „Damit aber / Gönstiger Leser / Ich dich auch ferner berichte / von wannen Mir [Huser] die

Autographa vnd andere manuscripta zu gestanden / so wisse / daß Erstlich … Herr Philipp Ludwig / Pfaltzgraue bey Rein / etc. auß Ihr F.G. herrlichen Bibliotheca zu Newburg an der Thonaw / nicht den geringsten theil derselben gnedig mir hatt zukommen lassen". Auf Befehl des Pfalzgrafen an seinen Bibliothekar Hans Kilian waren im Jahr 1585 über hundert „Bände" (Handschriften) aus dem von Ottheinrich stammenden Bestand „Theophrastischer Bücher" an Ernst von Bayern gelangt. Ernst machte diese Paracelsica Huser zugänglich, ließ, „was [inhaltlich] guett" dünkte, extrahieren und wollte im Übrigen jene „buecher, so nichts richtigs [enthalten]", in Flammen aufgehen sehen. Zwar hatte die Benutzung der „Theophrastischen Bücher" aus Neuburg die textliche Qualität der Huser'schen Paracelsus-Ausgabe verbessert, doch sind die Neuburger Paracelsica seit ihrer Verleihung verschollen: Als ein regionaler Schwerpunkt des deutschen Frühparacelsismus war Neuburg fortan ausgelöscht. JT

Sudhoff 1894, I. Theil, Nr. 216–225a; Sudhoff 1899, II. Theil, S. 2–12; Blaser 1979; Telle 1992; Corpus Paracelsisticum 2004, Bd. 2, S. 412–414.

7.114

Alchemische Gerätschaften

a) Behälter mit Resten organischen Inhalts

18. Jahrhundert; Büffelhorn, Leder, gedrehte Kordel, mit Siegellack befestigter Zettel, signiert No. 6; 36,8; Ø 12; Deutsches Museum, München (53173)

Die Wahl von natürlichem Verpackungsmaterial war für die Lieferung von Naturstoffen an Laboratorien und Apotheken bis in das 19. Jahrhundert sehr verbreitet. Dies galt besonders für Drogen aus überseeischen Ländern.

b) Mörser

15. Jahrhundert; Bronze, 19,5, Ø 18,3; Deutsches Museum, München (62086)

Der beidseitig konisch ausgeschwungene Mörser mit dreispaltigen Tatzenfüßen, sich nach oben verjüngenden Verstärkungsrippen und rechteckigem Henkel zeigt einen für die Gotik charakteristischen Typus. Durch den Gebrauch ist der Boden in der Mitte ausgewölbt.
Launert 1990, S. 27–37, 130–133.

c) Pistill (Stössel)

18. Jahrhundert; Eisen, 29, Ø 4; Deutsches Museum, München (42801.2)

Das Pistill dient zum Zerkleinern und Pulverisieren von anorganischen und organischen Materialien im Mörser. Die Handhabe muss so beschaffen sein, dass sie über den Mörser hinausragt, um Verletzungen bei der Arbeit zu vermeiden. Das Pistill sollte zur Schonung des Mörsers immer aus dem gleichen Material bestehen.
Launert 1990, S. 38–41.

d) Ofen mit Sandbad, dreieckigem Untersatz und Dreifuß

19. Jahrhundert; Eisen, 15,5 x 24, Ø 18,7, Dreifuß: 8,7, Ø 19;
Deutsches Museum, München (6877)

Das Sandbad eignet sich für lange, gleichmäßige Wärmeeinwirkung auf das Reaktionsgefäß unter Vermeidung direkten Feuerkontakts, der etwa Glaskolben durch Schmelzen oder Zerspringen gefährden könnte.

e) Ofen

19. Jahrhundert; Schamotte, sign. 3, zwei kurze Henkel (einer defekt), 14,3 x 18,2, Ø 18,2; Deutsches Museum, München (12481)

Kleine chemische Öfen mit Löchern für die Luftzufuhr erreichen relativ hohe Temperaturen, wie sie für metallurgische Arbeiten benötigt werden.

f) Holzkohle für Laborzwecke

Deutsches Museum, München (30534)

Neben Sonnenlicht, dem „Pferdebauch", einer aus Pferdemist angerührten biologischen Wärmequelle, und Holz bildete die Holzkohle die kostspieligste Energiequelle für die Laborarbeit.

g) Tiegel

Nürnberg, 18. Jahrhundert; Irdenware, Graphit, 11,5, Ø 8;
Deutsches Museum, München (48253)

Der konische Schmelztiegel mit Ausguss hat durch die Graphitbeschichtung den Vorteil, dass die geschmolzene Masse nicht an der Tiegelwand anhängt.

h) Schmelztiegel

Anfang 19. Jahrhundert; Irdenware, Graphit, sign. 2;
9,7 x 7,6 x 8,6; Deutsches Museum, München (24723)

Dreieckige Schmelz- und Glühtiegel, die auch als „Passauer" oder „Ypser" Tiegel bezeichnet werden, gehörten zu jeder alchemischen Laborausstattung. Sie wurden in verschiedenen Größen hergestellt.
Schmidt 1836.

i) Tiegel

18. Jahrhundert; Irdenware, 6,4 x 8,3 x 9,7; Deutsches Museum, München (28759)

Der kleine, dickwandige Dreikanttiegel ist als Schmelztiegel bei hohen Temperaturen geeignet.

j) Tiegel

Anfang 19. Jahrhundert; Schamott, Graphit, 13,5 x 11,2 x 11,5, Ø 6,5; Deutsches Museum, München (42767)

Der dreikantige Glühtiegel aus der Prunner'schen Apotheke in Regen eignet sich zur Veraschung von organischen Substanzen.

k) Feuerzange

18. Jahrhundert; Eisen, geschmiedet und gegossen,
46,5 x 3,5 x 5; Deutsches Museum, München (30534.2)

Die Zange ist, mit nur einer Branche aufklappbar, einhändig bedienbar. Das Maul ist sechseckig gestaltet und

7.114a

7.114
b + c

zum Greifen von Tiegeln geeignet, das Schloss mit einem ballusterförmigen Dekor und einem Aufhänger versehen.

l) Destillierhelm, Alembik

18. Jahrhundert; grünes Glas, 18,5 x 15,1 x 38,5; Deutsches Museum, München (41578)

Destillierhelme fanden bereits im frühen Mittelalter Verwendung. Die älteste Form, der so genannte Rosenhut aus gebranntem Ton, diente unter anderem zur Gewinnung von Rosenwasser und anderen „gebrannten Wässern". Die alchemische Laborausrüstung brachte als Neuentwicklung den Alembik aus Zinn oder Glas, der auf den Destillierkolben aufgesetzt wurde. Das Kondensat

7.114d

7.114k

7.114m

sammelt sich in einer nach innen gewölbten Rinne und fließt durch das lange Rohr in einen Vorlagekolben (Receptaculum).

Mez 1975, S. 44f.

m) Retorte mit Strohring

18. Jahrhundert; Waldglas, 21 x 30 x 62,5, Ø 21, Strohring 5, Ø 20; Deutsches Museum, München (48178/1 und 48178/1/1)

Die Retorte vereinigt die Funktion des Destillierkolbens mit der des Destillieraufsatzes: Der Hals des Kolbens wurde zum Abflussrohr für das Destillat. Der zurückgedrehte (retorquere = zurückdrehen) Hals gab diesem im 14. Jahrhundert entwickelten Gerät den Namen. Wie alle Rundkolben benötigt die Retorte zur Lagerung auf dem Arbeitstisch einen Strohring.

Principe 1998, S. 212f.

n) Retorte

18. Jahrhundert; hellgrünes Glas, 8,7 x 17 x 40; Deutsches Museum, München (30428)

Der Kolben der Retorte ist mit Lehm überzogen, um das Zerspringen des Glases bei höheren Temperaturen oder bei unmittelbarem Kontakt mit der Flamme zu verhindern.

o) Kolben mit flachem Boden

19. Jahrhundert; Irdenware, Graphit, 14,5, Ø 17; Deutsches Museum, München (2115)

Bei Destillations- oder Filtrationsprozessen konnten Standkolben als Vorlagen für die abtropfenden Flüssigkeiten dienen. Der hier gezeigte Kolben stammt aus der Mathematisch-Physikalischen Sammlung der Bayerischen Akademie der Wissenschaften.

p) Kolben mit kurzem Ausgussstutzen

18. Jahrhundert; Waldglas, 15,1, Ø 11; Deutsches Museum, München (46049)

Rundkolben dienten sowohl als Reaktionsgefäße wie auch als Vorlagen bei Destillations- und Filtrationsverfahren.

q) Langhalskolben nach Stephen Hales (1677–1761)

18. Jahrhundert; Waldglas, 41,5, Ø 13,3; Deutsches Museum, München (50159)

Schmale Flaschen mit flachem Boden fanden bei Reaktionen mit gasförmigen Stoffen Verwendung.

Büttner/Habrich 1987, S. 27f., 80.

r) Kolben nach Carl Wilhelm Scheele (1742–1786)

18. Jahrhundert, Waldglas, 31,5, Ø 12; Deutsches Museum, München (50126)

Der alchemische Glaskolben, der wegen seiner Ähnlichkeit mit Gurken oder Kürbissen auch „Cucurbith" genannt wurde, fand in modifizierter Form noch in der modernen Chemie vielfältig Verwendung. Die Rundung erforderte die Platzierung auf einem Strohring.

Büttner/Habrich 1987, S. 19.

s) Kasserolle für Laborzwecke

18. Jahrhundert; Irdenware, glasiert, Stiel hohl, 5,5 x 31, Ø 15,7; Deutsches Museum, München (30534.1)

Kasserollen dienen zum Einengen und Abdampfen von Lösungen. CH

7.115

Apotheken-Vierkantgefäß mit Binderand und Originalinhalt

18. Jahrhundert; mundgeblasenes Glas, Beschriftung der Vorderseite auf hochovalem Etikett mit Blattkranzdekor: CRAN [ium] HUMAN [um] pp (Abkürzung für praeparatum); Inhalt: gepulverte menschliche Hirnschale; Rückseite auf querovalem Etikett: Cranium humanum praep. [aratum]; Deutsches Museum, München (48292)

Die Anwendung von gepulverter oder gebrannter menschlicher Hirnschale bei „Fallsucht" oder Knochenverletzungen gründet sich auf mittelalterliche Simile-Vorstellungen, wonach Gleiches mit Gleichem geheilt werden könne, ein Gedanke, den später innerhalb eines völlig neuen Konzepts Samuel Hahnemann (1755–1843) wieder aufgreifen wird. Paracelsus empfiehlt bei der Behandlung von Fallsucht eine klassische Rezeptur, die unter anderem Campher, Einhorn, rotes und weißes Sandelholz, Korallen, Eichenmistel, Pfingstrosenknospen und -wurzel und geschabte Hirnschale enthält. Er wendet die Mixtur jedoch nicht wie die „Alten" als Pulver, sondern nach einer „Digestion" in „arcanum vitriolo", Schwefelsäureester oder Diäthyläther, an. Die Digestion, das Einwirken der Flüssigkeit auf das Pulver über einen Monat lang bei gleichmäßiger Wärme im Kolben, sollte die Wirkung verstärken (Paracelsus 2, S. 433). CH

7.116

Zylindrisches Präparateglas mit Binderand und Papierverschluss

Anfang 19. Jahrhundert; hellgrünes, mundgeblasenes Glas, 17,5, Ø 12,3; Inhalt: Roteisenstein; Signatur 20. Jahrhundert: Lap[is] Haematites. Blutstein; Deutsches Museum, München (7475)

Seit der Antike fand der Hämatit, der beim Schleifen Wasser oder Öl blutrot färbt, zur Blutstillung Verwendung. Auf diese Indikation nach der „Signaturenlehre" geht auch die Empfehlung von Paracelsus in seiner „Großen Wundarznei" zurück, den Hämatit unter die „etlich künst der blutstellung" zu rechnen (Paracelsus 10, S. 135). CH

Müller/Schulz/Habrich 1993, S. 22; Habrich 2001.

7.117

Glasgefäß mit Holzdeckel

19. Jahrhundert; hellgrünes, mundgeblasenes Glas; 13,8, Ø 6,8; Signatur 20. Jahrhundert: Arsen. (darunter alchemisches Zeichen), ARSENICUM MET[allicum]; Deutsches Museum, München (28784)

Das Arsen und seine Oxide spielten in der Alchemie eine herausragende Rolle. Trotz der hohen Giftigkeit übte dieses amphotere Element, das metallartig glänzt, sich mit Nichtmetallen und Metallen verbindet und dabei auffallende Farberscheinungen zeigt, auf die alchemischen Laboranten große Faszination aus. Die Arsensulfide wie der rote Realgar, das gelbe Auripigment, die glänzende Arsensilberblende regten die Transmutationsfantasien an. Paracelsus, der sich ausschließlich für die medizinische Anwendung des Arsens interessierte, schrieb, dass „der arsenik [Arsentrioxid] eins ieglichen offen schadens, es sei welcherlei art oder geschlecht es wöll, gnugsam gewaltig ist zu heilen". Allerdings setzt er voraus, „das im die scherpfe seines gifts genomen werde". Durch alchemische Prozesse wird er erst zum Wundenheilmittel (Paracelsus 6, S. 138). In seiner Schrift „Von den natürlichen Dingen" widmet er dem Arsen und dessen Verbindungen ein ganzes Kapitel (Paracelsus 2, S. 166–175), in dem er zeigt, wie die Kunst der Alchemie die Giftigkeit überwinden und sie als heilende Kraft wirksam machen kann. CH

Brey 1998.

7.118

Glasgefäß mit zwei Henkeln und Holzdeckel

Anfang 19. Jahrhundert; hellgrünes, mundgeblasenes Glas, 9,7 x 7,6 x 8,6; Inhalt: rohes Steinsalz; Signatur 20. Jahrhundert: SAL, Kochsalz, darüber alchemisches Zeichen für Salz; Deutsches Museum, München (27854)

Das Kochsalz (Natriumchlorid) ist das bekannteste Salz, dessen lebenswichtige physiologische Bedeutung die Menschen in allen Kulturen früh erkannten. Paracelsus maß dem „weißen Gold" einen großen diätetischen Wert bei, so etwa bei einer Kur mit Guajak-Holz (Kat.-Nr. 111f.). In der Alchemie spielte Salz als Substanz keine große Rolle, wohl aber als naturphilosophisches „Prinzip" für alle Körper, die feuerfest und unschmelzbar sind. Paracelsus formulierte seine „Tria principia" oder „Tria prima", aus denen sich alle natürlichen Dinge zusammensetzen, als Sal, Sulfur und Mercurius. Dabei steht das Prinzip „Sal" für unveränderlich, „Sulfur" für brennbar und „Mercurius" für flüssig, flüchtig, beweglich. Diese Eigenschaften der Substanzen haben nichts zu tun mit deren stofflichen Qualitäten, die hier lediglich primär naturgesetzliche Phänomene präsentieren. Die Drei-Prinzipien-Lehre des Paracelsus ist die Erweiterung der aus dem islamischen Mittelalter tradierten Zwei-Prinzipien-Lehre, die nur „Mercurius" und „Sulfur" philosophisch verband, um das Prinzip „Sal". Vermutlich hat hier die christliche Dreifaltigkeitslehre einen Einfluss ausgeübt. CH

Priesner 1998; Neumann 1998.

7.119

Gefäß in Pokalform mit Kuppeldeckel

Pressglas, 25,0, Ø 19; Inhalt: rhombischer α-Schwefel; Beschriftung 20. Jahrhundert: Schwefel, kryst.[allisiert] für Schädlingsbekämpfung seit dem Altertum; Deutsches Museum, München (55707)

Der Schwefel als Erz bindendes und in der Natur auch gediegen vorkommendes Element war seit der Antike sowohl im gewerblichen als auch im medizinischen Bereich von größter Bedeutung. Paracelsus schreibt in seinem Buch „Von den natürlichen Dingen" als Einleitung zu dem Kapitel über den Schwefel: „Nun hat got beschaffen das ertharz mit vil seltsamen wunderbarlichen tugenden, nicht alein dem arzt zu noturft seiner kranken, sonder auch der alchimei zu einer großen fantasei und operation, auch ander mer tugent, die sich dan wunderbarlich durch den schwefel befinden, der dan ist das recht ertharz." Umfassend und eingehend auf alle Facetten der Verbindungen des Schwefels bearbeitet ihn Paracelsus sowohl als Naturstoff wie auch als „Prinzip" des Brennbaren innerhalb der Drei-Prinzipien-Lehre (Paracelsus 2, S. 124–145). CH

Weyer 1998.

7.120

Vierkantflasche mit kurzem Hals

19. Jahrhundert; weißes, gegossenes Glas, 8,4 x 3,8; Inhalt: elementares Quecksilber; Signatur 20. Jahrhundert: Mercurius vivus. Quecksilber; Deutsches Museum, München (30475)

Das Quecksilber, das einzige bei Zimmertemperatur flüssige Metall, kommt in der Natur in Form seiner Erze, hauptsächlich als Sulfid (Zinnober) vor. Seine Namen „Mercurius" (der bewegliche Merkur) und „Hydrargyrum" (Wassersilber) werden synonym gebraucht. Das Wechselspiel seiner ein- und zwei-wertigen Verbindungen, das sich in verschiedenen Farberscheinungen von Gelb über Rot zu Schwarz und Weiß zeigt, faszinierte die Alchemiker ebenso wie die spontane Amalgambildung des Elements mit anderen Metallen. Mit keinem Stoff wurde in alchemischen Prozessen so häufig experimentiert und es ist anzunehmen, dass die meisten Alchemiker unter chronischer Quecksilbervergiftung litten. Paracelsus beschäftigte sich sowohl mit dem „philosophischen Mercurius" innerhalb seiner „Trias", wo es als alles durchdringendes, belebendes, verwandelndes Prinzip erscheint, wie auch mit dem materiellen Quecksilber, dessen Verbindungen und deren medizinischer Bedeutung für die innerliche und äußerliche Behandlung von

schwer heilbaren Krankheiten, insbesondere „alten Schäden" und „Franzosen". Er führte auch Quecksilberpräparate in den Arzneischatz ein, wie Kalomel (Quecksilber-I-Chlorid) und Sublimat (Quecksilber-II-Chlorid). CH

Figala 1998.

7.121

Präparateglas

19. Jahrhundert; weißes, mundgeblasenes Glas mit Binderand und eingezogenem Fuß, 10,8, Ø 7,2; Signatur 20. Jahrhundert: Cinnabaris, Zinnober; Deutsches Museum, München (2002–655)

Zinnober (Quecksilbersulfid) wird gediegen in der Natur gefunden. Das Erz mit der typisch leuchtend roten Farbe war eine Zentralsubstanz bereits in der antiken Alchemie. Durch Erhitzen zersetzt es sich unter Verflüchtigung des Quecksilbers, der Schwefel verbrennt mit blauer Flamme. Die gewerbliche und medizinische Verwendung war, bevor die hohe Giftigkeit richtig erkannt wurde, vielfältig. „Hagers Handbuch der pharmazeutischen Praxis" gibt noch 1938 „Lassars rote Salbe" und das „Pulvis cordialis Cellensis", ein zinnoberhaltiges Präparat, an, das Kindern gegen Krämpfe verordnet wurde.

In der Therapie der „Franzosen" und anderer Haut- und Geschlechtskrankheiten im 16. Jahrhundert galt Zinnober als probates Räuchermittel, zu dem Paracelsus in der Schrift über die „Französische Krankheit" kritisch Stellung nimmt (Paracelsus 7, S. 114–116). Er gibt hier ein Rezept an, das den Zinnober quasi „entschärft" und die Vergiftungsgefahr mindert. Über mangelnde alchemische Kenntnisse der „Monpelierischen und Salernischen doctores" macht er sich an anderer Stelle lustig, da sie nicht wüssten, dass „Zinobrium ein mercurius sei". Er nennt sie „Guckgeuch", die mit ihm diskutieren wollten, „wider mich schreiben oder anschlagen und kennen die simplicia nicht, wannen her sie komen" (Paracelsus 6, S. 322). Der wahre Arzt darf sich nach seiner Auffassung nicht nur auf Buchwissen verlassen, sondern muss sich auf die „experienz" und die Praxis im Laboratorium mit den Arzneimitteln stützen, um Schaden von den Kranken zu wenden. CH

7.122

Präparateglas

19. Jahrhundert; mundgeblasenes Glas, 13,4, Ø 7; Inhalt: Kaliumsulfat (Paracelsus); Signatur 20. Jahrhundert: TARTARUS VITRIOLAT[US]; Deutsches Museum, München (28799)

Unter dem Namen „Tartarus vitriolatus", „vitriolisierter Weinstein", fand das Kaliumsulfat Jahrhunderte lang in den Apotheken Verwendung. Gewonnen wurde es durch Einwirkung von Schwefelsäure („Vitriolöl") auf Weinstein, das Kaliumsalz der Weinsäure. Dabei wird die schwächere Weinsäure von der Schwefelsäure verdrängt und das kristalline Kaliumsulfat gebildet. Ob dieses Präparat erstmalig von Paracelsus dargestellt und arzneilich angewendet worden ist, kann nicht geklärt werden. Er hat sicherlich intensiv mit dem Weinstein experimentiert und dabei die gewonnenen Einsichten in sein Krankheitskonzept von den „tartarischen Krankheiten" eingearbeitet. Wenn er an einer Stelle seiner Abhandlung über den Formenkreis dieser mit Ablagerungen in den Organen verbundenen Krankheiten, den „tartarus vitriolatus" nennt, der sich im Magen „ansezt" und dabei Schmerzen verursacht (Paracelsus 11, S. 77), so ist sicherlich nicht das als Kaliumsulfat definierte Salz, sondern ein mit den „Prinzipien" Schwefel und Salz postuliertes Stoffwechselprodukt gemeint. Kaliumsulfat wirkt, ähnlich wie das Glaubersalz (Natriumsulfat), in hochdosierten Lösungen eingenommen, abführend. Versetzt man Kaliumsulfatlösungen mit Weinsäure, so scheidet sich Weinstein ab.

In der Homöopathie findet Kaliumsulfat bei Oxalurie, Abscheidung von Oxalsäure im Harn, Verwendung.

CH

Boerike 1996, S. 446; Habrich 1996, S. 65–76.

7.123

Präparateglas mit Korkstopfen

19. Jahrhundert; mundgeblasenes Glas, 13,4; Ø 6,8; Inhalt: Natrium-Ammonium-Phosphat; Signatur 20. Jahrhundert: Sal microcosmicum, Phosphat (Hollandus); Deutsches Museum, München

Mit dem alchemischen Namen „Sal microcosmicum" wurde bis in das 19. Jahrhundert Natrium-Ammonium-Phosphat bezeichnet, dessen Herstellung auf Isaac oder Johann Isaac Hollandus zurückgeführt wird. Über diese beiden Alchemiker, Vater und Sohn, die im 16. Jahrhundert gelebt haben sollen, ist biografisch nichts bekannt. Die unter ihrem Namen verfassten alchemo-medizinischen Schriften weisen deutliche paracelsistische Einflüsse auf. In ihren „Opera mineralia" kommt auch ein Sal microcosmicum vor. Das Phosphorsalz findet bis heute im Laboratorium zur anorganischen Analyse auf trockenem Weg Verwendung: Die „Phosphorsalz"-Perle dient zum Nachweis von Metallen, deren Oxide sie im Feuer zu charakteristisch gefärbten Glasflüssen auflöst. Auch als Fällungsmittel für Magnesium-Ionen ist Phosphorsalz geeignet.

CH

Paulus 1998.

Exil und Kurfürst

Frieder Hepp

Kurfürst Ottheinrich, der Wegbereiter seiner Zeit

Am 26. Februar 1556 starb in Alzey Kurfürst Friedrich II. Als drei Tage später acht Adlige den Sarg des Vierundsiebzigjährigen in der Heidelberger Heiliggeistkirche unter großer Anteilnahme des Hofes, der Universität und der Bürgerschaft zu Grabe trugen, fehlte nur einer, Friedrichs Neffe und Nachfolger Ottheinrich. Der Rotlauf, eine Hauterkrankung, hielt den Pfalzgrafen angeblich in Neuburg zurück. Gleichwohl hatte er aus seinem Herzogtum an der Donau den Ablauf der Leichenfeier seines Amtsvorgängers in Heidelberg genau festgelegt. Alle Zeremonien nach katholischem Ritus waren untersagt und nur Predigt und Kirchengesang als Liturgie gestattet. „So zwang der verhasste Neffe seinen Vorgänger noch im Tode, sich seinem Willen und der neuen Lehre zu unterwerfen."[1]

Ottheinrich war gesundheitlich bereits schwer angeschlagen, als er am 8. März 1556 sein „wartend Erb" im tief verschneiten Heidelberg antreten konnte. Ihn plagten Kurzatmigkeit, Wassersucht, Rheuma und Fettleibigkeit, sodass er selbst immer wieder Klage über seinen „pauwfälligen" Leib führte.[2] Trotz dieser körperlichen Beeinträchtigung ließ Ottheinrich keinen Zweifel daran aufkommen, dass er fest entschlossen war, die wenigen ihm noch verbleibenden Jahre als regierender Kurfürst effizient zu nutzen. Entgegen seinem Wahlspruch „Mit der Zeit" wünschte er sich eher heute als morgen in der pfälzischen Kurwürde dargestellt zu sehen. Das geht aus einer Medaille (Kat.-Nr. 7.142b) zu seinem Regierungsantritt hervor, auf deren Rückseite Dietrich Schro das kurpfälzische Wappen mit dem Reichsapfel und der Jahreszahl 1556 ausgeführt hat, während der Künstler für die Vorderseite der Einfachheit halber die Porträtdarstellung einer Medaille aus dem Vorjahr übernahm. Die Umschrift auf dem Avers weist Ottheinrich noch als Pfalzgraf und Herzog von Bayern aus.[3]

Der „starrige Kopf zu Heidelberg", wie Ulrich Zasius, der Kanzler König Ferdinands, Ottheinrich zu bezeichnen pflegte, ging ohne Umschweife ans Werk. Von April bis Mitte Mai nahm er die Huldigung seiner Pfälzer Untertanen entgegen, danach zwang ihn seine angeschlagene Gesundheit zur Kur nach Baden-Baden. Im Juli kehrte er kurz nach Heidelberg zurück, musste dann aber zur Einholung der Huldigung nach Neuburg und in die Oberpfalz. Erst ab Ende Oktober war er wieder in Heidelberg und konnte sich seinen Regierungsgeschäf-

ten widmen. Allerdings war zu diesem Zeitpunkt die erste grundlegende Veränderung bereits in Gang gesetzt. Sie betraf die Neuordnung des Gottesdienstes in der Kurpfalz und der Oberpfalz „nach der hl. schrift und augspurgischen confession".

Der Kurfürst konnte rasch agieren, denn er war mit den Verhältnissen in der Unteren Pfalz bestens vertraut. Mehrfach ist seine Anwesenheit für längere Zeit am Heidelberger Hof belegt. So war er an der Seite seines Onkels, Kurfürst Ludwig V., sowohl gegen den Reichsritter Franz von Sickingen (1523) als auch gegen die aufständischen Bauern (1525) zu Felde gezogen. Als Zweiundzwanzigjähriger hatte er sich gar während eines einjährigen Aufenthalts in Heidelberg im pfälzischen Hausvertrag zugunsten seines Onkels und ehemaligen Vormunds Friedrich den vorläufigen Verzicht auf die ihm nach den Bestimmungen der Goldenen Bulle zustehende Anwartschaft auf die Kurwürde abringen lassen.

Nach seinem durch den finanziellen Zusammenbruch erzwungenen Weggang aus Neuburg verbrachte Ottheinrich ab 1544 nahezu acht Jahre in der Kurpfalz, zunächst in Heidelberg, ab 1547 in Weinheim, danach 1551 und 1552 erneut in der Hauptstadt. In Weinheim wohnte er zum Ärger der Mönche zuerst im Karmeliterkloster, später dann in der kurfürstlichen Kellerei. In Heidelberg bezog er, sein „wartend Erb" stets vor Augen, ein Doppelhaus in bester Lage am Kornmarkt, im Herzen der Altstadt, dem ehrwürdigen Pfälzer Stammschloss zu Füßen. Von Sommer 1545 bis Juli 1547 verfügte er neben seinem Haus am Kornmarkt, zumindest anfangs, zusätzlich noch über Räumlichkeiten auf dem Schloss. Allerdings musste er für die „zwai gemechlin", die ihm Friedrich II. am 24. Juni 1547 „ob dem bad zu hof" zugestand, „die andern aufs fürderlichst reumen".[4] Offenkundig war das Verhältnis zu dem Onkel nicht ganz spannungsfrei. Als Untermieter machte sich Ottheinrich nicht nur dadurch unbeliebt, dass er ausgeliehene Bücher aus der Schlossbibliothek nur widerstrebend zurückgab, sondern zuletzt auch dadurch, dass er ohne Wissen seines Gastgebers in seinem „ober gemach in der capellen" heimlich einen versteckten Raum für Bücher und Wertsachen einbauen ließ, den der erboste Friedrich, kaum dass er ihn entdeckt hatte, unverzüglich wieder abreißen ließ. Andernorts beklagte sich der siebzigjährige Kurfürst gegenüber Herzog Christoph von

Württemberg, dass er keinen größeren Feind auf Erden habe als den auf seinen Tod lauernden Neffen Ottheinrich, „der bitt gott alle tag, das ich sterben soll".[5]

Ottheinrichs Doppelhaus stand an der Stelle des heutigen südlichen Rathausportals „gegen dem Spittalbronnen über gelegen, oben an die grafen von Hohenloe undten an das Rathaus geßlein und hindten an das hindergeheuse der herbirch zum hirsch sotßendt". Ein angrenzendes Spital und die Nähe der Heidelberger Hof-Apotheke boten Gewähr für eine gute medizinische Betreuung. Mit Ezechias Fettich, dem Hofapotheker, Ratsmitglied und zeitweiligem Bürgermeister, aber auch mit dem kurfürstlichen Protonotar Dr. Veit Polland hatte er ebenso gut betuchte wie einflussreiche Gesprächspartner in seiner unmittelbaren Nachbarschaft. Später zog noch Wendel Regensberger, der Leiter der kurfürstlichen Kanzlei und Ehemann von Barbara Harrer, einer Nichte Melanchthons, an den Kornmarkt.[6]

Unverkennbar waren die Bestrebungen des im Exil weilenden Neuburger Fürsten, in der Residenzstadt Friedrichs II. seinen eigenen Hof zu etablieren. So ließ er in der Vorstadt in großem Umfang Grundstücke erwerben, um dort einen Lustgarten, den so genannten „Herrengarten" anzulegen. Hier gab es formvollendet geschnittene Pflanzen, exotische Gewächse, einen Springbrunnen, der zugleich für die Bewässerung der „wohlriechenden blümlin" sorgte, und ein Pommeranzenhaus, „darin stonden zween öhrin [= eiserne] Öffen, die brandt man ein, dass die Pflantzung den Wintter nit erfror".[7] Ottheinrich korrespondierte mit Ulrich Fugger, durch dessen Handelsbeziehungen er in den Besitz exotischer Pflanzen und Tiere zu gelangen suchte. In Oxford ließ er den Reformator Peter Martyr Vermiglio die Büchereien und Sammlungen des Königs und des Adels nach seltenen und kostbaren Handschriften durchstöbern und Herkules Rottinger fahndete in seinem Auftrag nach sehenswürdigen Altertümern in Rom.[8] Als Kurfürst löste Ottheinrich dann 1558 das seinem Haus gegenüber liegende Spital auf und verlegte es in das ehemalige Dominikanerkloster in der Vorstadt. An Stelle der abgerissenen Spitalbauten entstand ein erlesener Milch- und Krautmarkt, der so genannte „Neue Markt", der zu den mittlerweile vermögend gewordenen Anwohnern besser passte als der vormalige Spitalfriedhof.

In die Zeit von Ottheinrichs Exil fiel auch der erste Reformationsversuch in der Kurpfalz. Sicherlich war es eher das Drängen Ottheinrichs als „der Druck des Volkes", welches den in Reformationsfragen zögerlichen Friedrich II. schließlich dazu bewog, an Ostern 1545 in der Schlosskapelle das Abendmahl in zweierlei Gestalt zu empfangen und den ersten öffentlichen Gottesdienst nach lutherischem Ritus am 3. Januar 1546 in der Heiliggeistkirche zu gestatten. Eine Stiftsordnung vom April desselben Jahres verordnete zudem die Abschaffung des katholischen Messkanons und stellte die Priesterehe frei von Strafe. Durch eine entsprechende Kirchenordnung wurden diese Regelungen landesweit

eingeführt. Sie lehnten sich weitgehend an das Neuburger Vorbild von 1543 an und machen Ottheinrichs intensiven Einsatz für die Einführung der „reinen Lehre" während seiner Heidelberger Exilzeit offenkundig. Freilich brach dieser erste Reformationsversuch in der Kurpfalz nach der Niederlage des Schmalkaldischen Bundes gegen die Truppen Karls V. binnen Jahresfrist in sich zusammen und sowohl Friedrich als auch Ottheinrich mussten den Kaiser kniefällig um Gnade bitten.[9]

Somit blieb die Einführung der Reformation in der Kurpfalz, als „späteste in einem deutschen Territorium überhaupt"[10], Kurfürst Ottheinrich vorbehalten. Sie erfolgte durch den Landesherrn, „der ordenlichen obrigkeit", per Erlass und erstreckte sich auf das gesamte Territorium der Kurpfalz. „Aus christlichem eifer", zu „gottes ehre und unserer underthanen seeligkeit" sah sich der Kurfürst zu dieser Entscheidung berechtigt, nachdem ein allgemeiner Religionsvergleich nicht mehr zu erwarten sei.[11] Am 16. April 1556 erging ein Reformationsmandat an die weltlichen Amtsträger gegen den „falschen Gottesdienst", in dem die katholische Messe, „... die sacramentheuslein, ölebuchsen, gesegnet öle oder chrisam, weiwasser, salz, palmen, lichter und was deren abergläubigen stuck mehr sein, gantz und gar allerdings underlassen" und abgestellt werden sollte, das Sakrament und die liturgischen Gesänge wurden verboten. Ausstellung und Umtragen des Sakraments hatten bei Androhung einer Geldstrafe in Zukunft ebenso zu unterbleiben wie das Weihen von Gegenständen und andere „abgöttische ding".[12] Ottheinrich verstand Reformation der Kirche im wörtlichen Sinne als Wiederherstellung des einen alten christlichen Glaubens. Deswegen verwahrte er sich auch gegen die Bezeichnung „neuer" Glaube im Gegensatz zum „alten" Glauben. Wenn man schon diesen Ausdruck gebrauche, so solle man von Luthers Lehre besser als dem „uralten" Glauben reden, denn nur dieser habe seine Wurzeln im reinen Wort des biblischen Evangeliums, aber nicht in einer von Luther vorgenommenen Neuerung der römischen Lehre.

Die Kirchenordnung, maßgeblich von dem Hofprediger Michael Diller entworfen, wurde vordatiert auf den „Osterabend, den vierdten tag des Monats Aprilis, nach Christi unseres lieben HERn und seligmachers gepurt, Tausend fünfhundert fünfzig und sechs Jar".[13] Sie enthielt lutherische Elemente der Württemberger Ordnung von Johann Brenz (1553) und oberdeutsche bzw. zwinglische Traditionen, vor allem durch die Übernahme des Bilderverbots. Als Bekenntnisnorm war nur die Confessio Augustana benannt, ohne dabei zwischen den Versionen von 1530/32 und 1540 zu unterscheiden. Die Abendmahlsformel, Hauptstreitpunkt der unterschiedlichen Konfessionsrichtungen, war unter Berufung auf die Confessio Augustana lutherisch gestaltet („wahrhaftiglich und gegenwirtiglich"). Statt Luthers Katechismus wurde jedoch der Katechismus von Johannes Brenz in die Kirchenordnung aufgenommen. Zur Unterrichtung der Pfarrer fand Melanchthons „Examen

Ordinandorum" in der Fassung der Mecklenburger Kirchenordnung von 1554 Verwendung.

Die Kirchenordnung bildete die Rechtsgrundlage für eine anschließende Kirchenvisitation des Landes, dem üblichen Verfahren zur praktischen Durchführung der Reformation. Eine aus Straßburger Theologen und pfälzischen Räten zusammengesetzte Visitationskommission kontrollierte bereits in der zweiten Jahreshälfte 1556 sechs Wochen lang die Erfüllung der Mandate und Verordnungen im ganzen Land. Aus ihren Protokollen geht hervor, dass die Kirchenreform in der Kurpfalz nicht ohne erhebliche Widerstände der Bevölkerung durchgesetzt werden konnte. So monierten die Visitatoren unter anderem, dass es noch „allerley abgottischer Bilder, altar, taflen, Creutzfahnen und dergleichen Papistische Ceremonien" gäbe, „an denen der gemaine Pofel noch hangt".[14] Nach württembergischem und oberdeutschem Vorbild wurden die Amtleute von Ottheinrich verpflichtet, „die schendlich und schedliche abgötterey der bilder, altarien und anderer dergleichen ding" zu entfernen. Nur noch der Hauptaltar durfte in der Kirche verbleiben.

Ottheinrich löste mit diesem Mandat den ersten Bildersturm in der Kurpfalz aus. Angeblich half er in Heidelberg sogar eigenhändig mit, die Heiliggeistkirche am Marktplatz von dem „papistischen Götzenwerk" zu reinigen.[15] In der Regel sollte allerdings die Entfernung der anderen Altäre und Bildwerke „soviel immer muglich, in geheimbder stille, auch bey nächtlicher weile," erfolgen, um „unnutze weitläufigkeit soviel mehr zu verhüthen" bzw. die Räumung sollte „mit wenig personen in aller frue, da die leute dasselben am wenigsten gewahr werden, bescheidlich mit beschlossener kirchenthur" vonstatten gehen.[16] Aufgabe der Geistlichen war es dann, das gemeine Volk über die Verwerflichkeit der Bilderverehrung aufzuklären.

Nach dem Abschluss der Visitation erließ Ottheinrich mehrere Verfügungen zum Aufbau einer neuen Kirchenorganisation, wobei er sich im Wesentlichen nach dem Muster seines Neuburger Herzogtums richtete. Ein Kirchenrat, welcher die Kirchen und Schulen des Landes überwachen und leiten sollte, besetzt mit Theologen und Juristen, bildete die Spitze der Administration, für die geistliche Leitung sollten vier Generalsuperintendenturen errichtet werden, auf der unteren Ebene wurde in jeder Amtsstadt ein Spezialsuperintendent eingesetzt.

Die Religion war das unaustauschbare Medium, in dem sich die Auseinandersetzungen des konfessionellen Zeitalters formulierten. Insofern konnte die Einführung der „reinen Lehre" in der Kurpfalz durch Ottheinrich nicht auf den kirchlichen Bereich beschränkt bleiben, eine Reform der Universität und der weltlichen Behörden musste folgen. Für die gesetzgeberische Durchführung seiner Reformmaßnahmen holte Ottheinrich Christoph Ehem nach Heidelberg, der 1556 als achtundzwanzigjähriger Professor der Institutionen sehr bald auch kurfürstlicher Rat wurde.

Aufgrund einer Ehegerichtsordnung, die Ehem entwarf, wurden Ehegerichte geschaffen, die wöchentliche Sitzungen in Heidelberg abhielten. Ferner berief man gelehrte Juristen, welche die anfallenden Ehehändel zu schlichten hatten. Diese Maßnahme verlangte ebenso wie die bereits erfolgte Installierung eines Kirchenrats, die Besetzung des Hofgerichts und auch die kurfürstliche Kanzlei nach ausgebildeten reformierten Juristen in einer Qualität und einer Quantität, welche die alte Universität unmöglich in der Kürze der Zeit bereitstellen konnte.

Die Universitätsreform vom Dezember 1558 (Kat.-Nr. 7.144), die Ehem maßgeblich ausarbeitete, sollte diesem Mangel abhelfen.[17] Sie beseitigte die Reste der scholastisch bestimmten Universität und begründete sie als protestantisch-landesfürstliche Hochschule neu. Diesen Charakter behielt die Universität bis zum Übergang der Kurwürde an Philipp Wilhelm von der katholischen Pfalz-Neuburger Linie im Jahr 1685. Die Statuten von 1558 blieben in ihren Grundzügen sogar bis zum Ende der Kurpfalz durch den Reichsdeputationshauptschluss von 1803 in Kraft.

Der Wille des Kurfürsten zur Neuordnung und Modernisierung der ökonomischen und administrativen Verhältnisse der Universität traf alle Fakultäten gleichermaßen. Erstmals erhielten die Professoren ein festes Gehalt. Der Studiengang wurde streng geregelt, dabei für die Anfangsjahre eine genaue philologische Schulung in Latein und Griechisch vorgeschrieben. Bei inhaltlichen Festlegungen folgte der Kurfürst weitgehend den Ratschlägen von Jacob Micyllus und den Vorstellungen Philipp Melanchthons, der im Oktober 1557, wenn auch nur widerstrebend, seine Teilnahme am Wormser Glaubensgespräch unterbrach und der Einladung Ottheinrichs, als Gutachter nach Heidelberg zu kommen, gefolgt war. Seine Reform hat vor allem der Artistischen Fakultät im Sinne einer modernen Philosophischen Fakultät ein neues Selbstverständnis verliehen und zeigt den endgültigen Durchbruch des Bildungsprogramms des deutschen Humanismus auch in Heidelberg.

Nach außen hin wahrnehmbar änderte sich vor allem das antiquiert anmutende Erscheinungsbild der Universitätsangehörigen, da Ottheinrich die mittelalterliche Klerikertracht abschaffen ließ. Die Studenten, die man in Heidelberg gerne als „Plattenträger", wegen ihrer Tonsur, oder als „Langmäntel", eben wegen ihrer geistlichen Gewandung verunglimpfte, sollten sich künftig in „ehrlicher burgerlicher kleider und röckh, die ihnen, was uber den knühen hieoben ist, bedeckhen und einem erbaren zuchtigen menschen wol ansteen, kleiden". Nach wie vor verboten war jedoch „alle üppiche und mutwillge tracht und kleidung so unnutzer uberflussiger weise zerschnitten gethailet, verkurtzet oder sonst zerlumpet umb den leib, arm und schenkhel hangen".[18]

Mit der Neuordnung der Universitätseinkünfte, zum Teil durch Einziehung erledigter Klostergüter wie Lorsch und Schönau, zum Teil aber auch durch Zentralisierung und Rationalisierung der Verwaltungsorganisation, fand das Reformwerk schließlich seinen Abschluss. Ein großformatiges Lunetten-Gemälde an der Stirnseite des Heidelberger Rathaussaales von der Hand des Münchner Historienmalers Wilhelm Lindenschmit hält den feierlichen Augenblick fest, in welchem der kurfürstliche Kanzler am 19. Dezember 1558 dem Rektor und dem akademischen Senat im Beisein Ottheinrichs auf dem Schloss die neuen Statuten überreicht. Angeblich reichte der Kurfürst zur Begrüßung jedem einzelnen der versammelten Professoren die Hand und lud nach Beendigung des feierlichen Aktes die überraschten Universitätsangehörigen zu einem üppigen Festbankett, welches erheblich zur Popularitätssteigerung des Landesherrn beigetragen habe.

Für den Erfolg des landesherrlichen Reformwerks war eine gut organisierte Kanzlei mit einer effektiven Kanzleiordnung und qualifizierten Räten unabdingbar. In der von Ottheinrich in seinem zweiten Amtsjahr erlassenen Kanzleiordnung erhielt der bis dahin eher lose organisierte kurpfälzische Hofrat ein festes institutionelles Gefüge, indem den einzelnen Mitgliedern bestimmte Aufgaben in einem „Geheimen" bzw. „Oberen Rat" und einem „Unteren Rat" zugewiesen wurden.[19] Die Verkündung der neuen Kanzleiordnung nutzte Ottheinrich dazu, nach wie vor bestehende Spannungen gegenüber den Räten und Dienern seines Vorgängers zu beseitigen und unmissverständlich klar zu machen, wer Herr im Hause war. Am 20. Oktober 1557 zitierte er die führenden Räte zu sich aufs Schloss und ließ ihnen in seinem Beisein durch den Kanzler Minckwitz eröffnen, er habe sie schon lange rufen wollen, sei aber durch Krankheiten und Staatsgeschäfte verhindert worden. Danach beklagte sich der Kanzler im Namen Ottheinrichs eindringlich über das Verhalten Kurfürst Friedrichs II., dass ihn der Onkel aus der Kur habe verdrängen wollen, als er nach der Niederlage des Schmalkaldischen Bundes beim Kaiser in Ungnade gefallen war. Ferner beschwerte er sich über die Intrigen Friedrichs und machte dafür vor allem die Räte verantwortlich. Er appellierte an ihre Loyalität, gab seiner Hoffnung Ausdruck, dass es zu keinen neuerlichen Auseinandersetzungen kommen werde, und schrieb ihnen eindringlich ins Stammbuch, „sich mit mund und herz gegen iro chf. g. also zu erzeigen, wie sich das geburt".[20]

Ottheinrichs Regierungszeit war mit drei Jahren zu kurz, um der Kurpfalz innerhalb des Reichsverbands das fest konturierte konfessionelle Profil zu geben, das er anstrebte. Weder gelang es ihm, seinen Anspruch auf die Führung des Reichsvikariats nach der Abdankung Karls V. gegen den bereits 1531 zum römischen König gewählten Ferdinand I. durchzusetzen[21], noch vermochte er seine protestantischen Standesgenossen zu einem Bündnis zusammenzuschließen, das den Kaiser und die katholischen Stände zu einer Modifikation des Augsburger Religionsfriedens hätte zwingen können. Auch der Versuch, durch eine Synode der evangelischen Reichsstände wenigstens die konfessionellen Differenzen im eigenen Lager zu beseitigen, schlug fehl.[22]

In der Außenpolitik hingegen fand die Kurpfalz nach dem durch Ottheinrich vollzogenen Konfessionswechsel weitaus größere Beachtung als bisher. Entsprechend ihrer geografischen Lage wurde sie nun sowohl für Heinrich II. von Frankreich (1556) als auch für Elisabeth I. von England (1559) ein ernstzunehmender Gesprächs- und potenzieller Bündnispartner in deren Politik gegen Habsburg bzw. Frankreich. Ottheinrich stellte die Weichen in Richtung einer westeuropäisch-protestantischen Unionspolitik, welche die Kurpfalz konsequent bis zum Ausbruch des Dreißigjährigen Kriegs betreiben sollte. Schon er, nicht erst sein Nachfolger Friedrich III., machte die Pfalz zum „asylum haereticorum", nachdem bereits Friedrich II. vereinzelt prominente Glaubensflüchtlinge in der Pfalz aufgenommen hatte.[23] Diese Tendenz verstärkte sich unter Ottheinrich beträchtlich und führte dann bis zur Jahrhundertwende zur Ansiedlung starker Exulantengemeinden in der Kurpfalz, die – wie Schönau im Steinachtal oder Frankenthal in der linksrheinischen Ebene – sowohl für wirtschaftlichen als auch für kulturellen Auftrieb sorgten.

Am 12. Februar 1559 schloss der Tod dem Kurfürsten die Augen. Mit Ottheinrich, den man schon bald „den Großmütigen" nennen sollte, erlosch die alte Wittelsbacher Kurlinie, die seit Ludwig III., dem Sohn König Ruprechts I., die erste weltliche Kurwürde innehatte. Ottheinrich selbst verstand sein kinderloses Ende stets als göttliche Strafe für die einst von Ludwig III. auf dem Konstanzer Konzil vollzogene Hinrichtung des böhmischen Reformators Johannes Hus auf dem Scheiterhaufen.

In den drei Jahren, die dem gesundheitlich schwer angeschlagenen Ottheinrich als Pfälzer Landesherrn beschieden waren, hat er für die Kurpfalz eine Kurskorrektur vorgenommen, welche für seine Nachfolger zur Grundlage ihrer Entscheidungen werden und das Land exakt fünfzig Jahre später auf den Gipfel seiner politischen Macht führen sollte. In einem Zeitalter, in dem religiöse Homogenität und Geschlossenheit des Territoriums einen hohen Wert darstellten, hat er den Zustand kirchlicher Desorganisation, der in der Kurpfalz unter seinem Vorgänger am Ende überhand genommen hatte, entschlossen beseitigt und eine politische Verwaltung eingeführt, die für die Zukunft bestimmend werden sollte.

Ottheinrich hat seine schicksalsgläubige Devise „Mit der Zeit" in ihrem doppelten Sinn verwirklicht. Er hatte die Geduld, seine Zeit abzuwarten, und dann noch die Kraft, innerhalb kürzester Frist Land, Universität, Schloss und Bibliothek auf die Höhe seiner Zeit zu bringen. Und dabei erwies er sich in vielem „als ein Mann, der seiner Zeit voraus war".[24] Das Grabmal in der Heiliggeistkirche, dessen Entwurf er bereits von Neuburg mitgebracht hatte und durch die Brüder Abel aus Köln ausführen ließ, nannte ihn den Letzten seines

Geschlechts, aber zugleich als „renatae Evangelicae Puritatis Instaurator Primus" den Wegbereiter einer neuen Zeit.[25]

Anmerkungen

1 Waldschmidt 1909, S. 96
2 von Reitzenstein 1939, S. 234 und 197
3 Stemper 1997, S. 76
4 Rott 1905, Kunstbestrebungen, S. 53 und 203
5 Remling 1846, S. 127; von Reitzenstein 1939, S. 222
6 Vor dem großen Brand 1992, S. 48–57
7 Metzger 2000, S. 76
8 Metzger 1999, S. 29
9 Vgl. Brief Ottheinrichs vom 9. Februar 1548, KMH Inv. Nr. Hs 88
10 Wolgast 1998, S. 24
11 Rott 1905, Bildersturm, S. 229–254; Wolgast 1998, S. 25
12 Rott 1905, Bildersturm, S. 234
13 Sehling 1969, S. 113–220
14 Rott 1905, Bildersturm, S. 236
15 Wennemuth 1999, S. 47
16 Rott 1905, Bildersturm, S. 232
17 Wolgast 1986, S. 34–41
18 Wolgast 1986, S. 37
19 Press 1970, S. 213
20 Press 1970, S. 216
21 Vgl. Vikariatssiegel 1556/58 KMH, Inv. Nr. M 9305, Stemper 1997, S. 80
22 Gotthard 2002, S. 71–93
23 Wolgast 1998, S. 31
24 Mittler/Werner 1986, S. 23
25 Mieg 1767, S. 16

Literatur

Gotthard 2002; Hepp 1993; Hepp 2002; Hepp 2004; Metzger 2000; Mieg 1767; Mittler / Werner 1986; Press 1970; Poensgen 1956; Reichold 2004; von Reitzenstein 1939; Remling 1846; Rott 1905, Kunstbestrebungen; Rott 1905, Kirchen- und Bildersturm; Rott 1912, Schriften; Sehling 1969; Stemper 1997; Vor dem großen Brand 1992; Waldschmidt 1909; Wennemuth 1999, Bd. 1; Wolgast 1986; Wolgast 1998.

7.124

Verzeichnis des pfalz-neuburgischen Haushofmeisters Wilhelm von Brand über die Ausgaben aus Küche, Keller und Kasten für die in Neuburg versammelten Gläubiger, Bürgen und Landstände

23. August 1544; Handschrift/Papier, sechs beschriebene Bll., 31,5 x 22; Bayerisches Hauptstaatsarchiv, München (Pfalz-Neuburg Akten 16 II, fol. 24–29[r])

Die Ausgabenpolitik der Pfalzgrafen Ottheinrich und Philipp ließ die Finanzkrise Pfalz-Neuburgs einen äußersten Punkt erreichen, der schließlich zu einem Zahlungsstillstand bei Kreditverpflichtungen führte. Nach der Übernahme der Schulden seines Bruders Philipp 1541 (Kat.-Nr. 8.10) hatte Ottheinrich weitere Kreditfinanzierungen weitgehend über erneute, kurzfristig aufgenommene Darlehen mit hohen Zinsen geleistet, sodass bereits Anfang 1543 die jährlichen Zahlungen für Zins- und Dienstgelder weit über den Jahreseinkünften lagen. Damit hatte die Verschuldung der Jungen Pfalz einen Stand erreicht, an dem keine Schuldentilgung mehr möglich war. Weil dadurch weitere Kredite ausblieben, war der Bankrott unausweichlich: Die erste Rückzahlungsfrist für die Ablösung der Schulden in Höhe von knapp einer Millionen Gulden war für Mai 1543 angesetzt. Doch weder der Neuburger Rentmeister Gabriel Arnold noch die pfalz-neuburgischen Landstände konnten dafür Gelder durch Gebietsverkäufe beschaffen, Darlehen der kurpfälzischen wie der bayerischen Wittelsbacher erreichen oder anderweitig Mittel aufbringen. So blieb nichts anderes übrig, als alle Gläubiger und Bürgen nach Neuburg zu holen, um einen Zahlungsaufschub zu erwirken. Auf zwei Krisensitzungen wurde zunächst im Februar 1544 ein Stillhalteabkommen erzielt, bevor nach zähen Verhandlungen mit allen Geldgebern im August 1544 die Entschuldung des Fürstentums durch die Landstände beschlossen wurde. Allein die hier durch das Verzeichnis des Neuburger Haushofmeisters nachweisbare Verpflegung der rund 600 Teilnehmer an der über zwei Wochen vom 8. bis zum 22. August 1544 dauernden Sondertagung kostete Pfalzgraf Ottheinrich rund 2500 Gulden. Die Hofküche musste über 16 500 Essen ausgeben, unter anderem sieben ungarische Ochsen, knapp 19 Zentner Rindfleisch, 15 Zentner Kalbfleisch, fast 39 Zentner Schafffleisch, neun Zentner Schweinespeck und Krautfleisch verarbeiten. **MCF**

Cramer-Fürtig 1995, S. 284–287 und 321–326; Cramer-Fürtig 2002, S. 110f.

7.125

Der Planet Sol, aus einer Folge der „Sieben Planeten und ihrer Kinder"

Melchior Grienman (tätig vor 1544 – nach 1550) zugeschrieben; nach einem Holzschnitt von Georg Pencz (um 1500 bis 1550); Heidelberg, 1548; Wirkteppich: Wolle, Seiden, Gold-

7.125

und Silberlahn, 186 x 102 (R); Fondation Martin Bodmer, Coligny/Schweiz
Inschrift: 1. 5. Soll 4. 8. / Wie mein sch(e)in all andre uberwindt, derglichen understeen alle mein kind, / mit fechten, singen unnd springen, Welchem am basten thu gelingenn.

Mit vielen seiner Zeitgenossen teilte Ottheinrich den Sternenglauben. Entsprechend ließ er sich mehrfach sein Horoskop stellen (Kat.-Nr. 7.101). Als Sonntagskind und durch sein Geburtsdatum 10. April, dem Tag, an dem nach Ovids römischem Festkalender der Sonnengott seine Herrschaft am Himmel antritt, stand der Neuburger Pfalzgraf unter dem glücklichen Einfluss des Taggestirns. Der auf dem Bildteppich sein Gespann sicher über das Firmament lenkende Sonnengott hat deshalb nicht nur die kräftige Statur des Pfalzgrafen, er trägt auch unverkennbar dessen Gesichtszüge. Außerdem erscheint das am Rad des Sonnenwagens angebrachte Sternzeichen des Löwen in der charakteristischen Form und in den Farben des pfälzischen Wappens. Damit steht unmissverständlich fest, an welchem Fürstenhof sich die adlige Lebensart in so vorbildlicher Weise entfalten sollte, wie dies die lebenslustigen „Kinder der Sonne" im unteren Bereich der Tapisserie vorführen.

Der Vergleich mit der Vorlage, einem Holzschnitt des Nürnberger Malers Georg Pencz, macht deutlich, dass Ottheinrich die Hintergrundlandschaft verändern ließ: Auf dem Teppich ist ein Berg zu erkennen, dessen zerklüftete Gipfel fast an den Himmel stoßen, eine Anspielung auf antike Beschreibungen des heiligen Berges Parnass, Sitz Apollons und der Musen. Vor dem Hauptmassiv erstreckt sich eine Hügelkette mit einer mächtigen Burganlage, die offenbar nach einer Ansicht der Talseite des Heidelberger Schlosses gewirkt worden ist. Ohne Zweifel ist hier der „Parnassus Palatinus", der pfälzische Musenberg, gemeint, als dessen – zumindest ideeller – Beherrscher Ottheinrich offenbar schon damals gesehen werden wollte. Aber allein die Tatsache, dass er es trotz des kaiserlichen Banns gewagt hat sich öffentlich als Sol/Apoll darstellen zu lassen, war ein offener antihabsburgischer Affront. Denn den gebildeten Zeitgenossen war dieses Konzept von Grafiken her bestens bekannt, die den Triumph Kaiser Maximilians beziehungsweise Karls V. zum Thema hatten und auf denen unzweideutig zu lesen war: „Quod in coelis Sol, hoc in terra Caesar est" („Was im Himmel die Sonne, ist auf Erden der Kaiser."). Dass Ottheinrich mit der Adaption der Bildformel natürlich auch den damit verbundenen Anspruch auf die Königsherrschaft zu übernehmen gedachte, musste den damaligen Betrachtern niemand erklären. Und sollte doch einer Zweifel gehegt haben, so wurden diese durch einen kurzen Seitenblick auf den Jupiter-Teppich endgültig zerstreut. HH

Auktion Charpentier 1958, Nr. 133; Grosse 2000; Hubach 2002, Parnassus ; Hubach 2002, Tapisserien; Hubach 2002, Ottheinrichs neuer hofbaw, S. 196 f.; Oestmann 2002.

7.126

Der Planet Jupiter, aus einer Folge der „Sieben Planeten und ihrer Kinder"

Melchior Grienman (tätig vor 1544 – nach 1550) zugeschrieben; nach einem Holzschnitt von Georg Pencz (um 1500 bis 1550); Heidelberg, 1547; Wirkteppich: Wolle, Seiden, Gold- und Silberlahn, 186 x 102 (R); Fondation Martin Bodmer, Coligny/Schweiz

Inschrift: 1. 5. Jupiter 4. 7. / Dugenthafft und gutter sitten binn Ich, Das soll wissenn alle meniglich. / Wisse auch das meine kind, Zu grossem g(e)walt und her(r)schafft erboren sind.

Dem Planeten Jupiter wird zugeschrieben, Menschen zu beherrschen, die mit Herrschaftsaufgaben und der Rechtsprechung betraut sind. Dementsprechend ist auf dem Bildteppich zu sehen, wie unter dem Einfluss Jupiters im Vordergrund ein Papst eine Kaiserkrönung vollzieht, während etwas weiter hinten ein Richter seine Amtsgeschäfte tätigt. Allerdings sind beide Ereignisse bei genauer Betrachtung ins Negative gewendet. So verwei-

7.126

gert der korrupte Richter den vor seinem Stuhl erscheinenden ärmlichen Klägern augenscheinlich ihr Recht zugunsten seiner reichen Kumpane. Um die Missstände der aktuellen Herrschaft im Reich aber noch stärker zu verdeutlichen, wählte Pencz für die Hauptszene eine politisch brisante Bildformel, die den Zeitgenossen bestens bekannt war: Ausgehend von Lucas Cranachs d. Ä. polemischem Holzschnitt in dem erstmals 1521 in Wittenberg publizierten „Passional Christi und Antichristi" zeigt er ausgerechnet jenen Moment der Krönung, in dem der Kaiser dem thronenden Papst unterwürfig die Füße küsst, um dann aus dessen Händen die Krone zu empfangen. Er erweist sich so als ein Gefolgsmann, als bloßer Befehlsempfänger des Pontifex Maximus und der römischen Kirche. Dass später Ottheinrich eingedenk seines eigenen Schicksals dem kniefälligen Kaiser zusätzlich noch die Gesichtszüge Karls V. geben ließ, versteht sich fast schon von selbst. Jeder wusste damals, dass Karl V. im Jahr 1530 in Bologna Papst Klemens VII. im Rahmen der Krönungszeremonie den Fußkuss geleistet hatte. Die Übertragung dieses von vielen nur noch als Demütigung der deutschen Nation empfundenen Ereignisses in die monumentale Form eines Bildteppichs und dessen öffentliche Ausstellung mussten zwangsläufig als ein wohl kalkulierter, diffamierender Angriff auf die Person des Kaisers verstanden werden. Es war wohl nicht zuletzt diese offen zur Schau gestellte feindselige Haltung, die es für lange Zeit verhindert hat, das angespannte Verhältnis Ottheinrichs zu Karl V., der nicht nur über die offiziellen diplomatischen Kanäle sondern auch durch Spione genauestens über die Zustände in Heidelberg unterrichtet war, zu bereinigen. HH

Auktion Charpentier 1958, Nr. 133; Grosse 2000; Hubach 2002, Parnassus; Hubach 2002, Tapisserien; Hubach 2002, Ottheinrichs neuer hofbaw, S. 196f.; Wirth 1963, S. 180–200; Zschelletzschky 1975, S. 134–168.

7.127

Pfalzgraf Ottheinrich

Michael Ostendorfer (um 1490–1559); Heidelberg (?), 1545; Holzschnitt/Papier, koloriert, 38,2 x 24,7; Albertina, Wien (I/18b)

Die nahezu acht Jahre seines Exils verbrachte Ottheinrich in der Kurpfalz. Ab 1544 hielt er sich etwa drei Jahre lang in Heidelberg auf, dann von 1547 bis 1551 in Weinheim, um danach nochmals ein Jahr in Heidelberg zu verbringen. Unbeirrt von seiner prekären finanziellen Lage erwarb und beauftragte er weiterhin zahlreiche Kunstwerke unterschiedlicher Gattungen.

Der kolorierte Holzschnitt ist das einzige erhaltene Bildnis des Pfalzgrafen, das in seinen Exiljahren entstanden ist. Die Inschrift bezeichnet ihn als „Herzog Ott Heinrich / Pfaltzgraffe b. Rhein / Hertzog in Nydern und Obern Bayern", nicht aber als Landesherrn von Pfalz-Neuburg. Dass sein politischer Ausnahmezustand damit indirekt dokumentiert ist, kann als Kuriosum angesehen werden. Als Ganzfigur zeigt sich Ottheinrich selbstbewusst in modischer Kleidung. Das Barett mit breitem Rand schmücken Straußenfedern. Über dem Wams mit gestreiften hohen Manschetten und weiten Oberärmeln trägt er eine pelzverbrämte Schaube mit Schauärmeln. Mit den mittleren Fingern der linken Hand hält er die rechte Seite der Schaube fest. Diese Handhaltung impliziert ein Auf-sich-selbst-Deuten und vermittelt den Eindruck von Selbstbewusstsein. In seiner rechten Hand hält Ottheinrich ein aufgerolltes Blatt. In leichter Schrittstellung auf den Betrachter zugehend steht er auf einem zentralperspektivisch ausgerichteten Plattenboden. Die feine Kolorierung in überwiegend zurückhaltenden rötlichen und goldfarbenen Tönen hebt die Bedeutung des Blattes.

Die Albertina besitzt einen weiteren Holzschnitt von Michael Ostendorfer mit dem Bildnis von Ottheinrichs

7.127

Onkel, Kurfürst Friedrich II. Möglicherweise sind die beiden Bildnisse zu gleicher Zeit in Heidelberg entstanden. MG

Poensgen 1956, Ergebnisse.

7.128

Sebastian Münster: Der Loblichen und weitbekanten Statt Heidelberg, am Wasser Neccar gelegen, eigentliche Contrafehtung samt dem fürstlichen Schloß …, aus: Cosmographia

Basel, 1550 und 1552; Holzschnitt, von zwei Stöcken gedruckt, 32,1 x 75,5; Bayerische Staatsbibliothek München (Res. 2° Geo u. 48 a sowie Res. 2° Geo u. 51 a)

Die Ausgabe der „Cosmographia" von 1550 enthält erstmals die monumentale Ansicht Heidelbergs, die mit ihrer Blickrichtung von Norden über den nach Westen fließenden Neccar mit dem erhöhten Standort des Betrachters stilprägend für die Heidelberg-Ansichten bis zum Ende des 18. Jahrhunderts werden sollte. In der Stadt wohnten um die Mitte des 16. Jahrhunderts etwa 5 000 bis 7 000 Einwohner. Als beherrschendes Gebäude ist ungefähr in der Mitte die Heiliggeistkirche zu erkennen, auf deren Empore unter Kurfürst Ottheinrich die weltberühmte Bibliotheca Palatina untergebracht wurde. Eingefasst von der mittelalterlichen Stadtmauer erstreckt sich rings der Heiliggeistkirche die Kernaltstadt bis fast zum linken Bildrand mit der St.-Jakobs-Kirche und im Westen bis zur Grabengasse. Oberhalb thront das Schloss der Pfälzer Kurfürsten. Ottheinrich bezog in der Zeit seines Exils ein Doppelhaus an dem etwa in der Mitte zwischen der Heiliggeistkirche und dem Barfüßerkloster gelegenen Kornmarkt im Herzen der Altstadt, das auf der Darstellung allerdings nicht zu identifizieren ist.

Unmittelbar der westlichen Altstadtmauer vorgelagert sieht man am Neckar das Zeughaus und im Süden die Kirche St. Peter; sie liegen in der 1392 errichteten, nur teilweise befestigten Vorstadt, die zu diesem Zeitpunkt noch überwiegend aus Gärten bestand. Ungefähr in der Mitte zwischen St. Peter und dem auf das Predigerkloster hinweisenden Schriftzug „Praedicatores" liegt das weitläufige Gelände, in dem Ottheinrich in großem Umfang Grundstücke erwerben ließ, um dort den „Herrengarten" anzulegen.

Die „Cosmographia" des in Heidelberg und Basel lehrenden Kosmografen und Hebraisten Sebastian Münster (1489–1552), auf Deutsch erstmals 1544 erschienen, stellte in sechs Bänden das historische und geografische Wissen ihrer Zeit zusammen und zählt nicht zuletzt wegen der vielen Illustrationen und Karten zu den erfolgreichsten wissenschaftlichen Werken des 16. Jahrhunderts.

SL

Kostbarkeiten gesammelter Geschichte 1999, S. 183–185.

7.129
Kurfürst Ottheinrich von der Pfalz

Dietrich Schro (um 1510–1569/73) zugeschrieben; Mainz, 1556; Alabaster auf grünlichem Marmorsockel (ursprünglich nicht zugehörig) mit zwei eingelassenen Medaillenabschlägen, H. (Büste) 15,5, Gesamthöhe 26,7; Musée du Louvre, Paris (OA. 204)

Die feinsinnig gearbeitete Marmorbüste zeigt in sehr persönlicher Weise den Kurfürsten kurz nach seinem Amtsantritt. Hinter einer mit Löwenköpfen gezierten Tischplatte sitzt der Herrscher auf einem thronartigen Sessel. Seine Augen blicken müde aus dem schwer gezeichneten Gesicht, das von einem vollen Bart umrahmt ist. Er trägt ein prächtiges Gewand mit einer weiten Schaube mit breitem, prächtig besticktem Schulterkragen und gebauschten Ärmeln. Das Barett reicht mit seinem Rand nur wenig über die Silhouette des Kopfes hinaus. Die Arme ruhen auf zwei als Löwen geformten Lehnen. Sehr fein sind die Hände durchmodelliert, die rechte

liegt bezeichnenderweise auf einem Buch, die linke umfasst einen Handschuh. Dahinter ragen Griff und Parierstange eines Schwerts aus dem Mantel hervor. Die Statuette ist allsichtig subtil modelliert. Die Lehne des Sessels ist mit einer Stoffdraperie umwickelt, die von zwei als Karyatiden ausgebildeten Pfosten gehalten wird. Die untere Leiste der Rückseite zeigt, eingerahmt von zwei Faunen, Ottheinrichs Prunkwappen. Deutlich erkennt man auf dem Herzschild den Reichsapfel, Symbol für das Erztruchsessenamt der Pfälzer Kurfürsten. Mit Blick auf die Alabasterbüste hat ein früher Biograf dem Kurfürsten die „Schwerfälligkeit einer Riesenschildkröte" attestiert, ein zeitgenössischer Karmelitermönch verhöhnte ihn gar als „monstrum hominis potius quam homo". Betrachtet man jedoch die virtuose Differenzierung von Stofflichkeiten, in der eine besondere Qualität dieser Skulptur liegt, so gewinnt die Erscheinung der Figur vornehme Würde. Die allzu oft vordergründig in den Fokus gerückte Körperfülle Ottheinrichs wird zwar auch hier in aller Deutlichkeit gezeigt, durch die Sensibilität der Bearbeitung jedoch stark relativiert. Die in der Kleidung zum Ausdruck gebrachte Standeswürde, die subtilen Details, wie das Buch, auf das Ottheinrich seine rechte Hand legt, oder der kunstfertige Thron, tragen zur Charakterschilderung eines Menschen bei, der weit mehr darstellt als seine äußere Erscheinung.

Auf zwei Porträtmedaillen des Mainzer Bildhauers Dietrich Schro aus den Jahren 1558 und 1559 erscheint der Kurfürst in nahezu identischer reich ornamentierter Gewandung und mit demselben Gesichtsausdruck (Kat.-Nr. 7.142b). Mit hoher Wahrscheinlichkeit kommt Schro auch als Künstler der Alabasterstatuette infrage. Die Büste muss sich noch 1685 im Heidelberger Schloss befunden haben, wie aus dem Inventar eines kaiserlichen Notars hervorgeht. Sie gelangte wohl im Zuge der Auseinandersetzungen um das Erbe der Herzogin von Orléans, Liselotte von der Pfalz, nach Frankreich. Dort wurde sie auf einen Marmorsockel gestellt, welcher nicht zur originalen Ausstattung gehört.

MG/FH

Hubach 2002, Ottheinrichs neuer hofbaw; Habich 1914; Die Renaissance im deutschen Südwesten 1986, Textband, S. 533, Nr. I 15; Poensgen 1956, Gestalt und Werdegang; Gaettens 1956.

7.130
Einzug des Kurfürsten Ottheinrich in der Sänfte

Michael Ostendorfer (um 1490–1559); 1556; Holzschnitt, 2 Bll., 26 x 68; Staatliche Graphische Sammlung, München (143542, F II Mappe 2/4)

Sänften oder Tragsessel, seit alters privilegiertem Gebrauch dienend, definierte der Lexikograf Johann Heinrich Zedler 1742 „als hölzerne, mit Leder überzogene … Behältnisse, darin man sich durch Hülfe zweyer Menschen, oder … ein paar Thieren gar sanfft und gemächlich von einem Ort zum andern bringen lässet". Im

7.129

7.130

16. Jahrhundert, noch vor dem Aufkommen der Karossen, wurden kostbare Sänften als Zeichen von Herrschaft und Würde verwendet, so auch von Papst ("sella gestatoria"), Kaiser und Regenten anlässlich von Krönungen und den ebenso einem Rechtsakt gleichkommenden Festeinzügen.

Der Holzschnitt von Michael Ostendorfer bezieht sich möglicherweise auf eine für Heidelberg geplante Festlichkeit im März 1556. Ottheinrich könnte so als neuer Kurfürst von der Pfalz der ihm nun zugefallenen Reichswürde angemessenen Ausdruck verliehen haben. Gealtert und wegen seiner Leibesfülle nicht mehr eines Einritts fähig, diente ihm hierzu eine kostbare Sänfte, allerdings unter Wiederverwendung einer wenig älteren Sänfte seines Vorgängers Kurfürst Friedrich II. Wie T. Falk beobachtet hat, ersetzt auf diesem Holzschnitt ein Druckstock-Implantat mit dem Bildnis Ottheinrichs dasjenige des Pfalzgrafen Friedrich II. Auch K.M. v. Aretin brachte den Holzschnitt mit Letzterem in Verbindung.

Ausstaffiert wie etwas spätere Sänften am Münchner Hof, z.B. „mit schwarzem Samet überzogen und vergultem geschneide, Inwendig mit Rotem Atlas und golden schnirn …", die Sessel mit „Carmasin atlass", das Pferde-Zeug, „Samet, mit gulden fransen und Negln" (Bayerisches Hauptstaatsarchiv, München, HR I, 23/67, fol. 50 ff. 1581), verweist das baldachinähnlich hohe Halbtonnendach mit Halbmondmusterung, posamentierten Lambrequins und gerefften Seitenvorhängen auf den Status eines ranghohen Zeremoniengefährts. Auffallend ist die breite Kastenwandung mit ihrer reichen, gewiss farblich differenzierten Textil-Staffierung. Ihre wohl metallenen Löwenmaskerons sitzen zwischen breiten, mit Ziernägeln besetzten Bordüren. Die Sitzlehnen zeigen geschnitzte, wahrscheinlich vergoldete Delphinkopf-Handauflagen, unter ihnen und verborgen durchlaufend die Tragestangen zu den zwei Sänften-Rössern. Deren meist mit Samt umnähtes reich „beschlagen Zeug" (Löwenfratzen, Rosetten), die bordierten Tragsättel und Kopfgestelle mit „Spielern" (Reichsapfel, Rosette) sind zur Sänfte farblich passend zu denken. Den zeremoniellen Auf-

zug eines Regenten betont auch die mitschreitende Garde – sechs höchst modische Landsknechte, Hellebarden tragend, und ein ebenso bewaffneter Hauptmann, unbedeckten Hauptes zu Seiten seines Fürsten. R. Gaettens vermutete im angedeuteten Prunksitz der Pariser Statuette Ottheinrichs (Kat.-Nr. 7.129) eine Sänfte; einen 1556 bezeugten vergoldeten Sessel ähnlichen Aussehens nennt F. Grosse. RW

Zedler 1742, Sp. 477; Wackernagel 2002, Bd. 2, S. 97–99; RDK, Bd. 8, Sp. 1446–1476; Turmo 1969, Kat.-Nr. 69; Tarr 1970, S. 245; Hollsteins German Engravings 1991, Bd. 30, S. 178 f.; von Aretin 1854–1871, H. 1–9; Gaettens 1956; Grosse 2002, S. 205.

7.131
Kurfürst Ottheinrich

aus dem Thesaurus Picturarum des Marcus zum Lamm (1544–1606); Holzschnitt, koloriert; Hessische Landes- und Hochschulbibliothek Darmstadt (Hs 1971, Bd. IV, S. 56ʳ)

Der Jurist Dr. Marcus zum Lamm, Sohn einer einflussreichen Speyerer Patrizierfamilie, kam 1576 nach Heidelberg, wo ihn Kurfürst Friedrich III., der den Kalvinismus in der Kurpfalz eingeführt hatte, zum Kirchenrat ernannte. Obwohl nach dem Tod Friedrichs III. noch im selben Jahr wieder aus dem Amt entfernt, blieb Lamm auch unter dem lutherischen Nachfolger Ludwig VI. in Heidelberg. Unter dem Kuradministrator Johann Casimir, vollends aber unter dessen Nachfolger Friedrich IV. gelangte Lamm erneut als Kirchenrat zu großem Einfluss in der Kurpfalz. Die von ihm angelegte und so benannte Sammlung „Thesaurus Picturarum" ist nicht nur ein reicher Bilderschatz, wie der Name vermuten lässt, sondern enthält neben zahlreichen Federzeichnungen, Aquarellen, Holzschnitten und Stichen auch illustrierte Flugblätter, ausführliche Berichte über das Zeitgeschehen und umfangreiche Begleitkommentare zur Reformationsgeschichte der Frühen Neuzeit.

Im ersten von zwei „Palatina" betitelten Bänden ist der kolorierte Holzschnitt Kurfürst Ottheinrichs mit der

Bezeichnung: „In Gottes Gnaden / Otto Henricus Pfaltzgraff beim Rhein / Hertzog in Beiern / des heiligen Römischen Reichs Erztruckses und Churfürst." enthalten.
Als Vorlage diente ein weit verbreiteter Holzschnitt, der –
über dem kurpfälzischen Wappen und dem Wahlspruch
„Mit der Zeit" – den Kurfürsten vor einer Draperie sitzend zeigt, eingerahmt von einer Balustrade und zwei
reich verzierten Renaissancepfeilern. Auf der Plinte des
rechten Pfeilers steht die Jahreszahl 1558, das Jahr, in dem
Ottheinrich die Reform der Heidelberger Universität
durchgeführt hat. Möglicherweise ist das Blatt in seiner
rechten Hand ein Hinweis auf die neuen Statuten der
Hochschule.

H. Rott hat diesen Holzschnitt aufgrund der überein-
stimmenden Körperhaltung Ottheinrichs und der Zeichnung der Hände dem Oberpfälzer Künstler Michael
Ostendorfer zugeschrieben, von dem mehrere Darstellungen Ottheinrichs stammen (Kat.-Nr. 7.127 und 7.130).
Im „Thesaurus Picturarum" ist Kurfürst Ottheinrich
allerdings ohne Wappen, Wahlspruch und Säulenrah-
men zu sehen. So kommen die massige Erscheinung und
seine markanten Gesichtszüge, wie man sie von Medaillen (Kat.-Nr. 7.142) und der Büste im Pariser Louvre
(Kat.-Nr. 7.129) kennt, besser zur Geltung. Die Aufnahme von Ottheinrichs Holzschnittporträt in den „Thesaurus Picturarum" ist ein Beleg dafür, dass solche Darstellungen einen wichtigen Beitrag zur Verbreitung herrschaftlicher Ambitionen leisten und damit auch zur
Steigerung der Popularität des Landesherrn in der Bevölkerung beitragen konnten. FH

Hepp 1993, S. 45; Rott 1905, Kunst, S. 1–264.

7.132

7.132
Kurfürst Ottheinrich

Virgil Solis (1514–1562); 1563; Holzschnitt/Papier, 34,7 x
21,5 (Blatt), 27,5 x 17,6 (Bild); Kurpfälzisches Museum der
Stadt Heidelberg (S 17572)

In Konkurrenz zu den Wittenberger Bibeldrucken, die
seit dem Tod des Reformators im Jahr 1546 den Bibeltext
in Luthers Übersetzung verbreiteten, gab der Frankfurter
Formschneider und Verleger Sigmund Feyerabend
(1528–1590) ab 1560 eine aufwändig gestaltete und zunächst von dem Nürnberger Maler, Kupferstecher und
Holzschnittillustrator Virgil Solis, nach dessen Tod von
Jost Amman (1539–1591) prächtig illustrierte Luther-Bi-
bel heraus, die aufgrund der regen Nachfrage fast jährlich
eine Neuauflage erlebte.

In dem vorliegenden Blatt, publiziert 1563 in der zweiten Auflage der „Biblia. das ist die gantze Heylige Schrift
Teutsch D. Martin Lut". und auf dem Rollwerk unten
links und rechts mit den Initialen V. S. signiert, erscheint
in der Kartusche das Halbporträt Ottheinrichs mit Kurhut, hermelinbesetztem Kurmantel, den Griff des Reichs-
schwerts in der linken und den Reichsapfel in der rech-

ten Hand. Die Bezeichnung über der Darstellung lautet:
„Der Durchleuchtigst Hochgeborn / Fürst vnd Herr /
Herr OttHeinrich, Pfaltzgraff bey Rhein / Des Heyligen
Römischen Reichs Erztruchses vnd Churfürst / Hertzog
in Nidern vnd Obern-Bairn etc." In der Umschrift des
ovalen Porträtrahmens steht in Majuskeln „Othainrich-
Pfaltz-Graf-Churfürst". Um das Porträt des Kurfürsten
ist in reicher Ornamentik das dreiteilige pfälzische Alli-
anzwappen mit dem Löwen auf der linken und den
Wittelsbacher Rauten auf der rechten Seite des Bildes
aufgenommen, jeweils bekrönt von löwenbewehrten Rit-
terhelmen. Herausgestellt wird über dem Kurfürsten der
Herzschild mit dem Reichsapfel, dem heraldischen Zeichen für die Würde des Erztruchsessenamts, worauf die
pfälzische Linie der Wittelsbacher ihre herausgehobene
Stellung innerhalb der Familie, aber auch im Kurkollegi-
um zurückführte. Die sanften Gesichtszüge Ottheinrichs
unterscheiden sich in der Darstellung sowohl von der bekannten Holzschnittvorlage, wie sie der Heidelberger
Kirchenrat Dr. Marcus zum Lamm in seinem „Thesaurus
Picturarum" (Kat.-Nr. 7.131) als Vorlage verwendete, als
auch von der später entstandenen Darstellung Ottheinrichs in der Pfälzer Ahnenreihe von Jost Amman.

Zu einem Zeitpunkt, in dem der Nachfolger Ottheinrichs in der Pfalz, Kurfürst Friedrich III. (1515–1576), das

Reformwerk seines Vorgängers durch die Einführung des Kalvinismus radikalisierte und durch die Herausgabe des Heidelberger Katechismus das noch heute für den westeuropäischen Kalvinismus verbindliche Glaubenshandbuch schuf, würdigte Feyerabend mit der posthumen Aufnahme des Porträts und der Widmung seiner Bibel an Ottheinrich noch einmal dessen besondere Bedeutung für die Einführung des Luthertums in Südwestdeutschland. **FH**

Rott 1905, Kunst, S. 108; Mittelalter. Schloss Heidelberg und die Pfalzgrafschaft 2002, S. 252 f.

7.133

Kurfürst Ottheinrich mit Reichsapfel und pfälzischem Wappen

Mitteldeutschland, 16. Jahrhundert; Öl/Leinwand, 257 x 136; Stiftung Schloss Friedenstein, Gotha, Aus den Sammlungen der Herzog von Sachsen-Coburg und Gotha'schen Stiftung für Kunst und Wissenschaft (SG 1192, 1258–1192)

Das monumentale Porträt stellt Ottheinrich als Kurfürst in vollem Ornat und mit Insignien dar. Da seine körperliche Konstitution in den letzten Jahren seines Lebens so sehr von seiner Krankheit gezeichnet war, dass ihm das Stehen wohl schwer gefallen ist, thront der Regent. Unter den großen Galeriebildern in der Sammlung in Schloss Friedenstein in Gotha gibt es drei weitere Kurfürstenbildnisse entsprechenden Formats, die vermutlich vom gleichen Künstler stammen. Es handelt sich um die Kurfürsten Ludwig von Bayern, Friedrich II. von Bayern, und Friedrich III. von Bayern. Lediglich das Gemälde Kurfürst Friedrichs III. trägt die Datierung 1576. Alle Regenten sind in ihrem Kurfürstenornat dargestellt. Die Standbilder entsprechen dem ausgewählten einheitlichen Bildformat wesentlich besser, als dies bei dem Bildnis des thronenden Kurfürsten Ottheinrich der Fall ist. Mit seiner Statur füllt er das Format in der Mitte völlig aus, während das obere und das untere Viertel nahezu ungestaltet erscheinen. Dennoch liegt aufgrund der formalen Nähe eine Zusammengehörigkeit zu den Kurfürstenbildnissen und eine Entstehung in dieser Zeit nahe. Da es sich also mit größter Wahrscheinlichkeit um ein posthumes Werk handelt, musste der Maler auf eine Vorlage zurückgreifen. Kein einziges der überlieferten Bildnisse zeigt den stehenden Kurfürsten im Ornat, eine Voraussetzung, die auf die anderen Dargestellten dieser Reihe zutrifft.

Als Vorlage für das Bildnis kommt nur die Zeichnung (Kat.-Nr. 7.134a) infrage, die sich im Dresdner Kunstgewerbemuseum befand, oder aber eine Nachahmung dieses Motivs, denn es handelt sich dabei um die einzige ganzfigurige Darstellung, die Ottheinrich im Kurornat zeigt. Die Körperhaltung stimmt völlig mit dem Gemälde überein und in entsprechender Weise hält der Kurfürst die Insignien. Während der Reichsapfel in seiner geöffneten rechten Hand ruht, lehnt das Schwert an sei-

nem linken Knie und wird durch die linke Hand nur etwas gestützt, aber nicht umfasst. Auch die frontale Ausrichtung ist übereinstimmend, das Gesicht ist allerdings bei dem Gemälde im Verhältnis zum Körper etwas kleiner und etwas schmaler als bei der Zeichnung. In der rechten oberen Ecke ist ein seitlich fixierter Vorhang zu sehen.

Dass Christian Richter der Maler des Bildnisses ist, wie im Friedenstein-Inventar von 1924/27 verzeichnet ist, kann man mit Sicherheit ausschließen. Ein anderer Künstler konnte noch nicht zugeordnet werden. Bei dem Umzug Herzog Ernsts I. von Sachsen-Gotha von Weimar nach Gotha dürfte er diese vier Bilder mitgebracht haben. **MG**

Thüringisches Staatsarchiv Gotha, Kammerarchiv Stadt Gotha, Nr. 469, Inventar des Gothaer Kaufhauses von 1644, INVENTARIUM In der Fürstl. Residenz den 17. Novemb Anno 1644, fol. 34: Otto Heinrich Kf. v. Bayern, Friedrich II. Kf. v. Bayern, Friedrich III. Kf. v. Bayern und Ludwig Kf. v. Bayern.

7.134

a) Ottheinrich und seine Gemahlin Susanna

Jost Amman (vor 1539–1591); Heidelberg (?), 1559; Feder/Papier, 20,1 x 14,7 (R); Kunstgewerbemuseum, Dresden (nicht mehr nachweisbar)

b) Ottheinrich und seine Gemahlin Susanna

Jost Amman (vor 1539–1591); Heidelberg (?), 1559; Kupferstich/Papier, 19,4 x 14; Historischer Verein Neuburg an der Donau (G 978)

Die Zeichnung (a) zeigt den thronenden Ottheinrich im Kurornat mit Reichsapfel und Schwert, den Insignien, die den Erztruchsess, den Kurfürsten von der Pfalz, auszeichnen. Er ist bereits schwer von seiner Krankheit gezeichnet, was in seiner Körperfülle zum Ausdruck kommt. Unter ihm benennt eine wohl später hinzugefügte Notiz seine Lebensdaten „Nativus (?) 4. Idus Aprilis A. C. 1502 / Obijt idib(us), Febr. A. C. 1559". Hinter ihm, leicht nach rechts versetzt, erscheint Susanna, die zum Zeitpunkt der Entstehung der Zeichnung bereits 16 Jahre tot war. Beigeordnet sind ihnen ihre Wappen, links oben Ottheinrichs Kurwappen mit dem Pfälzer Löwen, den bayerischen Rauten und dem Reichsapfel auf dem Herzschild. Unter dem Wappen steht „Otto Heinrich / 1559". Zu Füßen der zarten Erscheinung im Hintergrund, die rechts oben mit „Susanna" bezeichnet ist, sieht man das bayerische Wappen. Am unteren Bildrand rechts ist Ottheinrichs Devise in Latein – „CUM TEMPORE." – zu lesen. Oberhalb des Kurfürsten ist im Hintergrund „in dÿ feldung mecht ir / machen was ir wold" notiert. Die Zeichnung ist also eine Skizze, die als Vorlage für die Umsetzung in einer anderen Technik dienen sollte; die Gestaltung des Hintergrunds ist ausdrücklich dem ausführenden Künstler überlassen.

Jost Amman selbst schuf auf der Basis dieser Zeichnung einen Kupferstich (b), der Ottheinrich und Susanna in ähnlicher Weise darstellt. In dem vom Künstler frei gestalteten Hintergrund entsteht durch Architekturversatzstücke ein Rahmen für den Ausblick in eine Landschaft. Berittene Soldaten begleiten eine Kutsche, die sich einem Dorf mit einer Burg auf einem Hügel nähert. Das kurfürstliche Wappen links oben ist von einem Vorhang hinterfangen. Daneben ist handschriftlich „Otto Henricus El: / fil: Ruperti obyt / A. 1559" vermerkt. Fast wie ein Haustier ruht auf einem Fliesenboden zu Füßen des Paars der pfälzische Löwe. Im Gegensatz zu seiner Körperausrichtung auf der Zeichnung ist Ottheinrich hier Susanna zugewandt. Zudem sind Reichsapfel und Schwert in seinen Händen vertauscht. Diese Veränderungen gegenüber der Zeichnung sind wohl aufgrund der Spiegelung bei der drucktechnischen Umsetzung entstanden. Susannas Gewand ist prächtiger als auf der Zeichnung, das Barett trägt sie leicht schräg, sodass ein Haarnetz auffällt, das Amman beim Kupferstich hinzufügte.

Die ungewöhnliche Bildnisauffassung bringt Ottheinrich in den letzten Wochen seines Lebens mit seiner früh verstorbenen Ehefrau zusammen und lässt an die mehrfach bezeugte Zuneigung der beiden Ehepartner zueinander denken.
MG

Gaettens 1956, S. 49–51, Abb. S. 57.

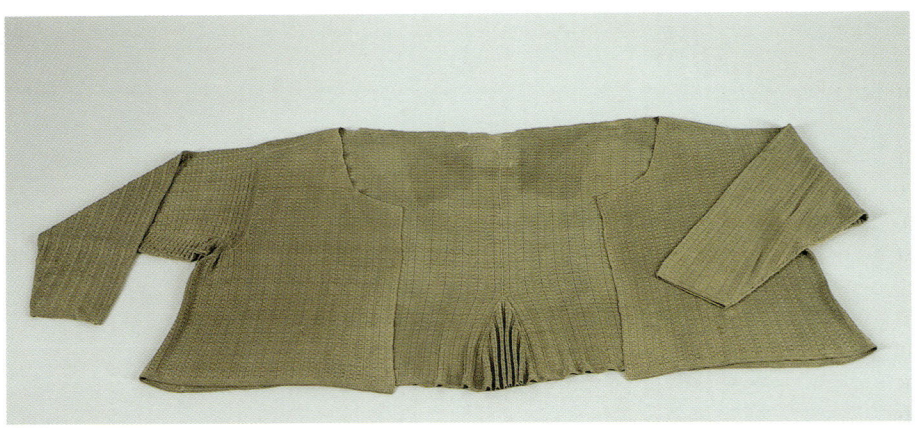

7.135

lassen vermuten, dass der kranke Fürst überwiegend in dieser Haltung verharrte und sich kaum mehr bewegen konnte. Es ist aber auch denkbar, dass Ottheinrich die Weste offen getragen hat. Die unterschiedliche Breite von Rücken- und Vorderteilen führt in diesem Fall dazu, dass die Kanten der Vorderteile nicht zusammenstoßen, sondern einen Abstand von etwa 35 cm haben.　　MG

Feyerlein 1976, S. 85–88; Gierl 1979, S. 18 f., 228, 233; 475 Jahre Fürstentum Pfalz-Neuburg 1980, S. 116.

7.135

Strickweste Ottheinrichs

Deutschland oder Italien, Neuburg an der Donau (?), nach 1550; Textil, Seide, 65,5 x 220; Historischer Verein Neuburg an der Donau (T 376/1)

Ein außergewöhnliches Zeugnis ist die Strickweste Ottheinrichs, da sich Textilien dieser Zeit nur selten erhalten haben. Es handelt sich wahrscheinlich um das einzige überlieferte Kleidungsstück des Pfalzgrafen. 1831 erwarb es J. B. Graßegger, mit dessen Sammlung es an den Historischen Verein Neuburg kam.

Die Ärmellänge misst 65 cm, ihre Weite oben 70 cm, unten 34 cm. Die Rückenhöhe beträgt 65 cm und die enorme Weite der Weste entspricht einem Brustumfang von ca. 200–235 cm. Hinweise auf einen Verschluss des Kleidungsstücks sind nicht vorhanden. Das Gestrick ist aus einfarbiger ungebleichter Seide in je zwei Vorder- und Rückenteilen gearbeitet. In der Rückennaht ist im unteren Viertel eine fächerförmige Falte eingesetzt. An den Schulternähten säumen schmale Streifen die Ränder. Das Seidengarn besteht aus sechs einzelnen Fäden in S-Drehung und ist in einem Dreieckmuster aus regelmäßig wechselnden rechten und linken Maschen flächig verarbeitet. Dabei beträgt die Rapporthöhe ca. 1 cm und die Breite ca. 2,5 bis 3 cm.

Nach ihrer Form und Größe ist die Weste wohl erst in den 50er-Jahren des 16. Jahrhunderts angefertigt worden. Es ist möglich, dass sie kurz vor Ottheinrichs endgültigem Weggang nach Heidelberg noch in Neuburg gearbeitet wurde, wo zu dieser Zeit Seidenstricker nachweisbar sind. Die Weste hatte sicherlich trotz des kostbaren Materials keine repräsentative Funktion. Man kann sie sich als wärmendes Kleidungsstück vorstellen, das Ottheinrich vielleicht auch unter den aufwändigen Schauben getragen hat, wie sie an der Marmorskulptur Dietrich Schros (Kat.-Nr. 7.129) zu erkennen sind. Es fällt auf, dass die Rückenbreite im Verhältnis zu den beiden Vorderteilen um etwa ein Drittel größer ist. Bildnisse Ottheinrichs aus seinen letzten Lebensjahren zeigen den dickleibigen Herrscher in etwas nach vorn gebeugter Körperhaltung. Die leicht nach vorn versetzten Ärmel

7.136

Rückenkratzer, wohl aus dem Besitz Ottheinrichs

2. Drittel 16. Jahrhundert; Elfenbein, Schildpatt, L. 45,5; Historischer Verein Neuburg an der Donau, Schloss Neuburg an der Donau (V 026)

Der „Buckelkratzer" stammt nach der Überlieferung aus dem Besitz Ottheinrichs. Dafür spricht neben der aufwändigen Machart, der Größe und dem Alter auch die Herkunft des Stückes aus der Graßegger'schen Sammlung. Der leicht gebogene Kratzer besteht aus Elfenbein, das am Griff mit zwei Schildpattplatten belegt ist. Der eigentliche Kratzer ist muschelförmig.　　SL

7.137

Verzeichnis der Bestände der Kammerbibliothek Kurfürst Ottheinrichs

1556; Pergament/Papier, Feder, ca. 100 Bll., 33 x 24; Geheimes Hausarchiv, München (Pfälzer und Pfalz-Neuburger Akten 2388)

Nach Ottheinrichs Regierungsantritt als Kurfürst 1556 wurde seine Neuburger Bibliothek ebenfalls nach Heidelberg überführt und als private Kammerbibliothek im Schloss aufgestellt. Bei Anfertigung des Verzeichnisses

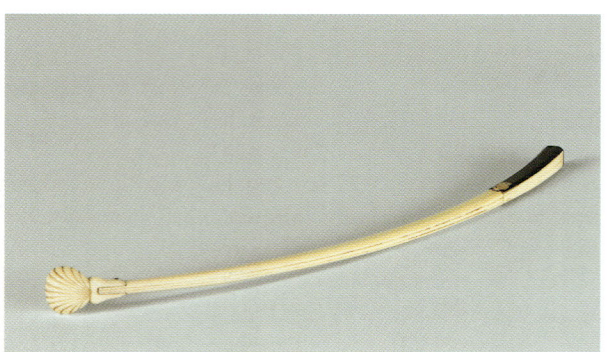

7.136

waren die Bestände noch nicht vollständig geordnet, insbesondere erst kürzlich erworbene Bücher erscheinen in recht willkürlicher Folge. Eine Ordnung nach Sachgruppen wird erst da offensichtlich, wo eine Aufstellung in besonderen Schränken erwähnt ist. Den zahlreichen theologischen Titeln – darunter vor allem das aktuelle Reformationsschrifttum –, folgen Abhandlungen zur Mathematik, Astronomie und Astrologie, Geschichte, Medizin und über die Jagd. Antike Schriftsteller sind dagegen kaum vertreten.

Eine besondere Vorliebe Ottheinrichs galt der Architektur, ein Interesse, das sich in seinem Buchbesitz widerspiegelt. Unter der Rubrik „De Architectura libri" sind neben Abhandlungen zur Befestigungslehre und zur Bauorganisation etliche klassische Schriften zur Baukunst verzeichnet, darunter moderne Ausgaben von Vitruvs „De Architectura" und Sebastiano Serlios „Architekturregeln". In den folgenden Jahren sollten Hans Blums „Säulenbüchlein", Du Cerceaus Band über die römischen Triumphbögen sowie Sarainas Darstellung des antiken Verona dazu kommen. H H

Rockinger 1880, Anhang S. 1–18; Schottenloher 1927, S. 15 f., 29; Neumüllers-Klauser 1986, Kammerbibliotheksverzeichnis, Bd. 1, S. 212 f., Kat.-Nr. E 3.10; Metzger 2002, „Ein recht fürstliches Geschäft".

7.138

Inventar der mobilen Ausstattung des Heidelberger Schlosses

Heidelberg, 1584; Handschrift/Papier, 34,5 x 24,5; Geheimes Hausarchiv, München (Korrespondenzakten 998/2)

Einen anschaulichen Eindruck vom einstigen Umfang der Tapisseriesammlung Ottheinrichs über den heutigen Bestand hinaus vermittelt ein 1584 angelegtes Inventar der mobilen Ausstattung des Heidelberger Schlosses, darunter auch die Bildteppiche, Thronbaldachine, Betthimmel und sonstigen textilen Renommierstücke (fol. 239b–261'). Gleich zu Beginn des Verzeichnisses sind jene Teppichfolgen aufgeführt, die Ottheinrich während seiner Kurfürstenzeit in Heidelberg erworben hat, nämlich: „Erstlich neun stück dapezerey wie Joseph verkauft würt" sowie „zehen stück von der historien Abrahams", Repliken einer berühmten Serie, die Barent van Orley um 1540 für den englischen König Heinrich VIII. entworfen hatte. Außerdem ließ er 1557/58 in Brüssel zwei große Behänge anfertigen, worauf „in dem einen pfalzgraff Ot(t)heinrichs … contrafeh in der churcappen sitzt unnd den reichsapfel haltet, mit der chur wappen, sonnsten in baiden stücken höchstgedachts churfürsten anchen unnd herkommen". Hierbei handelt es sich um die inzwischen zum „Großen genealogischen Teppich" zusammengenähten Teppiche im Bayerischen Nationalmuseum (Kat.-Nr. 2.6). Sie gehörten zu einer ursprünglich auf acht Teile angelegten Genealogie, die

offenbar die vier Neuburger Ahnenteppiche ersetzen sollte, allerdings in doppelter Größe und unter Beachtung des gestiegenen Prestiges des Auftraggebers; nach dessen Tod blieb die Folge unvollendet.

Zu den textilen Ausstattungsstücken Ottheinrichs gehörten darüber hinaus neun große Wappenteppiche mit Laubwerk sowie ein reich mit Gold durchwirkter Betthimmel aus roter Seide, geziert mit Wappen sowie Szenen der Opferung Isaaks und Kains Brudermord (fol. 246 und 255). H H

Rott 1905, Kunst, S. 194–206; Hubach 2002, Tapisserien; Hubach 2002, Ottheinrichs neuer hofbaw, S. 196 f., 254 f., Nr. VI.5.

7.139

Kondolenzschreiben Pfalzgraf Ottheinrichs zum Tod Kurfürst Friedrichs II. an Markgraf Georg Friedrich von Brandenburg-Ansbach

Neuburg, 1. März 1556; Papier, 28,5 x 32,5, eigenhändige Unterschrift; Bayerisches Hauptstaatsarchiv, München (Fürstensachen 983, fol. 2)

Pfalzgraf Ottheinrich benachrichtigte den brandenburgischen Markgrafen Georg Friedrich (1539–1603) von dem nach längerer Krankheit am 25. Februar 1556 erfolgten Tod seines kinderlosen Onkels, Kurfürst Friedrichs II., und äußerte die Zuversicht, dass Georg Friedrich ihn als „successor … erbberuerter chur" anerkennen werde. Nachdem Ottheinrich schon wenige Tage später entgegen aller Vorbehalte der bayerischen Wittelsbacher von Kaiser Karl V. mit der pfälzischen Kurwürde belehnt worden war, konnte er am 8. März 1556 endlich das lang ersehnte „wartend erb" in Heidelberg antreten. Nach Reichsrecht wäre Ottheinrich bereits nach dem Ableben seines söhnelosen Onkels, Kurfürst Ludwigs V., am 16. März 1544 dessen rechtmäßiger Nachfolger gewesen, denn die Kurwürde stand eigentlich dem nächst jüngeren Bruder Ludwigs, Pfalzgraf Ruprecht, und nach dessen Tod 1504 Ottheinrich als ältestem Sohn Ruprechts zu. Doch in der Familie wurde die Nachfolge so geregelt, dass der Drittgeborene, Pfalzgraf Friedrich, Kurfürst werden sollte. Um rechtliche Einwände der Söhne Ruprechts zu vermeiden, drängte Friedrich die jungen Fürsten 1524 zu einem Hausvertrag, der ihren Erbanspruch bis zu seinem kinderlosen Tod hinausschob. Obwohl die Neuburger Räte die willkürliche Nachfolgeregelung in Frage gestellt hatten, war eine Durchsetzung des Erbanspruchs gegenüber der kurpfälzischen Verwandtschaft nicht möglich gewesen. Das seitdem gespannte Verhältnis zwischen Friedrich und seinem Neffen Ottheinrich kommt deutlich zum Ausdruck, wenn Kurfürst Friedrich II. 1552 bemerkte: „Hertzog Otthainrich sitzt da oben [in Neuburg] und bitt Gott alle tag, das ich sterben soll" (zit. nach Reitzenstein 1938, S. 222). MCF

Cramer-Fürtig 1995; von Reitzenstein 1938; Salzer 1886.

7.140

rich auch die Erbfolge in Neuburg: Unter Vorbehalt der lebenslangen Regierung schenkte er das Fürstentum am 13. November 1553 seinem Hauptgläubiger Herzog Wolfgang von Zweibrücken-Veldenz. SF

Lehmann 1974, S. 335 f.; Menzel 1893; Nebinger 1980, bes. S. 16.

7.141

Belehnungsurkunde

Frankfurt, 16. März 1558; Urkunde/Pergament, 43 x 67,2, Siegel an Goldkordel; Bayerisches Hauptstaatsarchiv, München (Kurpfalz Urkunden 187)

Die Belehnung der Kurfürsten durch den Kaiser, dem sie den Treueid schworen, bestätigte die erbliche Überlassung ihres dem Reich gehörenden Landbesitzes und ihre Herrschaftsrechte. Sie wurde im Erbfall und bei der Kaiserwahl nötig. Nach der Krönung Kaiser Ferdinands I. auf dem Kurfürstentag in Frankfurt erfolgte die Belehnung der Kurfürsten, die einem minutiösen Zeremoniell folgte. Ottheinrich wurde am 16. März 1558 belehnt. Er wartete in einem Zimmer, bis seine Verordneten den Kaiser, dem sie sich mit dreimaligen Kniefall näherten, um Belehnung gebeten hatten. Der Vizekanzler erklärte daraufhin die Bereitschaft des Kaisers dazu und der Kurfürst betrat den Raum. Er selbst bat nochmals kniend um Belehnung und sagte die Leistung des Treueids zu. Nach Bewilligung seiner Bitte leistete der Pfälzer den Treueid auf ein Evangelium, das im Schoß des Kaisers lag. Dieser reichte ihm daraufhin das Reichsschwert. Die Belehnung wurde in einer Urkunde festgehalten, welche die Titel und Rechte des Belehnten auflistete und bestätigte. Bei solchen Urkunden wurde genau auf den Wortlaut geachtet, wie das die nach langwierigen Verhandlungen formulierte frühere Belehnungsurkunde für Ottheinrich (Bayerisches Hauptstaatsarchiv, München, Kurpfalz Urkunden 186, Fürstensachen 996) zeigt, die König Ferdinand stellvertretend für den Kaiser am 30. Oktober 1556 in Wien siegelte. SF

Leeb 1999, Bd. 1, bes. S. 385 f.

7.140

Heidelberger Successionsvertrag

Heidelberg, 2. November 1553; Urkunde/Pergament, 32 x 25,5, Wachssiegel an blau-weißer Seidenkordel; Geheimes Hausarchiv, München (Hausurkunden 3001)

Der Heidelberger Successionsvertrag wurde am 2. November 1553 auf Betreiben Kurfürst Friedrichs II. zwischen den Angehörigen der kurfürstlichen und denen der übrigen Pfälzer Linien geschlossen. Die direkte Nachfolge Friedrichs II. war bereits durch frühere Erbverträge geregelt worden. Ihm selbst sollte Ottheinrich folgen, auf diesen Wolfgang d. Ä. Da jedoch absehbar war, dass mit Ottheinrich die alte Kurlinie aussterben würde, galt es, die Erbfolge der verwandten Linien zu regeln. Man fürchtete andernfalls „zanck vnd oneinigkeit, auch krieg vnd bluetvergiessen" zwischen den Anwärtern. Der Krieg um das niederbayerische Erbe stand als warnendes Beispiel vor Augen. Der Vertrag bestimmte unter Berufung auf die Goldene Bulle, kaiserliche und königliche Satzungen sowie hausinterne Verträge die Simmern'sche Linie als Nachfolgerin. Für den Konfliktfall wurden Regelungen zur gütlichen Einigung getroffen. Den beiden anderen Linien wurde ein jährliches Einkommen von 12 000 Gulden zugesagt. Kurz darauf regelte Otthein-

7.142a
Vs.

7.142a
Rs.

7.142

Medaillen auf Kurfürst Ottheinrich von der Pfalz

a) Medaille auf den Regierungsantritt als Kurfürst

1556; Metallguss, Ø 24,5 mm; Staatliche Münzsammlung, München

Vs.: Brustbild von links: OTTOHEN · D · G · COM · PAL · RHE · ELECTOR ·

Rs.: die drei kurpfälzischen Wappenschilde jeweils mit Helmzier: · CVM TEMP – ORE · – ANNO · M · D · LVI

Das Brustbild ist zwar eine Wiederholung einer Medaille aus dem Jahr 1551, die Umschrift nennt aber den neuen Titel „ELECTOR" und bezieht sich somit auf den Regierungsantritt Ottheinrichs als Kurfürst. Dies geht auch daraus hervor, dass auf der Rückseite die Jahreszahl 1556 vermerkt ist und das kurpfälzische Wappen mit dem auf

das Erztruchsessenamt verweisenden Reichsapfel dargestellt ist.

b) Kurfürst Ottheinrich von der Pfalz

Dietrich Schro (1545–1568); Heidelberg (?), 1558; Gold, Ø 45 mm; Kurpfälzisches Museum der Stadt Heidelberg (M 301)

Vs.: Brustbild von links vorne: OTTO HENRICVS · D · G · CO · MES PALATINVS RHENI ELECTOR ÆTATIS · LVI

Rs.: die drei kurpfälzischen Wappenschilde jeweils mit Helmzier: · IN DOMINO CONFIDO · ANNO · SALVTIS · M · D · LVIII · CVM TEMPORE

Stemper 1997, Bd. 1, Nr. 73, 77 f.

Diese repräsentative Medaille zeigt Ottheinrich in der gleichen bortengeschmückten Schaube, wie sie auf der Marmorbüste von Dietrich Schro (Kat.-Nr. 7.129) zu

7.142b
Vs.

7.142b
Rs.

7.143

sehen ist. Trotz schlechter körperlicher Konstitution begab sich Ottheinrich 1558 nach Frankfurt zum Kurfürstentag, um den Frankfurter Rezess zu unterzeichnen. Er nahm an der Verlesung der Abdankungsurkunde Kaiser Karls V. teil, handelte die Wahlkapitulation aus und waltete seines Amtes bei der Krönung Ferdinands I. zum Kaiser. Am 15. März erfolgte endlich Ottheinrichs Belehnung mit der Kur, um die er seit Oktober 1556 mehrfach nachgesucht hatte. Es liegt nahe, dass er zu seiner Rangerhöhung eine Medaille anfertigen ließ. MG

Stemper 1997, Bd. 1, S. 50–58; Martin 1986, Textband, S. 575–608; Gaettens 1956; Habich 1929–1934.

7.143

Abguss des Vikariatssiegels Ottheinrichs

Vermutlich Heidelberg, 1556/58; Blei, Ø 13; Staatliche Münzsammlung, München

Der Siegelabguss zeigt Ottheinrich im reich verzierten Harnisch auf einem nach links schreitenden ebenfalls gerüsteten Pferd. Auf der Pferdedecke ist hinten das Kurfürstenwappen Ottheinrichs zu erkennen, vorne ist in einem Tondo vermutlich eine Justitia dargestellt, die auf das Richteramt des Reichsvikars verweist. In der rechten Hand hält der Reiter eine Standarte mit gebauschter Fahne, welche die Helmzier des Kurfürstenwappens zeigt. Im Hintergrund erhebt sich eine Säulenarchitektur. Im Sockel der linken Säule ist ein Löwe eingekerkert. Den Reichsvikaren stand nach der Goldenen Bulle die Ausübung bestimmter kaiserlicher Rechte zu, wenn das Reich ohne Kaiser war. Der Pfälzer Kurfürst war dabei für die rheinischen, schwäbischen und fränkischen Gebiete zuständig. Ottheinrich nahm dieses Amt allerdings nie wahr, sodass das Siegel auch auf keiner Urkunde zu finden ist. In Heidelberg überlegte man zwar nach der Ab-

dankung Karls V. auf dem Vikariat zu beharren, doch hatten solche Pläne wenig Aussicht auf Erfolg.

Der Abguss, der bis auf die hier fehlende Inschrift mit dem Vikariatssiegel Ottheinrichs identisch ist, gehört wohl in diese Zeit. Siegel und Abguss wurden aus stilistischen Überlegungen verschiedenen Künstlern zugeschrieben. Die Qualität des Abgusses spricht für einen hervorragenden Medailleur. SF

Gaettens 1956; Gessert 1921/22; Posse 1913, Bd. 4; Stemper 1997, Bd. 1.

7.144

Statuten der Universität Heidelberg

19. Dezember 1558; Druck/Papier, 32,5 x 21,5; Universitätsarchiv Heidelberg (RA 224)

Die Universitätsreform vom Dezember 1558 wurde maßgeblich durch den von Ottheinrich berufenen Professor Christoph Ehem ausgearbeitet. Die Statuten von 1558 galten in ihren Grundzügen auch unter dem katholischen Kurfürsten Philipp Wilhelm; sie blieben letztlich bis zum Ende der Kurpfalz durch den Reichsdeputationshauptschluss von 1803 in Kraft. Die Reformen betrafen den ökonomischen und administrativen Bereich, regelten die Besoldung der Professoren sowie die Inhalte der Studiengänge und ordneten die Einkünfte der Universität neu. Mit seiner Reform stellte Ottheinrich die mittelalterlich-scholastisch geprägte Universität Heidelberg auf eine neue Grundlage und verwandelte sie in eine protestantisch-landesherrliche Hochschule. FH

Vgl. den Beitrag von Frieder Hepp in diesem Band.

7.145

Kurverein

Frankfurt, 18. März 1558; Urkunde/Pergament, 39 x 28, sechs Siegel an gelb-schwarzer Kordel; Bayerisches Hauptstaatsarchiv, München (Kurpfalz Urkunden 669)

Die Erneuerung des Kurvereins am 19. März 1558 war der Gegenzug auf die Versuche Karls V., die kaiserliche Macht auszuweiten. Allein die Abhaltung eines Kurfürstentags zur Bestätigung der Übertragung der Kaiserwürde auf Ferdinand I. war ein Sieg der Kurfürsten, die deren Zeitpunkt und Ausgestaltung keinesfalls der Willkür des Kaisers überlassen wollten. Gerade Ottheinrich sah die Vorrangstellung der Kurfürsten durch die Habsburger gefährdet. Die Erneuerung des Kurvereins sollte ihre Position durch geschlossenes Auftreten und gegenseitige Hilfe sichern und festigen. Zur Koordination wurden regelmäßige Kurfürstentage und ständige Korrespondenz geplant. Ziele waren zudem der Schutz des Reichs und seiner Grundgesetze. Der Religions- und Landfrieden von 1555 wurde integriert, zu einer Veränderung des

Zeremoniells der Goldenen Bulle, wie sie Ottheinrich aus konfessionellen Gründen wünschte, kam es allerdings nicht. Der Gefahr einer Spaltung des Kollegs durch den konfessionellen Dissens wurde durch die Bestimmung begegnet, dass kein Kurfürst von der Wahl ausgeschlossen werden könne und dass Mehrheitsentscheide nur in profanen Angelegenheiten Gültigkeit haben sollten. Dieser Vertrag stellt also eine umfassende Modernisierung der Satzung dar.   SF

Gotthard 1999; Leeb 1999; Luttenberger 1994.

7.146
Porträtkopf Ottheinrichs

Neuburg (?), Heidelberg (?), um 1550; Ton, 24 x 18 x 24;
Historischer Verein Neuburg an der Donau (P 040)

Die Bruchspuren am Ansatz des gekräuselten Hemdes lassen erkennen, dass es sich um das Fragment einer monumentalen Büste handelt. Ob dieses Bildnis als Modell für einen Bronzeguss gedacht war, lässt sich nicht mehr nachweisen. Als Kopfbedeckung muss man sich ein Barett vorstellen, ähnlich wie bei der Marmorskulptur von Dietrich Schro (Kat.-Nr. 7.129). Die charaktervolle Wirkung, die das Bildnis ausstrahlt, bleibt durch die Bestoßungen an der linken Seite der Nase, am Bart und an den Haaren ungetrübt. Die Augenpartie und die durchmodellierte Stirn verleihen dem Dargestellten Ernst und Würde. Die Mundwinkel sind durch den Bart verdeckt, nur in der Mitte ist der geschlossene Mund mit der leicht vorgeschobenen Unterlippe zu sehen. Die Gesichtszüge erscheinen so lebensnah, dass es sich möglicherweise um eine Arbeit direkt nach dem Leben handelt.

Als ursprünglicher Standplatz der Skulptur kommt eine muschelförmige Konsole mit Löwenkopf oberhalb des Portals zum großen Saal im zweiten Obergeschoss des Westbaus des Neuburger Schlosses infrage, wobei es keine gesicherten Hinweise auf diesen Standort gibt. Die Entstehungszeit und der Künstler bleiben unbestimmt. Wenn auch Physiognomie und Barttracht des Porträtkopfs von der Büste Dietrich Schros (Kat.-Nr. 7.129) nur wenig abweichen, so kann man doch von einer früheren Entstehung ausgehen, da die krankheitsbedingte Leibesfülle Ottheinrichs noch nicht ganz die späteren Dimensionen angenommen zu haben scheint. Zieht man zur zeitlichen Einordnung das Bildnis von Michael Ostendorfer von 1545 heran (Kat.-Nr. 7.127), das eine wesentlich jüngere Erscheinung zeigt, so ist eine Entstehung der Tonbüste in den frühen 50er-Jahren des 16. Jahrhunderts wahrscheinlich.   MG

KDB, Bd. 7: Regierungsbezirk Schwaben, Teil 5: Stadt und Landkreis Neuburg an der Donau, S. 238, Abb. 189; Die Renaissance im deutschen Südwesten 1986, Textband, S. 552, Nr. I 14; Gaettens 1956, S. 62–85, bes. S. 73–75.

7.146

7.147
Testament Ottheinrichs

Lauingen, 10. August 1556; Pergament, 6 Bll., 36 x 30, sieben Siegel an blau-weißer Seidenkordel; Stadtarchiv Lauingen (Urkunde 1044)

Kurz nachdem Ottheinrich sein Erbe in der Pfalz angetreten hatte, verfasste er für sein Fürstentum Pfalz-Neuburg ein neues Testament. Er war zu diesem Zeitpunkt 54 Jahre alt, hatte keine leiblichen Erben und wurde ständig von Krankheiten geplagt. Daher ist der Verweis auf die Vergänglichkeit des Menschen in der Einleitung mehr als die übliche Rhetorik. Zudem fürchtete Ottheinrich, dass eine Vermischung seines Neuburger mit seinem Pfälzer Eigentum Streit unter den Erben auslösen könnte. Das Testament ordnet dieses dem jeweiligen Territorium zu. Es war in Heidelberg geschrieben und mit einer Schnur verschlossen worden, die durch die umlaufende Perforation gefädelt war.

Gleich zu Beginn bekennt sich Ottheinrich eindringlich zum lutherischen Glauben. Als Erben Neuburgs bestätigt er Wolfgang von Zweibrücken-Veldenz, der auch seine Schulden übernehmen sollte. Eigenhändig fügte Ottheinrich Legate an das Neuburger Spital, Verwandte und Diener ein. Am 10. August 1556 unterschrieben und siegelten er und sieben adlige Zeugen das Testament, das ein kaiserlicher Notar beglaubigte. Hinterlegt wurde es bei der Stadt Lauingen, von der es anlässlich der Erbauseinandersetzungen 1560 angefordert wurde (Bayerisches Hauptstaatsarchiv, München, Fürstensachen 1001). Es ist

7.147

Württemberg und Pfalzgraf Wolfgang erwiesen. Ottheinrich ermahnt seine Nachfolger, sich stets gut über ihre Rechte zu informieren. Es folgen Legate wie Schmuckstücke und Pferde an einzelne Verwandte. Auch Räte und Diener werden bedacht. Ottheinrich setzt fest, welche Personen weiter zu beschäftigen sind, wer eine Altersversorgung erhält und wie die Abfindung entlassener Diener zu regeln ist. Die Zahlungen weist Ottheinrich jeweils dem Pfälzer oder dem Neuburger Erben zu. Wohl zu einem späteren Zeitpunkt ergänzte er das Codizill durch einen Zettel mit weiteren Legaten für Bediente, darunter auch für einen Diener, „der vil mu und arbeit gehabt mir von wagen auf und ab zuhellfen". S F

anscheinend Ottheinrichs einziges Testament, das volle Rechtskraft erlangte, denn das später aufgesetzte Heidelberger Exemplar trägt keine eigenhändige Unterschrift des Kurfürsten. S F

Reiprich 1980.

7.148

Codizill zum Testament Ottheinrichs

Nach August 1556; Pergament, 8 Bll., 31,5 x 22; Geheimes Hausarchiv, München (Hausurkunden 3007 a)

Das von Kurfürst Ottheinrich eigenhändig verfasste Codizill ist eine Ergänzung zu seinen Testamenten und enthält die Auflistung von Legaten für Verwandte und Diener. Den ersten Teil nimmt eine lange Begründung der Bevorzugung Pfalzgraf Wolfgangs von Zweibrücken-Veldenz ein, dem er unter anderem Häuser und Silbergeschirr vermacht. Durch schnelle Verträge sei er, Ottheinrich, in jungen Jahren um sein Erbe, das heißt um die Nachfolge in der pfälzischen Kurfürstenwürde, gebracht worden. Über seine Rechte sei er dabei nicht aufgeklärt worden, sonst hätte er sich nicht „aus den nest setzen" lassen. Statt Hilfe habe er bei den Verwandten „misgunst" gefunden. Als Freunde hätten sich nur Christoph von

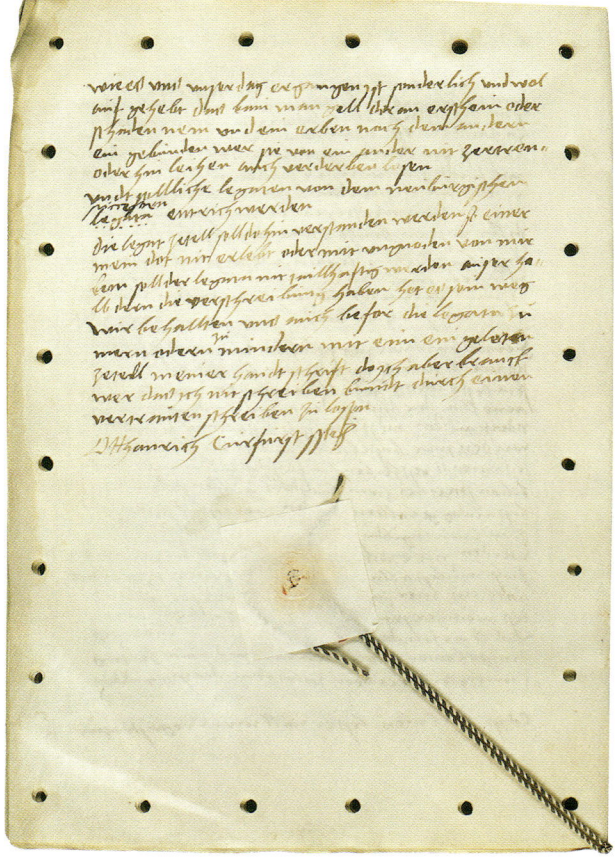

7.148

7.149

Bartholomäus Wolffhart: Zwo Predigt. Eine von dem Christlichen Abschyedt / des Churfursten bey Reyn / Hertzogen Otthaynrich Pfaltzgraffen ec. Die Ander von Anstellung der Regiment / das Gott seinen Segen darzu gebe / geschehen zu Newburgk an der Thonaw am 5. vnd 8. tag Martij / Anno 1559

Nürnberg, 1559; Druck/Papier, 30 Bll., 19,5 x 14,5; Staats- und Stadtbibliothek Augsburg (4° Bio 701–128)

Nach Kurfürst Ottheinrichs Tod wurden mehrere Leichen-predigten gehalten, von denen einige gedruckt vorliegen. Sein Nachfolger, Herzog Wolfgang von Zweibrücken, be-fahl in Neuburg zum Tod des Kurfürsten zu predigen. In der Neuburger Pfarrkirche hielt am 5. März 1559 Gene-ralsuperintendent Bartholomäus Wolffhart die Predigt, die er später in Druck gab, da sie, wie er schrieb, Herzog Wolfgang gefallen habe. Als Predigttext wählte er Kapitel 38 des apokryphen Jesus Sirach, das die richtige Art zu trauern thematisiert. Wie für die frühen Leichenpredig-ten typisch, fehlen biografische Bezüge weitgehend. Es wird nur erwähnt, dass Ottheinrich statt seines Glaubens lieber sein Land aufgab, womit auf die Besetzung Neu-burgs durch die Kaiserlichen (1546–1552) angespielt wird. Als seine Haupttugenden werden sein Einsatz für den rechten Glauben, seine Friedfertigkeit und seine mil-de Regierung bezeichnet. Das Volk aber sei sündhaft und die Strafe dafür sei nicht zuletzt der Tod des Fürsten. Die Gemeinde wurde ermahnt, vom Laster abzulassen und Gott zu danken, da man wieder einen tugendreichen Herrscher erhalten habe. Die Predigt verbindet so das Lob Gottes mit der Würdigung des verstorbenen und der Huldigung des neuen Landesherrn. S F

7.150

Grabmal Kurfürst Ottheinrichs

Installation

Bernhard (gest. 1563) und Arnold Abel (gest. 1564) oder Alexander Colin (1527–1592); 1558–1559; weißer und schwarzer Marmor; ehemals in der Heiliggeistkirche, Heidelberg

Das Grabmonument Ottheinrichs, das sich ehemals im Chor der Heiliggeistkirche hinter dem Hochaltar be-fand, wurde 1693 im pfälzischen Erbfolgekrieg völlig zer-stört. Neben kleinen Fragmenten, die im Rahmen von Ausgrabungen in der Heiliggeistkirche zum Vorschein kamen, ist lediglich die Inschrift durch Melchior Ada-

mus (Apographum Monumentorum Heidelbergensium, Heidelberg 1612) überliefert: „OTHO HENRICUS PAL. COMES RHENI S. ROM / IMP. VII. VIR. DUX UTR. BA-VARIAE. UT / LUDOVICI PII ROBERTICAES.F.POSTER-ORUM / ULTIMUS. SIC RENATAE EVANGELICAE. PU-/ RITATIS. INSTAURATOR PRIMUS VIVUS. SIBI P. NATUS X. APRIL. M. D. II. OBIIT / XII. FEBR: M. D. LIX." („Otto Heinrich, Pfalzgraf bei Rhein, Kurfürst des Heiligen Römischen Reichs und Herzog beider Bayern hat sich [dies Denkmal] zu Lebzeiten gesetzt. Wie er der Letzte der Nachkommen Ludwigs des Frommen, des Sohnes Kaiser Ruprechts war, so war er als Wiederbegründer der reinen evangelischen Lehre zugleich der Erste. Er wurde geboren am 10. April 1502, er starb am 12. Februar 1559.")

Ein Entwurf zum Grabmal, das von den Zeitgenossen als „superbissimum monumentum" bezeichnet wurde, entstand bereits in Ottheinrichs Neuburger Zeit. „Ain aichin ledlein, darinn das muster zu meins gnedigsten Herrn epitaphio" befand sich bei den Gegenständen, die Kurfürst Ottheinrich 1556 von Neuburg nach Heidel-berg bringen ließ. Laut Vertrag vom 10. August 1556 wur-den die Brüder Bernhard und Arnold Abel aus Köln mit der Ausführung beauftragt, dennoch ist nicht sicher, ob sie es waren, die das Grabmonument noch zu Lebzeiten Ottheinrichs im ehemaligen Franziskanerkloster in Hei-delberg fertigten. Möglicherweise wurde auch Alexander Colin, der am Ottheinrichbau tätig war, mit dieser Arbeit betraut.

In der letzten Fassung des Testaments von Ottheinrich (Geheimes Hausarchiv, München, Urk. Nr. 3007 fol. 8) legt er seinem Nachfolger in der Kur die Fertigstellung des Grabmals ans Herz. Sollte er dieses Vermächtnis nicht erfüllen, so hatte der Nachfolger im Herzogtum Neuburg gegen ein Legat von 5000 Gulden die Ver-pflichtung für die Vollendung des Grabmonuments zu sorgen. Auch für die Pflege des Grabmals trug Otthein-rich testamentarisch Vorsorge. Man kann also davon aus-gehen, dass die Arbeiten an dem Grabmal 1558 noch nicht abgeschlossen waren. Aus dem Bericht des Univer-sitätsrektors über die Beisetzungsfeierlichkeiten 1559 geht allerdings hervor, dass es vollendet war. Kurz nach der Fertigstellung des Monuments entbrannte ein Theo-logenstreit. Dabei nahm ein kalvinistischer Theologe An-stoß an den unbekleideten Cherubinen und den sieben Jungfrauen. Erst mit der Entfernung der umstrittenen Figuren konnte der Zwist beigelegt werden. M G

Rott 1905, Kunst; von Reitzenstein 1939, S. 250; Neumüllers-Klauser 1970; AKL, S. 11.

Die Ahnen der Pfalzgrafen Ottheinrich und Philipp; Beginn der mütterlichen Linie, Detail
Bayerisches Nationalmuseum, München (Kat.-Nr. 2.8)

8 Philipp der Streitbare

Tobias Appl · Margit Berwing-Wittl · Bernhard Lübbers

„Nichts unversucht" – Philipp der Streitbare (1503–1548)

Pfalzgraf Philipp erblickte am 12. November 1503 im Heidelberger Schloss seines Großvaters und Namengebers, Kurfürst Philipp von der Pfalz, das Licht der Welt. Er war das dritte Kind des pfälzisch-niederbayerischen Ehepaars Ruprecht von der Pfalz und Elisabeth von Bayern-Landshut. Das seit 1499 verheiratete Paar hatte seine ersten Ehejahre wohl in Heidelberg verbracht, unterbrochen von kürzeren Aufenthalten in anderen kurpfälzischen Besitzungen wie Amberg, wo am 10. April 1502 Philipps älterer Bruder Ottheinrich geboren worden war. Ihren Erstgeborenen hatte Pfalzgräfin Elisabeth im Herbst 1500 zur Welt gebracht. Er war als gedachter Erbe des niederbayerischen Herzogtums nach dem Großvater Georg benannt worden.

Der Tod Herzog Georgs des Reichen am 1. Dezember 1503 hatte den Bayerischen Erbfolgekrieg ausgelöst, der Philipp „in der wiegen ergrief".[1] Für seine Eltern ging es nun darum, ihre Ansprüche auf das niederbayerische Herzogtum zu sichern und durchzusetzen. Darum hielten sie sich während des Kriegs hauptsächlich in Landshut auf, während die drei Söhne aus Sicherheitsgründen in Amberg untergebracht waren. Als sich der Krieg im Spätsommer 1504 auf dem Höhepunkt befand, starben in Philipps Familie innerhalb von nur sechs Wochen drei Familienmitglieder vermutlich an der Ruhr: zuerst der kleine Georg im Alter von vier Jahren am 1. August in Amberg, dann Pfalzgraf Ruprecht in der Nacht auf den 21. August und schließlich Pfalzgräfin Elisabeth in der Nacht auf den 15. September, beide in Landshut. Alle drei wurden in der Familiengrablege der Landshuter Herzöge, im Kloster Seligenthal, beigesetzt.

Es war dem diplomatischen Geschick ihres Onkels Friedrich von der Pfalz, den Elisabeth kurz vor ihrem Tod zum Vormund für die kleinen Prinzen bestimmt hatte, und dessen guten Kontakten zum Haus Habsburg zu verdanken, dass für die Brüder das Fürstentum Pfalz-Neuburg errichtet wurde. Bis zum Erreichen der Volljährigkeit der beiden Prinzen sollte Pfalz-Neuburg von eben jenem Vormund regiert werden. Da Philipp für eine geistliche Laufbahn vorgesehen war, wurde er im Alter von zwölf Jahren an die Universität Freiburg im Breisgau geschickt, wo er sich am 6. Juni 1516 immatrikulierte. Im Herbst 1519 wechselte er an die berühmte Universität Padua. Dort sollte er seine juristischen Studien vertiefen und die italienische Sprache erlernen. Hier infizierte sich Philipp 1520 mit der Syphilis, unter der er zeitlebens leiden sollte.

Auf seine gute Ausbildung setzend, wollten Kurfürst Ludwig und Pfalzgraf Friedrich ihren Neffen an der Kurie unterbringen, was jedoch scheiterte. Mitte 1521 kehrte Philipp aus Padua zurück und begab sich zu seinem Onkel Friedrich nach Nürnberg. Dort dürfte die Volljährigkeitserklärung der jungen Fürsten, die mit der Regierungsübernahme verbunden war, vorbereitet worden sein. Am 2. Juni 1522 wurden Ottheinrich und Philipp auf der Burg zu Lengenfeld aus der Vormundschaft ihres Onkels Friedrich von der Pfalz entlassen und für volljährig erklärt. Dies bedeutete, dass sie nun gemeinschaftlich die Regierung ihres Fürstentums Pfalz-Neuburg übernahmen. An den zwei darauf folgenden Tagen bestätigten sie die Rechte der Landschaft und nahmen die Huldigung der Prälaten und des Adels entgegen. In einem sechswöchigen Huldigungsritt besuchten sie die einzelnen Territorien ihres verstreuten Herrschaftsgebiets und ließen sich von allen Städten und Märkten huldigen. In Hemau, Kallmünz, Schwandorf, Weiden, Erbendorf, Floß, Vohenstrauß, Sulzbach, Hilpoltstein, Heideck und Monheim, später Graisbach, Lauingen und Gundelfingen wurden die neuen Regenten feierlich begrüßt. Einen besonderen Empfang organisierte die Hauptstadt Neuburg. Die jungen Fürsten machten sich sofort daran, die Verwaltung ihres Territoriums selbst in die Hand zu bekommen. Sie ordneten noch 1522 den Hof- und Behördenapparat und im Jahr darauf das Rätekollegium neu. Außerdem wurde wohl unmittelbar nach dem Regierungsantritt mit dem repräsentativen Ausbau des Schlosses und anderer Gebäude in Neuburg begonnen.

Schon bald aber erkannte Philipp, dass das finanzschwache Fürstentum Pfalz-Neuburg höchstens einen Landesherrn standesgemäß versorgen konnte. Er fasste deshalb den Entschluss sein Glück außer Landes zu suchen. Vorbild war ihm sicherlich sein in Habsburger Diensten stehender Onkel Friedrich. Auf dessen Vermittlung trat Philipp im Februar 1523 dem Gefolge Erzherzog Ferdinands bei. Am 9. April 1523 übergab er seinem Bruder Ottheinrich zeitlich befristet seinen Anteil an der Regierungsgewalt. An Ferdinands Hof standen verschiedene Repräsentationsaufgaben und Festveranstaltungen an, die für Philipp mit hohen Unkosten verbunden waren. Höhepunkt seiner Dienstzeit bei Ferdinand war dessen Auftreten beim Nürnberger Reichsregiment 1523, wo Philipp den Erzherzog ständig begleitete, so etwa beim großen Einzug in die Stadt am 29. November 1523. Dennoch konnte sich Philipp am Hof Ferdinands nur wenig Ansehen erwerben, sodass er bald versuchte sich aus diesem Dienstverhältnis zu lösen, was ihm am 2. Februar 1524 gelang. Philipp musste bei dieser Aufkündigung wohl auch den reichspolitischen Vorgaben seines Onkels, Kurfürst Ludwig, folgen, der das Reichsregiment boykottierte, was bereits im September 1523 zur Niederlegung des Statthalteramts durch Pfalzgraf Friedrich geführt hatte.

Philipp kehrte nach Neuburg zurück und musste untätig bleiben, da ihm die antihabsburgische Politik Heidelbergs den Zugang zu Reichs- und Königsdienst verwehrte. Einige Tage des Jahres 1524 verbrachte Philipp am Hof seiner Pfälzer Verwandten in Heidelberg. Dort unterzeichnete er zusammen mit seinem Bruder Ottheinrich auch einen Vertrag, in dem beide im Erbe der Kurwürde Friedrich den Vortritt ließen, wie es Kurfürst Philipp – entgegen gültigem Reichsgesetz – in seinem Testament 1506 gefordert hatte. Da Ottheinrich fast das gesamte Jahr 1525 am Heidelberger Hof verbrachte und sich am kurpfälzischen Feldzug gegen die aufständischen Bauern beteiligte, blieb Philipp in Neuburg und bekämpfte die Aufrührer im Fürstentum.[2] Die folgenden Jahre vertrieb er sich die Zeit auf der Jagd oder beteiligte sich an Festen in den umliegenden Städten wie Neumarkt, Freising, Ingolstadt oder Amberg. Erst mit der erneuten Einsetzung Pfalzgraf Friedrichs zum Statthalter des Reichsregiments 1528 hellten sich die Aussichten für seinen Neffen Philipp wieder auf. Schon im Sommer dieses Jahres wurde er von Pfalzgraf Friedrich beauftragt, die Geschehnisse des Ulmer Bundesstädtetags zu beobachten und davon zu berichten.[3]

Mitte April 1529 folgte Philipp seinem Bruder Ottheinrich nach Speyer, wo dieser schon seit Beginn des Reichstags, Mitte März, zugegen war.[4] Dort wurde er Zeuge, wie Pfalzgraf Friedrich zum obersten Feldhauptmann der eilenden Hilfe gegen die auf Wien marschierenden Türken gewählt wurde und auf den Bestallungsvorschlag antwortete, dass er auch ihn, Philipp, in sein Geschwader aufnehmen möchte.[5] Schon am 29. April verließen Philipp und Ottheinrich Speyer. Ihre Wege trennten sich in Esslingen, von wo Philipp dem König nachritt.[6]

Gegen Ende Mai 1529 begab sich Pfalzgraf Friedrich nach Regensburg. Dort sollten sich die Truppen der Türkenhilfe sammeln, um gemeinsam am 10. August nach Wien zu ziehen. Da sich die Reichstruppen nur langsam einfanden und sich so die Abreise des großen Heeres verzögerte, konnte dieser Termin nicht gehalten werden. Als Boten am 18. August vom unaufhaltsamen Herannahen des türkischen Heeres auf Wien berichteten, schickte Friedrich die bereits in Regensburg stehenden 100 Reisigen und 14 Fähnlein unter der Führung Pfalzgraf Philipps nach Wien voraus, das man Mitte September 1529 erreichte. So konnte die Zahl der Verteidiger

Wiens auf etwa 20 000 Mann erhöht werden (Kat.-Nr. 8.1). Nur fünf Tage später erreichte Sultan Suleiman der Prächtige mit einem gewaltigen Heer das bereits von türkischen Truppen umzingelte Wien, während das große Reichsheer unter der Führung Pfalzgraf Friedrichs noch bei Krems stand. Deshalb beschloss man, die Vorstädte gegen das übermächtige türkische Heer nicht zu verteidigen. Man zog sich in das Stadtzentrum zurück und errichtete Bollwerke und Verteidigungsanlagen. Eine von türkischen Gesandten geforderte kampflose Übergabe der Stadt wies Philipp vehement zurück. Ab dem 8. Oktober rechnete man mit einem baldigen türkischen Großangriff. Philipp trat vor die Verteidiger und ermahnte sie zu standhafter Gegenwehr. Tatsächlich konnte die große türkische Angriffswelle des nächsten Tages, wenngleich mit Mühe, zurückgeworfen werden. Bei weiteren Angriffen mussten die Türken hohe Verluste hinnehmen. Nach wiederholtem Scheitern brachen sie am 14. Oktober die Belagerung ab und zogen sich zurück. Durch seinen besonderen persönlichen Einsatz hatte sich Philipp während der Kämpfe ausgezeichnet und sich so den Beinamen „Bellicosus", der Streitbare, erworben. Fast über Nacht wurde er im ganzen Reich als „Türkensieger" bekannt und verehrt, wenn auch seine Verdienste etwas relativiert werden müssen, denn die Verteidigung Wiens wurde von einem Kriegsrat unter der Leitung von Niklas Graf zu Salm organisiert. Philipp war zwar der ranghöchste Fürst im Heer, hatte aber militärisch nur die Funktion eines Unterbefehlshabers. Ohne das entschlossene Verlagern seiner Truppen in die Stadt und sein Engagement im Kampf jedoch wäre diese wohl nicht zu halten gewesen. Anfang November 1529 verließ Philipp Wien und fuhr mit seinen Leuten auf einem Schiff donauaufwärts.

Philipp blieb im Dienste des Hauses Habsburg. Als einziger Reichsfürst nahm er am 24. Februar 1530 persönlich an der Kaiserkrönung Karls V. durch Papst Klemens VII. in Bologna teil. Er trug bei den Krönungsfeierlichkeiten als Symbol des Reichs den Reichsapfel voran. Hier wurde er auch zum Ritter geschlagen. In der Hoffnung, aus seinen Taten nicht nur Ruhm und Ehre, sondern endlich auch materiellen Vorteil ziehen zu können, blieb Philipp weiterhin auf Seiten der beiden habsburgischen Brüder. 1532 schien diese Treue Früchte zu tragen, denn Anfang Mai trug ihm König Ferdinand beim Regensburger Reichstag das Amt des kaiserlichen Statthalters in Württemberg an. Daneben wurde Philipp von Kaiser Karl V. in Anbetracht seiner Verdienste für das Haus Habsburg mit dem Orden vom Goldenen Vlies ausgezeichnet.

Mit der Einsetzung Pfalzgraf Philipps – für Ferdinand nicht die erste Wahl, sondern mehr eine Notlösung – als Statthalter in Württemberg beabsichtigten die habsburgischen Brüder offenbar auch, Philipps Onkel Kurfürst Ludwig aus dem Kreis der Gegner Habsburgs herauszulösen. Denn durch die politischen Spannungen zwischen dem protestantischen Landgrafen Philipp von

Hessen und den bayerischen Wittelsbachern drohte der Schwäbische Bund, die Stütze der habsburgischen Machtstellung in Südwestdeutschland, zu zerbrechen. Philipp, der nun in Stuttgart residierte und jährlich 4000 Gulden erhielt, tat sich bei der Ausübung seines Amtes schwer. Nur mit Mühe konnte er sich gegenüber den gut organisierten habsburgischen Räten im Land behaupten, zumal sein Handlungsspielraum durch eine Instruktion König Ferdinands von 1531 klar begrenzt war. Dennoch bemühte er sich den politischen Anforderungen gerecht zu werden. Auf militärischem Gebiet, das ihm wohl eher lag, hatte er nicht nur das württembergische Reichsheerkontingent aufzustellen und zu befehligen, sondern er musste das Herzogtum auch gegen den drohenden Angriff der antihabsburgischen Partei vorbereiten. Denn diese ging nach dem Ende des Schwäbischen Bundes 1534 daran, den Habsburgern die Herrschaft in Württemberg gewaltsam zu entreißen und Herzog Ulrich wieder im Land einzusetzen.

Während sich König Ferdinand dafür aussprach, bei dem Angriff Hessens nur die wichtigsten Landesfestungen zu halten und dann Württemberg schrittweise zurückzuerobern, wollte die Stuttgarter Regierung die Entscheidung in einer offenen Feldschlacht suchen. Gegen den Willen Ferdinands zogen die Truppen der Stuttgarter Regierung unter der Führung Pfalzgraf Philipps in den Norden des Landes, um dort den Einfall der Gegner abzuwehren. Es kam am 13. Mai 1534 zur Schlacht bei Lauffen, welche die Hessen klar für sich entscheiden konnten und damit das Ende der habsburgischen Herrschaft in Württemberg einläuteten. Bereits am Tag zuvor wurde Philipp schwer am Fuß verletzt. Zu der Verletzung, die nie mehr ganz heilen sollte, kam die persönliche Schmach, denn die Verantwortung für das habsburgische Scheitern wurde Philipp zugeschrieben. Ein erneutes Eintreten in habsburgische Dienste war für ihn nun aussichtslos geworden.

Philipps Heiratsprojekte

Erst 1533, also kurz vor seinem 30. Geburtstag, begann Philipp mit der Suche nach einer standesgemäßen Gemahlin. Warum er dies vergleichsweise spät tat, lässt sich nur vermuten. Zum einen war der Pfalzgraf ursprünglich für den geistlichen Stand bestimmt und hatte daher auch eine universitäre Ausbildung genossen, zum anderen hatte er „par plussieur resons secretes" nicht an die Ehe gedacht und war lieber Soldat geblieben. Zweifelsohne ist in dieser Formulierung eine Anspielung auf seine Syphiliserkrankung zu sehen. Eine Nachricht des Jahres 1528, der zufolge Königin Maria von Ungarn, die seit 1526 verwitwete Schwester Kaiser Karls, mehr Interesse für den jungen Pfalzgrafen Philipp als für dessen Onkel Friedrich hegen würde, verdient zwar Erwähnung, eine solche Verbindung war allerdings niemals eine ernstzunehmende Option.[7] Pfalzgraf Friedrich, der von Kaiser Karl für eine Heirat mit seiner Schwester Maria in Betracht gezogen

worden war, sah sich der zu diesem Zeitpunkt unerfüllbaren Forderung gegenüber, er solle erst an Stelle seines Bruders Ludwig Kurfürst werden, dann könne er Maria ehelichen[8]; Philipp hatte in diesen Überlegungen keinen Platz und er scheint aus den oben angeführten Gründen zu diesem Zeitpunkt auch noch kein ernsthaftes Interesse an einer Heirat gehabt zu haben.

Ganz anders stellte sich die Situation für ihn im Jahr 1533 dar. Philipp war inzwischen zum Statthalter in Württemberg bestellt worden, Ausdruck seiner Nähe zu Kaiser Karl V. und besonders zu König Ferdinand. Diese Position und seine immerzu gehegten Karriereabsichten im Klientelsystem der Habsburger ließen ihn jetzt wohl an eine Heirat denken, zumal offenbar auch eine Stabilisierung seines gesundheitlichen Zustands erfolgt war. Entscheidend dürfte jedoch der finanzielle Aspekt gewesen sein, da die Einkünfte als württembergischer Statthalter für seine aufwändige Lebensführung bei weitem nicht ausreichten. Nicht zuletzt aufgrund der zahlreichen Versuche, in den Stand der Ehe einzutreten, stieg sein Schuldenstand bis 1541 auf über 400000 Gulden, angesichts der vergleichsweise geringen Einkünfte des Landes eine immens hohe Summe. Abhilfe konnte nur eine einträgliche Heirat schaffen. Giulia von Kalabrien, die bereits nach wenigen Tagen Ehe verwitwete Markgräfin von Montferrat, bildete das erste Ziel der Begehrlichkeiten. Mit dieser Verbindung – so stand zu vermuten – wäre auch eine Verleihung der Markgrafschaft einhergegangen, was Philipps notorische Geldsorgen wohl für immer beseitigt hätte. Doch verfolgten die Habsburger andere Pläne und auch Pfalzgraf Friedrich hatte von dieser Verbindung abgeraten. Montferrat fiel schließlich 1536 an Federigo Gonzaga.

Doch Philipp ließ sich nicht entmutigen und sondierte weitere Möglichkeiten. Noch gegen Ende des Jahres 1533 erschien ihm Prinzessin Hedwig von Polen als lohnende Partie, da sie nicht nur „bis in die 200000 Ducaten zubringen" würde, sondern auf diesem Wege auch das Königreich Polen dem Haus Bayern hätte gesichert werden können. Sein Onkel, Kurfürst Ludwig von der Pfalz, riet mit der Begründung ab, die Polen hätten sich schon in der Vergangenheit als äußerst unzuverlässig erwiesen. Auch von polnischer Seite wurde von einer solchen Verbindung abgesehen, als Philipps Krankheit ruchbar geworden war. Hedwig sollte schließlich mit Markgraf Joachim von Brandenburg verehelicht werden.

Dass Philipp in den Jahren der württembergischen Statthalterschaft auch von habsburgischer Seite in dynastische Überlegungen einbezogen wurde, zeigt das Beispiel Dorotheas von Dänemark, die über ihre Mutter eine Nichte des Kaisers war. Maria von Ungarn hatte den Pfalzgrafen als potenziellen Gemahl ihrer Nichte ins Gespräch gebracht. Doch Karl V. verwarf diesen Vorschlag sogleich und Dorothea heiratete 1535 Philipps Onkel Friedrich.[9]

Nach der Niederlage bei Lauffen war Philipp zur persona non grata der Habsburger geworden. Aufstiegschancen im Königs- oder Reichsdienst waren damit endgültig passé. Umso dringlicher war es nun, mittels einer guten Partie eine standesgemäße Versorgung zu erlangen. Bereits Ende 1535 rückte eine neue Möglichkeit in Philipps Blickfeld: Christine von Dänemark, eine Schwester der erwähnten Dorothea und damit ebenfalls eine Nichte Kaiser Karls, war durch den Tod Francesco Sforzas zur Witwe geworden. Ihr von Hans Holbein d. J. im Auftrag Heinrichs VIII. gemaltes Bildnis (National Gallery, London) aus dem Jahr 1538 belegt die vergebliche Werbung Heinrichs VIII. von England um diese stattliche Braut. Da in dieser Sache die Entscheidung beim Kaiser lag, bemühte sich Philipp verstärkt um Karls Gunst. Gelegenheit hierzu bot der erneut ausbrechende Krieg zwischen dem Kaiser und dem König von Frankreich. 130 Reiter und 150 Fußknechte stellte der Pfalzgraf für den Feldzug gegen Frankreich. Doch sollte diese Anstrengung keinen Erfolg zeitigen, da der Kaiser andere Pläne hegte. Christine wurde mit Herzog Franz I. von Lothringen vermählt.

Zwar setzte Philipp große Hoffnungen auf eine Mailänder Heirat, doch gleichzeitig wurden andere Möglichkeiten erwogen, so eine Ehe mit Marie von Sachsen, der Schwester des sächsischen Kurfürsten. Dieser zeigte jedoch kein Interesse an einer dynastischen Verbindung mit Pfalz-Neuburg, womit auch dieser Plan gescheitert war. Nur wenig später brachte der sächsische Rat Eberhard von Thann mit Isabella erneut eine polnische Prinzessin ins Gespräch; eine mögliche Heirat zwischen Isabella und Philipp dürfte unter anderem auch Gegenstand der Gespräche gewesen sein, die Ottheinrich während seiner polnischen Reise im Winter 1536/37 (Kat.-Nr. 7.3) am Krakauer Hof führte. Mit Anna von Lothringen, der Schwester von Herzog Franz I., kam letztmals eine Prinzessin aus dem Reich in Betracht, ein Plan, der sich aber ebenso schnell zerschlug, wie er aufgekommen war.

Ganz unerwartet sollte sich jedoch 1539 eine neue Möglichkeit auftun, die sich in der Retrospektive als die beste Chance des Pfalzgrafen auf eine Ehe darstellt. Der Nürnberger Kaufmann und Waffenhändler Joachim Gundelfinger, der über gute Verbindungen nach England verfügte, hatte zufällig erfahren, dass der englische König, Heinrich VIII., beabsichtigte seine Tochter Maria mit einem deutschen Fürsten zu verheiraten. Da Gundelfinger auch mit den Fürsten Ottheinrich und Philipp in engem Kontakt stand, waren Verbindungen zum englischen Hof schnell geknüpft. Nach dem Austausch einiger Depeschen lud Heinrich VIII., der auf der Suche nach Verbündeten im Reich war, Philipp nach London ein. Der englische König dürfte sich von einer solchen Heirat ein Bündnis mit der Kurpfalz versprochen haben. Eine Anleihe der Fugger über 1000 Gulden ermöglichte die Finanzierung der Reise, zu der Philipp alsbald aufbrach. Anfang Dezember traf er mit einem kleinen Gefolge in London ein und begann mit den Verhandlungen, die sich über mehrere Wochen hinzogen. Dass sich Philipp

und Maria in diesem Zeitraum auch persönlich begegneten und sich hierbei näher kamen, zeigt ein Bericht des französischen Gesandten, Charles de Marillac. Demnach soll es bei einem Treffen des Pfalzgrafen mit der englischen Königstochter in den Gärten von Westminster sogar zu einem Kuss gekommen sein.

Zu Beginn des Jahres 1540 wurde Philipp in den Hosenbandorden aufgenommen, eine außergewöhnliche Auszeichnung, die gemeinhin als Hinweis auf eine unmittelbar bevorstehende Heirat gewertet wurde. Am 24. Januar 1540 einigten sich beide Seiten auf ein Heiratsabkommen, das die Anerkennung von Marias Illegitimität und zudem eine verhältnismäßig geringe Mitgift vorsah.[10] Philipp trat einige Tage später reich beschenkt die Heimreise an, um sich mit seinen beiden Onkeln und seinem Bruder hierüber zu beraten. Ergebnis dieser Konsultationen war, dass der ausgehandelte Vertrag in seiner vorliegenden Form inakzeptabel sei. Vor allem die Unehelichkeitsklausel Marias erregte Anstoß. Die Reaktion Karls V. zeigt, wie weit die Forderungen des englischen Königs gingen. Als der Kaiser von den Bedingungen des Heiratsvertrags hörte, soll er lachend ausgerufen haben, so werde Heinrich seine Tochter niemals verheiraten können, selbst wenn er noch 60 000 Gulden dazu gäbe.

Wenn Philipp die Hoffnung auch nicht aufgab und unaufhörlich Briefe und Gesandtschaften nach England schickte, so war Heinrich VIII. doch zu keinerlei Zugeständnissen in der Sache bereit. Ein auf den 13. Juni 1541 datiertes Schreiben des Königs zerstörte vorerst jegliche Hoffnung. Philipp versank in tiefe Resignation; die Absage dürfte ihn umso schwerer getroffen haben, da – wie aus den Schreiben Joachim Gundelfingers sichtbar wird – eine echte Zuneigung zwischen Maria und Philipp entstanden war. So berichtete der Nürnberger Kaufmann, dass die englische Prinzessin wahrhaftig „inn E[uer] F[ürstliche] G[naden] verliebtt" sei und auf das Schreiben ihres Vaters hin, welches das Projekt als endgültig gescheitert erklärte, soll Maria „gannz thrauwrig" gewesen sein.

Dass Philipps Wahlspruch „Nichts unversucht" seine tatsächliche Lebenseinstellung wiedergibt, zeigen eindringlich die folgenden Ereignisse. Sehr zur Überraschung des englischen Hofs erschien Philipp im Frühjahr 1543 wiederum vor König Heinrich. Der Versuch, erneut das frühere Heiratsbündnis ins Gespräch zu bringen, blieb allerdings erfolglos, zumal Philipp aufgrund seines forschen Auftretens vom König persönlich aufgefordert worden sein soll England unverzüglich zu verlassen. Philipp blieb – trotz aller Rückschläge und Widrigkeiten – unermüdlich. „Engelland lag ihm immer im sin", so Ottheinrich in der Lebensbeschreibung seines Bruders.[11] Bereits das Jahr 1545 führte ihn wiederum auf die britische Hauptinsel. Dieses Mal konnte Philipp es tatsächlich erreichen, dass das vier Jahre zuvor gescheiterte Heiratsprojekt Gegenstand von Unterredungen mit dem englischen König wurde. Conditio sine qua non war aus Heinrichs Sicht aber die Zustimmung des neuen

Kurfürsten von der Pfalz, Friedrich. Dahinter verbarg sich die Absicht, ein Bündnis zwischen England und den protestantischen Reichsfürsten zustande zu bringen. Philipp wurde im Rang eines Obristen in englische Dienste gestellt und bekam den Auftrag, Truppen für die englische Krone auf dem Kontinent anzuwerben. Das erneut geplante Heiratsprojekt sollte an der ausbleibenden Zustimmung Kurfürst Friedrichs scheitern. Zwar versuchte Philipp nochmals die Aufnahme von Verhandlungen, doch mit Heinrichs Tod am 28. Januar 1547 zerschlugen sich seine Hoffnungen endgültig.

Die hier skizzierten Heiratsprojekte mit Damen der europäischen regierenden Häuser waren nach Philipps Verständnis für seine Person angemessen und standesgemäß, schließlich gehörte er einer der ältesten und vornehmsten Familien des Reichs an. Zudem floss sowohl von mütterlicher als auch von väterlicher Seite her königliches Blut in seinen Adern, was zu einem nicht geringen Anteil zu seiner hohen Selbsteinschätzung beitrug. Doch verkannte Philipp die politische Dimension gänzlich. In all diesen Fällen wurde dynastische Politik betrieben; die Töchter waren hierzu gleichsam das Kapital, das es einzusetzen galt, und der Pfalzgraf konnte seinerseits nicht genügend Gleichgewichtiges in die Waagschale werfen. Seit Philipp mit der Niederlage von Lauffen endgültig aus dem Dienst der Habsburger ausgeschieden war, durfte er auch von dieser Seite auf keinerlei Unterstützung mehr hoffen. Dies war umso nachteiliger, als die materielle Beschränktheit Pfalz-Neuburgs eine eigene Initiative nahezu vollständig verbot und zudem auch von Seiten der Kurpfalz – namentlich von seinen beiden Onkeln Friedrich und Ludwig – keinerlei ernsthaftes Engagement für den jungen Pfalzgrafen zu erwarten war. Philipp hatte sich und seine Möglichkeiten weit überschätzt und bis zuletzt die politische Realität nicht erkannt oder nicht wahrhaben wollen.

Pfalzgraf Philipp – verarmt in Burglengenfeld

Philipp hatte nach der Volljährigkeitserklärung 1522 zunächst die Aufgabe, ein kleines, zersplittertes Fürstentum mitzuregieren, ab 1535 übernahm er die alleinige Verantwortung für den ihm zugesprochenen Landesteil. Die finanzielle Zwangslage und der politische Machtverlust hatten ihn bewogen, die Teilung des Landes und des väterlichen Erbes zu verlangen, was nach mehrwöchigen Verhandlungen unter Aufsicht von Kurfürst Ludwig am 30. März 1535 in einem auf sechs Jahre gültigen Vertrag auch geschehen war. Ottheinrich erhielt rund zwei Drittel des Herrschaftsgebiets der Jungen Pfalz, Philipp etwa ein Drittel mit den Ämtern Lengenfeld, Kallmünz, Schmidmühlen, Hemau, Laaber, Regenstauf, Schwandorf, Flossenbürg, Vohenstrauß, Parkstein, Weiden und Sulzbach. Der Ertrag von jährlich 8 815 Gulden wurde durch darauf anzurechnende Kapitalschuldzinsen in Höhe von 3 165 Gulden und Dienstgelder in Höhe von 843 Gulden und 20 Kreuzern erheblich geschmälert.

Trotz der geopolitischen Randlage sah Philipp sich in der Rolle eines bedeutenden Reichsfürsten und suchte seinen Platz im europäischen Machtgefüge, wenngleich vergeblich. Als Herrscher des eigenen kleinen Fürstentums, der Jungen Pfalz, des oft zitierten „spänlins", wie Ottheinrich es nannte[12], fehlte Philipp trotz seiner umfassenden akademischen, vor allem auch juristischen Ausbildung politischer und wirtschaftlicher Sachverstand. Die Einkünfte aus dem „spänlin" waren für den fürstlichen Unterhalt nicht ausreichend und damit völlig ungeeignet, um von dort aus in die europäische Politik einzugreifen. Es gab in der Jungen Pfalz zwar wertvolle Gold- und Silberbergwerke, eine florierende Schifffahrt und die „goldenen Steige", auf denen Salz und Eisen, Glas und Seide, Gewürze, Edelsteine, Pelze und andere Luxusgüter vertrieben und getauscht wurden. Der Fürst verdiente an jedem Waffenhammer, an jedem Bergwerk, an jeder Mautstelle, an jedem Handels- und Stapelplatz, an jeder Fuhre zwischen Ost und West, Nord und Süd mit, dennoch reichte dies für seinen aufwändigen Lebensstil nicht aus.

Das zunächst gemeinsam regierte Land erbrachte jährliche Einnahmen von etwa 24 000 Gulden. Die Ermahnung der Landstände bei der Volljährigkeitsfeier in „Lengfelld" 1522, nicht mehr auszugeben als einkommen würde und unnötige Reisen zu unterlassen und stattdessen im Land zu bleiben, war bereits ein deutliches Signal gewesen.[13] Schon in den ersten Jahren wurde dennoch mit großem Prunk und Gefolge gereist und repräsentiert, wurden die Huldigungen der Untertanen entgegengenommen und die Gäste auf Reichs- und Landtagen, bei Jagden und Turnieren großzügig bewirtet.

Bis 1552 wurden die neuburgischen Ständeversammlungen mehrfach in Burglengenfeld abgehalten. Damals bestand das gewaltige „Adelige Landgericht" mit seinen zehn bis zwölf adligen Beisitzern noch in vollem Umfang. Die Versammlungen dauerten oft mehrere Wochen, die Gesandten hielten ihre Sitzungen im repräsentativ ausgebauten Schloss und in den Räumen der an der Naabbrücke zu Füßen des Burgbergs gelegenen Großen Kanzlei ab. Vor dem Zusammentritt der Versammlung gab der Lengenfelder Bürgermeister in einem festgelegten Zeremoniell die Namen der Bürger bekannt, bei denen die Ständemitglieder Unterkunft und Verpflegung erhielten. Zahlreiche historische Beherbergungsbetriebe, wie namentlich der „Pfälzer Hof" am Unteren Marktplatz gegenüber dem Rathaus mit seinem prächtigen Renaissancetreppengiebel, deuten diesen bedeutenden Wirtschaftsaspekt noch heute an. Unter der Regentschaft der jungen Fürsten kamen verschiedene Regularien zustande, die direkt oder indirekt auf Probleme schließen lassen. So wurden auf dem Landtag 1524 weitreichende Verbote gegen ausufernde Feste und Gelage erlassen, insbesondere gegen das „bisher gebrauchte Zutrinken, weil aus demselben nur gotslästerung, villerlai Bosheit, Unrath, mord und verderblich Unwill in ganzer teutscher Nation entstanden" sei.[14]

Auf der Reise Ottheinrichs 1536/37 nach Krakau bildete die Lengenfelder Burgresidenz am 29. und 30. November 1536 die dritte Station nach dem Aufbruch von Neuburg und Zwischenaufenthalten in den Ortschaften Sandersdorf und Riedenburg. Eines der Reisebilder, die Ottheinrich anfertigen ließ, zeigt von Südosten aus den mauerumfassten Marktflecken mit dem beherrschenden Burgberg (Kat.-Nr. 7.3 e, f).[15] Im selben Jahr wird Pfalzgraf Philipp in einem Bericht des Sekretärs Cornelius Ettenius, der in päpstlichem Auftrag Lengenfeld aufsuchte, so beschrieben: „Der Pfalzgraf ist ein junger Mann von hohem Wuchs und feinem Ansehen, doch sah er kränklich aus, er war mit dem Kaiser in Frankreich gewesen und hat dort viel gelitten, die meisten der Seinigen verloren, und ist selbst schwer krank geworden ...".[16]

Philipp war ein hochgebildeter und genussorientierter Mensch. Seine eigene Reise- und Abenteuerlust blieb zwar auf den europäischen Kontinent und das englische Königreich beschränkt. Er ließ sich aber berichten von gefährlichen Expeditionen in ferne Länder und den kühnen Seefahrten nach Mittel- und Südamerika, von wo ihm exotische Tiere und Früchte, wie etwa Tomaten, grüne Bohnen, Kaffee, Kakao und Tabak, mitgebracht wurden. Das aus der Neuen Welt stammende Stachelschwein ist Philipp um 1535 auf dem fürstlichen Gobelin im Neuburger Schloss wohl nicht zufällig an die Seite gestellt. Teils wurden die mitgebrachten Früchte weniger als Nahrungsmittel geschätzt als wegen der enthaltenen toxischen Inhaltsstoffe, etwa in der, freilich vergeblichen, Syphilistherapie. Darüber hinaus musste Philipp Schwitzkuren mit Guajak oder „Franzosenholz" über sich ergehen lassen, das vorwiegend von den Augsburger Fuggern aus der Neuen Welt importiert und in eigens eingerichteten Hospitälern angewendet wurde (Kat.-Nr. 7.112).

Nach der Teilung des Fürstentums traten die Fugger mehrfach als Geldgeber für Ottheinrich und Philipp auf, ebenso wie zahlreiche Administratoren, Großgrundbesitzer, Klostervorsteher und die Städte selbst (Kat.-Nr. 7.124). Das Geld wurde für fürstliche Repräsentationszwecke gebraucht, kam aber auch wiederum den Städten und Landständen selbst zugute. Ausführlich beschreibt Pfalzgraf Philipp seinem Bruder etwa in einem Korrespondenzakt von 1536 die Notwendigkeit der Renovierung der Brunnstube und der Wasserleitung zur Lengenfelder Burg, der Großen Kanzlei, des Kirchturms, der Stadtmauer und anderer Gebäude. Zwischen 1537 und 1539 stiftete Philipp dem Markt Lengenfeld drei große Glocken, die bis heute vom Turm der Stadtpfarrkirche St. Vitus geläutet werden.

Ab dem 24. Januar 1539 hatte sich Pfalzgraf Philipp jeweils für längere Zeit in Lengenfeld aufgehalten. Er verstand diese Residenz als seinen eigentlichen Herrschaftsmittelpunkt in der Jungen Pfalz. Vom 22. bis 26. April 1542 fand der 21. Ständetag unter Vorsitz Ottheinrichs wiederum in Lengenfeld „im Saal" statt, womit vermutlich schon der Rathaussaal gemeint ist. Der 36. Ständetag wurde mit 142 Teilnehmern wieder in Burglengen-

feld, und zwar vom 7. bis 15. Januar 1546, im Rathaus abgehalten.[17]

Das Leben auf der Burg zu Lengenfeld (Kat.-Nr. 6.14) dürfte wegen ihrer Ausdehnung und der zahlreichen Wohn- und Wirtschaftsgebäude vergleichsweise komfortabel gewesen sein. So war eine Frischwasserversorgung mit Hilfe von Lasteseln vom Pumpwerk am östlichen Brückenkopf her gewährleistet, die noch zu Philipps Zeiten durch eine holzumfasste, bleierne Wasserleitung ersetzt wurde, in der das frische Wasser vom westlich der Naab gelegenen Brunnberg in beliebiger Menge zugeleitet werden konnte. Dazu genügten reiche Jagd- und Fischgründe, eine prosperierende Bierbrauer- und sogar Weinbautradition und die regelmäßigen Märkte in Lengenfeld, die 1535 neu privilegiert worden waren, gehobenen Ansprüchen an Speis und Trank.

Allerdings beschwerten sich die Lengenfelder Bürger häufig über die aufwändige fürstliche Hofhaltung, die sie mit zusätzlichen Leistungen und Abgaben, mit der Beschaffung von Luxusgütern, der Unterbringung des fürstlichen Hofpersonals und anderen Scharwerks- und Dienstpflichten belastete, so etwa 1535 anlässlich von Philipps Regierungsübernahme, als umgehend eine Klagschrift der Bürger an den Fürsten gerichtet wurde. Die Bürger mussten den Bediensteten auf dem Schloss und den hohen Gästen „stattlich underkhommen" gewähren, „fürnemblichste Herberge und Stallung" für 100 und mehr Pferde, jedoch waren viele Häuser und deren Ausstattung „paufellig, verfault und verödigt", es fehlte an Tüchern, Wäsche, Decken, Stoffen, Geschirr und anderem Ausstattungsgut. Die Landesteilung hatte eine erhebliche Ausweitung des Hofstaats verursacht und damit auch steigende Besoldungskosten. Unter Pfalzgraf Philipp stieg allein die Zahl der Hofabteilungen von neun auf 19 und die der Bediensteten im Schloss auf 113 Personen mit einem Jahressold von mehr als 2300 Gulden an, darunter acht Räte, acht Kanzleiangehörige, zehn Edelleute, zwei Edelknaben, sechs Ärzte, zwei Kirchendiener, acht Chorsänger, ein Bauschreiberamtsverwalter, sechs Forstknechte, sieben Jäger, zwei Torwärter, fünf Wächter, drei Fuhrknechte und mehrere Handwerker und andere Hofleute. Die Verschuldung Philipps stieg um rund das Fünffache auf unermessliche 408561 Gulden an und führte am 4. April 1541 schließlich zur Rücknahme der Landesteilung. Von nun an regierte Ottheinrich allein, übernahm auch die Schulden seines Bruders und teilte diesem eine jährliche Apanage von 1200 Gulden und einen 14-köpfigen Hofstaat zu.[18]

Philipp versank daraufhin in eine schwere Depression, war oft tage- oder gar wochenlang in den Wäldern der Jungen Pfalz verschwunden, zum Beispiel mit nur zwei Bediensteten in einem Fischerhäusl am Wolferloher Weiher südlich von Schwandorf, und lebte für den Rest seines Lebens völlig zurückgezogen vom eigentlichen Hofstaat. In Ottheinrichs Notizen über seinen Bruder (Kat.-Nr. 8.12) heißt es dazu: „Er zog wol gen Neuburg, aber er blib nit lang da, zog wider gen Lengenfeld in die cantzlei, da hielt er armseelig haus, hett oft nit mehr dann 3 personen, darunter einen vom adel, darnach hett er nit mehr dann einen fuehrknecht, der ihne fuehret, blib zu nacht in wälden ligen, undt wo er ainöden wust, da lag er gern undt sonderlich auf dem fischerheuslein auf dem wolfelde. Das trib er an, bis churfürst ihm gab 500 fl. zu einer zubueß, da nam er wider diener an. Ich hett ihn gern bei mir gehalten undt geholfen, sovil mein vermögen wer gewest, er wolt ihm aber nit helfen lassen… Also wider kranck von Augspurg herab zogen, da er nun ein weil ist hieunden gewest vorn reichstag, dann er mit den 1000 fl. nit wust auszukommen. Darauf ihm ein spitziges schreiben ist kommen vom churfürsten, er soll sich darnach einziehen, er wiß, künd undt woll ihm nit mehr geben. Wie im solcher brief kummen undt gelesen, hat er geweinet undt gesagt: Ach Gott, was soll ich mich einziehen, es tet nöter, wie ich stetz kranck bin, ich nem ein balbierer an, hab ich doch niemand, dann 6 person, 4 pferdt, 2 bueben im stall. Dis schreiben ist meim bruedern bis in sein tod ingelegen, da heußt verhindert an guet undt am leben."[19]

Für die Marktgemeinde Lengenfeld sollte Philipp jedoch noch in seinen letzten Jahren große Bedeutung haben. Zum einen verlieh er ihr gemeinsam mit seinem Bruder Ottheinrich am 15. November 1542 die Stadtrechte mit Wappen, Stadtfarben und allen bisher gültigen Privilegien. Ausdrücklich wird im Urkundentext darauf hingewiesen, dass „Wir, Hertzog Philipps ain zeitlang vnser fürstliche Hofhaltung daselbst gehabt vnd derhalb mit rechtem wissen vnd zeitlichem Rat gedachten Margkt zu einer Stat gemacht vnd darauf privilegirt vnd gefreit". Zum anderen begründete er nur vier Tage später eine „Reiche Almosenstiftung" bei der ursprünglichen Pfarrkirche St. Georg in der Vorstadt, aus der bis auf den heutigen Tag alljährlich arme und alte Bürger der Stadt unterstützt werden.

Die Stadt sollte sich dank des neuen Status positiv entwickeln, so wurde die Verstärkung der Stadtmauern und der Tore, die Pflasterung der Straßen und die Brückenerneuerung in Angriff genommen. Der Aus- und Umbau des Rathauses hingegen schien den Bürgern angesichts der eigenen Schuldenlast unmöglich, doch Philipp empfahl dem Magistrat sein eigenes „Patentrezept": „Vnnd nachdem sie anzeigen das Sy zuerrichtung solcher Gepäu mit geltt nit gefasst seyen oder zuentlehnen wissen. Zudem das sie hievor In grossen Schulden stegken, so ist unsers gnedigen Herrn meynung, das Sye nochmals mit allem vleis nachforschung haben sollen, geltt umb verzinsung aufzubringen, und angeregts Gepäu damit zu errichten, dagegen ist seine fürstlich Gnaden erpittig, berürte Summa geltts In ain oder zwein Jaren sampt dem Zinns also das Sy des gar kein Nachteil oder Schaden haben sollen, selbst wiederumb bezallen, oder Sy gegend denen davon Sy es entlehent haben, entheben zu lassen."

Im Sommer 1543 ging die Burglengenfelder Epoche unter Pfalzgraf Philipp definitiv zu Ende. Noch einmal begab er sich zu Kaiser Karl V. nach Brüssel, um seine Dienste anzubieten, doch wiederum vergeblich. Auch Ottheinrich hatte inzwischen finanziell Schiffbruch erlitten, sodass Philipp ihm nach Heidelberg folgen musste. Am 8. August 1544 erfolgte die offizielle Einladung sich in Heidelberg niederzulassen mit einer jährlichen Pension von 800 Gulden, die Philipp von Kurfürst Friedrich zugesagt wurde, zuzüglich 600 Gulden Rente aus dem Testament seines Großvaters Philipp des Aufrichtigen. Im September 1545 siedelte Philipp nach Heidelberg über und begab sich dort in Behandlung des kurfürstlichen Leibarztes Dr. Johannes Lang, was aber nur kurzfristig zu einer Besserung seines Gesundheits- und Gemütszustands führte. Am 4. Juli 1548 starb der Pfalzgraf im Alter von noch nicht 45 Jahren in Heidelberg und wurde zwei Tage später in der Heiliggeistkirche beigesetzt. Ein prachtvolles Grabmal für Philipp – eine Doppelstele mit umlaufenden Inschriften – ließ Ottheinrich dort errichten, das den Dreißigjährigen Krieg aber nicht überdauern sollte.

Die Tragik von Philipps Leben verdeutlichen wie kein anderes Zeugnis die wenigen Worte Ottheinrichs in der Schrift „Philipsen Klag" über das Ende des Bruders: „… ich glaub, in vil jahren kein fürst nie also elendiglich ist gestorben, onangesehen, was ihm für widerwertiges begegnet ist, sonder ietzt in elendt und armuet gestorben."[20] Sie stellten gleichsam die Bilanz seines Lebens dar.

Anmerkungen
 1 Rott 1912, Schriften, S. 160
 2 Baumann 2002, S. 56
 3 RTA 1963, Bd. 7,1, S. 268, Anm. 2
 4 RTA 1963, Bd. 7,1, S. 564, 740
 5 RTA 1963, Bd. 8,2, S. 828
 6 RTA 1963, Bd. 7,1, S. 858
 7 RTA 1963, Bd. 7,2, S. 1100
 8 Hasenclever 1935, S. 359
 9 Hasenclever 1921, S. 259–294
10 Dobmeyer 1914, Beilage 8
11 Rott 1912, Schriften, S. 164
12 Rott 1912, Schriften, S. 160
13 Cramer-Fürtig 1995, S. 230 ff.
14 Reisach 1800, S. 477 f.
15 Marsch 2002, S. 334 ff.; Marsch/Biller/Jacob 2001, Kommentarbd. S. 108 ff.
16 zitiert nach Arendt 1839, S. 491
17 Cramer-Fürtig 1995, S. 224 ff.
18 Cramer-Fürtig 1995, S. 52
19 Rott 1912, Schriften, S. 164–166
20 Rott 1912, Schriften, S. 167

Literatur
Appl/Berwing-Wittl/Lübbers 2003; Bergerhausen 2003; Dobmeyer 1914; ADB, Bd. 26, 1888, S. 18–27; Rott 1912, Schriften, darin „Philipsen Klag". Ott Heinrichs Lebensbeschreibung seines Bruders, des Pfalzgrafen Philipp, S. 160–167.

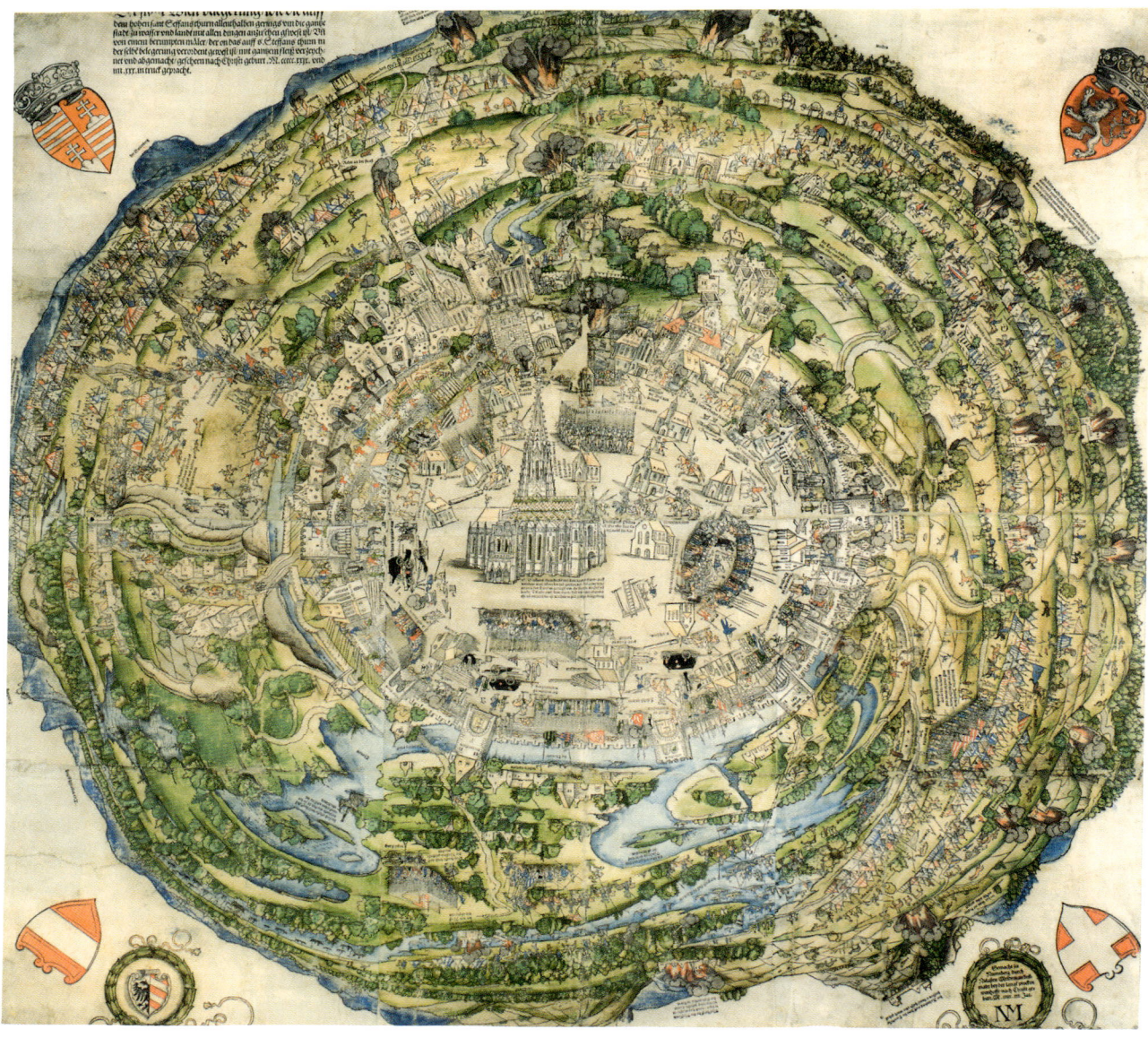

8.1

8.1

Der stat Wien belegerung

Hans Sebald Beham (1500–1550); Nürnberg, 1530; Holzschnitt/Papier, koloriert, gedruckt von sechs Holzstöcken, 81,2 x 85,6 (R); Historisches Museum der Stadt Wien (48.068)

Auf dem 1530 in Nürnberg gedruckten Rundbild ist die Belagerung Wiens durch die Türken im September und Oktober 1529 bis ins kleinste Detail dargestellt. Durch zentrale Inschriften und die Ausrichtung des Stephansdoms ergibt sich zunächst eine Nord-Süd-Blickrichtung. An den Ecken des Rundbilds befinden sich links oben neben der Hauptinschrift das ungarische Wappen, rechts oben das böhmische Wappen, links unten der österreichische Bindenschild, rechts davon im Lorbeerkranz das Wappen der Stadt Nürnberg und rechts unten das Wappen der Stadt Wien. Links daneben nennt sich Niklas Meldemann als Verfertiger des Bildes. Letzterer war nach dem Ende der Belagerung Ende Oktober 1529 mit finan-

zieller Unterstützung der Stadt Nürnberg nach Wien gereist. Er gelangte dort in den Besitz einer einzigartigen Vorlage, von der die Hauptinschrift links oben vermeldet: „Der Stadt Wien belegerung, wie die auff / dem hohen sant Steffansthurn allenthalben gerings vm die gantze / Stadt zu wasser vndt landt mit allen dingen anzusehen gevest ist / Vn von einem berumpten maeler, der on das auff s. Steffans thurn in / der selbe belgerung verordnet gewest ist / mit gantzem fleiß´ verzeychnet vnd abgemacht / gescheen nach Christi / geburt. MCCCC XXIC vnd / im XXX in truck gepracht". Auf diesem authentischen Zeugnis basierend, wurde die Druckvorlage in Nürnberg nach Hans Sebald Behams Zeichnung geschnitten und von Niklas Meldemann gedruckt.

Das Rundbild ist allerdings nicht nur in einer Blickrichtung zu betrachten, sondern muss als auf einem Tisch liegender Plan umschritten bzw. gedreht werden. Standpunkt des unbekannten Malers war der Turm des Stephansdoms. In der Mitte ist die Wiener Altstadt zu sehen. Die Bevölkerung war vor dem heranrückenden türkischen Heer zu einem großen Teil geflohen, sodass von etwa 3 500 wehrfähigen Bürgern kaum 400 zurückgeblieben waren. In letzter Minute war Herzog Philipp mit 100 Reisigen und 14 Fähnlein als Vorauskommando des Reichsheers Mitte September nach Wien gekommen, sodass sich die Zahl der Verteidiger auf ca. 20 000 Mann erhöhte. Pfalzgraf Philipp ist als wichtigste Person in die Mitte des Bildes gerückt. Er reitet von rechts auf den Stephansdom zu, wobei eine Inschrift ihn als „Pfaltzgraff Philips obrister vber das kriegsvolck der stat" bezeichnet. Um die Stadt zieht sich ein doppelter Befestigungsring. Eingezeichnet sind auch alle Stadttore und Stadttürme, von denen der wichtigste der „Kerner thurn" (Kärntner Tor) war, auf den sich die Hauptangriffe des türkischen Heeres konzentrierten. Da für den Ausbau der bereits 100 Jahre alten inneren Stadtmauer Zeit und Geld fehlten, betrieb man in den Sommermonaten 1529 unter großen Anstrengungen den Ausbau der Hindernislinie zur Sicherung der Vorstädte. Die Annäherungshindernisse bestanden jedoch lediglich aus kurzen Palisadenreihen oder niedrigen Mauern, in der Hauptsache aber aus oben zugespitzten Stangen mit durchgeflochtenen Ästen, die – wie auf dem Bild an vielen Stellen zu sehen ist – den Angreifern Schutz vor den Ausfällen der Verteidiger boten. Auch die in letzter Minute zu einem großen Teil von den Verteidigern niedergebrannten, aber nicht vollständig zerstörten Häuser der Vorstädte waren für die angreifenden Türken von Vorteil.

Auf dem Rundbild sieht man die teilweise bereits zerstörten Stadttore und -mauern und die türkischen Angreifer, die schon in den äußeren Befestigungsring vorgedrungen sind. Im oberen linken Bildviertel erstreckt sich das gewaltige Lager des türkischen Heeres mit dem Prachtzelt Suleimans, auf das sich ein kleiner Zug von Reitern zubewegt, die auf ihren Lanzen Köpfe aufgespießt haben. Mit sieben anderen Reitern musste der Fähnrich Christoph Zedlitz von Gersdorff, der bei einem Ausfall von 500 Panzerreitern bereits am 23. September gefangen genommen worden war, die Köpfe von gefallenen Mitstreitern und erschlagenen Kranken aus dem Spital von St. Marx aufspießen und sie dem Sultan vorführen.

Nach einem letzten vergeblichen Sturmangriff am 14. Oktober, der sich auf das Kärntner Tor konzentrierte,

8.2

brach das türkische Heer die Belagerung ab und zog sich zurück. Möglicherweise hoffte man noch, die Stadt im Handstreich erobern zu können. Die Angst der Verteidiger zeigt eine weitere grausige Szene rechts vom Stephansdom. Dort wird gezeigt, wie zwei Knechte, die unter Folter ihren Verrat an die Türken gestanden hatten, für die Vierteilung vorbereitet werden. SL

Kaiser Karl V. 2000, S. 192–194; Kaiser Ferdinand I. 2003, S. 411f.; Wien 1529 1979, S. 59 und 63; Düriegl 1980; Bisanz 1980; Bergerhausen 2003.

8.2

Kaiser Karl V. im Kampf gegen die Türken und der Entsatz von Wien 1529

aus einer Serie von acht Holzreliefs; Nürnberg, um 1570/80; Kirschholz, 25,5 x 14,7; Kunsthistorisches Museum, Wien (KK 3948)

Die Serie von acht kleinformatigen Kirschholzreliefs aus dem Besitz von Kaiser Matthias fußt auf einer zwölfteiligen Kupferstichfolge von Dirck Volkertsz. Coornhert (1556) nach Entwürfen von Marten van Heemskerck, die in Anspielung auf die zwölf Taten des Herkules zur Verbreitung des unsterblichen Ruhms von Karl V. beitragen sollte. Die subtil geschnittenen Täfelchen zeigen zugleich die Angelpunkte seiner militärischen Auseinandersetzungen: der Kampf gegen den Protestantismus und die Osmanen sowie seine Bemühungen um territoriale Zugewinne in den Niederlanden und Italien.

Bei der Umsetzung der querformatigen Stichvorlage in das hochrechteckige Format des Kunstkammerstücks verankerte der vermutlich in Nürnberg tätige Bildschnitzer die Figuren in einem weiten Landschaftsraum. Abweichend von den historischen Tatsachen – Ferdinand verfolgte als Stellvertreter des Kaisers die Belagerung Wiens von Linz aus, Karl selbst kam erst 1532 nach Wien – reitet der Herrscher in voller Rüstung, gefolgt von seinem Bruder über das Schlachtfeld mit gefallenen Türken und Kaisertreuen hinweg, seine Siegerrolle im Kampf gegen den osmanischen Feind im christlichen Europa eindrucksvoll vor Augen führend.

Ungeachtet der Frage, ob die Reliefserie vielleicht als Modell für die Umsetzung in ein anderes Material, beispielsweise in Silber, gearbeitet war, sind die Täfelchen als Dekoration für ein repräsentatives Möbel vorzustellen.　S H

Tietze-Conrat 1920/21, Bd. 35, S. 150, Nr. 7; Kaiser Karl V. 2000, S. 359 f., Kat.-Nr. 436.

8.3

Belagerung von Wien 1529 und Ansturm der Türken

Abguss des Reliefs von der Tumba des Grafen Niklas Salm; Gips, bronziert, 41 x 82 und 40,5 x 56,5; Historisches Museum der Stadt Wien (31.570 und 17619)
Original: Loy Hering (um 1485 – um 1555); vor 1546

Zu Ehren des Habsburger Feldherrn Graf Niklas Salm (1459–1530) ließ der König und spätere Kaiser Ferdinand I. (1503–1564) bald nach dessen Tod am 4. Mai 1530 die monumentale Tumba des Verstorbenen in der Kirche des Wiener Augustinerchorherrenstifts zu St. Dorothea in der Nähe des ehemaligen Wohnsitzes von Salm aufstellen. Das bei der Profanierung von St. Dorothea 1787 gerettete Grabmal brachte man 1879 in die Votivkirche, wo es seitdem steht. Geschaffen wurde es von dem damals vor allem in Eichstätt tätigen Loy Hering nach unterschiedlichen Vorlagen aus dem Dürer-Kreis und Melchior Feselens.

8.3a

8.3b

320

Auf der Deckplatte ist der Verstorbene in voller Rüstung kniend vor dem Kreuz dargestellt. Die Flachreliefs an den Seiten zeigen verschiedene Schlachten, an denen Salm, der seit seiner Pagenzeit am Hof Ferdinands III. in habsburgischen Diensten stand, teilnahm. Bei der Bekämpfung der Bauernaufstände im Auftrag Ferdinands I. 1525 ging er nach eigenen Worten „ohne schonung, so das wenig ubrigblieben" vor. Berühmt wurde er für seinen Sieg im Zweikampf mit König Franz I. von Frankreich in der Schlacht von Pavia am 24. Februar 1525, wobei Franz I. in die Gefangenschaft Karls V. geriet, und bei der Verteidigung Wiens 1529, wo Salm als Siebzigjähriger den Oberbefehl über die Truppen König Ferdinands führte.

Die Verteidigung Wiens wird auf der Längsseite des Grabmals aus einer Art Vogelschau dargestellt. Auf dem Relief, das die Belagerung von Wien zeigt, ist im Vordergrund zu sehen, wie Sultan Suleiman auf sein am linken Bildrand erkennbares Prachtzelt zureitet. Im Mittelgrund ist der Fluss Wien mit einer Brücke zu erkennen, dahinter die zerstörte Wiener Vorstadt mit weidenden Tieren. Am oberen Bildrand ist der innere Stadtmauerring dargestellt, westlich und östlich davon die Breschen, die die Angreifer durch Unterminierung in die Mauern gesprengt haben; die Rauchschwaden sind durch die Sprengungen entstanden. An diesen Stellen erfolgte dann, wie ein weiteres Relief zeigt, der Hauptangriff des türkischen Heeres (Kat.-Nr. 8.1). Im Vordergrund ist das türkische Lager mit dem Zelt des Sultans zu erkennen, in dem durch den geöffneten Vorhang ein turbanbekrönter Kopf zu sehen ist – wohl ein Seitenhieb auf den Sultan, von dem behauptet wurde, er habe sich während der Schlacht in seinem Zelt verkrochen.

Salm wurde bei dem hier dargestellten ersten türkischen Großangriff am 9. Oktober 1529 schwer verletzt. Bei der Verfolgung der sich zurückziehenden Türken ab Ende Oktober 1529 konnten die königlichen Truppen unter Salm und Roggendorf in Nordungarn noch wichtige Städte besetzen, doch verschlechterte sich Salms Gesundheitszustand weiter. Er starb nach längerem Siechtum am 4. Mai 1530, ein knappes halbes Jahr nach der erfolgreichen Abwehr der Türken vor Wien.   SL

Kaiser Ferdinand I. 2003, S. 195, 530; Wien 1529 1979/80, Katalog und Textband, S. 38–40, 90f.; Düriegl 1980; Bisanz 1980; Schikola 1970.

8.4

Riefelküriss Pfalzgraf Philipps des Streitbaren

Nürnberg, um 1525; Eisen geriefelt, Leder, 190 x 75 x 55; Kunsthistorisches Museum, Wien, Hof-, Jagd- und Rüstkammer(A 238)

Im ersten Jahrzehnt des 16. Jahrhunderts entwickelte sich in Deutschland der Riefelharnisch. Die Oberfläche der Harnische wurde in Anlehnung an die plissierte textile Tracht mit feinen Graten dekoriert. Die kannelierte

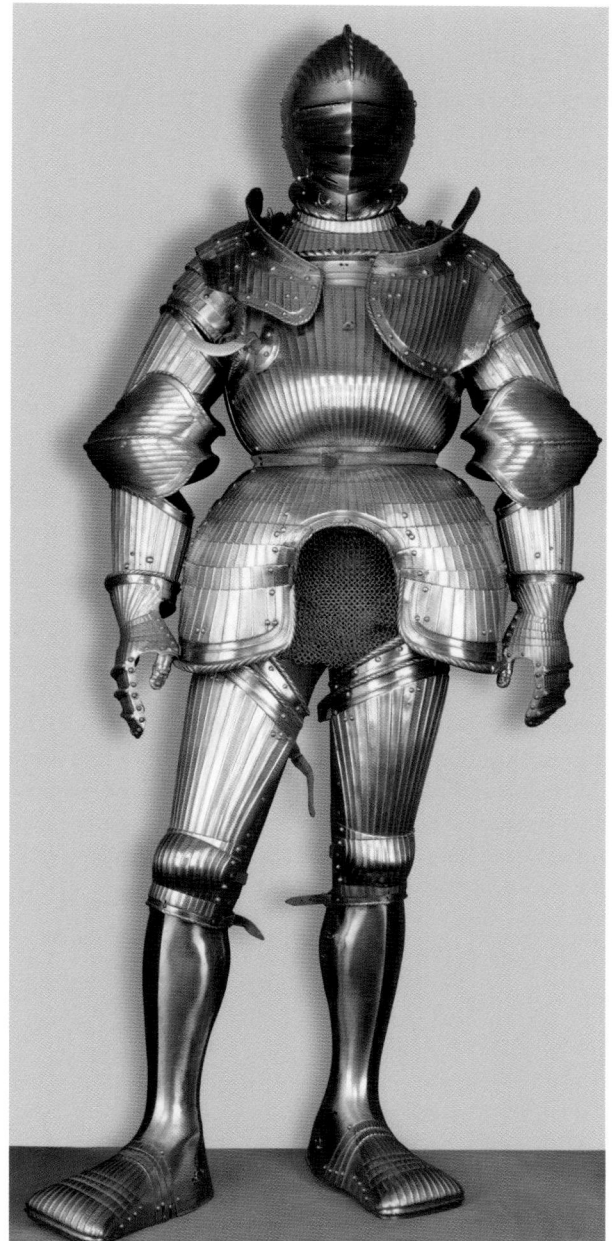

8.4

Oberfläche ermöglichte ein funkelndes Spiel des Sonnenlichts auf den Rüstungen, was nicht zuletzt die Beliebtheit dieser Mode erklären mag. Abgesehen von den optischen Eigenschaften erhöhte die Riefelung auch die Festigkeit der Harnischteile, wodurch die Plattner die Rüstung bei gleich bleibender Widerstandskraft dünner und damit leichter machen konnten. Die für die Herstellung der Riefelung erforderliche Präzisionsarbeit erhöhte jedoch die Kosten, sodass diese sehr teure Mode noch vor der Jahrhundertmitte wieder verschwand.

Der Harnisch stammt aus dem alten Bestand der Heldenrüstkammer Erzherzog Ferdinands II. aus Schloss Ambras.   MP

Boeheim 1889, Nr. 140; Grosz/Thomas 1936, S. 41; Schrenck von Notzing 1981, Taf. 32; Auer/Gamber 1981, S. 73.

8.5

Pfalzgraf Philipp der Streitbare

Peter Gertner (nachweisbar 1521–1541), 1531; Tempera
und Ölfarbenlasuren/Fichtenholz, 67,3 x 50; Bayerisches
Nationalmuseum, München (R 28)

8.5

1529 war Pfalzgraf Philipp bei der Belagerung Wiens mit
einer Reitertruppe den Verteidigern zu Hilfe gekommen
und hatte entscheidend zum Abzug der Türken beigetragen. Das brachte ihm auf dem Regensburger Reichstag
von 1532 das von Kaiser Karl V. verliehene Goldene Vlies
und den Namen eines Bellicosus (der Streitbare oder
Kriegerische) ein. Als solcher erscheint er in dem Bildnis,
das Ottheinrich von ihm in Auftrag gab. Es ist wohl identisch mit demjenigen, das ein Neuburger Inventar nennt:
„Mehr wie sain Fl.g. [Fürstliche Gnaden] vom Türckhen-
zug Anno 29 haimkhommmen ist". Der Held von Wien
trägt ein Straußenfederbarett, hat die Hand am Schwert-
griff, dessen Knauf das Gebet „Aus Not hilf Got" ziert,
und gibt den Blick auf die von den Türken berannte
Stadt Wien frei. Der umfangreiche lateinische Text auf
der Brüstung lautet übersetzt: „Glück muss man immer
erhoffen; und wenn es sich auch denen, die danach streben, nicht unaufhörlich [einstellt], so stellt es sich doch
denen, die sich große Verdienste erwerben, zu gegebener
Zeit umso reicher ein. Lasst es uns daher versuchen: Je
mehr wir es [das Glück] wünschen, umso würdiger wollen wir uns selbst zeigen."   K L

Wagini 1987, S. 14; Löcher 1993, S. 34 ff. 38 ff.; Löcher 2004/2005
(im Druck).

8.6

Cavalcata Karls V. anlässlich der Kaiserkrönung 1530

Nikolaus Hogenberg (um 1500 – vor 23. September 1539);
1530–1536; Radierung/Pergament, koloriert, 47 x 34,2;
Herzog August Bibliothek Wolfenbüttel (4.1 Hist 2°)

Für Karl V. bedeutete die Kaiserkrönung durch den Papst
in Bologna am 24. Februar 1530 eine über die Wahl der
Kurfürsten hinausgehende Legitimation und eine Stärkung seiner politischen Position, die er für die Wahl seines jüngeren Bruders Ferdinand zum Römischen König
und seinen Nachfolger einsetzten konnte. Dies war
Grund genug für fast alle Reichsfürsten, der Krönung
Karls V. in Bologna fernzubleiben. Die Ausnahmen
machten Georg von Württemberg, der Bruder Herzog
Ulrichs, und Philipp, der Bruder Ottheinrichs. Philipp
erhoffte sich aus der Unterstützung des Habsburger
Herrscherhauses eine Förderung seiner politischen Ambitionen. Nachdem er bei der Verteidigung Wiens 1529
große Verdienste erworben hatte (Kat.-Nr. 8.1), bekam er
die ehrenvolle Aufgabe, beim Krönungszug von Kaiser
und Papst durch die Stadt Bologna den Reichsapfel vor-
anzutragen. Diesen Triumphzug hat der in München geborene Maler und Kupferstecher Nikolaus Hogenberg in

dem bis dahin umfangreichsten Werk der Radiertechnik
festgehalten. Der über acht Meter lange Fries besteht aus
38 kolorierten Großfolio-Blättern mit zwei Widmungs-
blättern. Auf dem 24. Blatt ist Philipp zu sehen, den die
Unterschrift als „PHILIPEXPALATIN • RHE• ETBAVA-
DVCIB", also als „Philipp aus der Pfalzgrafschaft bei

8.6

322

Rhein und Herzog von Bayern", ausweist. Er sitzt auf seinem sich aufbäumenden Pferd, das von einem Diener am Zaumzeug gehalten wird. In der linken Hand trägt er den Reichsapfel. Bekleidet ist er mit blauem, hermelinbesetztem Mantel und Hut.   SL

Kaiser Karl V. 2000, S. 160 f.; Karl V. 1958, S. 58; Bergerhausen 2003; Dobmeyer 1914; Rott 1912, Schriften, S. 143.

8.7

Einzug Karls V. in Augsburg 1530

Jörg Breu d. Ä. (1475/76–1537); Augsburg, 1530 oder wenig später; Holzschnitt/Papier, 21,–31 x 37,8–40,6; Herzog-Anton-Ulrich-Museum Braunschweig, Kunstmuseum des Landes Niedersachsen (5350 a-k)

8.7

Vom Augsburger Reichstag 1530 sind zwei Bildzeugnisse überliefert, welche die Beteiligung der beiden Wittelsbacher Brüder an zentralen Ereignissen, dem Einzug des Kaisers und der Verlesung der Confessio Augustana (Kat.-Nr. 8.8), zeigen. Die Neuburger Herzöge nutzten diesen Reichstag auch intensiv zur eigenen Repräsentation. So bestand ihr Reisezug aus 200 Pferden und während der ganzen Dauer des Reichstags verköstigten sie täglich 130 Personen. Allerdings musste Philipp vorzeitig abreisen, weil ihn erneut seine „Franzosen-Krankheit" plagte und er sich „ins Holz legen" musste (Kat.-Nr. 7.111 f.).

Dem sechsmonatigen Reichstag in Augsburg 1530 kam über die religiösen Fragen hinaus große Bedeutung zu. Die Rückkehr des in Bologna am 24. Februar 1530 gekrönten Kaisers nach neun Jahren ins Reich und die Friedensschlüsse mit Frankreich und Rom gaben Anlass für große Feierlichkeiten. Zugleich galt es eine Fülle von inneren und äußeren Konflikten zu klären, wie die anhaltende Türkengefahr, die Krise des Reichsregiments seit 1524/25 sowie die mit der Konfessionsfrage verbundene Auseinandersetzung zwischen Kaiser und Reichsständen um die Machtverteilung im Reich. Dem mittelalterlichen Gewohnheitsrecht entsprechend, wurde der Herrscher in einer feierlichen Prozession von den Ständen und Stadtvertretern zu seiner Herberge geleitet. Dieses Ereignis bildete den ersten Höhepunkt des Reichstags. Vor allem Karl V. nutzte seinen Einritt, um sich als Oberhaupt des Reichs und der Kirche zu präsentieren. Die Hierarchie des Reichs mit dem Kaiser an der Spitze, gefolgt von den Kurfürsten, Fürsten, Adligen und Städten, spiegelte sich in der Abfolge der Prozession wider.

Jörg Breu d. Ä. griff für seine zehnblättrige Holzschnittfolge die wichtigsten Motive heraus. Er stellte die

Ereignisse so dar, dass er zwar Unterstützung des habsburgischen Machtanspruchs signalisierte, diesen aber zugleich in Frage stellte, indem er etwa den Pomp von Karls Gefolge karikierend darstellte oder den protestantischen Kurfürsten Johann von Sachsen besonders hervorhob (Cuneo 1998, S. 159 ff.). Überzeugend hat Cuneo nachgewiesen, dass auf dem siebten Blatt die bayerischen und Pfalz-Neuburger Wittelsbacher Regenten dargestellt sind. Wilhelm IV. und Ludwig V. – beide mit Bart – rahmen Ottheinrich und Philipp links und rechts ein. Ungewöhnlich ist allerdings, dass Ottheinrich ohne Bart dargestellt ist, denn er erscheint auf allen Abbildungen nach 1522 mit Bart; auch von diesem Reichstag gibt es eine Darstellung, die den bärtigen Herzog zeigt (Kat.-Nr. 8.8). Philipp ist an seinem schmalen Gesicht und dem geraden Haarschnitt, wie ihn auch das Gemälde Hans Baldungs von 1519 (Kat.-Nr. 6.8) zeigt, zu erkennen.   SL

Aulinger 1980, S. 86, 193–200, 328–346; „...Wider Laster und Sünde" 1997, S. 137; Cuneo 1998, S. 139–177; Kaiser Karl V. 2000, S. 174.

8.8

Verlesung der Confessio Augustana 1530

a) Georg Köler (1599–1638); Nürnberg, 1630; Kupferstich/Papier, 35,8 x 48,1; Staats- und Stadtbibliothek Augsburg (Graph 22/10)

b) H.I.B.F. mit Typendruck von Johann Ulrich Schönig; Augsburg, 1656; Kupferstich/Papier, koloriert, 61,7 x 35,5, Platte 30,1 x 34,9; Staats- und Stadtbibliothek Augsburg (Graph 21/6)

Im Sommer 1530 reisten die Pfalzgrafen Ottheinrich und Philipp zum Reichstag nach Augsburg. Der mehrere Monate dauernde Aufenthalt der Neuburger Fürsten verschlang knapp 80 000 Gulden, was die jährlichen Einkünfte des Fürstentums um mehr als das Dreifache überschritt.

Am 25. Juni 1530 wohnten sie der Übergabe der Confessio Augustana bei. An diesem Tag wurde im bischöflichen Kapitelsaal das 28 Artikel umfassende evangelische Bekenntnis auf Deutsch öffentlich vor den Reichsständen verlesen und dem Kaiser übergeben. Zwar existiert keine zeitgenössische Darstellung des Geschehens, doch gibt ein Kupferstich von 1630 dieses recht genau wieder. Johann Saubert hatte für seine anlässlich des Reformationsjubiläums 1630 erschienene Schrift „Miracula Augustanae Confessionis" „zimliche Mühe und Arbeit" darauf verwendet, „auß den alten Tabellen, Picturen, Conterfeyen und glaubwürdigen Historien", ein genaues Bild der Ereignisse zu rekonstruieren. Nach Sauberts Angaben fertigte der Nürnberger Maler Michael Herr (1591 bis 1661) eine heute in der Nationalbibliothek Paris befindliche Zeichnung an, die Georg Köler (1599 – 1638) in Kupfer stach (a). Auf der linken Seite des Kaisers sind durch die erläuternden Ziffern (11 und 12) bzw. ihre Physiognomie Ottheinrich und Philipp in der Reihe der weltlichen Fürsten gut zu erkennen.

Der anlässlich des seit 1650 jährlich am 8. August stattfindenden Augsburger Friedensfestes für Augsburger Schüler 1656 gestochene kolorierte Kupferstich (b) geht wie viele andere Stiche auf Georg Köler zurück. Wie dort sitzen die beiden Neuburger Fürsten – jetzt namentlich gekennzeichnet – neben ihren bayerischen Vettern und ihrem ehemaligen Vormund Friedrich II., nun allerdings auf der rechten Seite des Kaisers mit dem Rücken zum Betrachter, durch die seitliche Drehung der Köpfe aber gleichwohl gut erkennbar. Der Kupferstich wird ergänzt durch ein gedrucktes Blatt mit den 21 Artikeln des ersten Teils der Confessio Augustana. S L

Salzer 1886, S. 50; Rott 1912, Schriften, S. 115; Reformation und Reichsstadt 1996, S. 95; 350 Jahre Augsburger Hohes Friedensfest 2000, S. 72; Welt im Umbruch 1980, Bd. 1, S. 178 f.; Jesse 1981, S. 92 f.; Marsch 1980, S. 62–65.

8.9

Kassette des Pfalzgrafen Philipp

Loy Hering (Werkstatt); Eichstätt, 1534; Holz, Steinreliefs, 20 x 26 x 23; Wittelsbacher Ausgleichsfonds, München (M II b 256)

In diesem Kästchen verwahrte Philipp wahrscheinlich seine Siegel. Hierfür sprechen der Typus des Behältnisses und die aufwändige Machart. Die furnierte Tischlerarbeit mit eingelassenen Steinreliefs auf Deckel und Vorderwand ist ebenso einzigartig wie das Dipytchon Ottheinrichs (Kat.-Nr. 7.65). Das quadratische Deckelrelief gibt unter der Jahreszahl 1534 das Wappen der Pfalzgrafen wieder, den gevierten Schild mit den Löwen an erster und vierter Stelle, den Wecken an zweiter und dritter. Sicheres Kennzeichen dafür, dass sich das Kästchen im

8.9

Besitz Pfalzgraf Philipps befand, ist die um das Wappen gelegte Kette des Ordens vom Goldenen Vlies. Philipp war zu dieser Zeit der einzige unter den bayerisch-pfälzischen Fürsten, dem diese hohe Auszeichnung verliehen worden war. Das Ornament auf der Stirnseite des Kästchens besteht aus symmetrisch von verschnürten Stämmen in der Mitte ausgehenden Blättern mit Trauben und an beiden Seiten halbe, in Zonen gegliederte und oben mit Delphinen besetzte Balluster oder Vasen. Die massiven Eisengriffe an den Schmalseiten, die über aus Silber getriebenen Rosetten befestigt sind, ermöglichen das Anheben des durch die Steinplatten ungewöhnlich schweren Kästchens. Das ebenfalls mit Nussholz furnierte Innere wurde wahrscheinlich im 17. Jahrhundert mit Marmorpapier überklebt. S L

Renaissance im deutschen Südwesten 1986, Bd. 2, S. 783; 475 Jahre Fürstentum Pfalz-Neuburg 1980, S. 119.

8.10

a) Der Regensburger Vertrag

4. April 1541; Ausfertigung, Libell/Pergament, sechs beschriebene Bll., Pergamenteinband, 37,5 x 28,5, mit Fürstensiegeln Pfalzgraf Friedrichs, Pfalzgraf Ottheinrichs und Pfalzgraf Philipps an weiß-blauer Kordel; Bayerisches Hauptstaatsarchiv, München (Pfalz-Neuburg Urkunden Landesteilungen und Einungen 855)

b) Schuldenregister Pfalzgraf Philipps

Regensburg, 4. April 1541; Ausfertigung, Libell/Papier, 61 beschriebene Bll., Pergamenteinband, 32,5 x 22,5, mit Siegel Pfalzgraf Philipps an weiß-blauer Kordel; Bayerisches Hauptstaatsarchiv, München (Pfalz-Neuburg Urkunden Landschaft 288)

Nach seinem Scheitern als Reichsstatthalter Württembergs ging es Pfalzgraf Philipp um die Wahrung seiner fürstlichen Reputation als Voraussetzung für einen Neu-

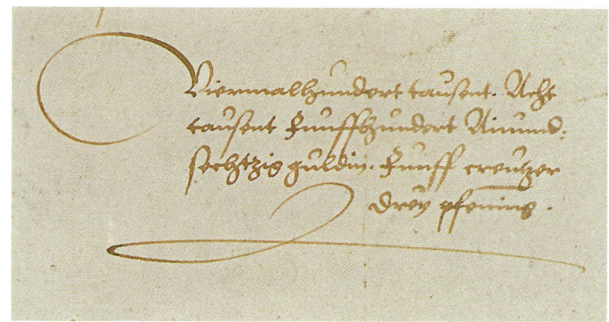

8.10

anfang. Deshalb kehrte er in die Junge Pfalz zurück und verhandelte mit seinem Bruder Ottheinrich über eine eigene Hofhaltung und eine standesgemäße Ausstattung aus den neuburgischen Besitzungen. Auf Vermittlung Kurfürst Ludwigs V., der schließlich einen Vergleich zwischen dem zunächst eher ablehnend reagierenden Ottheinrich und seinem Bruder zustande brachte, wurde am 4. Januar 1535 die so genannte „Heidelberger Abrede" geschlossen, die eine sechsjährige Nutzteilung Pfalz-Neuburgs und die Aufteilung der zahlreichen bis dahin aufgelaufenen Zahlungsverpflichtungen der Neuburger Fürsten brachte. Aus der anlässlich der Landesteilung vorgenommenen ersten Gesamtschuldenaufstellung des Fürstentums wird ersichtlich, dass sich die Verbindlichkeiten auf rund 340 000 Gulden beliefen; sie wurden im Verhältnis 2 (Ottheinrich) zu 1 (Philipp) aufgeteilt. Trotz der anfänglichen Warnungen Ottheinrichs und seiner Neuburger Räte vor den negativen Auswirkungen einer zweifachen Hofhaltung durch die Landesteilung stiegen die Schulden immer schneller, bis sie 1541 im Schuldenberg Pfalzgraf Philipps und schließlich 1544 im Bankrott Pfalzgraf Ottheinrichs gipfelten. Die Hauptursachen für Philipps Schulden waren der Ausbau der Residenz in Burglengenfeld mit der Einrichtung einer aufwändigen Hofhaltung sowie in erster Linie die mit seinen Heiratsprojekten in den Jahren 1535 bis 1541 anfallenden hohen Unkosten.

Der brüderliche – auf Vermittlung des Onkels Pfalzgraf Friedrich auf dem Reichstag zu Regensburg zustande gekommene – Vertrag beendete die Landesteilung und überließ Ottheinrich die Alleinregierung gegen Übernahme sämtlicher Schulden Philipps – in Höhe von insgesamt mehr als 416 000 Gulden – und gegen Zahlung einer Apanage von jährlich 1200 Gulden an seinen Bruder. Aus dem Gesamtschuldenregister Philipps wird das Spektrum der Geldgeber und Kreditoren ersichtlich, das von Räten und Landständen auf dem Nordgau, in Württemberg und der benachbarten Oberpfalz über südwestdeutsche Reichsstädte bis hin zu Kaufleuten aus Nürnberg, Regensburg und Augsburg sowie Frankfurter Juden bzw. Regensburger Hoffaktoren reicht.　　MCF

Cramer-Fürtig 2002, S. 109–111; Cramer-Fürtig 2005

8.11

Bittbrief Philipps an den Bischof von Speyer

Heidelberg, 28. Juli 1545; Handschrift/Pergament, 25,2 x 31, ohne Siegel; Generallandesarchiv Karlsruhe (77/8828)

Auf Drängen Ottheinrichs holte Kurfürst Friedrich im Jahr 1545 seinen Neffen Philipp, der sich psychisch und finanziell in schlechtem Zustand befand, zu sich nach Heidelberg. Um eine Unterkunft in der Stadt musste sich Philipp jedoch selbst bemühen. Er fand wohl in einem der Häuser Quartier, die Ottheinrich in den Jahren 1544/45 am Kornmarkt erworben hatte und selbst bewohnte.

Bereits im September 1544 hatte Friedrich seinem weitgehend mittellosen Neffen eine jährliche Pension von 500 Gulden gewährt, da dieser mit seinen jährlichen Einnahmen von 600 Gulden aus dem großväterlichen Erbe und 1200 Gulden von der Landschaft nie auskam. Allerdings reduzierte der Kurfürst die Summe am 18. Juni 1545 auf 200 Gulden. Philipp stand nun vor dem finanziellen Ruin und wandte sich am 28. Juli 1545 an den Speyerer Bischof Philipp von Flersheim mit der Bitte, ihm „zway oder dreyhundert gulldin auf ain Jarlanng anlehensweis furzestregken". Er begründete sein Ansinnen damit, dass er sich erst vor kurzer Zeit in Heidelberg niedergelassen habe, „aber dißmals gar nit mit gellt zu vnnser haushalltung vnnd taglicher ausgab versehen" sei. Dieser Versuch Philipps, sich Geld zu leihen, war kein Einzelfall. Sein ganzes Leben hindurch suchte er immer nach neuen Kreditgebern, was seine zahlreichen erhaltenen Schuldbriefe belegen.　　TA

Dobmeyer 1914 (Druck), S. 125, Beil. 11; Berwing-Wittl 2003; Salzer 1886; Rott 1912, Schriften, S. 164 und 184.

8.12

Hertzog Philippsen pfaltzgrafen, hertzog Ruebrechts pfaltzgrafens sone, ann o 1503 zu Haidlberg geboren, leben und sterben kurtz verzaichnet durch seiner f. gn. bruder hertzog pfaltzgraf Otthainrichen

1548; Handschrift/Papier, Aktenband, 33,5 x 12,3; Bayerisches Hauptstaatsarchiv, München (Fürstensachen 995 [II spec. lit. E. fasz. CXXII])

Der regierende Fürst Ottheinrich verfasste unmittelbar nach dem Tod seines Bruders 1548 eigenhändig eine mitfühlende Lebensbeschreibung. Deren Titel lautet: „Beschreibung hertzog Philipsen, pfaltzgraven bei Rhein leben undt taten, wie solche von Ihr f.gn. bruedern hertzog Otthainrichen mit aigen handen uffgezaichnet worden". Ottheinrich hatte, wie er in einem Brief an Friedrich II. vom Juli 1548 beklagt, seinen Bruder als „unnsern negsten liebsten unnd vertrauten", „mit dem wir Inn unnsern anliegennd[en] notten bekummernussen unnd anstossen, vertraulich werden. Auch trostennd rat suechen konnden", verloren.

Diese Lebensbeschreibung ist in verschiedenen Formen überliefert. Während von dem eigenhändigen Original nur noch eine Abschrift des Neuburger Archivars Johann Christof Öfelin vom Beginn des 17. Jahrhunderts vorhanden ist, hat sich der hier gezeigte Entwurf erhalten, den Ottheinrich seinem Sekretär diktiert hatte. Geschildert wird das Leben Philipps von der Geburt bis zum Tod, wobei auch vieles ausgelassen wird, was etwa mit einem „Daheim war auch nit vil" angedeutet ist. Das Leben Philipps erscheint in der Sicht seines Bruders Ottheinrich als ein einziges Scheitern, wobei dafür allerdings nicht Philipp, sondern andere Personen und Umstände verantwortlich gemacht werden. Dabei schrieb Ottheinrich auch über sein eigenes Leben. Viele seiner Aussagen treffen auf seinen eigenen Lebensweg zu. „Daß er [Philipp] vater undt muter, den eltisten brueder nit im leben gesehen hab, sunder im bairischen krieg alle drei in sechs wochen gestorben …" „Daß der bayrisch krieg ihn [Philipp] in der wiegen ergriefen hab." „In seiner [Philipps] kindthait hertzog Jörgen land, darzu er ein erben neben mir was, gar genummen, den großen schatz verkriegt. Der Cöllnisch spruch tailt ihme [Philipp] auf einem spänlin zue, das man vor mit haufen genommen het. Nota: Hertzog Jörg hat einkommen gehabt 120 000 fl., ist uns [Philipp und Ottheinrich] zugetailt worden 24 000 fl."

Über Philipps Erziehung und Bildung schreibt Ottheinrich, „daß er wol erzogen sei, … zu Padua in Italia auch studirt, das ihm doch an der lernung wol angeschlagen", aber all dies „hat ihm nit können bei großen herren nutz machen". Seine durch das Studium geweckte Liebe zu den Wissenschaften wird hervorgehoben; so soll er auch auf den Feldzügen stets Bücher gelesen und den Ruf eines gebildeten Fürsten erworben haben.

Philipps Beitrag zur Verteidigung von Wien würdigt Ottheinrich nur kurz. Aber er beklagt, dass „Philipp kein belohnung oder verehrung worden wie andern, die (die) statt hetten gern aufgeben". Gering schätzt der zum Protestantismus konvertierte Ottheinrich die Verleihung des höchsten katholischen Ordens, des Goldenen Vlieses, an Philipp, wenn er lakonisch bemerkt, „der kaiser [hat] ihm [Philipp] sein gulden schaf [eine spöttische Anspielung auf das Symbol des Ordens, das Widderfell] oder orden (ordo aurei velleris) angehengt", und nutzt auch dies wie an vielen weiteren Stellen dazu, die Habsburger anzuklagen, denn man habe „ihm [Philipp] kein gnad dabei erzeigt, auch nicht in seiner armut …, sondern sein aigen gelt verzehrt".

Eindringlich berichtet Ottheinrich von dem erbärmlichen Leben Philipps nach der Übergabe Pfalz-Neuburgs an Ottheinrich, wobei unverkennbar ist, dass Ottheinrich hier seinem Ärger gegenüber dem ehemaligen Vormund und jetzigen Kurfürsten Friedrich II. Luft macht. So stellt er die Reaktion Friedrichs auf eine Bitte Philipps um finanzielle Unterstützung ausführlicher dar: „Darauf

ihm [Philipp] ein spitziges schreiben ist kommen vom churfürsten [Friedrich II.], er soll sich darnach einziehen, er wiß, künd undt woll im nit mehr geben. Wie im [Philipp] solcher brief kummen undt gelesen, hat er geweinet undt gesagt. Ach Gott, was soll mich einziehen, es tet nöter, wie ich stets kranck bin, ich nem ein balbierer an, hab ich doch niemand, dann 6 person, 4 pferdt, 2 bueben im stall. Dis schreiben ist meim bruedern bis in sein tod ingelegen, das heußt verhindert an guet undt am leben." Ebenso bringt Ottheinrich sein eigenes Anliegen zur Sprache, wenn er beklagt, dass Philipp auf die Kurfürstenwürde habe warten müssen, bis Ludwig V. (1478 bis 1544) und Friedrich II. gestorben waren – das Anrecht auf diese Würde besaß ja zunächst er selbst als älterer Bruder.

Den Charakter einer Rechtfertigungsschrift nimmt die Lebensbeschreibung dort an, wo Ottheinrich seinem Bruder die Schuld an der Teilung von 1535 und der damit verbundenen Erhöhung der Schuldenlast gibt. Zwar gesteht er ein, dass „wir" schuldig gewesen seien, doch betont er, dass er nicht teilen wollte „noch wolt mein brueder tailt haben". Dies ist nur so zu lesen, dass Ottheinrich dies nicht wollte –, denn „ich [Ottheinrich] gedacht wol, daß zwu regierung nicht möcht ertragen, undt zuletzt mir [wir?] müesten mit großer schuld das land widergeben, wie dann leider geschehen ist".

An vielen Stellen wird jedoch die enge Verbundenheit Ottheinrichs mit seinem Bruder deutlich. Als Philipp an den königlichen Hof reitet, hätte er es „vil lieber gesehen, er [Philipp] wer gar bei mir bliben". Die mitfühlenden Schilderungen der körperlichen Leiden Philipps durchziehen wie ein roter Faden den Bericht, am Ende gipfelnd in der Beschreibung seiner letzten Lebenswochen: „So schlug es doch wider umb undt kam ihm [Philipp] der magen wee wider undt hat also 6 wochen lang stets schmertzen gehabt bis an sein endt. Doch ist der kopf undt die vernunft gut bliben. Haben sich sonst auch kranckheit zu tragen, als die leber war gantz entzündt, das wasser oder harn stet sich in darnach in pladern, item der gries; hat auch ein hartes hertzen. Mit diser kranckheiten muest er ohn unterlaß 6 wochen lang gedult haben, wie er hett, aber an der vernunft ist ihm nit abgangen. In 4 tagen hat er nit geredet, auch gar wenig von pomeranzensaft ein können bringen. Was auch der prediger M. Wolfgang meim bruedern gebeten undt getröst, hat er alles verstanden undt gut zeichen geben zu sterben, wie er auch getont hat, am 4 tag juli gegen der nacht, nach den 8, christlich in gott verschieden, dem gott ein frölich urstend verlei. Ist also mein lieber brueder seelig zeitlich davon zu reden vor ein fürsten elendiglich gestorben, das ich glaub, in vil jahren kein fürst nie also elendt ist gestorben, onangesehen, was ihm für widerwertiges begegnet ist, sonder ietzt in elendt undt armuet gestorben." SL

Rott 1912, Schriften, S. 42–45; Poensgen 1956, Gestalt und Werdegang, bes. S. 39–42; Dobmeyer 1914; Kirch 2003, bes. S. 172–174.

8.13

Porträt und Epitaph Pfalzgraf Philipps

Dominicus Custos (1559–1615); Innsbruck, 1603; Kupfer-
stich/Papier, 46 x 32; Historischer Verein Neuburg an der
Donau (G 928)

In seinem zuerst 1601 erschienenen Bildinventar der
Waffensammlung Ferdinands II. von Tirol in Schloss
Ambras stellte Jakob Schrenck von Notzing die Rüs-
tungsträger mit ihren Waffen in einer Art Heldengalerie
zusammen. Unter den 125 Kupferstichen des in Augsburg tätigen niederländischen Kupferstechers Dominicus Custos befindet sich eine Darstellung Pfalzgraf Philipps, die auch in mehreren Einzelexemplaren überliefert
ist. Wie die anderen Personen steht Philipp in typischer
Kontrapost-Haltung innerhalb einer mit Ornamenten,
Pflanzen und Figuren in der Art der Spätrenaissance
reich verzierten Nische aus Säulen, Pfeilern und einem
Architrav. Er ist in seinem Riefelküriss (Kat.-Nr. 8.4) dargestellt; die eisernen Fausthandschuhe, die so genannten
Hentzen, und der prächtige Mantelhelm mit üppigem
Federbusch liegen auf dem Boden. Anstelle des Helms
trägt er ein Barett. Er ist mit dem Orden vom Goldenen Vlies, den er 1531 verliehen bekommen hatte, geschmückt. Die linke Hand umfasst den Knauf seines auf
den Boden weisenden Langschwerts, die rechte stützt
den Marschallstab in die Hüfte.

Die Rückseite des Blattes enthält die ausführliche
lateinische Lebensbeschreibung des Pfalzgrafen sowie
die Wiedergabe der lateinischen Inschrift des nicht erhaltenen Grabmals, das Kurfürst Ottheinrich 1550 für seinen Bruder hatte errichten lassen. Das vermutlich von
den Brüdern Bernhard und Arnold Abel aus Köln geschaffene lebensgroße Denkmal stand vor dem Chor in
der Heiliggeistkirche, in welcher der wahrscheinlich in
den 1540er-Jahren zum Protestantismus konvertierte
Pfalzgraf Philipp bestattet war. Die Inschrift lautet (in
der Übersetzung von Carl Schefer): „1548 / Nichts unversucht / H. Philips Pfaltzgraf. / Der du rings umher die anderen Denkmäler besichtigst, Besucher, / verweile ein wenig und lies auch dies wenige hier, es dauert nicht lange. /
Vielleicht ist dir der Ruhm des Herzogs Philipp zu Ohren gekommen, / den der berühmte Hof des Pfälzer Hauses hervorgebracht hat. / Er hat das pannonische Wien
gegen den Feind verteidigt / und ängstliche Männer von
der Belagerung erlöst, / damals, als die thrakischen Tür-

8.13

ken alles verwüsteten / und die norischen Königreiche
von unvorhergesehener Furcht zitterten./ Bald auch erfüllte er den großen Erdkreis mit seiner Tüchtigkeit, /
nützlich hier durch Kriegskunst, nützlich dort durch
friedliche Tätigkeit. / Diese Erde hier deckt den vereh-
rungswürdigen Leichnam, /hier gab er seine Seele, hier
sein Leben Gott zurück. / Wenn dich Ehrfurcht, wenn
dich gerühmte Tugend nur irgend bewegt / und Glaube,
mit höchstem Adel verbunden, / dann wünsche, dass, was
von seinem Leib bleibt, in ruhigem Frieden ruhe, / dass
die Erde die bestatteten Beine nicht zu hart drücke; /
denn der zu den Schlössern des Himmels erhobene
fromme Geist / hat mit Christus, dem er angehört, für
alle Zeiten gesiegt." SL

Land im Mittelpunkt der Mächte 1984, S. 401f./ Berwing-Wittl
2003; Neumüllers-Klauser 1970, S. 143f., 157f.; Dobmeyer 1914;
von Reitzenstein 1939, S. 250 f.

Die Ahnen der Pfalzgrafen Ottheinrich und Philipp; Beginn der mütterlichen Linie, Detail
Bayerisches Nationalmuseum, München (Kat.-Nr. 2.8)

9 Das Herzogtum

Michael Cramer-Fürtig
Frühmoderne Staatsbildung in Pfalz-Neuburg

Zweifacher Staatsbildungsprozess

Staatsbildung vollzog sich im Fürstentum Pfalz-Neuburg in der ersten Hälfte des 16. Jahrhunderts in zwei Phasen: Die 1505 per Reichsentscheid am grünen Tisch erfolgte politische Landesgründung, die erst 1509 nach langwierigen Verhandlungen zum Abschluss kam (vgl. den Beitrag von Ferdinand Kramer), wurde ergänzt durch einen inneren Herrschafts- und Staatsformungsprozess, der entgegen jüngst geäußerter Forschungsthesen[1] geradezu als Musterbeispiel für die Ausbildung des frühmodernen Territorialstaats im 16. Jahrhundert gelten kann. So lassen sich in der Jungen Pfalz bis zum ersten größeren Kontinuitätsbruch in ihrer herrschaftlichen und konfessionellen Entwicklung im Jahr 1546, als die kaiserlichen Truppen Neuburg im Schmalkaldischen Krieg eroberten, die Merkmale frühmoderner Staatlichkeit am Ausbau von zentralherrschaftlichen Einrichtungen, an der Aufrichtung des landesherrlichen Kirchenmonopols und an der Institutionalisierung landständischer Partizipation im Ausschuss-, Steuer- und Schuldentilgungswesen exemplarisch aufzeigen. Im Gegensatz zu der noch weitgehend an den Hof gebundenen Einheitsverwaltung in den wittelsbachischen Teilherzogtümern des 15. Jahrhunderts gab es in dem an der Wende zur Neuzeit geschaffenen Fürstentum Pfalz-Neuburg eindeutige Tendenzen zur Ausdehnung, Intensivierung, Konzentration und Bürokratisierung des landesherrlichen Herrschaftsapparats. Als zweite Gewalt im Land waren die Neuburger Landstände an der Ordnungsleistung des Staates durch politische Kompetenzen auf den Ständetagungen und Mitwirkung bei der außerordentlichen Finanzverwaltung beteiligt. Aber auch ständische Mitbestimmung und Selbstverwaltung waren modernstaatlichen, dauerhaften Organisationsformen untergeordnet, die Pfalz-Neuburg nicht mehr als unsystematischen Lehens- und Personenverband des Spätmittelalters, sondern als institutionellen Territorial-, Stände- und Finanzstaat der frühen Neuzeit kennzeichnen.

Frühmoderne Verwaltungsformen

Der Ausbau der Neuburger Verwaltung, insbesondere auf der Ebene der Zentrale, lässt sich an verschiedenen Faktoren festmachen, unter anderen an der Zunahme der zur Gewährleistung der inneren Ordnung erforderlichen gesetzgebenden Tätigkeit, die in der steigenden Zahl von Policey-, Landes- und Verwaltungsordnungen zum Ausdruck kommt: Die ab 1523 deutlich anwachsende Publikation territorialer Ordnungen belegt den verstärkten landesherrlichen Zugriff der 1522 für regierungsfähig erklärten Pfalzgrafen Ottheinrich und Philipp auf Stände und Untertanen. Auch wenn die pfalz-neuburgischen Policeyordnungen der ersten Jahre im Vergleich zur Verwaltungs- und Gesetzesproduktion der großen Territorien Kurpfalz und Bayern, an die sich die Neuburger Gesetzgebungs- und Verwaltungspraxis anlehnte, zahlenmäßig eher bescheiden ausfielen, spiegeln sie doch eine laufend verdichtete und wachsende Staatlichkeit im neuen Fürstentum wider.[2] Zudem zeigen die im Repertorium der Policeyordnungen der Frühen Neuzeit erfassten Verwaltungsmaßnahmen der mit der Jungen Pfalz vergleichbaren kleineren oder mittleren Reichsterritorien, dass die staatliche Regelungsleistung der Neuburger Territorialherren in der ersten Hälfte des 16. Jahrhunderts nicht unbedeutend war. Voraussetzung für den Anstieg zentralherrschaftlicher Aktivitäten in Pfalz-Neuburg ab 1522 war, dass die spätmittelalterliche Landesverwaltung als reine Hof- und Gelegenheitsverwaltung durch eine moderne Behördenorganisation abgelöst wurde. Mit dem Regierungsantritt der Pfalzgrafen Ottheinrich und Philipp lassen sich systematische Bemühungen um ständig tätige, kollegial organisierte und vom fürstlichen Hof abgehobene Zentralbehörden mit geregeltem Verfahren und festgeschriebenen Kompetenzen nachweisen. Das Anwachsen der landesherrlichen Aufgaben führte in allen für die Ordnung, Sicherheit und Friedenswahrung wichtigen Bereichen der Regierung, Rechtsprechung und Finanzwirtschaft zur Normierung, Ressortbildung und Rationalisierung der Verwaltung: Ab 1522 ist der pfalz-neuburgische Rat in den Quellen „als formiertes Kollegialorgan und oberstes Regierungsgremium mit festen Dienstzeiten, festem Amtssitz, regelmäßigen Versammlungen und genauen Verfahrensregeln"[3] mit einer eigenen, 1523 erlassenen Geschäftsordnung fassbar. Die für die verwaltungsmäßige Umsetzung der Regierungsbeschlüsse und rechtserheblichen Vorgänge zuständige Kanzlei als Schaltstelle der frühneuzeitlichen Verwaltung erhielt ihren ausgeprägten Behördencharakter ebenfalls nach 1522: Ab 1527 lässt sich in den Quellen ein neues Kanzleigebäude nachweisen, 1530 regelt eine eigene, auf der Oberpfälzer Kanzleiordnung von 1525 aufbauende Kanzlei- und Räteordnung die wichtigsten Verwaltungsabläufe und ab 1535 sitzt infolge der zunehmenden „Verrechtlichung" fürstlicher Herrschaftsausübung ein bürgerlicher Jurist auf der Stelle des obersten Leiters der Regierungs- und Verwaltungsgeschäfte. Zur Entlastung der Rechtsprechung des Rats wirkte in Neuburg ein eigenes Hofgericht, das als selbstständige Behörde Erstinstanz für höhere Standespersonen und Appellationsinstanz für streitige Fälle war. Da anfangs keine einheitliche Gerichtsordnung für das zerrissene Land vorlag, übernahm das Neuburger Hofgericht die Funktion, das aus unterschiedlichen Rechtsgebieten zusammengesetzte Fürstentum zu rechtlicher Festigung und Geschlossenheit zu führen, zumal mit den vom König 1521 verliehenen Evokations- und Appellationsprivilegien eine selbstständige Gerichtsverfassung gewährleistet war. Wie in vielen kleineren und mittleren Territorien des Alten Reichs in der ersten Hälfte des 16. Jahrhunderts hatte sich auch in der Jungen Pfalz innerhalb der Finanzverwaltung eine Vorform kollegialer Organisation herausgebildet. Aus verschiedenen Quellen zu Rechnungsaufnahmen geht hervor, dass sich zunächst ein fallweise einberufenes, zuständigkeitshalber aber gleichbleibendes Gremium „verordneter Rechenmeister" (Hofmeister, Kammermeister, Rentmeister und Hofkastner) in der Rentstube des Kanzleigebäudes einfand, um die abgelegten Rechnungen zu kontrollieren. Erst unter dem infolge der Übernahme der Schulden Ottheinrichs und Philipps 1544 gebildeten Ständeregiment ist eine selbstständig arbeitende, zentrale Instanz zur Lenkung der Einnahmen- und Ausgabenverwaltung belegt.

Einordnung der Kirche in den Staat

Neue Zuständigkeiten erreichten die Neuburger Landesherren auch in kirchlichen Angelegenheiten: Schon die Kirchenherrschaft der Vorreformationszeit hatte es ihnen ermöglicht, auf der Basis von Schutz- und Vogteirechten Landesherrschaft über Kirchen und Klöster auszuüben. Doch erst der 1542 vollzogene Religionswechsel und die damit verbundene Aufrichtung des landesherrlichen Kirchenregiments bewirkten eine völlige Umgestaltung der bestehenden Kirchenverwaltung: Auf Anraten des Reformators Andreas Osiander (1498–1552), den der nach dem Konkurs seines Bruders Philipp seit 1541 allein regierende Pfalzgraf Ottheinrich mit der Durchführung der Glaubensänderung beauftragt hatte, wurde die neue Landeskirche mehrstufig organisiert. So zeigt sich die Einführung neuer administrativer Strukturen sowohl auf zentraler Ebene, wo eine zunächst allerdings auf den Neuburger Hofprediger beschränkte Superintendentur als erste für Kirchenfragen zuständige Stelle eingerichtet wurde, als auch auf lokaler Ebene, wo landesherrliche Kastner und weltliche Pröpste den Kirchen- und Klosterbesitz verwalteten. An der Spitze stand der Neuburger

Landesfürst, der quasi als „Notbischof" die weltliche und geistliche Leitung der neuen Landeskirche übernahm, indem er die Aufsicht über Kirchengut, Pfarrer und Gemeinde ausübte, aber auch Kompetenzen in Seelsorge, Schul- und Erziehungswesen, Ehe- und Familienberatung sowie Armen- und Krankenfürsorge ausübte. Die Allianz Ottheinrichs mit der Kirche reichte aber noch weiter: Indem Pfalz-Neuburg eine von den Diözesen Augsburg, Bamberg, Eichstätt und Regensburg unabhängige Landeskirche ausbildete, konnten bereits vorhandene Kirchenhoheitsrechte zur Staatskirchenhoheit verdichtet werden. Die Einführung der Reformation in der Jungen Pfalz brachte somit nicht nur die Einordnung der Kirche in den Staat, sondern förderte den gesamten Prozess der Verstaatlichung: Kirchenhoheitsrechte als wesentlicher Bestandteil der neuzeitlichen „superioritas territorialis" und Sozialdisziplinierung der konfessionell vereinheitlichten Untertanen waren dabei wesentliche Grundlagen für das von landesherrlicher Seite angestrebte Herrschafts- und Besteuerungsmonopol.

Ständestaat Pfalz-Neuburg

Dass die Neuburger Landesfürsten wie die meisten Territorialherren des 16. Jahrhunderts keine Steuerhoheit kannten, geht auf das Steuerbewilligungsrecht der Landstände zurück, die nach dem Bankrott Ottheinrichs in den Jahren 1544 bis 1546 sogar die Regierung und Verwaltung des Fürstentums übernehmen sollten. Zeitlich parallel zur Ausbildung der Landesverwaltung auf regionaler und vor allem auf zentraler Stufe – aufgrund der räumlichen Zersplitterung in fünf unzusammenhängende Landesteile und der überschaubaren Größenverhältnisse des Landes gab es in der Jungen Pfalz keine Mittelinstanzen – bildete die Häufigkeit der Landtage und Ausschüsse der pfalz-neuburgischen Landstände gleichsam das Gegenstück zum Ausbau der fürstlichen Verwaltung. Bereits 1508 war es auf dem ersten Landtag in Neuburg zur Institutionalisierung der Beziehungen zwischen Fürsten und Ständen gekommen. Wenn zwischen 1508 und 1546 in knapp 40 Jahren 36 ständische Tagungen (17 Landtage, 15 Ausschusstage und vier erweiterte Ständeversammlungen) stattfanden, ist dies allein schon ein deutlicher Hinweis auf die starke Position der im Grunde nur in Notfällen einberufenen Landstände als zweiter Herrschaftsfaktor im Land. Auf den ersten Blick scheinen die Landtage, die sich nicht für die Durchführung permanenter Verwaltungsaufgaben eigneten, zu überwiegen, bei genauerer Untersuchung der politischen Arbeit der Stände auf und zwischen den Vollversammlungen lassen sich jedoch insgesamt 57 Ausschussberufungen feststellen. Auch wenn die Aktivitäten dieser Ausschüsse im Einzelnen keinen schriftlichen Niederschlag gefunden haben, können mithilfe der Landtagsakten Aussagen über die administrativen Aufgaben der Ausschussgremien im Bereich der Steuer- und Schuldenverwaltung getroffen werden. Bei allen von den Neuburger Landesfürsten einberufenen Ständetagungen drehte es sich um Geld: Landtag ist Geldtag. Bis auf wenige Ausnahmen – Beratung einer Gerichts- und Landesordnung – kümmerten sich die Ausschüsse um die Verwaltung der außerordentlichen Steuern, die Sicherung der landesherrlichen Kredite und die Tilgung der fürstlichen Schulden, von 1544 bis 1546 darüber hinaus um die gesamte Konkursverwaltung des Landes. Diese Zuständigkeiten waren verbunden mit einer Fülle von Geschäften, die ähnlich wie die Anforderungen in der frühmodernen landesherrlichen Verwaltung effizient erledigt werden mussten, wie die Erarbeitung von Steuerordnungen, die Veranlagung von Steuern, die Verwaltung von Steuereinnahmen und -ausgaben oder die Durchführung von Verhandlungen mit Bürgen und Gläubigern. Auf der einen Seite leisteten die pfalz-neuburgischen Landstände mit der Verwaltung der außerordentlichen Finanzen, Steuern und Kredite also einen nicht zu unterschätzenden Beitrag zur Entfaltung frühneuzeitlicher Staatlichkeit, auf der anderen Seite sicherten sie durch Steuerbewilligungen ihre partikularen Privilegien, die einer einheitlichen Staatsgewalt und damit der von den Landesfürsten angestrebten souveränen Landeshoheit entgegenstanden.

Finanzstaat Pfalz-Neuburg

Der enorme Geldbedarf der ersten Neuburger Landesfürsten Ottheinrich und Philipp kennzeichnet das junge Staatsgebilde als Finanzstaat, in dem die landesherrlichen Ansprüche, aber auch die wachsenden Aufgaben immer mehr Kosten verursachten und damit den Stellenwert der Geldwirtschaft nicht nur in Regierung und Verwaltung deutlich anhoben. Allerdings war die Junge Pfalz von Beginn an von erheblicher Finanznot geprägt, die durch den Landshuter Erbfolgekrieg verursacht worden war: Die von Neuburg übernommenen Kriegsschulden betrugen über 100 000 Gulden, zahlreiche Ämter waren vom Krieg betroffen und erwirtschafteten deshalb geringere Erträge. An Konsolidierung des Staatshaushalts war in den ersten Jahren nicht zu denken, weil zur Rückzahlung von Kriegsforderungen fast die Hälfte der pfalz-neuburgischen Finanzverwaltungsstellen verpfändet oder zu Lehen vergeben und damit fiskalisch nicht nutzbar war. Der Ausverkauf an regulären Einkünften aus Kammergut und Regalien führte zwangsläufig zu außerordentlichen Geldbeschaffungsmaßnahmen wie Kreditfinanzierung und Steuererhebungen. Nach einer überschlägigen, auf den Steuersätzen basierenden Schätzung dürften zwischen 1508 und 1544 insgesamt nicht mehr als 300 000 Gulden an Steuereinnahmen zusammengekommen sein. Weil die im Jahresmittel nicht über 20 000 Gulden steigenden ordentlichen Einnahmen und die Steuererträge bei weitem nicht ausreichten, um die kostspieligen Projekte der Neuburger Pfalzgrafen, vor allem für den Fürstenhof, zu finanzieren, ließen sich die Ausgaben nur durch kurzfristige Kreditaufnahmen abfangen. Die durch immer neue Kredite und immer höhere Zinsen 1544 zum Staatsbankrott führende Finanzkrise im Fürstentum Pfalz-Neuburg zeigt, dass das System der Geldbeschaffung durch Darlehen nicht funktionierte, weil das Verhältnis zu den Landes- und Steuereinnahmen unausgewogen war. Ottheinrich und Philipp scheiterten bei aller Verschwendungssucht letztlich eben auch daran, dass sie zur Bewältigung der Ausgaben trotz zunehmender Organisierung ihres Landes weder den Staatshaushalt konsolidieren noch ein Steuermonopol durchsetzen konnten.

Anmerkungen
1 Heydenreuter 2002
2 Cramer-Fürtig 1999, S. 1045–1054
3 Cramer-Fürtig 1995, S. 402

Literatur
Cramer-Fürtig 1995; Cramer-Fürtig 1997; Cramer-Fürtig 1999; Cramer-Fürtig 2002; Heydenreuter 2002.

9.1

Pfalzgraf Philipp der Streitbare

Oberdeutscher Meister, um 1526/28; Tempera und Ölfarben-
lasuren/Lindenholz, 86,5 x 71; Wittelsbacher Ausgleichsfonds, München (WAF BI a 47)

Das Bildnis Philipps wurde als Gegenstück zu dem seines
Bruders Ottheinrich (Kat.-Nr. 9.2) gemalt. Philipp residierte in Burglengenfeld und es ist anzunehmen, dass die
Bilder dort platziert waren. Da er im Konzept des Bild-
nispaares den (heraldisch) rechten, das heißt vornehmeren Platz einnimmt, entstand sein Bildnis entweder,
nachdem das des Bruders bereits vollendet war, oder Ottheinrich räumte dem Jüngeren in brüderlicher Zuneigung den besseren Platz ein. Die Zeitgenossen wissen
von der hochgewachsenen Gestalt Philipps, von dem
schmalen Kopf und den mädchenhaften Zügen, aber
auch von seinem versöhnlichen, liebenswürdigen Wesen.
Schon 1517 hatte Hans Baldung Grien den Pfalzgrafen,
der damals in Freiburg im Breisgau studierte, im Auftrag
Ottheinrichs porträtiert (Kat.-Nr. 6.8). In den frühen Jahren der gemeinsamen Regierung teilten die Brüder Turniere, Jagden und mancherlei Festlichkeiten, ohne dass
die wachsende Schuldenlast das Fürstentum schon ernst-
haft bedrängte.

Wie bei Ottheinrich zieht das prächtige rote Wams
den Blick auf sich. Die Agraffe am Barett und die Gold-
kette bilden den erlesenen Schmuck. Der schwungvoll
zur Seite gezogene und offenbar auf dem Boden nach-
schleifende Vorhang gibt den Blick in die Landschaft
frei.   K L

Katalog der Gemälde des Bayerischen Nationalmuseums 1908,
Nr. 315; Thieme/Becker, Bd. 35, S. 426–428; Feuchtmayr 1957;
Ehret 1976, Nr. 51; 475 Jahre Fürstentum Pfalz-Neuburg 1980,
Kat.-Nr. 12; Kranz 2004, Nr. X.6; Löcher 2004/2005.

9.2

Pfalzgraf Ottheinrich

Oberdeutscher Meister, um 1526/28; Tempera und Ölfarben-
lasuren/Fichtenholz, 94 x 77; Wittelsbacher Ausgleichsfonds,
München (WAF BI a 48)

Von den Bildnissen Ottheinrichs ist dieses eines der an-
ziehendsten. Ottheinrich schaut in die Ferne, ganz in sich
ruhender Fürst, aber doch mit einem Anflug gewinnen-
der Menschlichkeit. Ein Pelzkragen bedeckt Brust und
Schultern. Die Hände liegen müßig auf einer teppichbe-
legten Brüstung. Vorhang und Ausblick waren geläufige
Mittel der Bildkomposition. Die malerischen Qualitäten
des Gemäldes sprechen sich in der tastbaren Wiedergabe
von Pelz und Seide und in der Farbigkeit aus, die mit
dem satten Rot von Rock und Wams brilliert. Zum Goldschmuck gehört hier ein Armband. Das Bildnis Ottheinrichs wurde zeitweise dem Augsburger Christoph Amberger zugeschrieben. Als Gegenstück dient das seines
Bruders Philipp (Kat.-Nr. 9.1). Da Hans Wertinger 1524

9.1

für Bildnisse der Brüder bezahlt wurde, die er im Auftrag
des Bischofs Philipp von Freising gemalt hatte, schrieb
Feuchtmayr dem Landshuter Maler die Porträts zu, doch
lässt sich, wie G. Ehret feststellte, dessen Autorschaft nicht
aufrecht erhalten. Ein vergleichbares Barett mit radial angeordneten Seidenbahnen trägt der 1526 von Wertinger
porträtierte Hans Fieger von Melans (Tiroler Landesmuseum Ferdinandeum, Innsbruck). Das gibt einen zeitlichen Anhaltspunkt auch für das Bildnis Ottheinrichs.
                                                         K L

Thieme/Becker, Bd. 35, S. 425–431; Ehret 1976, Nr. 50; 475 Jahre
Fürstentum Pfalz-Neuburg 1980, Kat.-Nr. 12; Kranz 2004, Nr. X.7;
Löcher 2004/2005.

9.3

a) Ratsprotokollbuch der Stadt Neuburg

Einträge Dezember 1546 – Dezember 1547; Handschrift
(mehrere Schreiber)/Papier, zeitgenössischer Holzdeckeleinband (mit abgerissenen Metallschließen), 329 Bll.,
32,5 x 23; Bayerisches Hauptstaatsarchiv, München
(Pfalz-Neuburg Literalien 1507)

b) Kanzlei- und Räteordnung der Stadt Neuburg

2. Februar 1530; Ausfertigung, Libell/Papier, 23 Bll., Pergamenteinband, 32 x 23, mit anhängendem Sekretsiegel
Pfalzgraf Ottheinrichs an Pergamentstreifen; Bayerisches
Hauptstaatsarchiv, München (Pfalz-Neuburg Urkunden
1530 Febr. 2)

9.2

Verwaltungshandeln des kaiserlichen Statthalters bestimmenden Einflüsse der Zentralverwaltung am Wiener Hof zurück, die bereits seit 1498 Hofratsprotokolle kennt.

Die Kanzlei als Schaltstelle der Neuburger Verwaltung erhielt ihren Behördencharakter 1530, als eine eigene, auf der Oberpfälzer Kanzleiordnung von 1525 aufbauende Kanzlei- und Räteordnung zur Regelung der wichtigsten Verwaltungsabläufe der Jungen Pfalz erlassen wurde.

Als mit den vom König 1521 verliehenen Evokations- und Appellationsprivilegien eine selbstständige pfalz-neuburgische Gerichtsverfassung garantiert war, bestimmten der fürstliche Rat als Justizstelle im Bereich der Strafrechtspflege und das Hofgericht als oberstes Gericht im Zivilverfahren die territoriale Gerichtsorganisation des jungen Fürstentums. Die aufgeschlagenen Protokolleinträge des ältesten erhaltenen so genannten Urteilbuchs des Neuburger Hofgerichts aus dem Jahr 1536 spiegeln die weiteren Funktionen des Hofgerichts als Erstinstanz für höhere Standespersonen und Appellationsinstanz für streitige Fälle wider.   MCF

Cramer-Fürtig 1995, S. 39–46, 64–108.

c) „Urteilbuch" des Hofgerichts Neuburg

Einträge 1507–1559 (zwei Teile: Urteile des Hofgerichts 1507–1558, Abschiede in Ehesachen 1552–1559); Handschrift (mehrere Schreiber)/Papier, zeitgenössischer Holzdeckeleinband mit Metallschließen, ca. 250 Bll., 31,5 x 22,5; Bayerisches Hauptstaatsarchiv, München (Pfalz-Neuburg Akten 1482)

Die Anfänge der pfalz-neuburgischen Regierungs- und Verwaltungstätigkeit sind in erster Linie an der Zunahme der Gesetzgebungs- und Verwaltungspraxis und dem deutlichen Anstieg zentralherrschaftlicher Aktivitäten unter den jungen Pfalzgrafen Ottheinrich und Philipp festzumachen. Schon kurze Zeit nach ihrem in Burglengenfeld auf dem zweiten Neuburger Landtag im Juni 1522 erfolgten Regierungsantritt lassen sich systematische Bemühungen um die Aufrichtung von Zentralbehörden mit geregeltem Verfahren und festgeschriebenen Kompetenzen nachweisen. Das Anwachsen der landesherrlichen Aufgaben führte vor allem in den Bereichen Regierung und Rechtsprechung zur Normierung und Ressortbildung der Verwaltung.

Bereits 1523 taucht der pfalz-neuburgische Rat in den Quellen zum ersten Mal als Kollegialorgan und oberstes Regierungsgremium mit festen Dienstzeiten und genauen Verfahrensregeln auf, die in einer eigenen Geschäftsordnung festgehalten sind. Die Serie der bis 1609 fast lückenlos erhaltenen pfalz-neuburgischen Ratsprotokolle (mit Einträgen der Ratsbeschlüsse) beginnt allerdings erst in der Zeit des kaiserlichen Interims ab 1546. Die Einführung der Regierungsprotokolle geht auf die das

9.4

Münzen der Pfalzgrafen Ottheinrich und Philipp

a) Goldgulden

Neuburg, 1516; Gold, 3,35 g, Ø 20 mm; Staatliche Münzsammlung, München
Repertorium1996, Bd. 2, S. 64, Nr. 1,12
Vs.: ✚ OTHEINRI : ET : PHILIPS : FRATR; Vierfeldiger bayerischer Wappenschild mit Löwen und Rauten, darüber •1516•
Rs.: AVE : GRACI : PLE : DN9 : TECV; Maria mit Schleier und Nimbus, auf dem rechten Arm den Jesusknaben haltend
1515 mit Vs.-Legende ✚ MONE : NOVA : AUREA : NEVBVRGENSI. Das Rückseitenbild der Madonna mit dem Gruß des Erzengels Gabriel an Maria bei der Verkündigung (Luk. 1,28) – Ave gratia plena Dominus tecum – geht auf die Goldgulden und silbernen Guldiner des Großvaters von Ottheinrich und Philipp, Kurfürst Philipp von der Pfalz, zurück (mit allerdings anderem Typus der Maria).

b) Batzen (Vier Kreuzer; Groschen)

Neuburg, 1515–1533 (geprägt 1515x–1535); Silber, Ø 26–27 mm; Historischer Verein Neuburg an der Donau
Repertorium 1996, Bd. 2, S. 64, Nr. 8/11–8/31.
Vs.: ✚ OTH ✳ 7 PHI ✳ COI ✳ PA ✳ RE ✳ D ✳ BA ✳ F [FR; FRA]; Bekrönter stehender Löwe nach links – Viele Varianten
Rs.: ✚ MONE : NOVA : NEVBVRGENS [-GENSI; -GENSIS]; Zwei Schilde, links mit stehendem Löwen nach rechts, rechts mit Rauten, darüber ✳ Jahreszahl ✳, darunter ✳ N ✳. – Viele Varianten

c) Halbbatzen (Zwei Kreuzer, Gröschl)

Neuburg, 1525 (geprägt 1514 [wohl zweifelhaft]; 1515; 1519; 1523–1525); Silber, Ø 22 mm; Historischer Verein Neuburg an der Donau

Repertorium 1996, Bd. 2, S. 64, Nr. 9/10–9/21.

Vs.: ✠ OTHE [OTHEIN] : 7 : PHI : PAL : RE : DV : BA [noch FR oder FRA]; Bekrönter stehender Löwe nach links. – Viele Varianten

Rs.: ✠ GROSSVS : NOVVS [NOVS] : NEVBVRGE [-GNS; -GENS; -GENSIS; GNSI]; Rautenschild, darüber ✳1525✳. – Viele Varianten

d) Pfennig

Neuburg, o. J. (geprägt zwischen 1515 und 1535); Billon, 0,27 g, 14 x 14 mm (quadratisch), Ø 14 mm (rund); Staatliche Münzsammlung, München

Repertorium 1996, Bd. 2, S. 64, Nr. 11/00.

Vs.: Rautenschild

Rs.: •/OHP / • N •. – Varianten

e) Heller

Neuburg, o. J. (geprägt zwischen 1515 und 1535); Billon, 0,36 g, 10 x 10 mm (quadratisch), Ø 11 mm (rund); Staatliche Münzsammlung, München

Repertorium 1996, Bd. 2, S. 64, Nr. 12/00.

Vs.: Rautenschild

Rs.: • N •. – Varianten

f) Zehn Kreuzer (2 ½ Batzen)

Neuburg, 1531 (geprägt 1527–1533); Silber, Ø 29–30 mm; Historischer Verein Neuburg an der Donau

Repertorium 1996, Bd. 2, S. 64, Nr. 6/27.

Vs.: ✠ OTH ✳ 7 PHI ✳ COI ✳ PA ✳ RE ✳ D ✳ BA ✳ FRA; Viergeteilter pfalz-bayerischer Wappenschild, darüber ✳ N ✳, links und rechts Jahreszahl

Rs.: KAROLVS • RO • IMP • SEMP • AVGVS; Doppelköpfiger Reichsadler, darüber Krone

1505 oder spätestens 1506 wurde die Münzprägung in Neuburg zunächst eingestellt und erst im Frühjahr 1515 wieder aufgenommen, wie eine Urkunde vom März des Jahres zeigt. Martin Lerch – bereits aus der 1508 wiedererrichteten Münzstätte Straubing bekannt – wurde vom Regenten Pfalzgraf Friedrich zum Münzmeister für Neuburg bestimmt. Lerch verpflichtete sich, verschiedene Münzsorten zu festgelegtem Gewicht und Feingehalt zu prägen: „Erstlich die gulden so ich seiner fürstlichen gnaden münzsen wirde sollen halten achtzehen grat vier oder fünf green … So sollen die silbrein Münzs genannt Groschen die vier Kreuzer gellten, hallten siben lot feins … Item die Gröschl zu zweyen Kreuzern sollen hallten siben lot feins … Item Pfenning sollen halten in allermaß … fünf lot. Item vnd Haller … drey lot … vnd soll seiner fürstlichen gnaden von der margh gollds fein zu Slegschatz haben, ain orts ains gulden, vnd von der margh Silber feins allerley der vorgeschriben münzs, ainen schilling in golld …" (Bayerisches Hauptstaatsarchiv, München, vgl. Kull 1887, S. 137 f.).

Alle in der Urkunde vom März 1515 genannten Münzen wurden auch geprägt (vgl. a–f): goldene Gulden, Batzen (in der Urkunde Groschen zu 4 Kreuzern), Halbbatzen (in der Urkunde Groschen zu 2 Kreuzern), Pfennige und Heller. 1517 wurde der Feingehalt der Goldgulden erhöht, wie eine Urkunde Martin Lerchs vom 11. November 1517 belegt (Bayerisches Hauptstaatsarchiv, München, Auszug bei Kull 1887, S. 139). 1521 löste Conrad Gruber Martin Lerch als Münzmeister in Neuburg ab. Nach den Angaben im Repertorium wurden die Batzen auch über das Jahr 1525 hinaus geprägt, sie wurden also nicht, wie J.V. Kull (Kull 1887, S. 139) angenommen hatte, infolge von § 26 des Reichsabschieds von Nürnberg 1524 und der Eßlinger Reichsmünzordnung aus demselben Jahr eingestellt. Vielmehr nahm sogar noch nach 1524 eine Reihe süddeutscher Münzstände die Batzenprägung neu auf. Als neues Nominal wurde in Neuburg von 1527 bis 1533 eine Münze zu zehn Kreuzern (2 ½ Batzen) geprägt. Den Bestimmungen der Eßlinger Münzordnung entsprach sie nur äußerlich, indem sie für die Rückseite den Doppeladler mit Namen und Titel des Kaisers übernahm, nicht aber nach dem Wert.

Wegen der vielen schlechten Zehner und Batzen einigten sich am 11. Dezember 1533 einige wichtige süddeutsche Münzstände, darunter auch Pfalz-Neuburg, auf bestimmte Qualitätsstandards. Am 1. Februar 1535 kam schließlich ein Vertrag zwischen König Ferdinand I. und den wichtigsten süddeutschen Münzherren zustande, darunter auch Pfalz-Neuburg. Man beschloss, keine neuen Zehner und Batzen mehr zu prägen, aber die Münzen, soweit sie von den Vertragspartnern stammten, mit ihrem bisherigen Wert weiter kursieren zu lassen. Dieselben Sorten, von anderen Münzherren ausgegeben, wurden verboten. Mit diesem Vertrag endete die Neuburger Münzprägung des 16. Jahrhunderts.

Am 19. April 1539 ernannte Pfalzgraf Ottheinrich den Meister Michael Weinolt zu seinem Goldschmied und Münzwardein auf zehn Jahre. Die umfangreiche Anstellungsurkunde nennt vor allem Gold- und Silberschmiedearbeiten, der Fürst dachte aber durchaus noch an die Münzprägung: „soverne wir über kurtz oder lanng Gold oder Silberwergh müntzen und Ime ein Ordnung welcher er dasselb Wardeins ambt verwalten soll, zustellen lassen wurden dass er alls denn jederzeit solcher Ordnung mit getreuen fleis nachkommen und volg thun soll und woll." (Bayerisches Hauptstaatsarchiv, München, Auszug bei Kull 1887, S. 141). Die Münzprägung wurde allerdings nicht wieder aufgenommen.   D K

Heß/Klose 1986, S. 41 f.; Kull 1887; Lockner 1899; von Lori 1765, Bd. 1, S. 166 f., 191–193; Noß 1936; Repertorium 1996, Bd. 2, S. 64.

9.5

Schuldenverzeichnis Pfalzgraf Ottheinrichs

Neuburg, 24. August 1544; Handschrift/Papier, 61 beschriebene Bll., 32,5 x 22; Bayerisches Hauptstaatsarchiv, München (Pfalz-Neuburg Akten 2646)

Auf der zweiten Versammlung aller in den großen Schlosssaal nach Neuburg einberufenen Gläubiger, Bürgen und Landstände (Kat.-Nr. 7.124) übergab Pfalzgraf Ottheinrich am 20. August 1544 seinen Landständen das von Anfang an mit Schulden beladene Fürstentum Pfalz-Neuburg für den Zeitraum der Entschuldung mit seiner vollen Territorialgewalt, aber auch mit all seinen finanziellen Belastungen in Höhe von 1,06 Millionen Gulden. Die Zahlungsunfähigkeit des Neuburger Landesfürsten, der die Forderungen seiner im Schuldenverzeichnis aufgelisteten Gläubiger nicht mehr erfüllen konnte, war zunächst auch eine Bankrotterklärung des Landes. Denn der Verlust der Kreditwürdigkeit des Neuburger Territorialherrn und seines Staatshaushalts war nichts anderes als ein Staatskonkurs. Die auf Betreiben kaiserlicher Kommissare erfolgte vorübergehende Abdankung Ottheinrichs war ein alle Seiten zufriedenstellender Kompromiss. Denn er verhinderte die im Rahmen einer für den Schuldenabbau notwendigen Zwangsverwaltung durch die Landstände die staats- und landesrechtlich nachteilige Zession in Form einer Überlassung des Landes an die Kreditoren. Damit fand finanztechnisch eine Art Umschuldung der Staatsschuld auf die Landstände statt. Für die Zeit des Schuldenabbaus hatte ein von der Neuburger Landschaft eingesetztes Ständeregiment bis zur Sanierung der Staatsfinanzen und Rückgabe des Landes an Pfalzgraf Ottheinrich landesherrliche Funktionen inne. Das „Schuldenverzeichnis" Ottheinrichs von 1544 ist eine für die Bewertung der Technik der Kreditfinanzierung wichtige Quelle, weil sie einen Überblick über alle fürstlichen Verschreibungen auf die Ämtereinnahmen, über sämtliche Bürgschaften sowie über die den Staatshaushalt zusätzlich belastenden Zahlungen, meist Dienst- und Gnadengelder, ermöglicht.   M C F

Cramer-Fürtig 1995, S. 284–287; Cramer-Fürtig 2002, S. 110–116.

9.6

Dokumente der Verschuldung der Neuburger Pfalzgrafen

a) Revers des Georg von Wemding zu Fünfstetten für Pfalzgraf Friedrich über 300 Gulden rheinisch in Gold jährlichen Zins für eine geliehene Summe von 6000 Gulden rheinisch in Gold; 2. Februar 1513; Ausfertigung Pergament, 24,5 x 35, mit Siegel des Georg von Wemding in Wachsschale an Pergamentstreifen; Bayerisches Hauptstaatsarchiv, München (Pfalz-Neuburg Urkunden 1513 II 3/2)

b) Schuldbrief Pfalzgraf Philipps für Sybilla von Wolmershausen über 100 Gulden rheinisch in Gold; 27. September 1522; eigenhändige Ausfertigung, Papier, 17 x 22, mit Petschaft Pfalzgraf Philipps; Bayerisches Hauptstaatsarchiv, München (Pfalz-Neuburg Urkunden 1522 IX 27)

c) Zinsbrief der Pfalzgrafen Ottheinrich und Philipp an Hans Wildenhaimer, Stadtschreiber zu Neumarkt, über 25 Gulden rheinisch aus dem Kasten zu Hilpoltstein; 25. Januar 1524; Ausfertigung, Pergament, 29,5 x 57, mit Gemeinschaftssiegel der Pfalzgrafen Ottheinrich und Philipp in neuer Holzkapsel; Bayerisches Hauptstaatsarchiv, München (Pfalz-Neuburg Urkunden 1524 I 25)

d) Schuldbrief der Pfalzgrafen Ottheinrich und Philipp für Anna von Burgau über 240 Gulden rheinisch; Neuburg, 1. Mai 1530; Pergament, 17,5 x 35,5; Bayerisches Hauptstaatsarchiv, München (Pfalz-Neuburg Urkunden 1530 V 1)

e) Schuldbrief Pfalzgraf Ottheinrichs für Bürger und Rat der Reichsstadt Giengen über 500 Gulden rheinisch; Neuburg, 20. April 1533; Ausfertigung, Papier, 25,5 x 21,5, mit Sekretsiegel Pfalzgraf Ottheinrichs; Bayerisches Hauptstaatsarchiv, München (Pfalz-Neuburg Urkunden 1533 IV 20)

Permanente Geldnöte bestimmten den Handlungsspielraum der Pfalzgrafen Friedrich, Ottheinrich und Philipp und führten schließlich zur Zahlungsunfähigkeit, die 1544 sogar den vorübergehenden Verlust der Territorialherrschaft bringen sollte. Schon die Tilgung kriegsbedingter Schulden aus dem Landshuter Erbstreit hatte die wirtschaftliche und finanzielle Ertragskraft des Fürstentums Pfalz-Neuburg in den ersten Jahren mehr als belastet. Auch wenn die Landstände durch Steuerbewilligungen, Bürgschaftsleistungen und Schuldentilgung zur „zweiten Finanzbehörde" in der Jungen Pfalz geworden waren und bereits zum Regierungsantritt Ottheinrichs und Philipps 1522 ein Finanzprogramm zur Sanierung des Staatshaushalts vorlegten, war die Überschuldung des Landes nicht aufzuhalten. Denn beide Fürsten schöpften zu einseitig alle Möglichkeiten der Geldbeschaffung aus, vernachlässigten dagegen die konsequente Mobilisierung der ordentlichen und außerordentlichen Staatseinkünfte. So überwog in Neuburg von Anfang an eine ungeregelte Kreditpolitik, die über Realverschreibungen (Verpfändung von Herrschaftsrechten), Rentenkredite (Versicherung auf Ämtereinkünfte) und Personaldarlehen (gegen Abgaben) durch hohe Zinsen, zusätzliche Dienst- und Gnadengelder die Verschuldung ständig und schnell steigerte. Auch die Kosten für die Ämtersicherung minderten die Einnahmen.

Die Schuldurkunden spiegeln den Kreis der Geldgeber und Bürgen wider, die den Neuburger Pfalzgrafen Geld liehen oder für Kapitalaufnahmen versichert hatten: Die Kreditoren kamen überwiegend aus den kapitalkräftigen und modern wirtschaftlich agierenden Reihen der Bürgerschaft oder Kaufmannschaft der oberdeutschen protestantischen Reichsstädte wie z. B. Giengen, aber auch aus den Gruppierungen der pfalz-neuburgischen Amtsträger und Landstände, wie etwa Georg von

Wemding zu Fünfstetten, die nicht zuletzt deshalb für den Erhalt der Fürstenherrschaft eintraten, weil sie ihre persönlichen und lokalen Herrschaftsrechte nicht verlieren wollten. Mit Georg von Wemding wird ein typischer Kreditgeber aus dem Umfeld der Pfalzgrafen vorgestellt, der das „Neuburger Modell" der Kooperation und des Ausgleichs zwischen Herrscher und Land geradezu personifiziert: Als Hofmarschall, stellvertretender Hofrichter und Mitglied des fürstlichen Rats gehörte er einerseits zu den Spitzenbeamten im Fürstentum, der zudem eine führende Rolle in den finanzpolitischen Verhandlungen der Krisenjahre 1541 bis 1544 innehatte. Als Landsasse zu Fünfstetten (Landvogtamt Graisbach, heute Lkr. Donau-Ried) zählte Georg von Wemding andererseits aber zu den aktivsten Landständen, der als Vertreter der Adelskorporation zahlreiche Funktionen in Ausschüssen, Steuergremien und Schuldentilgungskommissionen übernahm. Auch die Interessenverklammerung durch Kapitalverflechtung wird in der Person Wemdings deutlich sichtbar, ist er doch als enger Vertrauter Ottheinrichs seit der gemeinsamen Pilgerfahrt ins Heilige Land 1521 in den Quellen immer wieder als Gläubiger und Bürge seiner geldbedürftigen Landesfürsten zu finden.   M C F

Cramer-Fürtig 2002, S. 108–127.

9.7

a) Gründungsurkunde der pfalz-neuburgischen Landstände (erster landständischer Freibrief)

Neuburg, 30. Januar 1508; Urkunde/Pergament, 31,5 x 53, beschädigtes Vormundschaftssiegel Pfalzgraf Friedrichs an Pergamentstreifen; Bayerisches Hauptstaatsarchiv, München (Pfalz-Neuburg Urkunden Landschaft 119)

b) Zweiter pfalz-neuburgischer landständischer Freibrief

Burglengenfeld, 3. Juni 1522; Libell/Pergament, 47 beschriebene Bll., 37 x 27; Bayerisches Hauptstaatsarchiv, München (Neuburger Landschaft Urkunden 65)

Schon in den Bestimmungen des Kölner Spruchs (Kat.-Nr. 4.2) garantierte König Maximilian I. die auf den altbayerischen ständischen Freiheiten beruhende Rechtsposition der Landstände des neuen Fürstentums Pfalz-Neuburg. Doch erst die Ausstellung des ständischen Privilegienbriefs auf dem ersten Neuburger Landtag am 30. Januar 1508 ließ die aus verschiedenen ehemals bayerischen Gebietskomplexen kommenden, nunmehr pfalz-neuburgischen Landstände zu einer geschlossenen rechtsfähigen Gesamtkörperschaft werden. Mit der Bestätigung der wichtigsten altbayerischen landständischen Freibriefe erhielt die pfalz-neuburgische Ständekorporation einen Rechtsstatus, der eine staatsrechtliche Grundlage neben dem Recht des Landesherrn bildete. Im Gegensatz zu den Rechtsverhandlungen mit den Ständen im kurpfälzischen Nebenland der Oberen Pfalz erkannte Pfalzgraf Friedrich, der neben der Vormund-

schaft über die minderjährigen Enkel Herzog Georgs des Reichen in Neuburg ab 1508 auch die Statthalterschaft in den vereinigten oberpfälzischen Territorien ausübte, die Geltung der grundlegenden Urkunde der Ständebewegung in Bayern, der so genannten Ottonischen Handfeste von 1311, auch für die landständische Neuorganisation in der Jungen Pfalz an. Mit dem Ständeprivileg vom 3. Juni 1522 und der Bestätigungsurkunde vom 5. August 1523 (Bayerisches Hauptstaatsarchiv, München, Neuburger Landschaft Urkunden 66), die eine Ergänzung des zweiten Freibriefs darstellt, fertigte die Neuburger Kanzlei im Gegensatz zu der formal auf den altbayerischen Konfirmationen Nr. 43 (von 1461) und Nr. 45 (von 1471) aufbauenden „Landesfreiheit" von 1508 eigenständige Urkunden aus, in die alle Rechtsgrundlagen und Partikularprivilegien (1522) bzw. kaiserlich-königlichen Bestätigungen (1523) der ständischen Vorgeschichte Pfalz-Neuburgs aufgenommen wurden.   M C F

Cramer-Fürtig 1995, S. 194–210; Bayerns Weg zum modernen Staat 1968, Kat.-Nr. 21; Lipowsky 1827, S. 195–197, Beil. 1 (Druck), 197 f. Beil. 2 (Druck).

9.8

Landesfreiheit des Fürstentums Pfalz-Neuburg

Neuburg, 8. Januar 1554; Libell/Pergament, 26 beschriebene Bll., 34 x 28, mit Siegel Pfalzgraf Ottheinrichs an weiß-blauer Schur in Holzkapsel; Bayerisches Hauptstaatsarchiv, München (Neuburger Landschaft Urkunden 58)

Nach seinem erneuten Regierungsantritt in Pfalz-Neuburg 1552 bemühte sich Pfalzgraf Ottheinrich um Rechtseinheit in seinem Verhältnis zu den Landständen. Er erkannte auf deren Antrag hin die Neuburger Landesfreiheit an, die wortwörtlich aus der Landesfreiheit des Herzogtums Bayern vom 11. September 1508 übernommen war, und zwar in der in Artikel gegliederten Fassung von 1553. Damit erklärte der Neuburger Landesherr die neben der in den ersten neuburgischen Freibrief aufgenommenen Ottonischen Handfeste von 1311 wichtigste bayerische Verfassungsurkunde der älteren Zeit für geltendes Recht in der Jungen Pfalz. Die aus vier Teilen und insgesamt 98 Artikeln bestehende Kodifikation der wichtigsten Ständerechte grenzt das so genannte Hofmarksrecht und die mit ihm verbundene niedere Gerichtsbarkeit von den landesfürstlichen straf- und zivilrechtlichen Befugnissen ab, die erstmals die über die drei klassischen Blutfälle hinausgehenden schweren Delikte, die so genannten Viztumhändel der hohen Gerichtsbarkeit, enthalten.

Die Übernahme dieses „Grundgesetzes der landständischen Verfassung Bayerns" (Liess 1986, Kat.-Nr. 76) zeigt zum einen die starke Stellung der herrschaftsfähigen Stände als zweite Gewalt in Pfalz-Neuburg. Zum anderen wird deutlich, welch starke Bindung es zwischen den Ständeorganisationen beider Territorien trotz der seit 1542 bestehenden Religionsverschiedenheiten noch

9.9

immer gab. Die von Ottheinrich unterschriebene Landesfreiheitserklärung erschien, mehrfach erweitert und verbessert, 1609 auch im Druck. Sie blieb im Wesentlichen bis zur Aufhebung der Neuburger Landschaft 1808 in Kraft. **MCF**

Cramer-Fürtig 1999; Eikam 1978, S. 78–90; Heydenreuter 1990, Kat.-Nr. 21; Bayerns Weg zum modernen Staat 1968, Kat.-Nr. 22; Aus 1200 Jahren 1986, Kat.-Nr. 76.

9.9

Das Heerlager Karls V. im Weihegäu vor Lauingen

Mathis Gerung (um 1500–1570); Lauingen, 1551; Öl/Holz, 110 x 197; Heimathaus der Stadt Lauingen (482)

Das vom Lauinger Rat beauftragte Gedenkbild weist auf das Hauptereignis für die Stadt Lauingen im Schmalkaldischen Krieg hin. Am 31. Oktober 1546 errichtete der Kaiser auf einem freien Feld östlich von Lauingen, dem so genannten Weihegäu, ein Feldlager. Die vom Bürgermeister im Zuge der Rekatholisierung durch Karl V. am 13. Oktober 1546 ausgesprochene Kapitulation wurde durch den Huldigungsakt der Lauinger Räte bestätigt. Die Unterworfenen erschienen in Demut barhäuptig und trugen angeblich Stricke um den Hals. Die rasche Kapitulation hing auch mit der schlechten wirtschaftlichen Lage Lauingens zusammen, denn die Stadt hoffte durch ihre kaiserfreundliche Haltung auf eine Erhebung zum Reichsstand. Die Stadträte mussten geloben, sich mit aller Macht den Mitgliedern des Schmalkaldischen Bundes zu widersetzen. Die Beischrift lautet: „ANNO DOMINI 1546 DEN 30. OKTOBER / HAT SICH KAISER DER FUNFT KAROLUS / WIDER DIE SCHMALCKALDISCHEN BUNDTNUS / GHEN WEYHENGAY UNTER DEM LEGER THAN / WIE DIESES GEMÄL UNS ZAIGET AN".

Die Kernszene bildet das Huldigungszeremoniell in der linken Bildhälfte. Vor der inschriftlich benannten St.-Ulrichskirche ist das kaiserliche Zeltlager errichtet. Durch den monumentalen Reichsadler und die Devise Karls V. „PLUS ULTRA" zwischen den beiden Säulen ist das Zelt des Herrschers ausgezeichnet. Die geöffnete Zeltplane erlaubt dem Betrachter an der zentralen Handlung teilzunehmen: Der Bürgermeister der Stadt Lauingen und die Ratsdeputation bitten vor dem Kaiser um die Bestätigung ihrer Privilegien. Der Bürgermeister kniet vor dem Kaiser, der ihm die Hand zum Kuss reicht. Das konzentrisch angelegte Lager korrespondiert mit der Stadtvedute Lauingens im Mittelgrund auf der rechten Seite. Im Vordergrund und rechts versammelt sich der kaiserliche Tross auf dem Lagerplatz. Versorgungsnotstände oder sonstige Probleme des Alltags sind aus dem Geschehen ganz ausgeklammert, da es sich um ein repräsentatives Gemälde handelt, das ein idealisiertes, programmatisches Abbild des kaiserlichen Reichs wiedergeben will. Dies spiegelt sich etwa in der Unterordnung der rahmenden Szenen unter den erhöhten kaiserlichen Bezirk wider. Im Lauinger Rathaus befand sich das Gemälde als Sinnbild für das beispielhafte Verhalten der Stadt im Schmalkaldischen Krieg.

Das Gemälde ist mit Mathis Gerungs Signatur auf einem Inschriftentäfelchen versehen. Die geraden, unverschnörkelten, ligierten Initialen M und G stehen zwischen den Buchstaben O · W · / · O · N, darunter die Jahreszahl 1 · 5 · 5 · 1. Oberhalb von Gerungs Assistenzporträts

9.10

werden Monogramm und Jahreszahl wiederholt. Welche Bedeutung die das Monogramm flankierenden Buchstaben haben, konnte bis heute nicht schlüssig erklärt werden. Diese Buchstaben findet man zwar auch bei einigen anderen Werken Gerungs. Die verschiedentlich geäußerte Vermutung, dass es sich um eine Devise Gerungs handelt, ist nicht sehr wahrscheinlich, da dies für einen Handwerker in dieser Zeit völlig unüblich wäre. Auch ein Zusammenhang mit einem Auftraggeber lässt sich nicht nachweisen. Ein Kontakt Gerungs zu Pfalzgraf Ottheinrich bestand zum Zeitpunkt der Entstehung der Tafel bereits seit vielen Jahren (Kat.-Nr. 7.68).

In konfessioneller Hinsicht führte Gerung ein „Doppelleben", indem er parallel für Auftraggeber unterschiedlicher Konfessionen arbeitete. Wenngleich sich einige Maler in ihrem Schaffen auf eine Seite orientierten, war Gerungs Verhalten nicht ungewöhnlich – man denke nur an die vielen katholischen Aufträge des Lutherfreundes Cranach. Ein Vertrag im Stadtarchiv Lauingen gibt Aufschluss über Gerungs Bezahlung für dieses Tafelgemälde: „Item Mathesen Gerung für die tafel kay Karls belegerung zu Weihengai geben 100 fl. 0 Pfg." Dass Gerung nicht zu den Künstlern gehörte, die ausschließlich von ihrem künstlerischen Schaffen ihren Lebensunterhalt bestritten, zeigt sich in der Tatsache, dass er das Wagmeisteramt in Lauingen inne hatte. Sein Amt als Siegler manifestiert zugleich seine Stellung im öffentlichen Leben der Stadt.   MG

Stadtarchiv Lauingen, R5, 1551, UVZ, Urkunden Nr. 4; Eichler 1993, S. 5–15, 66–91, 163–165; Link 1905, S. 60.

9.10

Die Stadt Neuburg vom Rö. Kayser Carolo V. den 8. Sept. anno 1546 belegert eingenommen und das Slos geplündert

Neuburg, 1. Drittel 19. Jahrhundert; Tuschfeder/Papier, auf Pappe aufgezogen, aquarelliert, 23,1 x 66,8; Historischer Verein Neuburg an der Donau (G 205)

Im Schmalkaldischen Krieg belagerte Kaiser Karl V. auch Neuburg und nahm die Stadt 1546 ein. Im Bildvordergrund, im Bereich des Hofgartens Ottheinrichs (heute Friedhof), lagern die kaiserlichen Truppen – ein großes Heerlager mit Landsknechten, Marketenderinnen, Pferden, Kanonen und Wagen. Im Westen kann man die Ruine der Alten Burg erkennen. Gleich einer großen Burganlage breitet sich die Stadt über den Bergrücken aus, ein doppelter Bering schützt sie. Am Schloss sind der Ottheinrichsbau, der Südflügel und der Runde Bau, alle zwischen 1527 und 1538 entstanden, zu erkennen. Links daneben, etwas verschoben, steht die Frauenkirche, der Vorläuferbau der Hofkirche auf dem Marktplatz (heute Karlsplatz). St. Peter ziert noch der gotische Turm, der Münzkomplex und das Obere Tor aber erscheinen nach mehr als 450 Jahren unverändert.

Die Zeichnung galt lange, bis zur Auffindung der Reisebilder Ottheinrichs von 1536/37 (Kat.-Nr. 7.3), als die älteste Stadtansicht Neuburgs. Sie ist die Kopie eines größeren Gemäldes, das schon 1819, so das Neuburger Wochenblatt, „gänzlich verdorben" war.   BH

Wochenblatt der königl. Baier. Stadt Neuburg, Nr. 5 vom 30. Januar 1819; Seitz 2001, S. 87 ff.

Ottheinrichs Pilgerfahrt ins Heilige Land I: Jerusalem-Teppich, Detail
Bayerisches Nationalmuseum, München (Kat.-Nr. 7.14)

10 Religion und Konfession

Reinhard H. Seitz

Ottheinrich und die Reformation im Fürstentum Neuburg

Reformatorische Gedanken haben im Fürstentum Neuburg schon früh Fuß gefasst, weniger jedoch in seiner Haupt- und Residenzstadt Neuburg als vielmehr in den landsässigen Städten. Als Beispiel dafür sei die nach Neuburg bedeutendste pfalz-neuburgische Stadt, das an der oberen Donau gelegene Lauingen, genannt.

Frühreformatorische Vorgänge: Das Beispiel Lauingen

In Lauingen hielt sich 1521 der bekannte, aus Kleinkötz in der Pfarrei Günzburg stammende Reformator Johann Eberlin von Günzburg (um 1470–1533) bei seinem Vetter, dem Lauinger Stadtschreiber Mathias Sigk, auf – ehe er 1522 für zwei Jahre nach Wittenberg ging. Eberlin war nach seinem Austritt aus dem Ulmer Barfüßerkloster durch Vermittlung der Ulmer Patrizierfamilie Roth als Patronatsherrn zunächst Pfarrer in der Alten Stadt vor den Toren der Stadt Höchstädt gewesen (bezeugt 1502 und 1505), hatte also schon von daher frühe Kontakte zum Fürstentum Neuburg gehabt.

Im Lauinger Augustinereremitenkloster befasste sich dessen Prior Dr. Caspar Amman (gest. 1524), ein geschätzter Hebraist, auch mit der Lektüre der Schriften der Reformatoren. Ob Amman dazu durch seine kritischen Quellenstudien angeregt wurde oder ob es direkte oder indirekte Kontakte zu seinem einstigen Wittenberger Ordensbruder gegeben hat – denkbar wäre so etwas in Zusammenhang mit dem Augsburger Religionsgespräch von 1518 –, wissen wir nicht. Jedenfalls predigte Amman und noch mehr dessen Lauinger Mitbruder Jakob Augsburger im Jahr 1523 derart offen die neue Lehre von der Kanzel in der Lauinger Klosterkirche, dass sich zunächst der Rat der Stadt und schließlich auch die beiden Landesherren, Pfalzgraf Ottheinrich und Pfalzgraf Philipp, einschalteten. Amman und sein Mitbruder wurden verhaftet und mussten sich vor dem geistlichen Gericht in Augsburg verantworten, auch wurden drei Lauinger Stadtbürger als Verdächtige bzw. offene Anhänger der neuen Lehre ziemlich hart bestraft.

Die Vorgänge in Lauingen wie auch an anderen Orten – z.B. in Weiden und wenig später auch in Gundelfingen, Hemau und Burglengenfeld – mögen der Anlass dazu gewesen sein, dass die 1522 für volljährig erklärten Neuburger Fürsten am 18. Juni 1524 ein erstes Mandat gegen die

neue Lehre erließen, das sie am 31. Mai 1526, also nach dem Bauernkrieg, wiederholten (Kat.-Nr. 10.1f.) und dem sie am 28. Januar 1528 auch eines gegen die Wiedertäufer folgen ließen.

Im Jahr 1539 verliehen Ottheinrich und Philipp der Stadt Lauingen außer der malefizischen, hohen und niederen Obrigkeit in der Stadt und in einem Burgfrieden auch die Gerichtsbarkeit über die Geistlichkeit der Stadt und deren Hab und Gut inner- wie außerhalb der Stadt, jedoch musste sich Lauingen – noch – verpflichten, „der Religion oder Geistlichkeit halber keine Änderung oder Sonderung vorzunehmen […], es sei denn zuvor durch ihre Fürsten oder in derselben Fürstentum einiger Anfang und Ordnung der Veränderung gemacht worden". Für die Stadt war dies die Vorstufe dazu, im folgenden Jahr 1540 als Patron, Stift- und Schirmherr die Einkünfte des Augustinereremitenklosters gegen Zahlung eines Jahrgeldes an die letzten drei Konventualen zu übernehmen, jedoch auch hier mit der Einschränkung, sie „ohne gemeine oder des Landesfürstlichen Veränderung bei allen Ceremonien" zu belassen.

Die Hinwendung Ottheinrichs zur Reformation

Schon diese Einschränkungen deuten darauf hin, dass sich Ottheinrich zu diesem Zeitpunkt bereits mit der neuen Lehre zumindest befasste. 1539 war dann tatsächlich das Jahr, in dem er sich, wenn auch vergebens, bei Philipp Melanchthon um den bedeutenden Reformator Georg Karg bemühte.

Die Hinwendung zur Reformation festigte sich im Frühjahr 1541 während des Regensburger Religionsgesprächs, an dem auch Ottheinrich teilnahm. Dabei führte er Gespräche mit den in Regensburg anwesenden Reformatoren. In seiner Spontaneität ließ er sich offenbar von der neuen, der reinen Lehre überzeugen und entschloss sich, diese in seinem Fürstentum einzuführen (Kat.-Nr. 10.4f.).

Im Mai 1542 soll sich Ottheinrich an die Reichsstadt Nürnberg wie auch an die Reichsstadt Augsburg gewandt haben, die Andreas Osiander (1498–1552) bzw. Wolfgang Musculus (Mäuslin, Meuslin, 1497–1563) entsandt hätten, wozu als Neutraler Michael Diller aus Speyer hinzugezogen worden sei. Diese in der Literatur vorkommende Darstellung lässt sich quellenmäßig nicht bzw. nicht mehr belegen. Ottheinrich selbst entschied sich letztlich für eine gemäßigte, nämlich die sächsisch-fränkische Richtung von Osiander, damals Prediger bei St. Lorenz in Nürnberg. Und dass ein offizielles „Religionsmandat" ausgerechnet vom 22. Juni 1542, dem 20. Jahrestag der Volljährigkeit von Pfalzgraf Ottheinrich, datiert, kommt gewiss nicht von ungefähr.

Das Religions- und Sittenmandat von 1542/43 und die erste Kirchenordnung von 1543 (Kat.-Nr. 10.5)

In diesem Mandat wendet sich Ottheinrich als ein „Christlicher Fuerst" an alle seine Untertanen, besonders an die Geistlichen, Prälaten, Pfarrherren, Prediger, Seelsorger und Kirchendiener mit dem Auftrag, „Jr woellet euch füro / aller vngegruendeter leere / so weder in heiliger Goetlicher Schrifft / noch im brauch der ersten Apostolischen Kirchen / kein gezeügnis haben / gentzlich entschlahen / vnd dargegen mit allem fleyß / die leer Christi / vnd seiner heyligen Aposteln / da mit die heilig Christlich Kirch / anfengklich gepflantzt vnnd erbauet worden / wie die im Newen Testament fürnemlich verfast / vnd klarlich dargethan / vnsern lieben getrewen Vnderthanen fürtragen". Er fühlt sich als Landesherr verantwortlich für seine Untertanen und vollzieht so einen Schritt, der eigentlich der (althergebrachten) Kirche in diesem Fürstentum zugestanden hätte, also den Bischöfen von Augsburg, Eichstätt und Regensburg. Ottheinrich mischt sich hier zwar eindeutig in kirchliche Angelegenheiten ein, er wahrt aber den Schein durch einen geschickten Schachzug: Er verbindet in dem Mandat die Religionsfrage mit der moralischen Frage durch den Aufruf, sich der „Hůrerey / vbermessig trinckens / vnzůot / besuchung der Wirtsheuser / auch aller andrer leichtfertigkeit" zu enthalten – eindeutig etwas, das ihn als Landesherrn anging. Die Entscheidung, den Schritt der Hinwendung zur neuen Lehre nicht heimlich zu vollziehen, sondern in aller Öffentlichkeit, spricht für seine Haltung.

Ob das Mandat zunächst durch Kopisten vervielfältigt werden sollte, ist unklar, jedenfalls wird es dann in dem von Ottheinrich allerdings selbst noch nicht gewagten Medium des Buchdrucks über das ganze kleine Fürstentum hin verbreitet, zunächst als Plakatdruck, ein Jahr später in handlicheren Quartformaten, die in ausländischen Offizinen entstanden sind.[1]

Im Anschluss an einen vierwöchigen Neuburger Aufenthalt (vor dem 9. August 1542), bei dem Osiander viermal in der Pfarrkirche (Unserer Lieben Frau oder St. Peter) und sechsmal im Schloss, vielleicht in der neuen Hofkapelle, gepredigt hatte, machte sich der Reformator im Sommer 1542 in Nürnberg an die Ausarbeitung einer Kirchenordnung (Kat.-Nr. 10.7), die wohl bei diesem langen Aufenthalt mit Ottheinrich beratschlagt worden war. Im Grunde ist sie in manchem ein vorsichtiger Kompromiss, der sich stark an die kurfürstlich brandenburgische und an die Nürnberger Kirchenordnung anlehnte.

Am 18. Januar 1543 wird das baldige Erscheinen der neuen Kirchenordnung angekündigt, Ende März/Anfang April 1543 wurde die ersten Exemplare versandt, darunter am 6. April außer an verschiedene Ämter auch an Ottheinrichs Schwager Herzog Wilhelm IV. von Bayern (1493–1550; reg. ab 1508/11), der davon nicht sehr begeistert war.

Der Tod von Pfalzgräfin Susanna

Mitten in diese Ereignisse fiel der unerwartete Tod Pfalzgräfin Susannas am 23. April 1543. Nach Salzer soll sie „mit allen Sakramenten versehen" gewesen sein – belegt dies aber nicht; Susanna soll auch den Wunsch geäußert haben, neben ihrer älteren gleichnamigen Schwester Susanne (1499–1500) in der Gruft der Münchner Frauenkirche bestattet zu werden – vielleicht auch, weil es in Neuburg noch keine Fürstengruft gab und im Rahmen der neu entstandenen Hofkirche (heutige Schlosskapelle) auch gar nicht möglich war. Die Beisetzung erfolgte am 1. Mai 1543 in München in Abwesenheit von Pfalzgraf Ottheinrich (Kat.-Nr. 7.33). Die Leichenpredigt (Kat.-Nr. 10.6) auf sie hielt in Neuburg Osiander unter dem Aspekt, dass es nach der Schrift kein Fegfeuer gebe, vielmehr dass „dies unkraut der falschen lehr vom fegfeur außgereutt" werden müsse (was allgemein Matthäus 15,13 entspricht), und dass wahre Christen bis zur Auferstehung nur schlafen. Zum Glauben von Susanna stellt er aus seiner Sicht lediglich fest, dass „ir glaub schwach und mit allerley unwissenheit vertunckelt und an irem leben etlich mangel und geprechlichkeit gewest were", doch hegte er die Hoffnung, dass der vom Leib geschiedene Geist bei Gott „sehe, hőre und erfare, was er in disem leben von menschlicher schwacheit wegen nicht genugsam hat kőnnen begreiffen" und dass auch sie „zur bestimpten zeit mit allen gotseligen unsterblich und herrlich widerumb aufferstehn und mit Christo und allen ausserwelten ewigklich leben" werde.

Osiander hielt am gleichen Tag eine zweite, gleichsam eine Grundsatzpredigt zur Einführung der Reformation in Neuburg über den Satz Matthäus 15,13: „Alle pflantzen, die mein himelischer Vatter nicht pflantzet, werden außgereutet werden". Gunter Zimmermann fasst in der Osiander-Gesamtausgabe den Inhalt dieser zweiten Predigt so zusammen: „Die Gemeinde soll über die papistischen Mißbräuche und Irrlehren aufgeklärt und mit der neuen Ordnung des Gottesdienstes und des Kirchenwesens vertraut gemacht werden".

Die Bestellung der ersten Hofgeistlichen

Als erster Hofprediger wurde an Pfingsten (13. Mai) 1543 der Licentiat der Theologie Adam Bartholomaei (Mattsies [bei Mindelheim] um 1510 – nach 1571 München?) von Ottheinrich nach Neuburg berufen (Kat.-Nr. 10.11). Zuvor hatte Bartholomaei im Auftrag von Kurfürst Ludwig V. von der Pfalz (1478–1544; reg. ab 1508) in Bretten in Zusammenarbeit mit dem dortigen Schultheiß Georg Schwarzerdt, dem Bruder von Melanchthon, die Reformation eingeführt und dort das Abendmahl in beiderlei Gestalt ausgeteilt. Gleichzeitig mit ihm wurde offenbar Peter Venetscher (Brig/Wallis um 1510/15 – nach 1571 Walheim?) von Ottheinrich angestellt.

Die neue Kapelle in Neuburg

Diese Anstellungen zeigen, dass die Reformation im Fürstentum zu diesem Zeitpunkt schon längst stabilisiert war. Äußeres Zeichen dafür wurde die Hofkapelle, die spätere Hofkirche und heutige Schlosskapelle in Neuburg selbst. Diese war erst kurz zuvor im Zuge des von Ottheinrich 1537/38 begonnenen dritten und letzten Flügels, des Neuen Baus (Ottheinrich-Bau) durch Einbau in ein älteres Verteidigungswerk (Eckbastion) entstanden. Sie hat eine auf massigen Konsolen bzw. Arkadenbögen aus Adneter Rotmarmor aufsitzende, fast umlaufende Empore (1540), die in ihrem Westteil zu einer Fürstenempore ausgeweitet und die zum Innenraum hin mit Groteskenfeldern in Stuck dekoriert ist. Diese Dekoration wurde rein aus der Freude an dieser damals hochmodernen, aus Italien kommenden Kunst heraus und ohne jeden Hintersinn geschaffen, so wie man dies in anderen Kirchenräumen, z. B. in der Marktkirche Unser Lieben Frauen zu Halle an der Saale, wenig später gleichfalls tat.

Die nach Ost/West ausgerichtete Kapelle hatte nur einen, in einer rechteckigen Apsis stehenden Altar; das Retabel, „eine Tafel von Marmelstein [Rotmarmor] und darein das Crucifix sambt allen zugehörigen pildern, der fünffe sind, von Eystetter Stain [Jurakalk]", wurde von Ottheinrich am 10. November 1540 bei dem Eichstätter Steinmetzen Martin Hering, Sohn des bekannten Bildhauers Loy Hering, bestellt und war wohl Anfang 1542 fertig geworden. Das Retabel steht seit 1957 wieder in der Schlosskapelle. Es zeigt am Rotmarmorbogen das fast provokant erscheinende „OTHAINRICH PFALCZGRAF", wodurch Ottheinrich deutlich nach außen zeigen wollte, dass er in Religionssachen das Sagen hat; in den Bogen eingestellt sehen wir Christus sowie die beiden Schächer am Kreuz, darunter stehend Maria und Johannes – die fünf „pilder" des Auftrags. Auf dem Sockel steht die Inschrift: zv · gleicher · beis · moises · die · schlang · in ‖ der · wvest · erhecht · hat · also · sol · avch ‖ der · svn · des · menschen · erhect · werden ‖ avf · das · welcher · glavbt · an · in · nit · ve= ‖ rloren · werd · svnder · er · hab · das · ebig · leben ‖ m·d·x·x·x·ii.

Zur wohl ersten evangelischen Kirche wurde die neue Hofkirche aber letztendlich erst durch den Entschluss, sie ausmalen zu lassen (Kat.-Nr. 10.10). Den Auftrag vergab Ottheinrich mit Kontrakt vom 5. Juli 1543 an den Salzburger Maler Hans Bocksberger d. Ä. Das theologische Programm für die stark von der oberitalienischen Malerei beeinflussten Fresken, teils secco, teils al fresco, stammt wohl von Osiander, vielleicht hat auch Bartholomaei mitgewirkt.

Gleichsam wie in einer Predigt wendet sich die Malerei an den Betrachter, verweist zunächst auf die Erschaffung des Menschen durch Gott, auf den Sündenfall und die Vertreibung aus dem Paradies und auf die Zeit der Israeliten in Ägypten, angedeutet durch die Zitierung der ägyptischen Plagen. Entscheidendes Ereignis im Alten Testament ist die Verleihung des Gesetzes durch Gott an Moses. Aber erst durch das Evangelium selbst erfährt der Mensch die Erlösung, vor allem durch die beiden, von Christus eingesetzten – und von der neuen Lehre einzig und allein als solche anerkannten – Sakramente: durch die Taufe und durch das Abendmahl in beiderlei Gestalt. Für diese beiden Sakramente stehen jeweils zwei große Rundbilder an der Decke: zum Altar hin mit Bezug auf das Abendmahl, zum Eingang hin mit einem solchen auf die Taufe. Und bezogen auf diese beiden Deckenbilder sieht man in der Ebene darunter, gleichsam als Fundament, auf Emporenhöhe gleichnishafte Wandbilder mit Darstellungen aus dem Alten Testament, vorne solche mit Bezügen auf das Abendmahl, hinten solche auf die Taufe, wobei dies aber sicher nur die eine Ebene einer Deutung sein kann. Die Krönung dieser „Predigt" ist die Darstellung von Christus mit der Kirchenfahne in der Hand: als der auferstandene, der verklärte oder der in den Himmel auffahrende Christus – eine Darstellung, die illusionistisch die Gewölbedecke aufreißt und sprengt. Ihm, Christus, sollen wir alle nachfolgen und können dies – gleich den zu seinen Füßen stehenden und zu ihm aufschauenden Jüngern mit Maria – auch tun; wenn wir uns diese „Predigt" vergegenwärtigen und uns an das hier Dargestellte halten, steht uns der Himmel offen.

Durch den Einbau der Kapelle in ein älteres, bereits als unterkellert bestandenes Bauwerk war es nicht möglich, in sie auch eine Fürstengruft einzulassen, was auch ein Grund dafür gewesen sein mag, dass Pfalzgräfin Susanna 1543 in München und nicht in Neuburg bestattet wurde. Kurz nach ihrem Tod setzte Ottheinrich die Bronzetafel über den einzigen alten Zugang zur Kapelle (von der damals erst geschaffenen neuen Einfahrt zum Schlosshof her): eine Darstellung des Abschieds von Jesus von Maria, verbunden mit einer Bauinschrift mit dem allgemeinen Hinweis auf Matthäus 15; wobei nach der zitierten Osiander-Predigt allem nach nur Matthäus 15,13 gemeint sein kann. Die Tafel darf man in ihrem Bildgehalt zum einen als eine Art Epitaph sehen, hier bezogen auf den Abschied Ottheinrichs von Susanna, ähnlich wie bei ihrer älteren Schwester, dem Regensburger Epitaph für Margarethe Tucherin (Kat.-Nr. 7.58). Zusammen mit Altar und Fresken ergibt sie aber auch einen weiteren, nämlich theologischen Sinn von höchst zentraler Bedeutung: einen Hinweis auf das Triduum von Gründonnerstag (Tafel), Karfreitag (Altar) und Ostern (der auferstandene Christus im Deckenfresko) und damit auf Leiden, Tod und Auferstehung.

Erst dadurch wurde also die neue Neuburger Hofkapelle, die spätere Hofkirche und heutige Schlosskapelle, zu einem der frühesten evangelischen Kirchenräume in Deutschland, noch ein Jahr vor Torgau, dessen Schlosskapelle Martin Luther selbst mit einer Predigt am 15. Oktober 1544 eingeweiht hat.

Staatsbankrott und Schmalkaldischer Krieg

Inmitten dieser entscheidenden Vorgänge zur Einführung der Reformation wurde die Schuldenlast des jungen Fürstentums immer drückender. Dies führte 1544 zum Staatsbankrott und zur Übernahme des Fürstentums durch die Landstände. Pfalzgraf Ottheinrich ging daraufhin in die Kurpfalz ins Exil und lebte in Weinheim bzw. Heidelberg, das Fürstentum blieb weiterhin evangelisch. Zu seiner Ehrenrettung muss festgestellt werden: Mit Einführung der Reformation wurde zwar versucht, die Klöster, zumeist die Frauenklöster, im Fürstentum aufzuheben, jedoch sollten deren Einkünfte nicht für die Abwicklung der Schuldenlasten herangezogen werden, jedenfalls nicht in dieser ersten Reformationsphase.

Der Umschwung durch den Schmalkaldischen Krieg

Ottheinrich hatte – wenngleich erfolglos – auch mit dem Schmalkaldischen Bund Verhandlungen geführt, nachdem seine bayerischen Verwandten Überlegungen zur Übernahme des verschuldeten Fürstentums mit Zurückhaltung begegnet waren. Die offensichtlich weiterhin gesuchte Hinwendung zum Schmalkaldischen Bund führte am 18. September 1546 zur Belagerung und Besetzung Neuburgs und damit auch des Fürstentums Neuburg im Schmalkaldischen Krieg durch Kaiser Karl V. (Kat.-Nr. 9.10). Neuburg bekam jetzt einen kaiserlichen Statthalter, Stadt und Fürstentum wurden wiederum katholisch und die Klöster restituiert. Die evangelischen Hofgeistlichen wie Bartholomaei und Venetscher wurden sofort entlassen und auch auf dem Land wurden die Geistlichkeit ausgewechselt, die dann in andere, meist Fürstendienste überwechselte, wie etwa der frühere Prediger zu Burglengenfeld und Schwandorf Veit Nuber/Vitus Nuberus, der als Prediger in das oberpfälzische Nabburg ging und später sogar Hofprediger in Zweibrücken wurde.

Die Rückkehr Ottheinrichs und der erneute Umschwung

Das Jahr 1552 mit dem Ausbruch der Fürstenrevolution brachte einen erneuten Umschwung. Anfang April agierte noch der kaiserliche Statthalter in Neuburg, ließ man noch Messgewänder nach Augsburg zur Weihe im Dom bringen. Mitte des Monats April war aber Ottheinrich wiederum im Besitz des Fürstentums Neuburg, dem er Mitte Mai 1552 nach langer Zeit der Abwesenheit einen ersten Besuch abstattete. Galt seine erste Sorge dem Zustand der von ihm errichteten Bauten, vor allem dem praktisch nur im Rohbau dastehenden Westflügel (mit

lediglich der Einfahrt und der Schlosskapelle als vollendeten Bauteilen), so vergaß er darüber nicht die Religionsfrage. Er führte sofort wieder die volle Reformation durch. Ende Mai 1552 schickte er Beauftragte in die Landgerichte Graisbach und Höchstädt sowie auf den Nordgau, welche die Pfarrer auf die Kirchenordnung von 1543 verpflichten oder andernfalls absetzen sollten. Diese Vorgänge sind insofern von Bedeutung, als die Rückführung des Fürstentums Neuburg zur Reformation in der älteren Literatur immer als Ergebnis erst des Passauer Vertrags vom 15. August 1552 gesehen wurde, durch den Ottheinrich wiederum in den Besitz des Fürstentums Neuburg eingesetzt wurde.

Die Kirchenordnung von 1554

Bereits im darauffolgenden Jahr 1553 ging Ottheinrich an eine Neufassung der pfalz-neuburgischen Kirchenordnung, stützte sich dabei aber stets auf die Bestimmungen des Passauer Vertrags, um sich so rückzuversichern.

Ein Erstentwurf von Johann Ehinger und dem Hofprediger M. Michael Diller bezog bereits die Mecklenburgische Kirchenordnung (1552) sowie die Württembergische Kirchenordnung (1553) ein, die auf Melanchthon bzw. Johann Brenz zurückgingen. Der Neuburger Entwurf wurde in der ersten Augusthälfte 1553 von dem württembergischen Reformator Johann Brenz anlässlich eines Aufenthalts in Neuburg überarbeitet. Dadurch erklärt sich, dass die neue pfalz-neuburgische Kirchenordnung – von wenigen Passagen und Bestimmungen abgesehen – der Württembergischen Kirchenordnung gleicht; verbunden mit ihr wurde als Lehrteil das aus der Mecklenburger Ordnung übernommene, von Melanchthon verfasste Examen ordinandorum. In dieser Form bedeutete die Neuburger Kirchenordnung eine eindeutige Abwendung von der sächsisch-fränkischen Form, der noch die Kirchenordnung nur zehn Jahre zuvor gefolgt war, und die Hinwendung zur schweizerisch-schwäbischen Richtung der Reformation.

Gleichzeitig mit der Kirchenordnung wurden eine Eheordnung und eine Schulordnung für lateinische Schulen bearbeitet, letztere offenbar unter Beratung des bekannten Straßburger Humanisten und Rektor des dortigen Gymnasiums, Johann Sturm.

Für alle drei Ordnungen suchte Ottheinrich als Liebhaber des schön(gedruckt)en Buches einen guten Drucker. Die Neuburger Offizin von Hans Kilian war 1553/54 noch nicht wiederrichtet. So wurde, wie schon 1543, der Druck einer Nürnberger Druckerei, der von Johann vom Berg und Ulrich Neuber, übertragen. Die Kirchenordnung erschien im Frühjahr 1554.

Der Bildersturm von 1555

Die zweite Neuburger Kirchenordnung löste 1555 einen Bildersturm aus, offenbar verursacht durch den vollen Wortlaut des ersten der Zehn Gebote, die als Bestandteil des Katechismus in der Kirchenordnung abgedruckt sind. Die Bewegung ging anscheinend vom Oberland mit Schwerpunkt Lauingen aus. Ein Befehl zur Niederlegung der „unnotwendigen capellen" und zum Abbruch der Altäre bis auf jeweils einen war hier auf unmittelbare Anweisung von Ottheinrich hin schon am 6. August 1555 ergangen.

In der Diskussion der Frage bei der Sitzung des Neuburger Regierungsrats von diesem Datum wurde darauf hingewiesen, dass in Sachsen die „bilder" noch seien, dass sie aber vielerorts eine „raizung zur abgötterey" wären. Der Rat plädierte – „ungeacht, das es ain groß geschray bring" – dafür, „das man die bilder in still weg that und die althär bleiben ließ". Es wurden also zunächst nur die Altaraufbauten der Flügelaltäre mit „tafl" (= Gemälden) und „bilder" (= Plastiken, Schnitzereien) entfernt, während die Mensen stehen bleiben sollten. In den beiden Hauptkirchen der Residenzstadt Neuburg wurden die Altäre in aller Frühe am 9. August 1555 abgebrochen, man lagerte sie an unzugänglichen Stellen, auf Emporen, Dachböden und in Grüften. Ein allgemeiner Befehl erging am 12. August 1555 und wurde nach dem 21. August im ganzen Land verbreitet. Verschärft wurde die Anordnung am 1. Dezember 1555 dahingehend, „das man die abgeräumten tafl und bilder verpren und die althär gar [vollständig] ausbrech".

Auch überflüssige Feldkirchen wurden abgebrochen, es sei denn, man konnte sie als Friedhofskirchen weiterverwenden. In der Zeit nach 1555 ist auch im Fürstentum Neuburg verstärkt die Tendenz zu beobachten, Friedhöfe, die bis dahin um die Pfarrkirche in den eng bebauten Städten und Märkten lagen, aufzulassen und sie vor Stadtmauern und Stadttore zu verlegen. Die Neuburger Generalartikel von 1576 ordneten dies ausdrücklich an.

Die Klöster im Fürstentum Pfalz-Neuburg nach 1552

Schon vor der ersten Einführung der Reformation (1542) waren einige Klöster aufgehoben worden, so durch päpstliches Dekret vom 2. März 1530 die beiden Benediktinerinnenklöster Unterliezheim und Monheim. Die beiden letzten Mönche des Lauinger Augustineremitenklosters übergaben Kloster und Klostervermögen 1540 an die Stadt Lauingen.

Bei der Einführung der Reformation 1542 bestanden noch folgende landsässige Klöster: Bergen (Benediktinerinnen), Echenbrunn (Benediktiner), Maria Medingen (Dominikanerinnen), Neuburg (Benediktinerinnen), Obermedlingen (Dominikanerinnen), Pettendorf/Adlersberg (Dominikanerinnen) und Pielenhofen (Zisterzienserinnen). Eine Sonderstellung nahm das Zisterzienserkloster Kaisheim ein. Nur anfangs erscheinen auch die weiteren kleineren Klöster, das Zisterzienserinnenkloster Lauingen sowie die beiden Klausen zu Gundelfingen und Höchstädt (Augustineremitinnen), in den pfalzneuburgischen Landtafeln.

Das Vermögen der landsässigen Klöster wurde jetzt eingezogen und durch weltliche Pröpste verwaltet. Manche Klöster blieben als Aussterbeklöster bestehen, Nonnen aus Bergen suchten Aufnahme im Augustinerchorfrauenstift Marienstein bei Eichstätt. Nach der Besetzung des Fürstentums im Schmalkaldischen Krieg lebten die Klöster wieder auf, jedoch sollte sich dies mit der zweiten Einführung der Reformation nach sechs Jahren erneut ändern. Ein Kloster, nämlich Echenbrunn, erwies sich nicht als weiterhin lebensfähig. Der Besitz wurde eingezogen und der Erlös der zwischen 1553 und 1557 verkauften Einzelbestandteile voll in die Schuldentilgung einbezogen, die Klostergebäude wurden abgebrochen, das Abbruchmaterial gelagert und später z.T. wieder für kirchliche Zwecke verwendet, so 1561 für den Bau des Turms der Pfarrkirche zu Lauingen. Die Klause in Höchstädt verschwand spurlos, auch die dabei gelegene ursprüngliche Pfarrkirche in der Alten Stadt vor den Toren der (jüngeren) Stadt Höchstädt, deren Pfarrrecht schon 1544 auf die jüngere Stadtkirche übertragen worden war. Auch hier hatte Ottheinrich die Finger im Spiel: Er bekam 1544 das Patronatsrecht vom bisherigen Patronatsherrn, der Ulmer Patrizierfamilie Rot, geschenkt und verkaufte dieses dann unmittelbar darauf um 1400 Gulden an die Stadt Höchstädt – auch das wiederum ein kleiner Beitrag zum Abbau des Schuldenwerks. Das Benediktinerinnenkloster in Neuburg sollte bis 1584 bestehen bleiben, das Dominikanerinnenkloster in Maria Medingen bis 1616, also bis zur Wiederbegründung als Kloster nach Einführung der Gegenreformation ab 1614. Maria Medingen hatte einen Sonderstatus dadurch, dass das Kloster bis zum Bezug des Schlosses Höchstädt im August 1601 von der fürstlichen Familie als Stützpunkt bei den jährlich mehrfach veranstalteten Jagdvergnügen wie Hirschfeist, Sauhatz oder Seeabfischung im Oberland war, dazu auch als Station bei Reisen der Fürsten und des Neuburger Hofpersonals nach Westen. In Lauingen wurde vom Nachfolger Ottheinrichs, von Pfalzgraf Wolfgang, in den Räumen des einstigen Zisterzienserinnenklosters eine fürstliche Schule (Gymnasium) für die Heranbildung des Pfarrer- und Beamtennachwuchses eingerichtet (1561/62), in denen des einstigen Augustineremitenklosters die fürstliche Landesdruckerei (1561). Pfalzgraf Wolfgang achtete bekanntlich sehr darauf, dass die kirchlichen Vermögen zusammenblieben und wiederum für geistig-geistliche Zwecke verwendet wurden, besonders eben für die Landesschule.

Die Neuburger Kirchenordnung als Vorbild

1556 erschien in der Neuburger Offizin von Hans Kilian ein Nachdruck der Kirchenordnung von 1554 (Kat.-Nr. 10.13). Diese sollte jetzt auch für den Bereich der Kurpfalz gelten, nachdem Ottheinrich nach dem Tod seines am 26. Februar 1556 in Alzey verstorbenen Onkels Friedrich II. (1482 bis 1556, reg. ab 1544) endlich selbst Kurfürst von der Pfalz geworden war und, da er selbst keine

Leibeserben hatte, sein Fürstentum Neuburg an einen der Hauptgläubiger, an Pfalzgraf Wolfgang von Zweibrücken (1526–1569), übergeben hatte.

Da die pfalz-neuburgische bzw. jetzt auch kurpfälzische Kirchenordnung im gleichen Jahr 1556 durch Markgraf Karl II. von Baden auch in der Markgrafschaft Baden-Durlach eingeführt worden war, ergab sich somit ein relativ breiter Geltungsbereich dieser Neuburger, von Haus aus aber eigentlich Württembergischen Kirchenordnung. Dies war auch ganz im Sinne Ottheinrichs, der sich einleitend in seinem (Lauinger) Testament vom 10. August 1556 gegen die „manicherlay spaltung und misshelligcheit in vnser heiligenn christlichen religion" gewandt hatte.

Die Neuburger Kirchenordnung wurde nach dem Tod Ottheinrichs unter Pfalzgraf Wolfgang von der Zweibrücker Kirchenordnung von 1557 abgelöst, an deren Einführung schon bald nach dem endgültigen Regierungsantritt von Pfalzgraf Wolfgang 1559 gedacht und die dann 1560 offiziell auch im Fürstentum Neuburg eingeführt wurde. Doch basierte auch diese wiederum auf der Neuburger Kirchenordnung von 1554 und damit gleichfalls auf der Württembergischen Ordnung, wenngleich mit einigen Abweichungen, und in einigen Punkten wiederum auf der Mecklenburgischen Kirchenordnung von 1552.

Anmerkung

1 Die fürstliche Korrespondenz dazu und zu den weiteren Vorgängen war über die Registratur des Neuburger Pfarramts Hl. Geist überliefert (und war dorthin wohl über die Mitgliedschaft eines evangelischen oder aber auch eines katholischen Pfarrers im Kirchenrat/Geistlichen Rat gekommen, der sie sich bei Hof ausgeliehen hatte); sie wurde dann im zweiten Drittel des 19. Jahrhunderts vom Augsburger Domkapitular Anton Steichele beim Pfarramt ausgeliehen, ist aber schließlich nie mehr in dessen Registratur zurückgekehrt, sondern gelangte mit dem Nachlass Steichele in das Bistumsarchiv von Augsburg, wo sie 1944 durch Kriegseinwirkung verlustig gegangen ist (Ambros Weber hatte sie für seine 1920/21 abgeschlossene Arbeit verwendet und hat aus ihr oft zitiert).

Literatur

Salzer 1886; Weber 1957; Hauß/Zier 1956; Die evangelischen Kirchenordnungen 1966, Bd. 13; Rößler 1966; Henker 1980; Seitz 1980, Reformation und Gegenreformation; Osiander 1988/1990, Bd. 7 und 8; Cramer-Fürtig 1993; Cramer-Fürtig 1995; Cramer-Fürtig 2002; Henker 2002. Zur Schlosskapelle: Riedinger 1975; Kaeß/Stierhof 1977; Stierhof 1993; Grosse 2003; Kaeppele 2003; Seitz 2005.

10.1

Erstes Religionsmandat von Ottheinrich und Philipp gegen die neue Lehre

18. Juni 1524; Urkunde/Papier, 32 x 23 (R); Bayerisches Hauptstaatsarchiv, München (Pfalz-Neuburg, Kopialbücher 122, fol. 200^v–202^r)

Zwei Tage, nachdem ihr Onkel und ehemaliger Vormund, Pfalzgraf Friedrich, für die kurpfälzischen Teile der Oberpfalz ein Religionsmandat veröffentlicht hatte, dem ein Abdruck des Wormser Edikts beilag, erließen Ottheinrich und Philipp am 18. Juni 1524 das erste Religionsmandat gegen die neue Lehre im Fürstentum Pfalz-Neuburg. Es befahl den Untertanen, nicht vom herkömmlichen Glauben abzuweichen, sondern die Gebote des Wormser Edikts von 1521, der päpstlichen Bulle „Exsurge Domine" von 1520 und des kaiserlichen Achturteils zu befolgen. Das Volk dürfe sich nicht „… wider unns [Ottheinrich und Philipp] und annder, denen sy billichen gehorsam, auch Ir zuegebenden gerechtigkeiten zulaisten schuldig sind, aufwerffen". Im ersten Teil werden die religiösen Inhalte der lutherischen Lehre in Abrede gestellt und „bey hoher straf und pen ernstlich" eine Anhängerschaft der neuen Lehre verboten. Zwar publizierten auch andere Reichsstände sowie das Reichsregiment im selben Zeitraum ähnliche Mandate, für Pfalz-Neuburg dürfte jedoch besonders der Umstand zur Publikation des ersten eigenständigen Religionsmandats beigetragen haben, dass seit 1521 in städtischen Zentren des Fürstentums – nicht aber in der Residenzstadt Neuburg – frühreformatorische Aktivitäten und gar lutherische Predigten festzustellen waren. In Lauingen war es daraufhin zur Absetzung des Augustinereremitenpriors Dr. Caspar Amman und des Bruders Jakob Augsburger sowie zur Bestrafung von drei Bürgern gekommen, die als Anhänger der neuen Lehre in Verdacht standen.   MH

Henker 2002; Die Religionsmandate des Herzogtums Bayern in der Reformationszeit 2000, S. 22 f.; Seitz 1980, Reformation und Gegenreformation.

10.2

Zweites Religionsmandat von Ottheinrich und Philipp gegen die neue Lehre

31. Mai 1526, Druck/Papier, 43 x 32; Bayerisches Hauptstaatsarchiv, München (Pfalz-Neuburg Akten 1264)

Hatten die bayerischen Herzöge Wilhelm IV. und Ludwig X. am 2. Oktober 1524 das zweite bayerische Religionsmandat in Form eines 39-seitigen Mandat-Libells erlassen (das erste bayerische Religionsmandat datiert vom 5. März 1522), folgte das zweite pfalz-neuburgische Mandat in diesem Betreff in engem Zusammenhang mit dem Bauernkrieg, an dem Ottheinrich 1525 von der Kurpfalz aus teilgenommen hatte. Es bezog sich erneut auf Bestimmungen des Papstes und des Kaisers gegen Luther

und dessen Lehre sowie auf das erste pfalz-neuburgische Mandat von 1524. Es konstatierte, dass diese Gebote oft missachtet würden, was zu Widerwärtigkeiten, Krieg, Brand und Blutvergießen geführt habe. Die bisherigen Erlasse wurden nun von den Landesherren als christlichen Fürsten erneuert und die Befolgung unter Androhung von großer Ungnade befohlen. Dazu kamen im zweiten Teil Verordnungen gegen Gotteslästerung und Zutrinken mit genauen Angaben zur Höhe von Geldstrafen und anderen Zwangsmaßnahmen.

Ottheinrich war durch ein Breve von Papst Clemens VII. am 23. August 1525 für seinen Einsatz im Kampf gegen die neue Lehre gelobt worden und hatte am 5. Februar 1526 durch den Papst das Recht der Besteuerung des Klerus in seinem Fürstentum sowie die Verleihung von Ablässen für eine von ihm gestiftete Kapelle erhalten. Neben dem zweiten Religionsmandat ist auch das pfalz-neuburgische Wiedertäufermandat vom 28. Januar 1528 ein Beleg dafür, dass die jungen Herzöge in den 1520er-Jahren fest auf der katholischen Seite standen, Unruheherde und Abtrünnige im Land aktiv bekämpften und mit Mandaten rechtsverbindliche Ge- und Verbote schufen, um ein Ausbreiten der neuen Lehre im Fürstentum zu verhindern. Diese Verankerung im Lager der katholischen Reichsfürsten erfuhr eine erneute Verstärkung durch die Hochzeit Ottheinrichs mit Susanna, Tochter Herzog Albrechts IV. und Witwe des Markgrafen Kasimir von Brandenburg-Ansbach, am 16. Oktober 1529, was ihn in noch engere Verwandtschaft und persönliche Freundschaft zu den Brüdern Wilhelm IV. und Ludwig X. von Bayern brachte.   MH

Henker 2002; Die Religionsmandate des Herzogtums Bayern in der Reformationszeit 2000, S. 32 ff.

10.3

Die drei christlichen Helden

Doman Hering (?), München (?), um 1534; Solnhofer Stein, Scagliola, Lapislazuli, 36,2 x 29,2; Privatbesitz

Ganz im Selbstverständnis katholischer Fürsten sind Ottheinrich, sein Bruder Philipp und sein Schwager Herzog Wilhelm IV. von Bayern auf dem Steinrelief „Die drei christlichen Helden" nach Hans Burgkmairs gleich betiteltem Holzschnitt von 1519 porträtgenau dargestellt. Kenntlich an ihren Devisen verkörpert – jeweils ausweislich des Wappens auf dem Schild – links Wilhelm IV. („Ich habs im Herzen") Kaiser Karl den Großen, Ottheinrich („Mit der Zeit") König Artus und Philipp („Nichts unversucht") den Kreuzfahrer-König Gottfried von Bouillon. Der Bogen der mit dem pfalz-bayerischen Wappen aller drei Dargestellten verzierten Lünette trägt die Inschrift „Si deus nobiscum quis contra nos" („Wenn Gott mit uns ist, wer sollte gegen uns sein"). Dies spricht für eine Auftraggeberschaft Wilhelms IV., der das Relief im Zusammenhang mit dem am 4. Mai 1534 in Eichstätt

10.3

10.4

Andreas Osiander

1540er-Jahre; Öl/Leinwand, 110 x 86; Evang.-Luth. Kirchengemeinde St. Lorenz, Nürnberg

Als Sohn eines Schmieds kam Andreas Osiander 1498 in Gunzenhausen zur Welt. 1515 immatrikulierte er sich in Ingolstadt, erwarb aber keinen akademischen Grad. 1520 arbeitete er als Hebräischlehrer am Nürnberger Kloster der Augustinereremiten. Spätestens hier kam Osiander mit der Lehre Martin Luthers in Berührung. 1520 empfing er die Priesterweihe, 1522 stieg er zum ersten evangelischen Prediger an der Lorenzkirche in Nürnberg auf. Osiander förderte durch zahlreiche Schriften die Verbreitung der Reformation; er war unter anderem maßgeblich an der Kirchenordnung für Nürnberg und Ansbach-Kulmbach beteiligt. 1542 verfasste er im Auftrag Herzog Ottheinrichs die Kirchenordnung für Pfalz-Neuburg und führte hier die Reformation durch. Osiander verließ 1548 Nürnberg und ging zu Herzog Albrecht von Preußen nach Königsberg. Er wurde Pfarrer und Professor der Theologie an der dortigen Universität. In dieser Funktion war er in heftige Auseinandersetzungen um die Rechtfertigungslehre verwickelt. Dieser so genannte „Osiandrische Streit" entzweite auf viele Jahre hinaus die protestantische Bewegung.

Das Porträt Osianders gehört zu einer Reihe von Bildnissen ehemaliger Geistlicher der Lorenzkirche. Es zeigt den Reformator als Prediger auf der Kanzel. Zahlreiche restauratorische Eingriffe in verschiedenen Jahrhunderten veränderten die ursprüngliche Malerei erheblich.

MG

DBE 7, S. 511 f.; 475 Jahre Fürstentum Pfalz-Neuburg 1980, S. 118 f.; Seebass 1967, S. 279 f.; Fehring/Ress 1977, S. 99.

10.5

Religionsmandat Ottheinrichs vom 22. Juni 1542

Neuburg, 1542; Druck/Papier, 19,6 x 14,9; Historischer Verein Neuburg an der Donau (Bild Nr. 988)

Genau zwanzig Jahre nach seiner offiziellen Regierungsübernahme erließ Ottheinrich am 22. Juni 1542 ein „Ge-

geschlossenen Wittelsbacher Familienbündnis kommissioniert haben könnte, dem auch Kurfürst Ludwig von der Pfalz sowie der Onkel und ehemalige Vormund der Neuburger, Pfalzgraf Friedrich – nunmehr kurpfälzischer Statthalter in Amberg –, sowie Georg und Albrecht von Brandenburg beitraten.

Das „Urteil des Paris", das in einer der Kassetten der Tonnendecken dargestellt ist, deutet neben anderen stilistischen Details auf Doman Hering als Schöpfer des Reliefs hin, der um 1529 ein ebensolches Relief wohl in Anspielung auf Ottheinrichs Hochzeit mit Wilhelms Schwester Susanna schuf (Kat.-Nr. 7.27). Die farbigen Scagliolaverzierungen und die Säulenschäfte aus Lapislazuli sind spätere Anfügungen an das ursprünglich wohl 36,2 x 25 cm große Relief. Im Kunstkammer-Inventar Maximilians I. von Bayern findet sich 1627/30 ein entsprechendes Stück, für dessen weiteren Verbleib sonst keine Belege existieren.

MH

Henker 2002; Renaissance im deutschen Südwesten 1986, Textband, S. 550–552.

bot und Ermanung an seyne Geystlichen zu annahmung Göttliches wortz und verlassung falscher und in heyliger Schrift ungegrundter leer". Dieses Religionsmandat war das Ergebnis der Arbeit des Nürnbergers Andreas Osiander (Kat.-Nr. 10.4), des Augsburgers Wolfgang Musculus und des Speyerers Michael Diller, die auf seine Bitte hin im Mai 1542 nach Neuburg entsandt worden waren, um den Pfalzgrafen bei der Einführung der neuen Lehre zu beraten. Die Redaktion hatte Osiander übernommen, der gleich im Anschluss eine Kirchenordnung für Pfalz-Neuburg verfasste (Kat.-Nr. 10.7). Die Entscheidung Ottheinrichs, der bis zur Mitte der 1530er-Jahre fest auf der Seite der katholischen Partei im Reich stand, sich der Reformation anzuschließen, hatte sich schrittweise entwickelt und erfolgte wohl im Frühjahr 1541 auf dem Reichstag von Regensburg, wo er bei Landgraf Philipp von Hessen und Kurfürst Joachim von Brandenburg evangelische Predigten besuchte, evangelische Geistliche zu sich einlud und intensiv religiöse Kontroversliteratur studierte. Schon 1535 hatte der Nuntius Vergerio über ihn geurteilt: „Vacillante nelle cose della fede". Und spätestens seit 1538 sandte Ottheinrich Schriften reformatorischen Inhalts an seine Vettern und Schwäger in München, die ihrerseits nicht nachließen in ihrem Bemühen, den Neuburger vom Glaubenswechsel abzubringen. So versuchte Herzog Wilhelm IV. in einem ausführlichen Brief vom 4. Oktober 1541 unter deutlichem Hinweis auf ein von ihm in Aussicht gestelltes Darlehen von 100 000 Gulden seinen Schwager bei der alten Lehre zu halten. Die Hoffnung auf materiellen Gewinn war bei dem mit über einer Million Gulden verschuldeten Ottheinrich also offenbar kein zentraler Beweggrund für die Glaubensentscheidung und so wurden die kirchlichen Einkommen in der Folgezeit auch nicht zur Schuldentilgung herangezogen. Eher scheinen die Förderung der Identitätsbildung im jungen Fürstentum, die Ausweitung des eigenen Machtbereichs durch Ausschaltung des Einflusses auswärtiger Mächte sowie der zuständigen Bischöfe und des Papstes, aber auch die nach langer inhaltlicher Auseinandersetzung mit der neuen Lehre gewonnene innere Überzeugung Ottheinrichs die nachhaltigsten Motive für seinen Glaubenswechsel gewesen zu sein. MH

Henker 2002.

10.6

Leichenpredigt für Pfalzgräfin Susanna

Andreas Osiander (1498–1552); Neuburg, 1543; Buchdruck/Papier, 22 Bll., 18,7 x 14,7; Historischer Verein Neuburg an der Donau (H 10 / BV 1750 O82 S9)

Während Ottheinrich über Jahre hinweg eine zunehmende Nähe zur Reformation entwickelte, hielt Susanna bis zu ihrem Tod am katholischen Bekenntnis fest. Am 23. April 1543 starb sie in Neuburg. Ottheinrich beauftragte den Nürnberger Reformator Andreas Osiander,

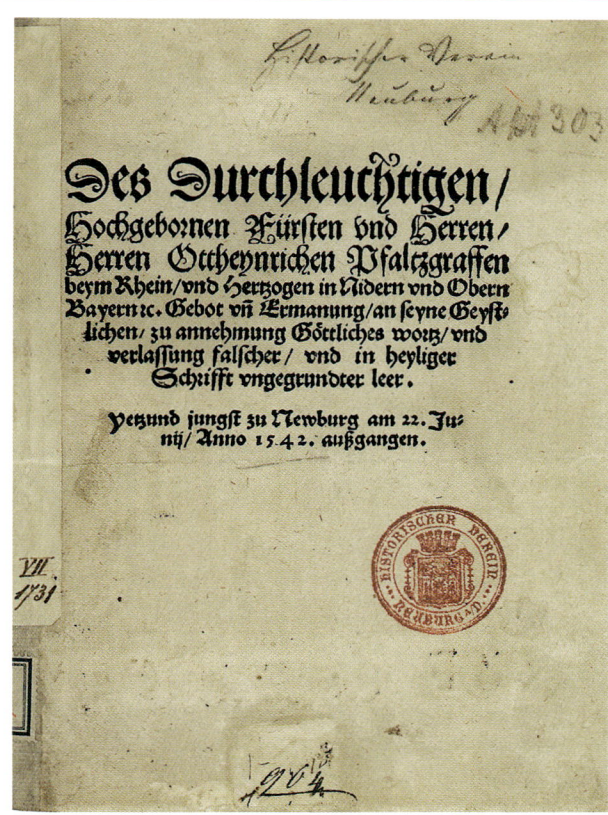

10.5

eine Leichenpredigt für die Verstorbene zu halten, nahm aber selbst an der Beisetzung Susannas, die am 1. Mai 1543 in München nach katholischem Ritus stattfand, nicht teil. Osiander stellt in seiner Predigt die christliche Zukunftshoffnung in den Mittelpunkt. Er predigt über die „…worte des Heiligen Pauli 1. Thess. am vierdten [13–18]: ‚Wir wöllen aber euch, lieben Brůder / nicht verhalten von denen die da schlaffen' etc." Die Predigt erschien noch im gleichen Jahr in Nürnberg bei Johann Petreius im Druck.

Beim Thema der christlichen Zukunftshoffnung kommt der kritischen Auseinandersetzung mit der katholischen Lehre vom Fegefeuer eine wichtige Rolle zu. Osiander stellt heraus, dass der Predigttext keinen Hinweis auf das Fegefeuer gibt, und auch sonst weder im Neuen Testament noch bei den Kirchenvätern bis zur Zeit von Augustinus dieser Läuterungsort erwähnt ist. Er betont, dass nicht nur die Tradition, sondern auch rationale Gründe gegen die Vorstellung von einem Fegefeuer sprechen. Stattdessen verweist er, ganz in reformatorischem Geist, auf die Tilgung der Sünde durch die göttliche Vergebung und die Reinigung durch die Taufe, während die Seele des Verstorbenen bis zur Auferstehung als neuer unvergänglicher Leib schläft. Die Predigt des Reformators schließt mit der Erkenntnis, dass die verstorbene Pfalzgräfin von nun an zu den Gläubigen gehört, die schlafen und auf den Tag der Auferstehung warten.

Angesichts der Treue Susannas zum alten Glauben sind Osianders reformgeprägte Ausführungen bemerkenswert. Die neue Kirchenordnung für Pfalz-Neuburg wurde zwei Tage nach Susannas Tod im Fürstentum eingeführt. MG

Osiander 1990, Bd. 8, S. 60–82; Henker 2002.

10.7

Pfalz-neuburgische Kirchenordnung von 1543

Nürnberg: Johann Petreius, 1543; Buchdruck/Papier, Holzdeckel, lederbezogen, 31,8 x 21,3; Historischer Verein Neuburg an der Donau (Bild Nr. 964)

Im Anschluss an das pfalz-neuburgische Reformationsmandat vom 22. Juni 1543 (Kat.-Nr. 10.5) verfasste Andreas Osiander im Auftrag Ottheinrichs eine Kirchenordnung für Pfalz-Neuburg, unter starker Anlehnung an die von ihm und Johannes Brenz erarbeitete brandenburgisch-nürnbergische Kirchenordnung von 1540, in die er aber auch wesentliche eigene Stücke einbaute. Sie gliedert sich in einen Lehrteil, eine Gottesdienstordnung und Katechismuspredigten. Jeder der drei Teile trägt das pfalz-neuburgische Wappen auf dem Titel und hat einen blattgroßen Holzschnitt vorangestellt, zwei von Virgil Solis und einer von Mathis Gerung, alle mit 1542 datiert. Die Kirchenordnung wurde in Folio- und Oktavausgaben bei Johann Petreius in Nürnberg gedruckt und am 25. April 1543 im Fürstentum eingeführt. Sie blieb auch in Kraft, als Ottheinrich seine Herrschaft 1544 an die Landstände abtreten musste. Allerdings kam es gleich zu Beginn des Schmalkaldischen Kriegs 1546 zur Besetzung Pfalz-Neuburgs durch kaiserliche Truppen und in der Folge zur Errichtung einer kaiserlichen Statthalterschaft, die die ständische Regierung genauso wie die neue Lehre abschaffte und die Wiederaufrichtung des katholischen Glaubens durchsetzte. Die erste umfassende Neuordnung des Kirchenwesens, die in Pfalz-Neuburg – wie in allen lutherischen Territorien – durch die erste Kirchenordnung des Fürstentums 1543 erfolgt war, fand so nach wenigen Jahren ein abruptes Ende. MH

Henker 2002.

10.8

Martin Luther: Der Psalter

Neuburg: Hans Kilian, 1545; Buchdruck/Papier, 176 Bll., 11 x 19; Studienbibliothek Dillingen (I 1707)

1545 wurde in Neuburg die Psalter-Übersetzung Martin Luthers als „Taschenbuch" im besten Sinn des Wortes gedruckt; veranlasst hatte sie – so Hans Kilian in seiner Vorrede – „der Durchleuchtig Hochgeborn Fürst vnd Herr, Herr Ott-Hainrich … als ein Christlicher Fürst … aus Christlichem gutherzigem Eyfer … i[n] dise[r] klain gedrukten Form, [die] … ain yder leichtlich bey ime tragen vnd behallten kan". Kilian begründet die Notwendigkeit der Drucklegung aus der konfessionellen Frontstellung

gegen die katholische Kirche bzw. damit, dass zum Teil Christen noch durch die „Abgöttischen und erdichten petbuechelin" verwirrt seien, sodass es nottue, Gebete aus „Gottes Wort" bereitzustellen. Eine weitere Vorrede trägt dazu bei, dass dieses Buch neben dem „Kleinen Katechismus" Luthers zu den „vornehmsten Drucken" der Offizin Kilians gehört. Auf Bitte Ottheinrichs nämlich verfasste Martin Luther eigens für diese Neuburger Ausgabe eine Vorrede, in der er wiederholt seine hohe Wertschätzung der Psalmen bzw. des „Psalters" hervorhebt, den er auch als „kleine Bibel" bezeichnete: „Aber der Psallter vnd Vater vnser, sollen besser, ja das besste sein, wer die recht beten lernet, der hat wol beten gelernt, weit vber alle Gebet, sonderlich weil der psalter nu von Gottes genade verstendigklich verdeutscht ist."

Die erste Seite des besonders sorgfältig gestalteten Drucks ziert das Wappen Ottheinrichs mit der Unterschrift „O.H.Mit Der Zeit.P." [Ott Heinrich Mit Der Zeit Pfalzgraf]. Alle Textseiten sind von Zierelementen bzw. Pfalz-Neuburger Wappenschilden eingerahmt, für die eigens Holzschnitte angefertigt worden waren. Am Ende folgt das Druckerzeichen Kilians (Kat.-Nr. 10.9).

Zwar handelt es sich bei dem Neuburger Druck nicht um die Erstausgabe von Luthers Psalter-Übersetzung, die bereits 1524 gedruckt worden war und mit der Wittenberger Ausgabe von 1531 ihre endgültige Form gefunden hat, und auch nicht um die einzige deutsche Psalter-Übersetzung im Besitz Ottheinrichs, der auch Übersetzungen durch Johann Bugenhagen (1485–1558) und Martin Bucer (Kat.-Nr. 10.9) besaß, doch machen Zustandekommen, Vorreden und Gestaltung des Neuburger Drucks diesen zu einem einzigartigen Zeugnis der kirchenpolitischen Interessen und Ziele Ottheinrichs.

Ottheinrichs Handexemplar des Neuburger Drucks, wie das vorliegende Exemplar ein Papierabzug, kam mit der Bibliotheca Palatina nach Rom, wo es sich noch heute befindet. SL

Hans Kilian 1994, S. 127 ff.; Unger 1994; Seitz 1994; Bibliotheca Palatina 1986, S. 201 f.; Klauser 1956.

10.9

Martin Bucer: De vera et falsa caenae Dominicae administratione

Neuburg: Hans Kilian, 1546; Buchdruck/Papier, 19 x 28,5; Staatliche Bibliothek Neuburg an der Donau (4° Theol. 169)

Das im Todesjahr Luthers 1546 gedruckte Werk Martin Bucers (1491–1551) beschäftigt sich mit der „richtigen und falschen Handhabung des Abendmahls". Martin Bucer gilt neben Luther und Melanchthon als der bedeutendste Reformator. Neben Wolfgang Capito war er für das nach der Anzahl der unterzeichnenden Städte Straßburg, Konstanz, Lindau und Memmingen „Tetrapolitana" genannte Glaubensbekenntnis mitverantwortlich, das in Konkurrenz zum lutherischen „Augsburger Bekenntnis" und der zwinglianischen „Fidei Ratio" stand. Ein zentraler Streitpunkt dieser evangelischen Bekenntnisrichtungen war das Abendmahl, wobei sich insbesondere Bucer auf unzähligen Reisen um eine Verständigung bemühte, die das protestantische gegenüber dem altkirchlichen Lager einigen sollte. Bucer sah diesen Streit als äußerlich, als „res externa" an, weil für ihn allein der Glaube daran wichtig war, dass Christus im Abendmahl gegenwärtig sei, während er die Frage nach dem „Wie" für zweitrangig hielt. Die Wittenberger Konkordie von 1536 ist maßgeblich als Bucers Werk zu betrachten. Dort wurde – Raum für Ausdeutungen lassend – einerseits klar gestellt, dass Luther folgend Christus im Abendmahl wahrhaft gegenwärtig sei (Realpräsenz), andererseits wurde aber von Luther abweichend offen gelassen, ob die Ungläubigen ebenso wie die Gläubigen den Leib Christi empfangen könnten. Es gelang Bucer nicht, die Schweizer zur Übernahme dieser Formel zu bewegen.

In der Neuburger Schrift ging es Bucer vor allem um die gemeinsame Frontstellung gegen die sich im 1545 eröffneten Konzil von Trient neu formierende „katholische" Kirche. Er bestritt die Berechtigung dieses Konzils, denn bei den dort anwesenden Theologen herrschten Selbstgerechtigkeit, Unsittlichkeit und Unkenntnis in den Grundfragen der sittlichen Lehre. Er kritisierte das „katholische" Verständnis des Sakraments als Opfer und betont, dass die Praxis des Laienkelchs auf den klaren Weisungen Jesu und der Bibel gründe.

Das Buch zeigt auf dem Titelholzschnitt eine schreitende Frauengestalt, die das Alphabet sieht, und weist sich mit diesem Druckerzeichen als Werk der Neuburger Druckerei Kilians aus. Die Druckerei war auf Veranlassung Ottheinrichs gezielt zur Verbreitung reformatorischer Ideen errichtet worden. In ihr wurde – befördert auch durch führende Straßburger Reformatoren wie Caspar Hedio (Kat.-Nr. 7.74) oder Martin Bucer – fast ausschließlich Reformationsschrifttum gedruckt.

Martin Bucer hatte in Heidelberg studiert, wo er 1518 bei der Heidelberger Disputation auch Luther kennen gelernt hatte. In den 20er-Jahren war Bucer kurzfristig in den Diensten von Ottheinrichs Vormund Friedrich II. gestanden. Bucer unterstützte den Aufbau der Bibliothek Ottheinrichs und beriet ihn in theologischen Fragen, doch spielten für Ottheinrich andere Theologen wie etwa Andreas Osiander eine weitaus wichtigere Rolle. Bucers hauptsächliche Wirkungsstätte war Straßburg, das er aber 1548 als Folge des Interims Richtung England verließ, wo er sich als Professor in Cambridge bis zu seinem Tod 1551 der Reform der englischen Kirche widmete. SL

Hans Kilian 1994, S. 133–135; Martin Bucer 1991; Henker 2002; NDB, Bd. 2, S. 695–697; Unger 1994; Greschat 1990; Hammann 1989.

10.10

PC-Bildprogramm der Schlosskapelle Neuburg

Konzeption: M. Henker, S. Oschwald
Realisation: Res Media GmbH, Augsburg

Im Zusammenhang mit der Errichtung des Westflügels – des so genannten Ottheinrichbaus – des Residenzschlosses Neuburg dürfte nach 1530 auch mit dem Bau der Schosskapelle, des frühesten evangelisch-lutherischen Sakralbaus in Deutschland, begonnen worden sein. Am 6. Juli 1543 wurde mit dem aus Salzburg stammenden Maler Hans Bocksberger d. Ä. ein Verding zur Ausmalung der Neuburger Schlosskapelle geschlossen, gemäß dem er 250 Gulden und ein Ehrenkleid erhalten sollte. Dafür musste er aber „die farben auf seine costen darlegen". Da er 1543 auch noch mit der Ausmalung der Stadtresidenz in Landshut beschäftigt war, ist anzunehmen, dass er im Sommer des Jahres die Ausmalung in Neuburg mit einem relativ großen Werkstattbetrieb an der Decke und den Wänden in Emporenhöhe al fresco und mezzo fresco vornahm. Das Bildprogramm entwickelte der 1542/43 in Neuburg mit der Arbeit an der ersten Kirchenordnung beschäftigte Andreas Osiander. Es wurde auch als sehr persönliche Predigt des Nürnberger Reformators an Ottheinrich bezeichnet. In Auswahl und Anordnung geben die uns heute schwer verständlichen Bilder Luthers Rechtfertigungslehre wieder. M H

Stierhof 1993, Bd. 3; Kaeppele 2003.

10.11

Adam Bartlme: Eine christliche Leichenpredigt

Neuburg: Hans Kilian, 1544; Buchdruck/Papier, 15,7 x 14; Bayerische Staatsbibliothek, München (4° Bavar. 2140, V, 1)

Als der pfälzische Kurfürst Ludwig V. der Friedfertige am 16. März 1544 starb, ordnete Herzog Ottheinrich an, dass alle Pfarrer im Fürstentum Pfalz-Neuburg eine Leichenpredigt halten sollten. Als Vorlage hierfür diente die von Adam Bartholomaei (Bartlme) am 25. März in der Neuburger Hofkirche gehaltene und dann bei Hans Kilian gedruckte Leichenpredigt. Adam Bartlme (gest. nach 1571), der in Heidelberg studiert hatte und in Mainz zum Priester geweiht worden war, war am 13. Mai 1543 zum Neuburger Hofprediger und Superintendenten für das Fürstentum Pfalz-Neuburg berufen worden. Er sollte alle Geistlichen des Fürstentums hinsichtlich ihrer Einstellung zu Religion und Kirchenordnung visitieren und in allen Religionsangelegenheiten ein Mitspracherecht haben. Mit dieser Bestallung zeigen sich Ansätze zu einer landeskirchlichen Organisation nach Einführung der Reformation, doch wurde diese in der ersten Phase der Entwicklung des Neuburger Kirchenwesens zwischen 1542 und 1546 noch nicht systematisch ausgebildet. Bartlme wurde 1545 mit Georg Faber ein Superintendent für den Nordgau zur Seite gestellt. Ottheinrichs Onkel

Friedrich II., der Nachfolger Kurfürst Ludwigs V., berief Bartlme 1546 als Hofprediger nach Heidelberg, wo er 1548 das von Friedrich anerkannte Interim verkünden musste.   SL

Seitz 1994; Cramer-Fürtig 1995, S. 43, 182f.; Henker 2002; Ammon/Weigel/Wopper 1967, S. 5, Nr. 40.

10.12

Ratschläge und Ermahnungen an die evangelischen Geistlichen

Neuburg: Hans Kilian, 1546; Buchdruck/Papier, 7 Bll., 15 x 10,5; Bayerische Staatsbibliothek, München (Res. H. eccl. 233, Beibd. 3)

Das einzige bekannte Exemplar dieser nur sieben Blatt umfassenden Schrift ist einem Sammelband beigebunden. Der vollständige lateinische Titel „Ad Pastores verbi Dei Neuburgi Danubij congregates, Brevis institutio, Qua populos adhortari debeant ad poenitentiam propter immientem calamitatem" verweist auf den aktuellen Inhalt, der durch den Ausbruch des Schmalkaldischen Krieges 1546 bestimmt war. So enthält die anonyme Schrift Ratschläge und Ermahnungen an die versammelten evangelischen Prediger in Neuburg, die ihnen anvertrauten Seelen in diesen Kriegstagen zu Buße und Gebet anzuhalten. Neuburg wurde noch im selben Jahr von kaiserlichen Truppen besetzt. An die Stelle der landständischen trat für die nächsten sechs Jahre eine kaiserliche Verwaltung, bis Ottheinrich 1552 sein Fürstentum wieder selbst in Besitz nahm.

Die lutherischen Geistlichen wurden in dieser Zeit entlassen und durch katholische Priester ersetzt. Im dritten Jahr ihres Bestehens wurde die Druckerei des fürstlichen Rentschreibers Hans Kilian bei der Einnahme Neuburgs am 18./20. September 1546 zerstört. Die hier gezeigte Schrift ist das letzte überlieferte Druckwerk aus dieser ersten Phase von Kilians Druckerei. Auf dem Titel trägt sie im Holzschnitt dessen Druckerzeichen: eine schreitende Frauengestalt, die das Alphabet sieht.   MH

Hans Kilian 1994.

10.13

Neuburger Kirchenordnung von 1556

Neuburg: Hans Kilian, 1556; Letterdruck/Papier, Einband: Rindsleder, 21,2 x 16,4; Landesbibliothek Bibliotheka Bipontina Zweibrücken (T 104)

Die katholische Erneuerung, die durch kaiserliche Besetzung und Verwaltung ab 1546 im Fürstentum Pfalz-Neuburg stattgefunden hatte, kam mit der erfolgreichen Fürstenrevolution gegen Karl V. 1552 zu einem jähen Ende. Bereits Mitte April war Ottheinrich wieder im Besitz seiner Herrschaft und ließ erneut die Reformation in

Neuburg durchführen. Ende Mai 1552 wurden die Pfarrer in den Ämtern auf die Kirchenordnung von 1543 (Kat.-Nr. 10.7) verpflichtet, widrigenfalls abgesetzt. Ottheinrich ließ 1553 durch Johannes Ehinger und Michael Diller eine Neufassung der Kirchenordnung entwerfen und diese im Sommer des Jahres durch den württembergischen Theologen Johannes Brenz überarbeiten. Die so entstandene zweite pfalz-neuburgische Kirchenordnung wurde in Nürnberg bei Johann vom Berg und Ulrich Neuber gedruckt und 1554 eingeführt. Ausgehend von Lauingen, löste sie in der zweiten Jahreshälfte 1555 einen Bildersturm im ganzen Fürstentum aus, der den Abbruch der „unnotwendigen capellen", die Entfernung der Bildwerke und den Abbau der Altäre bis auf jeweils einen bestimmte.

Nachdem Ottheinrich Ende Februar 1556 die Nachfolge seines Onkels und ehemaligen Vormunds Friedrich II. als Kurfürst von der Pfalz angetreten hatte, erließ er am 4. April 1556 zu Alzey eine Kirchenordnung für seine Kur- und Fürstentümer, die bei Hans Kilian in Neuburg gedruckt wurde. Sie war eine weitgehende, aber nicht völlige Übernahme der pfalz-neuburgischen Kirchenordnung von 1554 und wurde noch im gleichen Jahr auch durch Markgraf Karl II. in Baden-Durlach eingeführt. Auf ihrer Basis wurde die Reformation auch in der Kurpfalz und deren oberpfälzischen Gebieten durchgeführt.

Ottheinrichs Erbe, Herzog Wolfgang von Pfalz-Zweibrücken, erließ am 2. Januar 1560 eine pfalz-neuburgische Kirchenordnung, die ein fast seitengleicher Nachdruck der pfalz-zweibrückischen Kirchenordnung vom 1. Juni 1557 war. Sie wurde bei Johann vom Berg und Ulrich Neuber in Nürnberg gedruckt und blieb bis zur Wiedereinführung der katholischen Religion in Pfalz-Neuburg unter Herzog Wolfgang Wilhelm (Kat.-Nr. 11.6) in Kraft.   MH

Henker 2002; Henker 1980.

10.14

a) Teilchiffriertes Tagebuch des Erbprinzen Wolfgang Wilhelm von Pfalz-Neuburg

1613; Schreibkalender, Buchdruck, chiffrierte Handschrift/Papier, 21 x 20; Bayerisches Hauptstaatsarchiv, München (Pfalz-Neuburg Akten 1147/VI)

b) Teilchiffriertes Tagebuch des Erbprinzen, dann Herzogs Wolfgang Wilhelm von Pfalz-Neuburg

1614; Schreibkalender, Buchdruck, chiffrierte Handschrift/Papier, 21 x 20; Bayerisches Hauptstaatsarchiv, München (Pfalz-Neuburg Akten 1147/VII)

Erbprinz Wolfgang Wilhelm von Pfalz-Neuburg befand sich zum Jahreswechsel 1612/13 mit Wissen seiner Eltern in München, um mit Herzog Maximilian das Vorgehen auf dem Kommissionstag zu Erfurt zu beraten, bei dem

die jülich-klevischen Erbansprüche geklärt werden sollten. Ein erstes vorsichtiges Vorfühlen des Neuburgers bei
Maximilian zur Brautwerbung um dessen Schwester
Magdalena wurde positiv aufgenommen und auch Herzog Philipp Ludwig von Pfalz-Neuburg hat „solches sich
wol gefallen lassen", als ihm sein Sohn am 10. Januar
1613 davon berichtete. In den folgenden Monaten verlangten die Münchner Herzöge Maximilian und Wilhelm von Wolfgang Wilhelm, dass er katholische Be-
kenntnisschriften – und besonders den Katechismus von
Petrus Canisius – studiere und bei seinen offiziell der
Brautwerbung dienenden, häufiger werdenden Anwe-
senheiten in München mit ihnen und einigen Jesuiten-
patres diskutiere. Der Pfalzgraf unterzog sich diesem Verfahren nach anfänglichem Widerstreben mit Fleiß und
steigendem Eifer, der noch dadurch angefacht wurde,
dass der Kommissionstag zu Erfurt keine Anerkennung
der Neuburger Erbansprüche auf Jülich-Kleve-Berg
brachte, was Wolfgang Wilhelm auch als persönliches
Scheitern schmerzlich empfand. Er verlor völlig die Hoffnung auf Unterstützung der neuburgischen Position
durch die lutherischen Reichsfürsten und entschloss sich
wohl nicht zuletzt unter diesem Eindruck zur Konversion, um Rückhalt im katholischen Lager zu gewinnen,
was ihm der Vater und die Brüder seiner bayerischen
Braut in Aussicht gestellt hatten. So trug er am 4. Oktober chiffriert in seinen Schreibkalender ein: „… mit
Maximiliano underred wie wiers morgen anzufangen
mit confesio comunicatio et profesio secreto geschehen
moge". Ebenfalls chiffriert findet sich der Eintrag zum
heimlichen Vollzug der Konversion unter dem 5. Oktober in München: „… hernach dem Padre Poslidio ge-
beicht, hernach ist [der Kurfürst-Erzbischof von] Coln
auch darzue kommen Item der oberst Canzler Doners-
perg gefordert worden. als auch herzog Wilhelm sich pre-
sentiert sein wir in des Herzogs capeln gangen daselbst
ich nochmaln profesionem ex prescripto pape geleist
und solche underschriben. … Darauf mes gehalten ego
communici[r]t." Am 11. November 1613 fand in München in einer kirchlichen Feier bewusst ohne konfessionell geprägtem Ritus die Hochzeit Wolfgang Wilhelms
mit Magdalena statt (Kat.-Nr. 11.7), zu der der Kurfürst
von Köln am 15. November heimlich „… nomine des
Pabsts die benediction verricht". Nach kurzem Aufenthalt in Neuburg brachen die Neuvermählten am 17. Dezember 1613 an den Niederrhein auf und trafen am
12. Januar in der provisorischen Residenzstadt Düsseldorf ein.

Die bereits Ende November 1613 laut gewordenen
Gerüchte, Wolfgang Wilhelm sei „päpstisch" geworden,
verdichteten sich und führten bei seinen Eltern und jüngeren Brüdern in Neuburg zu großer Besorgnis. Nach anfänglichen Dementi trug der Erbprinz unter dem 15./
25. Mai 1614 unchiffriert in seinen als Tagebuch dienenden Schreibkalender ein: „… zur beucht mich preparirt
solche und darauf in der Pfarrkirch [St. Lambertus zu
Düsseldorf] zum ersten mahl die communion öffentlich

verricht … in die vesper mich firmen lassen predig
gehört. Deus sit laus." Die bereits mit eigenhändigem
Schreiben vom 24. April 1614 an seine Eltern und Brüder
in Neuburg mitgeteilte Konversion war somit auch öffentlich vollzogen. Für das Fürstentum Pfalz-Neuburg
begann 1614 ein langer Zeitabschnitt, in dem immer
stärkere Maßnahmen zur Rekatholisierung der Untertanen ergriffen wurden.   MH

Unveröffentlicht.

10.15

Glaubensbekenntnis Wolfgang Wilhelms von Pfalz-Neuburg zur katholischen Kirche

München, 19. Juli 1613 (?); Libell/Papier, 8 Bll., mit aufge-
drücktem Lacksiegel, 30 x 18; Geheimes Hausarchiv, München (Hausurkunden 4175 1/3)

Der berühmteste Konvertit am Beginn des 17. Jahrhunderts war zweifellos Pfalzgraf Wolfgang Wilhelm von
Pfalz-Neuburg. Aus einem streng lutherischen Fürstenhaus und einem der wichtigsten Mitglieder der protestantischen Union stammend, näherte er sich wohl aus
Enttäuschung über die mangelnde Unterstützung der
lutherischen Bündnisgenossen im jülich-klevischen Erbfolgestreit nach 1609 seinen katholischen Verwandten in
München an. Die Ehe, die er mit der Tochter des abgedankten Herzogs Wilhelm respektive Schwester des
regierenden Herzogs Maximilian von Bayern, Magdalena, am 11. November 1613 in München einging (Kat.-
Nr. 11.7), kam nur unter der Bedingung von Wolfgang
Wilhelms Konversion zustande. Der Pfalzgraf vollzog
diesen Übertritt heimlich am 5. Oktober 1613 in der Residenz in München. Das bei dieser Gelegenheit eigenhändig verfasste umfangreiche Glaubensbekenntnis auf
die Beschlüsse des Konzils von Trient sowie die Darle-
gung seiner Gründe für den Glaubenswechsel wurden
offenbar auf den 19. Juli 1613 zurückdatiert. Bereits seit
April 1612 war der neuburgische Erbprinz – glaubens-
fest, theologisch gebildet und in Streitgesprächen erfahren – zu geheimen Religionsgesprächen nach München
gekommen. Er sah sich immer stärker durch die bayerischen Herzöge gedrängt, die seine Konversion schon seit
1599 beabsichtigten und aus diesem Grund aussichtsreiche
Werbungen um Magdalena abgewiesen hatten (Kat.-Nr.
10.14). Wolfgang Wilhelms am 25. Mai 1614 in Düsseldorf öffentlich bezeugter Konfessionswechsel traf die Familie schwer. Sein Vater Philipp Ludwig starb am 22. August desselben Jahres. Wolfgang Wilhelm führte ab 1615
die Rekatholisierung seines Herzogtums Pfalz-Neuburg
unter Zuhilfenahme der Jesuiten mit zunehmendem
Druck durch (Kat.-Nr. 11.6).   MH

Wittelsbach und Bayern 1980, Bd. II/2, S. 144f.; Der erste Pfalzgraf
in Düsseldorf 2003, S. 64f.

10.16

Pfalzgraff Wolfgang Wilhelms Abwendung von der Evangelischen zur Röm. Cath. Religion

Darmstadt, 1614; Buchdruck/Papier, 18 x 14,5; Bayerische Staatsbibliothek München (4° Bavar. 3000, I,9)

Waren schon bald nach der Hochzeit des pfalz-neuburgischen Erbprinzen Wolfgang Wilhelm mit Magdalena von Bayern am 11. November 1613 (Kat.-Nr. 11.7) Gerüchte laut geworden, der Neuburger sei „päpstisch" geworden, so machte der Pfalzgraf seinen Konfessionswechsel am 15./25. Mai 1614 in einem feierlichen öffentlichen Akt in der St. Lambertuskirche in Düsseldorf publik. So groß der Jubel bei den katholischen Mächten Europas war, so tief saß der Schock im lutherischen Lager. Zahlreiche Veröffentlichungen beider Seiten befassten sich mit der Vorgeschichte und den Umständen dieser Aufsehen erregendsten Konversion am Beginn des 17. Jahrhunderts.   MH

10.17

Antipäpstlicher Holzschnitt

Mathis Gerung, 1546; Holzschnitt/Papier, 23,3 x 16,3 (R); Bayerische Staatsbibliothek München (Cod. germ. 6592)

Seit dem Glaubenswechsel Ottheinrichs, fixierbar am Reformationsmandat von 1542, und der ersten Kirchenordnung von 1543 entwickelte der Herzog eine Vorliebe für den künstlerischen Holzschnitt auch als Medium für seine religionspolitischen Interessen. Mathis Gerung, der seit 1530 mit der Illustration der Ottheinrich-Bibel (Kat.-Nr. 7.70), den Kartons für die Neuburger Pilgerteppiche, vielleicht auch mit den Reisebildern der Krakau-Reise (Kat.-Nr. 7.3) zahlreiche Arbeiten als Hofmaler für Ottheinrich angefertigt hatte, bekam von diesem nun Aufträge für Holzschnitte. Als frühester Beleg für diese Tätigkeit dient der blattgroße Holzschnitt mit der Kreuzigungsszene, der dem zweiten Teil der Neuburger Kirchenordnung von 1543 vorangestellt ist. Im Jahr darauf erfolgte der Auftrag Ottheinrichs an Gerung als Illustrator für die deutsche Übersetzung des lateinischen Kommentars zur Apokalypse, den der reformierte Berner Prediger Sebastian Meyer 1539 verfasst hatte. Er schloss die Arbeit an diesem umfangreichen Werk auch antikatholischer Bildpolemik, unterbrochen durch Ottheinrichs Exil und die Besetzung Neuburgs im Schmalkaldischen Krieg, erst 1558 ab.

Die in Format und Stil von Lucas Cranach d.Ä. beeinflussten großformatigen Apokalypse-Darstellungen Gerungs wurden lange Zeit für Einzeldrucke gehalten, bis die Forschung auf Cod. germ. 6592 in der Bayerischen Staatsbibliothek München aufmerksam wurde. In dieser Handschrift, der deutschen Übersetzung des Apokalypse-Kommentars von Sebastian Meyer (Kat.-Nr. 7.71b), sind 58 Holzschnitte Gerungs – der ausdrücklich im Nachwort als der Künstler genannt ist – eingebunden und Ottheinrich wird als Auftraggeber bezeichnet. Die Holzschnitte sind in antithetischen Bildpaaren jeweils textentsprechend den kommentierten Apokalypse-Kapiteln beigestellt: links die apokalyptischen Blätter, rechts die reformationsallegorischen.

Die hier gezeigte, mit Monogramm MG und Jahreszahl 1546 versehene Illustration begleitet die „Ausgießung der Zornesschalen" (Apk. 16,1–18) und wird als die „Tafelrunde des Lasters" überschrieben. In ihr spiegelt sich nicht nur das populäre Vorurteil vom zügellosen Treiben des Papstes und seiner Anhänger wider, vielmehr beinhaltet sie eine weitgehende Kritik an der katholischen Kirche insgesamt, die laut Meyers Kommentar nicht zwischen Tugend und Laster unterscheiden könne und unfähig sei, die von ihr selbst festgelegten Sakramente einzuhalten.   MH

Roettig 1991.

11 Pfalz-Neuburg bis 1806

Michael Henker

Herzogtum und Familie – Pfalz-Neuburg von 1559 bis 1808

Das Herzogtum Neuburg wurde durch Ottheinrich am 13. November 1554 an seinen Vetter und Hauptgläubiger Wolfgang von Pfalz-Zweibrücken (1526–1569), unter Vorbehalt der lebenslänglichen Regierung, geschenkt. Dem stimmten am 5. Januar 1555 die Neuburger Landstände zu, sodass nach einer Wiederholung der Schenkung am 3. April auch Kaiser Karl V. am 11. Juni desselben Jahres seine Zustimmung gab. Sein Nachfolger Ferdinand I. bestätigte dies 1558, nachdem am 30. Juni 1557 alle Pfälzer Agnaten ihr schriftliches Einverständnis gegeben hatten. So folgte nach Ottheinrichs Tod am 12. Februar 1559 in Heidelberg zwar Pfalzgraf Friedrich III. von Pfalz-Simmern als Kurfürst, in Neuburg jedoch wurde Herzog Wolfgang von Pfalz-Zweibrücken, einer der wichtigsten evangelischen Reichsfürsten, Landesherr.

Als streng religiös erzogener Lutheraner verbesserte Wolfgang Verwaltung und Wirtschaft seiner Herzogtümer durch kluges Haushalten erheblich, errichtete in Lauingen eine Landesdruckerei und – nach dem Vorbild von Hornbach – ein Landesgymnasium zur Ausbildung des juristischen, administrativen und theologischen Nachwuchses. Er führte durch sein Testament vom 18. August 1568 die Primogenitur ein. Dies führte nach seinem Tod auf einem militärischen Hilfszug für die französischen Hugenotten am 11. Juni 1569 in Nessun bei Limoges dazu, dass sein ältester Sohn Philipp Ludwig (1547–1614) ihm als Herzog in Neuburg folgte. Der zweitälteste, Johann (1550–1604), bekam Zweibrücken, Ottheinrich (1556–1604) und Friedrich (1557–1597) erhielten unter der Oberhoheit Philipp Ludwigs die Herrschaftsbereiche Sulzbach und Vohenstrauß, Parkstein/Weiden, die nach ihrem Tod an den ältesten Bruder zurückfielen. Der jüngste, Karl (1560–1600), wurde zum Begründer der Nebenlinie Pfalz-Zweibrücken-Birkenfeld. Seine Nachkommen sollten 1731 Zweibrücken und 1799 Pfalzbaiern erben.

Philipp Ludwig folgte nach dem unverhofften Tod seines Vaters 1569 als Landesherr im Herzogtum und eigentlicher Begründer der Linie Pfalz-Neuburg. Auch er ein strenger Lutheraner, der mit Weisheit, Geduld und Friedfertigkeit sein Herzogtum regierte, die Verwaltungsstrukturen festigte und ausbaute und die Schulden mit Hilfe der Landstände reduzierte. Sein Ansehen und Einfluss bei den evangelischen Reichsständen waren erheblich. Durch seine Heirat am 27. September 1574 mit

Anna von Jülich-Kleve-Berg-Mark und Ravensberg erwarb er Erbansprüche, die den Umfang der vom Haus Pfalz-Neuburg regierten Territorien fast verdoppeln sollten. Denn als sein Schwager Herzog Johann Wilhelm am 25. März 1609 erbenlos starb, ging der neuburgische Erbprinz Wolfgang Wilhelm an den Niederrhein, wo es ihm gelang, sich zusammen mit den kurbrandenburgischen Prätendenten in den Besitz der Erbschaft zu setzen. Als „Possedierende" schlossen sie am 10. Juni 1609 in Dortmund einen Vertrag über die gemeinschaftliche Verwaltung und am 12./22. November 1614 in Xanten einen Vertrag über die vorläufige Teilung der Lande. Erst mit dem Vertrag von Kleve vom 16. September 1666 bekam Pfalz-Neuburg endgültig die Herzogtümer Jülich und Berg mit der Hauptstadt Düsseldorf.

Philipp Ludwig zeigte sich geschichtsbewusst und ließ am 30. Juli 1605 das hundertjährige Jubiläum des Fürstentums Pfalz-Neuburg begehen. In seinem Testament vom 12. Dezember 1592 bestimmte er seinen ältesten Sohn Wolfgang Wilhelm zum Erben, der die Oberhoheit über die im Codizill vom 16. April 1606 festgelegten Erbämter seiner jüngeren Brüder August (1582–1632) und Johann Friedrich (1587–1644) ausüben sollte: Sulzbach mit weiteren Gebieten in der Oberpfalz sowie Heideck, Hilpoltstein und Allersberg.

Der Testamentszusatz von 1614, der Wolfgang Wilhelm für den Fall als enterbt erklärte, dass dieser Veränderungen an der evangelisch-lutherischen Landeskirche vornehmen sollte, war nötig geworden, da der Erbprinz – um Unterstützung in der jülich-klevischen Frage zu gewinnen – am 5. Oktober 1613 heimlich in München konvertiert war und dies am 25. Mai 1614 in Düsseldorf öffentlich erklärt hatte. Wolfgang Wilhelm verstand es jedoch, nach dem Tod seines Vaters am 12. August 1614 seine nächsten Verwandten, die Testamentsvollstrecker Philipp Ludwigs und die Neuburger Landstände vorerst so zufrieden zu stellen, dass er die Erbhuldigung einholen und mit seinen Brüdern am 7./17. Juli 1615 eine Erbeinigung schließen konnte. Am 25. Dezember 1615 führte er das Simultaneum in Pfalz-Neuburg ein, das durch die Erklärung der katholischen zur alleinigen Landesreligion 1617 und die Entlassung und Ausweisung der evangelischen Geistlichen 1617/18 de facto wieder aufgehoben wurde. Nur die Wittumsämter Höchstädt und Liezheim blieben bis zum Tod seiner Mutter Herzogin Anna am

16. Oktober 1632 evangelisch. Da sein Bruder Johann Friedrich 1644 erbenlos starb, fiel dieses rekatholisierte Teilfürstentum zurück an Wolfgang Wilhelm, in Sulzbach dagegen wurde entsprechend der Normaljahr-Bestimmung des Westfälischen Friedens 1649 die evangelische Konfession wieder eingeführt. Fast die gesamte Regierungszeit Wolfgang Wilhelms war geprägt vom Dreißigjährigen Krieg.

Sein einziger Sohn, Philipp Wilhelm (1615–1690), wurde schon am 10. November 1644 mit der Regierung in Neuburg betraut, nachdem er 1642 Prinzessin Anna Katharina Konstanze von Polen geheiratet hatte. Die Ehe blieb kinderlos, jedoch machte ihn seine zweite Heirat mit Elisabeth Amalie von Hessen-Darmstadt (1635 bis 1709), die am 3. September 1653, wenig Monate nach dem Tod seines Vaters geschlossen wurde, zum „Schwiegervater Europas". Von 17 zwischen 1655 und 1679 geborenen Kindern – neun Söhne und acht Töchter – erreichten 13 das Erwachsenenalter. Das politische Geschick ihres Vaters, der 1685 dem kinderlos verstorbenen Karl II. von Pfalz-Simmern-Sponheim als Kurfürst von der Pfalz nachfolgte, führte die meisten Söhne – abgesehen von den Erbprinzen Johann Wilhelm und Karl Philipp – in hohe Ämter der Reichskirche: Kurfürsten – Erzbischöfe von Trier und Mainz, Bischöfe von Augsburg, Worms und Breslau, Fürstpröpste von Ellwangen und Deutschordenshochmeister. Die Töchter gingen Ehen mit dem Kaiser, den Königen von Spanien und Portugal, den Herzögen von Parma und einem königlichen Prinzen von Polen ein. Durch seine erste Frau Anna Katharina Konstanze (1619–1651) kamen die Herrschaften Rocca Guglielma und Castelmare im Königreich Neapel an Neuburg, die erst 1759 von Karl Theodor gegen eine Geldentschädigung abgetreten wurden. Nicht zuletzt der Kinderreichtum seiner zweiten Ehe veranlasste ihn zum Neubau des Ostflügels des Neuburger Schlosses 1665 bis 1668. Eine wichtige politische und dynastische Entscheidung war bald nach Philipp Wilhelms Regierungsantritt im Neuburger Vergleich vom 15. Januar 1656 getroffen worden, als er zu Gunsten seines zum Katholizismus konvertierten Vetters Christian August von Sulzbach (1622 bis 1708) und dessen männliche katholischen Erben auf die Oberhoheit über das Fürstentum Sulzbach verzichte te, sodass Kaiser Leopold I. am 12. März 1660 Sulzbach zu einem Landesfürstentum mit Sitz und Stimme im Reichstag erhob.

Kurfürst Karl II. von der Pfalz hatte mit Philipp Wilhelm am 22. Mai 1685 den Rezess von Schwäbisch Hall geschlossen, der den Neuburger zum Nachfolger bestimmte und den reformierten kurpfälzischen Untertanen Religionsfreiheit garantierte. Das kurpfälzische Erbe wurde im Orleans'schen Krieg 1688–1697 durch französische Truppen ruiniert. Philipp Wilhelm starb am 12. September 1690 in Wien, wo er der Krönung seines Enkels Joseph zum König beigewohnt hatte.

Der Nachfolger als Kurfürst von der Pfalz, Herzog von Neuburg, Jülich und Berg wurde Erbprinz Johann Wil-

helm (1658–1716), der bereits seit 1. August 1679 als Regent der Herzogtümer Jülich und Berg fungierte, bevor ihm Philipp Wilhelm am 10. November 1687 auch die Regierung der Kurlande übertragen hatte. Johann Wilhelm war wie sein Vater gut kaiserlich, was 1703/04 im Spanischen Erbfolgekrieg zur Besetzung Pfalz-Neuburgs durch Kurbayern führte. Nach der Niederlage Max Emanuels wurde er in Wien am 27. Januar 1708 mit der dem Bayern abgesprochenen alten Pfälzer fünften Kurwürde, dem Erztruchsessenamt, dem Fürstentum Oberpfalz und der Grafschaft Cham belehnt, musste all dies jedoch nach Max Emanuels Restitution 1714 wieder aufgeben und sich wie vorher mit der achten Kurwürde und dem Reichschatzmeisteramt begnügen. Seine beiden Ehen mit Erzherzogin Maria Anna Josepha (1654–1689) und Anna Maria Louise (1667–1743), Tochter des Großherzogs Cosimo III. von Toskana, blieben ohne überlebende Erben, sodass ihm 1716 sein Bruder Karl III. Philipp (1661–1742) folgte.

Ursprünglich zum Kirchendienst bestimmt, war Karl Philipp langjähriger kaiserlicher Gouverneur von Tirol in Innsbruck und regierte als Kurfürst und Herzog ab 1716 von Mannheim aus. Auch er hatte keine erbfähigen Söhne aus seinen Ehen mit den Magnatentöchtern Louise Charlotte von Radziwill-Birze (1667–1695) und Therese Katharina von Lubomirsky-Ostrog (1683–1712) sowie Gräfin Violante Therese von Thurn und Taxis. Die einzige Tochter Elisabeth Augusta (1693–1728) heiratete 1717 den Erbprinzen Joseph Carl von Sulzbach (1694 bis 1729). Die sich abzeichnenden Nachfolgeverhältnisse und reichspolitisches Kalkül führten zu den drei wittelsbachischen Hausunionen von 1724, 1728 und 1734.

Wenige Monate vor seinem Tod vermählte Karl III. Philipp am 17. Januar 1742 die Cousins Elisabeth Maria Aloysia Auguste (1721–1794) und Karl Theodor (1724 bis 1799) von Pfalz-Sulzbach, der am 31. Dezember 1742 als Herzog von Neuburg, Jülich und Berg sowie Kurfürst von der Pfalz nachfolgte. Der zukünftige Erbgang wurde 1746/47 in der Hausunion zwischen Kurpfalz, Kurbayern und Kurköln, den Erbeinigungen 1766 und 1771 und schließlich in der Convention von München am 19. Juni 1774 festgelegt, sodass nach dem Tod des bayerischen Kurfürsten Max III. Joseph am 30. Dezember 1777 alle wittelsbachischen Stammlande in der Hand Karl Theodors vereinigt waren, der den nunmehr Kurpfalz-Bayern genannten Herrschaftsbereich fortan von München aus regierte.

Auch Karl Theodor hatte mit seiner ersten Frau Elisabeth Maria Aloysia Auguste nur den Kurprinzen Franz Ludwig Joseph, der einen Tag nach seiner Geburt 1761 starb, daneben jedoch drei Töchter und einen Sohn aus morganatischen Verbindungen, die er gut versorgte. Der Kurfürst regte Reformen in den Exekutiven seiner Landesteile an und förderte Wirtschaft, Bildung und Künste.

Vorhersehbar wurde eine Erbfolge auf die Nachkommen jenes jüngsten Sohnes Karl von Herzog Wolfgang von Zweibrücken und Neuburg, der 1569 die Linie Pfalz-

Zweibrücken-Birkenfeld begründet hatte. Es waren dies die Brüder Karl August (1746–1795) und Maximilian Joseph (1756–1825). Der Erbfall trat ein am 16. Februar 1799, als Karl Theodor, der auch aus seiner 1795 geschlossenen Ehe mit Maria Leopoldine von Österreich-Este (1776–1848) keine Erben hatte, an den Folgen eines Schlaganfalls starb. Sein Nachfolger als Kurfürst von Kurpfalz-Bayern wurde Max IV. Joseph aus der Linie Pfalz-Zweibrücken-Birkenfeld.

In der Verwaltung von Kurpfalz-Bayern waren seit 1790 mehrere Veränderungen vorgenommen worden, die das Herzogtum Pfalz-Neuburg betrafen. Die Fürstentümer Neuburg, Oberpfalz und Sulzbach wurden 1790 einer gemeinsamen Verwaltung in Amberg unterstellt, 1795 jedoch die Regierung in Neuburg wieder errichtet mit Zuständigkeit für die elf Ämter auf dem Nordgau

und 1797 durch eine Hofkammerverwaltung ergänzt. Am 23. April 1799 unterstellte eine Verordnung Max IV. Josephs das Herzogtum Neuburg zusammen mit der „Provinz Baiern" unmittelbar der Generallandesdirektion in München. Die Landstände bewirkten jedoch, dass zum 1. November 1799 das Herzogtum Neuburg zur Provinz Neuburg mit eigener Landesdirektion und Regierung in Neuburg erklärt wurde. Die Konstitution des Königreichs Bayern vom 1. Mai 1808, die das Staatsgebiet in 15 Kreise einteilte, führte zum formalen Ende des Herzogtums Pfalz-Neuburg; seine Territorien wurden auf den Naabkreis, Altmühlkreis, Regenkreis und Oberdonaukreis verteilt. Die Nachkommen von Max IV. Joseph regierten Bayern bis zum Ende der Monarchie 1918.

Barbara Zeitelhack

Familienbeziehungen als Mittel fürstlicher Politik

„Zur Vermehrung seiner göttlichen Ehr, Vortpflanzung der allein seligmachenden Römisch-Catholischen Religion … wie auch das eigene Churhaus gestärkt werden soll" – diese Passage aus der Anordnung zur Abhaltung von Kirchengebeten um den glücklichen Verlauf der Schwangerschaft Maria Sophias von Portugal[1] formuliert den Verhaltenskanon, dem die Mitglieder des Hauses Pfalz-Neuburg unterlagen. Im Transformationsprozess von der „Herrschaft" des Mittelalters zum frühneuzeitlichen Territorialstaat spielten die Herrscherdynastien eine wesentliche Rolle. Neben der klassischen Außenpolitik durch militärische Expansion oder Bündnisse wurden Heiratsverbindungen planmäßig zur Sicherung und Erweiterung territorialer Macht im Sinne der dynastischen Interessen eingesetzt. Dem Haus Pfalz-Neuburg gelang der Sprung vom zersplitterten Kleinstaat in die Riege der bedeutenderen Reichsfürsten durch die Eheverbindung Philipp Ludwigs (1547–1614) mit Anna von Jülich-Kleve-Berg (1552–1632). Die Sicherung der reichen und strategisch bedeutsamen Herzogtümer Jülich und Berg prägte, abgesehen von temporären Ambitionen auf die polnische Königskrone und der Nachfolge in der Pfalz, entscheidend die Politik des Hauses Pfalz-Neuburg im 17. Jahrhundert. Zur „Erhaltung und Erhöhung des Stammes und Namens"[2] boten sich nun Möglichkeiten, durch eine zielgerichte Heirats- und Reichskirchenpolitik das Haus Pfalz-Neuburg in den europäischen Herrscherhäusern zu verankern und den politischen Einfluss auf Reichsebene zu stärken.

Philipp Wilhelm (1615–1690), ein „Politiker von Format"[3] mit ehrgeizigen Plänen, suchte diese Chance durch eigene Heiratsprojekte wahrzunehmen und mithilfe der zahlreichen Nachkommen aus seiner Ehe mit Elisabeth Amalie von Hessen-Darmstadt (1635–1709), von denen 15 das Kleinkindalter überlebten. Wesentlich für sein Vorhaben war die Verfasstheit der fürstlichen Familie als öffentliche Institution und als System verschiedener in einem Haushalt lebender Gruppen. Dabei oblag dem Fürsten/Vater die Verantwortung für die Sicherung des Territoriums, des Fortbestands der Dynastie und die Erhöhung des Sozialprestiges.[4] Er wies den Familienmitgliedern Funktionen zu, die diese ohne Rücksicht auf individuelle Wünsche zu akzeptieren hatten. So wäre Eleonore von Pfalz-Neuburg (1655–1720) einem Leben im Kloster zugeneigt gewesen, die Staatsräson forderte von ihr jedoch die Heirat mit Leopold I.[5] Einige Söhne, für kirchliche Ämter vorgesehen, äußerten in Korrespondenzen den Wunsch heiraten zu dürfen, „doch hatte der Vater wenig Verständnis dafür".[6] Die Verpflichtung, im

Interesse der Dynastie zu handeln, galt lebenslang. So wurde von Kaiserin Eleonore die Protektion der (Kirchen-)Karrieren ihrer Brüder erwartet und von dieser auch geleistet.[7] Königin Maria Anna von Spanien (1634 bis 1696) versuchte, wenngleich vergebens, Johann Wilhelm (1658–1716) als Statthalter in den Niederlanden zu etablieren, und Philipp Wilhelm unternahm, ebenso erfolglos, Anstrengungen im Zuge des spanischen Heiratsprojekts dem Haus Pfalz-Neuburg das Vizekönigtum Neapel zu verschaffen.[8]

Wie an fürstlichen Höfen üblich, besaßen auch in Neuburg Schwangerschaften öffentlichen Charakter, Geburtsanzeigen ergingen an die europäischen Fürstenhäuser, an kirchliche Würdenträger und die Kurie.[9] Auf die Weisung Philipp Wilhelms hin wurden Papst und Kardinäle über alle familiären Angelegenheiten brieflich unterrichtet. Zur Vorbereitung auf die ihnen zugewiesene Rolle diente die fürstliche Erziehung, die an Erzieher und Hofmeister delegiert war. Wie an vielen katholischen Höfen war in Neuburg die Ausbildung der Fürstenkinder maßgeblich den Jesuiten übertragen worden. Der Bildungskanon, überliefert durch Vorgaben Philipp Wilhelms[10], umfasste unter anderem die Beherrschung mehrerer Sprachen, Mathematik, Belagerungskunde, Rechtskenntnisse, Medizin/Hygiene, Fechten und Turnierreiten. Eine Differenzierung des Fächerkanons im Hinblick auf ihre zukünftige Rolle erfolgte nur geschlechterbezogen. Neben Sprachunterricht stand bei den Töchtern „gesittetes Benehmen" und Handarbeiten auf dem Programm.[11] In ihren Briefen an den Vater war von Gebeten oder Handarbeiten die Rede, während die Söhne, zum Teil in Latein, über Fortschritte in einzelnen Fächern berichteten.[12] Für alle Kinder obligatorisch waren die Einübung religiöser Praktiken und häufige Besuche im Konvent der Jesuiten. Das Urteil des kaiserlichen Gesandten Fürstenberg, „dass man eine solche Erziehung und solche Kinder an keinem Hof Europas finde"[13], ist sicherlich übertrieben, absolvierten die Prinzen und Prinzessinnen doch die typische Ausbildung von Fürstenkindern. Für die jungen Prinzen endete diese mit der so genannten Kavaliersreise, einem längeren und kostspieligen Auslandsaufenthalt, der zur Einübung eines souveränen und gewandten Auftretens und zum Knüpfen nützlicher Kontakte diente. Johann Wilhelm führte die Reise von Amsterdam bis nach Rom und Wien. Der Aufenthalt in Rom mit Besuchen beim Papst, bei Christina von Schweden (1626–1689) und bei maßgeblichen Kardinälen wurde auf Weisung des Vaters auch genutzt, um über die für Wolfgang Georg angestrebte Koadjutorie, die Stellvertretung mit dem Recht zur Nachfolge, in Köln zu verhandeln. Die Romreisen der jüngeren Prinzen zielten ausschließlich auf die Vorbereitung späterer Kirchenkarrieren, „damit sie Ihrer Päpstl. Heiligkeit gnad und affektion erlangen … zumahlen sie bey diser Ihrer rayse sich absonderlich daran zu appliciren haben, damit Sie Ihnen ein beständiges fundament zu Ihrer promotion und künfftiger aigner subsistenz legen mögen".[14]

Nachdem die Nachfolge mit der Geburt Johann Wilhelms gesichert schien, waren die sechs nachgeborenen Söhne des Pfalzgrafen für Karrieren in der Reichskirche vorgesehen. Seit dem Mittelalter kam der kirchlichen Hierarchie im Reich neben der geistlichen eine „politisch-landesherrliche" Funktion zu[15], entsprechend waren die Stifte durch Adelsfamilien repräsentiert. Im Zuge der einsetzenden Territorialisierung verstärkte sich die Einflussnahme der Landesherren auf die Kirche. Gravierend änderte sich die Situation durch die Reformation. Die katholischen Reichsfürsten verstanden sich als Vertreter des „richtigen Glaubens" und Schutzherren der durch Säkularisierung gefährdeten Stifte und Bistümer. Ihre Politik war stark von religiösem Sendungsbewusstsein geprägt, das eigene dynastische Interesse gewann jedoch an Gewicht. Die Kurie reagierte aus Furcht vor Einflussverlust durch Säkularisierungen mit weitreichenden Zugeständnissen an die dynastischen Interessen der katholischen Fürsten, die von diesen auch dann noch erwartet und eingefordert wurden, als 1648 auf dem Vertragsweg konfessionelle Regelungen erzielt worden waren. Zusätzliche Attraktivität gewannen kirchliche Ämter durch die Etablierung der Primogenitur, die dem Erstgeborenen den Antritt des ungeteilten Erbes ermöglichen sollte. Für das Haus Pfalz-Neuburg, dauerhaft in prekären finanziellen Verhältnissen, dürfte die Aussicht auf eine standesgemäße Versorgung der nachgeborenen Söhne nicht uninteressant gewesen sein. Entscheidend für das Streben nach Bischofssitzen aber war die Möglichkeit direkter Einflussnahme auf die Reichspolitik.

Ausgestattet mit besten Beziehungen zur Kurie, durch Geschenke an die Kardinäle gepflegt[16] und mit Einsatz eigener Agenten in Rom, bemühte sich Pfalz-Neuburg für die Prinzen bereits im Kleinkindalter um Domizellarpräbenden und Kanonikate. 1662 bat Philipp Wilhelm Papst Alexander VII. (1599–1667) gegen alle kirchenrechtlichen Bestimmungen – Mindestalter von 14 Jahren für den Eintritt in Kirchenämter und Verbot der Kumulation – um Dispens für Tonsur und Erlangung von Benefizien für den dreijährigen Wolfgang Georg, den zweijährigen Ludwig Anton und den einjährigen Karl Philipp. Aufgrund der in der Korrespondenz betonten Verdienste des Hauses um die katholische Kirche zählte der Herzog auf das Entgegenkommen der Kurie, die sein Ansinnen allerdings auch in den folgenden Jahren mit Hinweis auf das Alter der Kinder ablehnte. Philipp Wilhelms Insistieren zeigte nur langsam Erfolg. Mit der Gewährung der „Dispensen ad omnia beneficia" gelang Ende der 1560er-Jahre die Sicherung zahlreicher

Pfründen. Auf dieser Basis verfolgte der Herzog seine (reichs-)kirchenpolitischen Pläne energisch weiter. Die Bemühungen um Koadjutorien (Münster 1667, Osnabrück 1668) belegen eine frühe, später vertraglich abgesicherte Interessenabstimmung mit den bayerischen Wittelsbachern (1673, 1724). Wesentlich befördert wurde die Position Pfalz-Neuburgs durch den Wechsel ins kaiserliche Lager (1674), der mangels eigener habsburgischer Kandidaten erhebliche Protektion erwarten ließ. Die häufig erfolgreichen Bemühungen um die politisch bedeutenden Bistümer im Westen des Reichs sind im Kontext mit der Machtverschiebung und -konsolidierung nach Westen (niederrheinische Territorien, Kurpfalz) zu sehen.[17] Der beharrlich verfolgte Versuch, in Köln die bayerischen Wittelsbacher abzulösen, schlug jedoch fehl. Der Bischofsstuhl in Breslau resultierte aus Pfalz-Neuburgs Beziehung zu Polen bzw. seinen Ambitionen auf den polnischen Thron. In 21 Erz- und Hochstiften sowie fünf Konventen besaßen die sechs für die Kirche ausersehenen Söhne Philipp Wilhelms über 40 Pfründen.[18] Dieser Erfolg war allerdings nicht von Dauer. Zwar gelang den Brüdern nach dem Tod Wolfgang Georgs (1682) die Nachfolge in dessen Ämtern, in der Folge aber reduzierte sich die Zahl pfalz-neuburgischer Kandidaten durch Resignationen und Todesfälle.

Kirchenkarrieren bedingten keine Abkehr von der Welt. So stand Ludwig Anton, Inhaber von drei Bistümern und Hoch- und Deutschmeister des Deutschritterordens, mit päpstlicher Dispens im militärischen Dienst des Kaisers, ebenso Friedrich Wilhelm, der Domherr und Bischofskandidat in Konstanz war. Obgleich in höchsten Kirchenämtern, wie Franz Ludwig als Erzbischof in Mainz, hatten sich die Neuburger Prinzen mit Ausnahme von Alexander Sigismund, der Bischof in Augsburg war, erfolgreich der Erteilung höherer kirchlicher Weihen entziehen können. Dies war dynastischen Interessen geschuldet. Die Kinderlosigkeit des Erbprinzen Johann Wilhelm machte Änderungen im Familienplan notwendig. Parallel zur Bischofskandidatur Karl Philipps in Lüttich wurden im Jahr 1688 Eheverhandlungen eingeleitet. Nachdem der Fortbestand des Hauses durch die Verheiratung Karl Philipps und Philipp Wilhelms nicht gesichert werden konnte, wurde 1720 auch die Rückkehr der beiden in der Kirche verbliebenen Prinzen Franz Ludwig und Alexander Sigismund in den Laienstand erwogen.[19]

Im Interesse der Dynastie stand nicht nur die Reichskirchen-, sondern auch die Heiratspolitik Pfalz-Neuburgs. Auch die Ehen der Kinder Philipp Wilhelms[20] waren politisch motivierte Verbindungen. Wenige Beispiele mögen die Intention der dynastischen Politik Pfalz-Neuburgs aufzeigen. Die Heirat zwischen Kaiser Leopold I. und Eleonore diente, ebenso wie die Verbindung zwischen Johann Wilhelm und der Schwester des Kaisers, zur Bekräftigung des Bündnisses mit Habsburg. Die Ehen Maria Annas mit König Karl II. von Spanien und Marie Sophies mit König Pedro II. von Portugal wurden maßgeblich zur Sicherung der Interessen Habsburgs arrangiert. In Spanien sollte der Fortbestand des Hauses im Sinne der österreichischen Habsburger gesichert, in Portugal eine Verbindung mit Frankreich verhindert werden. Die beiden Ehen Karl Philipps mit polnischen Prinzessinnen sind in Verbindung mit den Neuburger Ambitionen auf den polnischen Thron zu sehen. Sämtliche Heiraten führten zu einer Erhöhung des Sozialprestiges des Hauses Pfalz-Neuburg.

Exemplarisch für den Charakter von Eheverhandlungen als geheime, von Intrigen begleitete Staatsaktionen sei hier die Vorgeschichte der Heirat Leopolds I. mit Eleonore geschildert.[21] Nach einem Heiratsprojekt mit dem Herzog von York und einem erfolglosen Versuch 1673, zweite Frau Kaiser Leopolds I. zu werden, avancierte die älteste Tochter Philipp Wilhelms 1676 nach dem Tod der Kaiserin – begünstigt durch den Anschluss Neuburgs an Habsburg – zur ernsthaften Kandidatin. Monate vor dem Tod der Kaiserin hatte sich Pfalz-Neuburg bereits der Unterstützung des Papstes und des Jesuitenordens versichert und wertvolle Kontakte zu einflussreichen Hofbeamten geknüpft. Durch Verbindungen zu Gewährsleuten aus der Umgebung der Kaiserin waren die Neuburger Residenten über deren aktuellen Gesundheitszustand informiert. Unmittelbar nach dem Tod der Kaiserin begannen ernsthafte Verhandlungen, wobei man mit der Bitte um Unterstützung der Neuburger Kandidatin an die Kaiserinmutter und an die Mutter der eben Verstorbenen herantrat. Beachtenswert ist auch, dass Philipp Wilhelm bereits in diesem frühen Stadium energisch den Plan einer Eheverbindung zwischen der Schwester des Kaisers, Maria Anna, und Johann Wilhelm verfolgte. Die im Interesse der anderen Kandidatinnen agierenden Hofparteien streuten Gerüchte über maßlose Ess- und Trinkgewohnheiten und das hässliche Äußere der Prinzessin und beschworen die Gefahr der politischen Einflussnahme im Sinne Pfalz-Neuburgs. Dessen Residenten konterten mit Bestechung von Hofbeamten. Der Kaiser wurde von allen Parteien bedrängt und unterlag zur Sicherung der Dynastie dem Zwang einer raschen Entscheidung. Aus-

schlaggebend für das Votum zugunsten Eleonores von Pfalz-Neuburg war letztlich ein positives ärztliches Gutachten zu Gesundheit und potenzieller Fruchtbarkeit, der „richtige" katholische Glaube und ihre Frömmigkeit waren genehme Nebeneffekte.

Durch eine erfolgreiche dynastische Politik mit gezieltem Einsatz der Familie hatte das Haus Pfalz-Neuburg innerhalb nur einer Generation den Aufstieg in hohe Reichskirchenämter erreicht und war in verwandtschaftliche Beziehungen zu den bedeutendsten Herrscherhäusern Europas getreten. Die Ausweitung oder dauerhafte Sicherung dieser (Macht-)Positionen scheiterte jedoch am Fehlen der für den Fortbestand der Dynastie notwendigen männlichen Erben.

Anmerkungen
1 Geheimes Hausarchiv, München, 2470
2 Spieß 1993, S. 10
3 Schmidt 1992, S. 110
4 Fouquet 2002, S. 174f.
5 Schmidt 1982, S. 327
6 Reinhardt 1964, S. 199
7 Reinhardt 1964, S. 120
8 Mayr 1939, S. 99
9 Geheimes Hausarchiv, München, 130
10 Schmidt 1899, CSS III ff., S. 159f.
11 Schmidt 1899, CSS IX
12 Geheimes Hausarchiv, München, 161/4
13 Schmidt 1981, S. 347
14 Geheimes Hausarchiv, München, 148
15 Jaitner 1978, S. 91
16 Jaitner 1978, S. 97f.
17 Kremer 1992, S. 35
18 Jaitner 1978, S. 96
19 Reinhardt 1964, S. 122
20 von Württemberg 1985, S. 76–83
21 Schmidt 1982, S. 299–330

Quellen und Literatur
Geheimes Hausarchiv, München, Pfälzer und Pfalz-Neuburg Akten 2470, Korrespondenzakten 130, 148, 161/4; Fouquet 2002; Jaitner 1978; Kremer 1992; Mayr 1939; Reinhardt 1964; Schmidt 1899; Schmidt 1992; Schmidt 1981; Schmidt 1982; Spieß 1993, von Württemberg 1980.

11.1

Herzog Wolfgang von Pfalz-Zweibrücken und Neuburg

Deutsch, zwischen 1559 und 1569; Öl/Leinwand, 222 x 163; Wittelsbacher Ausgleichsfonds, Schloss Berchtesgaden (WAF B I a 63)

Herzog Wolfgang von Pfalz-Zweibrücken wurde am 26. September 1526 in Zweibrücken geboren und regierte in den zweibrücken-veldenzischen Landen seit dem frühen Tod seines Vaters, Ludwig II. (1502–1532), am 3. Dezember 1532, allerdings bis zum 3. Oktober 1543 unter der Vormundschaft seiner Mutter Elisabeth und seines Onkels, Pfalzgraf Ruprecht von Veldenz. 1551 berief ihn Ottheinrichs Onkel, Kurfürst Friedrich II. von der Pfalz, zum Statthalter in der Oberpfalz. Diese Funktion erfüllte Wolfgang erfolgreich bis 1557, als er mit Urkunde vom 30. Juni (Kat.-Nr. 11.2) als Hauptgläubiger Ottheinrichs das Herzogtum Pfalz-Neuburg endgültig geschenkt bekam und die dortige Administration übernahm, bevor er nach dessen Tod 1559 selbst Landesherr in Neuburg wurde. Mit seiner Frau Anna, Tochter des Landgrafen Philipp I. von Hessen, hatte er 13 Kinder. Der älteste Sohn, Pfalzgraf Philipp Ludwig (geb. 1547), erhielt 1568 das Herzogtum Neuburg. Er ist Begründer der Linie Pfalz-Neuburg. Der nächstjüngere Bruder, Johann I. (geb. 1550), begründete 1569 die mittlere Linie Pfalz-Zweibrücken. Die Brüder Otto Heinrich (geb. 1556) und Friedrich (geb. 1557) führten unter der Oberhoheit Philipp Ludwigs die Nebenlinien Sulzbach/Hilpoltstein (1569–1604) und Parkstein (1569–1597), die nach ihrem erbenlosen Tod an Neuburg zurückfielen. Der jüngste Bruder Karl (geb. 1560) wurde zum Begründer der Nebenlinie Birkenfeld.

Herzog Wolfgang, der streng religiös erzogene Lutheraner, erhöhte die Einnahmen aus seinen Herzogtümern Zweibrücken und Neuburg durch kluges Haushalten erheblich, errichtete in Lauingen eine Landesdruckerei und ein Landesgymnasium zur Ausbildung des juristischen, administrativen und theologischen Nachwuchses und führte durch sein Testament vom 18. August 1568 die Primogenitur ein. Außenpolitisch auf Anerkennung bedacht und befördert durch religiöse Überzeugung, zog er den französischen Hugenotten mit einem von ihm geworbenen, stattlichen Heer zu Hilfe. Auf diesem Hilfszug, für den er hohe Schulden machte, starb er am 11. Juni 1569 in Nessun bei Limoges an einer Fiebererkrankung. Sein militärisches Engagement und die daraus erwachsenen Geldforderungen an Frankreich führten dazu, dass das kleine Herzogtum Pfalz-Neuburg bereits im letzten Drittel des 16. Jahrhunderts einen ständigen Gesandten in Paris hatte.

Der Maureskendekor der auf dem Porträt abgebildeten Vertäfelung verweist auf die 1558 in Schloss Neuburg eingebrachte Intarsienzier, der Fensterdurchblick zeigt das ab 1530 von Ottheinrich gebaute Jagdschloss Grünau. Für Überlegungen, das Porträt Hans Sebald Lautensack (1524 – wohl 1564) zuzuschreiben, fehlen bisher eindeutige Belege.

 MH

475 Jahre Fürstentum Pfalz-Neuburg 1980, S. 122.

11.2

Schenkung des Herzogtums Pfalz-Neuburg an Wolfgang von Pfalz-Zweibrücken

30. Juni 1557; Handschrift/Pergament, 40 x 68, mit zwei anhängenden Siegeln in Holzkapseln; Geheimes Hausarchiv, München (Hausurkunden 3004)

Nachdem Ottheinrich 1552 durch den Passauer Vertrag sein Herzogtum Pfalz-Neuburg zurückerhalten hatte, resultierten längere Verhandlungen mit seinem Vetter und Hauptgläubiger, Herzog Wolfgang von Pfalz-Zweibrücken (Kat.-Nr. 11.1), über eine Schenkung unter Lebenden in einem entsprechenden Vertrag vom 13. November 1553 unter der Bedingung der lebenslangen Regierung durch Ottheinrich und des Verbleibens Wolfgangs bei der lutherischen Religion. Die Schenkung wurde 1555 wiederholt, jedoch erst am 11. Februar 1556 durch den Onkel Kurfürst Friedrich II. bewilligt. Die endgültige Bestätigung mit den Unterschriften aller pfälzischen Agnaten – Friedrich [von Simmern], Graf von Sponheim, Georg [von Simmern], Reichard [von Simmern] und Wolfgang [von Zweibrücken], Graf zu Veldenz – enthält das ausgestellte Dokument. Wolfgang übernahm daraufhin die Administration des Herzogtums persönlich und wurde nach Ottheinrichs Tod 1559 vereinbarungsgemäß Landesherr von Pfalz-Neuburg.

 MH

475 Jahre Fürstentum Pfalz-Neuburg 1980, S. 17 ff.

11.3

Porträt Herzog Philipp Ludwigs von Pfalz-Neuburg

Unbekannter süddeutscher Maler, 1612; Öl/Leinwand, 110 x 90; Stadt Hilpoltstein

Geboren in Zweibrücken am 2. Oktober 1547 als ältester Sohn von Herzog Wolfgang von Pfalz-Zweibrücken und dessen Frau Anna, folgte Philipp Ludwig seinem Vater, der bei einem militärischen Hilfszug für die Hugenotten 1569 in Nessun bei Limoges (Kat.-Nr. 11.1) einen plötzlichen Tod gefunden hatte, als Landesherr im Herzogtum Pfalz-Neuburg, das Wolfgang seit 1557/59 in Personalunion mit dem Herzogtum Pfalz-Zweibrücken regiert hatte (Kat.-Nr. 11.2). Philipp Ludwig war Gründer der Linie Pfalz-Neuburg und führte die Oberhoheit über die Nebenlinien seiner Brüder Otto Heinrich (geb. 1556) in Sulzbach/Hilpoltstein (1569–1604) und Friedrich (geb. 1557) in Parkstein (1569–1597). Seine Beinamen „Optimus pater familias, Pius Sapiens Patiens Pacificus" und „Erzlutheraner" kennzeichnen ihn als sorgenden Landesvater, der mit Weisheit, Geduld und Friedfertigkeit sein Herzogtum regierte, die Verwaltungsstrukturen festigte und ausbaute. Besonderen Wert legte er auf eine starke

11.3

dem Tod von Kaiser Rudolf II. dem damit verbundenen Amt des Reichsvikars große Bedeutung zukam. Vorlage für das Gemälde war offenbar ein anonymer Kupferstich, der Philipp Ludwig in identischer Kleidung und Physiognomie wiedergibt mit obiger Titulatur in einem Schriftfeld im unteren Viertel des Blattes. MH

475 Jahre Fürstentum Pfalz-Neuburg 1980, S. 18 ff.; unveröffentlicht.

11.4

Porträt der Herzogin Anna von Pfalz-Neuburg

Um 1575–1580; Öl/Holz, 43,5 x 34,5; Museum Kurhaus Kleve

Als Herzog Philipp Ludwig in Neuburg am 24. September 1574 in einer von zahlreichen Festlichkeiten begleiteten Zeremonie Anna von Jülich-Kleve-Berg-Mark und Ravensberg (1552–1632), Tochter Herzog Wilhelms des Reichen und Marias von Österreich – eine Tochter Kaiser Ferdinands –, heiratete, war nicht absehbar, dass diese Verbindung, die durch das Haus Pfalz-Neuburg regierten Territorien in ihrem Umfang fast verdoppeln sollte. Annas einziger überlebender Bruder, der 1562 geborene Herzog Johann Wilhelm, folgte seinem Vater zwar 1592 als Herzog nach, doch starb er 1609 kinderlos im Wahnsinn. So trat eine Konstellation ein, auf die man sich seit 1589 vorbereitet hatte: Die vier Schwestern Johann Wilhelms würden Erbansprüche stellen. Anna von Pfalz-Neuburg war die zweitälteste. Ihre älteste Schwester, Maria Eleonore (1550–1608), hatte Herzog Albrecht Friedrich von Preußen geheiratet und deren Tochter Anna (1576–1625) war mit Kurfürst Johann Sigismund von Brandenburg vermählt. Die jüngere Schwester Magdalene (1553–1633) war mit Philipp Ludwigs Bruder Johann I. von Pfalz-Zweibrücken (1550–1604) verheiratet. Die jüngste Schwester Sibylle (1557–1627) war seit 1601 Gemahlin des Markgrafen Karl von Burgau. Der neuburgische Erbprinz Wolfgang Wilhelm ging unmittelbar nach dem Tod seines Onkels Johann Wilhelm mit einer eigenhändigen Vollmacht seiner Mutter, Pfalzgräfin Anna, an den Niederrhein, um für sie die Erblande in Besitz zu nehmen und stellvertretend die Erbhuldigung entgegenzunehmen (Kat.-Nr. 11.5). Anna überlebte ihren Mann Philipp Ludwig um 18 Jahre. Sie starb am 16. Oktober 1632 auf ihrem Witwensitz Schloss Höchstädt, wo sie seit 1615 eine eigene Hofhaltung geführt hatte. Sie war beim lutherischen Glauben geblieben und machte Höchstädt zu einem Refugium für ehemals pfalz-neuburgische Adlige, Beamte und Geistliche, die sich der Rekatholisierung des Herzogtums unter Herzog Wolfgang Wilhelm entziehen wollten (Kat.-Nr. 11.6). Das Bildnis der Pfalzgräfin ist nach der Hochzeit 1574 wohl um 1575 bis 1580 entstanden. MH

Preuß 1984; 475 Jahre Fürstentum Pfalz-Neuburg 1980, S. 18–20; Das Jülicher Herrscherhaus 1981, S. 5 ff.

lutherische Landeskirche. Das Ergebnis war ein lutherisches Musterland, dessen Ansehen und Einfluss bei den evangelischen Reichsständen beachtlich war und in keinem Verhältnis zur geringen Größe und territorialen Zerrissenheit des Fürstentums stand. Philipp Ludwig war wesentlicher Mitinitiator der protestantischen Union (1608) und erhoffte sich zurecht bedeutenden Gebiets- und Machtzuwachs nach dem Tod seines Schwagers, Herzog Johann Wilhelm von Jülich-Kleve-Mark-Berg und Ravensberg, 1609 (Kat.-Nr. 11.5). Im so genannten kurpfälzischen Vormundschaftsstreit beanspruchte er die vormundschaftliche Administration für sich.

Neben der Skulptur im Hof des Neuburger Schlosses, die ihn mit Kurhut und Reichsapfel – dem Abzeichen des Reichserztruchsess – zeigt, ist auch sein bisher kaum beachtetes anonymes Gemäldeporträt von 1612, das ihn im Alter von 65 Jahren darstellt, ein deutlicher Beweis für beide Ansprüche. So ist das von seiner Devise „Christus Meum Asylum" und dem Kurhut bekrönte und von Justitia und Pax flankierte pfalz-neuburgische Wappen ergänzt um den aus dem kurpfälzischen Wappen entnommenen rotgrundigen Schild des Erztruchsessen mit dem Reichsapfel. Auch das Titulaturschriftband weist den Dargestellten aus als Philipp Ludwig, Pfalzgraf, Vormund und Administrator der Kurpfalz, Reichsvikar am Rhein, in Schwaben und Franken, Herzog von Bayern-Jülich-Kleve und Berg, Graf von Veldenz, Sponheim, Mark, Ravensberg, Herr in Ravenstein. Die Datierung der Darstellung auf 1612 erklärt die Betonung des Anspruchs auf die kurpfälzische Vormundschaft, da nach

11.5

Die Belagerung der Festung Jülich 1621/22

Peeter Snayers (1592–1667); zwischen 1622 und 1650; Öl/Holz, 61,5 x 115; Stadtgeschichtliches Museum Jülich (KS 091–092)

Unmittelbar nach dem Tod seines Onkels, des kinderlos in geistiger Umnachtung am 25. März 1609 gestorbenen Herzogs Johann Wilhelm von Jülich-Kleve-Berg, ging der neuburgische Erbprinz Wolfgang Wilhelm – versehen mit einer eigenhändigen Vollmacht seiner Mutter Pfalzgräfin Anna (Kat.-Nr. 11.4) – an den Niederrhein, um für sie die dortigen Erblande in Besitz zu nehmen und die Erbhuldigung einzuholen, bevor andere Prätendenten Gleiches tun könnten. Es waren dies die Tochter ihrer älteren, 1608 verstorbenen Schwester Maria Eleonore, Herzogin Anna, Gemahlin des Kurfürsten Johann Sigismund von Brandenburg, sowie die beiden jüngeren Schwestern Magdalene (1553–1633) und Sibylle (1557 bis 1627). Letztere war seit 1601 verheiratet mit dem Habsburger Markgrafen Karl von Burgau, erstere war die Witwe des 1604 verstorbenen jüngeren Bruders von Herzog Philipp Ludwig von Pfalz-Neuburg, Herzog Johann I. von Pfalz-Zweibrücken. Juristisch war die Erbfolge nicht geregelt worden, obgleich man den Erbfall seit 1589 erwartet hatte. So erwies sich die schnelle Reaktion Neuburgs als vorteilhaft, denn dadurch wurden vorerst klare Fakten geschaffen, die als ernstzunehmende Mitbewerber um die wirtschaftlich und strategisch bedeutenden Jülicher Lande nur den Kaiser und Kurbrandenburg im Spiel ließen. Wolfgang Wilhelm war in Jülich und Berg aktiv, Markgraf Ernst, der Bruder des brandenburgischen Kurfürsten, in Kleve und Mark. Im Dortmunder Vertrag vom 10. Juni 1609 einigten sich Kurbrandenburg und Pfalz-Neuburg, die Lande gemeinsam als „Possidierende" in Besitz zu nehmen. Der Kaiser sandte seinen Vetter, Bischof Leopold von Passau, als Administrator mit Sitz in der Festung Jülich, die 1610 nach dem Abzug Leopolds von den Possidierenden eingenommen wurde. Diese für alle Beteiligten unbefriedigende Situation verschärfte sich nach dem Mord an König Heinrich IV. von Frankreich 1610, dem Tod Kaiser Rudolfs II. 1612 sowie der Besetzung Jülichs durch Truppen der Generalstaaten im Frühjahr 1614, was zum Aufmarsch eines spanischen Heeres unter Ambrogio Spinola führte. Mit Mühe kam am 12. November 1614 der Provisionalvergleich von Xanten zustande, der bei Aufrechterhaltung des beiderseitigen Gesamtanspruchs Pfalz-Neuburg die Herzogtümer Jülich und Berg, Brandenburg die Gebiete Kleve, Mark, Ravensberg und Ravenstein zusprach. In den weiteren kriegerischen Auseinandersetzungen wurde Jülich erneut vom 5. September 1621 bis 3. Februar 1622 durch spanische Truppen belagert, worauf sich das ausgestellte Gemälde bezieht.

Snayers, der nie an einer Belagerung teilgenommen hat, fertigte seine Komposition aus der Sicht der Belagerer wohl nach Kupferstichen und Berichten an. Auf der Plane eines Karrens im rechten Mittelgrund befindet sich die Monogramm-Signatur PS. Eine zweite, über doppelt so große Darstellung Snayers auf Leinwand, welche die Belagerung Jülichs zeigt, befindet sich im Besitz des Rijksmuseum Amsterdam, ausgestellt im Legermuseum Delft. M H

Dautzenberg 1996; Das Jülicher Herrscherhaus 1981, S. 5–8.

11.6

Herzog Wolfgang Wilhelm von Pfalz-Neuburg

Neuburger Hofmaler (?), 2. Viertel 17. Jahrhundert; Öl/Leinwand, 255 x 175; Studienseminar Neuburg an der Donau

Das programmatische Bild – eventuell 1630 als Gegenstück zu den protestantischen 100-Jahr-Feiern der Übergabe der Augsburger Konfessionsschrift geschaffen – zeigt Herzog Wolfgang Wilhelm (1578–1653) als einen Fürsten der Gegenreformation. Bekleidet mit dem Ornat des ihm 1615 verliehenen Ordens vom Goldenen Vlies, tritt er mit dem rechten Spielbein auf ein Exemplar der Confessio Augustana, eine Geste, die der nach unten weisende Zeigefinger seiner rechten Hand noch unterstützt. Die auf dem Tisch neben ihm stehende Kopie der Muttergottes von Foja aus der Neuburger Hofkirche und das Blatt mit dem Grund- und Aufrissplan dieser von seinem streng lutherischen Vater Philipp Ludwig 1607 als „Trutzmichel" gegen das Münchner Jesuitenkolleg St. Michael geplanten, unter Wolfgang Wilhelm vollendeten und dann katholisch geweihten Hofkirche betonen die Katholizität des Dargestellten. Der Kurhut auf dem Samtkissen weist wohl auf seinen immer wieder geäußerten Anspruch auf die pfälzische Kurwürde hin, die 1685 sein Sohn Philipp Wilhelm (Kat.-Nr. 11.8) nach dem Aussterben der Simmer'schen Kurlinie erben sollte.

Tatsächlich war Wolfgang Wilhelm, auch um sich der Unterstützung der katholischen Mächte im jülich-klevischen Erbfolgestreit zu versichern, am 5. Oktober 1613 in München heimlich und am 25. Mai 1614 in Düsseldorf öffentlich zum katholischen Glauben übergetreten (Kat.-Nr. 10.14). Nach dem Tod Herzog Philipp Ludwigs am 12. August 1614 und dem Regierungsantritt des Erbprinzen setzten 1615 Maßnahmen zur Rekatholisierung Pfalz-Neuburgs ein, die mit der Berufung der Jesuiten nach Neuburg, der Schließung der fürstlichen Landesschule und der fürstlichen Landesdruckerei in Lauingen 1616 begannen und sich schrittweise steigerten. Zahlreiche Beamte und Diener des Fürstenhofs, adlige Landsassen sowie Bürger der Städte und Märkte verließen das Fürstentum in den folgenden Jahren, um einem erzwungenen Konfessionswechsel zu entgehen. Der Landbevölkerung war diese Möglichkeit durch die Gebundenheit an die Scholle meist nicht gegeben. M H

Seitz 1980; Bavaria Germania Europa 2000, S. 154f.

11.6

dass beide Parteien im gleichen Lager um politische Unterstützung werben mussten,
trat Johann Sigismund von
Brandenburg 1613 zur reformierten Kirche über, was be-
rechtigte Hoffnung auf Hilfe
durch die Kurpfalz und die
Generalstaaten auslöste. Wolfgang Wilhelm aber wandte
sich an den abgedankten Herzog Wilhelm und dessen regierenden Sohn, Herzog Maximilian von Bayern, mit einer Brautwerbung um deren
Tochter respektive Schwester
Magdalena. Die bayerischen
Herzöge sahen sofort die
Möglichkeit, den wittelsbachischen Machteinfluss am
Rhein in den Gebieten zu
stärken, die nächst dem Territorium des Kölner Kurfürsten-
Erzbischofs Ernst von Bayern
lagen, und zugleich ein lutherisches Mitglied und womöglich eine ganze Linie des Hauses Wittelsbach zurück in den
Schoß der katholischen Kirche zu holen. Sie knüpften in
geheimen Verhandlungen mit
dem Neuburger Erbprinzen
ihre Zustimmung zur Ehe mit
Magdalena an dessen Konversion (Kat.-Nr. 10.14), die
schließlich am 5. Oktober
1613 in der Residenz in München heimlich vollzogen wurde.

So konnte die Hochzeit ge-
plant und der Bräutigam samt
Eltern, Brüdern und weiteren
Verwandten in einer festli-

11.7

Hochzeit des Pfalzgrafen Wolfgang Wilhelm von Neuburg mit Magdalena von Bayern

Abraham Hogenberg (vor 1608 – nach 1653); 1613; Kupfer-
stich/Papier, 27,3 x 33,5; Historischer Verein Neuburg an der
Donau (G 533)

Die Hinwendung des Erbprinzen Wolfgang Wilhelms
zur katholischen Kirche ist in engem Zusammenhang
mit den Bestrebungen um eine dauerhafte Sicherstellung
des niederrheinischen Erbes für Pfalz-Neuburg zu sehen.
Waren zu Beginn der Auseinandersetzungen 1609 die Familien der Hauptprätendenten Brandenburg und Pfalz-
Neuburg beide evangelisch-lutherisch, was dazu führte,

chen Zeremonie am 10. November 1613 vor den Toren
Münchens empfangen werden. Tags darauf fand die Trauung im Liebfrauendom in München in einer kirchlichen
Feier bewusst ohne konfessionell geprägten Ritus statt,
da Wolfgang Wilhelm offiziell ja noch Lutheraner war.
Festmahl, Tanz und Turniere dauerten bis zum 14. November, ehe am darauffolgenden Tag das Brautpaar und
die neuburgischen Verwandten in die heimische Residenzstadt aufbrachen. Einziges Kind dieser Verbindung
war der am 4. Oktober 1615 in Neuburg geborene Erbprinz Philipp Wilhelm (Kat.-Nr. 11.8).

Der aufwändige Bilderbogen Abraham Hogenbergs
schildert in zehn Darstellungen, acht lateinischen Hexa-
metern, acht Knittelversen und Bildunterschriften das

368

11.8

Geschehen und zeigt gleichzeitig eindrucksvoll die Pracht und militärische Stärke Bayerns und der katholischen Liga, deren Anführer Herzog Maximilian war, mit der man die Neuburger und besonders Herzog Philipp Ludwig, eines der wichtigsten Mitglieder der protestantischen Union, beeindrucken wollte und sicher auch konnte. MH

Harms 1985, Bd. 3, S. 368f.

11.8

Herzog Philipp Wilhelm und Herzogin Elisabeth Amalie von Pfalz-Neuburg

Deutsch, 1660er-Jahre; Öl/Leinwand, 194 x 242; Wittelsbacher Ausgleichsfonds, Schloss Berchtesgaden (WAF B I a 66)

Herzog Wolfgang Wilhelm von Pfalz-Neuburg (1578 bis 1653) hatte mit seiner ersten Frau Magdalena von Bayern (1587–1628) nur einen Sohn, Philipp Wilhelm (1615 bis 1690). Da auch seine späteren Ehen ohne überlebende Erben blieben, ruhte auf diesem der Fortbestand der 1613/14 wieder katholisch gewordenen Linie Pfalz-Neu-

burg. War seiner am 9. Juni 1642 in Warschau mit der polnischen Königstochter Anna Katharina Konstanze (1619–1651) geschlossenen Ehe im Jahr 1645 nur ein totgeborener Prinz beschieden gewesen, änderte sich diese für den dynastischen Fortbestand höchst bedrohliche Situation in seiner zweiten Ehe 1653 mit Elisabeth Amalie Magdalene von Hessen-Darmstadt (1635–1709) grundlegend. Von 17 zwischen 1655 und 1679 geborenen Kindern (neun Söhne, acht Töchter) erreichten 13 das Erwachsenenalter. Das politische Geschick ihres Vaters, der 1685 dem kinderlos verstorbenen Karl II. von Pfalz-Simmern-Sponheim als Kurfürst von der Pfalz nachfolgte, führte die meisten Söhne – abgesehen von den Erbprinzen – in hohe Ämter der Reichskirche (Trier, Mainz, Köln, Worms, Augsburg, Breslau, Deutschordenshochmeister). Die Töchter gingen Ehen mit dem Kaiser, den Königen von Spanien und Portugal, den Herzögen von Parma und einem königlichen Prinzen von Polen ein (Kat.-Nr. 11.4), sodass Philipp Wilhelm zu Recht „Schwiegervater Europas" genannt wurde.

Das ganzfigurige Doppelporträt zeigt den Herzog in Kriegsrüstung mit Kommandostab, seine zwanzig Jahre jüngere Frau mit zwei Hündchen als Assistenzfiguren. Vermutlich gehörte das Doppelbildnis ursprünglich zusammen mit einem ähnlichen, das die Eltern Philipp Wilhelms, Herzog Wolfgang Wilhelm und Magdalena, zeigt, zur Ausstattung des Großen Saales im zweiten Obergeschoss des Ottheinrichbaus des Neuburger Schlosses. Die Komposition des Bildes ähnelt stark dem Doppelporträt des bayerischen Herrscherpaars Ferdinand Maria und Henriette Adelaide von Sebastian Bombelli aus dem Jahr 1666. Für eine Zuschreibung an Johann Spielberg d. J. fehlen eindeutige Belege. MH

475 Jahre Fürstentum Pfalz-Neuburg 1980, S. 124; Rall 1986, S. 288–296; Schmidt 1973.

11.9

Stammbaum der letzten Generation der Linie Pfalz-Neuburg

Porträtmedaillons nach 25 Miniaturen von Jan Frans von Douven (1656–1727); Email auf Kupfer, 8,9 x 6,6 bis 10 x 8,8; Wittelsbacher Ausgleichsfonds, Schloss Berchtesgaden (WAF B IIIa 30–54); Installation: M. Hoffer, München, Entwurf: Haus der Bayerischen Geschichte, Augsburg (M. Henker)

In einer Miniaturenserie Jan Frans von Douvens, des niederländischen Hofmalers des neuburgischen Herzogs und Kurfürsten von der Pfalz Johann Wilhelm, sind Philipp Wilhelm von Pfalz-Neuburg und seine zweite Frau Elisabeth Amalie von Hessen-Darmstadt mit ihren 13 erwachsenen Kindern sowie zehn ihrer Schwiegersöhne und -töchter in Einzelporträts dargestellt.

Als „Schwiegervater Europas" wurde Herzog Philipp Wilhelm von Pfalz-Neuburg (1615–1690) bezeichnet, der durch kluge Heiratspolitik hochrangige Eheverbindungen für seine sechs Töchter aus der Ehe mit Elisabeth Amalie von Hessen-Darmstadt erreichte. Eleonore Magdalene Therese (1655–1720) wurde am 14. Dezember 1676 die dritte Gemahlin Kaiser Leopolds I., mit dem sie drei Söhne und sechs Töchter hatte. Maria Sophie Elisabeth (1666–1699) wurde 1687 König Peter II. von Portugal zur Frau gegeben. Sie wurde damit Stammmutter aller folgenden Könige aus dem Haus Braganza. Kinderlos blieb die Ehe ihrer Schwester Maria Anna (1667 bis 1740) mit König Karl II. von Spanien. Dorothea Sophie (1670–1748) heiratete nach dem Tod (1693) ihres ersten Mannes Odoardo II. Farnese, Herzog von Parma und Piacenza, 1696 dessen Halbbruder und Nachfolger in der Herzogswürde, Franz I. Maria. Hedwig Elisabeth Amalie (1673–1722) wurde 1691 in Warschau mit Jakob Ludwig Sobieski, Sohn König Johanns III. von Polen, verheiratet. Die jüngste 1679 in Neuburg geborene Tochter Leopoldine Eleonore starb 1693 in Düsseldorf als Braut des Kurfürsten Max Emanuel von Bayern.

Johann Wilhelm (1658–1716) folgte als ältester Sohn seinem Vater 1690 in Kurpfalz, Neuburg und am Niederrhein. Seine beiden Ehen mit Erzherzogin Maria Anna Josepha (1654–1689), Tochter Kaiser Ferdinands III., und

Anna Maria Louise (1667–1743), Tochter des Großherzogs Cosimo III. von Toskana, blieben ohne überlebende Erben, sodass ihm 1716 sein Bruder Karl III. Philipp (1661–1742) in der Regierung folgte. Aber auch er hatte keine erbfähigen Söhne aus seinen Ehen mit den beiden Magnatentöchtern Louise Charlotte von Radziwill-Birze (1667–1695) und Therese Katharina von Lubomirsky-Ostrog (1683–1712) sowie Violante Therese von Thurn und Taxis.

Vier Söhne Philipp Wilhelms und Elisabeth Amalies sollten zu einflussreichen Positionen in der Reichskirche gelangen. Wolfgang Georg Friedrich (1659–1683) hatte seit frühester Jugend eine zunehmende Anzahl von Kanonikaten inne in Trient, Straßburg, Köln, Osnabrück, Passau, Lüttich, Münster, Hildesheim, Mainz, Paderborn, Breslau und Brixen. 1680 wurde er Weihbischof von Köln, 1682 scheiterte er – wiewohl designiert – bei der Wahl zum Bischof von Breslau. Ludwig Anton (1660 bis 1694) hatte ab 1664 Domherrenstellen in Köln, Mainz, Straßburg, Speyer, Münster und Lüttich inne, wurde 1673 zum Abt von Fecamp in der Normandie gewählt, 1679 Koadjutor des Hochmeisters des Deutschen Ordens, 1681 selbst Hochmeister sowie 1685 Administrator des Hochmeistertums in Preußen, 1689 Propst in Ellwangen. 1691 Koadjutor des Erzbistums Mainz, wurde er im gleichen Jahr zum Bischof von Worms gewählt. Alexander Sigmund (1663–1737), Domherr in Augsburg, Eichstätt, Regensburg, Konstanz und Münster, wurde 1681 Koadjutor des Bistums Augsburg und am 1. April 1690 dort Bischof. Die eindrucksvollste Karriere machte Franz Ludwig (1664–1732): Nach Kanonikaten in Olmütz, Münster, Straßburg, Speyer, Lüttich, Köln, Mainz und Breslau wurde er am 30. Juni 1683 Bischof von Breslau, 1694 Propst zu Ellwangen, Hochmeister des Deutschen Ordens und Bischof von Worms, 1710 Koadjutor von Mainz und 1716 Kurfürst-Erzbischof von Trier. Auf diese Würde verzichtete er 1729, um das Kurfürstentum Mainz übernehmen zu können. Friedrich Wilhelm (1665–1689) wurde 1677 Koadjutor der Konstanzer Dompropstei, 1685 dortiger Domherr, 1686 Rektor Magnifikus der Universität Heidelberg, die in diesem Jahr ihre 300-Jahr-Feier beging, 1689 Domherr zu Münster. Er fiel am 23. Juli 1689 als kaiserlicher General bei der Belagerung von Mainz. Der jüngste Sohn, Philipp Wilhelm August (1668–1693), heiratete 1690 Anna Maria Franziska, Tochter des Herzogs Julius Franz von Sachsen-Lauenburg. Auch er starb ohne männliche Erben, sodass am 1. Januar 1743 der seit 20. Juli 1733 in Sulzbach regierende Herzog Karl Philipp Theodor die Nachfolge in Kurpfalz, Neuburg und den rheinischen Herzogtümern antreten sollte (Kat.-Nr. 11.10). MH

Haeutle 1870, S. 75–87; Lebensbilder 2002, S. 98.

11.9

Herzog Philipp Wilhelm von Pfalz-Neuburg (1615–1690),
der „Schwiegervater Europas"

11.9a

Elisabeth Amalie Magdalena von Hessen-Darmstadt (1635–1709)
2. Frau von Herzog Philipp Wilhelm von Pfalz-Neuburg und
Mutter aller folgenden Pfalz-Neuburger

11.9c

Kaiser Leopold I. (1640–1705)
Seine 3. Frau ist die älteste Tochter von Herzog Philipp Wilhelm
von Pfalz-Neuburg Eleonore Magdalene Therese

11.9d

Eleonore Magdalene Therese von Pfalz-Neuburg (1655–1720)
Kaiserin und 3. Frau von Kaiser Leopold I.

11.9e

Ludwig Anton von Pfalz-Neuburg (1660–1694)

11.9b

Wolfgang Georg Friedrich von Pfalz-Neuburg (1659–1683)

11.9f

Philipp Wilhelm August von Pfalz-Neuburg (1668–1693)

11.9g

Anna Maria Franziska von Sachsen-Lauenburg (1672–1749)
Frau von Philipp Wilhelm August von Pfalz-Neuburg

11.9h

11.9i

Odoardo II. Farnese, Herzog von Parma und Piacenza (1666–1693)
1. Mann von Dorothea Sophie von Pfalz-Neuburg

Dorothea Sophie von Pfalz-Neuburg (1670–1748)
Frau von Odoardo II. Farnese

11.9j

11.9k

Jakob Ludwig Sobieski, Prinz von Polen (1668–1737)
Mann von Hedwig Elisabeth Amalie von Pfalz-Neuburg (11.9k)

Hedwig Elisabeth Amalie von Pfalz-Neuburg (1673–1722)
Frau von Jakob Ludwig Sobieski

11.9 l

Alexander Sigmund von Pfalz-Neuburg (1663–1737)

11.9 o

Franz Ludwig von Pfalz-Neuburg (1664–1732)

11.9 m

König Peter II. von Portugal (1648–1706)
Mann von Maria Sophie Elisabeth von Pfalz-Neuburg

11.9 n

Maria Sophie Elisabeth von Pfalz-Neuburg (1666–1699)
Frau von König Peter II. von Portugal

11.9p

König Karl II. von Spanien (1661–1700)
Mann von Maria Anna von Pfalz-Neuburg

11.9q

Maria Anna von Pfalz-Neuburg (1667–1740)
Königin von Spanien, Frau von Karl II. von Spanien

11.9s

Maria Anna Josepha, Erzherzogin von Österreich (1654–1689)
1. Frau von Kurfürst Johann Wilhelm von der Pfalz

11.9t

Kurfürst Johann Wilhelm von der Pfalz (1658–1716)
Mann von Maria Anna Josepha

11.9 u

Anna Maria Louise von Toskana (1667–1743)
2. Frau von Kurfürst Johann Wilhelm von der Pfalz

11.9 w

Kurfürst Karl III. Philipp von der Pfalz (1661–1742)
Mann von Louise Charlotte von Radziwill-Birze

11.9 n

Louise Charlotte von Radziwill-Birze (1667–1695)
1. Frau von Kurfürst Karl III. Philipp von der Pfalz

11.9 x

Therese Katharina von Lubomirsky-Ostrog (1683–1712)
2. Frau von Kurfürst Karl III. Philipp von der Pfalz

11.9r
Friedrich Wilhelm von Pfalz-Neuburg (1665–1689)

und Elisabeths Auguste Sophie (1693–1728), Tochter des Kurfürsten Karl Philipp von der Pfalz, geheiratet (Kat.-Nr. 11.11). Der am 28. Juni 1761 in Mannheim geborene Erbprinz Franz Ludwig Joseph lebte nur einen Tag.

Karl Theodor hielt die Verfassungen in seinen unterschiedlichen Herrschaftsbereichen, regte Reformen in den jeweiligen Exekutiven an und förderte die Wirtschaft ebenso wie Bildung und Künste. Am 15. Februar 1766 erließ er ein Toleranzedikt, im September trat er dem Hausvertrag bei, der ihm die Aussicht auf Erbfolge auch in Kurbayern eröffnete. Im Hausvertrag von 1771/72 sicherte er zu, das Gesamterbe Kurpfalz-Bayern von München aus und ausschließlich mit katholischen Ministern zu regieren. Als Kurfürst Max III. Joseph am 30. Dezember 1777 in München starb, folgte Karl Theodor gemäß den Erbverträgen von 1761, 1766, 1771 und 1774.

Das lebensgroße Standbild zeigt den Kurfürsten mit Kommandostab in der rechten Hand, die linke am Degengriff. Über Brustharnisch und Beinschienen trägt er einen hermelinverbrämten langen Mantel, um den Hals an breitem Band den Orden vom Goldenen Vlies. Die beiden wohl an der Leibschärpe befestigten markanten Löwenköpfe auf der rechten Beintasche mögen Hinweise auf den von ihm aus Anlass seines bevorstehenden 25-jährigen kurpfälzischen Regierungsjubiläums am 4. November 1767 gestifteten Ritterorden vom pfälzischen Löwen sein. Der Kurhut ruht auf einem Kissen neben seinem rechten Fuß. MH

Nebinger 1980, S. 9–42; Denkmale und Erinnerungen 1909, S. 140, Nr. 1484.

11.10
Kurfürst Karl Theodor von der Pfalz und von Bayern

Franz Xaver Feichtmayr d. J., um 1783/85; Gips über Holzgerüst, 200 x 105; Bayerisches Nationalmuseum, München (R 5775)

Mit dem Tod des Kurfürsten Karl Philipp am 31. Dezember 1742 in Mannheim starb die Hauptlinie der Herzöge von Pfalz-Neuburg aus. Zur Erbnachfolge gelangte der 18-jährige Herzog Karl Theodor (1724–1799) aus der von seinem 1656 im Neuburger Vergleich mit Philipp Wilhelm katholisch gewordenen Urgroßvater Christian August begründeten Nebenlinie Pfalz-Neuburg-Sulzbach. Er war bereits 1733 seinem Vater Johann Christian Joseph in Sulzbach nachgefolgt. Da er jedoch seine Mutter schon mit vier Jahren verloren hatte, wurde der neunjährige Knabe bei eben jenem pfälzischen Kurfürsten Karl Philipp (1661–1742) erzogen, den er mit Regierungsantritt vom 1. Januar 1743 auch in den Herzogtümern Neuburg, Jülich und Berg beerbte. Am 17. Januar des Vorjahres hatte er in Mannheim seine Kusine Elisabeth Maria Aloysia Auguste, älteste Tochter des Sulzbacher Erbprinzen Joseph Karl Emanuel (1694–1729)

11.11
Kurfürstin Elisabeth Maria Aloysia Auguste von der Pfalz

Franz Xaver Feichtmayr d. J., um 1783/85; Gips über Holzgerüst, 206 x 86; Bayerisches Nationalmuseum, München (Ren. 5378)

Wie das Standbild ihres Gemahls Kurfürst Karl Theodor (Kat.-Nr. 11.10) ist auch die Statue der Kurfürstin Elisabeth Maria Aloysia Auguste (1721–1794) lebensgroß. Sie war als Enkelin des Kurfürsten Karl Philipp an ihrem 21. Geburtstag am 17. Januar 1742 mit dem am Mannheimer Hof erzogenen Herzog Karl Theodor von Pfalz-Neuburg-Sulzbach verheiratet worden, der ihrem Großvater am 1. Januar 1743 als Kurfürst von der Pfalz und Herzog von Neuburg, Jülich und Berg folgte.

Der Bruststern sowie der an der Schärpe auf der linken Hüfte befestigte Orden weisen wohl auf den von ihr am 18. Oktober 1766 gestifteten Elisabeth-Orden hin, dessen Großmeisterin sie war. MH

Rall 1986, S. 309–313; Denkmale und Erinnerungen 1909, S. 146, Nr. 1556.

11.12

Spazierstock des Kurfürsten Karl Theodor

2. Hälfte 19. Jahrhundert; Elfenbein, Glas, Rubin, Gold, L. 92;
Bayerisches Nationalmuseum, München (Ren. 5868)

In seiner langjährigen Ehe mit seiner Kusine Elisabeth Maria Aloysia Auguste (1721–1794) hatte Kurfürst Karl Theodor nur ein Kind, den am 28. Juni 1761 in Mannheim geborenen und tags darauf verstorbenen Erbprinzen Franz Ludwig Joseph. Weitere Schwangerschaften vermied die Kurfürstin und der Kurfürst ging Verbindungen und morganatische Ehen mit Schauspielerinnen des Mannheimer Theaters ein, der drei Töchter und ein Sohn entstammten, die der Vater legitimierte, mit Adelstiteln ausstattete und protegierte. So machte er seinen Sohn, Fürst Karl August von Bretzenheim, zum Großmeister der von ihm 1782 eingerichteten Bayerischen Zunge des Malteserordens; seine Schwester Friederike Fürstin von Bretzenheim wurde im Alter von elf Jahren 1782 mit der reichsunmittelbaren Fürstabtei Lindau ausgestattet, die sie bis zu ihrer Verheiratung 1796 innehatte. Karl Theodors Tochter Carolina war mit dem kurpfälzischen Generalleutnant Graf Friedrich Wilhelm von Isenburg-Birstein verheiratet, die Tochter Eleonora hatte den Grafen Wilhelm Karl von Leiningen-Billigheim zum Mann. Auch diese Ehemänner der verheirateten Töchter waren in hohen Stellungen in Kurpfalz-Bayern gut versorgt.

Am Rückenteil des elfenbeinernen Griffs des Spazierstocks ist unter Glas in Elfenbeinschnitzerei auf blauem Grund ein Liebespaar, von blassroten Rubinen umgeben, dargestellt. Die vergoldete Spitze ist ebenfalls mit Rubinen besetzt.   MH

Denkmale und Erinnerungen 1909, S. 145, Nr. 1553; Wittelsbach und Bayern 1980, Bd. III/2, S. 56–61.

11.13

Hochzeitshemd des Kurfürsten Karl Theodor

1795; Leinen mit eingewebter Inschrift und Monogramm;
137 x 125 (ausgebreitet 184); Bayerisches Nationalmuseum, München (Textil 4821)

Nach dem Tod seiner ersten Frau Elisabeth Maria Aloysia Auguste von Pfalz-Sulzbach am 17. August 1794 vermählte sich Kurfürst Karl Theodor am 15. Februar 1795 in Innsbruck mit der 18-jährigen Maria Leopoldine (1776–1848), die aus einer italienischen Nebenlinie des habsburgischen Kaiserhauses stammte. Ihr Vater Erzherzog Ferdinand war mit der reichen Erbprinzessin Maria Beatrix von Este zu Modena verheiratet. Pfalz-bayerischerseits erhoffte man sich von der Verbindung doch noch legitime Erben für Karl Theodor, österreichischerseits sah man eine Chance, mit der Heirat den mehrmals angestrebten Gebietstausch Bayerns gegen die habsburgischen Niederlande zu erreichen. Beide Seiten wurden in ihren Erwartungen enttäuscht. Als Karl Theodor am

16. Februar 1799 in München starb, waren keine Erben geboren. Maria Leopoldine wandte sich eilig an Herzog Max Joseph von Pfalz-Zweibrücken, den einzigen wittelsbachischen Agnaten, um ihn zur Nachfolge in Kurpfalz-Bayern aufzurufen. Sie löste damit offenbar ein Versprechen ein, das sie Max Joseph 1795 anlässlich seines Antrittsbesuchs in München gegeben hatte. Mit Rang, Titel und großzügigem Einkommen als Kurfürstinwitwe heiratete sie 1804 den 1773 in München geborenen kurfürstlichen Geheimen Rat Graf Ludwig von Arco.

Ob das Hochzeitshemd 1795 von Tirolern in Innsbruck überreicht worden war – wofür die Bezeichnung „Fürstenpaar" spräche, denn als Gabe bayerischer Untertanen hätte es wohl „Herrscherpaar" heißen müssen – oder von Bayern, ist nicht bekannt. Das „große Jubeljahr" bezieht sich wohl auf den Kurfürsten, der am 11. Dezember 1794 seinen siebzigsten Geburtstag gefeiert hatte. Die Inschrift mit Monogramm und Kurhut lautet: „Für das grosse Jubelleben! / Ist das Hochzeitshemd geweben. / In dem grossen Jubeljahr / Für das beste Fürstenpaar." Das Chronogramm ergibt die Jahreszahl 1795.   MH

Denkmale und Erinnerungen 1909, S. 145, Nr. 1535; Krauss-Meyl 1997.

11.14

Besitzergreifungspatent des Kurfürsten Max IV. Joseph

München, 16. Februar 1799; Druck/Papier, 40 x 51; Bayerisches Hauptstaatsarchiv, München (Mandatensammlung 1799 II 16–2)

„Lieber Neffe. Im wichtigsten Augenblick meines Lebens wende ich mich an Sie. Der Kurfürst ist in Agonie …", so schrieb die 22-jährige Kurfürstin Maria Leopoldine von Pfalz-Bayern wohl am 12. oder 13. Februar 1799 an den fast doppelt so alten Herzog Maximilian III. Joseph von Pfalz-Zweibrücken, dem sie seit seinem Antrittsbesuch in München im April 1795 freundschaftlich verbunden war. Ihr Mann, Kurfürst Karl Theodor (1724–1799), hatte beim Kartenspiel einen Schlaganfall erlitten und starb am 16. Februar. Am selben Tag ergriff Herzog Wilhelm von Birkenfeld-Gelnhausen – einer pfälzischen Nebenlinie des Hauses Wittelsbach –, der wie Max Joseph von Karl Theodor in Mannheim erzogen worden war und seit 1780 in Landshut wohnte, die Initiative und sicherte den Regierungsantritt des neuen Kurfürsten Max IV. Joseph in München mit der Publikation der Todesnachricht und des Besitzergreifungspatents durch einen Herold auf den Straßen und Plätzen sowie der Vereidigung der hohen Beamten auf den neuen Herrscher aus der Linie Pfalz-Zweibrücken-Birkenfeld. In Anerkennung dieser Verdienste wurde Wilhelm der erbliche Titel „Herzog in Baiern" verliehen.   MH

Bayern entsteht 1996, S. 100–105.

11.15

Pfalz-neuburgischer Deputations-Abschied über die neuburgischen Landes- und Regierungsverhältnisse

München, 5. Oktober 1799; Buchdruck/Papier, 21,5 x 18; Bayerische Staatsbibliothek, München (4° Bavar. 550i)

Seit 1790 waren in der Verwaltung von Kurpfalz-Bayern mehrere Veränderungen vorgenommen worden, die das Herzogtum Pfalz-Neuburg betrafen. So bestimmte ein kurfürstliches Reskript vom 25. November 1790, dass die Fürstentümer Oberpfalz, Neuburg und Sulzbach einer gemeinsamen Verwaltung in Amberg unterstellt werden sollten bei Auflösung der Regierungen und Hofkammern in Neuburg und Sulzbach zum 31. Dezember 1790. Dieser Beschluss wurde fünf Jahre später revidiert; die Regierung in Neuburg, die nun auch für die elf Ämter auf dem Nordgau zuständig sein sollte, wurde zum 10. Dezember 1795 wieder eingerichtet und 1797 um eine Hofkammerverwaltung ergänzt. Nach dem Regierungsantritt Max IV. Josephs wurde mit Verordnung vom 23. April 1799 für die Herzogtümer Oberpfalz und Sulzbach eine Landesdirektion in Amberg eingerichtet, während die „Provinz Baiern" und das Herzogtum Neuburg der Generallandesdirektion in München unmittelbar unterstellt wurden.

Es waren die Landstände, die bewirkten, dass am 5. Oktober 1799 mit Wirkung vom 1. November des Jahres das Herzogtum Neuburg zur Provinz Neuburg mit eigener Landesdirektion und Regierung in Neuburg erklärt wurde. Das formale Ende des Fürstentums Pfalz-Neuburg, das nur noch in seiner Landschaft fortbestanden hatte, kam durch die erste Konstitution vom 1. Mai 1808, die die bisherigen Landesdirektionen abschaffte und das nunmehrige Königreich Bayern in 15 Kreise einteilte. Die Territorien des ehemaligen Herzogtums Pfalz-Neuburg wurden auf den Naabkreis, Altmühlkreis, Regenkreis und Oberdonaukreis verteilt. MH

Nebinger 1980.

11.16

Max I. Joseph, König von Bayern, im Krönungsornat

1. Viertel 19. Jahrhundert; Öl/Leinwand, 165 x 135; Stadtmuseum Amberg

Mit Max Joseph von Pfalz-Zweibrücken-Birkenfeld (1756–1825) folgte nach dem Tod Karl Theodors 1799 ein Angehöriger jener dritten pfälzisch-wittelsbachischen Linie, die mit dem jüngsten Sohn Herzog Wolf-

gangs von Pfalz-Zweibrücken und Neuburg (Kat.-Nr. 11.1), Karl (1560–1600), ihren Anfang genommen hatte. Als Max III. Joseph trat er am 27. März 1778 die Regierung in der ihm von seinem älteren Bruder Karl August überlassenen Grafschaft Rappoltstein an und erbte nach dessen Tod (1. April 1795) das Herzogtum Zweibrücken. Gleichzeitig wurde er zum potenziellen Alleinerben aller Wittelsbacher Besitzungen. Unter großem Beifall der Bevölkerung zog er am 12. März 1799 mit seiner Familie offiziell in München ein.

Die Annahme des Königstitels durch Kurfürst Max IV. Joseph von Pfalz-Bayern war im Vertrag von Brünn festgelegt und im Frieden von Pressburg am 26. Dezember 1805 bestätigt worden. In der Residenz teilte Max Joseph am 1. Januar 1806 den Ministern und Chefs der Hofstäbe sowie dem Kronprinzen Ludwig den Entschluss zur Annahme des Königstitels mit, was durch den Obersthofmeister auch den in einem Saal versammelten Hof- und Staatsdienern bekannt gemacht wurde. Der bayerische Landesherold Joseph von Stürzer verlas daraufhin in Begleitung von Bürgerkavallerie unter Glockenläuten, 200 Kanonenschüssen und Trompeten- und Paukenklang auf den Plätzen Münchens die Proklamation der Annahme des Königstitels als Max I. Joseph von Bayern.

Das repräsentative Porträt des Monarchen ist nach 1818 entstanden, da seine rechte Hand auf der Verfassungsurkunde ruht. Es stellt eine verkleinerte Fassung des 1806/07 von Moritz Kellerhoven im Auftrag der Universität Landshut geschaffenen Ganzfigurbildes des Monarchen im Krönungsornat dar. MH

Wittelsbach und Bayern 1980, Bd. III/2, S. 206 ff.; Bayern entsteht 1996, S. 103–110.

Die Ahnen der Pfalzgrafen Ottheinrich und Philipp; Beginn der väterlichen Linie, Detail S. 380 Rückseite, S. 381 Vorderseite
Bayerisches Nationalmuseum, München (Kat.-Nr. 2.8)

Literatur

1495. Kaiser Reich Reformen. Der Reichstag zu Worms, hg. von Claudia Helm, Koblenz 1995 (Veröffentlichungen der Landesarchivverwaltung Rheinland-Pfalz, Katalogreihe)

350 Jahre Augsburger Hohes Friedensfest, hg. von Helmut Gier, Augsburg 2000

475 Jahre Fürstentum Pfalz-Neuburg, München 1980

Abreß, Elisabeth: Die Tapisserien Ottheinrichs von der Pfalz, masch. Magisterarbeit, München 1984

Aland, Kurt: Kurzgefasste Liste der griechischen Handschriften des NT, 2. Aufl., Berlin 1994 (Arbeiten zur Neutestamentlichen Textforschung 1)

Alting, Heinrich: Historia Ecclesiae Palatinae, Frankfurt am Main 1702 (Monumenta pietatis et litterariae)

Altmann, Hugo: Die Reichspolitik Maximilians I. von Bayern 1613–1618, München 1978

Die Amerbachkorrespondenz, Bd. 8: Die Briefe aus den Jahren 1551 und 1552, aufgrund des von Alfred Hartmann gesammelten Materials bearb. und hg. von Beat Rudolf Jenny, Basel 1974

Ammon, Hans/Weigel, Maximilian/Wopper, Joseph (Hg.): Neuburgisches Pfarrerbuch, Kallmünz 1967

Apian, Peter: Cosmographicus liber, Antwerpen 1533 (Erstausgabe Landshut 1524)

Appl, Tobias: Der junge Philipp. Auf dem Weg zur Volljährigkeit, in: Appl, Tobias/Berwing-Wittl, Margit/Lübbers, Bernhard (Hg.): Philipp der Streitbare. Ein Fürst der Frühen Neuzeit, Regensburg 2003, S. 46–86

Appl, Tobias/Berwing-Wittl, Margit/Lübbers, Bernhard (Hg.): Philipp der Streitbare. Ein Fürst der Frühen Neuzeit, Regensburg 2003

Appuhn, Horst: Papiertapeten, Riesenholzschnitte und ihre Verwendung im 16. Jahrhundert, in: Appuhn, Horst/Heusinger, Christian von (Hg.): Riesenholzschnitte und Papiertapeten der Renaissance, Unterschneidheim 1976, S. 87–103

Archäologie der Antike. Aus den Beständen der Herzog-August-Bibliothek Wolfenbüttel 1500–1700, Wolfenbüttel/Wiesbaden 1994 (Ausstellungskataloge der Herzog-August-Bibliothek 71)

Arendt, W. A.: Bericht des Cornelius Ettenius … über die Reise des Legaten Vorstius … 1536–37, in: Historisches Taschenbuch 10. Jahrgang, hg. von Friedrich Ludwig Georg von Raumer, Leipzig 1839, S. 465ff.

Aretin, Karl Maria von: Altertümer und Kunstdenkmale des Bayerischen Herrscherhauses, H. 1–9, München 1854–1871

Auer, Alfred / Gamber, Ortwin: Die Rüstkammern, Sammlungen Schloß Ambras, Wien 1981

Der Aufstieg eines Kaisers. Maximilian I. von seiner Geburt bis zur Alleinherrschaft 1459–1493, hg. vom Kulturamt der Stadt Wiener Neustadt, Wiener Neustadt 2000

Auktion Charpentier: Tableaux anciens, dessins, estampes anciennes, tapisseries anciennes, Versteigerungskatalog Galérie Charpentier Paris, Auktion vom 2. Dezember 1958, Paris 1958

Aulinger, Rosemarie: Das Bild des Reichstages im 16. Jahrhundert. Beiträge zu einer typologischen Analyse schriftlicher und bildlicher Quellen, Göttingen 1980

Baines, Anthony/Kirnbauer, Martin: „Shawm", in: The New Grove Dictionary of Music and Musicians, Bd. 23, hg. von Stanley Sadie und John Tyrell, 2. Ausg. London/New York 2001, S. 228–237

Balmer, Heinz: Beiträge zur Geschichte der Erkenntnis des Erdmagnetismus, Aarau 1956 (Veröffentlichungen der Schweizer Gesellschaft für Geschichte der Medizin und der Naturwissenschaften 20)

Bange, Ernst Friedrich: Staatliche Museen zu Berlin. Die Bildwerke des deutschen Museums. Die Bildwerke in Holz, Stein und Ton. Kleinplastik, Berlin/Leipzig 1930

Barton, Samuel Goodwin: Dürer and Early Star Maps, in: Sky & Telescope 6,7 (1947), S. 6–8, 12–14

Bartsch, Adam: Le peintre graveur, 21 Bde., Wien 1803–1821

Bauer, Rotraud: Flämische Teppichweber im deutschsprachigen Raum, in: Delmarcel, Guy (Hg.): Los Honores. Flemish Tapestries for Emperor Charles V, Mechelen 2002, S. 63–89

Baumann, Reinhard: Ottheinrich und die Revolution von 1525. Pfalz-Neuburg im Frühjahr 1525 – eine Momentaufnahme, in: Zeitelhack, Barbara (Hg.): Pfalzgraf Ottheinrich. Politik, Kunst und Wissenschaft im 16. Jahrhundert, hg. im Auftrag der Stadt Neuburg an der Donau, Regensburg 2002 (Neuburger Kollektaneenblatt 151), S. 55–69

Bavaria Germania Europa – Geschichte auf Bayerisch, hg. von Michael Henker u. a., Augsburg 2000 (Veröffentlichungen zur Bayerischen Geschichte und Kultur 42)

Bayerisch-Tirolische G'schichten – eine Nachbarschaft, hg. von Meinrad Pizinini, Innsbruck 1993

Bayern entsteht: Montgelas und sein Ansbacher Mémoire von 1796, hg. von Michael Henker, Margot Hamm und Evamaria Brockhoff, Augsburg 1996 (Veröffentlichungen zur Bayerischen Geschichte und Kultur 32)

Bayern-Ingolstadt – Bayern-Landshut 1392–1506, hg. vom Stadtarchiv Ingolstadt, Ingolstadt 1992

Bayerns Weg zum modernen Staat, von Rudolf M. Kloos, Kallmünz 1968 (Ausstellungskataloge der Staatlichen Archive Bayerns 1)

Benesch, Otto/Auer, Erwin: Die Historia Friderici et Maximiliani, Berlin 1957

Bente, Martin (Bearb.): Bayerische Staatsbibliothek. Katalog der Musikhandschriften, 1 Chorbücher und Handschriften in chorbuchartiger Notierung, München 1989 (Kataloge bayerischer Musiksammlungen 5/1)

Benzenhöfer, Udo (Hg.): Paracelsus, Reinbek bei Hamburg 1997

Berchtold, Maike: Gipsabguß und Original. Ein Beitrag zur Geschichte von Werturteilen, dargelegt am Beispiel des Bayerischen Nationalmuseums München und anderer Sammlungen des 19. Jahrhunderts, Diss. Stuttgart 1987

Bergerhausen, Hans-Wolfgang: Pfalzgraf Philipp der Streitbare (1503–1548), in: Zeitschrift für bayerische Landesgeschichte 66 (2003), S. 33–60

Bergerhausen, Hans-Wolfgang: Philipp der Streitbare in seiner Zeit. Eine Interpretation, in: Appl, Tobias/Berwing-Wittl, Margit/Lübbers, Bernhard (Hg.): Philipp der Streitbare. Ein Fürst der Frühen Neuzeit, Regensburg 2003, S. 15–45

Berliner, Rudolf: Bildwerke des Bayerischen Nationalmuseums, Bd. 4: Die Bildwerke in Elfenbein, Knochen, Hirsch- und Steinbockhorn, München 1926 (Kataloge des Bayerischen Nationalmuseums 13,4).

Berschin, Walter: Die Palatina in der Vaticana. Eine deutsche Bibliothek in Rom, Stuttgart/Zürich 1992

Berwing, Margit: Burglengenfeld. Die Geschichte der Stadt und ihrer Ortsteile, Regensburg 1996

Berwing-Wittl, Margit: „Der traurige Fürst". Philipps Spuren in Burglengenfeld, in: Appl, Tobias/Berwing-Wittl, Margit/Lübbers, Bernhard (Hg.): Philipp der Streitbare. Ein Fürst der Frühen Neuzeit, Regensburg 2003, S. 210–245

Beschorner, Hans: Zur ältesten Geschichte der sächsischen Kartographie, in: Neues Archiv für Sächsische Geschichte und Altertumskunde 23 (1902), S. 297–318

Betschart, Andres: Zwischen zwei Welten. Illustrationen in Berichten westeuropäischer Jerusalemreisender, Würzburg 1996

Bibliotheca Palatina, 2 Bde., hg. von Elmar Mittler, Heidelberg 1986

Biller, Josef H.: Pfalzgraf Ottheinrich reitet durch sein Land. Eine historisch-archivalisch-vedutologische Spurensuche zum 500. Geburtstag des Renaissancefürsten am 10. April 2002, in: Schönere Heimat 91/3 (2002), S. 131–140

Biller, Josef H.: Zur Entstehungsgeschichte der Ansichtenfolge, in: Marsch, Angelika/Biller, Josef H./Jacob, Frank-Dietrich (Hg.): Die Reisebilder Pfalzgraf Ottheinrichs aus den Jahren 1536/37 von seinem Ritte von Neuburg a. d. Donau über Prag nach Krakau und zurück über Breslau, Berlin, Wittenberg und Leipzig nach Neuburg, 2 Bde., Weißenhorn 2001, S. 43–67

Bisanz, Hans: Wien 1529 – Vom Ereignis zum Mythos, in: Wien 1529. Die erste Türkenbelagerung, Wien/Köln/Graz 1980, S. 83–91

Blaser, Robert-Henri: Lästerung und Lobpreisung des Paracelsus in Basel. Vom anonymen Pasquill zu den Panegyriken der Huserschen Ausgabe (1963), in: Paracelsus in Basel. Festschrift für Robert-Henri Blaser zum 60. Geburtstag, hg. von der Schweizerischen Paracelsus-Gesellschaft, Muttenz/Basel 1979, S. 144–199

Bleibrunner, Hans: Landshuter Hochzeit 1475, Landshut 1975

Bleibrunner, Hans: Niederbayern. Kulturgeschichte des bayerischen Unterlandes in zwei Bänden, Landshut 1979, 3. neu bearb. Aufl. Landshut 1993

Bleibrunner, Hans/Weber, Kuno: Landshut in der Malerei. Gemälde und Graphiken aus fünf Jahrhunderten, Landshut 1989

Blümel, Fritz: Deutsche Öfen, München 1965

Bock, Ernst: Der Schwäbische Bund und seine Verfassungen 1488–1534. Ein Beitrag zur Geschichte der Zeit der Reichsreform, Breslau 1927, Nachdruck Aalen 1968

Bodenstein, D. Adam von: Liber vexationum. Kunst und Natur der Alchimia … sampt einer Vorred mit etlichen zügehördenden Stucken und Beschlüssen abgefertiget, Basel 1567

Boeheim, Wendelin: Führer durch die Waffensammlung. Kunsthistorische Sammlungen des Allerhöchsten Kaiserhauses, Wien 1889

Boeheim, Wendelin: Die Zeugbücher des Kaisers Maximilian I., in: Jahrbuch der Kunsthistorischen Sammlungen des Allerhöchsten Kaiserhauses 13 (1892), S. 94–201

Böhm, Christoph: Die Reichsstadt Augsburg und Kaiser Maximilian I. Untersuchungen zum Beziehungsgeflecht zwischen Reichsstadt und Herrscher an der Wende zur Neuzeit, Sigmaringen 1998 (Abhandlungen zur Geschichte der Stadt Augsburg 36)

Boehm, Laetitia u. a. (Hg.): Biographisches Lexikon der Ludwig-Maximilians-Universität München, Teil 1: Ingolstadt – Landshut 1472–1826, Berlin 1998 (Ludovico Maximilianea Forschungen 18)

Boer, Dick E. H. de/Cordfunke, Erik H. P.: Graven van Holland. Portretten in woord en beeld (880–1580), 2. Aufl., Zutphen 1997

Boerike, William: Handbuch der homöopathischen Materia medica, 2. Aufl., Heidelberg 1996

Borsos, Béla: Alte Jagdpulverhörner, Budapest 1982

Bosl, Karl: Neuburg an der Donau. Pfalz und Zentralort des Reiches, wittelsbachische Residenz, in: Neuburger Kollektaneenblatt 134 (1981), S. 7–34

Bousska, Hans Werner: Philipp als Held von Wien im Türkenkrieg 1529, in: Appl, Tobias/Berwing-Wittl, Margit/Lübbers, Bernhard (Hg.): Philipp der Streitbare. Ein Fürst der Frühen Neuzeit, Regensburg 2003, S. 104–120

Boydell, Barra: The Crummhorn and Other Renaissance Windcap Instruments. A Contribution to Renaissance Organology, Buren 1982

Brachert, Thomas: Der schwäbische Eisenkunstguß, Öfen und Ofenplatten, Wasseralfingen 1958

Vor dem großen Brand. Archäologie zu Füßen des Heidelberger Schlosses, Stuttgart 1992

Brandl, Ludwig: Heimat Burglengenfeld. Geschichte einer Stadt, Burglengenfeld 1968

Brassat, Wolfgang: Tapisserien und Politik. Funktionen, Kontexte und Rezeption eines repräsentativen Mediums, Berlin 1992

Braun, Kaspar: Das Landwehr-Zeughaus in München, München 1866

Brey, Gerhard: Arsen, in: Claus Priesner/Karin Figala (Hg.): Alchemie, Lexikon einer hermetischen Wissenschaft, München 1998, S. 63 f.

Brunner, Georg: „die liebliche Kunst der Musica" – oder Ottheinrichs „Feine Cantorey und gute Instrumentisten", in: Zeitelhack, Barbara (Hg.): Pfalzgraf Ottheinrich. Politik, Kunst und Wissenschaft im 16. Jahrhundert, hg. im Auftrag der Stadt Neuburg an der Donau, Regensburg 2002 (Neuburger Kollektaneenblatt 151), S. 249–274

Brusa, Giuseppe: L'arte dell'Orologeria in Europa: Sette secoli di orologi meccanici, Busto Arsizio 1978.

Martin Bucer. Strasbourg et l'Europe. Exposition à l'occasion du 500e anniversaire du réformateur strasbourgeois Martin Bucer, Straßburg 1991

Buchleitner, Alois: Burghausen. Stadt – Burg – Geschichte, 4. Aufl., Burghausen 1991 (Burghauser Geschichtsblätter 33)

Büttner, Johannes/Habrich, Christa: Roots of Clinical Chemistry, Darmstadt 1987

Burg Trausnitz. Amtlicher Führer, 9. überarb. Aufl., München 2003

Hans Burgkmair 1473–1973. Das Graphische Werk, Stuttgart 1973

Burmeister, Enno: Das Jagdschloß Grünau, in: Neuburger Kollektaneenblatt 129 (1976), S. 13–52

Burmeister, Enno: Die baugeschichtliche Entwicklung des Alten Hofes in München, München 1999

Burmeister, Enno/Heiß, Peter/Stierhof, Horst H.: Das Jagdschloß Grünau. Unveränderter Nachdruck der im Neuburger Kollektaneenblatt 129 (1976) erschienenen Beiträge, Sonderdruck für den Wittelsbacher Ausgleichsfonds, Neuburg an der Donau 1980

Burmeister, Karl Heinz: Die Bibliothek des Arztes und Humanisten Achilles Pirmin Gasser (1505–1577) mit besonderer Berücksichtigung der libri poetici, in: Bibliothek und Wissenschaft 20 (1986), S. 49–72

Busto, Bernabé de: Geschichte des Schmalkaldischen Krieges, bearb. von Otto Adalbert Graf von Looz-Corswaren, Burg 1938 (Texte und Forschungen im Auftrage der Preußischen Akademie der Wissenschaften 1)

Buttin, Ch.: Les bardes articulées au temps de Maximilien Ier. Étude sur l'armement chevaleresque au quinzième et au seizième siècles, Straßburg 1929

Campbell, Thomas P.: Tapestry in the Renaissance. Art and Magnificence, New Haven/London 2002

Cannon-Brookes, Peter: Loy Hering and the Monogrammist DH, in: Apollo 94 (1971), H. 113, S. 46–49

Cavattoni, Cesare: Dell'origine et ampiezza di Verona. Volgarizzamento fatto nel MDXLVI da Gabrielle Saraina sopra l'opera di Torello suo zio, Verona 1851

Chandler, Bruce / Vincent, Clare: The Mathematician Philip Imser and the Clockmaker Gerhard Emmoser, in: Proceedings of the XIIIth Int. Congress of the History of Science Moscow 1964, Sektion XVI, Moskau 1971

Chandler, Bruce/Vincent, Clare: Die Finanzierung einer Uhr: Ein Beispiel des Mäzenatentums im 16. Jahrhundert, in: Die Welt als Uhr. Deutsche Uhren und Automaten 1550–1650, hg. von Klaus Maurice und Otto Mayr, München 1980, S. 105–115

Chandler, Bruce / Vincent, Clare: A Case Study of Dependency. The Mathematical Competence of a Renaissance Clockmaker, in: Jahrbuch der Kunsthistorischen Sammlungen in Wien 85/86 (1989/90), S. 163–181

Classen, Johannes: Jacob Micyllus, Rector zu Frankfurt und Professor zu Heidelberg von 1524 bis 1558, als Schulmann, Richter und Gelehrter, Frankfurt am Main 1859

Die Codices Palatini germanici in der Universitätsbibliothek Heidelberg (Cod. Pal. germ. 1–181), bearb. von Karin Zimmermann u. a., Wiesbaden 2003 (Kataloge der Universitätsbibliothek Heidelberg 6)

Die Codices Palatini germanici in der Universitätsbibliothek Heidelberg (Cod. Pal. germ. 182–303), bearb. von Matthias Miller und Karin Zimmermann, Wiesbaden 2005 (Kataloge der Universitätsbibliothek Heidelberg 7)

Coole, Philip G./Neumann, Erwin: The Orpheus Clocks, London 1972

Corpus Paracelsisticum. Dokumente frühneuzeitlicher Naturphilosophie in Deutschland, hg. und erläutert von Wilhelm Kühlmann und Joachim Telle, Bd. 1/2, Tübingen 2001/2004

Cramer-Fürtig, Michael: Andreas Osianders Entwurf der Pfalz-Neuburger Kirchenordnung von 1543. Zur Einführung der Reformation im Fürstentum Pfalz-Neuburg vor 450 Jahren, in: Forschungen zur bayerischen Geschichte. Festschrift für Wilhelm Volkert zum 65. Geburtstag, hg. von Dieter Albrecht, Frankfurt am Main u. a. 1993, S. 57–98

Cramer-Fürtig, Michael: Landesherr und Landstände im Fürstentum Pfalz-Neuburg. Staatsbildung und Ständeorganisation in der ersten Hälfte des 16. Jahrhunderts, München 1995 (Schriftenreihe zur bayerischen Landesgeschichte 100)

Cramer-Fürtig, Michael: Die Anfänge des Fürstentums Pfalz-Neuburg, in: Neuburger Kollektaneenblatt 145 (1997), S. 81–93

Cramer-Fürtig, Michael: Pfalz-Neuburg und sein Nebenland Pfalz-Sulzbach, in: Schilling, Lothar/Schuck, Gerhard (Hg.): Repertorium der Policeyordnungen der Frühen Neuzeit, Bd. 3,2, Frankfurt am Main 1999 (Ius Commune, Sonderhefte. Studien zur Europäischen Rechtsgeschichte 116/2), S. 1017–1162

Cramer-Fürtig, Michael: Ottheinrichs „merkliche und beschwerliche Schuldenlast". Finanzkrise und Staatsbankrott im Fürstentum Pfalz-Neuburg 1505–1546, in: Zeitelhack, Barbara (Hg.): Pfalzgraf Ottheinrich. Politik, Kunst und Wissenschaft im 16. Jahrhundert, hg. im Auftrag der Stadt Neuburg an der Donau, Regensburg 2002 (Neuburger Kollektaneenblatt 151), S. 108–127

Cramer-Fürtig, Michael: Zwischen Herrschaftsanspruch und Staatsbankrott. Pfalzgraf Philipp und die Landesteilung der Jungen Pfalz (1535–1541), in: Verhandlungen des Historischen Vereins für Oberpfalz und Regensburg 145 (2005), im Druck

Cramer-Fürtig, Michael/Stauber, Reinhard: Der Burghauser Schatz der Reichen Herzöge. Bemerkungen zur Quellenlage und Probleme der Größenbestimmung, in: Verhandlungen des Historischen Vereins für Niederbayern 114/115 (1988/89), S. 5–27

Cranach im Detail. Buchschmuck Lucas Cranachs des Älteren und seiner Werkstatt, Wittenberg 1994

Cuneo, Pia F.: Art and Politics in Early Modern Germany. Jörg Breu the Elder and the Fashioning of Political Identity, Leiden u. a. 1998

Dautzenberg, Bernhard: Die Belagerung der Festung Jülich von 1621/22 – ein Gemälde des flämischen Schlachtenmalers Peeter Snayers (1592–1667), in: Architektur Kunst- und Kulturgeschichte in Nord- und Westdeutschland 1 (1996), S. 39–43

Delitzsch, Franz: Der Codex Reuchlin's (Apocalypsis Minusc. Nr. 1), seine Wiederauffindung und textgeschichtliche Wichtigkeit, in: Serapeum 23 (1862), H. 2, S. 17–24

Delmarcel, Guy: Flemish Tapestry, New York/London 1999

Delmarcel, Guy: Los Honores. Flemish tapestries for Emperor Charles V., Mechelen 2000

Delmarcel, Guy (Hg.): Flemish Tapestry Weavers Abroad. Emigration and the Founding of Manufactories in Europe, Leuven 2002 (Proceedings of the International Conference held at Mechelen, 2.–3. October 2000)

Denkmäler in Bayern. Ensembles – Baudenkmäler – Archäologische Denkmäler, Bd. 3: Oberpfalz, Kreisfreie Städte, Teil 37: Stadt Regensburg, bearb. von Anke Borgmeyer und Achim Hubel, Regensburg 1997

Denkmale und Erinnerungen des Hauses Wittelsbach im Bayerischen Nationalmuseum, hg. von der Königlichen Direktion des Bayerischen Nationalmuseums, München 1909

Diemand, Anton: Ein in Wallerstein aufgefundenes Bruchstück des Itinerarium Antonini, in: Jahrbuch des Historischen Vereins Dillingen 12 (1909), S. 1–8

Dilg, Peter: Zur Arzneimittellehre des Paracelsus, in: Fellmeth, Ulrich/Kotheder, Andreas (Hg.): Paracelsus, Theophrast von Hohenheim, Naturforscher – Arzt – Theologe, Stuttgart 1993, S. 45–50

Dittrich, Lothar und Sigrid: Mit Tieren gesagt. Sinnbildtiere charakterisieren die im Porträt dargestellte Persönlichkeit, in: Neuburger Kollektaneenblatt 149 (2001), S. 111–122

Dobmeyer, Josef: Pfalzgraf Philipp der Streitbare, Diss. München, Kulmbach 1914

Dokumente zur Geschichte von Staat und Gesellschaft in Bayern, Abt. 1, Bd. 2: Altbayern vom Frühmittelalter bis 1800, hg. von Karl-Ludwig Ay, München 1977

Dokumente zur Geschichte von Staat und Gesellschaft in Bayern, Abt. 1, Bd. 3,1, hg. von Karl Bosl, bearb. von Karl Ziegler, München 1992

Doppelmayr, Johann Gabriel: Historische Nachricht von den Nürnbergischen Mathematicis und Künstlern [...], Nürnberg 1730, Nachdruck Hildesheim/New York 1972

Dorner, Johann: Herzogin Hedwig und ihr Hofstaat. Das Alltagsleben auf der Burg Burghausen nach Originalquellen des 15. Jahrhunderts, Burghausen 2002 (Burghausener Geschichtsblätter 53)

Dörnhöffer, Friedrich: Ein Cyklus von Federzeichnungen mit Darstellungen von Kriegen und Jagden Maximilians I., in: Jahrbuch der Kunsthistorischen Sammlungen des Allerhöchsten Kaiserhauses 18 (1897), S. 1ff.

Dörnhöffer, Friedrich: Über Burgkmair und Dürer, in: Beiträge zur Kunstgeschichte. Franz Wickhof gewidmet, Wien 1903, S. 111–131

Dreyer-Eimbcke, Oswald: Kolumbus. Entdeckungen und Irrtümer in der deutschen Kartographie, Frankfurt am Main 1991

Dülmen, Richard van: Das Buch der Natur – die Alchemie, in: Dülmen, Richard van / Rauschenbach, Sina (Hg.): Macht des Wissens. Die Entstehung der modernen Wissensgesellschaft, Köln/Weimar/Wien 2004, S. 131–150

Düriegl, Günter: Die erste Türkenbelagerung, in: Wien 1529. Die erste Türkenbelagerung, Wien / Köln / Graz 1980, S. 7–33

Duverger, Jozef: Brusselsche Legwerkers uit de XV en XVIe Eeuw, in: Gentsche Bijdragen tot de Kunstgeschiedenis 1 (1934), S. 214–239

Eberhard, H.: Memminger Pfarrerbuch, Neustadt/Aisch 1977

Edel und Frei. Franken im Mittelalter, hg. von Wolfgang Jahn, Jutta Schumann und Evamaria Brockhoff, Augsburg 2004 (Veröffentlichungen zur Bayerischen Geschichte und Kultur 47/04)

Egg, Erich: Der Tiroler Geschützguß 1400–1600, Innsbruck 1961

Ehret, Gloria: Hans Wertinger – Ein Landshuter Maler an der Wende der Spätgotik zur Renaissance, München 1976 (Tuduv Studien, Reihe Kulturwissenschaften 5)

Eichler, Anja Franziska: Mathis Gerung (um 1500–1570). Die Gemälde, Frankfurt am Main 1993 (Europäische Hochschulschriften 28,183)

Eichler, Anja Franziska: Mathis Gerungs Illuminationen für die Ottheinrichsbibel, in: Zeitelhack, Barbara (Hg.): Pfalzgraf Ottheinrich. Politik, Kunst und Wissenschaft im 16. Jahrhundert, hg. im Auftrag der Stadt Neuburg an der Donau, Regensburg 2002 (Neuburger Kollektaneenblatt 15), S. 317–333

Eikam, Helmut Anton: Landstandschaft und Landschaftskommissariat im Fürstentum Pfalz-Neuburg. Ein Beitrag zu den Rechtsformen und Institutionen des neuzeitlichen Ständestaates, Diss. Mainz 1978

Elze, Reinhard: Die ‚Eiserne Krone' in Monza, in: Schramm, Percy Ernst (Hg.): Herrschaftszeichen und Staatssymbolik, Bd. 2, Stuttgart 1955 (Schriften der Monumenta Germaniae historica 13,2), S. 450–479

Endres, Werner: Verzierte Bodenfliesen des späten Mittelalters in Ostbayern 1, in: Vorträge des 17. Niederbayerischen Archäologentages, hg. von Karl Schmotz, Rahden/Westf. 1999, S. 267–308

Encyclopedia of the Renaissance, 6 Bde., hg. von Paul Fitzgerald. Grendler, New York 1999

Erichsen, Johannes: Die Wittelsbacher-Bildnisse der Kammergalerie Maximilians I., in: Glaser, Hubert (Hg.): Quellen und Studien zur Kunstpolitik der Wittelsbacher vom 16. bis zum 18. Jahrhundert, München 1980 (Mitteilungen des Hauses der Bayerischen Geschichte 1), S. 179–190

Ernst, Viktor (Hg.): Briefwechsel des Herzogs Christoph von Wirtemberg, 4 Bde., Stuttgart 1899/1907

Eser, Thomas/Daucher, Hans: Augsburger Kleinplastik der Renaissance, München/Berlin 1996

Ettelt-Schönewald, Beatrix: Kanzlei, Rat und Regierung Herzog Ludwigs des Reichen von Bayern-Landshut (1450 bis1479), München 1996

Falk, Tilman: Hans Burgkmair. Studien zu Leben und Werk des Augsburger Malers, München 1968

Faszination Meisterwerk. Dürer, Rembrandt, Riemenschneider, Nürnberg 2004

Fechner, Jörg-Ulrich: Ein Besuch in der Bibliotheca Palatina 1608. Thomas Coryate in Heidelberg und bei Janus Gruter, in: Bibliothek und Wissenschaft 20 (1986), S. 73–92

Fehlmann, Hans-Rudolf: Ein bisher unbekanntes Portrait von Paracelsus, in: Nova Acta Paracelsica NF 4 (1989), S. 38–40

Fehring, Günther P./Ress, Anton: Die Stadt Nürnberg. Kurzinventar, 2. Aufl., München 1977

Fellmeth, Ulrich / Kotheder, Andreas (Hg.): Paracelsus Theophrast von Hohenheim, Naturforscher – Arzt – Theologe, Stuttgart 1993

Feuchtmayr, Karl: Zwei Studien zur bayerischen und schwäbischen Malerei des frühen 16. Jahrhunderts, 1. Ritter Christoph, ein Bildnis von Hans Wertinger, in: Festschrift für Hans Vollmer, Leipzig 1957, S. 115–130

Feyerlein, Heinrich: Eine Strickweste des Pfalzgrafen Ottheinrich, in: Neuburger Kollektaneenblatt 129 (1976), S. 85–88

Feyerlein, Heinrich: Die Erbauung der Christuskirche und was vorherging, in: 50 Jahre Christuskirche Neuburg a. d. Donau, Festschrift, Neuburg an der Donau 1980, S. 10– 30

Figala, Karin: Quecksilber, in: Claus Priesner/Karin Figala (Hg.): Alchemie. Lexikon einer hermetischen Wissenschaft, München 1998, S. 295–300

Fitzek, Roman: Der Marienbrunnen auf dem Karlsplatz in Neuburg an der Donau, in: Neuburger Kollektaneenblatt 141 (1993), S. 249–304

Fitzek, Roman: Gießer und Gießkunst in Neuburg an der Donau, in: Neuburger Kollektaneenblatt 141 (1993), S. 147–163, 189

Peter Flötner und die Renaissance in Deutschland, Nürnberg 1946

Altbayerische Flußlandschaften an Donau, Lech, Isar und Inn. Handgezeichnete Karten des 16. bis 18. Jahrhunderts aus dem Bayerischen Hauptstaatsarchiv, Weißenhorn 1998 (Ausstellungskataloge der Staatlichen Archive Bayerns 37)

Focus Behaim-Globus, hg. von Gerhard Bott, Nürnberg 1992 (Ausstellungskataloge des Germanischen Nationalmuseums)

Fouquet, Gerhard: Fürsten unter sich, in: Nolte, Cordula: Principes. Dynastien und Höfe im späten Mittelalter, Stuttgart 2002

Franco Fiorio, Maria Teresa: Giovan Francesco Caroto, Verona 1971

Frankenberger, Rudolf/Rupp, Paul B. (Hg.): Wertvolle Handschriften und Einbände aus der ehemaligen Oettingen-Wallersteinschen Bibliothek, Wiesbaden 1987

Frener, Birgit: Die Wasserspeier am Regensburger Dom, in: Der Dom zu Regensburg. Ausgrabung, Restaurierung, Forschung, München/Zürich 1989 (Kunstsammlungen des Bistums Regensburg, Diözesanmuseum Regensburg 8), S. 120–131

Friedhuber, Inge: Der Fuggersche Ehrenspiegel als Quelle zur Geschichte Maximilians I. Ein Beitrag zur Kritik der Geschichtswerke Clemens Jägers und Sigmund von Birkens, in: Mitteilungen des Instituts für Österreichische Geschichtsforschung 81 (1973), S. 101–138

Fromm, Emil: Zeitgenössische Berichte über Einzug und Krönung Karls V. in Aachen am 22. und 23. Oktober 1520, in: Zeitschrift des Aachener Geschichtsvereins (1895), S. 207–251

Froning, Hubertus: Die Entstehung und Entwicklung des stehenden ganzfigurigen Portraits in der Tafelmalerei des 16. Jahrhunderts, Würzburg 1973

Fürbeth, Frank: Zur Bedeutung des Badewesens im Mittelalter und in der frühen Neuzeit, in: Dopsch, Heinz/Kramml, Peter F. (Hg.): Paracelsus und Salzburg. Vorträge bei den Internationalen Kongressen in Salzburg und Badgastein anlässlich des Paracelsus-Jahres 1993, Salzburg 1994 (Mitteilungen der Gesellschaft für Salzburger Landeskunde, 14. Ergänzungsband), S. 463–487

Die wittelsbachische Fürstengruft in der Hofkirche »Unsere Liebe Frau« zu Neuburg a. d. Donau 1628–1831, hg. vom Hofkirchenfonds Neuburg an der Donau, Neuburg an der Donau, 1998, 2. Aufl. 2003

Die Fürstenkanzlei des Mittelalters. Anfänge weltlicher und geistlicher Zentralverwaltung in Bayern, von Joachim Wild, München 1983 (Ausstellungskataloge der Staatlichen Archive 16)

Das Fürstentum der oberen Pfalz. Ein wittelsbachisches Territorium im Alten Reich, Amberg 2004 (Ausstellungskataloge der Staatlichen Archive Bayerns 46)

Gaettens, Richard: Das Bildnis des Pfalzgrafen und Kurfürsten im Spiegel der Medaille und Großplastik, in: Poensgen,

Georg (Hg.): Ottheinrich. Gedenkschrift zur vierhundertjährigen Wiederkehr seiner Kurfürstenzeit in der Pfalz (1556 bis 559), Heidelberg 1956 (Sonderband der Ruperto-Carola. Mitteilungen der Vereinigung der Freunde der Studentenschaft der Universität Heidelberg), S. 62–85

Gamber, Ortwin: Der Turnierharnisch zur Zeit König Maximilians I. und das Thunsche Skizzenbuch, in: Jahrbuch der Kunsthistorischen Sammlungen in Wien 53 (1957), S. 33–70

Gamber, Ortwin: Die mittelalterlichen Blankwaffen der Wiener Waffensammlung, in: Jahrbuch der Kunsthistorischen Sammlungen 57 in Wien (1961), S. 7–38

Ganz-Blättler, Ursula: Andacht und Abenteuer. Berichte europäischer Jerusalem- und Santiago-Pilger 1320–1520, 3. Aufl., Tübingen 2000 (Jakobus-Studien 4)

Garcaeus, Johannes: Astrologiae methodus, Basel 1570

Gebert, Barbara: Die bayerische Primogeniturordnung von 1506, München 2002 (Quellentexte zur bayerischen Geschichte 2)

Gensichen, Sigrid: Das Heidelberger Schloss. Fürstliche Repräsentation in Architektur und Ausstattung, in: Mittler, Elmar (Hg.): Heidelberg: Geschichte und Gestalt, Heidelberg 1996, S. 130–161

Gernhardt, Klaus/Henkel, Hubert/Schrammek, Winfried: Orgelinstrumente, Harmoniums, Leipzig 1983 (Katalog Musikinstrumenten-Museum der Karl-Marx-Universität Leipzig 6)

Gessert, Oskar: Augustin Adelmann und andere Heidelberger Meister, in: Archiv für Medaillen- und Plaketten-Kunde III/2 (1921/22), S. 53–62

Gierl, Irmgard: Alte Strickkunst, München 1979

Glaube und Macht: Sachsen im Europa der Reformationszeit, hg. von Harald Marx und Cecilie Hollberg, Dresden 2004

Deutscher Glockenatlas, 2. Bayerisch Schwaben, hg. von Franz Dambeck und Günther Grundmann, München 1977

Göbel, Heinrich: Wandteppiche, Teil 1: Die Niederlande, 2 Bde., Leipzig 1923, Teil 3, 2 Bde., Berlin 1934

Goldfriedrich, Johann/Fränzel, Walter (Hg.): Ritter Grünembergs Pilgerfahrt ins heilige Land 1486, Leipzig 1912

Goldschmiedearbeiten in und aus Ingolstadt, hg. von der Stadt Ingolstadt, Ingolstadt 1988

Gotthard, Axel: Säulen des Reiches. Die Kurfürsten im frühneuzeitlichen Reichsverband, 2 Bde., Husum 1999 (Historische Studien 457)

Gotthard, Axel: Frölich gewest. Ottheinrich, ein unpolitischer Fürst?, in: Zeitelhack, Barbara (Hg.): Pfalzgraf Ottheinrich. Politik, Kunst und Wissenschaft im 16. Jahrhundert, hg. im Auftrag der Stadt Neuburg an der Donau, Regensburg 2002 (Neuburger Kollektaneenblatt 151), S. 71–93

Grafton, Anthony: Geniture Collections, Origins and Uses of a Genre, in: Frasca-Spada, Marina/Jardine, Nicholas (Hg.): Books and the Sciences in History, Cambridge 2000, S. 49–68

Die Graphiksammlung des Humanisten Hartmann Schedel, bearb. von Béatrice Hernad, München 1990 (Ausstellungs-kataloge der Bayerischen Staatsbiblio-thek 52)

Graßegger, Joseph Benedikt: Die Residenz in Neuburg, wie sie war und ist, in: Monatliches Collectaneen-Blatt für die Geschichte der Stadt Neuburg an der Donau und deren Umgegend 1 (1835), S. 58

Graßegger, Joseph Benedikt: Beschreibung der Tapeten, welche sich ehemals in der hiesigen Residenz, und aller Wahr-scheinlichkeit nach auch unter den ver-pfändeten befanden, in: Collectaneen-Blatt für die Geschichte Bayerns, insbe-sondere des ehemaligen Herzogtums Neuburg, Neuburg an der Donau 12 (1847), S. 17–21

Grenzenlos – Geschichte der Menschen am Inn, hg. von Egon Boshof, Regens-burg 2004

Greschat, Martin: Martin Bucer. Ein Refor-mator und seine Zeit, München 1990

Grosse, Fritz: Planetenteppiche. „Sieben Planeten und ihre Kinder", in: Ott, Ulrich/Pfäfflin, Friedrich (Hg.): Spiegel der Welt. Handschriften und Bücher aus drei Jahrtausenden, Bd. 2, Tübingen 2000 (Marbacher Kataloge Bd. 55), S. 108–114

Grosse, Fritz: Thronbaldachine bei Ott-heinrich von der Pfalz, in: Zeitelhack, Barbara (Hg.): Pfalzgraf Ottheinrich. Politik, Kunst und Wissenschaft im 16. Jahrhundert, hg. im Auftrag der Stadt Neuburg an der Donau, Regens-burg 2002 (Neuburger Kollektaneen-blatt 151), S. 204–230

Grosse, Fritz: Image der Macht. Zum Bild hinter den Bildern bei Ottheinrich von der Pfalz (1502–1559), Petersberg 2003

Grosz, A./Thomas, Bruno: Katalog der Waffensammlung in der neuen Burg, Schausammlung, Wien 1936

Gugau, Armin: Der „Bairisch Krieg". Der Landshuter Erbfolgekrieg von 1504/1505 und die Oberpfalz, in: Appl, Tobias/Ber-wing-Wittl, Margit/Lübbers, Bernhard (Hg.): Philipp der Streitbare. Ein Fürst der Frühen Neuzeit, Regensburg 2003, S. 31–45

Gugau, Armin: Die Schlacht bei Schön-berg. Neue Erkenntnisse und Quellen zur Schlacht auf dem Hafenreuther Feld, in: Ebneth, Rudolf/Schmid, Peter (Hg.): Der Landshuter Erbfolgekrieg. An der Wende vom Mittelalter zur Neuzeit, Regensburg 2004, S. 123–157

Gullath, Brigitte: Kodikologie und Ge-schichte der Ottheinrich-Bibel, in: Die Ottheinrich-Bibel. Kommentar zur Fak-simile-Ausgabe der Handschrift Cgm 8010/1.2 der Bayerischen Staatsbiblio-thek München, Luzern 2002, S. 9–37

Gullath, Brigitte: Die Ottheinrich-Bibel, in: Ottheinrichs deutsche Bibel. Der Beginn einer großen Büchersammlung, hg. von der Bayerischen Staatsbibliothek, Mün-chen/Luzern 2002, S. 12–15

Gullath, Brigitte: Notitia dignitatum, in: Lebendiges Büchererbe. Säkularisation, Mediatisierung und die Bayerische Staatsbibliothek, München 2003, S. 178

Habich, Georg: Über zwei Bildnisse des Kurfürsten Otto Heinrich von der Pfalz, zwei Steinmedaillons von Hans Dau-cher, in: Münchener Jahrbuch der bil-denden Kunst 9 (1914/15), S. 67–86, 212–223

Habich, Georg: Deutsche Schaumünzen des XVI. Jahrhunderts, 2 Bde., München 1929–1934

Habrich, Christa: Iatrochemical Concepts Prevail against the Ancient Humoral Theory, in: Büttner, Johannes/Habrich, Christa: Roots of Clinical Chemistry, Darmstadt 1987, S. 6–22

Habrich, Christa: Paracelsus' Lehre von den tartarischen Krankheiten als Kon-zept zur Erklärung von Stoffwechsel-störungen, in: Nova Acta Paracelsica NF 10 (1996), S. 65–76

Habrich, Christa: Aspekte der Signaturen-lehre in der abendländischen Medizin, in: Arburg, Hans-Georg von/Gamper, Michael/Stadler, Ulrich (Hg.): „Wunder-liche Figuren". Über die Lesbarkeit von Chiffrenschriften, München 2001, S. 71–96

Haebler, Konrad: Rollen- und Plattenstem-pel des XVI. Jahrhunderts, verzeichnet unter Mitwirkung von Ilse Schunke, Leipzig 1928/29

Haeutle, Christian: Genealogie des er-lauchten Stammhauses Wittelsbach, München 1870

Hägele, Günter (Bearb.): Lateinische mit-telalterliche Handschriften in Folio der Universitätsbibliothek Augsburg, Wies-baden 1996 (Die Handschriften der Uni-versitätsbibliothek Augsburg. Reihe 1: Die lateinischen Handschriften 1)

Hagers Handbuch der Pharmazeutischen Praxis, Bd. 5, hg. von R. Hänsel u. a., 5. Aufl., Berlin u. a. 1993

Halm, Philipp Maria/Lill, Georg: Die Bild-werke des Bayerischen Nationalmu-seums, Abt. 1: Die Bildwerke in Holz und Stein vom 12. Jahrhundert bis 1450, München 1924 (Kataloge des Bayeri-schen Nationalmuseums XIII/1)

Hamann, Günther: Albrecht Dürers Erd-und Himmelskarten, Albrecht Dürers Umwelt. Festschrift zum 500. Geburtstag Albrecht Dürers am 21. Mai 1971, Nürn-berg 1971 (Nürnberger Forschungen. Einzelarbeiten zur Nürnberger Ge-schichte 15)

Hammann, Gottfried: Martin Bucer 1491–1551. Zwischen Volkskirche und Bekenntnisgemeinschaft, Stuttgart 1989

Hampe, Theodor: Nürnberger Ratsverlässe über Kunst und Künstler im Zeitalter der Spätgotik und der Renaissance, Bd. 1, 1474–1570, Wien/Leipzig 1904

Hampe, Theodor/Mader, Felix: Rezension von Loy Hering. Ein Beitrag zur Ge-schichte der deutschen Plastik des XVI. Jahrhunderts, in: Reperorium für Kunstwissenschaft 30 (1907), S. 255–262

Handbuch der bayerischen Geschichte, begr. von Max Spindler, hg. von Andre-as Kraus, Bd. 2, 2. Aufl., München 1988

Hannesschläger, Ingonda: Echte und ver-meintliche Portraits des Paracelsus, in: Dopsch, Heinz/Kramml, Peter F. (Hg.): Paracelsus und Salzburg. Vorträge bei den Internationalen Kongressen in Salz-burg und Badgastein anlässlich des Para-celsus-Jahres 1993, Salzburg 1994 (Mit-teilungen der Gesellschaft für Salzbur-ger Landeskunde, 14. Ergänzungsband), S. 217–249

Hans Kilian. Buchdrucker im Dienste Ottheinrichs und der Reformation, hg. von der Staatlichen Bibliothek (Pro-vinzialbibliothek) Neuburg an der Donau, Schrobenhausen 1994 (Edition Descartes 3)

Harms, Wolfgang: Deutsche illustrierte Flugblätter, Bd. 3, Tübingen 1985

Harthan, John: Stundenbücher und ihre Eigentümer. Die kostbar illustrierten Ge-bet- und Andachtsbücher von Königen und Fürsten des späten Mittelalters, vor-gestellt in 34 der berühmtesten Exemp-lare und gewürdigt in ihrer künstleri-schen und religiösen Bedeutung, Frei-burg 1982

Hasenclever, Adolf: Die habsburgische Po-litik und die Vermählung Friedrichs mit Dorothea von Dänemark 1535, in: Zeit-schrift für Geschichte des Oberrheins 75 (1921), S. 259–294

Hasenclever, Adolf: Beiträge zur Geschich-te Kurfürst Friedrichs II. von der Pfalz. VIII. Das Heiratsprojekt Pfalzgraf Frie-drichs mit der Erbin von Monferrat (1530), in: Zeitschrift für Geschichte des Oberrheins 87 (1935), S. 359–373

Hauber, Anton: Zur Verbreitung des Astro-nomen Sufi, in: Der Islam. Zeitschrift für Geschichte und Kultur des islami-schen Orients 8 (1918), S. 48–54

Hauser, Wilhelm: Pfalz-Neuburg und des-sen Herzog Philipp Ludwig (1547 bis 1614). Sein Leben und sein Begräbnis in Lauingen, in: Jahrbuch des Historischen Vereins Dillingen an der Donau 79 (1977), S. 132–156

Hauser, Wilhelm: Pfalzgraf Philipp Ludwig von Neuburg 1547–1614, in: Lebensbil-der aus dem Bayerischen Schwaben 13, Weißenhorn 1986, S. 61–89

Hauß, Fritz: Ottheinrich und seine Kirchen-ordnungen, in Haupt, Fritz/Zier, Hans Georg (Hg.): Die Kirchenordnungen von 1556 in der Kurpfalz und in der Markgrafschaft Baden-Durlach, Karls-ruhe 1956 (Veröffentlichungen des Ver-eins für Kirchengeschichte in der evan-gelischen Landeskirche Badens 16), S. 115–138

Heck, Kilian / Jahn, Bernhard (Hg.): Ge-nealogie als Denkform in Mittelalter und früher Neuzeit, Tübingen 2000

Heckner, Ulrike: Im Dienst von Fürsten und Reformation. Fassadenmalerei an den Schlössern in Dresden und Neuburg an der Donau im 16. Jahrhundert, München/Berlin 1995 (Kunstwissenschaftliche Studien 64)

Heidelberg im konfessionellen Zeitalter: aus der Sicht des Heidelberger Kirchenrates Dr. Marcus zum Lamm (1544 bis 1606), hg. von Jörn Bahns, Heidelberg 1991

Heil, Dietmar: Aufbruch in eine neue Zeit. Entdeckungen und Erfindungen, Wissenschaft und Kultur um 1500, in: Ebneth, Rudolf/Schmid, Peter (Hg.): Der Landshuter Erbfolgekrieg. An der Wende vom Mittelalter zur Neuzeit, Regensburg 2002, S. 31–51

Heimann, Heinz-Dieter: Hausordnung und Staatsbildung. Innerdynastische Konflikte und Wirkungsfaktoren der Herrschaftsverfestigung bei den wittelsbachischen Rheinpfalzgrafen und den Herzögen von Bayern, Paderborn/München u. a. 1993

Hemmerle, Josef: Die Benediktinerklöster in Bayern, München 1951

Henker, Michael: Johannes Brenz und die Entwicklung des Neuburgischen Kirchenwesens zwischen 1553 und 1560, in: Neuburger Kollektaneenblatt 133 (1980), S. 106–140

Henker, Michael: Zur Prosopographie der Pfalz-Neuburgischen Zentralbehörden im siebzehnten Jahrhundert, Diss. München 1984

Henker, Michael: Die Einführung der Reformation im Fürstentum Pfalz-Neuburg, in: Zeitelhack, Barbara (Hg.): Pfalzgraf Ottheinrich. Politik, Kunst und Wissenschaft im 16. Jahrhundert, hg. im Auftrag der Stadt Neuburg an der Donau, Regensburg 2002 (Neuburger Kollektaneenblatt 151), S. 142–152

Hepp, Frieder: Religion und Herrschaft in der Kurpfalz um 1600. Aus der Sicht des Heidelberger Kirchenrats Dr. Marcus zum Lamm (1544–1606), Heidelberg 1993 (Buchreihe der Stadt Heidelberg 4)

Hepp, Frieder: „Mit der Zeyt." Kurfürst Ottheinrich als Landesherr, in: Zeitelhack, Barbara (Hg.): Pfalzgraf Ottheinrich. Politik, Kunst und Wissenschaft im 16. Jahrhundert, hg. im Auftrag der Stadt Neuburg an der Donau, Regensburg 2002 (Neuburger Kollektaneenblatt 151), S. 94–107

Hepp, Frieder: Steinerne Zeugen der Stadtgeschichte. Ein Blick in das Lapidarium des Kurpfälzischen Museums, in: Verstehen und Vermitteln. Armin Reese zum 65. Geburtstag, hg. von Uwe Uffelmann und Manfred Seidenfuß, Idstein 2004, S. 205–222

Heß, Wolfgang / Klose, Dietrich: Vom Taler zum Dollar 1486–1986, München 1986

Heydenreuter, Reinhard: Recht und Rechtspflege im Herzogtum und Kurfürstentum Bayern 1506–1806, in: „Gerechtigkeit erhöht ein Volk". Recht und Rechtspflege in Bayern im Wandel der Geschichte, bearb. von Erich Stahleder u. a., München 1990 (Ausstellungskataloge der Staatlichen Archive Bayerns 28), S. 47–81, Kat.-Nr. 21

Heydenreuter, Reinhard: Ottheinrich und die Gesetzgebung im Fürstentum Neuburg, in: Zeitelhack, Barbara (Hg.): Pfalzgraf Ottheinrich. Politik, Kunst und Wissenschaft im 16. Jahrhundert, hg. im Auftrag der Stadt Neuburg an der Donau, Regensburg 2002 (Neuburger Kollektaneenblatt 151), S. 128–141

Hiereth, Sebastian (Hg.): Zeitgenössische Quellen zur Landshuter Hochzeit von 1475, in: Verhandlungen des Historischen Vereins für Niederbayern 85 (1959), S. 4–63

Hitchcock, Henry-Russell: German Renaissance Architecture, Princeton/New Yersey 1981

Hochenegg, Annemarie: Die Burgklehner (Burglechner) zu Thierburg und Vollandsegg. Geschichte eines Tiroler Geschlechtes 1390–1807 unter besonderer Berücksichtigung von Dr. iur. Matthias Burgklehner, Vizekanzler, Kammerpräsident, Geschichtsschreiber und Vater der historischen Landeskunde Tirols und Anton Burgklehner (Burglechner) und seines Wirkens als Kirchenbauer, Schulgründer, Schriftsteller und Förderer des Gelehrten Peter Anich, in: Carlen, Louis/Steinegger, Fritz (Hg.): Festschrift für Nikolaus Grass zum 60 Geburtstag, Innsbruck / München 1975, Bd. 2, S. 395ff.

Hofmann, Friedrich H.: Beiträge zu Loy Hering, in: Altbayerische Monatsschrift 5 (1905), S. 3–16

Hofmann, Friedrich H.: Ein wiedergefundener Ottheinrich-Teppich, in: Münchner Jahrbuch der Bildenden Kunst 6 (1911), S. 73–82

Hofmann, Norbert: Die Artistenfakultät an der Universität Tübingen 1534–1601, Tübingen 1982 (Contubernium. Beiträge zur Geschichte der Eberhard-Karls-Universität Tübingen 28)

Hofmann, Siegfried: Residenz, Grablege, Herrschaftskirche, in: Bayern-Ingolstadt – Bayern-Landshut 1392–1506, hg. vom Stadtarchiv Ingolstadt, Ingolstadt 1992, S. 219–260

Hojer, Gerhard (Hg.): Der Italienische Bau. Materialien und Untersuchungen zur Stadtresidenz Landshut, Landshut-Ergolding 1994

Hollsteins German Engravings, Etchings and Woodcuts, Bd. 30, hg. von Tilman Falk, Amsterdam 1991

Hoppe, Stephan: Die funktionale und räumliche Struktur des frühen Schloßbaus in Mitteldeutschland. Untersucht an Beispielen landesherrlicher Bauten der Zeit zwischen 1470 und 1570, Köln 1996

Hoppe, Stephan: Der Schloßbau Ottheinrichs von der Pfalz in Neuburg an der Donau. Überlegungen zu Beziehungen zur kurpfälzischen Hofarchitektur der 1520er Jahre, in: Lieb, Stefanie (Hg.): Form und Stil. Festschrift für Günther Binding zum 65. Geburtstag, Darmstadt 2001, S. 202–212

Hoppe, Stephan: Wie wird die Burg zum Schloss? Architektonische Innovation um 1470, in: Laß, Heiko (Hg.): Von der Burg zum Schloss. Landesherrlicher und adeliger Profanbau in Thüringen im 15. und 16. Jahrhundert, Bucha bei Jena 2001, S. 95–116

Hoppe, Stephan: Die Architektur des Heidelberger Schlosses in der ersten Hälfte des 16. Jahrhunderts. Neue Datierungen und Interpretationen, in: Mittelalter. Schloss Heidelberg und die Pfalzgrafschaft bei Rhein bis zur Reformationszeit, 2. Aufl., Regensburg 2002, S. 183–190

Hoppe, Stephan: Romanik als Antike und die baulichen Folgen. Mutmaßungen zu einem in Vergessenheit geratenen Diskurs, in: Nußbaum, Norbert/Euskirchen, Claudia/Hoppe, Stephan (Hg.): Wege zur Renaissance. Beobachtungen zu den Anfängen neuzeitlicher Kunstauffassung im Rheinland und den Nachbargebieten um 1500, Köln 2003, S. 88–131

Horn, Adam: Hans Wagner und sein Königsberger Musterbuch. Ein Beitrag zum Aufkommen der Renaissance in Deutschland, in: Prussia 31 (1935), S. 189–254

Hruschka, Waltraut: König Maximilian I. und die bayrisch-pfälzischen Erbfolgehändel von 1503–1507, Diss. Graz 1961

Hubach, Hanns: Das Heidelberger Schloß als Träger fürstlicher Selbstdarstellung. Gedanken zur Ikonographie der Hoffassaden des Ottheinrichs- und des Friedrichsbaus, in: Hubach, Hanns/Schlechter, Franz (Hg.): Heidelberg – Das Schloß, Heidelberg 1995, S. 19–30

Hubach, Hanns: Kurfürst Ottheinrich als Herkules Palatinus, in: Zeitelhack, Barbara (Hg.): Pfalzgraf Ottheinrich. Politik, Kunst und Wissenschaft im 16. Jahrhundert, hg. im Auftrag der Stadt Neuburg an der Donau, Regensburg 2002 (Neuburger Kollektaneenblatt 151), S. 231–248

Hubach, Hanns: Kurfürst Ottheinrichs neuer hofbaw in Heidelberg. Neue Aspekte eines alten Themas, in: Mittelalter. Schloss Heidelberg und die Pfalzgrafschaft bei Rhein bis zur Reformationszeit, 2. Aufl., Regensburg 2002, S. 191–203

Hubach, Hanns: Parnassus Palatinus. Der Heidelberger Schlossberg als neuer Parnaß und Musenhort, in: Der Berg, hg. von Hans Gerke, Heidelberg 2002, S. 84–101

Hubach, Hanns: Tapisserien im Heidelberger Schloss 1400–1700. Grundzüge einer Geschichte der ehemaligen Sammlung der Pfälzer Kurfürsten, in: Tapisserien. Wandteppiche aus den staatlichen Schlössern und Gärten Baden-Württembergs, hg. von den Staatlichen Schlössern und Gärten Baden-Württembergs/

Landesmedienzentrum Baden-Württemberg, Weinheim 2002, S. 98–103

Hubel, Achim: Der Dom zu Regensburg, 8. Aufl., Regensburg 1995 (Schnell & Steiner Kunstführer 41)

Hubel, Achim/Kurmann, Peter: Der Regensburger Dom. Architektur, Plastik, Ausstattung, Glasfenster, München/Zürich 1989 (Großer Kunstführer 165)

Huber, Alfons: Das Bild der Stadt Straubing auf druckgraphischen Blättern, in: Alte Straubinger Ansichten. Druckgraphische Blätter aus der Sammlung Erwin Böhm, Straubing 1994 (Katalog des Gäubodenmuseums Straubing 23), S. 25–36

Huber, Alfons: „Jacoben Sandtner, Dräxl von Straubing", in: Jahresbericht des Historischen Vereins für Straubing und Umgebung 99/1997 (1998), S. 171–192

Huber, Renate: Italienische Kielklaviere. Germanisches Nationalmuseum, Nürnberg 1989 [www.gnm.de/RessourceMusik/PDF/Ital_Kielklaviere_Dok.pdf 2.2.2005]

Hupp, Otto: Scheltbriefe und Schandbilder, ein Rechtsbehelf aus dem 15. und 16. Jahrhundert, München/Regensburg 1930

Huschenbett, Dietrich: Berichte über Jerusalem-Pilgerfahrten von Kaufleuten und adligen Kanonikern aus Augsburg im 15. Jahrhundert, in Janota, Johannes (Hg.): Literarisches Leben in Augsburg während des 15. Jahrhunderts, Tübingen 1995, S. 240–264

Irblich, Eva: Innsbrucker Zeughaus, in: Kunst um 1492. Hispania – Austria. Die Katholischen Könige, Maximilian I. und die Anfänge der Casa de Austria in Spanien, Mailand 1992

Jahn, Fritz: Trompeten- und Posaunenmacher im 16. Jahrhundert. Beiträge zur Geschichte des Nürnberger Musikinstrumentenbaues, Leipzig 1925

Aus 1200 Jahren. Das Bayerische Hauptstaatsarchiv zeigt seine Schätze, hg. von Albrecht Liess, Neustadt a. d. Aisch 1979, 3. erg. Aufl. 1986 (Ausstellungskataloge der Staatlichen Archive Bayerns 11)

Jaitner, Klaus: Reichskirchenpolitik und Rombeziehungen Philipp Wilhelms von Pfalz-Neuburg von 1662–1690, in: Annalen des Historischen Vereins für den Niederrhein 178 (1978), S. 92–144

Jesse, Horst: Friedensgemälde 1650–1789, Pfaffenhofen/Ilm 1981

Jeudy, Colette: Manuscrits achetés à Paris en 1420 par Louis III, comte Palatin du Rhin, in: Bibliothek und Wissenschaft 16 (1982), S. 31–40

Josephi, Walter: Kataloge des Germanischen Nationalmuseums. Die Werke der plastischen Kunst, Nürnberg 1910

Das Jülicher Herrscherhaus und seine Verbindungen zu Pfalz-Neuburg, Jülich 1981

Kaeppele, Susanne: Die Malerfamilie Bocksberger aus Salzburg. Malerei zwischen Reformation und italienischer Renaissance, Salzburg 2003 (Salzburg

Studien. Forschungen zu Geschichte, Kunst und Kultur 5)

Kaeß, Friedrich/Stierhof, Horst: Die Schloßkapelle in Neuburg an der Donau, Weißenhorn 1977 (Kunst in Bayern und Schwaben 1)

Kaiser Ferdinand I. 1503–1564. Das Werden der Habsburgermonarchie, hg. von Wilfried Seipel, Wien 2003

Kaiser Karl V. (1500–1558). Macht und Ohnmacht Europas, 2 Bde., Wien/Bonn 2000

Karl V., Sonderausstellung, hg. vom Kunsthistorischen Museum Wien, Wien 1958

Katalog der deutschsprachigen illustrierten Handschriften des Mittelalters, begonnen von Hella Frühmorgen-Voss, fortgeführt von Norbert H. Ott zusammen mit Ulrike Bodemann und Gisela Fischer-Heetfeld, Bd. 1, München 1991 (Veröffentlichungen der Kommission für deutsche Literatur des Mittelalters der Bayerischen Akademie der Wissenschaften)

Katalog der Gemälde des Bayerischen Nationalmuseums, bearb. von Karl Voll, Heinz Braune und Hans Buchheit, München 1980 (Kataloge des Bayerischen Nationalmuseums München 8)

Katalog der lateinischen Handschriften der Bayerischen Staatsbibliothek München: Clm 28111–28254, Bd. 15, beschrieben von Hermann Hauke, Wiesbaden 1986 (Catalogus codicum manuscriptorum Bibliothecae Monacensis 4,7)

Kataloge des Bayerischen Nationalmuseums in München, Bd. 8: Gemälde, bearb. von Karl Voll, Heinz Braune und Hans Buchheit, München 1980

Kaufmann, Thomas DaCosta: Höfe, Klöster und Städte. Kunst und Kultur in Mitteleuropa 1450–1800, Köln 1998

Kaunzner, Wolfgang: Zum Stand von Astronomie und Naturwissenschaften im Kloster Reichenbach, in: 875 Jahre Kloster Reichenbach am Regen 1118 bis 1993. Festschrift, hg. von der Gemeinde Reichenbach, München 1993, S. 24–45

Keim, Josef: Straubing 1577, in: Jahresbericht des Historischen Vereins für Straubing und Umgebung, 72/1969 (1970), S. 12–17

Kepler, Johannes: Astronomia nova: Neue Astronomie, München/Berlin 1929

Kerscher, Hans: Neuburg an der Donau und Paracelsus, in: Neuburger Kollektaneenblatt 136 (1984), S. 25–54

Kettemann, Rudolf: Heidelberg im Spiegel seiner ältesten Beschreibung, Heidelberg 1986

Keute, Hartwig: Reformation und Geschichte. Kaspar Hedio als Historiograph, Göttingen 1980 (Göttinger Theologische Arbeiten 19)

Kilbey, Maggie: Curtal, Dulcian, Bajón: A History of the Precursor to the Bassoon, St. Albans 2002

King, Henry C./Millburn, John R.: Geared to the Stars. The Evolution of Planetariums, Orreries, and Astronomical Clocks, Toronto/Buffalo/London 1978

Kirch, Miriam Hall: „Cum dimidio". Philipp in Ottheinrichs Selbstdarstellung, in: Appl, Tobias/Berwing-Wittl, Margit/Lübbers, Bernhard (Hg.): Philipp der Streitbare. Ein Fürst der Frühen Neuzeit, Regensburg 2003, S. 168–174

Kirnbauer, Martin: Verzeichnis der Europäischen Musikinstrumente im Germanischen Nationalmuseum Nürnberg, Bd. 2: Flöten- und Rohrblattinstrumente bis 1750, Wilhelmshaven 1994 (Quellenkataloge zur Musikgeschichte 24)

Klauser, Renate: Der Freund und Sammler von Büchern, in: Poensgen, Georg (Hg.): Ottheinrich. Gedenkschrift zur vierhundertjährigen Wiederkehr seiner Kurfürstenzeit in der Pfalz (1556–1559), Heidelberg 1956 (Sonderband der Ruperto-Carola. Mitteilungen der Vereinigung der Freunde der Studentenschaft der Universität Heidelberg), S. 118–140

Klemm, Hans Günther: Georg Hartmann aus Eggolsheim (1489–1564): Leben und Werk eines fränkischen Mathematikers und Ingenieurs, Forchheim 1990 (Wissenschaftliche und künstlerische Beiträge des Ehrenbürg-Gymnasiums Forchheim 8)

Klemm, Hans Günther: Der fränkische Mathematicus Johann Schöner (1477 bis 1547) und seine Kirchehrenbacher Briefe an den Nürnberger Patrizier Willibald Pirckheimer, Erlangen 1992

Kluckhohn, August: Ludwig der Reiche, Herzog von Bayern. Zur Geschichte Deutschlands im 15. Jahrhundert, Nördlingen 1865

Koch, Adolph: Die Hofbuchbinderei in Heidelberg, in: Archiv für Geschichte des Deutschen Buchhandels 12 (1889), S. 152–157

Koch, Julius/Seitz, Fritz: Das Heidelberger Schloß, Darmstadt 1891

Kocher, Maximiliana/Kramer, Ferdinand / Nadler, Markus (Hg.): Fürstliche Residenzstadt Neuburg an der Donau. Quellen zur Einwohnerschaft und Sozialstruktur am Beginn des 17. Jahrhunderts, München 2005

Koetschau, Karl: Drei kleinplastische Arbeiten der deutschen Frührenaissance, in: Amtliche Berichte aus den königlichen Kunstsammlungen 33/2 (1911), Sp. 29–40

Kölmel, Karl: Der Ottheinrichsbau als Baudenkmal, in: Poensgen, Georg (Hg.): Ottheinrich. Gedenkschrift zur vierhundertjährigen Wiederkehr seiner Kurfürstenzeit in der Pfalz (1556–1559), Heidelberg 1956 (Sonderband der Ruperto-Carola. Mitteilungen der Vereinigung der Freunde der Studentenschaft der Universität Heidelberg), S. 296–307

Koltz, J. P.: Erzherzog Maximilian von Österreich 1480 in Luxemburg, Luxemburg 1960

Körndle, Franz: Ein musikalisches Geschenk aus dem 16. Jahrhundert, in: Amberger, Annelies u. a. (Hg.): Per assiduum studium scientiae adipisci margaritam. Festgabe für Ursula Nilgen zum 65. Geburtstag, St. Ottilien 1997, S. 299–324

Körner, Hans: Grabmonumente des Mittelalters, Darmstadt 1997

Kostbarkeiten gesammelter Geschichte. Heidelberg und die Pfalz in Zeugnissen der Universitätsbibliothek, hg. von Armin Schlechter, Heidelberg 1999 (Schriften der Universitätsbibliothek Heidelberg 1)

Král von Dobrá Vada, Adalbert (Hg.): Der Adel von Böhmen, Mähren und Schlesien. Genealogisch-heraldisches Repertorium sämtlicher Standeserhebungen, Prädicate, Beförderungen, Incolatserteilungen, Wappen- und Wappenverbesserungen des gesamten Adels der Böhmischen Krone mit Quellen und Wappen-Nachweisen, Prag 1904

Kranz, Annette: Christoph Amberger – Bildnismaler zu Augsburg. Städtische Eliten im Spiegel ihrer Porträts, Regensburg 2004

Krausen, Edgar: Die handgezeichneten Karten im Bayerischen Hauptstaatsarchiv sowie in den Staatsarchiven Amberg und Neuburg a. d. Donau bis 1650, Neustadt an der Aisch 1973 (Bayerische Archivinventare 37)

Krauss-Meyl, Sylvia: Das „Enfant Terrible" des Königshauses. Maria Leopoldine, Bayerns letzte Kurfürstin, Regensburg 1997

Krcal, Richard: Astronomisches Uhrwerk von Philippus Imsserus Anno Domini 1555 im Technischen Museum in Wien, in: Blätter für Technikgeschichte 35 (1973), S. 7–43

Kremer, Renate: Die Auseinandersetzungen um das Herzogtum Bayern-Ingolstadt 1438–1450, München 2000 (Schriftenreihe zur bayerischen Landesgeschichte 113)

Kremer, Stephan: Herkunft und Werdegang geistlicher Führungsschichten in den Reichsbistümern zwischen westphälischem Frieden und Säkularisation, Freiburg 1992

Krenn, Dorit-Maria: Von Getreidemessern und Wasserspeiern, in: Straubinger Tagblatt vom 3. Oktober 1997, S. 36

Krenn, Dorit-Maria: Das Ende des Herzogtums Niederbayern-Straubing-Holland und die Neuordnung im niederbayerischen Landesteil, in: Huber, Alfons/Prammer, Johannes (Hg.): 650 Jahre Herzogtum Straubing-Holland, Straubing 2005 (in Druck)

Krenn, Dorit-Maria / Wild, Joachim: „fürste in der ferne". Das Herzogtum Niederbayern-Straubing-Holland 1353–1425, Augsburg 2003 (Hefte zur Bayerischen Geschichte und Kultur 28)

Krenn, Peter: Heerwesen, Waffe und Turnier unter Kaiser Maximilian I., in: Maximilian I., hg. vom Land Tirol u. a., Innsbruck 1969, S. 86f.

Krenner, Franz von (Hg.): Baierische Landtags-Handlungen in den Jahren 1429 bis 1513, Nieder- und Oberländische Landtäge, im vereinigten Landshut-Ingolstädter Landantheile, Bd. 9–17, München 1804–1805

Krieger, Karl-Friedrich: Bayerisch-pfälzische Unionsbestrebungen vom Hausvertrag von Pavia (1329) bis zur Wittelsbachischen Hausunion vom Jahre 1724, in: Zeitschrift für historische Forschung 4 (1977), S. 385–413

Krieger, Karl-Friedrich: König, Reich und Reichsreform im Spätmittelalter, München 1992 (Enzyklopädie deutscher Geschichte 14)

Kriegsgeschichte von Bayern, Franken, Pfalz und Schwaben von 1347–1506, Bd. 2, bearb. von Josef Würdinger, München 1868

Kruft, Hanno-Walter: Geschichte der Architekturtheorie. Von der Antike bis zur Gegenwart, 4. Aufl., München 1995

Kugler, Werner: Die Kirchenvisitationen in der Superintendentur Monheim von der Reformation bis zur Gegenreformation, in: Zeitschrift für bayerische Kirchengeschichte 33 (1964), S. 34–66

Kugler, Werner: Kleine Beiträge zur pfalz-neuburgischen Kirchengeschichte, in: Zeitschrift für bayerische Kirchengeschichte 33 (1964), S. 182–190

Kuhn, Hanns: Die Alt-Ingolstädter Goldschmiede, in: Sammelblatt des Historischen Vereins Ingolstadt 54 (1936), S. 7–113

Kull, Johann Veit: Das Wappen von Neuburg und die Münzen Otto Heinrichs und Philipps. 1505–(1539)–1559, in: Zeitschrift für Numismatik 14 (1887), S. 133–141

Kunst um 1492. Hispania – Austria. Die Katholischen Könige, Maximilian I. und die Anfänge der Casa de Austria in Spanien, Mailand 1992

Kurras, Lotte: Zu gutem Gedenken. Kulturhistorische Miniaturen aus Stammbüchern des Germanischen Nationalmuseums 1570–1770, München 1987

Kurze, Barbara: Kurfürst Ott Heinrich. Politik und Religion in der Pfalz 1556 bis 1559, Gütersloh 1956 (Schriften des Vereins für Reformationsgeschichte 174)

Kurzmann, Gerhard: Kaiser Maximilian I. und das Kriegswesen der österreichischen Länder und des Reiches, Wien 1985

Kusche, Elisabeth: „Der christliche Ritter und seine Dame". Das Repräsentationsbildnis in ganzer Figur. Zur Entstehung, Entwicklung und Bedeutung des weltlichen Bildnisses von der karolingischen Buchmalerei über die Augsburger Schule bis zu Seisenegger, Tizian, Anthonis Mor und der spanischen Hofmalerschule des 16. und 17. Jahrhunderts, in: Pantheon 49 (1991), S. 4–35

Lamprey, John (Hg.): Hartmann's Praktika, Bellvue 2002

Land im Mittelpunkt der Mächte. Die Herzogtümer Jülich, Kleve, Berg, Kleve 1984

Landgraf, Eleonore: Ornamentierte Bodenfliesen des Mittelalters in Süd- und Westdeutschland 1150–1550, 3 Bde., Stuttgart 1993 (Forschungen und Berichte zur Archäologie des Mittelalters Baden-Württemberg 14)

Landshuter Skulptur im Zeitalter der Reichen Herzöge 1393 bis 1503, 2 Bde., hg. von Franz Niehoff, Landshut 2001 (Schriften aus den Museen der Stadt Landshut 10)

Lange, Johann: Medicinalium epistolarum miscellanea, Bd. 2, Basel 1560

Langer, Brigitte: Burg zu Burghausen. Amtlicher Führer, 1. Aufl. der Neufassung, München 2004

Lanzinner, Maximilian: Fürst, Räte und Landstände. Die Entstehung der Zentralbehörden in Bayern 1511–1598, Göttingen 1980

„… wider Laster und Sünde". Augsburgs Weg in die Reformation, hg. von Josef Kirmeier u. a., Augsburg 1997 (Veröffentlichungen zur Bayerischen Geschichte und Kultur 33)

Laufs, Adolf: Der Schwäbische Kreis. Studien über Einungswesen und Reichsverfassung im deutschen Südwesten zu Beginn der Neuzeit, Aalen 1971 (Untersuchungen zur deutschen Staats- und Rechtsgeschichte NF 16)

Launert, Edmund: Der Mörser. Geschichte und Erscheinungsbild eines Apothekengerätes, München 1990

Lauterbach, Iris/Endeman, Klaus/Frommel, Christoph Luitpold (Hg.): Die Landshuter Stadtresidenz. Architektur und Ausstattung, München 1998

Layer, Adolf: Pfalzgraf Ottheinrich und die Musik, in: Archiv für Musikwissenschaft 15 (1958), S. 258–275

Layer, Adolf: Die Allgäuer Lauten- und Geigenmacher, Augsburg 1978

Lebensbilder. Geschichte und Kunst in Bildnissen aus Schwaben, hg. von Hans Frei, Oberschönenfeld 2002 (Schriftenreihe der Museen des Bezirks Schwaben 30/2)

Leeb, Josef: Der Kurfürstentag zu Frankfurt 1558 und der Reichstag zu Augsburg 1559, 3 Bde., Göttingen 1999 (Deutsche Reichstagsakten. Reichsversammlungen 1556–1662)

Lehmann, Johann Georg: Vollständige Geschichte des Herzogthums Zweibrücken und seiner Fürsten, München 1867, Nachdruck Osnabrück 1974

Lehmann, Paul: Eine Geschichte der alten Fuggerbibliotheken, 2 Bde., Tübingen 1956, 1960

Leidel, Gerhard: Die bayerische Landschaft als Darstellungsproblem der archivischen Kartographie, in: Philipp Apian und die Kartographie der Renaissance, hg. von der Staatsbibliothek München, Weißenhorn 1989 (Ausstellungskataloge der Bayerischen Staatsbibliothek 50), S. 200, Kat.-Nr. 4.2

Leidinger, Georg (Hg.): Chronik und Stamm der Pfalzgrafen bei Rhein und Herzoge in Bayern 1501, Straßburg 1901 (Drucke und Holzschnitte des 15. und 16. Jahrhunderts in getreuer Nachbildung 7)

Leidinger, Georg: Andreas von Regensburg in: Quellen und Erörterungen zur bayerischen und deutschen Geschichte, NF 1, München 1903

Leinfelder, Karl: Der bayerische Landtag in der Stadt Aichach Anno 1504, in: Aichacher Heimatblatt, April 1954, Nr. 2, S. 9 f. und Nr. 3, S. 17–22

Lempfrid, Wolfgang: Musik für Haus und Kammer. Die Liederbücher des Wölflin von Lochamen und des Hartmann Schedel, Sendemanuskript für den Süddeutschen Rundfunk, Stuttgart 2001

Lieb, Norbert: Die Fugger und die Kunst im Zeitalter der hohen Renaissance, 2 Bde., München 1958

Liedke, Volker: Die Gedenksteine Herzog Ludwigs des Gebarteten aus der Zeit zwischen 1431 und 1438, in: Ars Bavarica. Gesammelte Beiträge zur Kunst, Geschichte, Volkskunde und Denkmalpflege in Bayern und in den angrenzenden Bundesländern 63/64 (1991), S. 19–42

Liliencron, Rochus von: Die historischen Volkslieder der Deutschen vom 13. bis 16. Jahrhundert, 2 Bde., Leipzig 1866

Link, Michael: Das Museum und die Sagen von Lauingen, Lauingen 1905

Lipowsky, Felix Joseph: Geschichte der Landstände von Pfalz-Neuburg, München 1827

Lippmann, Wolfgang: Der Fürst als Architekt. Überlegungen zu Wertung und Bedeutung des Architekturdilettantismus während des 16. und 17. Jahrhunderts im deutschsprachigen Raum, in: Georges-Bloch Jahrbuch des Kunstgeschichtlichen Institutes der Universität Zürich 8/2001 (2003), S. 111–135

List, Claudia: Die mittelalterlichen Grablegen der Wittelsbacher in Altbayern, in: Wittelsbach und Bayern, Bd. 1,1: Die Zeit der frühen Herzöge. Von Otto I. zu Ludwig dem Bayern, hg. von Hubert Glaser, München/Zürich 1980, S. 521–540

Loades, David: Maria Tudor (1516–1558). England unter Maria der Katholischen, München 1982

Löcher, Kurt: Mathis Gerung (1500 bis 1568/70). Die Geschichte Loths, in: Jahrbuch der staatlichen Kunstsammlungen Baden-Württemberg 5 (1968), S. 202 f.

Löcher, Kurt: Peter Gertner – ein Nürnberger Meister als Hofmaler des Pfalzgrafen Ottheinrich in Neuburg an der Donau, in: Neuburger Kollektaneenblatt 141 (1993), S. 5–133

Löcher, Kurt: Barthel Beham – Ein Maler aus dem Dürerkreis, München/Berlin 1999 (Kunstwissenschaftliche Studien 81)

Löcher, Kurt: Ein unterschätzter Held – Pfalzgraf Philipp der Streitbare (1503 bis 1548) im Bildnis, in: Jahrbuch der Staatlichen Kunstsammlungen in Baden-Württemberg 41 (2004/2005), im Druck

Lockner, Georg Hermann: Zur Datierung der ersten Groschen der Pfalzgrafen Otto Heinrich und Philipp, in: Mittei-

lungen der Bayerischen Numismatischen Gesellschaft 18 (1899), S. 58–61

Lohrmann, Dietrich: Ein Fragment eines römischen Straßenverzeichnisses in Abschrift aus der Karolingerzeit, in: Perspektiven für das Straßenwesen. Festschrift für Professor Dr.-Ing. habil. Bernhard Steinauer, Aachen 2003, S. 777–783

Lori, Johann Georg von: Sammlung des baierischen Münzrechts, Bd. 1, München 1765

Lübbers, Bernhard: „Vil verdirbt das man nit wirbt“. Zu den Heiratsprojekten Pfalzgraf Philipps, in: Appl, Tobias/Berwing-Wittl, Margit/Lübbers, Bernhard (Hg.): Philipp der Streitbare. Ein Fürst der Frühen Neuzeit, Regensburg 2003, S. 141–167

Lübke, Wilhelm: Geschichte der deutschen Kunst von den frühesten Zeiten bis zur Gegenwart, Stuttgart 1890

Ludwig, Gernot: Zur Geschichte der Fürstlichen Schule, des „Gymnasium illustre“ in Lauingen, in: Deutsches Gymnasium Lauingen/Donau, Jahresbericht, Lauingen an der Donau (1964), S. 33–47

Lugt, Frits/Vallery-Radot, Jean: Bibliothèque Nationale. Inventaire général des dessins des écoles du nord 28, Paris 1936

Luttenberger, Albrecht P.: Kurfürsten, Kaiser und Reich. Politische Führung und Friedenssicherung unter Ferdinand I. und Maximilian II., Mainz 1994 (Veröffentlichungen des Instituts für Europäische Geschichte Mainz, Abt. Universalgeschichte 149)

Lutz, Jules: Les réformateurs de Mulhouse: Nicolas Prugner, Teil 4–7, Ribeauvillé/Mulhouse 1903/13 (auch in: Bulletin du Musée historique de Mulhouse 26 (1902), S. 32–68; 27 (1903), S. 10–68; 35 (1911), S. 35–60; 36 (1912), S. 31–51)

Mader, Felix: Loy Hering. Ein Beitrag zur Geschichte der deutschen Plastik des XVI. Jahrhunderts, München 1905

Madersbacher, Lukas: Das Maximiliansgrabmal, in: Ruhm und Sinnlichkeit. Innsbrucker Bronzeguß 1500–1650. Von Kaiser Maximilian I. bis Erzherzog Ferdinand Karl, Innsbruck 1996, S. 124–143

Mâle, Emile: L'art religieux de la fin du Moyen Âge en France, 2. Aufl., Paris 1931

Mann, J. G.: Die Waffensammlung auf Warwick Castle, 2. Teil, in: Zeitschrift für Historische Waffen- und Kostümkunde 15 (1937–1939), S. 49 ff.

Marsch, Angelika: Bilder zur Augsburger Konfession und ihren Jubiläen, Weißenhorn 1980

Marsch, Angelika: Zur Entdeckung der Reisebilder Pfalzgraf Ottheinrichs von seinem Ritt nach Krakau und Berlin 1536/37, in: Zeitelhack, Barbara (Hg.): Pfalzgraf Ottheinrich. Politik, Kunst und Wissenschaft im 16. Jahrhundert, hg. im Auftrag der Stadt Neuburg an der Donau, Regensburg 2002 (Neuburger Kollektaneenblatt 151), S. 334–347

Marsch, Angelika/Biller, Josef H./Jacob, Frank-Dietrich: Die Reisebilder Pfalzgraf Ottheinrichs aus den Jahren 1536/37 von seinem Ritt von Neuburg a. d. Donau über Prag nach Krakau und zurück über Breslau, Berlin, Wittenberg und Leipzig nach Neuburg, 2 Bde., Weißenhorn 2001

Martin, Peter-Hugo: Medaillen, in: Die Renaissance im deutschen Südwesten zwischen Reformation und Dreißigjährigem Krieg, 2 Bde., Karlsruhe 1986

Maruska, Monika: Die Handschriften aus der Bibliothek des fränkischen Gelehrten Johannes Schöner in der Österreichischen Nationalbibliothek, in: Mühlberger, Kurt/Maisel, Thomas (Hg.): Aspekte der Bildungs- und Universitätsgeschichte 16. bis 19. Jahrhundert, Wien 1993 (Schriftenreihe des Universitätsarchivs 7), S. 409–435

Maurice, Klaus: Die deutsche Räderuhr. Zur Kunst und Technik des mechanischen Zeitmessers im deutschen Sprachraum, München 1976

Maximilian I. 1459 – 1519, Wien 1959

Maximilian I., hg. vom Land Tirol u. a., Innsbruck 1969

Mayer, Joseph: Der Astronom Cyprianus Leovitius (1514–1574) und seine Schriften, in: Bibliotheca mathematica. Zeitschrift für Geschichte der mathematischen Wissenschaften 3. Folge 4 (1903), S. 134–159

Mayr, Karl: Pfalz-Neuburg und das Königreich Neapel, München 1939

Meisterwerke alter deutscher Glasmalerei, hg. vom Bayerischen Nationalmuseum, München 1947

Meinz, Manfred: Pulverhörner und Pulverflaschen aus Europa und Asien, Hamburg/Berlin 1966 (Die Jagd in der Kunst)

Menhardt, Hermann: Verzeichnis der altdeutschen literarischen Handschriften der Österreichischen Nationalbibliothek, Bd. 1, Berlin 1960

Menzel, Karl: Wolfgang von Zweibrücken, Pfalzgraf bei Rhein, Herzog in Baiern, Graf von Veldenz, München 1893

Menzel, Michael: München – Ludwig der Bayer und der Alte Hof, in: Schmid, Alois/Weigand, Katharina (Hg.): Schauplätze der Geschichte in Bayern, München 2003, S. 134–148

Menzel, Thomas: Der Fürst als Feldherr. Militärisches Handeln und Selbstdarstellung zwischen 1470 und 1550. Dargestellt an ausgewählten Beispielen, Berlin 2003

Merkl, Ulrich: Buchmalerei in Bayern in der ersten Hälfte des 16. Jahrhunderts. Spätblüte und Endzeit einer Gattung, Regensburg 1999

Merkl, Ulrich: Die Auftraggeber, in: Merkl, Ulrich/Obhof, Ute/Neidl, Michaela (Hg.): Das Deutsche Gebetbuch der Markgräfin von Brandenburg, Kommentarband, Luzern 2002, S. 9–15

Merkl, Ulrich/Obhof, Ute/Neidl, Michaela: Das deutsche Gebetbuch der Markgräfin von Brandenburg, Kommentarband, Luzern 2002

Metzger, Wolfgang: Das Stundenbuch Rom, Biblioteca Vaticana, Ms. Pal. lat. 537 und verwandte Handschriften. Studien zur englischen Buchmalerei 1330–1370, Frankfurt am Main 1994

Metzger, Wolfgang: Wissenschaft und Bibliophilie. Die Bibliotheca Palatina von Ludwig V. bis zu Johann Casimir, in: Kostbarkeiten gesammelter Geschichte. Heidelberg und die Pfalz in Zeugnissen der Universitätsbibliothek, hg. von Armin Schlechter, Heidelberg 1999 (Schriften der Universitätsbibliothek Heidelberg 1), S. 19–37, 159–180

Metzger, Wolfgang: All Ding zergenglich. Der Heidelberger Herrengarten: ein vergessener Renaissancegarten im Licht neuer Quellen, in: Die Gartenkunst 2 (2000), S. 275–303

Metzger, Wolfgang: Die humanistischen, Triviums- und Reformationshandschriften der Palatini latini in der Vatikanischen Bibliothek, mit Beiträgen von Veit Probst, Wiesbaden 2002 (Kataloge der Universitätsbibliothek Heidelberg 4)

Metzger, Wolfgang: „Ein recht fürstliches Geschäft". Die Bibliothek Ottheinrichs von der Pfalz, in: Zeitelhack, Barbara (Hg.): Pfalzgraf Ottheinrich. Politik, Kunst und Wissenschaft im 16. Jahrhundert, hg. im Auftrag der Stadt Neuburg an der Donau, Regensburg 2002 (Neuburger Kollektaneenblatt 151), S. 275–316

Mez, Lydia: Womit der Apotheker einst hantierte, dokumentiert an Sammlungsstücken aus dem Schweizerischen Pharmaziehistorischen Museum Basel, Basel 1975

Mieg, J. Fridericus: Epitaphia Palatino Electoralia, Heidelberg 1767

Mieg, Philippe: Quelques détails nouveaux sur Nicolas Prugner, réformateur de Mulhouse, in: Bulletin du Musée historique de Mulhouse 49 (1929), S. 48–55

Mieg, Philippe: Notes sur les réformateurs de Mulhouse, in: Bulletin du Musée historique de Mulhouse 58 (1939), S. 43–51

Mieg, Philippe: L'epitaphe et l'ex libris de Nicolas Prugner, in: Bulletin du Musée historique de Mulhouse 78 (1970), S. 33–44

Mittelalter. Der Griff nach der Krone. Die Pfalzgrafschaft bei Rhein im Mittelalter, Heidelberg 2000 (Schätze aus unseren Schlössern 4)

Mittelalter. Schloss Heidelberg und die Pfalzgrafschaft bei Rhein bis zur Reformationszeit, 2. Aufl., Regensburg 2002 (Schätze aus unseren Schlössern 7)

Mittler, Elmar/Werner, Wilfried: Mit der Zeit – die Kurfürsten von der Pfalz und die Heidelberger Handschriften der Bibliotheca Palatina, Wiesbaden 1986

Moeller, Bernd: Die Reformation, in: Kaiser Karl V. (1500–1558). Macht und Ohnmacht Europas, 2 Bde., Wien/Bonn 2000, S. 77–85

Moraw, Peter: Über König und Reich. Aufsätze zur deutschen Verfassungsgeschichte des späten Mittelalters, hg. von Rainer Christoph Schwinges, Sigmaringen 1995

Mucke, Hermann: Himmelskundliche Anmerkungen zur Wiener Imsser-Uhr, in: Blätter für Technikgeschichte 35 (1973), S. 45–60

Müller, Irmgard/Schulz, Stefan/Habrich, Christa: Von der Blutschau zum Blutbild. Eine Ausstellung zur Frühgeschichte der Hämatologie und Onkologie, Gelsenkirchen 1993

Müllner, Johannes: Die Annalen der Reichsstadt Nürnberg von 1623, Teil 3: 1470–1544, Nürnberg 2003 (Quellen und Forschungen zur Geschichte und Kultur der Stadt Nürnberg 32)

Musikinstrumente aus dem Hessischen Landesmuseum 16.–19. Jahrhundert, Darmstadt 1980

Münch, Paul: Lebensformen in der Frühen Neuzeit, Berlin 1998

Mugdan, Liselotte: Die Reformierung der Universität, in: Poensgen, Georg (Hg.): Ottheinrich. Gedenkschrift zur vierhundertjährigen Wiederkehr seiner Kurfürstenzeit in der Pfalz (1556–1559), Heidelberg 1956 (Sonderband der Ruperto-Carola. Mitteilungen der Vereinigung der Freunde der Studentenschaft der Universität Heidelberg), S. 207–222

Nadler, Markus: Die Rolle Pfalz-Neuburgs im Bayerischen Reichskreis in der ersten Phase des Dreißigjährigen Krieges (1618–1635), in: Neuburger Kollektaneenblatt 148 (2000), S. 6–160

Nadler, Markus: Neuburg an der Donau. Das Landgericht Neuburg und die Pfleggerichte Burgheim und Reichertshofen, München 2004

Nadwornik, Franziska: Pfalz-Neuburg, in: Schindling, Anton/Ziegler, Walter (Hg.): Die Territorien des Reiches im Zeitalter der Reformation und Konfessionalisierung. Land und Konfession 1500–1650, Bd. 1, Münster 1989, S. 44–55

Nebinger, Gerhart: Ottheinrich und das Neuburger Fürstenhaus in genealogischer Schau, in: Heider, Josef (Hg.): Neuburg, die Junge Pfalz und ihre Fürsten, Festschrift zur 450-Jahr-Feier Fürstentum Neuburg, Neuburg an der Donau 1955, S. 111–119

Nebinger, Gerhart: Das Taufbuch 1565 bis 1591 der evangelischen Hofkapelle in Neuburg a. d. D., in: Blätter des Bayerischen Landesvereins für Familienkunde 25 (1962), S. 171–186

Nebinger, Gerhart: Das Fürstentum Neuburg und sein Territorium, in: 475 Jahre Fürstentum Pfalz-Neuburg, München 1980, S. 9–42

Neumann, William R.: Prinzipien, in: Priesner, Claus/Figala, Karin (Hg.): Alchemie. Lexikon einer hermetischen Wissenschaft, München 1998, S. 288–290

Neumüllers-Klauser, Renate: Die Inschriften der Stadt und des Landkreises Heidelberg, Stuttgart 1970

Neumüllers-Klauser, Renate: Gebetbuch Ottheinrichs, in: Bibliotheca Palatina, 2 Bde., hg. von Elmar Mittler, Heidelberg 1986, Bd. 1, S. 204, Kat.-Nr. E 3.1

Neumüllers-Klauser, Renate: Das Kammerbibliotheksverzeichnis des Kurfürsten Ottheinrich von 1556, in: Bibliotheca Palatina, hg. von Elmar Mittler, Heidelberg 1986, Bd. 1, S. 212f.

Neumüllers-Klauser, Renate: Eine Ottheinrich gewidmete Übersetzung der Papstgeschichte Platinas, in: Bibliotheca Palatina, hg. von Elmar Mittler, Heidelberg 1986, Bd. 1, S. 211, 213f.

Niederbayern als Staat (1255–1505), von Erich Stahleder, Kallmünz 1970 (Ausstellungskataloge der Bayerischen Staatlichen Archive 5)

North, John: The Ambassadors' Secret. Holbein and the World of the Renaissance, London/New York 2002

Noß, Alfred: Von den ersten Münzen des Fürstentums Pfalz-Neuburg, in: Mitteilungen der Bayerischen Numismatischen Gesellschaft 54 (1936), S. 165–178

Nowotny, Otto: Die chemischen Arzneimittel des Paracelsus, in: Dopsch, Heinz / Kramml, Peter F. (Hg.): Paracelsus und Salzburg. Vorträge bei den Internationalen Kongressen in Salzburg und Badgastein anlässlich des Paracelsus-Jahres 1993, Salzburg 1994 (Mitteilungen der Gesellschaft für Salzburger Landeskunde, 14. Ergänzungsband), S. 149–155

O'Dell-Franke, Ilse: Kupferstiche und Radierungen aus der Werkstatt des Virgil solis, Wiesbaden 1977

Oechelhäuser, Adolf von: Das Heidelberger Schloss, 8. Aufl., Heidelberg 1986

Oefele, Andreas Felix (Hg.): Rerum Boicarum Scriptores, Bd. 1 und 2, Augsburg 1763

Österreich – Tirol 1363–1963, Innsbruck 1963

Oestmann, Günther: Ein unbekanntes Bildnis des Reformators und Astronomen Nikolaus Prugner (1488–1557), in: Bulletin de la Cathédrale de Strasbourg 22 (1996), S. 64–70

Oestmann, Günther: Die Straßburger Münsteruhr. Funktion und Bedeutung eines Kosmos-Modells des 16. Jahrhunderts, 2. Aufl., Bassum 2000

Oestmann, Günther: Cyprianus Leovitius, der Astronom und Astrologe Ottheinrichs, in: Zeitelhack, Barbara (Hg.): Pfalzgraf Ottheinrich. Politik, Kunst und Wissenschaft im 16. Jahrhundert, hg. im Auftrag der Stadt Neuburg an der Donau, Regensburg 2002 (Neuburger Kollektaneenblatt 151)

Oestmann, Günther: Der Himmelsglobus des Jacob Rabus (1522–1581), in: Der Globusfreund. Wissenschaftliche Zeitschrift für Globen- und Instrumentenkunde 50/51 (2003), im Druck

Osiander, Andreas: Gesamtausgabe, Bd. 7, 8, Gütersloh 1988, 1990

Osten, Gert von der: Katalog der Gemälde alter Meister in der Niedersächsischen Landesgalerie Hannover, Hannover 1954

(Kataloge der Niedersächsischen Landesgalerie 1)

Osten, Gert von der: Hans Baldung Grien. Gemälde und Dokumente, Berlin 1983

Von Ottheinrich zu Carl Theodor. Prachteinbände aus drei Jahrhunderten, bearb. von Armin Schlechter unter Mitwirkung von Matthias Miller und Karin Zimmermann, Heidelberg 2003 (Schriften der Universitätsbibliothek Heidelberg 4)

Ottheinrichs deutsche Bibel. Der Beginn einer großen Büchersammlung, hg. von der Bayerischen Staatsbibliothek, München/Luzern 2002

Ow, Sigismund Felix Frhr. von: Zur Deutung der biblischen Darstellung auf dem Grabmale der Margarethe Tucher von Peter Vischer im Dom zu Regensburg, in: Verhandlungen des Historischen Vereins von Oberpfalz und Regensburg 81 (1931), S. 126–128

Pächt, Otto: Holbein and Kratzer as Collaborators, in: Burlington Magazine 84 (1944), S. 134–139

Palladio e Verona. Catalogo della mostra, hg. von Paola Marini, Verona 1980

Pantaleon, Heinrich: Prosopographiae Herovm atque illustrium virorum totius Germaniae, Basel 1565/66

Paravicini, Werner (Hg.): Europäische Reiseberichte des späten Mittelalters. Eine analytische Bibliographie, Teil 1: Deutsche Reiseberichte, bearb. von Christian Halm, 2. Aufl., Frankfurt am Main 2001 (Kieler Werkstücke D5)

Paris 1400. Les arts sous Charles VI, Paris 2004

Pascetti, Orlando: Dell'Origine et Ampiezza della Città di Verona. Del molto Eccellente M. Torello Saraina Dottore di Legge. Tradotta di Latino in Lingua Toscana, Verona 1586, 2. Aufl. 1649

Pastor, Ludwig: Die Reise des Kardinals Luigi d'Aragona durch Deutschland, die Niederlande, Frankreich und Oberitalien, 1517–1518, beschrieben durch Antonio de Beatis, Freiburg i. Br. 1905 (Erläuterungen und Ergänzungen zu Janssens Geschichte des deutschen Volkes 4,4)

Pauler, Roland: Die deutschen Könige und Italien im 14. Jahrhundert. Von Heinrich VII. bis Karl IV., Darmstadt 1997

Pauli, Gustav: Hans Sebald Beham, Baden-Baden 1974

Paulus, Julian: Hollandus, in: Priesner, Claus/Figala, Karin (Hg.): Alchemie. Lexikon einer hermetischen Wissenschaft, München 1998, S. 181

Peter Paul Rubens. Altäre für Bayern, München 1990

Petersohn, Jürgen: Albrecht von Preußen und Ottheinrich von der Pfalz. Ein vergleichender Beitrag zur deutschen Fürstenkultur und Bibliotheksgeschichte der Renaissance, in: Archiv für Kulturgeschichte 39 (1957), S. 323–360

Der erste Pfalzgraf in Düsseldorf: Wolfgang Wilhelm von Pfalz-Neuburg (1578–1653), hg. von der Landeshauptstadt Düsseldorf, Düsseldorf 2003

Pfisterer, Heinrich: Die astronomische Kunstuhr von Graz und deren Schöpfer Philipp Imser, Graz 1941 (Blätter für Heimatkunde 19/1)

Philipp Apian und die Kartographie der Renaissance, Weißenhorn 1989 (Ausstellungskataloge der Bayerischen Staatsbibliothek 50)

Pietzsch, Gerhard: Quellen und Forschungen zur Geschichte der Musik am kurpfälzischen Hof zu Heidelberg bis 1622, Wiesbaden 1963 (Akademie der Wissenschaften und der Literatur. Abhandlungen der Geistes- und Sozialwissenschaftlichen Klasse 6)

Pilz, Kurt: 600 Jahre Astronomie in Nürnberg, Nürnberg 1977

Plochmann, Richard: Kalender-Aufzeichnungen der beiden Jakob Rabus, Superintendent und Diakonus von Monheim in den Jahren 1557–1608, in: Blätter für bayerische Kirchengeschichte 2 (1888/89), S. 54–61

Poensgen, Georg: Gestalt und Werdegang, in: Poensgen, Georg (Hg.): Ottheinrich. Gedenkschrift zur vierhundertjährigen Wiederkehr seiner Kurfürstenzeit in der Pfalz (1556–1559), Heidelberg 1956 (Sonderband der Ruperto-Carola. Mitteilungen der Vereinigung der Freunde der Studentenschaft der Universität Heidelberg), S. 22–62

Poensgen, Georg: Heimat- und kunstgeschichtliche Ergebnisse der Ottheinrichausstellung, in: Pfälzer Heimat 7 (1956), S. 144–146

Poensgen, Georg (Hg.): Ottheinrich. Gedenkschrift zur vierhundertjährigen Wiederkehr seiner Kurfürstenzeit in der Pfalz (1556–1559), Heidelberg 1956 (Sonderband der Ruperto-Carola. Mitteilungen der Vereinigung der Freunde der Studentenschaft der Universität Heidelberg)

Poeschke, Joachim: Die Skulptur des Mittelalters in Italien, Bd. 2, München 2000

Porträtgalerie zur Geschichte Österreichs von 1400 bis 1800, Wien 1976, 2. Aufl. 1982 (Führer durch das Kunsthistorische Museum 22)

Posse, Otto: Die Siegel der Deutschen Kaiser und Könige, Bd. 4, Dresden 1913

Poulle, Emmanuel: Les mécanisations de l'astronomie des épicycles: L'horloge d'Oronce Fine, Académie des Inscriptions et Belles-Lettres: Comptes rendus des séances, Paris 1974

Poulle, Emmanuel: Les équatoires, instruments de la théorie des planètes au Moyen Âge, in: Studia Copernicana 13 (1975), S. 97–112

Poulle, Emmanuel: Les instruments de la théorie des planetès selon Ptolémée: Équatoires et horlogérie planétaire du XIIIe au XVIe siècle, Genf 1980

Praetorius, Michael: Syntagma Musicum, Wolfenbüttel 1619, Nachdruck hg. von Willibald Gurlitt, Kassel u. a. 1958

Prein, Wolfgang: Handbuch der Monogramme in der europäischen Graphik

vom 15. bis zum 18. Jahrhundert, München 1989

Preisendanz, Karl: Ottheinrichs Itinerarium, in: Zeitschrift für Buchkunde 1 (1924), S. 15–17

Press, Volker: Calvinismus und Territorialstaat. Regierung und Zentralbehörden der Kurpfalz 1559–1619, Stuttgart 1970 (Kieler Historische Schriften 7)

Press, Volker: Die territoriale Welt Südwestdeutschlands 1450–1650, in: Die Renaissance im deutschen Südwesten zwischen Reformation und Dreißigjährigem Krieg, 2 Bde., Karlsruhe 1986, Bd. 1, S. 17–61

Presser, Helmut: Unbekannte Ottheinrich-Bände in Mainz, in: Gutenberg-Jahrbuch (1955), S. 281–290

Preuß, Heike: Politische Heiraten in Jülich-Kleve-Berg, in: Land im Mittelpunkt der Mächte. Die Herzogtümer Jülich-Kleve-Berg, hg. vom Städtischen Museum Haus Koekkoek und vom Stadtmuseum Düsseldorf, Kleve 1984, S. 133–146, 427–431

Priesner, Claus: Salze, in: Claus Priesner/Karin Figala (Hg.): Alchemie, Lexikon einer hermetischen Wissenschaft, München 1998, S. 319–321

Principe, Lawrence M.: Arbeitsmethoden, Laboratorium, Laborgeräte, in: Priesner, Claus/Figala, Karin (Hg.): Alchemie. Lexikon einer hermetischen Wissenschaft, München 1998, S. 51–57, 208–215

Quark, Günter: Heidelbergae nunc Coloniae. Palatina-Bände der Universitäts- und Stadtbibliothek Köln, Köln 1998

Rall, Hans: Wittelsbacher Hausverträge des späten Mittelalters, München 1987

Rall, Hans und Marga: Die Wittelsbacher in Lebensbildern, Regensburg 1986

Rangger, L.: Matthias Burglechner, in: Forschungen und Mitteilungen zur Geschichte Tirols und Vorarlbergs 3 (1906), S. 185–221 und 4 (1907), S. 54–107

Rankl, Helmut: Staatshaushalt, Stände und „gemeiner Nutzen" in Bayern von 1500–1516, München 1976 (Studien zur bayerischen Verfassungs- und Sozialgeschichte 7)

Ratisbona Sacra. Das Bistum Regensburg im Mittelalter, hg. von Peter Morsbach, Regensburg 1989

Rau, Reinhold: Die Kunstuhr des Philipp Imsser, in: Tübinger Blätter 49 (1962), S. 25–32

Rau, Reinhold: Nicolaus Brucknerus mathematicus: Ein Lebenslauf aus der Reformationszeit, in: Tübinger Blätter 50 (1963), S. 10–14

Rau, Reinhold: Über eine Sammlung von Inschriften des 16. Jahrhunderts, in: Zeitschrift für Württembergische Landesgeschichte 23 (1964), S. 418–438

Redlich, Oswald: Zur Belagerung von Kufstein im Jahre 1504, in: Mitteilungen des Instituts für Österreichische Geschichtsforschung 9 (1888), S. 104–113

Reformation und Reichsstadt – Luther in Augsburg, hg. von Helmut Gier, Augsburg 1996

Reichert, Folker: Pfalzgraf Ottheinrichs Reise zum Heiligen Land 1521, Regensburg 2005

Reichold, Klaus: Der Himmelsstürmer. Ottheinrich von Pfalz-Neuburg (1502 bis 1559), Regensburg 2004

Reicke, Emil: Aus dem Leben des Johann Schöner, ersten Professors für Mathematik und Geographie in Nürnberg, in: Abhandlungen der Naturhistorischen Gesellschaft zu Nürnberg 17 (1907), S. 41–59

Reindl, Peter: Loy Hering. Zur Rezeption der Renaissance in Süddeutschland, Basel 1977

Reinhardt, Rudolf: Zur Reichskirchenpolitik der Pfalz-Neuburger Dynastie, in: Historisches Jahrbuch der Görresgesellschaft 84 (1964), S. 118–128

Reinwald, Ignaz: Ottheinrich-Bände in der Pfalz und in Hessen, in: Archiv für Buchbinderei 31,3 (1931), S. 79–85

Reiprich, Gert: Ottheinrichs Testament für das Fürstentum Pfalz-Neuburg von 1556, in: Neuburger Kollektaneenblatt 133 (1980), S. 80–105

Reiprich, Gert: Ottheinrichs Testament, in: Bibliotheca Palatina, 2 Bde., hg. von Elmar Mittler, Heidelberg 1986, S. 12f.

Reisach, Hans Adam von: Materialien zur Geschichte der ersten Regierungsjahre Ott-Hainrich und Philip Pfalzgrafen bey Rhein und Herzogen in Baiern, in: Journal für Bayern und die angränzenden Länder 1 (1800), S. 451–479

Reisach, Johann Nepomuk Anton Frhr. von: Historisch-Topographische Beschreibung des Herzogtums Neuburg, Regensburg 1780

Reitzenstein, Alexander Frhr. von: Ottheinrich von der Pfalz, Bremen/Berlin 1939

Reitzenstein, Alexander Frhr. von: Die Augsburger Plattnersippe der Helmschmied, in: Münchner Jahrbuch der bildenden Kunst, 3. Folge, Bd. 2 (1951), S. 179–194

Reitzenstein, Alexander Frhr. von: Ottheinrichs Harnische, in: Poensgen, Georg (Hg.): Ottheinrich. Gedenkschrift zur vierhundertjährigen Wiederkehr seiner Kurfürstenzeit in der Pfalz (1556–1559), Heidelberg 1956 (Sonderband der Ruperto-Carola. Mitteilungen der Vereinigung der Freunde der Studentenschaft der Universität Heidelberg), S. 105–117

Reitzenstein, Alexander Frhr. von: Die alte bairische Stadt in den Modellen des Drechslermeisters Jakob Sandtner, gefertigt in den Jahren 1568–1574 im Auftrag Herzog Albrechts V. von Bayern, München 1967

Die Religion in Geschichte und Gegenwart. Handwörterbuch für Theologie und Religionswissenschaft, hg. von Kurt Galling, 3. Aufl., Tübingen 1986

Die Religionsmandate des Herzogtums Bayern in der Reformationszeit (1522 bis 1531), bearb. von Klaus Kopfmann, München 2000 (Quellentexte zur bayerischen Geschichte 1)

Remling, Franz Xaver: Das Reformationswerk in der Pfalz, Speyer 1846

Die Renaissance im deutschen Südwesten zwischen Reformation und Dreißigjährigem Krieg, 2 Bde., Karlsruhe 1986

Rensch, Johann Wolfgang: Brandenburgischer Ceder-Hein, Worinnen des Durchleuchtigsten Hauses Brandenburg Aufwachs- und Abstammung, auch Helden-Geschichten und Gros-Thaten, aus den Archiven und Ur-Briefschaften, auch andern bewerten Documenten mit Fleiß zusammengetragen und neben zirlichen Kupfer-Bildnissen vorgestellet worden, Bayreuth 1682

Repertorium zur neuzeitlichen Münzprägung Europas, Bd. 2: Heiliges Römisches Reich Deutscher Nation und Nachfolgestaaten – Der Bayerische Reichskreis, Wien 1996 (Veröffentlichung des Instituts für Numismatik Wien)

Retberg. Ralf von: Sendschreiben an Herrn Cornill d'Orville in Frankfurt über Dürer's Holzschnitte der Himmelskugeln, in: Archiv der zeichnenden Künste 14 (1868), S. 57f.

Rettich, Edeltraud: Die Geschichte Lots, in: Alte Meister, hg. von der Staatsgalerie Stuttgart, Stuttgart 1992, S. 140

Reverseau, Jean Pierre: Musee d'Armee Paris. Les armes et la vie, Paris 1982

Riedinger, Rudolf: Der typologische Gehalt der Fresken in der Schloßkapelle zu Neuburg an der Donau (1543), in: Zeitschrift für bayerische Landesgeschichte 38 (1975), S. 900–944

Riezler, Sigmund von: Geschichte Baierns, Bd. 3, Gotha 1889

Riezler, Sigmund von: Zur Würdigung Herzog Albrechts V. von Bayern und seiner inneren Regierung, München 1894

Rockinger, Ludwig von: Zu Aventins Arbeiten in deutscher Sprache im Geheimen Hausarchiv, in: Sitzungsberichte der Bayerischen Akademie der Wissenschaften, Philosophisch-Philologische und Historische Klasse, Jg. 1879, Bd. 1, München 1879, S. 365–435

Rockinger, Ludwig: Die Pflege der Geschichte durch die Wittelsbacher, München 1880

Roettig, Petra: Reformation als Apokalypse. Die Holzschnitte von Matthis Gerung im Codex Germanicus 6592 der Bayerischen Staatsbibliothek in München, Berlin 1991 (Vestigia Bibliae 11/12)

Röhrich, Timotheus Wilhelm: Mittheilungen aus der Geschichte der evangelischen Kirche des Elsasses, Paris/Straßburg 1855

Rohrmayr, Hanns: Häusergeschichte der Stadt Straubing, Straubing 1961

Roobaert, Edmond: De Brusselse Tapijtindustrie rond 1520. Tapijthandelaars, grotere en kleinere Weefateliers, Legwerkers in Loondienst en Kartonschilders, in: Revue Belge d'Archéologie et d'Histoire de l'Art 71 (2002), S. 3–46

Rösch, Siegfried: Die genealogischen Teppiche Ottheinrichs von der Pfalz, in:

Winckelsesser, Kurt (Hg.): Festschrift zum hundertjährigen Bestehen des Herold zu Berlin 1869–1969, Berlin 1969, S. 119–136

Rosenberg, Marc: Quellen zur Geschichte des Heidelberger Schlosses, Heidelberg 1882

Rosenfeld, Rochelle Susan: Celestial Maps and Globes and Star Catalogues of the Sixteenth and Early Seventeenth Centuries, Diss. New York University 1980

Rößler, Hans: Geschichte und Strukturen der evangelischen Bewegung im Bistum Freising 1520–1571, Nürnberg 1966 (Einzelarbeiten aus der Kirchengeschichte Bayerns 42)

Roth, Rudolf: Urkunden zur Geschichte der Universität Tübingen aus den Jahren 1476 bis 1550, Tübingen 1877, Nachdruck Aalen 1973

Rott, Hans: Ott Heinrich und die Kunst, Heidelberg 1905 (Mitteilungen zur Geschichte des Heidelberger Schlosses 5)

Rott, Hans: Die Kunstbestrebungen Ottheinrichs, in: Mitteilungen zur Geschichte des Heidelberger Schlosses 5 (1905), S. 216f.

Rott, Hans: Kirchen- und Bildersturm bei der Einführung der Reformation in der Pfalz, in: Neues Archiv zur Geschichte der Stadt Heidelberg 6 (1905), S. 229 bis 254

Rott, Hans: Die Schriften des Pfalzgrafen Ottheinrich, Heidelberg 1912 (Mitteilungen zur Geschichte des Heidelberger Schlosses 6)

Rott, Hans: Zu den Kunstbestrebungen des Pfalzgrafen Ott Heinrich, in: Mitteilungen zur Geschichte des Heidelberger Schlosses 6 (1912), S. 192–239

Rott, Hans: Die Planeten-Prunkuhr des Philipp Imser, in: Poensgen, Georg (Hg.): Ottheinrich. Gedenkschrift zur vierhundertjährigen Wiederkehr seiner Kurfürstenzeit in der Pfalz (1556–1559), Heidelberg 1956 (Sonderband der Ruperto-Carola. Mitteilungen der Vereinigung der Freunde der Studentenschaft der Universität Heidelberg), S. 185–193

Rücker, Elisabeth: Hartmann Schedels Weltchronik. Das größte Buchunternehmen der Dürer-Zeit, München 1988

Rudolf, Karl: Illustrationen und Historiographie bei Maximilian I. Der „weisse kunig", in: Römische Historische Mitteilungen 25 (1983), S. 35–108

Rueß, Ferdinand: Die Kapelle im Ostbau des Schlosses und ein Streit um pfarramtliche Rechte zu Neuburg im 18. Jahrhundert, in: Neuburger Kollektaneenblatt 48 (1884), S. 169–178

Ruhm und Sinnlichkeit. Innsbrucker Bronzeguss 1500–1650. Von Kaiser Maximilian I. bis Erzherzog Ferdinand Karl, Innsbruck 1996

Sagstetter, Maria Rita: Hoch- und Niedergerichtsbarkeit im spätmittelalterlichen Herzogtum Bayern, München 2000 (Schriftenreihe zur bayerischen Landesgeschichte 120)

Salzer, Robert: Beiträge zu einer Biographie Ottheinrichs. Festschrift der Realschule in Heidelberg zur fünfhundertjährigen Jubelfeier der Universität, Heidelberg 1886

Sander, Hjalmar: Zur Identifizierung zweier Bildnisse von Lucas Cranach d. Ä., in: Zeitschrift für Kunstwissenschaft 4 (1950), S. 35–48

Saxl, Fritz: Verzeichnis astrologischer und mythologischer illustrierter Handschriften des lateinischen Mittelalters, Bd. 2, Heidelberg 1927 (Sitzungsberichte der Heidelberger Akademie der Wissenschaften, Phil.-hist. Kl. 1925/26)

Scalini, Mario: Armature e Corrazai a Monaco di Baviera, in: Münchner Jahrbuch der Bildenden Kunst, 3. Folge, Bd. 36, München 1985, S. 39–52

Schaab, Meinrad: Geschichte der Kurpfalz, Bd. 1, 2. Aufl., Stuttgart 1999

Schätze der Astronomie. Arabische und deutsche Instrumente aus dem Germanischen Nationalmuseum, hg. von Johannes Willers und Karin Holzamer, Nürnberg 1983

Schalkhaußer, Erwin: Bronzegeschütze des 16. Jahrhunderts im Bayerischen Armeemuseum, in: Waffen- und Kostümkunde 19/1 (1977), S. 1–24

Schalkhaußer, Erwin: Prunkgeschütze, in: Bayerisches Armeemuseum Ingolstadt, Braunschweig 1981

Scheicher, Elisabeth: Das Grabmal Kaiser Maximilians I. in der Hofkirche, in: Die Kunstdenkmäler der Stadt Innsbruck. Die Hofbauten, bearb. von Johanna Felmayer, Wien 1986 (Österreichische Kunsttopographie 47), S. 359–425

Scherl, August: Die pfalzneuburgische Landesaufnahme unter Philipp Ludwig. Zum 350. Todestag der Kartographen Christoph Vogel, in: Archivalische Zeitschrift 56 (1960), S. 84–105

Schicksalsdeutung und Astronomie: Der Himmelsglobus des Johannes Stoeffler von 1493, bearb. von Günther Oestmann, Stuttgart 1993

Schikola, Gertraud: Wiener Plastik der Renaissance und des Barock, in: Geschichte der Stadt Wien, Wien 1970 (Neue Reihe 4,1), S. 85–162

Schiller, Peter: Die Horoskope von Nikolaus Prugner für Bonifazius und Bruno Amerbach, in: Annuaire historique de Mulhouse 8 (1997), S. 81–85

Schipperges, Heinrich: Strukturen und Prozesse alchimistischer Überlieferungen, in: Ploss, Emil u. a. (Hg.): Alchimia, Ideologie und Technologie, München 1970, S. 67–116

Schlechter, Armin/Wagner, Bettina: Von der Neuburger Kammerbibliothek zur Bibliotheca Palatina. Ottheinrichs Bücher und ihre Einbände, in: Wagner, Bettina (Hg.): Bibliotheken in Neuburg an der Donau, Wiesbaden 2005

Schmid, Alois: Krise und Modernisierung im Herzogtum Bayern an der Schwelle zur Neuzeit: Der Landshuter Erbfolgekrieg (1503–1505), in: Weber, Wolfgang

E. J. (Hg.): Der frühmoderne Staat in Ostzentraleuropa, Bd. 2, Augsburg 2000 (Institut für Europäische Kulturgeschichte der Universität Augsburg, documenta augustana 3), S. 125–147

Schmid, Peter: Kurfürst Friedrich von Sachsen als Reichspolitiker, in: Angermeier, Heinz/Meuthen, Erich (Hg.): Fortschritte in der Geschichtswissenschaft durch Reichstagsaktenforschung, Göttingen 1988 (Schriftenreihe der Historischen Kommission bei der Bayerischen Akademie der Wissenschaften 35), S. 47–64

Schmid, Peter: Herzog Albrecht IV. von Bayern und Kurfürst Berthold von Mainz. Zum Problem reichsständischer Reformpolitik an der Wende vom 15. zum 16. Jahrhundert, in: Zeitschrift für bayerische Landesgeschichte 58 (1995), S. 209–234

Schmidt, Charles: Der Antheil der Straßburger an der Reformation von Churpfalz, Straßburg 1856

Schmidt, C. H.: Anweisung zur Verfertigung feuerfester Schmelztiegel, Quedlinburg/Leipzig 1836

Schmidt, Friedrich: Geschichte der Erziehung der pfälzischen Wittelsbacher, Berlin 1899.

Schmidt, Hans: Philipp Wilhelm von Pfalz-Neuburg (1615–1690) als Gestalt der deutschen und europäischen Politik des 17. Jahrhunderts, Düsseldorf 1973

Schmidt, Hans: Die Königinnen von Spanien und Portugal aus dem Hause Pfalz-Neuburg, in: Zeitschrift für bayerische Landesgeschichte 44 (1981), S. 345–365

Schmidt, Hans: Zur Vorgeschichte der Heirat Kaiser Leopolds I. mit Eleonore Magdalena Theresia von Pfalz-Neuburg, in: Zeitschrift für bayerische Landesgeschichte (1982), S. 299–330

Schmidt, Hans: Das Haus Pfalz-Neuburg in der europäischen Politik, in: Mannheimer Hefte 2 (1992), S. 106–120

Schnabel, Franz: Die kulturelle Bedeutung der Carl-Theodor-Zeit, in: Schnabel, Franz: Abhandlungen und Vorträge, hg. von Heinrich Lutz, Freiburg 1970, S. 63–80, Erstdruck 1924

Schneider, Friedrich: Herzog Johann von Baiern. Erwählter Bischof von Lüttich und Graf von Holland (1373–1425), Berlin 1913

Schneider, Karin: Die deutschen Handschriften der Bayerischen Staatsbibliothek München. Die mittelalterlichen Handschriften aus Cgm 888–4000, Wiesbaden 1991 (Catalogus codicum manu scriptorum Bibliothecae Monacensis V. 6)

Schönewald, Beatrix/Riedel, Gerd: Ein „Hoflieferant" des späten Mittelalters aus Ingolstadt, in: Denkmalpflege Informationen B 129 (2004), S. 11–13

Schottenloher, Karl: Johann Schöner und seine Hausdruckerei, in: Zentralblatt für Bibliothekswesen 24 (1907), S. 145–155

Schottenloher, Karl: Konrad Heinfogel. Ein Nürnberger Mathematiker aus dem

Freundeskreis Albrecht Dürers, in: Beiträge zur Geschichte der Renaissance und Reformation. Festschrift für Joseph Schlecht, München/Freising 1917, S. 300–310

Schottenloher, Karl: Pfalzgraf Ottheinrich und das Buch. Ein Beitrag zur Geschichte der evangelischen Publizistik, Münster/Westfalen 1927 (Reformationsgeschichtliche Studien und Texte 50/51)

Schottenloher, Karl: Pfalzgraf Ottheinrich und Alexander von Suchten, in: Zeitschrift für die Geschichte des Oberrheins 42 (1928), S. 602–604

Schottenloher, Karl: Bücher bewegten die Welt, Bd. 1, Stuttgart 1951

Schottenloher, Karl: Die Widmungsvorrede im Buch des 16. Jahrhunderts, Münster 1953

Schottenloher, Otto: Drei Frühdrucke zur Reichsgeschichte, Leipzig 1938

Schrenck von Notzing, Jakob: Die Heldenrüstkammer (Armamentarium Heroicum) Erzherzog Ferdinands II. auf Schloß Ambras bei Innsbruck, hg. von Bruno Thomas, Osnabrück 1981

Schunke, Ilse: Die Einbände der Palatina in der Vatikanischen Bibliothek, 2 Bde., Città del Vaticano 1962 (Studi e testi 216–218)

Schusser, Adelbert: Das Geldwesen in Wien 1524–1556, in: Wien 1529. Die erste Türkenbelagerung, Wien/Köln/Graz 1980, S. 83–91

Schütte, Ulrich: Das Schloß als Wehranlage. Befestigte Schloßbauten der frühen Neuzeit, Darmstadt 1994

Schütz, Karl: Die Entstehung des höfischen Repräsentationsportraits in der Zeit Kaiser Maximilians I., in: Werke für die Ewigkeit, Kaiser Maximilian I. und Erzherzog Ferdinand II., hg. von Wilfried Seipel, Wien 2002, S. 16ff.

Schweikhart, Gunter (Hg.): Le antichità di Verona di Giovanni Caroto con la riproduzione in facsimile della edizione del 1560 di Paolo Ravagnan, Verona 1977

Schweizer, Stefan: Die Stadt auf dem Papier. Übertragungs- und Visualisierungsformen der Antike im frühneuzeitlichen Verona, in: Bußmann, Britta/Hausmann, Albrecht/Kraft, Annelie (Hg.): Übertragungen. Formen und Konzepte in Mittelalter und Früher Neuzeit, Berlin 2005

Science et astrologie au XVIe siècle: Oronce finé et son horloge planétaire, hg. von Emmanuel Poulle und Denise Hillard, Paris 1971 (Ausstellungskatalog der Bibliothèque Sainte-Geneviève mit Sonderdruck aus Bibliothèque d'humanisme et Renaissance: travaux et documents 23)

Seebass, Gottfried: Das reformatorische Werk des Andreas Osiander, Nürnberg 1967

Seeliger-Zeiss, Anneliese: Lorenz Lechler von Heidelberg und sein Umkreis. Studien zur Geschichte der spätgotischen Zierarchitektur und Skulptur in der Kurpfalz und in Schwaben, Heidelberg

1967 (Heidelberger kunstgeschichtliche Abhandlungen NF 10)

Die evangelischen Kirchenordnungen des XVI. Jahrhunderts, hg. von Emil Sehling, fortgeführt vom Institut für evangelisches Kirchenrecht der Evangelischen Kirche in Deutschland zu Göttingen, Bd. 13: Bayer, Teil 3: Altbayern: Herzogtum Pfalz-Neuburg, bearb. von Matthias Simon, Tübingen 1966

Seitz, Reinhard H.: Lauingen und das Fürstentum Pfalz-Neuburg, in: 475 Jahre Fürstentum Pfalz-Neuburg, München 1980, S. 67–71

Seitz, Reinhard H.: Reformation und Gegenreformation im Fürstentum Pfalz-Neuburg, in: 475 Jahre Fürstentum Pfalz-Neuburg, München 1980, S. 43–63

Seitz, Reinhard H.: Staats- und Klostergutsverkäufe zur Tilgung der pfalz-neuburgischen Landesschulden in den Jahren 1544–1557, in: Neuburger Kollektaneenblatt 133 (1980), S. 61–79

Seitz, Reinhard H.: Hans Kilian – erster Buchdrucker zu Neuburg an der Donau und seine Malernachkommen Mang und Philipp Kilian, in: Hans Kilian. Buchdrucker im Dienste Ottheinrichs und der Reformation, hg. von der Staatlichen Bibliothek (Provinzialbibliothek) Neuburg an der Donau, Schrobenhausen 1994 (Edition Descartes 3), S. 18–49

Seitz, Reinhard H.: Neuburg an der Donau, in: Marsch, Angelika/Biller, Josef H./Jacob, Frank-Dietrich (Hg.): Die Reisebilder Pfalzgrafs Ottheinrich aus den Jahren 1536/37, Weißenhorn 2001, S. 87–95

Seitz, Reinhard H.: Das Schloß zu Neuburg a. d. Donau. Der Bauzustand um 1550 und die späteren Veränderungen, in: Gebaute Herrschaftsgeschichte. Das Residenzschloß zu Neuburg a. d. Donau in Vergangenheit, Gegenwart und Zukunft, Neuburg 2005, S. 7–58

Seitz, Reinhard H./Kaeß, Friedrich: Das Schloß zu Neuburg a. d. Donau. Der Bauzustand um 1550 und die späteren Veränderungen, Neuburg an der Donau 1987

Seitz, Reinhard H./Lidel, Albert/Kaeß, Friedrich: Die Hofkirche Unserer Lieben Frau zu Neuburg an der Donau. Ein Kirchenbau zwischen Reformation und Gegenreformation, Weißenhorn 1983 (Kunst in Bayern und Schwaben 4)

Serlio, Sebastiano: I sette libri dell'architettura (Venezia 1540), Venezia 1584

Siefert, Helge: Textilien, in: Die Renaissance im deutschen Südwesten zwischen Reformation und Dreißigjährigem Krieg, 2 Bde., Karlsruhe 1986, Bd. 2, S. 803–824

Siegismund, Walter: Der Landshuter Erbfolgekrieg 1504/05, in: Der Weisendorfer Bote aus dem Seebachgrund 7 (1988), S. 190–200

Smith, Jeffrey Chipps: German Sculpture of the Later Renaissance, ca. 1520–1580. Art in an Age of Uncertainty, Princeton 1994

Söding, Ulrich: Hans Baldung Grien in Freiburg – Themenwahl und Stilentwicklung, in: Hans Baldung Grien in Freiburg, hg. von Saskia Durian-Rees, Freiburg i. Br. 2001, S. 13–59

Solleder, Fridolin: Herzog Ottheinrichs Frage an die Sterne. Zur Lebensgeschichte des Johannes Schöner und der Herren von Croaria. Festschrift für Karl Alexander von Müller, Diessen 1933 (Staat und Volkstum. Neue Studien zur baierischen und deutschen Geschichte und Volkskunde)

Souchal, Geneviève: The Triumph of the Seven Virtues. Reconstruction of a Brussels Series (ca. 1520–1535), in: Bennett, Anna G. (Hg.): Acts of the Tapestry Symposium, Fine Arts Museum of San Francisco, San Francisco 1979, S. 103–151

Spieß, Karl-Heinz: Familie und Verwandtschaft des deutschen Hochadels des Spätmittelalters, Stuttgart 1993

Stadler, Klemens/Zollhöfer, Friedrich: Wappen der schwäbischen Gemeinden, Kempten 1952

Staigmüller, Hermann: Württembergische Mathematiker, in: Württembergische Vierteljahrshefte für Landesgeschichte NF 12 (1903), S. 227–256

Standen, Edith: European Post-Medieval Tapestries and Related Hangings in The Metropolitan Museum of Art, 2 Bde., New York 1985

Stange, Alfred: Kritisches Verzeichnis der deutschen Tafelbilder vor Dürer, München 1970

Stauber, Reinhard: Herzog Georg von Bayern-Landshut und seine Reichspolitik. Möglichkeiten und Grenzen reichsfürstlicher Politik im wittelsbachisch-habsburgischen Spannungsfeld zwischen 1470 und 1505, Kallmünz 1993 (Münchener Historische Studien, Abt. Bayerische Geschichte 15)

Stauber, Reinhard: Staat und Dynastie. Herzog Albrecht IV. und die Einheit des „Hauses Bayern" um 1500, in: Zeitschrift für bayerische Landesgeschichte 60 (1997), S. 539–565

Stauber, Reinhard: Bayerische Wiedervereinigung? Aspekte des Landshuter Erbfolgekrieges, in: Zeitelhack, Barbara (Hg.): Pfalzgraf Ottheinrich. Politik, Kunst und Wissenschaft im 16. Jahrhundert, hg. im Auftrag der Stadt Neuburg an der Donau, Regensburg 2002 (Neuburger Kollektaneenblatt 151), S. 32–54

Steingräber, Erich: Die freigelegten Deckenmalereien in Neuburg, in: Deutsche Kunst und Denkmalpflege 10 (1952), S. 127–132

Stemper, Annelise: Die Wandteppiche, in: Poensgen, Georg (Hg.): Ottheinrich. Gedenkschrift zur vierhundertjährigen Wiederkehr seiner Kurfürstenzeit in der Pfalz (1556–1559), Heidelberg 1956 (Sonderband der Ruperto-Carola. Mitteilungen der Vereinigung der Freunde der Studentenschaft der Universität Heidelberg), S. 141–171

Stemper, Annelise: Der Prudentia-Teppich des Pfalzgrafen Ottheinrich im Kurpfälzischen Museum zu Heidelberg, in: Heidelberger Jahrbücher 2 (1958), S. 68–95

Stemper, Anneliese: Die Medaillen der Pfalzgrafen und Kurfürsten bei Rhein. Pfälzische Geschichte im Spiegel der Medaillen, 2. Bde., Worms 1997

Stierhof, Horst H.: Wand- und Deckenmalereien des Neuburger Schlosses im 16. Jahrhundert, in: Neuburger Kollektaneenblatt 125 (1972), S. 5–72

Stierhof, Horst H.: Entwürfe von Peter Paul Rubens für die Ausstattung der Hofkirche in Neuburg an der Donau?, in: Neuburger Kollektaneenblatt 140 (1992), S. 254–257

Stierhof, Horst H.: Das biblisch gemäl. Die Kapelle im Ottheinrichsbau des Schlosses Neuburg an der Donau, München 1993 (Forschungen zur Kunst- und Kulturgeschichte 3)

Stierhof, Horst H./Haller, Petra: Schlossmuseum Neuburg an der Donau. Amtlicher Führer, 3. Aufl., München 1998

Stolberg, Lukas: Die steirischen Uhrmacher: „Insbesondere ein gantz ehrszambes Handwerckh der bürgerlichen Grosz- und Khlainuhrmacher zu Grätz", Graz 1979

Störmer, Wilhelm: Die innere Konsolidierung der wittelsbachischen Territorialstaaten in Bayern im 15. Jahrhundert, in: Europa 1500. Integrationsprozesse im Widerstreit. Staaten, Regionen, Personenverbände, Christenheit, hg. von Ferdinand Seibt und Winfried Eberhard, Stuttgart 1987, S. 174–194

Störmer, Wilhelm: Die oberbayerischen Residenzen der Herzöge von Bayern unter besonderer Berücksichtigung von München, in: Blätter für deutsche Landesgeschichte 123 (1987), S. 1–24

Störmer, Wilhelm: Hof und Hofordnung in Bayern-München (15. und frühes 16. Jahrhundert), in: Kruse, Holger/Paravicini, Werner (Hg.): Höfe und Hofordnungen 1200–1600, Sigmaringen 1999 (Residenzforschung 10), S. 361–381

Straub, Theodor: Herzog Ludwig der Bärtige von Bayern. Bayern-Ingolstadt und seine Beziehungen zu Frankreich in der Zeit von 1391 bis 1415, Kallmünz 1965

Straub, Theodor: Die Ingolstädter Herzogszeit, in: Ingolstadt. Die Herzogsstadt – die Universitätsstadt – die Festung, hg. von Theodor Müller und Wilhelm Reissmüller in Zusammenarbeit mit Siegfried Hofmann, Ingolstadt 1974, S. 169–220

Straub, Theodor: Die Hausstiftung der Wittelsbacher in Ingolstadt, in: Sammelblatt des Historischen Vereins Ingolstadt 87 (1978), S. 20–144

Straub, Theodor: Bayern im Zeichen der Teilungen und der Teilherzogtümer (1347–1450), in: Handbuch der Bayerischen Geschichte, begr. von Max Spindler, hg. von Andreas Kraus, Bd. 2, 2. überarb. Aufl., München 1988, S. 199–287

Straub, Theodor: Herzog Ludwig der Bärtige, in: Bayern-Ingolstadt – Bayern-Landshut 1392–1503, hg. vom Stadtarchiv Ingolstadt, Ingolstadt 1992, S. 27–42

Straub, Theodor: Die fünf Ingolstädter Herzoginnen, in: Bayern-Ingolstadt – Bayern-Landshut 1392–1506, hg. vom Stadtarchiv Ingolstadt, Ingolstadt 1992, S. 43–59

Straub, Theodor: Das Territorium Bayern-Ingolstadt und seine Entwicklung von 1392–1447, in: Bayern-Ingolstadt – Bayern-Landshut 1392–1506. Glanz und Elend einer Teilung, hg. vom Stadtarchiv Ingolstadt, Ingolstadt 1992, S. 18–22

Strauss, Walter L.: The German Single-Leaf Woodcut 1550–1609, Bd. 3, New York 1975

Suckale, Robert: Die Hofkunst Kaiser Ludwigs des Bayern, München 1993

Sudhoff, Karl: Versuch einer Kritik der Echtheit der Paracelsischen Schriften, I. Theil: Die unter Hohenheim's Namen erschienenen Druckschriften, Berlin 1894

Sudhoff, Karl: Versuch einer Kritik der Paracelsischen Schriften, II. Theil: Paracelsische Handschriften, Berlin 1899

Tarr, Edward H.: Ein Katalog erhaltener Zinken, in: Basler Jahrbuch für Historische Musikpraxis 5 (1981), S. 11–262

Tarr, Laszló: Karren, Kutsche, Karosse, München u. a. 1970

Tebel, René: Die kartographische Darstellung Europas auf dem Gehäuse der Imser-Uhr, in: Mitteilungen der Österreichischen Gesellschaft für Wissenschaftsgeschichte 17 (1997), S. 37–59

Telle, Joachim: Kurfürst Ottheinrich, Hans Kilian und Paracelsus, in: Von Paracelsus zu Goethe und Wilhelm von Humboldt, Wien 1981 (Salzburger Beiträge zur Paracelsus-Forschung 22), S. 130–146

Telle, Joachim: Johann Huser in seinen Briefen. Zum schlesischen Paracelsismus im 16. Jahrhundert, in: Parerga Paracelsica. Paracelsus in Vergangenheit und Gegenwart, Stuttgart 1992 (Heidelberger Studien zur Naturkunde der frühen Neuzeit 3), S. 159–248

Telle, Joachim: Paracelsus als Alchemiker, in: Dopsch, Heinz/Kramml, Peter F. (Hg.): Paracelsus und Salzburg. Vorträge bei den Internationalen Kongressen in Salzburg und Badgastein anlässlich des Paracelsus-Jahres 1993, Salzburg 1994 (Mitteilungen der Gesellschaft für Salzburger Landeskunde, 14. Ergänzungsband), S. 157–179

Thomas, Bruno: Der Wiener Ottheinrich-Harnisch, in: Zeitschrift für Historische Waffen- und Kostümkunde 15 (1937/39), S. 116–123

Thomas, Bruno/Lhotsky, Alphons: Der Roßharnisch Kaiser Friedrichs III., in: Belvedere, Bd. 13, Wien 1938–1944, S. 191–203

Thomas, Bruno/Gamber, Ortwin: Katalog der Leibrüstkammer, 1. Teil: Der Zeitraum von 500 bis 1530, Wien 1976

Thomas, Heinz: Ludwig der Bayer (1282 bis 1347). Kaiser und Ketzer, Regensburg u. a. 1993

Thorndike, Lynn: A History of Magic and Experimental Science, 7 Bde., New York 1923–1941

Tietze-Conrat, Erica: Die Erfindung im Relief, in: Jahrbuch der Kunsthistorischen Sammlungen in Wien 35 (1920/21), S. 99–176

Tischer, Anuschka: Reichsreform und militärischer Wandel. König Maximilian I. (1493–1519) und die Reichskriegsreform, in: Zeitschrift für Geschichtswissenschaft 51/2 (2003), S. 685–705

Toxites, Michael (Hg.): Von heymligkeyten der Natur, Zehen Bücher, item, I. De tinctura Physicorum. II. De occulta Philsophia, Straßburg 1570

Turmo, Isabel: Museo de Carruajes, Madrid 1969

Unger, Helga: Hans Kilians Drucke als Programm: Thematik, Funktion, Vermittlerbewusstsein im Spiegel der Widmungsvorreden an Pfalzgraf Ottheinrich, in: Hans Kilian. Buchdrucker im Dienste Ottheinrichs und der Reformation, hg. von der Staatlichen Bibliothek (Provinzialbibliothek) Neuburg an der Donau, Schrobenhausen 1994 (Edition Descartes 3), S. 57–80

Unger, Helga: Ottheinrich als Büchersammler, in: Ottheinrichs deutsche Bibel: der Beginn einer großen Büchersammlung, hg. von der Bayerischen Staatsbibliothek, München/Luzern 2002, S. 9–11

Unterkircher, Franz: Maximilian I. Ein kaiserlicher Auftraggeber illustrierter Handschriften, Hamburg 1983

Unterkircher, Franz / Horninger, Heidelinde/ Lackner, Franz: Die datierten Handschriften der Österreichischen Nationalbibliothek von 1501–1600, Wien 1976

Varrentrapp, Conrad: Hermann von Wied und sein Reformationsversuch in Köln. Ein Beitrag zur deutschen Reformationsgeschichte, Leipzig 1878

Verenkotte, Magdalena/Wilckens, Leonie von: Untersuchungen am Teppich mit den Taten der Fortuna des Pfalzgrafen Ottheinrich, in: Monatsanzeiger des Germanischen Nationalmuseums Nürnberg 41, August (1984), S. 326f.

Des Viglius van Zwichem Tagebuch des Schmalkaldischen Donaukriegs. Nach dem Autograph des Brüsseler Staatsarchiv, hg. und erläutert von August von Druffel, München 1877

Vöge, Wilhelm: Königliche Museen zu Berlin. Beschreibung der Bildwerke der christlichen Epochen. Die deutschen Bildwerke und die der anderen cisalpinen Länder, Berlin 1910

Vöttiner-Pletz, Patricia: Lignum sanctum. Zur therapeutischen Verwendung des Guajak vom 16. bis 20. Jahrhundert, Frankfurt 1990

Voigt, Johannes: Briefwechsel der berühmtesten Gelehrten des Zeitalters der Reformation mit Herzog Albrecht von Preußen, Königsberg 1841

Volkert, Wilhelm: Das Fürstentum Pfalz-Neuburg und seine Nebenlinien vom 16. bis zum 18. Jahrhundert, in: Handbuch der bayerischen Geschichte, begr. von Max Spindler, hg. von Andreas Kraus, Bd. 3,3, 3. Aufl., München 1995, S. 124–141

Volkert, Wilhelm: Burglengenfeld. Ein Überblick über seine ältere Geschichte, in: Appl, Tobias/Berwing-Wittl, Margit/ Lübbers, Bernhard (Hg.): Philipp der Streitbare. Ein Fürst der Frühen Neuzeit, Regensburg 2003, S. 192–202

Vordterstemann, Jürgen: Die Büchersammlungen des Speyrer Domes in tausend Jahren. Ein Überblick aus Anlaß der 950-Jahr-Feier im Jahre 1980, in: Archiv für Mittelrheinische Kirchengeschichte 33 (1981), S. 45–61

Voss, Wilhelm: Eine Himmelskarte vom Jahre 1503 mit dem Wahrzeichen des Wiener Poetenkollegiums als Vorlage Albrecht Dürers, in: Jahrbuch der Preußischen Kunstsammlungen 64 (1943), S. 95–103

Wackernagel, Rudolf (Hg.): Das Münchner Zeughaus, München/Zürich 1982

Wackernagel, Rudolf: Gala-Sänften, Miet- und Reisesänften sowie Trag-Sessel im 17. und 18. Jahrhundert, in: Wackernagel, Rudolf (Hg.): Staats- und Galawagen der Wittelsbacher. Kutschen, Schlitten und Sänften aus dem Marstallmuseum Schloß Nymphenburg, Bd. 2, Stuttgart 2002, S. 97–99

Wagini, Susanne: Ottheinrichs Porträtgalerie in der „Runden Stube" des Schlosses Neuburg an der Donau, München 1987 (Schriften aus dem Institut für Kunstgeschichte der Universität München 20)

Wagner, Bettina: Die Ottheinrich-Einbände in Neuburg an der Donau, in: Einbandforschung 11 (2002), S. 17–27

Wagner, Bettina: Die Ottheinrich-Einbände in der Bayerischen Staatsbibliothek München, in: Einbandforschung 13 (2003), S. 29–36

Waldburg-Wolfegg, Christoph Graf zu: Venus und Mars. Das Mittelalterliche Hausbuch aus der Sammlung der Fürsten zu Waldburg Wolfegg, München/ New York 1997

Walderdorff, Hugo von: Regensburg in seiner Vergangenheit und Gegenwart, 4. Aufl., Regensburg 1896

Waldschmidt, Wolfram: Altheidelberg und sein Schloß. Kulturbilder aus dem Leben der Pfalzgrafen bei Rhein, Jena 1909

Warncke, Carsten-Peter: Die ornamentale Groteske in Deutschland,1500–1650, Bd. 1, Berlin 1979 (Quellen und Schriften zur bildenden Kunst 6)

Warnecke, Friedrich: Die deutschen Bücherzeichen (Ex-Libris) von ihrem Ursprunge bis zur Gegenwart, Berlin 1890

Warner, Deborah Jean: The Sky Explored. Celestial Cartography 1500–1800, New York/Amsterdam 1979

Weber, Ambros: Die Reformation im Fürstentum Pfalz-Neuburg unter Pfalzgraf und Kurfürst Ottheinrich 1542–1559, in: Neuburger Kollektaneenblatt 110 (1957), S. 5–95

Weber, Annette: Ofenplatten, in: Die Renaissance im deutschen Südwesten zwischen Reformation und Dreißigjährigem Krieg, 2 Bde., Karlsruhe 1986, Bd. 2, S. 701–704

Weihrauch, Hans Robert: Die Bildwerke in Bronze und in anderen Metallen. Die Bronzebildwerke des Residenzmuseums, München 1956 (Kataloge des Bayerischen Nationalmuseums München 13/5)

Weiss, Hermann: Kostümkunde. Geschichte der Tracht und des Geräthes vom 14ten Jahrhundert bis auf die Gegenwart. Abt. 2: Das Kostüm vom 16. Jahrhundert bis auf die Gegenwart, Stuttgart 1872

Weiss, Edmund: Albrecht Dürer's geographische, astronomische und astrologische Tafeln, in: Jahrbuch der Kunsthistorischen Sammlungen des Allerhöchsten Kaiserhauses 7 (1888), S. 207–220

Die Welt als Uhr. Deutsche Uhren und Automaten 1550–1650, hg. von Klaus Maurice und Otto Mayr, München/Berlin 1980

Welt im Umbruch. Augsburg zwischen Renaissance und Barock, Bd. 1, Augsburg 1980

Wendt, Achim/Benner, Manfred: Das Heidelberger Schloss im Mittelalter. Bauliche Entwicklung, Funktion und Geschichte vom 13. bis zum 15. Jahrhundert, in: Der Griff nach der Krone. Die Pfalzgrafschaften bei Rhein im Mittelalter, Regensburg 2000 (Schätze aus unseren Schlössern 4)

Wendt, Achim/Benner, Manfred: „… des lieux depuis si long-temps condamné au silence." Archäologische Spurensuche auf der oberen Burg auf der Molkenkur, in: Jahrbuch zur Geschichte der Stadt Heidelberg 2003/2004, S. 9–40

Wennemuth, Udo: Religion und Politik in der Kurpfalz im 16. Jahrhundert, in: Kostbarkeiten gesammelter Geschichte. Heidelberg und die Pfalz in Zeugnissen der Universitätsbibliothek, hg. von Armin Schlechter, Heidelberg 1999 (Schriften der Universitätsbibliothek Heidelberg 1), S. 39–58

Werke für die Ewigkeit. Kaiser Maximilian I. und Erzherzog Ferdinand II., hg. von Wilfried Seipel, Wien 2002

Werner, Wilfried: Cimelia Heidelbergensis. 30 illuminierte Handschriften der Universitätsbibliothek Heidelberg ausgewählt und vorgestellt, Wiesbaden 1975

Wernli, Katrin: Das Urteil des Paris, in: Der Mensch um 1500. Werke aus

Kirchen und Kunstkammern, Berlin 1977, S. 122–127

Westermayer, Albert/Wagner, Emil/Demmler, Theodor: Die Grabdenkmäler in der Stiftskirche zu St. Georg in Tübingen, Tübingen 1912

Westphal, Siegrid: Frau und Konfessionalisierung. Eine Untersuchung zum Fürstentum Pfalz-Neuburg, Frankfurt am Main 1994

Weyer, Jost: Schwefel, in: Priesner, Claus/Figala, Karin (Hg.): Alchemie, Lexikon einer hermetischen Wissenschaft, München 1998, S. 327–329

Wien 1529. Die erste Türkenbelagerung, Katalog- und Textband, Wien/Köln/Graz 1979–1980

Wierschin, Martin: Meister Johann Liechtenauers Kunst des Fechtens, München 1965

Wiesflecker, Hermann: Kaiser Maximilian I. Das Reich, Österreich und Europa an der Wende zur Neuzeit, 5 Bde., München/Wien 1971–1986

Wilken, Friedrich: Geschichte der Bildung, Beraubung und Vernichtung der alten Heidelbergischen Büchersammlungen. Ein Beytrag zur Literärgeschichte vornehmlich des fünfzehnten und sechzehnten Jahrhunderts, Heidelberg 1817

Williams, Alan R.: Die Herstellung von Rüstungen im 15. und 16. Jahrhundert, in: Wackernagel, Rudolf H. (Hg.): Das Münchner Zeughaus, München/Zürich 1982, S. 47–50

Williams, Alan R.: The Knight and the Blast Furnace: a History of the Metallurgy of Armour in the Middle Ages & the Early Modern Period, Leiden/Boston 2003

Winkelbauer, Thomas: Österreichische Geschichte 1522–1699, Teil 1: Ständefreiheit und Fürstenmacht. Länder und Untertanen des Hauses Habsburg im Konfessionellen Zeitalter, Wien 2003

Wirth, Karl-August: Imperator pedes Papae deosculatur. Ein Beitrag zur Bildkunde des 16. Jahrhunderts, in: Erffa, Hans Martin von (Hg.): Festschrift für Harald Keller, Darmstadt 1963, S. 175–221

Wittelsbach und Bayern, Bd. 1,2, Bd. 2,2, Bd. 3,2, hg. von Hubert Glaser, München/Zürich 1980

Wölfle, Johann: Aus alten Neuburger Inventarien, in: Korrespondenzblatt des Gesamtvereins der deutschen Geschichts- und Altertumsvereine 65 (1917), S. 310–322

Wolgast, Eike: Die Universität Heidelberg 1386–1986, Berlin u. a. 1986

Wolgast, Eike: Reformierte Konfession und Politik im 16. Jahrhundert, Heidelberg 1998 (Studien zur Geschichte der Kurpfalz im Reformationszeitalter. Schriften der Philosophisch-historischen Klasse

der Heidelberger Akademie der Wissenschaften 10)

Württemberg, Alexander von: Die letzte Generation, in: 475 Jahre Fürstentum Pfalz-Neuburg, München 1980, S. 76–83

Wydra, Stanislaus: Historia metheseos in Bohemia et Moravia cultae, 2. Aufl., Prag 1778

Zäh, Helmut: Hieronymus Wolf: Commentariolus de vita sua, Donauwörth 1998 (Diss. München 1992)

Ziegler, Walter: Studien zum Staatshaushalt Bayerns in der zweiten Hälfte des 15. Jahrhunderts. Die regulären Kammereinkünfte des Herzogtums Niederbayern 1450–1500, München 1981

Ziegler, Walter: Die Bedeutung des Beinamens „reich" der Landshuter Herzöge Heinrich, Ludwig und Georg, in: Fried, Pankraz/Ziegler, Walter (Hg.): Festschrift für Andreas Kraus zum 60. Geburtstag, Kallmünz 1982 (Münchener Historische Studien, Abt. Bayerische Geschichte 10), S. 161–181

Ziegler, Walter: Die Herzöge von Landshut. Die reichen Verlierer, in: Schmid, Alois/Weigand, Katharina (Hg.): Die Herrscher Bayerns. 25 historische Porträts von Tassilo III. bis Ludwig III., München 2001, S. 130–141

Zimmermann, Petra Sophie: Urbanistik der Hochrenaissance – Leitideen in Theorie und Praxis – Das Beispiel Verona, Bergisch Gladbach/Köln 1991

Zink, Fritz: Die deutschen Handzeichnungen bis zur Mitte des 16. Jahrhunderts, Nürnberg 1968

Zinner, Ernst: Verzeichnis der astronomischen Handschriften des deutschen Kulturgebietes, München 1925

Zinner, Ernst: Die fränkische Sternkunde im 11.–16. Jahrhundert, in: Bericht der Naturforschenden Gesellschaft Bamberg 27 (1934), S. 1–118

Zinner, Ernst: Geschichte und Bibliographie der astronomischen Literatur in Deutschland zur Zeit der Renaissance, Leipzig 1941, 2. Aufl., Stuttgart 1964

Zinner, Ernst: Deutsche und niederländische astronomische Instrumente des 11.–18. Jahrhunderts, 2. Aufl., München 1979

Zschelletzschky, Herbert: Das graphische Werk Heinrich Aldegrevers (Straßburg 1933), Baden-Baden 1974

Zschelletzschky, Herbert: Die „drei gottlosen Maler" von Nürnberg. Sebald Beham, Barthel Beham und Georg Pencz. Historische Grundlagen und ikonologische Probleme ihrer Graphik zu Reformations- und Bauernkriegszeit, Leipzig 1975

Abkürzungen

ADV — Allgemeine deutsche Biographie, 56 Bde, hg. von der Historischen Kommission bei der Königlichen Akademie der Wissenschaften in München, Leipzig 1875–1912, Nachdr. Berlin 1967–1971

AKL — Allgemeines Künstlerlexikon der bildenden Künstler aller Zeiten und Völker, hg. von Günter Meißner, Bd. 1, München / Leipzig 1983ff.

Bartsch — The Illustratet Bartsch 16 (8, Part 3), Early German Masters, Jacob Bink, Georg Pencz, Heinrich Aldegrever, edited by Robert A. Koch, New York 1980

DBE — Deutsche Biographische Enzyklopädie, hg. von Walter Killy und Rudolf Vierhaus, 10 Bde., München 1995–1999

KDB — Die Kunstdenkmäler von Bayern, Bd. 2: Oberpfalz und Regensburg, Teil 5: Bezirksamt Burglengenfeld, München 1906 (unveränderter Nachdruck München / Wien 1983)
Die Kunstdenkmäler von Bayern, Bd. 4: Regierungsbezirk Niederbayern, Teil 6: Stadt Straubing, München 1921, 2. Aufl. 1982
Die Kunstdenkmäler von Bayern, Bd. 7: Regierungsbezirk Schwaben, Teil 5: Stadt und Landkreis Neuburg an der Donau, München 1958
Die Kunstdenkmäler von Bayern, Bd. 7: Regierungsbezirk Schwaben, Teil 7: Landkreis Dillingen an der Donau, München 1972
Die Kunstdenkmäler von Bayern, Bd. 1: Regierungsbezirk Oberbayern, Teil 3: Bezirksämter Mühldorf, Altötting, Laufen, Berchtesgaden, München 1905
Die Kunstdenkmäler von Bayern. Regierungsbezirk Oberpfalz, Teil 12: Stadt Regensburg I, München 1933

MGG — Die Musik in Geschichte und Gegenwart. Allgemeine Enzyklopädie der Musik, hg. von Friedrich Blume, Kassel u. a. 1949/51ff., Taschenbuchausgabe von 1989

NDB — Neue Deutsche Biographie, hg. von der Historischen Kommission bei der Bayerischen Akademie der Wissenschaften, Berlin 1953ff.

ODNB — Oxford Dictionary of National Biography, 60 Bde., hg. von Colin Matthew, Brian Harrison und Lawrence Goldmann, Oxford 2004

Paracelsus — Theophrast von Hohenheim gen. Paracelsus. Sämtliche Werke, erste Abteilung, medizinische, naturwissenschaftliche und philosophische Schriften, hg. von Karl Sudhoff, 14 Bde., München 1922–1933

RDK — Reallexikon zur deutschen Kunstgeschichte, begonnen von Otto Schmitt, hg. vom Zentralinstitut für Kunstgeschichte München, München 1937ff.

RTA — Deutsche Reichstagsakten unter Kaiser Karl V., Bd. 1, bearb. von August Kluckhohn, Gotha 1893, Nachdruck Göttingen 1962 (Deutsche Reichstagsakten. Jüngere Reihe 1)
Deutsche Reichstagsakten unter Kaiser Karl V., Bd. 2, bearb. von Adolf Wrede, Gotha 1896, Nachdruck Göttingen 1962 (Jüngere Reihe 2)
Deutsche Reichstagsakten unter Kaiser Karl V., Bd. 7,1, bearb. von Johannes Kühn, Göttingen 1963 (Jüngere Reihe 7,1)
Deutsche Reichstagsakten unter Kaiser Karl V., Bd. 7,2, bearb. von Johannes Kühn, Göttingen 1963 (Jüngere Reihe 7,2)
Deutsche Reichstagsakten unter Kaiser Karl V., Bd. 8,2, bearb. von Wolfgang Steglich, Göttingen 1971 (Jüngere Reihe 8,2)

Thieme/Becker — Allgemeines Lexikon der bildenden Künstler von der Antike bis zur Gegenwart, hg. von Ulrich Thieme und Felix Becker, Leipzig 1907ff.

VD — Verzeichnis der im deutschen Sprachbereich erschienenen Drucke des 16. Jahrhunderts, hg. von der Bayerischen Staatsbibliothek München in Verbindung mit der Herzog-August-Bibliothek Wolfenbüttel, Stuttgart 1983ff.

Verfasserlexikon — Die deutsche Literatur des Mittelalter. Verfasserlexikon, begr. von Wolfgang Stammler, fortgeführt von Karl Langosch, 2. völlig neu bearb. Aufl. hg. von Kurt Ruh und Burghart Wachinger u. a., Bde. 1–10, Berlin u. a. 1978–1999

(R) — Reproduktion

Bildnachweis

Augsburg, Haus der Bayerischen Geschichte (Leandro Mazzoni)
2.25, 5.8, 7.10a, 7.10b, 7.11, 7.12, 7.13, 7.15, 7.49, 7.50, 7.52c,
7.62, 7.63, 7.65, 7.91, 7.135, 7.146
Augsburg, Universitätsbibliothek 7.84, 7.85
Bamberg, Staatsbibliothek 6.5
Berlin, Foto: Jörg P. Anders; Stiftung Preußischer Kulturbesitz,
Staatliche Museen zu Berlin – Kupferstichkabinett 2.10
Berlin, J. P. Anders, Stiftung Preußischer Kulturbesitz – Staatliche
Museen zu Berlin, Skulpturengalerie und Museum für Byzan-
tinische Kunst 7.27
Berlin, Stiftung Preußischer Kulturbesitz, Staatliche Museen
zu Berlin – Kupferstichkabinett 6.17
Braunschweig, Herzog-Anton-Ulrich-Museum 8.7
Burglengenfeld, Stefan Hanke, Stadt Burglengenfeld 6.14
Chicago/Illinois, The Adler Planetarium and Astronomy
Museum 7.103a
Coligny/Schweiz, Fondation Martin Bodmer 7.125, 7.126
Darmstadt, Hessisches Landesmuseum 7.40
Den Haag, Stadtarchiv 2.14
Friedberg/Hessen, Wetterau-Museum 6.11
Gotha, Stiftung Schloss Friedenstein, Gotha, Aus den Samm-
lungen der Herzog von Sachsen-Coburg und Gotha'schen
Stiftung für Kunst und Wissenschaft 7.133
Hannover, Niedersächsische Landesgalerie 7.100
Heidelberg, Kurpfälzisches Museum der Stadt Heidelberg 3.2,
7.16a, 7.54, 7.132, 7.142b
Heidelberg, Universitätsbibliothek 7.72, 7.104, 7.105, 7.106
Hilpoltstein, Stadt Hilpoltstein 11.3
Ingolstadt, Bayerisches Armeemuseum 3.9, 3.16, 3.17, 3.18, 7.60
Ingolstadt, Deutsches Medizinhistorisches Museum 7.110
Ingolstadt, Kirchenstiftung zur Schönen Unserer Lieben
Frau 2.18
Ingolstadt, Stadtmuseum 2.17, 2.26
Innsbruck, Tiroler Landesmuseum Ferdinandeum 3.20
Karlsruhe, Badische Landesbibliothek 7.7, 7.22, 7.35
Lauingen, Heimathaus der Stadt Lauingen 9.9
Lauingen, Stadtarchiv 7.147
Mainz, Mittelrheinisches Landesmuseum 1.1a und b
Meiningen, Thüringisches Staatsarchiv 6.3
München, Bayerische Staatsbibliothek 1.6, 2.2, 2.27, 2.51, 2.54,
3.4 (a–c), 3.11, 3.37 (a und b), 4.5, 7.30, 7.34, 7.70, 7.74, 7.82,
7.83, 7.86, 7.87, 7.88, 7.109
München, Bayer & Mitko – Artothek, Bayerische Staatsgemälde-
sammlungen 6.8, 7.28, 7.29
München, J. Blauel – Artothek, Bayerische Staatsgemälde-
sammlungen 6.9
München, Blauel/Gnamm – Artothek, Bayerische Staats-
gemäldesammlungen 6.10
München, Toni Ott – Artothek, Bayerische Staatsgemälde-
sammlungen 4.6, 4.7
München, Bayerische Verwaltung der staatlichen Schlösser,
Gärten und Seen 2.50
München, Bayerische Verwaltung der staatlichen Schlösser,
Gärten und Seen, Museumsabteilung 7.17

München, Bayerische Verwaltung der staatlichen Schlösser,
Gärten und Seen, Burg Trausnitz 2.45
München, Bayerisches Hauptstaatsarchiv 2.36, 4.3, 4.8, 5.1, 5.2,
5.5, 5.6, 7.46, 7.101, 8.10
München, Bayerisches Nationalmuseum 2.8, 2.31, 6.1, 7.14, 7.48,
7.57, 7.58, 7.64, 8.5
München, Deutsches Museum 7.114a, b, c, d, k, m
München, Martina Bienenstein, Staatliche Graphische Samm-
lung 3.33
München, Engelbert Seehuber, Staatliche Graphische Sammlung
3.5a und b, 7.98, 7.130
München, Geheimes Hausarchiv 1.5 a und b, 2.1, 2.53a, 4.2, 6.2,
7.23, 7.52a, 7.140, 7.148
München, Ludwig-Maximilians-Universität, Universitäts-
archiv 2.28
München, P. Fliegauf, Münchner Stadtmuseum 3.12
München, Münchner Stadtmuseum 2.34
München, Staatliche Münzsammlung 6.16d, e, f, 7.142a, 7.143
München, Wittelsbacher Ausgleichsfonds 2.6, 6.15, 7.24, 7.47,
8.9, 9.1, 9.2, 11.8, 11.9
Neuburg an der Donau, Historischer Verein Neuburg an der
Donau e.V. 6.16g, 8.13, 9.10, 10.5
Neuburg an der Donau, Historischer Verein Neuburg an der
Donau e.V., Schloss Neuburg 6.4c, 7.25, 7.136
Neuburg an der Donau, Studienseminar 11.6
Nürnberg, Germanisches Nationalmuseum 1.2, 4.10, 7.16, 7.26,
7.36, 7.37, 7.103
Nürnberg, Stadtbibliothek 7.81
Paris, Bibliothèque Nationale de France 2.33
Paris, Musée de l'Armée 7.20
Paris, RMN, Musée du Louvre, département des Sculptures,
Vertrieb bpk Berlin 7.129
Paris, RMN, Musée National du Moyen Âge, Vertrieb bpk
Berlin 2.19
Passau, Oberhausmuseum, Foto Kaps 2.48
Straubing, Gäubodenmuseum 2.12
Stuttgart, Landesmedienzentrale Baden-Württemberg 7.55
Stuttgart, Staatsgalerie 7.68
Warschau, Archiwum Głowne Akt Dawnych 7.3b, r, s
Wien, Albertina 7.127
Wien, Bildarchiv der Österreichischen Nationalbibliothek 2.5,
3.21, 3.34, 3.38, 7.102b
Wien, Haus-, Hof- und Staatsarchiv 2.44, 3.35
Wien, Historisches Museum der Stadt Wien 8.1, 8.3a und b
Wien, Kunsthistorisches Museum 3.23, 3.28, 3.29, 3.30, 3.32,
4.1, 7.18, 7.19, 8.2, 8.4
Wien, Technisches Museum 7.102a
Wiesbaden, Hessisches Hauptstaatsarchiv 2.15
Wolfegg, Fürstlich Waldburg-Wolfegg'sche Kunstsamm-
lungen 4.11
Wolfenbüttel, Herzog August Bibliothek 8.6
Würzburg, Universitätsbibliothek 7.3d, h, l, m, o, p
Privatbesitz 3.10, 10.3